清华大学法学教材大系

比较国际私法

COMPARATIVE PRIVATE INTERNATIONAL LAW

陈卫佐 著

法律出版社
LAW PRESS·CHINA
北京

图书在版编目(CIP)数据

比较国际私法/陈卫佐著. -- 北京：法律出版社，2022
ISBN 978-7-5197-6766-2

Ⅰ. ①比… Ⅱ. ①陈… Ⅲ. ①国际私法-比较法-高等学校-教材 Ⅳ. ①D997

中国版本图书馆CIP数据核字(2022)第164969号

比较国际私法
BIJIAO GUOJI SIFA

陈卫佐 著

责任编辑 宋丽娜
装帧设计 鲍龙卉

出版发行 法律出版社
编辑统筹 法律教育出版分社
责任校对 晁明慧
责任印制 刘晓伟
经　　销 新华书店

开本 710毫米×1000毫米 1/16
印张 25.25　　字数 481千
版本 2022年9月第1版
印次 2022年9月第1次印刷
印刷 永清县金鑫印刷有限公司

地址：北京市丰台区莲花池西里7号(100073)
网址：www.lawpress.com.cn
投稿邮箱：info@lawpress.com.cn
举报盗版邮箱：jbwq@lawpress.com.cn

销售电话：010-83938349
客服电话：010-83938350
咨询电话：010-63939796

书号：ISBN 978-7-5197-6766-2　　定价：59.00元
凡购买本社图书，如有印装错误，我社负责退换。电话：010-83938349

兼容古今、面向未来的清华法学教育

站在 21 世纪第二个 10 年的新起点，身居“年轻而古老”的清华大学法学院之中，我们深深地感受到机遇与挑战并存，一直在思考如何谱写清华法律人的新篇章，延续清华人的光荣与梦想。

历史，对于大到整个国家、小到一个学院，都是至关重要的。清华大学成立于 1911 年，在 1952 年院系调整之前，成立于 1929 年的法学院是清华大学四大学院之一。在近百年发展历程中，清华大学为国家培养了砥柱中流的法律大家。举其要者，如梅汝璈、向哲濬、钱端升、陈体强、王铁崖、端木正等。从 1952 年至 1995 年，尽管清华法学院的建制不在，清华大学其他院系的毕业生依然延续着清华法律事业的“香火”。清华法律教育，可谓弦歌不辍。为适应社会主义法治建设的需要，配合清华大学建设世界一流综合大学的战略布局，1995 年 9 月，清华大学正式恢复建立法律学系，并于 1999 年 4 月复建法学院。得益于清华稳定的名师队伍、充满活力的教授团队、优质的精英教育和宽松的文化氛围，我们强调“知识传授、能力培养、价值塑造”的“三位一体”培养模式，形成了独特的“清华学派”，一代代清华法律人活跃在国家法治建设的最前列。

为了致敬清华法学院的历史，经全院老师集体讨论，一致同意编写和出版一套代表清华大学水平和特色的法学系列教材，向经典致敬，向“年轻而古老”的清华法学院致敬。

除了面向历史，这套教材也注重当下，致敬新时代，因为当下的一切都会是未来的历史。站在新时代，我们希望通过这套教材体现清华大学法学院对当前法学教育面临挑战的应对和对未来法学教育的探索，引领新时代德法兼修法治人才培养。

全面依法治国是一项长期而艰巨的历史任务，法治人才在法治建设中承担着重大使命，发挥着重要作用。我们的法学教育必须立意高远，不仅仅教会学生运用法律技术，更要站在全面推进依法治国的高度培养人才，让法治领域人才辈出，为法治中国建设贡献力量。希冀于多年后当我们回顾 21 世纪第二个 10 年的时候，这套教材和它所代表的清华法律人的智慧和精神也能经历时间的考验，成为大家传颂的“经典”。因为这套教材不仅体现了清华法律人的知识水平，更体现了我们对法学教育的思考，对法治人才培养的创新，对新时代社会问题的回应。

当前法律教育面临着研究问题和研究方法革新的双重挑战。智能手机、大数据、云计算、物联网、人工智能等，层出不穷的技术进步给我们带来了一个千年未有的大变局。我们的生活、生产模式，更重要的是我们的思维方式，都面临着重新调整。以人工智能为代表的新兴技术对法学人才培养提出了更高的要求，社会对法学人才培养有了更多期待；法学研究的重点也向新兴领域延伸，包括生命科技、信息科技在内的新技术应用不仅预示着法学研究重点的变更，也推动着法学人才培养思维模式的转变。这既对法学深度参与创新驱动发展战略的实施、推进原始创新和协同创新、加快成果转化提出了新任务、新要求，又为法学学科转变发展模式、在若干重要研究领域实现突破提供了可能性。

法学作为一门社会科学，研究内容上，要不断回应社会需求，增强法学回应社会问题的能力；研究方法上，要处理好法学教育中理论与实践、传统与新兴、本土与世界的关系，推动法学教育迈上新高峰。习近平总书记曾提出，法学学科是实践性很强的学科，法学教育要处理好知识教学和实践教学的关系。要打破高校和社会之间的体制壁垒，将实际工作部门的优质实践教学资源引进高校，加强法学教育、法学研究工作者和法治实际工作者之间的交流。这对中国法学教育的改革发展提出了殷切期望，提供了基本宗旨。我们要积极推进法学教育改革创新，就法治人才培养而言，要善于利用各种新兴技术和手段，提升理论的水平和层次，增强学生回应和解决实践问题的能力培养。新时代法学人才培养的总体目标，是通过培养既精通法律规则又兼具家国情怀与人文精神，同时熟悉信息技术的高端复合型人才，为社会发展与科技创新的法治化提供智力保障。

这套清华大学法学教材，力求让最新的法学思想通过更有力的载体得到最广泛的传播，将实现从“以教师为中心”到“以学生为中心”的转变，实现从“教”到“学”的转变；编写风格上，将改变过去以平铺直叙为主的教材写法，注重综合应用图表、二维码等丰富多彩的形式，把新鲜的司法经验和生动的案例实践带进书本，突出社会调查、大数据分析等利用人工智能等技术的实证研究方法，增强阅读体验感；教材内容将注重历史积淀与新时代发展紧密结合，回应时代的挑战和法学教育的转变。当然，每位学者都有自己的特色，一如清华法学院的优良传统，这套系列教材也呈现百花齐放、和而不同的特点，让读者领略清华法学院每位学者的生动个性，带来难忘而特殊的阅读体验。

最后，希望清华法学教育借此系列教材，走出明理楼，贡献于中国未来的法学教育和法治建设！祝各位读者阅读愉快！

申卫星

2020 年 6 月 10 日

前　言

本书是我运用比较法方法研究国际私法规则及相关法律规则、原则、制度和原理并以《比较国际私法》为书名的第三部个人专著，也是首次入选由清华大学法学院和法律出版社组织编写的“清华大学法学教材大系”的国际私法专业教材。

本书的主旨是通过国际私法的比较研究来阐述当代有代表性的法律体系的国际私法规则及相关法律规则、原则、制度和原理，阐明确定各私法领域法律关系准据法的方法，并简要地介绍有代表性的国际私法学说。

我于2008年在清华大学出版社出版了《比较国际私法》一书。该书是“清华大学法学系列教材”之一，它对司空见惯、似有定论的一些问题进行了重新思考和深入探讨。该书出版后，1949年后我国第一部《比较国际私法》（中山大学出版社1987年版）的作者——年过九旬的国际私法学家、中山大学教授唐表明先生（1917～2016年）致信我并言辞恳切地写道：“卫佐教授：您好！承赠新著，谢谢。拜读之余，觉得论述简要精当，真知实学，甚为钦佩。而敢于批评谬误，体现了一个严肃学者的无私情怀……看来须待制定与国际接轨的国际私法单行法律。到那时，任何教学和研究都必须以该国际私法单行法律为基础，您所期待的科学化、现代化和国际化的国际私法学才能在我国得到更多的认识。但短浅之见，尚希指正。专此，敬祝近安！唐表明2009年3月20日于广州”。时隔13年，正当本书付梓之际，我深切地缅怀已于2016年以99岁高龄驾鹤西去的唐老，感念他老人家生前对作为晚生后辈的我所给予的恳切勉励。

我于2012年在法律出版社出版了《比较国际私法——涉外民事关系法律适用法的立法、规则和原理的比较研究》一书。该书是一部反映当时国际私法最新立法进展的新著，尤以第十一届全国人大常委会第十七次会议于2010年10月28日通过、自2011年4月1日起施行的《中华人民共和国涉外民事关系法律适用法》最新立法进展为主要讨论对象。相比于2008年版《比较国际私法》，该书既有一定的连贯性，又有新的突破。作为曾参与过《中华人民共和国涉外民事关系法律适用法》立法研讨的专家之一，我多次受全国人大常委会法制工作委员会民法室的邀请，先后于2010年6月30日至7月1日、2010年8月17日、2010年9月16日参加了全国人大常委会法制工作委员会举行的立法研讨会或专家会。每一次参加立法研讨会或专家会，我都以书面形式提出了大量修改建议和详尽的修改理由，参见该书附录1、附录2、附录3、附录4、附录5和附录6（第464～527页）。

2012 年版《比较国际私法——涉外民事关系法律适用法的立法、规则和原理的比较研究》出版至今已整整 10 年。在这 10 年里，各国国际私法和统一国际私法仍在不断向前发展，而我对比较国际私法诸问题的理解已变得比原来更加深入，观点也更加成熟。为了更好地反映我 10 年来在比较国际私法领域的教学与研究心得，我决定在 2012 年版著作的基础上出版一部新的《比较国际私法》，而“清华大学法学教材大系”恰好成全了我的这一想法。如同其前身那样，本书一如既往地将《中华人民共和国涉外民事关系法律适用法》的每一个条文都置于比较国际私法背景下进行全面、细密和深入的评论、注解和批评（特别是建设性的学术批评）。读者完全可以将本书视为一部关于《中华人民共和国涉外民事关系法律适用法》的注重国际视野、运用比较法方法、兼具比较法元素与风格的学者个人评注。

到 2022 年 7 月，我大学毕业并从事国际私法教学与研究工作已整整 32 年。32 年来，“比较国际私法”已成为本书作者的职业标志，原因有四：

第一，我熟练地掌握了英、法、德三门外国语，拥有大量第一手外文资料，曾在十余个国家用法语、德语和英语演讲、授课或参加国际会议，对诸多国家的国际私法立法和学说均有所了解，加之拥有中、德两国法学博士学位，两部在选题、语言和内容方面各不相同的关于比较国际私法和统一国际私法的博士学位论文已分别于 1998 年和 2004 年作为中文专著和德文专著在中国和德国出版。

第二，受世界性的国际法最高学府海牙国际法学院邀请，我于 2012 年 7 月 30 日至 8 月 3 日在海牙国际法学院用法文讲授了国际私法特别课程——“中国国际私法的新法典编纂”（La nouvelle codification du droit international privé chinois），成为自海牙国际法学院于 1923 年成立以来，继李浩培先生（联合国前南国际刑事法庭原法官，1990 年 7 月授课）、王铁崖先生（联合国前南国际刑事法庭原法官，1990 年 8 月授课）、徐冬根教授（上海交通大学凯原法学院，1998 年 7 月授课）、王贵国教授（中国香港城市大学法学院原院长，2010 年 7 月 26 日至 30 日授课）、薛捍勤女士（联合国国际法院法官，2011 年 7 月 11 日至 15 日授课）和易显河教授（时任武汉大学国际法研究所“长江学者奖励计划”特聘教授、现任外交学院教授，2012 年 7 月 16 日至 20 日授课）之后，在这座世界性的国际法最高学府授课的第七位中国学者。作者的海牙讲义已作为法文专著《中国国际私法的新法典编纂》（La nouvelle codification du droit international privé chinois）发表于《海牙国际法学院讲演集》（Recueil des cours de l’Académie de droit international de La Haye/Collected Courses of the Hague Academy of International Law）第 359 卷（莱顿/波士顿，Martinus Nijhoff Publishers 2013 年法文版）。

第三，由世界著名国际私法学家、马普外国私法与国际私法研究所原所长巴泽多（Jürgen Basedow）等主编的四大卷《国际私法百科全书》[Jürgen Basedow, Giesela Rühl, Franco Ferrari and Pedro de Miguel Asensio (eds.), *Encyclopedia of Private*

International Law, Edward Elgar, Cheltenham 2017］于2017年由英国爱德华·埃尔加出版社出版。我作为受邀参与《国际私法百科全书》编纂的国际私法学者撰写了关于中国国际私法历史与现状的国别报告（National Report – China，见《国际私法百科全书》第1970～1980页），而我与凯文·穆尔（Kevin M. Moore）先生合译的《中华人民共和国涉外民事关系法律适用法》英译本也被《国际私法百科全书》所收录（见《国际私法百科全书》第3069～3080页）。

第四，我于2011年8月5日荣幸地被洪堡基金会授予"有经验的科学家研究奖学金"，自2012年1月1日至2014年9月15日以"洪堡学者"身份在位于汉堡的马普外国私法与国际私法研究所从事研究工作，自2019年1月8日至2月23日以"洪堡学者"身份在波恩大学德国、欧洲和国际家庭法研究所从事研究工作。

基于上述原因，我决意在"比较国际私法"这一研究领域继续耕耘、劳作和收获。希望读者理解作者出版本书的初衷，也希望关注2012年版《比较国际私法——涉外民事关系法律适用法的立法、规则和原理的比较研究》的读者也关注乃至喜爱时隔整整10年之后出版的本书。

在资料方面，本书力求使用最新资料，以反映各国国际私法立法现状和最新研究状况。具体地说，反映截至2022年6月18日我所了解到的国际私法立法和研究状况。

我虽已勉力为之，但因学识谫陋，谬误和疏漏在所难免。热诚地欢迎广大读者批评指正，尤其欢迎坦率、诚恳和富有建设性的意见和建议（本书作者的电子邮件地址：chenwz@ mail. tsinghua. edu. cn）。

本书的顺利出版，承蒙法律出版社的大力支持。最高人民法院机关服务中心文印室张瑄主任长期向我惠赠最新发行的每一期《中华人民共和国最高人民法院公报》，使我常常"不小心"而荣幸地成为《中华人民共和国最高人民法院公报》最早的读者，也使本书得以反映中国法院涉外民事审判工作的最新状况。我所指导的清华大学法学院国际法专业法学硕士研究生赵姣姣同学、缪雪莲同学和国际法专业博士研究生杨帆同学、方祖鹏同学等协助我对书稿进行了初步校对，谨致谢忱。

最后，感谢我的贤内助苏娜对我的照顾、支持和鼓励，也感谢好学、上进、懂事并以父亲为榜样的儿子陈亚欧给我们带来的幸福的家庭生活。

陈卫佐

2022年6月18日

于北京市海淀区双清苑

目　录

第一编　绪　　论

第二编 总 论

第三编 各 论

第四编 余 论

第一编 | 绪　　论

本书绪论阐述了国际私法的概念、渊源、名称、国际私法规则的历史发展、比较法对国际私法的意义。

第一章　国际私法的概念

第一节　涉外民商事案件、涉外民商事法律关系

“国际私法”一词在现代汉语里可以有两种不同的含义：一是指一个独立的法律部门或分支；二是指以组成这一法律部门或分支的规范为主要研究对象的学科，即国际私法学。要理解什么是国际私法，关键在于揭示它作为一个法律部门或分支所具有的内涵和外延。兹举数例以引出相关问题。

例1：营业地在德国的一家有限责任公司（作为出卖人）与营业地在瑞士的一家旅馆（作为买受人）订立了一份啤酒买卖合同，约定将某啤酒生产商位于莫斯科的仓库里的100吨啤酒分别运往该旅馆在俄罗斯境内经营的各分店进行销售。这100吨啤酒作为买卖标的自始至终并未跨越国境。问：该买卖合同应适用何国法——德国法、瑞士法还是俄罗斯法？

例2：假设有一位日本女士，欲与一位已离异的中国男士在中国境内结婚。这是含有涉外因素的非讼事件，有国际管辖权的机关是该中国公民户籍所在地的婚姻登记机关。那么，该机关应依何国法解决结婚当事人双方缔结婚姻的实质要件和形式要件问题？具体地说，对于结婚实质要件和形式要件，该机关应适用日本法还是中国法？

例3：一位来自中国天津的女商人在美国逗留期间遭到美国警察殴打。美国法院开庭审理了公诉人对加害人提起的刑事诉讼。陪审团裁定涉案警察无罪。但这并不妨碍该中国女士作为原告向美国法院提起以加害人为被告的民事诉讼。对于这样一起涉及损害赔偿的侵权行为案件，审理案件的美国法院首先要解决美国法院作为总体是否有权受理和裁判案件的问题（国际管辖权问题）。其次应依何国法做出判决？这就提出了应适用美国法还是中国法的问题。（法律适用问题）最后，在判决做出后，通常还要解决该判决是否可以得到其他国家的承认与执行的问题。（外国判决的承认与执行问题）但判决的承认与执行问题与国际管辖权问题一样，属于国际民事诉讼法范畴，[1]本书仅简单提及，不做深入讨论。

---

〔1〕 参见李浩培编著：《国际民事程序法概论》，法律出版社1996年版；李浩培：《李浩培法学文集》，法律出版社2006年版，第299～454页。

例4:两个在英格兰度假的法国人(经常居所均在法国)在英格兰某公路上发生了交通事故,其中一人作为原告向法国某地方法院对另一人提起了请求损害赔偿的民事诉讼。问:法国法院应适用英格兰法还是法国法?

例5:一个最后住所在德国的日本侨民在德国无遗嘱死亡,在德国遗有动产,在日本遗有不动产。其在日本的继承人向德国法院提起了要求继承其遗产的民事诉讼。同样,德国法院首先要解决的问题是国际管辖权问题(德国法院作为总体是否有裁判管辖权的问题),其次要决定对该遗产继承案件适用何国法。问:德国法院应适用德国法还是日本法?

例6:一个最后住所在意大利的英国公民在意大利无遗嘱死亡,在意大利遗有动产。其在英格兰的继承人向英格兰法院提起了关于该动产继承的民事诉讼。假设英格兰法院有国际管辖权,英格兰判例法规则认为:动产继承,应适用被继承人最后住所地法。问:英格兰法院是否应适用意大利法?如果应适用意大利法,而意大利1995年5月31日《关于改革意大利国际私法体系的第218号法律》第46条规定:继承(包括动产继承和不动产继承),应适用被继承人死亡时的国籍国法(本国法),那么,英格兰法院应适用何国法——意大利法还是英格兰法?

例7:一个最后住所在意大利的德国人未留遗嘱而死亡,在英格兰遗有动产。就其在英格兰的遗产,民事诉讼在英格兰法院提起。假设英格兰法院有国际管辖权,英格兰判例法规则认为:动产继承,应适用被继承人最后住所地法。但意大利1995年5月31日《关于改革意大利国际私法体系的第218号法律》第46条规定:继承(包括动产继承和不动产继承),应适用被继承人死亡时的国籍国法(本国法)。问:英格兰法院应适用何国法——意大利法还是德国法?

例8:一个最后住所在日本的英国公民在意大利立了一份遗嘱,就自己的动产做出处分。该遗嘱的形式不符合日本法关于遗嘱形式有效性的要求,但符合英格兰法的要求。民事诉讼在英格兰法院提起。假设英格兰法院有国际管辖权,英格兰法院应适用何国法?是日本法还是英格兰法?

以上所举例子的一个共同点是,它们都属于民商事案件,且都不是纯国内案件(英文 purely domestic cases,法文 des situations purement internes ou domestiques),而是或多或少与外国有联系的民商事案件。在这种情形下,我们说,这些民商事案件是含有“涉外因素”(法文 élément d' extranéité)或“外国因素”(英文 foreign element,法文 élément étranger)的案件。[1]

如果超出上述例子的范围而做更进一步的理论上的归纳,则含有“涉外因素”或“外国因素”的民商事案件是至少具有下列情形之一的民商事案件:(1)一个或一个以

---

[1] 含有涉外因素(或外国因素)的案件的英文表述为 cases containing a foreign element 或 cases involving a foreign element。

上当事人具有外国国籍；(2)一个或一个以上当事人为无国籍人；(3)一个或一个以上当事人的住所在一国领域外；(4)(在当事人为法人的情形下)一个或一个以上当事人的住所地在一国领域外；[1](5)一个或一个以上当事人的经常居所在一国领域外；(6)一个或一个以上当事人的营业地在一国领域外；(7)权利所指向的对象(权利客体)在一国领域外(如争议中的财产在一国领域外)；(8)使权利义务产生、变更和消灭的法律行为或其他法律事实发生于一国领域外；[2](9)此种法律行为或其他法律事实(如侵权行为)的效果(或结果)发生于一国领域外；[3](10)当事人或权利客体或使权利义务产生、变更和消灭的法律行为或其他法律事实与外国有联系的其他情形。

在实践中，关于如何认定涉外民事关系的问题，2012 年 12 月 10 日最高人民法院审判委员会第 1563 次会议通过、自 2013 年 1 月 7 日起施行的最高人民法院《关于适用〈中华人民共和国涉外民事关系法律适用法〉若干问题的解释(一)》[4](根据 2020 年 12 月 23 日最高人民法院审判委员会第 1823 次会议通过的最高人民法院《关于修改〈最高人民法院关于破产企业国有划拨土地使用权应否列入破产财产等问题的批复〉等二十九件商事类司法解释的决定修正》)[5]第 1 条规定："民事关系具有下列情形之一的，人民法院可以认定为涉外民事关系：(一)当事人一方或双方是外国公民、外国法人或者其他组织、无国籍人；(二)当事人一方或双方的经常居所地在中华人民共和国领域外；(三)标的物在中华人民共和国领域外；(四)产生、变更或者消灭民事关系的法律事实发生在中华人民共和国领域外；(五)可以认定为涉外民事关系的其他情形。"

含有涉外因素的民商事案件，叫作涉外民商事案件；其所涉及的法律关系(英文 legal relationship，法文 rapport de droit 或 rapport juridique，德文 Rechtsverhältnis)是含有涉外因素的民商事法律关系，叫作涉外民商事法律关系，如涉外的权利能力、行为能力、物权、知识产权、合同、侵权责任、无因管理、不当得利、结婚、离婚、法定分居、夫妻财产制、亲子关系、父母责任、收养、监护、扶养、继承、公司、票据、[6]海商、保险、信托、破产等关系。

---

〔1〕 法人的住所地在有些国家也被称为"法人的本据所在地"或"法人的所在地"。

〔2〕 例如，合同订立地在一国领域外，合同履行地在一国领域外，侵权行为实施地在一国领域外，在不同国家登记的两艘远洋货轮在某第三国海域相碰撞，国籍相同的男子与女子在某外国按照宗教仪式结婚，等等。参见赵相林：《国际私法》(第 4 版)，中国政法大学出版社 2007 年版，第 3 页。

〔3〕 具有这些情形中的一种以上情形的民商事案件，当然也是含有"涉外因素"或"外国因素"或"国际性因素"的民商事案件。参见唐表明：《比较国际私法》，中山大学出版社 1987 年版，第 3 页。

〔4〕 法释〔2012〕24 号，载《中华人民共和国最高人民法院公报》2013 年第 8 期。

〔5〕 《中华人民共和国最高人民法院公报》2021 年第 10 期。

〔6〕 1995 年 5 月 10 日通过的《中华人民共和国票据法》(自 1996 年 1 月 1 日起施行，2004 年 8 月 28 日修正)第 94 条第 2 款规定："前款所称涉外票据，是指出票、背书、承兑、保证、付款等行为中，既有发生在中华人民共和国境内又有发生在中华人民共和国境外的票据。"

有些国际私法著述称涉外因素为“国际性因素”甚至“国际因素”，[1]称含有涉外因素的民商事法律关系为“国际民商事法律关系”、[2]“国际性私法关系”甚至“国际私法关系”。[3] 本书作者认为，在这一语境下，“国际性”（法文 le caractère international）的表述要比“国际”好。所谓“国际性私法关系”，并不是“国家之间的关系”意义上的私法关系，而是与两个或两个以上国家有联系的私人（自然人或法人）之间的民事或商事法律关系；从一个国家的疆界和版图来看，这种关系是跨越国境的或超越国界的（英文 cross – border，法文 transfrontalière 或 au travers des frontières，下文称“跨境的”）私人（自然人或法人）之间的民事或商事法律关系。[4] 而所谓“国际私法关系”，毋宁说是国际性私法关系或“国际的”私法关系，其本质就是涉外民商事法律关系。因此，也可以说，涉外民商事案件是具有“国际性”（英文 internationality，法文 internationalité）的民商事案件或“跨越国境”的民商事案件；涉外民商事法律关系是具有“国际性”的民商事法律关系或“跨越国境”的民商事法律关系。

在目前国内的国际私法教科书中，有各种各样关于涉外民商事法律关系的提法：涉外民商事法律关系[5]、国际民商事法律关系、涉外民事法律关系、涉外民法关系、涉外民事关系、涉外民商事关系、国际民商事关系[6]等。其中“涉外民商事法律关系”、“国际民商事法律关系”与“涉外私法关系”是同义词。“涉外民事法律关系”和“涉外民法关系”如不加特别说明则失之过窄；对于民商合一的国家来说，如果说明涉外民事法律关系包括涉外商事法律关系、涉外民法关系包括涉外商法关系，则未尝不可。[7] 从比较法的角度看更是如此，因为：有些国家采取民商分立的立法体例，于民法典之外尚有独立的商法典（如法国、德国、日本）；[8]有些国家则采取民商合一的立法体例（如瑞士、意大利、荷兰、波兰）；有些国家（主要是英美等普通法国家）通常没有民法典，而只有合同法、侵权法和财产法等民事法律分支。“涉外民事关系”的称谓是自《中华人民共和国民法通则》（已失效）第八章“涉外民事关系的法律适用”（第 142 条至第 150 条）和《中华人民共和国涉外民事关系法律适用法》始使用的。“涉外民商事关系”[9]的称谓是 20 世纪 90 年代以后出版的一

---

[1] 参见李浩培：《李浩培文选》，法律出版社 2000 年版，第 4 页。

[2] 参见沈涓主编：《国际私法》，社会科学文献出版社 2006 年版，第 4 页。

[3] 参见林雪梅编著：《国际私法》，西南师范大学出版社 2006 年版，第 3 页；韩德培主编：《国际私法》，高等教育出版社、北京大学出版社 2000 年版，第 3 ~4 页。

[4] Voir Audit, Droit international privé, 5e édition, 2008, n° 7.

[5] 参见赵相林：《国际私法》（第 4 版），中国政法大学出版社 2007 年版，第 1 页。

[6] 参见谢石松：《国际私法学》，高等教育出版社 2007 年版，第 4 页。

[7] 参见李浩培：《李浩培文选》，法律出版社 2000 年版，第 3 页。

[8] 参见唐表明：《比较国际私法》，中山大学出版社 1987 年版，第 2 页。

[9] 或“国际民商事关系”，见韩德培、肖永平编著：《国际私法学》，人民法院出版社、中国社会科学出版社 2004 年版，第 1 ~2 页。

些国际私法著作经常使用的。[1] 本书作者认为,称“涉外民事法律关系”比“涉外民事关系”准确,称“涉外民商事法律关系”(或“涉外私法关系”)比称“涉外民商事关系”准确,称“国际性民商事法律关系”比“国际民商事关系”准确。本书将在下文给国际私法下定义之后,再进一步论证这一观点。

总之,“涉外私法关系”或“涉外民商事法律关系”足以涵盖一切含有涉外因素(或曰外国因素、国际性因素)的私法关系或民商事法律关系。为了表述准确起见,本书一般采取“涉外民商事法律关系”或“涉外私法关系”的叫法,但为了符合中国现行法律,特别是《中华人民共和国涉外民事关系法律适用法》的用语习惯,有时也称之为“涉外民事关系”,并对后者做广义的理解,即包括含有涉外因素的民事法律关系,也包括含有涉外因素的商事法律关系。

第二节　国际私法的内涵

一、国际私法的定义

本章第一节所举例子的另一个共同点是,它们都需要解决涉外民商事法律关系适用何国法的问题。解决这一问题需要有一套法律规范,一国的此种法律规范以及相关法律规则、原则和制度的总和就构成了该国的国际私法。本书作者认为,一国的国际私法是该国法律体系的组成部分,它是在各国法律体系的实体私法相互不一致的情况下,指定涉外民商事法律关系应适用何国法律体系的那部分法律规则、原则和制度的总和。

本定义从涉外民商事法律关系(涉外私法关系)所应适用的法律体系出发,揭示了国际私法的本质属性、根本任务、规范组成以及法律冲突产生的最根本原因,力图给国际私法下一个较为科学的定义。

二、国际私法规则及其属性

既然国际私法主要由指定涉外民商事法律关系应适用何国法律体系的法律规

---

〔1〕 但值得注意的是,一些喜欢称“涉外民商事关系”的学者常常在同一部著作里自觉或不自觉地使用“涉外民商事法律关系”的提法。到底二者有没有区别？如果没有区别,则说明它们是同义词;如果有区别,则在同一部著作里将它们交替使用就有违反形式逻辑的同一律之嫌。赵相林教授所著的《国际私法》(第4版)指出,“……国际性的民商事法律关系,从一个国家的角度来说,就是涉外民商事法律关系,也称涉外民商事关系”。这样的论述是恰当的。参见赵相林主编:《国际私法》(第4版),中国政法大学出版社2007年版,第1页。

则组成,此种法律规则也就可以被称为国际私法规则。关于国际私法规则的属性,需要说明如下。

(一)国际私法规则的规范性

国际私法规则必须是法律规范。它们可以表现为国家制定或认可的、具有法律约束力的国内法规则,也可以表现为已对一国生效的国际条约规则。

例如,自2007年1月1日起施行的日本2006年6月15日《关于法的适用的通则法》第4条第1款规定:"人的行为能力,依其本国法定之。"

又如,德国《民法典施行法》第7条第1款第1句规定:"人的权利能力和行为能力,适用其本国法。"〔1〕

再如,1985年7月1日《关于信托准据法及其承认的(海牙)公约》第6条第1款第1句规定:"信托,适用财产授予人所选择的法律。"

(二)对象的涉外性或国际性

需要借助于国际私法规则来解决涉外民商事法律关系应适用何国法律体系问题的民商事案件,是与外国有联系的民商事案件,即含有涉外因素(或曰外国因素、国际性因素)的民商事案件。此种案件所涉及的法律关系是涉外民商事法律关系,即涉外私法关系。

例如,上述案例1所涉及的法律关系是涉外合同之债关系;案例2所涉及的是涉外结婚实质有效性和形式有效性关系;案例3和案例4所涉及的是涉外侵权行为所引起的债权债务关系;案例5、案例6和案例7所涉及的是涉外继承关系;案例8所涉及的是涉外遗嘱处分的形式有效性关系。

就国际私法规则的适用而言,对象的涉外性或国际性是决定性的,因为:如果一个民商事案件没有涉外性或国际性,则为纯国内的民商事案件,只需直接适用内国实体私法(民商法)即可,国际私法规则根本无须介入,也不会发生是否适用以及如何适用外国法律体系的问题。只有当一个民商事案件含有涉外因素(或曰外国因素或国际性因素)时,国际私法规则才有适用的余地,从而提出究应适用内国法律体系还是外国法律体系的问题。〔2〕

(三)适当法律体系的选择

国际私法规则是以确定涉外民商事法律关系所应适用的法律体系为任务的,

---

〔1〕国际私法上所说的"本国法"是指"国籍国法"。

〔2〕事实上,即便一个涉外民商事案件有涉外性或国际性,也并不必然导致适用国际私法规则。例如,对于一个含有涉外因素的货物买卖合同所引起的争议,如果中国法院有国际管辖权,则法官应审查该案件是否符合《联合国国际货物销售合同公约》第1条第1款所规定的适用前提和适用范围。中国对该公约第1条第1款b项做出了保留,所以实际上只需看该案件所涉及的买卖合同双方当事人的营业地是否在不同缔约国,如果答案是肯定的,则应直接适用该公约,而不再考虑中国国际私法规则。此外,遇有涉外案件符合"法院地国家须予直接适用的实体法规则"的适用前提之情形,有国际管辖权的法院也应适用此种"须予直接适用的法律",从而将国际私法规则排除在外。

因而是一种法律适用规则。

在国际私法上,一个国家现行有效的全部法律规范的总和叫作"法律体系"(英文 system of law 或 legal system,法文 système juridique),又叫"法律秩序"(英文 legal order,法文 ordre juridique,德文 Rechtsordnung)。

既然涉外民商事法律关系与外国有联系,会牵涉一个或一个以上外国法律体系,从一国的角度看,就会提出究应适用该国自己的法律体系还是适用外国法律体系的问题。如果应适用外国法律体系,且法律关系牵涉两个或更多外国法律体系,则应适用外国法律体系 A、外国法律体系 B 还是外国法律体系 C……这就存在一个选择何国法律体系的问题。正因如此,英美国际私法著作通常称国际私法规则为"法律选择规则"(英国英语 choice of law rules,美国英语 choice - of - law rules)。可见,"法律选择"的实质,就是如何选择适当的法律体系(英文 appropriate legal system)以适用于具体的涉外民商事法律关系。

(四)法律冲突及其特点

可供国际私法规则(法律选择规则或法律适用规则)选择的内国法律体系与外国法律体系、此外国法律体系与彼外国法律体系,在私法领域常常不一致,因为当今世界各国的实体私法(民商法),除个别领域(如货物买卖、票据、运输等领域)外,远未实现统一。这种因各国实体私法在内容上的差异而导致的法律体系之间的不一致,可能形成与特定案件有联系的两个或两个以上国家的法律体系竞相要求被适用于涉外民商事法律关系的局面(至少有此潜在的要求)。[1]

在国际私法上,与特定案件有联系的两个或两个以上国家的法律体系因内容不一致而竞相要求被适用于涉外民商事法律关系的现象,叫作"法律冲突"或"法律抵触"(英文 conflict of laws,法文 conflit de lois,德文 Gesetzeskonflikt)。[2]

这种法律冲突的特点如下:(1)这种法律冲突是不同国家的法律体系之间因实体私法(民商法)的内容差异而造成的冲突,[3]因而不同于宪法、行政法、刑法、税法、社会保障法、程序法等公法领域的法律冲突。(2)这种法律冲突是不同国家的法律体系之间的水平冲突,可称为"国际性法律冲突",既不是因法律体系位阶不同

---

〔1〕 如果一国的实体私法与另一国的实体私法在内容上完全一致,则特定案件中的涉外民商事法律关系适用这两个国家的法律体系中的哪一个,在判决结果上是完全一样的。但实际情况是:各国实体私法在内容上往往不一致,故适用不同国家的法律体系会导致不同的判决结果。

〔2〕 参见李浩培:《李浩培文选》,法律出版社 2000 年版,第 3 页。

〔3〕 例如,有国际管辖权的中国婚姻登记机关所处理的是关于一名 18 岁的日本女子是否可以在中国与一名 23 岁的中国男子结婚的问题。依照日本《民法》第 731 条的规定,男不满 18 岁,女不满 16 岁者,不得结婚。而依照原《中华人民共和国婚姻法》(2001 年 4 月 28 日修正)第 6 条的规定,结婚年龄,男不得早于 22 岁,女不得早于 20 周岁。之所以这里存在法律冲突,是因为中日两国的民法在法定婚龄上有不同规定,从而提出了究应适用何国法的问题。参见赵相林:《国际私法》(第 4 版),中国政法大学出版社 2007 年版,第 4 页。

而发生的垂直冲突（如美国、墨西哥、西班牙等联邦制国家的联邦法与州法之间的垂直冲突），也不是法制不统一国家（复数法域国家）内部不同领土单位（或法域）的法律体系之间的冲突（区际法律冲突，如美国、瑞士等国的州际法律冲突，加拿大的省际法律冲突等）。(3)这种法律冲突是空间上的法律冲突（英文 conflict of laws in space，法文 conflit de lois dans l'espace），既区别于旧法与新法、前法与后法之间在时间上的冲突（时际法律冲突），[1]也区别于一个主权国家（如印度、埃及、以色列、伊朗）内部针对不同种族、宗教或阶级的人群的法律之间的冲突（人际法律冲突）。(4)最后，这种法律冲突是在法律适用的层面上说的，其实质是法律适用上的冲突。[2]

正是在这个意义上，也可以说，国际私法规则是以解决涉外民商事案件中的法律冲突为己任的，国际私法规则也被称为“冲突规则”[3]或“冲突规范”。[4] 相应地，由冲突规则组成的国际私法也被称为“冲突法”（“抵触法”，德文 Kollisionsrecht）或“法律冲突法”（“法律抵触法”，英文 law of the conflict of laws，法文 loi de conflit de lois）。

已故著名国际法学家、国际私法的一代宗师李浩培教授（1906～1997 年）曾指出：“严格说来，各国的民法只有差异，并无冲突。”他认为，“有必要摒弃‘法律冲突’和‘冲突法’这两个惯用的名词，而代之以‘法律抵触’和‘法律抵触法’这两个术语”。[5] 但本书作者认为，“冲突”和“抵触”这两个词在现代汉语里的含义并无本质上的不同。按照《现代汉语词典》（第 7 版）的释义，“冲突”是指“互相矛盾；不协调”，“抵触”是指“跟另一方有矛盾”。[6] 李浩培教授的观点似乎绝对了一些。考虑到“法律冲突”“冲突规则”“冲突规范”“冲突法”“法律冲突法”的叫法在中国国际私法学界已约定俗成，本书将它们与“法律抵触”“抵触规则”“抵触规范”“抵触法”“法律抵触法”作为同义词使用。

---

[1] 解决时际法律冲突的主要原则是“新法优于旧法”（“后法优于前法”）和“法不溯及既往”。例如，2000 年 3 月 15 日通过、自 2000 年 7 月 1 日起施行的《中华人民共和国立法法》（2015 年 3 月 15 日修正）第 92 规定：“同一机关制定的法律、行政法规、地方性法规、自治条例和单行条例、规章，特别规定与一般规定不一致的，适用特别规定；新的规定与旧的规定不一致的，适用新的规定。”第 93 条规定：“法律、行政法规、地方性法规、自治条例和单行条例、规章不溯及既往，但为了更好地保护公民、法人和其他组织的权利和利益而作的特别规定除外。”

[2] 参见谢石松：《国际私法学》，高等教育出版社 2007 年版，第 59～64 页；林雪梅编著：《国际私法》，西南师范大学出版社 2006 年版，第 4～6 页。

[3] 或抵触规则。

[4] 或抵触规范。

[5] 李浩培：《李浩培法学文集》，法律出版社 2006 年版，第 302 页；李浩培编著：《国际民事程序法概论》，法律出版社 1996 年版，第 4 页。

[6] 中国社会科学院语言研究所词典编辑室编：《现代汉语词典》（第 7 版），商务印书馆 2016 年版，第 179、281 页。

第三节 国际私法的外延

一个概念的外延是它所确指的对象的范围。[1] 既然一国的国际私法主要由冲突规则组成,那么其现行国际私法的外延即是指该国现行有效的全部冲突规则(包括国内法的冲突规则和已对该国生效的国际条约的冲突规则),以及相关法律规则、原则和制度的总和。兹举数例说明之。

一、中国的冲突规则

2010 年 5 月 26 日公布、自 2011 年 5 月 26 日起施行的中国台湾地区新的"涉外民事法律适用法"第 38 条第 1 款(相当于 1953 年 6 月 6 日公布并施行的该法旧文本第 11 条第 1 款)规定:"关于物权依物之所在地法。"

2010 年 10 月 28 日《中华人民共和国涉外民事关系法律适用法》(自 2011 年 4 月 1 日起施行)第 36 条规定:"不动产物权,适用不动产所在地法律。"第 41 条规定:"当事人可以协议选择合同适用的法律。当事人没有选择的,适用履行义务最能体现该合同特征的一方当事人经常居所地法律或者其他与该合同有最密切联系的法律。"第 44 条规定:"侵权责任,适用侵权行为地法律,但当事人有共同经常居所地的,适用共同经常居所地法律。侵权行为发生后,当事人协议选择适用法律的,按照其协议。"

二、外国的冲突规则

德国《民法典施行法》第 43 条第 1 款规定:"物权,适用物之所在地国法。"

法国《民法典》第 3 条第 2 款规定:"法国法律适用于不动产,即使其属于外国人所有亦同。"第 3 条第 3 款规定:"有关人的身份和能力的法律,适用于法国人,即使其居住于外国亦同。"第 515 - 7 - 1 条规定:"已登记的同性伴侣关系的成立要件和效果以及其解除原因和效果,适用已对它进行登记的机关所属国家的实体法规定。"[2]

西班牙《民法典》序编第 4 章"国际私法规则"第 9 条第 8 款规定:"死因继承,

---

〔1〕 参见中国社会科学院语言研究所词典编辑室编:《现代汉语词典》(第 7 版),商务印书馆 2016 年版,第 1345 页。

〔2〕 本书作者自译,原文见《达洛兹法国民法典》,2006 年法文第 105 版,第 12 页(Voir Code civil Dalloz, 105e édition 2006, p. 12.)。

适用被继承人死亡时的本国法,而不论财产的性质为何及位于何国。”

自2004年10月1日起施行的比利时2004年7月16日《关于国际私法法典的法律》第87条第1款第1项规定:“关于财产的物权,适用它们被主张时的财产所在地国家的法。”

自1989年1月1日起施行的瑞士1987年12月18日《关于国际私法的联邦法律》第99条第1款规定:“不动产物权,适用不动产所在地法。”

自2007年1月1日起施行的日本2006年6月15日《关于法的适用的通则法》第13条第1款规定:“关于动产或不动产的物权及其他应登记的权利,适用标的物所在地法。”[1]第36条规定:“继承,适用被继承人本国法。”[2]

再举数条典型的英格兰国际私法规则:[3]“不动产继承,适用不动产所在地法”;[4]“动产继承,适用被继承人死亡时的住所地法”;[5]“结婚形式有效性,适用婚姻举行地法”;[6]“结婚能力,适用各当事人婚前住所地法”。[7]

最后列举三条传统的国际私法规则:“侵权行为,适用侵权行为地法”;[8]“合同的有效性,适用合同订立地法”;[9]“合同的履行,适用债务履行地法”。[10]

三、欧盟法中的冲突规则

2008年6月17日《欧洲议会和欧盟理事会关于合同之债准据法的第593/2008号(欧共体)规则》(《罗马Ⅰ规则》)第3条第1款第1句规定:“合同,适用双方当事人所选择的法律体系。”

2007年7月11日通过的《欧洲议会和欧盟理事会关于非合同之债准据法的第864/2007号(欧共体)规则》(《罗马Ⅱ规则》)第4条第1款规定:“除本规则有相反规定外,因侵权行为而发生的非合同之债的准据法是损害发生地国家的法律体系,而不论损害的原因事实发生地国家是何国,也不论该事实的间接后果发生地国家是何国。”

---

[1] 与1898年6月21日《法例》(1898年7月16日至2006年12月31日施行)第10条第1款相对应。《法例》的最新中译本见陈卫佐译:《日本法例》,载黄进等主编:《中国国际私法与比较法年刊》第8卷,法律出版社2006年版,第607~613页。

[2] 与1898年6月21日《法例》(1898年7月16日至2006年12月31日施行)第26条相对应。

[3] See Morris, *The Conflict of Laws*, Seventh Edition(*McClean and Beevers*), 2009, para. 1-014.

[4] “Succession to immovables is governed by the *lex situs*”.

[5] “Succession to movables is governed by the law of the domicile at the time of the death”.

[6] “The formal validity of a marriage is governed by the law of the place of celebration”.

[7] “Capacity to marry is governed by the law of each party's antenuptial domicile”.

[8] “Torts are governed by the *lex loci delicti*”.

[9] “The validity of a contract is governed by the *lex loci contractus*”.

[10] “The performance of a conract is governed by the *lex loci solutionis*”.

四、国际条约中的冲突规则

1928年2月13日《布斯塔曼特法典》(西班牙文 Código Bustamante,原名《国际私法法典》)第105条规定:财产,无论属于什么种类,均适用其所在地法。

1980年6月19日订于罗马的《关于合同之债准据法的公约》[1991年4月1日生效,自2009年12月17日起被2008年6月17日《欧洲议会和欧盟理事会关于合同之债准据法的第593/2008号(欧共体)规则》(《罗马Ⅰ规则》)取代]第3条第1款第1句规定:“合同,适用双方当事人所选择的法。”

1978年3月14日《关于夫妻财产制准据法的(海牙)公约》[1]准许夫妻双方选择夫妻财产制准据法,其第3条规定:“夫妻财产制,适用夫妻双方在结婚前所指定的内国实体法。”

1985年7月1日《关于信托准据法及其承认的(海牙)公约》第6条第1款第1句规定:“信托,适用财产授予人所选择的法律。”第7条第1款规定:“所应适用的法律未被选择的,信托适用与之有最密切联系的法。”

第四节　国际私法的归属

国际私法的归属问题就是如何划定其从属关系的问题,即国际私法是国际法还是国内法? 是公法还是私法? 是实体法还是程序法? 不少国际私法学者把这些问题看成国际私法的性质问题,但本书将它们作为国际私法的归属问题来处理。

一、国际私法是国际法还是国内法

国际私法是一个国家的国内法中关于处理涉外民商事案件时所适用法律体系的法律规则(冲突规则)以及相关法律规则、原则和制度的总和,因而是国内法的一部分。

英国国际私法名著《切希尔和诺斯国际私法》1999年英文第13版开宗明义地指出:国际私法是在法院审理含有涉外因素的诉讼请求时发挥作用的那部分英格兰法;仅在有涉外因素时,国际私法始有用武之地。[2] 显然,在该书作者看来,国际私法是英格兰法的一部分。

---

〔1〕 该公约于1992年9月1日对法国、卢森堡和荷兰生效。

〔2〕 See Peter North & J. J. Fawcett, *Cheshire and North's Private International Law*, Thirteenth Edition, 1999, p. 3.

可见，国际私法与主要调整国家等国际法主体之间的关系（包括国家与国家之间、国家与国际组织之间以及国际组织相互之间的关系）的国际公法截然不同。通常所说的国际法就是指国际公法，而不包括国际私法在内。国际公法和国际私法的称谓容易给人一个印象，以为国际法包括国际公法和国际私法。其实，只有国际公法是国际法，而国际私法主要是国内法。[1] 正因如此，世界上有多少个国家，就至少有多少个国际私法体系，于是有德国国际私法、奥地利国际私法、法国国际私法、瑞士国际私法、意大利国际私法、西班牙国际私法、葡萄牙国际私法、比利时国际私法、荷兰国际私法、卢森堡国际私法、日本国际私法、韩国国际私法、中国国际私法……而各国国际私法体系彼此各不相同。除此之外，还存在区域性经济一体化组织的国际私法体系，如欧盟国际私法。

就一国国际私法规则的创制方式而言，除该国所批准的、已对它生效的国际条约的国际私法规则外，国内制定法的国际私法规则的创制方式与该国其他法律分支的规则的创制方式并无多大区别。不仅如此，一国立法者可以自主地制定该国的国际私法规则，这是其主权范围内的事情。这样制定出来的国际私法规则在国与国之间往往不一样，所以各国国际私法在内容上也彼此不同。[2]

认为国际私法是国际法的学者所持的一个主要理由是：一部分冲突规则表现为国际条约的冲突规则，而国际条约属于国际公法；况且，不可否认的是，这部分冲突规则的数量确有日渐增多的趋势。但本书作者认为，仅仅从构成一个法律部门的一部分法律规范是国际条约规则就断定该法律部门属于国际法是不能成立的。在经济全球化程度越来越高的今天，国家之间通过缔结国际条约的方式，就许多过去由国内法调整的事项达成协议，制定出关于各该事项的国际条约规则，这种现象不独存在于国际私法领域，而且存在于国内民法、商法[3]领域。举例来说，1980 年 4 月 11 日订于维也纳、1988 年 1 月 1 日生效的《联合国国际货物销售合同公约》（United Nations Convention on Contracts for the International Sale of Goods，简称 CISG）就含有关于国际货物买卖合同的国际条约规则。由于中国是该公约的 95 个缔约国之一（该公约已于 1988 年 1 月 1 日对中华人民共和国生效），[4]对于那些没有像亚美尼亚、中国、老挝、圣文森特和格林纳丁斯、新加坡、斯洛伐克、美国这 7 个缔约国那样就该公约第 1 条第 1 款（b）声明保留的国家（如法国和德国，该公约分别于 1988 年 1 月 1 日和 1991 年 1 月 1 日对法国和德国生效）来说，该公约的相关规定构成了该国合同法的一部分，但并不意味着，该国合同法或民法因此就成了国

---

〔1〕 参见周鲠生：《国际法》，商务印书馆 1976 年版，第 4 页。

〔2〕 参见马汉宝：《国际私法：总论 · 各论》，台北，2006 年版，第 16 页。

〔3〕 如联合国国际贸易法委员会主持制定的 1988 年 5 月 28 日《关于国际保理的公约》。

〔4〕 https://uncitral.un.org/en/texts/salegoods/conventions/sale_of_goods/cisg/status (last accessed on 18 June 2022).

际法。在公司法、票据法、海商法、保险法、信托法、破产法、运输法等领域,也存在相应的国际条约规则,[1]但这并不能改变一个国家的公司法、票据法、海商法、保险法、信托法、破产法、运输法等法律分支的国内法性质。

二、国际私法是私法还是公法

(一)关于国际私法是私法的理由及反驳意见

1. 关于体系性解释的结果

在认为国际私法是私法的人看来,要断定国际私法的归属,应考虑它的规范在一国法律体系中所处的位置。冲突规则总是以确定涉外民商事法律关系所应适用的法律体系为目的的,在许多国家里被与实体私法规定在一起。例如,德国国际私法规则主要规定于《民法典施行法》,而阿根廷国际私法规则在 2015 年 8 月 1 日以前主要规定于 1869 年的阿根廷《民法典》,[2]自 2015 年 8 月 1 日起主要规定于 2014 年 10 月 7 日阿根廷《民商法典》。因此,从体系性解释出发,把国际私法规则理解成一个国家的私法的一部分似乎说得过去。

反驳意见认为,仅仅根据一条规范在一国法律体系中所处的位置来断定其性质是不够的。当今世界各国的立法文件将私法规范和公法规范熔于一炉是常见的事。即使是一个国家的民法典,其所规定的也未必全部是私法规范。私法规范和公法规范二者性质的不同,不因它们所处的位置相同或相近而有所改变。

2. 关于国家是否作为平等主体参与法律关系

在认为国际私法是私法的人看来,从国家不是作为主权者介入涉外民商事法律关系而是作为平等主体参与其中,似乎可以断定国际私法属于一个国家的私法,因为涉外民商事法律关系除了含有涉外因素(或曰外国因素、国际性因素)外,其参加者通常是私人(自然人或法人),国家即使参与其中,也最多作为平等主体的法人为之。例如,某国家机关向某外国公司订购一批作为办公用品的笔记本电脑,双方订立了涉外买卖合同。

反驳意见认为,假如国际私法是调整涉外民商事法律关系的法律部门,则上述观点可以成立。但是,正如上文所分析的,国际私法对涉外民商事法律关系并不能起到调整作用。它的作用主要在于帮助一国有国际管辖权的机关(法院或行政机关等法律适用者)找到适用于涉外民商事法律关系的适当的法律体系;[3]法律适用

---

[1] 如 1930 年 6 月 7 日《关于国际汇票、本票法领域的规定的(日内瓦)公约》、1931 年 3 月 19 日《关于国际支票法领域的规定的(日内瓦)公约》、1999 年 5 月 28 日《关于统一国际航空运输某些规则的(蒙特利尔)公约》。

[2] Kropholler/Krüger/Riering/Samtleben/Siehr (Hrsg.), *Außereuropäische IPR - Gesetze*, 1999, S. 77.

[3] 国际私法上所说的法律体系,通常是某一国家的法律体系,即该国现行有效的法律规范的总和。

的过程是一个"找法"(找到适当的法律体系)或"法律选择"(选择适当的法律体系)的过程。既然如此,涉外民商事法律关系由谁参加,其身份如何,不是由国际私法决定的,因而对于国际私法属于私法还是公法无任何影响。

3. 关于私人利益还是公共利益的问题

根据国际私法所处理的法律问题在本质上关乎私人利益还是公共利益,似乎可以得出国际私法属于私法的结论,因为国际私法所处理的法律问题(如自然人的权利能力和行为能力、债权、物权、结婚形式要件和实质要件、婚姻一般效果、亲子关系、夫妻财产制、继承),在本质上涉及私人利益甚于公共利益。

反驳意见认为,在公法和私法的区分问题上的"利益说"最早可以追溯到古罗马法。该说在判断某一法律关系或法律规范究竟属于公法还是私法时,系以所涉及的是公共利益还是私人利益为准:涉及公共利益的是公法关系或公法规范,涉及私人利益的是私法关系或私法规范。[1] 然而,在现代国家的法律体系中,公共利益和私人利益并不能截然分开。私法上的法律关系(如婚姻关系)或法律规范往往与公共利益密切相关;反之,公法关系或公法规范也往往涉及私人利益。因此,作为划分公法和私法的一种古老学说,"利益说"今天已不能令人信服。

(二)关于国际私法性质的分析

国际私法究竟是私法还是公法的问题,犹如一个钱币的两面,须逐一审视之。

一方面,一些国家的国际私法制定法将冲突规则与民法规范规定在一起,似乎不是偶然的安排,至少表明这些国家的立法者认为这两种规范是邻近的规范。已故英国国际私法学家、牛津大学原研究员莫里斯(John Humphrey Carlile Morris, 1910~1984年)的遗著《法律冲突法》(2009年第7版由其弟子麦克林和比弗斯执笔)也指出:"一般地说,法律冲突法涉及私法大大甚于涉及公法。"该书对国际私法(法律冲突法)所下的定义是:"法律冲突法是某一特定国家处理含有外国因素的案件的那部分私法。"(The conflict of laws is that part of the private law of a particular country which deals with cases having a foreign element.)[2]法国国际私法学者、巴黎第二大学教授安塞尔(Bertrand Ancel)也认为:"国际私法是其目的在于提供适合于国际性私人关系的解决办法的一个私法分支。"[3]德国国际私法学家、马普外国私法与国际私法研究所原所长巴泽多认为,国际私法是关于私人跨境关系(或曰"私人国际性关系")的私法,是一个主要处理私人利益的法律领域,因而是私法的组成

〔1〕 参见[德]迪特尔·梅迪库斯:《德国民法总论》,邵建东译,法律出版社2000年版,第11页。

〔2〕 See Morris, *The Conflict of Laws* (*by McClean and Beevers*), Seventh Edition, 2009, para. 1-002, 1-007.

〔3〕 Voir Bertrand Ancel, «Droit international privé», in Alland et Rials (dir.), *Dictionnaire de la culture juridique*, 2003, p. 491.

部分。[1] 显然,在莫里斯、安塞尔和巴泽多看来,国际私法是私法的一个分支。

另一方面,冲突规则作为一种行为规范,是主要针对法院地国家的法院或行政机关或其他非裁判机关(如婚姻登记机关、户籍登记机关、[2]将被继承人用来处分其位于国外的财产的遗嘱做成公证证书的公证机关)等法律适用者的,[3]即要求或命令国内法院(或其他法律适用者)在对涉外民商事案件有国际管辖权的前提下,决定是否适用以及如何适用外国法律体系——决定适用内国法律体系还是外国法律体系;如果适用外国法律体系,是适用此外国法律体系还是彼外国法律体系。从这个角度看,法院、行政机关等法律适用者同时也是法律体系的选择者。如果一定要说国际私法也调整一定的社会关系,那么它所调整的绝不是私法关系(无论是否含有涉外因素),而更多的是制定冲突规则的立法者与将冲突规则适用于涉外案件的法院或行政机关等法律适用者之间的关系,至少是一种与法律适用有关的社会关系。如此看来,国际私法规则(冲突规则)的公法特征似乎强于其私法特征。

早在1834年,美国最高法院原法官、哈佛大学原教授斯托里(Joseph Story, 1779~1845年)即在其所著的《法律冲突法释义:外国的和内国的》(*Commentaries on the Conflict of Laws: Foreign and Domestic*)[4]中指出:"这一公法的分支可以……很恰当地被称为私国际法。"(This branch of public law may ... be fitly denominated private international law.)[5]在斯托里看来,所谓"私国际法"乃是公法的一个分支。

无独有偶,中华民国时期国际私法学者唐纪翔教授在给国际私法下定义时指出:"国际私法者,对于涉外私法关系,就内外国之法律,决定其孰应适用之国内公法也。"关于此定义,他特别强调:"国际私法者,国内公法也。"为此,他进一步分析说明:"称国际私法为国内公法,似近于滑稽,然决非滑稽,实因国际私法名称之不当也。欲知国际私法,是否为公法,应先知公法与私法之区别。关于公法私法之区别,向有种种学说,然就大体言之,则规定国家与国家之关系者、规定国家与国家机关之关系者、规定国家机关与国家机关之关系者、规定国家或国家机关与私人之关系者,皆为公法;惟规定私人与私人之关系者,始为私法。国际私法之规定,若就国家对于法院言之,则为国

---

[1] See Jürgen Basedow, *The Law of Open Societies – Private Ordering and Public Regulation of International Relations*. General Course on Private International Law, in: *Recueil des cours* 360 (2012) 11 – 515 at p. 35 and 41.

[2] 参见唐表明:《比较国际私法》,中山大学出版社1987年版,第35页。

[3] 有时,涉外仲裁机构也可以作为处理涉外案件的法律适用者。为此,《中华人民共和国涉外民事关系法律适用法》第10条第1款第1句规定:"涉外民事关系适用的外国法律,由人民法院、仲裁机构或者行政机关查明。"但与法院或行政机关不同的是,涉外仲裁机构并无所谓"法院地"可言,故不当然受"法院地国家的冲突规则"的约束。如无特别说明,本书所说的法律适用者或法律适用机关一般不包括涉外仲裁机构。

[4] 该书第2版于1841年出版。

[5] See Story, *Commentaries on the Conflict of Laws* (C. C. Little and J. Brown, Boston 1834) § 9.

家与国家机关之关系；若就法院对于当事人之关系言之，则为国家机关与私人之关系，或迳谓之国家与私人之关系亦可。国际私法规定之关系，无论如何，决非私人与私人之关系，故国际私法，非私法，而为公法。”[1]唐纪翔教授的分析，除应强调国家或国家机关系以主权者身份参与上述种种关系外，是能够令人信服的。

本书作者认为，在国际私法是私法还是公法的问题上，似乎很难毫无争议地说它“是什么”。中国台湾地区国际私法学者马汉宝教授也指出：“国际私法系属公法或私法，似甚难断定。”[2]但相比较而言，称国际私法为公法的学者的观点似乎更令人信服。

无论如何，至少可以断言国际私法“不是什么”——国际私法至少不是典型的私法。

三、国际私法是实体法还是程序法

1. 国际私法规则不同于实体私法规则，因为国际私法不能调整涉外民商事法律关系。民事和商事实体法规则的一个特点是，它们直接确定当事人的实体权利义务。因此，它们对民商事法律关系的调整是直接的调整。国际私法则不同，它并不能直接调整任何私法关系，而是通过指定涉外民商事法律关系所应适用的法律体系，找到适当的（某一国家的）法律体系，再由该国法律体系的实体法规则确定当事人的实体权利义务。多数中国学者认为，这是对所涉及的法律关系——涉外民商事法律关系（涉外私法关系）的间接调整。

但是，本书作者认为：法律关系的调整就是直接调整；民事或商事法律关系的调整也只能是直接调整，含有涉外因素的民事或商事法律关系的调整亦如此。从根本上说，所谓“间接调整”是不存在的。国际私法所起的作用仅仅在于告诉有国际管辖权的法院应对含有涉外因素的民商事案件适用何国法律体系，却并不告诉法院应适用该国法律体系的哪一部具体实体法的哪一条具体条文。正因如此，国际私法被一些英国学者比喻为火车站的问讯处：旅客可以从火车站的问讯处了解到自己所搭乘的列车将在哪一站台出发。[3] 正如火车站的问讯处不能代替站台一样，国际私法也不能起到调整私法关系（包括涉外私法关系）的作用，因为国际私法并不直接规定当事人权利义务。能够调整私法关系（无论是纯国内的还是涉外的

---

〔1〕 唐纪翔：《中国国际私法论》（第2版），商务印书馆1934年版，第9页。

〔2〕 马汉宝：《国际私法：总论·各论》，台北，2006年版，第24～25页。

〔3〕 See Cheshire and North's Private International Law, 13th edition (by Peter North and J. J. Fawcett), 1999, p. 8.

私法关系)的,永远只是实体私法——国际统一实体私法[1]或国内民商法。

2. 国际私法规则不同于程序法规则。基于以上分析,冲突规则似乎有点类似于程序法规则,[2]但冲突规则毕竟不是规定审理涉外民商事案件的程序以解决关于实体请求权的争议的程序法规则(关于这种程序,另有国际民事诉讼法规则和国际商事仲裁法规则),而只是在审理涉外案件的程序中被用来指定应予适用的法律体系的规则——法律选择规则。毋庸否认,此种法律选择规则与国际民事诉讼法规则(特别是关于国际民事裁判管辖权的规则)有着密切的关系。有些国家(如德国)的国际私法著作常常将这两种规范放在一起讨论,是有其原因的。但冲突规则与国际民事诉讼法规则的区别是明显的,原因在于冲突规则的任务乃是在涉外案件中指定涉外民商事法律关系应适用何国法律体系。

综上所述,国际私法规则是"自成一类的"(拉丁文 *sui generis*)法律规范,它作为法律适用规则、法律选择规则,既不同于实体私法规则,也不同于程序法规则。一国的国际私法在总体上是该国国内法的一部分。在归属问题上,国际私法既不是国际法、程序法,也不是典型的私法,[3]甚至被认为具有公法的某些特征。[4] 但不可否认的是,一国的国际私法与私法的联系往往比与公法的联系更为密切。[5]

第五节　以比较法为视角所看到的国际私法概念

须指出的是,本书作者对国际私法所下的上述定义,只代表了关于国际私法概念的诸多见解中的一种。事实上,不同国家或地区的学者对国际私法的理解是不一样的;即使在同一国家或地区,学者们在不同时期甚至在同一时期也可能对国际私法做出不同的解释。此外,有些国家有关于国际私法的法定定义(立法者在关于国际私法的制定法中直接给出的定义),有些国家则没有。因此,比较研究有助于我们更全面地了解世界各国的国际私法概念。

---

[1] 如1980年4月11日订于维也纳的《联合国国际货物销售合同公约》、1930年6月7日《关于国际汇票、本票法领域的规定的(日内瓦)公约》和1931年3月19日《关于国际支票法领域的规定的(日内瓦)公约》。

[2] 有些学者甚至认为国际私法是程序法,如中国台湾地区国际私法学者马汉宝教授。参见马汉宝:《国际私法:总论·各论》,台北,2006年版,第23页。

[3] 参见唐表明:《比较国际私法》,中山大学出版社1987年版,第16、389页。

[4] 德国国际私法通说认为:"国际私法本身既不是国际的,也不是私的。"("IPR als solches ist weder international, noch privat.")Siehe Sascha Gruschwitz, IPR - leicht gemacht, 2013, S. 12.

[5] 参见陈卫佐:《国际私法的归属问题之我见》,载黄东黎主编:《国际法研究》第3卷,中国人民公安大学出版社2009年版,第93~99页。

一、外国国际私法

（一）德、奥、日、波等国的国际私法

这些国家通常认为国际私法就是冲突法（法律适用法）。

1. 德国国际私法

（1）1986 年、1999 年改革后的《民法典施行法》的法定定义及数个例子。德国国际私法规则主要规定于自 1900 年 1 月 1 日起与德国《民法典》同时施行的 1898 年 8 月 18 日《民法典施行法》[1]（Einführungsgesetz zum Bürgerlichen Gesetzbuche）[2]中。现行《民法典施行法》是经过 1986 年、1999 年两次国际私法改革修正后的文本，最后一次为 2011 年 7 月 27 日的联邦法律所修改。它罕见地在第 3 条第 1 款第 1 句给出了一个关于德国国际私法的法定定义："在事实情况与外国法有联系的情形下，以下规定决定哪一个法律体系须予适用（国际私法）。"[3]换句话说，德国立法者认为，德国国际私法是决定何国法律体系应适用于与外国法有联系的事实情况的那些法律规范以及相关法律规则、原则、制度的总和。

这样一来，德国立法者以法定定义的方式明确了：国际私法就是冲突法（法律适用法）。具体地说，现行德国国际私法规则（冲突规则）主要见于《民法典施行法》第 3 条至第 46e 条。[4] 例如：

第 10 条第 1 款：人的姓名，适用其本国法。[5]

---

〔1〕 1896 年 8 月 18 日德国《民法典施行法》自生效以来历经多次修正，至今仍是德国国际私法最重要的渊源。关于该法，有两个误解需要予以纠正。其一，中国国际私法学界一般称之为"德国民法施行法"，盖受日本和中国台湾地区学者的影响所致，因为日本学者多有称德国《民法典》为"德国民法"（日文"ドィッ民法"）者，中国台湾地区的学者也是如此。但本书作者认为，该法是专为德国《民法典》而制定的一部施行法，应根据德文名称还其本来面目，称为《民法典施行法》更为合宜。其二，中国国际私法学界有不少人认为该法就是德国国际私法。其实，该法固然是德国国际私法最重要的渊源，但它不仅规定了私法领域的国际法律冲突规则（现行文本的国际私法规定是第 3 条至第 46e 条，它们取代了 1900 年至 1986 年的旧文本之第 7 条至第 31 条），而且规定了与德国《民法典》的施行有关的其他方面的规则，如关于《民法典》的生效日期（第 1 条）、《民法典》和《民法典施行法》所称"法律"的定义（第 2 条）、关于《民法典》与在其生效时已存在的帝国法律之间的关系的规则（第 50 条至第 54 条）、关于《民法典》与各州法律之间的关系的规则（第 55 条至第 152 条）、过渡法（时际私法）规则（第 163 条至第 218 条）等。Vgl. Staudinger – Merten, Kommentar zum BGB mit EGBGB, Art. 1, 2, 50 – 218, Neubearbeitung 2013, Einleitung zu Artikel 1 ff. EGBGB, Rn. 1 – 15.

〔2〕 RGBl. 1896, 604/BGBl. 1896 Ⅲ 400 – 1, zuletzt geändert duch Artikel 2 des Gesetzes vom 27. 6. 2011 (BGBl. 2011 I 1600, 1942).

〔3〕 德语原文：Bei Sachverhalten mit einer Verbindung zum Recht eines ausländischen Staates bestimmen die folgenden Vorschriften, welche Rechtsordnungen anzuwenden sind (Internationales Privatrecht).

〔4〕 本书所引用的德国《民法典施行法》条文皆为作者自译。原文见于 Erik Jayme/Rainer Hausmann, Internationales Privat – und Verfahrensrecht, 16. Aufl. 2012, Verlag C. H. Beck, München, S. 25 – 40。

〔5〕 即国籍国法。

第 13 条第 1 款：结婚要件，就每一个订婚人而言，适用其本国法。

第 21 条：子女与其父母之间的法律关系，适用子女经常居所地国家的法。

第 43 条第 1 款：物权，适用物之所在地国家的法。

(2)与邻近法律分支的区别。在德国，与国际私法最为邻近的法律分支是国际民事诉讼法。后者的规范包括国际管辖权规范、关于涉外民事诉讼程序的进行的规范、承认与执行外国判决的规范等。

与法国学者不同的是，德国学者向来将国籍法排除在国际私法的范围之外。此外，虽然外国人法(关于具有外国国籍或无国籍的自然人或法人的地位的法律分支)的对象也是含有涉外因素的案件，但与国际私法不同的是，外国人法只包含实体法规则而不包含法律适用规则。当外国人法自己所规定的与外国有关的构成要件得到满足时，就适用外国人法。可见，外国人法的适用与否完全不取决于冲突规则，将它与国际私法区分开来是正当的。〔1〕

2. 奥地利国际私法

奥地利国际私法规则主要规定于 1978 年 6 月 15 日由奥地利国民议会通过的一部法律，其德文正式名称及立法者所附的简称分别是 Bundesgesetz vom 15. Juni 1978 über das internationale Privatrecht (IPR – Gesetz)，〔2〕译成汉语是“1978 年 6 月 15 日《关于国际私法的联邦法律》”。〔3〕 该法自 1979 年 1 月 1 日起施行。

奥地利 1978 年 6 月 15 日《关于国际私法的联邦法律》是战后欧洲大陆国家关于国际私法的立法中较早采用单行法律的形式颁布的国际私法法典。其内容包括 8 章 54 条，分别是第 1 章“通则”(第 1 条至第 11 条)、第 2 章“人法”(第 12 条至第 15 条)、第 3 章“家庭法”(第 16 条至第 27 条)、第 4 章“继承法”(第 28 条至第 30 条)、第 5 章“物权法”(第 31 条至第 33 条)、第 6 章“无体财产法”(第 34 条)、第 7 章“债法”(第 35 条至第 49 条)以及第 8 章“最后条款”(第 50 条至第 54 条)，大体

---

〔1〕 Vgl. Kropholler, IPR (6. Aufl. 2006), § I Ⅵ 2.

〔2〕 奥地利 1978 年 6 月 15 日《关于国际私法的联邦法律》(《国际私法法》)最早公布于《奥地利共和国联邦法律公报》1978 年，第 1729 ~ 1734 页(Bundesgesetzblatt für die Republik Österreich, Jahrgang 1978, S. 1729 – 1734)。

〔3〕 有必要就该法的名称作一说明。目前中国绝大多数国际私法著作习惯于称之为《奥地利联邦国际私法法规》。这是一个不正确的称谓。首先，奥地利立法者在公布该法时并没有冠以国家名，但附有该法被国民议会通过的日期。其次，这是一部由奥地利共和国立法机关制定的法律(德文 Gesetz)，且为联邦法律(德文 Bundesgesetz)，其效力在联邦制定法中仅次于联邦宪法，称为“法规”容易给人一个印象，以为它是效力低于联邦法律的行政法规或地方法规。最后，即便将中文里的“法规”作为一个集合名词使用，在这里也是不妥的，因为一部单独的联邦法律很难等同于这一意义上的“法规”，后者在外延上既包括宪法、法律，也包括行政法规和地方法规。当然，如果采取意译的方法，称该法为奥地利《联邦国际私法》(加书名号)也未尝不可。虽然这是一个看似很小的问题，但却能看出治学态度是否严谨。这部法律在中国被误叫了 40 余年，在中国学术界呼吁注重学术规范、注重质量而非数量的今天，是该纠正过去的错误叫法的时候了。

上仅限于冲突规则。[1] 因此,可以认为奥地利国际私法就是冲突法(法律适用法)。

3. 日本国际私法

在2007年1月1日以前,日本国际私法规则主要规定于《法例》。它最初为1898年第10号法律,于1898年6月21日与日本《民法》(最初为1898年第9号法律)在同一天被日本国会通过,自1898年7月16日起施行。[2] 《法例》是一部受到1896年德国《民法典施行法》影响的关于法律适用的制定法。

《法例》历经多次修改,先后为1942年第7号法律、1947年第223号法律、1964年第100号法律、1986年第84号法律、1989年第27号法律和1999年第151号法律所修正。其中较引人注目的是1989年日本国际私法改革(1990年1月1日生效),但那次改革仅限于国际婚姻法和国际亲子关系法领域。最后一次《法例》修改因1999年第151号法律而进行,[3]但《法例》的基本框架不变,大体上只规定了冲突规则(第3条及以下)。[4]

日本《法例》曾经是19世纪末的一部较为先进和完善的关于法律适用的制定法。它虽然受到德国《民法典施行法》的影响,却没有追随德国《民法典施行法》最初文本所奉行的单边主义。相反,它的一些规定具有普遍主义特征,这尤其表现在其相当数量的双边或多边冲突规则上。这种在准据法的确定问题上平等地对待外国法和日本法的做法在那个时代是难能可贵的。

然而,在《法例》施行100余年的时间里,日本的社会、经济状况发生了显著变化,出现了许多前所未有的国际私法新课题。与此同时,不少国家——如德国(1986年和1999年)、瑞士(1987年)、意大利(1995年)、英格兰(1999年)、比利时

〔1〕 奥地利1978年6月15日《关于国际私法的联邦法律》(《国际私法法》)主要起草人是奥地利国际私法学家施温德(Fritz Schwind)。他所提出的草案发表在《比较法杂志》第12卷(1971年)第161页及以下[ZfRV 12 (1971) 161]。该法主要使用国籍连结点,即采本国法主义(见该法第9条),且将"最强关系原则"置于首位。

〔2〕 See Masato Dogauchi, Historical Development of Japanese Private International Law, in: Basedow, Baum and Nishitani (eds.), Japanese and European Private International Law in Comparative Perspective, 2008, p. 33 – 34.

〔3〕 《法例》的最新中译本见陈卫佐译:《日本法例》,载黄进等主编:《中国国际私法与比较法年刊》第8卷,法律出版社2006年版,第607 ~ 613页。

〔4〕 经1999年第151号法律修正的《法例》最近文本共有34条,内容包括法律的施行日期(第1条),习惯法(第2条),行为能力(第3条),监护、保佐及辅助开始的审判(第4条、第5条),失踪宣告(第6条),法律行为的成立及效力、法律行为的方式(第7条、第8条),异法地域者之间的意思表示(第9条),物权及其他应登记的权利(第10条),法定债权的成立及效力、债权让与(第11条、第12条),婚姻的成立要件及方式、婚姻的效力、夫妻财产制、离婚(第13条至第16条),婚生亲子关系、非婚生亲子关系及认知、准正、收养及收养的解除(第17条至第20条),亲子间的法律关系、亲属关系法律行为的方式、亲属关系、监护、保佐及辅佐(第21条至第25条),继承、遗嘱的成立及效力(第26条、第27条),本国法的确定、住所地法、经常居所地法(第28条至第30条),人际法(第31条),反致(第32条),公共秩序(第33条),扶养的义务及遗嘱的方式(第34条)。

(2004 年)以及日本的邻国韩国(2001 年),相继制定了新的国际私法规则,在相当程度上实现了各自国际私法的现代化,使日本国际私法略显保守。不仅如此,19 世纪末公布并施行的《法例》所一直沿用的片假名文言体,也被批评为远离一般国民的日常生活,与它作为一部民事基本法的地位甚不相符。[1] 总之,在新的全球化时代背景下,日本国际私法的许多规定已不合时宜,甚有进一步改革的必要。[2]

2003 年 2 月,日本法务部法制审议会下属的"国际私法(现代化关系)部会"成立。该部会自 2003 年 5 月至 2005 年 7 月先后举行了 28 次会议。其间,"关于国际私法现代化的要纲中间试案"于 2005 年 3 月被交付公开"募集意见"程序,以征求社会各界人士的意见。2005 年 7 月的"关于国际私法现代化的要纲"于同年 9 月被法务部法制审议会第 146 次会议采纳。在此基础上,法务部向日本第 164 届国会提交了全面修改《法例》的《关于法的适用的通则法案》,该法案于 2006 年 4 月 19 日为参议院所通过。2006 年 6 月 15 日,众议院通过了 2006 年第 78 号法律,即《关于法的适用的通则法》。[3] 该法于 2006 年 6 月 21 日公布在官报上,自 2007 年 1 月 1 日起施行。[4]

《关于法的适用的通则法》[5]包括第 1 章"总则"(第 1 条)、第 2 章"关于法律

---

〔1〕 参见向在胜:《日本国际私法现代化的最新进展》,载《国际私法全球论坛:2007 年中国国际私法学会年会暨学会成立 20 周年庆典论文集》,第 308 页。

〔2〕 参见徐冬根:《国际私法趋势论》,北京大学出版社 2005 年版,第 259 页。

〔3〕 原文见[日]神前祯:《〈关于法的适用的通则法〉解说·新国际私法》,弘文堂 2006 年版,第 223～243 页;[日]小出邦夫编著:《一问一答·新国际私法·〈关于法的适用的通则法〉的解说》,商事法务株式会社 2006 年版,第 169～189 页。德语译文见 ZfRV 2006/34, S. 227－233; IPRax 2007, 560;英语译文见 Kent Anderson/Yasuhiro Okuda, Yearbook of PIL 2006; Masato Dogauchi u. a., Act on General Rules on Application of Laws, in: JAIL 50 (2007)。

〔4〕 参见[日]小出邦夫编著:《一问一答·新国际私法·〈关于法的适用的通则法〉的解说》,商事法务株式会社 2006 年版,第 1～5 页;[日]神前祯:《〈关于法的适用的通则法〉解说·新国际私法》,弘文堂 2006 年版,第 7～8 页。

〔5〕 有学者将该法的名称译为《法律适用通则法》。这虽然比较简洁,但不如《关于法的适用的通则法》忠实于原文(该法的日语名称是"法の適用に関する通則法")。译者认为,保留"关于……的……"的结构比较符合原意。日本学者黄轫霆先生也将该法译为《关于法的适用的通则法》。也有学者将该法的名称译为《日本法律适用通则法》。但本书作者认为将"日本"二字置于书名号内,不仅与原名称不相符,且容易使人产生误解,以为是关于"日本法律"的适用的"通则法"。另有学者指出:该法名称中的"法律适用"应译为"法的适用",这是有道理的。该法明显区别于《法例》的一个地方是,将《法例》中所称的"法律"(如"日本法律""婚姻举行地的法律")改称为"法"(如"日本法""婚姻举行地法"及有最密切关系的地方的"法")。这里的"法"在国际私法上是指法律体系,不限于日本国会所制定的狭义的"法律"。尽管如此,中国现行法律和国际私法著作均已约定俗成地说"法律适用",且"法律适用"中的"法律"系用于广义而非狭义。这一语境下的"法律"在国际私法上的正确含义是"法律体系","法律适用"实则是"法律体系的适用"。因此,《关于法的适用的通则法》所称"法的适用"相当于汉语里的"法律适用"。参见[日]黄轫霆:《日本国际私法关于合同准据法的最新修改》,载黄进等主编:《中国国际私法与比较法年刊》第 11 卷,北京大学出版社 2008 年版,第 299 页;向在胜:《日本国际私法现代化的最新进展》,载《国际私法全球论坛:2007 年中国国际私法学会年会暨学会成立 20 周年庆典论文集》,第 307 页,注解 1。

的通则”(第2条、第3条)和第3章“关于准据法的通则”(第4条至第43条),凡43条。其中第3章是关于冲突法(法律适用法)的规定,内容包括:第1节“人”(第4条至第6条)、第2节“法律行为”(第7条至第12条)、第3节“物权等”(第13条)、第4节“债权”(第14条至第23条)、第5节“亲属”(第24条至第35条)、第6节“继承”(第36条至第37条)以及第7节“补则”(第38条至第43条)。

与经1999年第151号法律修正的《法例》最近文本(共34条)相比,新法的条文增加了9条。由第1条单独构成的第1章“总则”开宗明义地规定了该法的立法目的:“本法律旨在制定关于法的适用的通则。”由第2条和第3条构成的第2章“关于法律的通则”(相当于不分章节的《法例》第1条和第2条)分别规定了法律施行的日期和习惯法的效力这两个一般性问题,并非真正意义上的国际私法规则。只有新法第3章(第4条及以下)“关于准据法的通则”才是名副其实的国际私法规则。

在内容上,2006年日本国际私法改革[1]及于《法例》除国际婚姻法和国际亲子关系法以外的其他领域,包括国际合同法、国际侵权行为法、人法和国际监护法,尤以国际合同法和国际侵权行为法为重点。这次改革增加了法的明晰性、可预见性和安定性,使日本国际私法更加现代化,也更符合国际标准。[2]

可见,日本现行有效的关于法律适用的制定法——2006年6月15日《关于法的适用的通则法》第4条至第43条也是将国际私法视为冲突法(法律适用法)的。

在学理定义方面,日本学习院大学教授神前祯先生在解释《关于法的适用的通则法》时指出:所谓国际私法,就狭义言之,是指确定私人间的民事争议所应适用的法(准据法)的法。换言之,是指准据法选择规则。[3] 就广义言之,一般指与国际性民事争议相关联的法。但日本学者所称的国际私法,通常是指狭义的国际私法,即准据法选择规则。

4. 波兰国际私法

在2011年5月16日以前,1965年11月12日《关于国际私法的法律》(自1966年7月1日起施行)曾经是波兰国际私法的主要渊源。但该法已被波兰共和国2011年2月4日《关于国际私法的法律》(自2011年5月16日起施行[4])取代。

波兰共和国2011年2月4日《关于国际私法的法律》共有81条,分为以下19

---

〔1〕参见陈卫佐:《日本国际私法的最新改革》,载《法律适用》2009年第2期。

〔2〕Vgl. dazu Nishitani, Die Reform des internationalen Privatrechts in Japan, in IPRax 2007, 552–557; Sakurada, Nishitani und Schwittek, Die Novellierung des japanischen IPR, in ZfRV 2006/34, S. 225–226.

〔3〕参见[日]神前祯:《〈关于法的适用的通则法〉解说·新国际私法》,弘文堂2006年版,第1页。

〔4〕Traduction française dans la *Rev. crit. DIP*, 2012, p. 225–236. Voir Pajor, «La nouvelle loi polonaise de droit international privé», *Rev. crit. DIP*, 2012, p. 6–14.

章：第1章“一般规定”（第1条至第10条）、第2章“自然人”（第11条至第16条）、第3章“法人和其他组织单位”（第17条至第21条）、第4章“代理”（第22条至第23条）、第5章“法律行为的实施及其形式”（第24条至第25条）、第6章“请求权的消灭时效和其他与期间届满相关联的制度”（第26条至第27条）、第7章“债”（第28条至第38条）、第8章“仲裁协议”（第39条至第40条）、第9章“所有权和其他物权、占有”（第41条至第45条）、第10章“知识产权”（第46条至第47条）、第11章“婚姻事项”（第48条至第54条）、第12章“亲子关系法”（第55条至第56条）、第13章“收养”（第57条至第58条）、第14章“监护和保佐”（第59条至第62条）、第15章“扶养义务”（第63条）、第16章“继承事项”（第64条至第66条）、第17章“其他法律关系”（第67条至第68条）、第18章“现行规定中的变更”（第69条至第79条）以及第19章“最后规定”（第80条至第81条）。

自2011年5月16日起施行的波兰共和国2011年2月4日《关于国际私法的法律》像其前身1965年11月12日《关于国际私法的法律》一样，体现了波兰学者、立法者和法官所公认的国际私法观念，即国际私法是由关于在裁判国际性民事案件时应适用何国法的规则组成的一个独立的法律部门。因此，关于波兰法院在何种情形下对国际性民事案件有管辖权的规则、关于外国判决的承认与执行的规则均不属于波兰国际私法，而属于民事诉讼法或另一个独立的法律部门——国际民事诉讼法。此外，国籍规则和关于外国自然人和法人的法律地位的规则也不属于波兰国际私法。[1]

该法第1条开宗明义地明确了波兰新国际私法的范围：本法规定与两个或两个以上国家有联系的私法关系所应适用的法。可以认为，波兰国际私法等同于涉外民事关系法律适用法。

（二）法国国际私法

已故著名国际私法学家巴蒂福尔（Henri Batiffol，1905～1989年）与其弟子、巴黎第一大学荣休教授拉加德（Paul Lagarde）合著的《国际私法》一书所持观点，可视为法国学者对国际私法的代表性见解。他们从国际性私人关系（法文 des relations privées internationales）的处理入手，认为：“国际私法是在国际社会的各种关系中，只适用于私人的规则的总称。”[2] 这里的“私人”，包括自然人和法人。

基于这一认识，法国学者一般把国籍（nationalité）、外国人地位（condition des étrangers，如法国《民法典》第11条）、法律冲突（conflits de lois，如法国《民法典》第3条）和裁判权冲突（conflits de juridictions，如法国《民法典》第14条和第15条）看

---

〔1〕 See Andrzej Mączyński, *Polish Private International Law*, Yearbook of Private International Law, Volume 6 (2004), p. 205－206.

〔2〕 Voir Battiffol et Lagarde, *Droit international privé*, Tome 1, 8e édition, 1993, p. 13. 另见［法］巴蒂福尔、［法］拉加德：《国际私法总论》，陈洪武等译，中国对外翻译出版公司1989年版，第3页。

成国际私法的内容。按照巴黎第二大学荣休教授奥迪(Bernard Audit)先生的解释,国籍法规则和关于外国人地位的规则均为实体法规则;而所谓“裁判权冲突”,[1]有时也称“裁判机关或主管机关的冲突”(法文 conflits de juridictions ou d'autorités),其实是一种不十分准确的说法,它包括法国法院的国际管辖权、法国法院在裁判国际性诉讼时所适用的程序、与直接国际管辖权有关的事项,[2]甚至包括外国判决在法国的效果的承认条件(与间接国际管辖权有关)。但奥迪教授同时又指出:在大多数国家,国籍和外国人地位是由公法调整的特别事项。[3]

(三)瑞士国际私法

1989 年 1 月 1 日以前,瑞士国际私法规则十分分散和凌乱。其中既有联邦制定法规则,又有判例法规则和国际条约规则;而制定法中起主要作用的是一部制定于 1891 年 6 月 25 日并于 1892 年 7 月 1 日生效、最初用来解决州际法律冲突和州际管辖权冲突、后来被类推适用于国际法律冲突和国际管辖权冲突的联邦法律——《关于定居或暂住的公民的民法关系的联邦法律》(法文 Loi fédérale du 25 juin 1891 sur les rapports de droit civil des citoyens établis ou en séjour,简称 LRDC)。虽然该联邦法律后经多次修改,但其调整范围始终相当有限(大体上仅限于人法、家庭法和继承法问题),条文规定也极不完善。不仅如此,与管辖权、判决的承认与执行有关的程序问题尚需适用各州的民事诉讼法典。经过瑞士国际私法学者、立法者和实务界人士长期不懈的努力,瑞士国际私法的法典编纂得以在 1971 年正式启动。瑞士联邦议会于 1987 年 12 月 18 日通过了一部内容广泛、规定详尽的国际私法法典——1987 年 12 月 18 日《关于国际私法的联邦法律》[4][德文 Bundesgesetz über

---

[1] 有些翻译作品将“裁判权冲突”(法文 conflits de juridictions)译成“管辖权冲突”。参见[法]巴蒂福尔、[法]拉加德:《国际私法总论》,陈洪武等译,中国对外翻译出版公司 1989 年版,第 4、7~8 页。

[2] 如法国户籍官员主持外国公民的婚姻登记的管辖权以及法国公证人将被继承人用来处分位于国外的财产的遗嘱做成公证证书的管辖权等。

[3] Voir Audit, Droit international privé, 5e édition, 2008, n° 11-18, 20-25, 44. p. 55.

[4] 与奥地利 1978 年 6 月 15 日《关于国际私法的联邦法律》的名称相仿,不少中文国际私法著作也习惯于把瑞士 1987 年 12 月 18 日《关于国际私法的联邦法律》称为“瑞士联邦国际私法法规”。这也是一个错误的称谓。首先,瑞士立法者在公布该法时并没有冠以国家名,但附有该法被联邦议会通过的日期。其次,这是一部由瑞士联邦立法机关(联邦议会)制定的法律(德文 Gesetz,法文 loi),且为联邦法律(德文 Bundesgesetz,法文 loi fédérale),其效力在联邦制定法中仅次于瑞士联邦宪法,称为“法规”容易给人一个印象,以为它是效力低于联邦法律的行政法规或地方法规。最后,即使将中文里的“法规”作为一个集合名词使用,在这里也是不妥的,因为一部单独的联邦法律很难等同于这一意义上的“法规”,后者在外延上既包括联邦宪法、联邦法律,也包括联邦行政法规和地方法规。当然,如果采取意译的方法,称该法为瑞士《联邦国际私法》,甚至使用非正式名称瑞士国际私法法典(不带书名号),也未尝不可,总比称作“联邦国际私法法规”强。作者分析,中国学者之所以称该法为“联邦国际私法法规”,可能是因为它的某些英译本叫作“Federal Private International Law Statute”的缘故。但英文 statute 在这里是指“制定法”“成文法”,也不能译成“法规”。

das internationale Privatrecht (IPRG) vom 18. 12. 1987,法文 Loi fédérale sur le droit international privé du 18 décembre 1987 (LDIP)],[1]于 1988 年 1 月 12 日公布,自 1989 年 1 月 1 日起施行。

瑞士 1987 年 12 月 18 日《关于国际私法的联邦法律》是瑞士现行国际私法规则的主要渊源。它共有 200 个条文,内容包括第 1 章"总则"(第 1 条至第 32 条)、第 2 章"自然人"(第 33 条至第 42 条)、第 3 章"婚姻"(第 43 条至第 65 条)、第 4 章"亲子关系"(第 66 条至第 84 条)、第 5 章"监护和其他保护措施"(第 85 条)、第 6 章"继承"(第 86 条至第 96 条)、第 7 章"物权"(第 97 条至第 108 条)、第 8 章"知识产权"(第 109 条至第 111 条)、第 9 章"债法"(第 112 条至第 149 条)、第 10 章"公司"(第 150 条至第 165 条)、第 11 章"破产及和解"(第 166 条至第 175 条)、第 12 章"国际仲裁"(第 176 条至第 194 条)、第 13 章"最后条款"(第 195 条至第 200 条),是迄今为止世界各国的国际私法制定法中条款最多、内容最详备的一部国际私法法典。

瑞士 1987 年 12 月 18 日《关于国际私法的联邦法律》第 1 章"总则"首先规定该法的适用范围,实际上等于界定了瑞士国际私法的范围——该法适用于以下国际性事项:瑞士司法机关(法院)或行政机关的国际管辖权、国际性事项所应适用的法(准据法)、承认与执行外国判决的条件、国际破产及和解、国际仲裁(第 1 条第 1 款),但瑞士所批准的国际条约不受影响(第 1 条第 2 款)。第 1 章还就国际管辖权、准据法的确定、该法所使用的最重要的连结因素(住所、国籍)、外国判决的承认与执行做出了总则性的共同规定。分则除了关于破产及和解协议的第 11 章和关于国际仲裁的第 12 章之外,其余各章基本上依照 1907 年的瑞士《民法典》(1912 年 1 月 1 日生效)和《债法典》划分所处理事项的范围。大体上说,每一章都是就各该事项先规定直接国际管辖权规则,再规定法律适用规则,最后是外国判决的承认与执行的规则。但关于债法的第 9 章先就合同、不当得利和侵权行为的直接国际管辖权和准据法问题做出规定,然后就诸如债权让与、时效及消灭等债法上的一般问题做出与准据法有关的共同规定,最后是关于承认与执行外国判决的规定。在一定程度上,关于公司的第 10 章的结构安排也与前面分则各章有所不同。第 13 章"最后条款"包括关于现行法律的废止和修改的规定、过渡条款以及关于公民复决和施行的规定。该法在结构方面所做的上述安排,会使总则部分的规定和分则部分的规

---

〔1〕 关于瑞士 1987 年 12 月 18 日《关于国际私法的联邦法律》的正式名称和简称,本书作者曾在 20 多年前出版的《瑞士国际私法法典研究》一书中做了详细说明。本书作者当时的用意是为了呼吁国际私法学界纠正关于该法的不正确叫法,可惜本书作者的良苦用心并未引起多少人的注意。在欧洲留学 6 年回国后,本书作者对欧洲国家的法律体系有了更多的了解,更加坚信 20 多年前的主张是正确的。总之,是该纠正过去不正确的叫法的时候了。参见陈卫佐:《瑞士国际私法法典研究》,法律出版社 1998 年版,第 25 ~ 26 页。

定偶有重复之处，但这种结构体现了国际管辖权与准据法之间的有机联系，与受理国际性民商事案件的瑞士司法机关（法院）或行政机关的工作方法相一致，其最大优点是便于查阅和使用。

瑞士1987年12月18日《关于国际私法的联邦法律》是欧洲第一部打破实体法、程序法和冲突法的传统分野，而将国际管辖权、准据法的确定、判决的承认与执行这三个密切相关的问题连同国际破产及和解、国际仲裁问题规定在一个单一、完整的立法文件里的国际私法法典；[1] 它吸收了大西洋两岸当代国际私法的立法、学说、司法判例和国际条约（特别是海牙国际私法公约）中一些先进的、合理的解决方案，因而具有很高的立法质量；[2] 它含有许多极富创新性的规定（如第15条关于一般性例外条款的规定、第19条关于在某些情形下对外国的强制性规定予以适用或考虑的规定），对国际私法的立法和学说的发展做出了重大贡献，所以一经问世即引起各国国际私法学者的极大关注。各国国际私法学者纷纷对其加以论述和研究。[3]

（四）意大利类国际私法

1. 意大利国际私法

意大利曾经是在19世纪中叶较早对国际私法规则进行法典编纂的欧洲国家。早在1865年，在时任司法部部长的著名法学家、外交家和政治家曼奇尼（Pasquale Stanislao Mancini，1817～1888年）的主持下，一些冲突规则即被相对集中地规定在意大利第一部《民法典》的总则中。1942年，意大利立法者在制定新的《民法典》时，将原有的冲突规则稍加修改，使之成为新《民法典》序言条款的一部分（1942年《民法典》第17条至第31条），并一直施行至1995年9月1日。

意大利立法者于20世纪90年代对旧的国际私法体系进行了改革。改革的主要原因是：首先，一些原有冲突规则不符合基本的宪法原则，特别是1948年意大利宪法所确立的男女平等原则。例如，1942年《民法典》第18条和第20条分别给予丈夫的本国法和父亲的本国法以优先地位，不符合意大利宪法关于意大利国民人人平等的第3条和关于配偶相互平等的第29条第2款的精神，已被宣告违宪。其次，当时的意大利国际私法体系与意大利所批准的国际条约之间的关系不够和谐。最终，立法机关于1995年5月31日通过了《关于改革意大利国际私法体系的第218号法律》（意大利文名称LEGGE 31 maggio 1995，n. 218 Riforma del sistema italiano di diritto internazionale privato），自1995年9月1日起施行。这是意大利立法史上第一部国际私法法典。

---

〔1〕 See Symeon C. Symeonides, *The New Swiss Conflicts Codification: An Introduction*, AJCL, Vol. 37 (1989), p. 188.

〔2〕 参见李浩培：《瑞士新国际私法》，载《法学杂志》1989年第4期。

〔3〕 参见陈卫佐：《瑞士国际私法法典研究》，法律出版社1998年版，“前言”，第1～2、15～16、264页。

该法分5章,凡74条,分别是:第1章“总则”(第1条、第2条)、第2章“意大利法院的裁判管辖权”(第3条至第12条)、第3章“准据法”(第13条至第63条)、第4章“外国判决和措施的效力”(第64条至第71条)以及第5章“过渡性规定和最后规定”(第72条至第74条)。

与旧法相比,新法完成了意大利国际私法的现代化。例如,改革前的意大利国际私法只有十几条冲突规则(1942年《民法典》第17条至第31条),而新法的冲突规则有40余条。受瑞士国际私法法典和晚近一些欧洲国家的国际私法法典编纂的影响,意大利国际私法法典一反传统上认为国际私法就是法律适用法的观点,转而在体系上采取国际裁判管辖权、准据法的确定、外国判决的承认与执行的三分法。然而,意大利国际私法法典在范围上不如瑞士国际私法法典广,在立法技术上也不如瑞士国际私法法典精湛。有学者指出,尽管意大利国际私法法典以瑞士国际私法法典为样板,却有点像“其样板的不完全的复制”。[1] 这种批评是中肯的。

2. 比利时国际私法

比利时王国立法机关于2004年7月16日通过了《关于国际私法法典的法律》(以下简称《国际私法法典》),[2]自2004年10月1日起施行。这是比利时立法史上第一部国际私法法典,且被冠以“国际私法法典”的名称,在晚近各国的国际私法改革中实属罕见,较之瑞士1987年12月18日《关于国际私法的联邦法律》和意大利1995年5月31日《关于改革意大利国际私法体系的第218号法律》这两部分别制定于20世纪80年代和90年代的欧洲国家国际私法法典有过之而无不及。

比利时《国际私法法典》共有13章140条,内容包括国际裁判管辖权、准据法的确定以及外国法院判决和外国公文书的效力。具体是:第1章“总则”(第1条至第31条)、第2章“自然人”(第32条至第41条)、第3章“婚姻关系”[3](第42条至第57条)、第4章“‘同居’关系”(第58条至第60条)、第5章“亲子关系”(第61条至第72条)、第6章“扶养义务”(第73条至第76条)、第7章“继承”(第77条至第84条)、第8章“财产”(第85条至第95条)、第9章“债”(第96条至第108条)、第10章“法人”[4](第109条至第115条)、第11章“集体性支付不能程序”(第116条至第121条)、第12章“信托”(第122条至第125条)、第13章“最后条款”(第126条至第140条)。

可以说,比利时立法者达到了比利时国际私法法典编纂的三大目标——明晰

---

[1] See Tito Ballarino & Andrea Bonomi, *The Italian Statute on Private International Law of* 1995, Yearbook of Private International Law, Volume 2 (2000), p. 99 - 131.

[2] Moniteur belge, 27 juillet 2004.

[3] 英译本作“婚姻和婚姻事件程序”。

[4] 英译本作“具有独立法律人格的实体”。

性、现代性和国际开放性。[1]

3. 保加利亚国际私法

保加利亚共和国第39届国民议会于2005年5月4日通过了2005年第42号法律——《国际私法法典》，自2005年5月21日起施行。这是保加利亚立法史上第一部国际私法法典，也是继比利时《国际私法法典》之后又一部以"国际私法法典"命名的欧盟成员国国际私法制定法。[2]

保加利亚《国际私法法典》共有4编12章124条，包括第1编"基本规定"（第1章）、第2编"保加利亚法院和其他机关的国际管辖权、国际民事案件审理程序"（第2章至第3章）、第3编"准据法"（第4章至第11章）和第4编"外国法院判决和其他公文书的承认与执行"（第12章）。具体为：第1章"基本规定"（第1条至第3条）、第2章"保加利亚法院和其他机关的管辖权"（第4条至第28条）、第3章"审理程序"（第29条至第38条）、第4章"（关于准据法确定的）共同规定"（第39条至第47条）、第5章"主体法律地位"（第48条至第60条）、第6章"法律行为、代理和消灭时效"（第61条至第63条）、第7章"物权和知识产权"（第64条至第74条）、第8章"家庭关系"（第75条至第88条）、第9章"继承关系"（第89条至第92条）、第10章"合同之债"（第93条至第104条）、第11章"非合同之债"（第105条至第116条）、第12章"承认与执行外国判决和其他公文书的条件和程序"（第117条至第124条）。

保加利亚《国际私法法典》是保加利亚立法者在21世纪初对国际私法进行法典编纂和全面改革的产物，它一方面深受欧盟国际私法统一化进程的影响，另一方面也借鉴了意大利《关于改革意大利国际私法体系的第218号法律》和比利时《国际私法法典》等其他欧盟成员国国际私法法典编纂的成功经验，因而具有较高的立法质量。[3]

（五）英美国际私法

1. 英格兰国际私法

按照权威的英国国际私法著作——《切希尔和诺斯国际私法》1999年英文第13版的解释，英格兰国际私法（适用于英格兰和威尔士）总是与下列三个问题中的一个或一个以上相关的：(1)英格兰法院的管辖权（jurisdiction of the English court）。(2)外国判决的承认与执行（recognition and enforcement of foreign judgments）。(3)法律选择（the choice of law）。如果英格兰法院认为自己对含有外国因素的案

---

〔1〕 See Fiorini, *The Codification of PIL: the Belgian Experience*, 54 ICLQ (2005) 509; 510, note 105.

〔2〕 See Christa Jessel - Host, *The Bugarian Private International Law Code of* 2005, Yearbook of Private International Law, Volume 9 (2007), p. 375 - 385.

〔3〕 See Basedow/Rühl/Ferrari/de Miguel Asensio (eds.), *Encyclopedia of Private International Law*, Edward Elgar, Cheltenham 2017, Volume 3, p. 1949 - 1950; Volume 4, p. 3020 - 3045.

件有国际管辖权,则必须进一步考虑法律选择的问题,即应对案件适用何国法律体系？是英格兰法律体系还是外国法律体系？

因此,英格兰国际私法包括关于英格兰法院对国际性案件的管辖权的规范、关于外国判决的承认与执行的规范以及法律选择规则(法律适用规则、冲突规则)。

须指出的是,英格兰国际私法所说的"外国因素"(foreign elements)是指非英格兰因素,"外国"是指英格兰以外的国家乃至"法域"。国际私法上所称"法域"(law district),是指施行独特的法律体系的地区或地域。[1] 一般地说,"法域"与"国家"相一致,但这是仅就"统一法国家"而言的;对于"不统一法国家"(如美国、加拿大、澳大利亚、墨西哥、西班牙),则在一个主权国家内可以有一个以上法域的存在。在这里,重要的判断标准是独特的法律体系是否施行于一个地区或地域。据此,苏格兰、海峡群岛(the Channel Islands)和北爱尔兰是英格兰国际私法意义上的"外国"或"外法域",因为它们各自施行不同于英格兰法的独特的法律体系;威尔士则不是英格兰国际私法意义上的"外国"或"外法域",因为威尔士法律体系仍与英格兰法律体系相同。同样,单一制国家(如瑞典、意大利和新西兰)固然是英格兰国际私法意义上的"外国"或"外法域",但联邦制国家内若干个施行单独法律体系的法域,如美国各州(如纽约州、加利福尼亚州)、加拿大各省(如魁北克省)、澳大利亚各州(如新南威尔士州)以及墨西哥的31个州和1个联邦区(墨西哥城),也是英格兰国际私法意义上的"外国"或"外法域",在英格兰国际私法上与法国、德国、日本和巴西并无不同。[2]

由于这一原因,英格兰国际私法在提到外国法时,其所称"外国法"(foreign laws)或"外国法律体系"(foreign systems of law)不仅指大不列颠及北爱尔兰联合王国以外的国家的法律体系,有时也指构成联合王国的诸领土单位中除英格兰(包括威尔士)以外的其他领土单位的法律体系——苏格兰的法律体系、海峡群岛的法律体系、北爱尔兰的法律体系。因此,在国际私法上,对于英格兰法院来说,苏格兰法、海峡群岛的法、北爱尔兰法同英联邦其他成员国的法(如澳大利亚法、加拿大法)或欧洲联盟(简称欧盟)其他成员国的法(如法国法、德国法)、日本法、巴西法一样,都是外国法或外法域的法。[3]

2. 美国国际私法

与英格兰国际私法相似,美国国际私法(冲突法)学者也几乎一致认为冲突法

---

〔1〕 本书所称"法律体系",即日本学者所说的"法秩序",参见[日]神前祯:《〈关于法的适用的通则法〉解说·新国际私法》,弘文堂2006年版,第2页。

〔2〕 See Morris: The Conflict of Laws (by *McClean and Beevers*), Seventh Edition, 2009, para. 1-004.

〔3〕 See Peter North and J. J. Fawcett, *Cheshire and North's Private International Law*, 13th edition, 1999, p. 7-9. 另见倪征皞:《倪征皞法学文集》,法律出版社2006年版,第514~515页。

应主要解决美国法院的司法管辖权(judicial jurisdiction)、法律选择(choice of law)、外国判决的承认与执行(recognition and enforcement of foreign judgments)这三大问题,所以美国冲突法也就由关于这三个方面的规范组成。

已故著名比较法和国际私法学家冯梅伦(Arthur Taylor von Mehren, 1922～2006年)与西米恩尼迪斯(Symeon C. Symeonides)、珀杜(Wendy Collins Perdue)合著的《冲突法:美国的、比较的、国际的》(2003年第2版)开宗明义地指出:"法律冲突法是旨在为个人或非国家实体(或非州实体)之间的国际或州际法律争议提供解决办法的那个法律分支。"作者又指出:参与多州(或多国)活动的当事人心里应明白以下三个问题:(1)诉讼可以或应该在哪里提起?(2)法院将适用哪个法律体系?(3)在哪里执行已做出的判决?

与这三个问题相对应的是以下构成解决大多数多州(或多国)私人争议的司法程序的三个前后不同的阶段:(1)管辖权;(2)法律选择;(3)判决的承认与执行。它们都是冲突法所要解决的问题。由此可见,从国际性私人争议的司法解决的角度出发,不难得出这样的结论:上述美国学者认为冲突法是由关于管辖权、法律选择、判决的承认与执行这三个事项的规范组成的,冲突法在本质上是国内法。[1]

须指出的是,美国并没有适用于各州的、统一的联邦冲突法。各州均有其独立的冲突法,且主要用于解决州际法律冲突而不是国际法律冲突。

(六)韩国国际私法

韩国于2001年4月7日公布了第6465号法律——《国际私法》(Gukje－sabeop),自2001年7月1日起施行。[2] 该法已先后被2011年5月19日公布的第10629号法律(自2011年7月20日起施行)、2016年1月19日公布的第13759号法律(自2016年1月19日起施行)和2022年1月4日公布的第18670号法律(自2022年7月5日起施行)修正。它取代了在此之前施行的、以德国1896年《民法典施行法》和日本1898年《法例》为样板的1962年1月15日第966号法律——《涉外私法》(Seoboe－sabeop)。

韩国新《国际私法》在体系方面颇具特色:它主要规定了国际管辖权和准据法的确定这两大问题。其第1条开宗明义地规定:"本法旨在就涉外法律关系规定国际管辖权和准据法的原则。"

该法最初文本共分9章62条:第1章"总则"(第1条至第10条)、第2章"人"(第11条至第16条)、第3章"法律行为"(第17条至第18条)、第4章"物权"(第19条至第24条)、第5章"债权"(第25条至第35条)、第6章"亲属"(第36条至第

---

〔1〕 See Symeonides, Perdue, von Mehren, *Conflict of Law: American, Comparative, International*, Second Edition, 2003, p. 1－6.

〔2〕 Hierzu IPRax 2007, 479.

48 条)、第 7 章“继承”(第 49 条至第 50 条)、第 8 章“汇票、本票和支票”(第 51 条至第 59 条)、第 9 章“海商”(第 60 条至第 62 条)。

自 2022 年 7 月 5 日起施行的该法最新文本已将条文增至 96 条,主要是增加了关于确定国际管辖权的 30 余个具体条文。相应地,修正后的各章内容已调整为:第 1 章“总则”(第 1 条至第 23 条)、第 2 章“人”(第 24 条至第 30 条)、第 3 章“法律行为”(第 31 条至第 32 条)、第 4 章“物权”(第 33 条至第 37 条)、第 5 章“知识产权”(第 38 条至第 40 条)、第 6 章“债权”(第 41 条至第 55 条)、第 7 章“亲属”(第 56 条至第 75 条)、第 8 章“继承”(第 76 条至第 78 条)、第 9 章“汇票、本票和支票”(第 79 条至第 96 条)。

在结构上,该法分则各章大体上依循了 1958 年韩国《民法典》的体例,即大体上按照民法典的结构来划分《国际私法》所规定事项的范围。

韩国新《国际私法》是韩国国际私法学者和立法者在对当代国际私法进行广泛、深入的比较研究的基础上进行法典编纂的产物,受德国、瑞士、奥地利、意大利等国的国际私法制定法以及海牙国际私法公约、[1]欧盟国际私法的影响尤深。[2]

二、中国国际私法

(一)1949 年前中国的国际私法及其延续

1949 年前,中国的国际私法受日本、德国国际私法的影响,基本上等同于法律适用法(冲突法)。

北洋政府于 1918 年 8 月 5 日公布并施行的《法律适用条例》主要包含法律适用规则(冲突规则),内容包括 7 章 27 条,具体是:第 1 章“总纲”(第 1 条至第 4 条)、第 2 章“关于人之法律”(第 5 条至第 8 条)、第 3 章“关于亲族之法律”(第 9 条至第 19 条)、第 4 章“关于继承之法律”(第 20 条至第 21 条)、第 5 章“关于财产之法律”(第 22 条至第 25 条)、第 6 章“关于法律行为方式之法律”(第 26 条)以及第 7 章“附则”(第 27 条)。

《法律适用条例》在人的身份、能力、亲属、继承等法律关系的准据法确定问题上,也像日本、德国国际私法那样,采本国法主义,即适用当事人本国法(国籍国法)。[3]

后来,国民政府于 1927 年 8 月 12 日暂准援用该《法律适用条例》。这种将国际私法等同于法律适用法的做法,在 1949 年以后的中国台湾地区继续得以贯彻。

---

〔1〕 韩国于 1997 年 8 月成为海牙国际私法会议的成员。

〔2〕 Vgl. dazu Tsche/Mörsdorf – Schulte, *Neuregelung des koreanischen IPR und IZPR*, IPRax 2007, p. 473 – 475.

〔3〕 参见李浩培:《李浩培文选》,法律出版社 2000 年版,第 45 ~ 46 页;李浩培:《李浩培法学文集》,法律出版社 2006 年版,第 463 页。

中国台湾地区“涉外民事法律适用法”于1953年6月6日公布并施行,主要规定了人的行为能力(第1条第1款)、禁治产宣告与死亡宣告(第3条、第4条)、法律行为的方式(形式,第5条)、债(第6条至第9条)、物权(第10条)、亲属(第11条至第21条)、继承(第22条至第24条)等涉外民事事件所应适用的法律,凡31条,不分章节。

2010年5月26日,中国台湾地区公布了最新修正的“涉外民事法律适用法”,自2011年5月26日起施行。修正后的“涉外民事法律适用法”条文增至63条,共7章:第1章“通则”(第1条至第8条)、第2章“权利主体”(第9条至第15条)、第3章“法律行为之方式及代理”(第16条至第19条)、第4章“债”(第20条至第37条)、第5章“物权”(第38条至第44条)、第6章“亲属”(第45条至第57条)、第7章“继承”(第58条至第61条)以及第8章“附则”(第62条至第63条)。

(二)中国现行国际私法

中国现行国际私法以民商事法律关系的法律适用规则为中心。下文将从立法和学者观点两个层面进行阐释。

1. 立法层面

中国现行国际私法规则主要表现为不同立法文件中的冲突规则,较为集中地规定于2010年10月28日第十一届全国人大常委会第十七次会议通过的《中华人民共和国涉外民事关系法律适用法》(自2011年4月1日起施行)。该法是中华人民共和国立法史上第一部以涉外民事关系的法律适用为内容的单行法律,是对中国国际私法立法的一次相当规模和相当程度的现代化。在内容上,该法包括第1章“一般规定”、第2章“民事主体”、第3章“婚姻家庭”、第4章“继承”、第5章“物权”、第6章“债权”、第7章“知识产权”以及第8章“附则”,凡52条。

其他一些单行法律、法规也含有若干冲突规则,如《中华人民共和国海商法》第14章“涉外关系的法律适用”(1992年11月7日通过、自1993年7月1日起施行,第268条至第276条)、《中华人民共和国票据法》(1995年5月10日通过,自1996年1月1日起施行,2004年8月28日修正)第5章“涉外票据的法律适用”(第94条至第101条)、《中华人民共和国民用航空法》(1995年10月30日通过,2021年修正)第14章“涉外关系的法律适用”(第184条至第190条)、《中华人民共和国公司法》[1]以及《中华人民共和国民法典》(2020年5月28日通过、自2021年1月1日起施行,第467条第2款、第1109条)等。[2]

---

〔1〕《中华人民共和国全国人民代表大会常务委员会公报》2014年第1号,第53~75页。

〔2〕参见黄进主编:《国际私法》(第2版),法律出版社2005年版,第44~45页;黄进:《中国国际私法》,三联书店(香港)有限公司1997年版,第14~16页;张潇剑:《国际私法论》(第2版),北京大学出版社2008年版,第573~584页。

尽管在上述立法文件中从未出现过关于国际私法的法定定义，但可以看出，中国立法者侧重于创制关于涉外民商事法律关系所应适用的法律体系的法律选择规则(法律适用规则)。没有人否认这些法律选择规则是中国国际私法的内容。

2. 学者观点层面

中国国际私法学者对国际私法的理解存在很大分歧，相应地，他们对国际私法下了各种各样的定义。其中较有代表性的是以下几种定义。

(1)李浩培教授的定义

李浩培教授在《中国大百科全书·法学》中给国际私法所下的定义如下：国际私法是"指在世界各国民法和商法互相歧异的情况下，对含有涉外因素的民法关系，解决应当适用哪国法律的法律"。其遗著《李浩培文选》给国际私法所下的定义也相仿："国际私法是关于在各国民法不一致的情况下，在解决含有涉外因素的民法关系时，规定应当适用哪一个国家的法律的法律部门。"[1]

李浩培教授的定义是一个较为可取的定义。它肯定了国际私法存在的前提之一是各国私法的不一致，其根本任务乃是就含有涉外因素的民法关系规定应适用何国法律。[2]

(2)徐冬根教授的定义

中国国际私法学会副会长徐冬根教授给国际私法下的定义是："国际私法是有关涉及两个或者两个以上国家利益的民商事法律关系如何选择或确定所应适用法律的规范和制度的总和。"[3]该定义将国际私法限定为关于选择或确定涉外民商事法律关系所应适用的法律的独立的法律部门，其实质是将国际私法视为法律适用法、法律选择法和狭义的法律冲突法。与此相对应，徐冬根教授认为国际私法的调整对象是国家间的法律适用关系。

本书作者认为，除了"涉及两个或者两个以上国家利益的民商事法律关系"的表述尚有可商榷之处外(似可表述为"涉外民商事法律关系"，或径直表述为"与两个或者两个以上国家有联系的民商事法律关系")，徐冬根教授的国际私法定义基本上是可取的。

(3)韩德培教授主编《国际私法》(1989年修订本)的定义

已故著名法学家、国际私法的一代宗师韩德培教授(1911～2009年)主编的《国

---

〔1〕 中国大百科总编辑委员会编：《中国大百科全书·法学》，中国大百科全书出版社1984年版，第228页；李浩培：《李浩培文选》，法律出版社2000年版，第3～4页；李浩培：《李浩培法学文集》，法律出版社2006年版，第457页。

〔2〕 类似的国际私法定义见于国际私法学家唐表明教授所著的《比较国际私法》(中山大学出版社1987年版，第2页)："国际私法是一国的法律中指定应适用哪一国的法律去处理涉外民事法律问题的那些法律规范的总称。"

〔3〕 徐冬根：《国际私法趋势论》，北京大学出版社2005年版，第10页；徐冬根、王国华、萧凯：《国际私法》，清华大学出版社2005年版，第3页。

际私法》(1989 年修订本)给国际私法下了这样一个定义:“国际私法是调整涉外民事法律关系的法的部门。”[1]

这个定义值得商榷,因为它没有反映国际私法的本质属性:决定国际私法之所以成为国际私法并区别于国际贸易法、涉外经济法、涉外公司法、涉外票据法、涉外海商法、涉外保险法、涉外信托法、涉外破产法等其他涉外法律部门或分支的属性。它无法突出国际私法的根本任务和基本内容,其结果必然是把许多本来不属于国际私法的其他法律分支的规范包括进来。[2]

此外,姚壮和任继圣合著的《国际私法基础》对国际私法所下的定义也与此相仿。他们认为,国际私法除了包括外国人的民事法律地位规范、冲突规范、国际统一实体规范和国际民事诉讼程序与仲裁程序规范外,还包括国内法中专门用于调整涉外民事法律关系的规范(简称专用实体规范)。[3] 无独有偶,苏联和原东欧社会主义国家一般也将国际统一私法规范乃至关于对外贸易的国内专用实体规范看成国际私法的组成部分。[4]

(4)李双元教授的定义

国际私法学家李双元教授在其所著《国际私法(冲突法篇)》中给国际私法所下的定义是:“国际私法是以涉外民事关系为调整对象,以解决法律冲突为中心任务,以冲突规则为最基本的规范,同时包括规定外国人民事法律地位的规范、避免或消除法律冲突的统一实体规范以及国际民事诉讼与仲裁程序规范在内的一个独立的法律部门。”[5]这一定义被李双元教授等合著的《中国国际私法通论》(2007 年第 3 版)所重申,[6]但李双元教授、欧福永教授主编的《国际私法》(2018 年第 5 版)所下的国际私法定义(“国际私法是以涉外民事关系为调整对象,以解决法律冲突为中心任务,以冲突规范为最基本的规范,同时包括规定外国人民事法律地位的规范以及国际民事诉讼与仲裁程序规范在内的一个独立的法律部门。”)已不再将“避免或消除法律冲突的统一实体规范”视为国际私法规范。[7]

李双元教授的定义在内涵上跟韩德培教授主编的《国际私法》(1989 年修订本)的定义稍有不同,强调国际私法是“以解决法律冲突为中心任务,以冲突规则为最基本的规范”;在外延上也比韩德培教授主编的《国际私法》(1989 年修订本)的定义有所缩小,不再包括国籍规范、直接适用于涉外民商事关系的国内法律规范,

---

〔1〕 韩德培主编:《国际私法》(1989 年修订本),武汉大学出版社 1989 年版,第 8 页。

〔2〕 参见李旺:《国际私法》(第 3 版),法律出版社 2011 年版,第 9 页。

〔3〕 参见姚壮、任继圣:《国际私法基础》,中国社会科学出版社 1981 年版,第 3 ~ 8 页。

〔4〕 See Kegel, Introduction: Int. Enc. Comp. L. Ⅲ ch. 1 (1985) s. 1.

〔5〕 李双元:《国际私法(冲突法篇)》,武汉大学出版社 1987 年版,第 33 页。

〔6〕 参见李双元、欧福永、金彭年、张茂:《中国国际私法通论》(第 3 版),法律出版社 2007 年版,第 20 页。

〔7〕 参见李双元、欧福永主编:《国际私法》(第 5 版),北京大学出版社 2018 年版,第 14 ~ 15 页。

其最新定义的国际私法外延甚至不再包括“避免或消除法律冲突的统一实体规范”。

在下定义的方法上，李双元教授的定义更多地从概念的外延入手，力图把他认为属于国际私法的规范都纳入定义中来。然而一个科学的定义应着重揭示事物的本质属性即内涵，因为内涵确定了，外延也就自然被界定清楚了。

(5)黄进教授的定义

中国国际法学会会长、中国国际私法学会会长黄进教授给国际私法所下的定义是：“国际私法是以直接规范和间接规范相结合来调整平等主体之间的涉外民商事法律关系并解决涉外民商事法律冲突的法律部门。”[1]

黄进教授的定义简明扼要地揭示了他所理解的国际私法的内涵，其着眼点是国际私法的调整对象、调整方法以及任务，符合形式逻辑对下定义的要求。

黄进教授认为国际私法是国际法。但他所说的“国际法”并非一般意义上的国际法。他认为，国际法的“国际”不仅仅是“国家之间”的意思，而是指超越国界的意思；它所调整的是“超出了一国的范围”的、具有国际因素或国际性的社会关系。他把这种关系统统称为“国际关系”。他认为，“国际法已不是传统的国际公法，而是反映国家意志的协调，调整一切国际关系(不仅限于国家之间的政治、军事、外交关系)的具有法律约束力的行为规范的总和”。在此基础上，他于1984年提出了“宏观国际法论”，[2]认为国际法是一个体系，而不是一个部门法；所谓“国际法”，乃是“广义的国际法”，包括国际公法、国际私法、国际刑法、国际行政法等。[3]

黄进教授关于“国际”一词有超越国界的含义以及国际性社会关系的实质是超出了一国范围的社会关系的论断，在国际私法学上富有启发性。但如果我们在国际法就是国际公法这一前提下讨论国际私法是国际法还是国内法的问题，那么，所得出的结论是：国际私法主要是国内法。这里有一个表述方式的问题。任何有结果的讨论的前提都必须是：在相同的语义和语境下理解和使用相同的概念。本书作者认为，不宜将“国际性法律”(或“跨国法”)等同于“国际法”。黄进教授所说的“广义的国际法”，毋宁说是“广义的国际性法律”(或“广义的跨国法”)，因为后者恰恰是一个体系而不是一个部门法。

---

[1] 黄进主编：《国际私法》(第2版)，法律出版社2005年版，第33页。

[2] 参见黄进：《宏观国际法学论》，载《法学评论》1984年第2期；黄进：《宏观国际法论》，武汉大学出版社2007年版，第3～10页。

[3] 黄进主编：《国际私法》(第2版)，法律出版社2005年版，第28～29页；黄进：《中国国际私法》，三联书店(香港)有限公司1997年版，第31～33页。

第六节 国际私法概念综述

一、在国际层面上关于国际私法的统一概念的不现实性

综上所述,由于世界各国的国际私法体系在立法实践和司法判例上存在差异,各国学者之间以及同一国家的不同学者之间对国际私法的认识有所不同,要想在国际层面对国际私法下一个获得全世界所有国家一致认可的定义是不现实的。海牙国际私法会议在其制定国际私法公约的实践中并没有试图给国际私法下一个定义,[1]却制定了许多与国际私法相关的统一条约规则,包括冲突规则、国际民事诉讼法规则、司法协助规则以及关于成员国机关之间的合作的规则等。海牙国际私法会议的这一做法是客观、务实的,有助于它进一步开展"渐进统一国际私法规则"的工作。

二、本书作者的定义

(一)内涵

无论如何,学习和研究国际私法的人不可不秉持科学的态度,实事求是地揭示国际私法的内涵与外延。

本书作者对国际私法所下的定义是:"一国的国际私法是该国法律体系的组成部分,它是在各国法律体系的实体私法相互不一致的情况下,指定涉外民商事法律关系应适用何国法律体系的那部分法律规则、原则和制度的总和。"

但它只是一个关于国际私法"本来是什么"的定义,也可以说是"严格意义上的国际私法"的定义。德国学者有时也称之为"狭义的、技术意义上的国际私法"。[2]

(二)学理定义不同于法定定义

有必要区分学理定义和法定定义。以上给出的只是作者个人对国际私法所下的定义,属于学理定义。而法定定义是一国立法者在制定法中所下的定义。当然,如果学理定义被立法者采纳,也会变成法定定义。如果全国人大及其常委会果真在制定法中规定国际私法就是涉外民商事法律关系的法律适用法,则上述定义将获得法定定义的地位和意义。尽管在这个问题上,吾人应有开放的态度和发展的眼光,而不应抱残守缺、墨守成规,但在可预见的将来,中国立法者将国际私法理解成既包括冲

---

[1] 关于海牙国际私法会议和海牙国际私法公约,参阅本书第一编第四章第二节。

[2] Vgl. Kropholler, IPR (6. Aufl. 2006), § 1 I.

突规则,也包括国际管辖权规则和其他某些程序性规则的可能性微乎其微。

然而,学者最可宝贵的是科学精神和严谨态度。通过比较研究,本书作者认为可以有以下几种解决问题的方案:第一种方案是坚持上述"严格意义上的国际私法"的定义,而像德国、奥地利、意大利、日本、波兰等国立法者和大部分学者那样,将国际管辖权规则和关于承认与执行外国判决的规则等作为与国际私法最邻近的法律分支——国际民事诉讼法的内容,并分别就国际私法和国际民事诉讼法进行单独立法。第二种方案是将属于国际私法和国际民事诉讼法这两个法律分支的规范规定在同一部制定法里。如土耳其议会于2007年11月27日通过的新的《关于国际私法和国际民事诉讼法的法律》(自2007年12月12日起施行)即是如此。第三种方案是在"严格意义上的国际私法"的定义之外,将国际私法做宽泛一点的理解,即站在审理和裁判含有涉外因素(外国因素)的民商事案件的法律适用者(如法院、婚姻登记机关、户籍登记机关)的立场,认为"广义的国际私法概念"包括冲突规则、国际管辖权规则、关于承认与执行外国判决的规则等。从某种程度上说,这种解决方案有利于法律适用者运用与法律冲突的解决有关的规范以解决实际问题,也符合晚近若干国家的国际私法法典编纂的实践。值得注意的是,采取这种解决方案的国家的国际私法立法的范围并不完全相同。例如,自2004年10月1日起施行的比利时《国际私法法典》、自1989年1月1日起施行的瑞士1987年12月18日《关于国际私法的联邦法律》均在分则中分别就各种具体私法事项规定了国际管辖权、准据法的确定和外国判决的承认与执行,便于法院等法律适用者适用。不仅如此,瑞士的这部联邦法律还规定了国际破产与和解、国际仲裁等程序性事项。韩国于2001年4月7日公布的《国际私法》(自2001年7月1日起施行,最后一次为第18670号法律所修正,最新文本自2022年7月5日起施行)在体系方面的主要特色是:在同一部制定法里规定了国际管辖权和准据法的确定这两大问题。但如果采取第三种解决问题的方案,则需要对国际私法重新下一个严谨而准确的定义。[1]

三、国际私法的本质

从本质上说,国际私法是空间上的法律冲突法、法律适用法、法律选择法;一国的国际私法是该国国内法的组成部分,但其规范可以部分地表现为国际条约规范,也就是说,其渊源具有国际性;它所要处理的民商事案件、所针对的私法领域的法律关系也都具有国际性,也就是说,其对象具有国际性。因此,国际私法是旨在解决涉外民商事案件中所发生的法律适用上的抵触(法律适用上的冲突)的国内法:它虽然是国内法,却是为解决与特定案件中的涉外民商事法律关系有联系的诸法律

---

〔1〕 无论如何,不能定义为调整涉外民商事法律关系的法律部门,因为那样会自动地将统一实体私法规则等不属于国际私法的规范包括进来。

体系(内国法律体系与外国法律体系、此外国法律体系与彼外国法律体系)在适用上的冲突而存在的。

四、对一部分中国学者所下定义的评价及相关问题的剖析与反思

(一)一部分中国学者关于国际私法定义的逻辑错误

一部分中国国际私法学者在给国际私法下定义时犯了一个逻辑错误,即把国际私法定义为“调整涉外民商事法律关系的法律部门”。虽然他们的表述略有出入,称国际私法“以涉外民事法律关系为调整对象”或“以涉外民商事关系为调整对象”者有之,称国际私法“以国际民商事法律关系为调整对象”或“以国际民商事关系为调整对象”者亦有之,但其本质都是一样的。这种国际私法定义使他们的论述至少在以下两个方面陷入无法解脱的自相矛盾之中:

一方面,真正能够调整涉外民商事法律关系、同时又够得上“国际”的法律规范,首先是统一实体私法规则(表现为国际条约中的大量实体私法规则),而冲突规则并不能独立地、直接地调整涉外民商事法律关系。但这些学者都在其教科书的总论部分用大量篇幅阐述冲突规则,同时又声称冲突规则是国际私法的特有规范,甚至是最基本的国际私法规范;他们所介绍的国际私法历史,基本上是冲突法历史;他们所评述的国际私法学说,基本上是冲突法学说;他们在总论部分所集中讨论的识别、先决问题、反致和转致、公共秩序、外国法的查明、法律规避等制度,无一不是典型的冲突法制度。这是自相矛盾的。

另一方面,他们虽然都认为国际私法是调整涉外民商事法律关系的法律部门,却得出关于国际私法范围的各不相同的结论。我们不禁要问:既然国际私法的内涵被表述为“调整涉外民商事法律关系的法律部门”,为什么会有不同的外延,以致有“大国际私法”、[1]“中国际私法”和“小国际私法”之分呢?[2]这或许反证了其

---

[1] 关于“大国际私法”的弊端,著名国际法学家、国际私法的一代宗师李浩培教授早在 1982 年就一针见血地指出:“目前国内有些研究国际私法的同志倡导一种理论叫大国际私法,这个大字我要加个‘引号’,为什么缘故呢?因为照我的看法,这个大国际私法实际上是‘大’而不大,前面一个‘大’字有 inverted commas(引号),后面一个没有 inverted commas,叫做‘大’而不大。为什么讲‘大’而不大呢?因为它名义上虽然很大,但是,实际上,它只是把我上面列举的几个应该独立成为法律部门的,需要仔细研究的那些东西,稍微在他们的大国际私法中加入了一些,而不是源源本本,详细论列。所以我说他们大国际私法‘大’而不大。它不但不大,而且还‘大’而不精,因为它不仅仅不能由浅入深、由表及里,而且把国内实体商法如海商法、保险法、票据法中的一些东西也塞了进去,从而使国际私法这门学科成为‘大杂烩’,失去其应有的同一性和科学性。……我认为,大国际私法很容易损害国际私法及其邻近学科的研究,就是因为它的名称是大了,而实际上不大;名称是大了,而实际上对每一有关学科的研究都不深入。这是大国际私法的结果。”参见李浩培:《李浩培文选》,法律出版社 2000 年版,第 33 页。

[2] 本书作者不赞成将国际私法分成什么“大国际私法”“中国际私法”“小国际私法”,因为这种区分法没有任何科学性。

所下定义的不合理性。

(二)“涉外民商事法律关系”(或“涉外私法关系”)比“涉外民商事关系”说法准确的理由

在本书第一编第一章第一节,本书作者指出:称“涉外民事法律关系”比“涉外民事关系”准确,称“涉外民商事法律关系”(或“涉外私法关系”)比“涉外民商事关系”准确,称“国际性民商事法律关系”比“国际民商事关系”准确。兹以本书作者对国际私法所下定义为基础,说明理由如下:

本书所称“一国的国际私法是该国法律体系的组成部分,它是在各国法律体系的实体私法相互不一致的情况下,指定涉外民商事法律关系应适用何国法律体系的那部分法律规则、原则和制度的总和”。国际私法所针对的社会关系,除了含有涉外因素这一特征外,无不属于某一法律关系(英文 legal relationship,法文 rapport de droit 或 rapport juridique,德文 Rechtsverhältnis):大凡身份、能力、物权、知识产权、债权、亲属、继承、公司、票据、海商、保险、信托、破产等社会关系,无一不是法律关系。[1] 有学者从“一般的社会关系只有通过法律规范的调整以后才能成为法律关系”的前提出发,认为如果这一涉及两个或两个以上不同国家的民商事关系已经得到法律的调整,已经成为一种“法律关系”,那也就不需要国际私法来调整了。这一说法与他们关于“国际私法的调整对象是国际民商事关系”的逻辑相一致——他们认为,“所有民事关系和商事关系,甚至包括……劳动关系,只要含有国际因素,涉及两个或两个以上不同的国家,都应该属于国际私法的调整对象”。实际上,他们所说的国际私法是“国际民商法”。[2] 但本书所说的国际私法恰恰不是国际民商法,而是空间上的法律冲突法、法律适用法、法律选择法。我们不应忽视这样一个常识:诸如身份、能力、物权、知识产权、债权、亲属、继承、公司、票据、海商、保险、信托、破产等社会关系,无论是否含有涉外因素,都是民事或商事法律关系(大概没有人能举出一个反面的例子,证明它们不是法律关系),且无一不被实体私法调整。不仅如此,在国际私法(空间上的法律冲突法、法律适用法、法律选择法)介入以前,这

---

〔1〕 从作为冲突规则必要成分之一的“连结对象”是指冲突规则涉及的法律关系所属的法律范畴来看,也可以得出“涉外民商事法律关系”(或“涉外私法关系”)比“涉外民商事关系”准确的结论。此外,这一点也可以从现代各国的国际私法立法无不深受萨维尼的“法律关系本座说”影响而进一步得到印证。关于什么是冲突规则、连结对象和萨维尼的“法律关系本座说”,请参阅本书下文的相关论述。谢石松教授在他所著的《国际私法学》(高等教育出版社 2007 年版,第 31 页)一书中,为了证明他所主张的“国际民商事关系”的说法优越于“国际民商事法律关系”的说法,认为萨维尼的“法律关系本座说”应该是国际“民商事关系本座说”。这是值得商榷的,有削足适履之嫌。另外,谢石松教授在该书第 57 页里又称“国际民商事关系是一种平等主体之间建立在等价有偿、诚实信用原则基础之上的私法关系”。岂不自相矛盾?况且,既然他所称国际民商事关系是一种“私法关系”,那此种关系不是法律关系又是什么?甚有可商榷的余地。

〔2〕 参见谢石松:《国际私法学》,高等教育出版社 2007 年版,第 4 ~ 6、10 页。

些社会关系已被实体私法调整了。从逻辑上说,如果承认两个内国自然人所缔结的婚姻关系、两个营业地在内国的法人所订立的买卖合同关系属于民商事法律关系,为什么一个内国自然人与一个外国自然人所缔结的婚姻关系(含有涉外因素)、一个营业地在内国的法人与一个营业地在外国的法人所订立的买卖合同关系(同样含有涉外因素)不属于民商事法律关系呢?难道一定要像上述学者所说的那样,须等到国际私法规范的调整以后才能成为"民商事法律关系",不经过国际私法规范的调整就只能是"民商事关系"吗?非也!

因此,诸如身份、能力、物权、知识产权、债权、亲属、继承、公司、票据、海商、保险、信托、破产等社会关系,无论是否含有涉外因素,都是法律关系。含有涉外因素只是国际私法得以介入的一个前提罢了。这一结论与本书关于国际私法并不能调整任何民商事法律关系的逻辑是一致的。在本书作者看来,既然国际私法的本质是空间上的法律冲突法、法律适用法、法律选择法,它不能调整任何纯国内的民商事法律关系,自不待言。即便是对于含有涉外因素的民商事法律关系,国际私法也不能起到调整作用,因为法律关系的调整就是直接调整,民商事法律关系的调整也不例外。从根本上说,所谓"间接调整"是不存在的。

(三)剖析与反思

如上所述,真正能够调整涉外民商事法律关系的,只能是(国际的或国内的)民商事实体法。如果承认这一点,则无论如何也得不出冲突规则是调整涉外民商事法律关系的法律部门的最基本规范的结论,因为冲突规则毕竟是间接规则,无法独立地和直接地调整任何民商事法律关系(无论是纯国内的还是涉外的民商事法律关系)。

在迄今为止多数中国国际私法学者对国际私法所下的定义中,似乎可以隐隐约约地看到苏联国际私法学对中国国际私法学界的影响。[1] 我们或许不完全赞成英美国际私法学者对国际私法规范范围的理解,但他们有一点是可取的:他们不是从抽象概念出发,而是从实际问题的解决出发,尤其是从国际性私人争议的司法解决出发,来探讨和认识国际私法的外延。能够解决实际问题的方案才是好方案。我们不妨换一个思考问题的角度,自问一下:"难道不从国际私法是调整涉外民商事法律关系的法律部门入手,就不能下一个准确的国际私法定义吗?"

从中国立法者接受的可能性看,中国的国际私法法典编纂,可供立法者选择的无非有以下模式:(1)采取只规定冲突规则的立法体例,即制定出一部关于涉外民商事法律关系的法律适用的法典。这种可能性是现实存在的。根据2008年4月15日第十一届全国人民代表大会常务委员会第二次委员长会议通过的《全国人大常

---

〔1〕 关于苏联某些学者的国际私法概念,参阅国际私法学家唐表明教授的评介(见唐表明:《比较国际私法》,中山大学出版社1987年版,第9~13页)。

委会2008年立法工作计划》,[1]"2008年立法工作安排"中的"预备项目12件"的最后一件就是"涉外民事法律关系适用法",[2]并称"有关方面正在抓紧调研和起草工作,视情况在2008年或者以后年度安排审议"。此后,2008年《全国人民代表大会常务委员会公报》又公布了《十一届全国人大常委会立法规划(共64件)》,其第一类项目是"任期内提请审议的法律草案(49件)",其中"民法商法类(6件)"包括《涉外民事关系法律适用法》,其提请审议机关或起草单位是全国人民代表大会常务委员会法制工作委员会。[3]《全国人大常委会2010年立法工作计划》[4]明确指出:2010年是形成中国特色社会主义法律体系标志性的一年。立法工作要深刻认识中国特色社会主义法律体系的基本要求,突出重点,抓紧制定在中国特色社会主义法律体系中起支架作用的法律,推进科学立法、民主立法,实现形成中国特色社会主义法律体系的目标。"2010年法律案审议工作"的安排即包括2010年"继续安排常委会审议的法律案9件",其中第8件法律草案是"涉外民事关系法律适用法(8月二审)"。第十一届全国人大常委会第十六次会议于2010年8月23日至28日对《中华人民共和国涉外民事关系法律适用法(草案)》进行了审议。这是继2002年12月第九届全国人大常委会第三十一次会议对《中华人民共和国民法(草案)》"涉外民事关系的法律适用"编(第九编)进行初次审议之后的第二次审议。全国人大常委会在对《涉外民事关系法律适用法(草案)》进行二审之后,将草案在全国人大网上公之于众,[5]广泛征求意见。草案二次审议稿共有8章54条。全国人大常委会在全国人大网上征集到了数百条来自全国各地的修改意见和完善建议。在此基础上,形成了《涉外民事关系法律适用法(草案)》2010年10月14日稿,它比草案二次审议稿的篇幅有所缩小,只有8章51条。该草案在经过第十一届全国人大常委会第十七次会议第三次审议之后,于2010年10月28日被表决通过,最后通过的文本共有8章52条。[6] (2)采取除冲突规则外,还包括关于国际管辖权、外国判决的承认与执行等方面的规范的立法体例(效2004年10月1日生效的比利时《国际私法法典》之例)。(3)采取除冲突规则外,尚包括国际管辖权规则的立法例(效韩国新《国际私法》之例)。但无论如何,将冲突规则、统一实体私法规则、全部国际民事诉讼法规则和国际商事仲裁规则等全部包罗在同一部法典内的可能性几乎等于零。因此,摒弃不科学的国际私法定义,也有立法上的理由。

---

[1] 《中华人民共和国全国人民代表大会常务委员会公报》2008年第7号,第500~501页。

[2] 本书作者认为这一名称不够准确。正确的说法要么是"涉外民事法律适用法",要么是"涉外民事法律关系的法律适用法"。

[3] 《中华人民共和国全国人民代表大会常务委员会公报》2008年第7号,第777~778页。

[4] http://www.npc.gov.cn/npc/xinwen/2010-07/06/content_1581057.htm.

[5] http://www.npc.gov.cn/huiyi/lfzt/swmsgxflsyf/node_14074.htm.

[6] 参见陈卫佐:《中国国际私法立法的现代化——兼评〈中华人民共和国涉外民事关系法律适用法〉的得与失》,载《清华法学》2011年第2期。

必要的学术争鸣、认真的思想交锋和正直的学术批评终归是有益的。什么时候中国国际私法学者不再从“国际私法是调整涉外民商事法律关系的法律部门”出发来阐述国际私法的定义，中国国际私法学或许距离真正的科学化、现代化和国际化就更加近了。

复习思考题

1. 断定一个民商事案件是否含有涉外因素（或外国因素或国际性因素），所依据的标准是什么？
2. 关于涉外民商事法律关系，在中国国际私法著述中有哪些主要提法，你认为哪一种或哪几种提法比较合适？
3. 如何理解国际私法的内涵与外延？
4. 国际私法上所说的“法律体系”的含义是什么？在了解了冲突规则之后，你是否习惯于用“三分法”（实体法、程序法和冲突法）来理解法律体系的组成？
5. 国际私法上所说的法律抵触（法律冲突）的含义是什么？
6. 如何理解国际私法的归属问题？为什么说国际私法既不是国际法、程序法，也不是典型的“私法”？
7. 你认为国际私法能够起到调整涉外民商事法律关系的作用吗？为什么？
8. 从比较法的视角看国际私法概念能够得出什么结论？

第二章　国际私法渊源

法的渊源（英文 sources of law，法文 sources du droit，德文 Rechtsquellen），又叫法源，是指法律规范的表现形式。国际私法渊源就是国际私法规范的表现形式。

一国的国际私法是其国内法的一个分支，而各国国际私法各不相同，作为其规范的表现形式的渊源也就不一样。世界上有多少个国家，就至少有多少个国际私法体系（之所以说"至少"，是因为除了各国国际私法体系外，还存在欧盟国际私法等其他国际私法体系）。例如，虽然英格兰和苏格兰同属大不列颠及北爱尔兰联合王国，但英格兰国际私法体系不同于苏格兰国际私法体系。在英格兰国际私法看来，苏格兰法（与海峡群岛的法、北爱尔兰法一样）也是外国法，即便英格兰国际私法原则与苏格兰国际私法原则有许多相似之处亦然。[1]

因此，在讨论国际私法渊源时，不宜泛泛而论，而必须具体到某一国家，如德国国际私法渊源、奥地利国际私法渊源、韩国国际私法渊源、中国国际私法渊源……[2]但各国国际私法又都毫无例外地既有国内渊源，又有国际渊源。本章拟从比较法的角度简单地探讨国际私法渊源问题。

第一节　国际私法的国内渊源

一、国内制定法

（一）外国

1. 以制定法为主要法源的国家

在以制定法为主要法源的国家，其国际私法大多表现为立法机关依照立法程序制定的国际私法规则。

---

〔1〕 See Peter North and J. J. Fawcett, *Cheshire and North's Private International Law*, 13th edition, 1999, p. 7 – 10.

〔2〕 Voir Audit, Droit international privé, 5e édition, 2008, n° 27.

(1)欧洲国家

①德国

以德国国际私法为例,其最重要的渊源是1896年公布、自1900年1月1日起与德国《民法典》同时施行的《民法典施行法》(Einführungsgesetz zum Bürgerlichen Gesetzbuche,简称EGBGB)。1986年9月1日以前,德国国际私法的国内渊源主要是《民法典施行法》旧文本之第7条至第31条。但是,该法仅就国际私法的部分领域做出了规定,且最初主要包含单边冲突规则。所谓单边冲突规则,是指单方面地指定法院地国家或某一特定外国的内国法的那部分冲突规则(通常是指单方面地指定法院地国家内国法的那部分冲突规则[1])。例如,该法旧文本第18条规定:"子女,如出生时其母之夫为德国人或出生前其母之夫已死亡,而死亡时为德国人者,该子女的身份,依德国法。"[2]这就是一条单边冲突规则。除此之外,德国冲突规则还散见于其他制定法,如《船舶权利法》第1条第2款,《航空器权利法》第1条第2款、第103条至第105条。1986年7月25日通过、自1986年9月1日起施行的《关于重新规定国际私法的法律》[3]对《民法典施行法》进行了修改,重新规定了国际身份法、国际家庭法、国际继承法以及国际债权契约法,尤其是在国际私法上彻底实现了男女平等。此后,《民法典施行法》的冲突规则就压倒性地变成双边冲突规则了。1999年5月21日通过、自1999年6月1日起施行的《关于非合同之债和物权的国际私法的法律》[4]是一部将德国国际私法在非合同之债和物权领域的习惯法规则加以编纂的制定法。此外,晚近涉及德国国际私法在若干领域的法律修正主要有两次。其一是1997年12月16日《亲子关系法改革法》[5](自1998年7月1日起施行),废除了在姓名、血统及亲子关系方面的冲突规则中婚生子女和非婚生子女的区别。其二是1998年5月4日《结婚权利法》[6](自1998年7月1日起施行),修正了有关结婚的规则。总之,经过1986年、1999年两次重大的国际私法改革后,德国现行国际私法的主要制定法渊源是《民法典施行法》第3条至第46e条。

应指出的是,有些中文国际私法文献在讲到德国国际私法时,常出现"1986年《联邦德国国际私法》"的表述。这是一种误解。实际上,1986年7月25日通过、自

---

[1] See Vischer, *Connecting Factors*, IECL, Vol. Ⅲ, PIL, Chapter 4, 1999, p. 4.

[2] 参见马汉宝:《国际私法:总论·各论》,台北,2006年版,第63页。

[3] Gesetz zur Neuregelung des Internationalen Privatrechts (IPRNG) vom 25. 7. 1986 (BGBl. 1986 Ⅰ 1142).

[4] 德语原文见德国《联邦法律公报》,1999年,第1部分,第1026页(BGBl. 1999 Ⅰ 1026)。中文译文见陈卫佐译:《德国〈关于非契约之债及物权的国际私法的法律(1999年5月21日)〉》,载梁慧星主编:《民商法论丛》第19卷,法律出版社2001年版,第696~700页。

[5] Gesetz zur Reform des Kindschaftsrechts (KindRG) vom 16. 12. 1997 (BGBl. 1997 Ⅰ 2942).

[6] Gesetz zur Neuordnung des Eheschließungsrechts (EheschlRG) vom 4. 5. 1998 (BGBl. 1998 Ⅰ 833).

1986 年 9 月 1 日起施行的《关于重新规定国际私法的法律》只是一部主要目的在于修改《民法典施行法》的法律。经它修改以后的德国国际私法制定法规定主要表现为《民法典施行法》新文本的形式,所以应引用《民法典施行法》新文本的条文,而不是 1986 年的这部法律。所谓“1986 年《联邦德国国际私法》”是根本不存在的。

②欧洲其他国家

除德国外,奥地利国际私法的主要渊源是 1978 年 6 月 15 日《关于国际私法的联邦法律》;比利时国际私法的主要渊源是 2004 年 10 月 1 日生效的比利时《国际私法法典》;瑞士国际私法的主要渊源是 1987 年 12 月 18 日《关于国际私法的联邦法律》;在 2011 年 10 月 1 日以前,罗马尼亚国际私法和国际民事诉讼法的主要渊源是 1992 年 9 月 22 日《关于解决国际私法关系的第 105/1992 号法律》和 2003 年 5 月 13 日《关于民事和商事司法协助的 189/2003 号法律》,自 2011 年 10 月 1 日起施行的罗马尼亚新《民法典》[1]第 7 编(第 2557 条至第 2663 条)对国际私法进行了重新规定;意大利国际私法的主要渊源是自 1995 年 9 月 1 日起施行的 1995 年 5 月 31 日《关于改革意大利国际私法体系的第 218 号法律》[2](在 1995 年意大利国际私法改革以前,意大利的国际私法规则主要见于 1942 年的意大利《民法典》序言条款之第 16 条至第 31 条);希腊国际私法的主要渊源是 1940 年 3 月 15 日希腊《民法典》(自 1946 年 2 月 23 日起施行)第 4 条至第 33 条;西班牙国际私法的主要渊源是 1889 年 7 月 24 日西班牙《民法典》(1974 年修订,后经多次修正)的序编第 4 章“国际私法规则”第 8 条至第 12 条和 2007 年 12 月 28 日《关于国际收养的第 57/2007 号法律》;葡萄牙国际私法的主要渊源是 1966 年 11 月 25 日的新《民法典》第 14 条至第 65 条;捷克共和国国际私法的主要渊源是 2012 年 1 月 25 日《关于国际私法的法律》(2012 年第 91 号法律,自 2014 年 1 月 1 日起施行);今天的斯洛伐克共和国仍旧适用原捷克斯洛伐克社会主义共和国 1963 年 12 月 4 日《关于国际私法和国际民事诉讼法的法律》(自 1964 年 4 月 1 日起施行);斯洛文尼亚共和国国际私法的主要渊源是 1999 年 6 月 30 日《关于国际私法和国际民事诉讼的法律》(自 1999 年 7 月 28 日起施行);爱沙尼亚国际私法的主要渊源是 2002 年 3 月 27 日《关于国际

---

[1] 罗马尼亚新《民法典》于 2009 年 7 月 17 日通过(第 287/2009 号法律),2009 年 7 月 24 日公布于《罗马尼亚官方公报》,因 2011 年 6 月 3 日的第 71/2011 号法律(2011 年 6 月 10 日公布于《罗马尼亚官方公报》)而被实施,于 2011 年 7 月 15 日重新公布于《罗马尼亚官方公报》,自 2011 年 10 月 1 日起施行。Voir Loi n° 287/2009 concernant le Nouveau Code Civil, Journal Officiel de la Roumanie n° 511 du 24 juillet 2009; Loi n° 71/2011 pour la mise en application de la loi n° 287/2009 concernant le Nouveau Code Civil, Journal Officiel de la Roumanie n° 409 du 10 juin 2011; Nouveau Code civil roumain republié dans le Journal Officiel de la Roumanie n° 505 du 15 juillet 2011. Traduction française du Livre Ⅶ parue dans *Revue critique de droit international privé*, 2012, p. 459 – 480.

[2] 该法的意大利文名称为 LEGGE 31 maggio 1995, n. 218 Riforma del sistema italiano di diritto internazionale privato。

私法的法律》(自2002年7月1日起施行);俄罗斯联邦国际私法的主要渊源是2001年11月26日被重新规定的《俄罗斯联邦民法典》第3编第6章(2002年3月1日生效)之第1186条至第1224条;[1]保加利亚国际私法的主要渊源是2005年5月4日通过、自2005年5月21日起施行的《国际私法法典》;波兰国际私法的主要渊源是波兰共和国2011年2月4日《关于国际私法的法律》(自2011年5月16日起施行);匈牙利国际私法的主要渊源是匈牙利共和国2017年4月11日《关于国际私法的法律》(自2018年1月1日起施行)。

南斯拉夫1982年7月15日《关于解决在某些事项上与他国规定的法律冲突的法律》(自1983年1月1日起施行)[2]自2003年1月1日起继续适用于塞尔维亚和黑山。[3] 今天,它仍继续适用于已获得独立的波斯尼亚－黑塞哥维那共和国、克罗地亚共和国和塞尔维亚共和国。[4] 黑山共和国已于2006年6月3日宣布独立,并于2013年12月23日通过了《关于国际私法的法律》(自2014年7月9日起施行),正式取代了南斯拉夫1982年7月15日《关于解决在某些事项上与他国规定的法律冲突的法律》。[5]

土耳其于1982年5月20日通过了《关于国际私法和国际民事诉讼法的法律》(第2675号法律,自1982年11月20日起施行)。2007年11月27日,土耳其议会通过了新的《关于国际私法和国际民事诉讼法的法律》(第5718号法律),并于2007年12月12日公布于第26728号《法律公报》上。新法已自公布之日起施行。[6]

法国在第二次世界大战以后曾数度做出国际私法法典编纂的努力。先是由尼布瓦耶(Jean－Paulin Niboyet,1886～1952年)于1950年提出了一个草案,但未被法国立法者采纳。后来又相继出现了由著名国际私法学家巴蒂福尔(Henri Batiffol,1905～1989年)起草的1959年草案以及由富瓦耶(J. Foyer)负责起草的1967年草案,[7]亦未被采纳。

因此,今天法国制定法中的冲突规则为数不多,除了《民法典》第3条等少数原有的冲突规则外,1972年1月3日关于改革亲子关系法的法律将新冲突规则引入

---

[1] 此外,1995年3月1日生效的俄罗斯《家庭法典》和1999年5月1日生效的俄罗斯《海运法典》(Merchant Shipping Code)也含有一些冲突规则。

[2] Deutsche Übersetzung in: IPRax 1983, 6; Rabels Zeitschrift für ausländisches und internationales Privatrecht (RabelsZ) 49 (1985) 544, 545. Französische Übersetzung in: Revue critique DIP 1983, 353.

[3] BGBl. 2003 Ⅱ S. 69.

[4] Drobnig und Makarov, Sources: Int. Enc. Compl. L. Ⅲ ch. 2 (2008) s. 12.

[5] Vgl. Jessel－Holst, Neukodifikation des internationalen Privatrechts in Montenegro, in: IPRax 2014, 553－555.

[6] Vgl. Krüger und Normer－Ertan, Neues internationales Privatrecht in der Türkei, in: IPRax 2008, 281－283.

[7] Voir Bodénès－Constantin, Armelle, La codification du droit international privé français, 2005, p. 59.

了《民法典》,成为《民法典》新的第311-14条至第311-17条;1975年7月11日关于改革离婚的法律将新冲突规则引入了《民法典》,成为《民法典》新的第310条(后因2005年7月4日的法律而成为第309条);《民法典》第370-3条及以下(因2001年2月6日关于国际收养的法律而增加)、关于夫妻财产制的《民法典》第1397-2条、关于时效的《民法典》第2221条(因2008年6月17日的法律而增加)以及关于已登记同性伴侣的《民法典》第515-7-1条(因2009年5月12日的法律而增加)也是冲突规则。此外,《商法典》《劳动法典》《消费法典》《货币金融法典》也含有少量国际私法规定。[1]

须指出的是,法国所批准或加入的众多海牙国际私法公约,已使其制定法或国际条约的冲突规则在数量上有所增加。

(2)美洲国家

在北美洲,美国路易斯安那州于1991年通过了第923号法律,其中含有国际私法规则,并将它并入自1992年1月1日起施行的《路易斯安那民法典》第4编"法律冲突法"(第3515条至第3549条)。加拿大魁北克省国民大会于1991年12月18日通过了一部关于国际私法的制定法,并将它纳入1994年1月1日生效的《魁北克民法典》之第10编(第3076条至第3168条)。[2]

在拉丁美洲各国,国际私法规定通常包含在民法典或民法典施行法中(阿根廷、玻利维亚、巴西、智利、哥伦比亚),但巴西1942年9月4日《民法典施行法》已因2010年第12.376号法律的修正而改称巴西《法律规范施行法》。秘鲁在制定1984年新民法典的同时,修改了其国际私法规定(《民法典》第10编第2046条至第2122条)。墨西哥通过1987年的一部法令,委内瑞拉通过1998年8月6日《关于国际私法的法律》(自1999年2月6日起施行),[3]阿根廷通过2014年10月7日《民商法典》(自2015年8月1日起施行),各自修改了其国际私法规定。

(3)阿拉伯国家和非洲其他国家

在阿拉伯国家也存在国际私法的制定法规则。1948年7月16日埃及《民法典》有一章是专门关于冲突法的(第10条至第28条)。[4] 它还影响了叙利亚、伊拉

---

[1] Bureau/Wuir Watt, Le droit international privé, Que sais-je?, 2009, p. 16.

[2] 1994年1月1日生效的《魁北克民法典》取代了制定于1865年的下加拿大《民法典》。See, J.-G. Castel, Some Recent Important Trends in Canadian Private International Law, in: NILR 1993, p. 29; T. M. C. Asser Institute, The Influence of the Hague Conference on Private International Law, Selected Essays to Celebrate the 100th Anniversary of the Hague Conference on Private International Law, The Hague 1993, p. 29.

[3] Madrid Martinez, La norma de derecho internacional privado, Caracas, 2004. Voir Didier Boden, Revue critique DIP 2007, 673-676. Vgl. auch Hernández-Bretón, Neues venezolanisches Gesetz über das Internationale Privatrecht, in: IPRax 1999, 194-196.

[4] Drobnig und Makarov, Sources: Int. Enc. Compl. L. Ⅲ ch. 2 (2008) s. 15.

克、科威特、[1]利比亚等国家。摩洛哥1913年8月12日的国王诏令、几内亚1962年4月14日的法律、中非共和国1965年6月3日的法律、加蓬1972年7月29日关于采纳其《民法典》第1编的法律(第29条至第61条)、1975年的阿尔及利亚《民法典》(2005年修订,第9条至第25条)、[2]毛里塔尼亚1989年10月25日公布的债及合同法典、也门1992年3月29日关于颁布新民法典的法律、突尼斯1998年11月27日关于国际私法法典的法律[3]也都含有国际私法的内容。

(4)亚洲国家

在亚洲,泰国1938年3月10日《关于法律冲突的法律》(1938年3月20日公布并施行)、[4]朝鲜民主主义人民共和国1995年9月6日《对外民事关系法》、韩国2001年4月7日《国际私法》[5]、2005年6月14日通过的越南新《民法典》(2006年1月1日生效)、日本2006年6月15日《关于法的适用的通则法》(自2007年1月1日起施行)[6]均含有冲突规则。[7]

2. 以判例法为主要法源的普通法国家

即便是在以判例法为主要法源的普通法国家(如英国、美国、加拿大、澳大利亚、新西兰、爱尔兰、马耳他、塞浦路斯),也将国际私法规则部分地编纂于单行的制定法中。

例如,英国1882年《汇票法》、1963年《遗嘱法》、1968年和1976年《收养法》、1990年《合同(准据法)法》[Contracts (Applicable Law) Act 1990],1995年的《国际私法(杂项规定)法》[Private International Law (Miscellaneous Provisions) Act 1995]

---

〔1〕 科威特1961年2月14日关于调整含有涉外因素的法律关系的第5/1961号法律是现行有效的关于国际私法的法律(第31条至第74条)。Vgl. IPRax 2007, Heft 5, S. Ⅱ.

〔2〕 Vgl. IPRax 2007, 557.

〔3〕 Voir Dobénès - Constantin, *La codification du droit international privé français*, Editions Defrénois, E. J. A., 2005, p. 5.

〔4〕 关于泰国1938年3月10日《关于法律冲突的法律》(1938年3月20日公布并施行),有一个错误必须予以纠正。目前中国的国际私法教科书大多称之为1939年《泰国国际私法》,这是不准确的。根据泰国学者向本书作者提供的该法的泰语和英语对照文本,该法签署于佛历二四八一年(1938年)3月10日,公布于佛历二四八一年(1938年)3月20日《政府公报》第55卷,第85号(Government Gazette, Vol. 55, No. 85, March 20, B. E. 2481)。佛历二四八一年,英文作the 2481th year of the Buddhist Era (=B. E.),相当于公元1938年。所以该法的签署日期是1938年3月10日,公布日期是1938年3月20日,而不可能是目前大多数中文国际私法教科书所说的1939年。此外,该法第1条规定:"本法应称为《佛历二四八一年关于法律冲突的法律》。"其第2条规定:"本法自公布于《政府公报》之日起施行。"可见其生效日期也是1938年3月20日。为此,本书作者得到了在北京大学法学院攻读法学硕士学位的泰国留学生余德明先生(Mr. Kittikun Sinhirunviwat)的宝贵帮助,谨致谢忱。

〔5〕 在2001年7月1日之前施行的是1962年1月15日韩国《涉外私法》。

〔6〕 在此之前是1898年6月21日《法例》(1898年7月16日至2006年12月31日施行)。

〔7〕 Voir Audit, Droit international privé, 5e édition, 2008, n° 35 - 37.

编纂了关于诸多事项尤其是关于侵权行为准据法的司法判例规则。为什么传统上以判例法为主要法源的英国要制定关于国际私法的制定法规则呢？原因主要有二：其一，国际私法制定法更能满足法的安定性的需要。其二，在新的时代背景下，英国必须顺应它所参加的一些国际组织的趋势，在其国内制定法上采取相应措施。例如，通过国内制定法，20 世纪 60 年代订立的一些海牙国际私法公约（如 1961 年 10 月 5 日《关于遗嘱处分形式方面的法律冲突的公约》〔1〕）的规定被引入了英国国内制定法（如 1963 年《遗嘱法》）。〔2〕

又如，传统上属于普通法的美国俄勒冈州 2001 年 5 月 21 日《关于合同法律冲突的 2114 号法律》（自 2002 年 1 月 1 日起施行）对合同领域的国际私法规则（法律选择规则）进行了编纂。〔3〕

（二）中国

中国现行国际私法在第一章已有详述。此外，在中国，对于各级人民法院在审判工作中具体应用法律的问题，最高人民法院根据中国法律和有关立法精神，结合审判工作的需要制定了大量司法解释。为此，最高人民法院审判委员会第 1408 次会议于 2006 年 12 月 11 日通过了《最高人民法院关于司法解释工作的规定》，〔4〕自 2007 年 4 月 1 日起施行。2021 年 6 月 8 日，最高人民法院审判委员会第 1841 次会议通过了《关于修改〈最高人民法院关于司法解释工作的规定〉的决定》，〔5〕该决定自 2021 年 6 月 16 日起施行。修正后的《最高人民法院关于司法解释工作的规定》第 6 条第 1 款将司法解释的形式分为“解释”、“规定”、“规则”、“批复”和“决定”五种。尤为重要的是，其第 5 条明确规定：“最高人民法院发布的司法解释，具有法律效力。”因此，最高人民法院所制定的包含冲突规则的司法解释也是中国国际私法渊源。

根据 2010 年 12 月 2 日最高人民法院《关于认真学习贯彻执行〈中华人民共和国涉外民事关系法律适用法〉的通知》，〔6〕“《涉外民事关系法律适用法》实施后，最高人民法院制定的司法解释中关于涉外民事关系法律适用的内容，与《涉外民事关系法律适用法》的规定相抵触的，不再适用”。由于最高人民法院的这一通知，自

---

〔1〕 该公约于 1964 年 1 月 5 日对英国生效。

〔2〕 1963 年《遗嘱法》取代了在此之前施行的关于遗嘱形式的 1861 年《金斯顿勋爵法》（Lord Kingsdown's Act）。1861 年《金斯顿勋爵法》被认为是关于法律冲突的最早的英国制定法。Voir Broggini G., La codification du droit international privé en Suissse/Rapport présenté par Gerardo Broggini, 1971, p. 277.

〔3〕 See Nafziger, Oregon's Conflicts Law Applicable to Contracts, in: Yearbook of Private International Law 3 (2001), p. 391.

〔4〕 《中华人民共和国最高人民法院公报》2007 年第 5 期。

〔5〕 《中华人民共和国最高人民法院公报》2022 年第 3 期。

〔6〕 法发〔2010〕52 号，载《中华人民共和国最高人民法院公报》2011 年第 3 期。

2011年4月1日起,此前曾存在过的制定法中的冲突规则与司法解释中的冲突规则之间的不和谐现象部分地得到了解决。

二、国内判例法

(一)外国

1. 以判例法为主要法源的国家

在以判例法为法的主要渊源的国家,特别是在普通法国家(如英国、美国、[1]加拿大、[2]澳大利亚、新西兰、爱尔兰、马耳他、塞浦路斯),判例法规则与制定法规则并行,其地位和重要性并不亚于后者。在这样的国家,权威的法院判例不再是一般的先例,而是由法官根据立法者通过相关法律所做的授权而确立的、可作为同级或下级法院日后裁判同类案件的依据的法律规则。确立判例法规则的法官实际上扮演补充立法者的角色,担当填补法律缺漏的职能。在这些国家,作为国际私法渊源的,与其说是司法判例,毋宁说是判例法规则,因为它们也是有法律约束力的规则。

在上述普通法国家中,英国国际私法的情况比较特殊,需略加说明。英国国际私法固然在传统上以判例法为主要法源,但如上所述,英国在最近几十年里也出台了一些关于国际私法的国内制定法。由于"脱欧"的缘故,原来作为欧盟成员国之一的英国的国际私法渊源已不再包括欧盟关于国际私法的"规则",而欧盟的这些"规则"曾经为英国法院所直接适用。

2. 法国:冲突规则主要表现为判例法规则

虽然法国是大陆法国家,1804年的法国《民法典》也较早制定了少量冲突规则(如对其他国家的国际私法影响颇大的法国《民法典》第3条[3]),但其国内制定法很少有冲突规则。除了法国所批准或加入的、已对法国生效的国际条约(如大量海牙国际私法公约)的冲突规则外,法国国际私法主要以判例法的形式存在。在这方面,法国最高法院(Cour de cassation)的许多重要判例对法国国际私法的发展起了很大作用。例如,巴黎法院在1814年6月13日的Busqueta一案中所确立的冲突规则是:"能力问题,适用当事人本国法";最高法院在1837年3月14日的Stewart一案中所确立的冲突规则是:"不动产继承,适用不动产所在地法律";最高法院在1939年6月19日的Labedan一案中确立的冲突规则是:"动产继承,适用被继承人

---

[1] 美国路易斯安那州是一个例外。与其他各州不同,该州进行了国际私法的法典编纂,其国际私法主要表现为制定法规则,即自1992年1月1日起施行的《路易斯安那民法典》第3515条至第3549条。Vgl. dazu Symeonides, RabelsZ 57 (1993) 460 ff.

[2] 加拿大魁北克省的国际私法体系与其他各省的国际私法体系有所不同。

[3] 法国《民法典》第3条规定:"(1)警察和治安的法律,对一切居住于领域内的人有约束力。(2)法国法律适用于不动产,即使其属于外国人所有亦同。(3)有关人的身份和能力的法律,适用于法国人,即使其居住于外国亦同。"

最后住所地法律”。[1]

当然，这只是就冲突规则而言的。前已述及，法国国际私法的外延不仅包括冲突规则，而且包括有关国籍、外国人地位以及管辖权冲突的规范。在冲突规则以外的其他领域，还有一些国内制定法规则的，如法国《民法典》第14条、第15条关于法国法院管辖权（所谓“法院的冲突”）的规定，第2123条关于外国判决的规定，第7条、第9条、第10条、第12条、第17条至第19条、第21条关于国籍的取得与丧失的规定以及第11条关于外国人地位的规定。此外，2004年关于外国人和庇护权的一部法律也规定了外国人地位问题。[2]

（二）中国

迄今为止，中国内地的立法实践和司法实践不承认判例的法律约束力，因而不承认判例是法的渊源。虽然最高人民法院公布了一些经过汇编、整理的典型案例，对各级法院的审判工作具有一定的指导意义，但这些案例并没有创制新的法律规则或变更、废止旧的法律规则，因而不能作为裁判涉外民商事案件的依据。[3]

既然判例不是中国内地的法源，它们也就不可能成为中国内地的国际私法渊源。

应注意的是，1997年7月1日以后，一方面，中国香港特别行政区实行“一国两制，港人治港”，并依照《中华人民共和国香港特别行政区基本法》享有高度的自治权和司法上的终审权，成为一个不同于中国内地的、有着独特法律体系的法域，其冲突法体系不同于中国内地（大陆）、澳门特别行政区和中国台湾地区。另一方面，由于没有全国统一的冲突法，且香港仍保持普通法的法律传统，所以香港法院在审理与外国法律体系有联系的国际性民商事案件时，除已对香港生效的国际条约（如海牙国际私法公约）的冲突规则外，仍主要适用判例法的冲突规则。

三、国内习惯法

所谓习惯法（英文 customary law，法文 droit coutumier 或 la coutume，德文 Gewohnheitsrecht），是指在长期一贯的通例（一般性惯例）中逐渐形成并被确信具有法律约束力，从而被国家认可的不成文的法律规则的总和。

国内习惯法可以通过司法判例的方式形成，也可以通过法律学说或其他方式形成。

（一）通过司法判例的方式形成的国内习惯法

在司法判例不是法的渊源的国家，如德国、奥地利，司法判例往往只具有辅助

---

〔1〕 Voir Bureau/Wuir Watt, *Le droit international privé*, *Que sais-je?*, 2009, p. 79-80.

〔2〕 Voir Audit, *Droit international privé*, 5e édition, 2008, n° 29.

〔3〕 参见赵相林：《国际私法》（第4版），中国政法大学出版社2007年版，第14页。

意义，因为它们仅在成为国内习惯法规则时始具有法律约束力，从而成为国际私法渊源。

以德国国际私法为例，就《民法典施行法》所未规定的部分而言，德国国际私法表现为在司法判例及法律学说中发展起来的习惯法规则。例如，权利能力、法人、代理、消灭时效、债法（除2002年1月1日前的《一般交易条款法》旧文本第10条第8项、第12条、第24条及《民法典施行法》旧文本第12条以外）、物权法（除《船舶权利法》第1条第2款，《航空器权利法》第1条第2款、第103条至第105条以外）即是如此。〔1〕 在1986年7月25日《关于重新规定国际私法的法律》对国际私法未予编纂的其他领域，尤其是非合同之债和物权法领域，德国国际私法规则仍旧是习惯法规则。直至德国联邦议会于1999年5月21日颁布的《关于非合同之债和物权的国际私法的法律》〔2〕 自1999年6月1日起施行，这种状况才有所改变。但仍有一些领域，尤其是国际法人法及国际代理法，德国国际私法并没有被编纂成制定法规则，至今仍然表现为习惯法规则。〔3〕

（二）关于法律学说是不是国际私法渊源的问题

法律学说是不是国际私法渊源？对于这个问题，各国国际私法学者并没有统一的看法。在一些国家，权威国际私法学者的学说对国际私法的发展具有很大影响，是国际私法的实质渊源，〔4〕如英国的《戴西和莫里斯论法律冲突法》〔5〕就经常被英国法院作为裁判的依据。美国法学会（The American Law Institute）所编纂的、由比尔（Joseph H. Beale, 1861～1943年）任报告员和主要起草人的1934年《冲突法重述》[Restatement of Conflict of Laws (1934)]以及由里斯（Willis L. M. Reese, 1913～1990年）任报告员和主要起草人的1971年《（第二次）冲突法重述》[Restatement (Second) of Conflict of Laws (1971)]虽非官方的法典汇编，亦非有法律约束力的立法文件，却对于美国各州法院裁判涉及州际和国际法律冲突的案件具有相当的权威性和说服力。据统计，截至2000年，在美国50个州当中，已有22个州的法院在侵权领域采纳了《（第二次）冲突法重述》的法律选择方法，24个州的法院在合同领域采纳了《（第二次）冲突法重述》的法律选择方法。〔6〕 既然如此，有必要通

〔1〕 Vgl. Kegel/Schurig, IPR (8. Aufl. 2000), S. 182－183.

〔2〕 见德国《联邦法律公报》，1999年，第1部分，第1026页。中文译文见陈卫佐译：《德国〈关于非契约之债及物权的国际私法的法律（1999年5月21日）〉》，载梁慧星主编：《民商法论丛》第19卷，法律出版社2001年版，第696～700页。

〔3〕 Vgl. von Hoffmann/Thorn, IPR (8. Aufl. 2005), § 1 Rn. 134－138.

〔4〕 参见中国大百科总编辑委员会编：《中国大百科全书·法学》，中国大百科全书出版社1984年版，第231～232页。

〔5〕 Dicey and Morris, *Conflict of Laws*, Vol. Ⅰ and Ⅱ, 12th edition, 2000.

〔6〕 See Symeon Symeonides, *Choice of Law in the American Courts in 2000: As the Century Turns*, 49 Am. J. Comp. L. 1 (2001).

过比较研究来回答这个问题,而不宜“一刀切”地做出“是”或“否”的回答。但无论如何,法律学说可以是形成国内习惯法规则的一种方式。

以法国为例,权威国际私法学者的学说,如已故著名国际私法学家、巴黎第二大学原教授巴蒂福尔(Henri Batiffol, 1905～1989 年)的学说曾对法国司法判例有过很大影响;1935 年成立的、其成员包括对国际私法感兴趣的实务家(法官、律师等)和大学教授的“法国国际私法委员会”(le Comité français de droit international privé)及其所公布的资料也具有一定的权威性。

此外,世界著名的《海牙国际法学院讲演集》每年出版的“国际私法一般课程”和“国际私法特别课程”以及“国际法研究院”所通过的决议对世界各国的国际私法来说均具有相当的权威性,在一些国家甚至被视为国际私法的实质渊源。[1]

至于法律学说是不是中国国际私法渊源的问题,中国国际私法学界一致做出了否定的回答:法律学说不是中国国际私法渊源,[2]即便是权威国际私法学者的学说也不例外。

第二节　国际私法的国际渊源

一、国际条约

(一)概说

本书所称“国际条约”,是由至少两个国际法主体缔结的、旨在规定它们相互间的权利义务的书面国际协议。[3] 需要特别强调的是国际条约的书面性。换句话说,不使用书面形式的国际协议不是本书所称“国际条约”。

国际条约之所以是国际私法渊源,是因为有些国际条约含有国际私法规则。这主要是指统一冲突法条约,它们是专门规定冲突规则的条约,如 1961 年 10 月 5 日《关于遗嘱处分形式方面的法律冲突的(海牙)公约》、1989 年 8 月 1 日《关于死者遗产继承准据法的(海牙)公约》(迄今尚未生效)。有些国际条约虽然只是部分地涉及国际私法和规定冲突规则,但也是国际私法渊源,如 1902 年 6 月 12 日《关于解决离婚和分居领域的法律冲突和管辖权冲突的(海牙)公约》、1961 年 10 月 5 日

---

〔1〕 Voir Olivier Cachard, Droit international privé, Editions Paradigme, 2010, p. 13.

〔2〕 参见沈涓主编:《国际私法》,社会科学文献出版社 2006 年版,第 17～18 页。

〔3〕 已故著名国际法学家李浩培教授在其传世之作《条约法概论》一书的开头给条约所下的定义是:“条约是至少两个国际法主体意在原则上按照国际法产生、改变或废止相互间权利义务的意思表示的一致。”参见李浩培:《条约法概论》(第 2 版),法律出版社 2003 年版,第 3 页。

《关于未成年人保护方面的机关管辖权和准据法的(海牙)公约》。

从条约类型上说,作为国际私法渊源的国际条约,既可以是双边条约,也可以是多边条约。[1]

(二)双边条约——以德国国际私法为例

以德国国际私法为例,双边条约属于其国际渊源。例如,1929年2月17日《德国和伊朗营业所协定》[2]第8条第3款就有关于以国籍为国际户籍法、家庭法和继承法上的连结点的冲突规则。1929年5月28日《德意志帝国和土耳其共和国领事条约》[3](第二次世界大战以后在德意志联邦共和国与土耳其之间的关系中继续有效)第20条附录(遗产继承协定)之第14条规定了"分裂制"遗产继承冲突规则:动产继承关系,适用被继承人死亡时的本国法;不动产继承关系,适用不动产所在地法。1954年10月29日《德意志联邦共和国与美利坚合众国友好、通商和航行条约》[4]第25条第5款规定相互承认在对方国家依其法律成立的公司的法律人格,从而确立了以成立地国法为公司准据法的冲突法原则。[5]

作为德国国际私法的国际渊源,双边条约无论从数量上说,还是从其对国内国际私法的影响上说,均不可与多边条约同日而语。

(三)多边条约

在多边条约中,海牙国际私法会议制定的统一冲突法公约和其他含有冲突规则的海牙国际私法公约占有最重要的地位。

迄今为止,适用于中华人民共和国的领土单位的含有冲突规则的海牙国际私法公约有:[6](1)1956年10月24日《关于儿童扶养义务准据法的(海牙)公约》(自1999年12月20日起继续适用于澳门特别行政区);(2)1961年10月5日《关于未成年人保护方面的机关管辖权和准据法的(海牙)公约》(自1999年12月20日起继续适用于澳门特别行政区);(3)1961年10月5日《关于遗嘱处分形式方面

---

[1] 参见沈涓主编:《国际私法》,社会科学文献出版社2006年版,第15页。

[2] Erik Jayme/Rainer Hausmann, Internationales Privat - und Verfahrensrecht, 16. Aufl. 2012, Verlag C. H. Beck, München, Nr. 22.

[3] Erik Jayme/Rainer Hausmann, Internationales Privat - und Verfahrensrecht, 16. Aufl. 2012, Verlag C. H. Beck, München, Nr. 62.

[4] Erik Jayme/Rainer Hausmann, Internationales Privat - und Verfahrensrecht, 16. Aufl. 2012, Verlag C. H. Beck, München, Nr. 134.

[5] Vgl. Thomas Rauscher, Internationales Privatrecht, 4. Aufl. 2012, C. F. Müller, Heidelberg, § 1 Rn. 94.

[6] 中华人民共和国加入了1965年11月15日《关于向国外送达民事或商事司法文书和司法外文书的(海牙)公约》(于1992年1月1日对中国生效)、1970年3月18日《关于在外国调取民事或商事证据的(海牙)公约》(于1998年2月6日对中国生效),并且是1993年5月29日《关于跨国收养方面的儿童保护及合作的(海牙)公约》的签字国(于2006年1月1日对中国生效)。但这些海牙国际私法公约均不包含冲突规则。

的法律冲突的（海牙）公约》（自1997年7月1日起继续适用于香港特别行政区）；（4）1985年7月1日《关于信托准据法及其承认的（海牙）公约》（1992年1月1日对英国生效，自1997年7月1日起继续适用于香港特别行政区）。

此外，已对中华人民共和国生效的其他若干国际公约也含有冲突规则，如1951年《联合国关于难民法律地位的（日内瓦）公约》（1982年12月23日对中国生效[1]）第12条。

（四）国际私法上的"统一法"

西方国际私法著作多用"统一法"（法文 lois uniformes）这一术语特指那些包含冲突规则，且在相关领域里径直取代缔约国的国内法的冲突规则，或在与国内法的冲突规则发生冲突时应优先予以适用的多边条约。此种条约的特点是：其适用完全不以缔约国之间的互惠为条件；即使条约的冲突规则所指定的法律体系是非缔约国法律体系，条约也予以适用。当然，也可以把此种条约所包含的统一冲突规则称为国际私法上的"统一法"。

晚近的海牙国际私法公约的冲突规则所指定的法律体系不限于缔约国法律体系，而完全不以缔约国之间的互惠为条件。换言之，即便公约的冲突规则指定一个非缔约国的法律体系，审理具体案件的各缔约国法院仍应适用之。这就扩大了海牙国际私法公约的适用范围，使之成为"应予普遍适用的"国际条约。例如，2006年7月5日《关于中间人所持有的证券方面的某些权利的准据法的（海牙）公约》第9条就该公约的普遍适用性做出了规定如下："即使本公约所指定的法律为非缔约国法律，本公约也予以适用。"[2] 1989年8月1日《关于死者遗产继承准据法的（海牙）公约》第2条、2000年1月13日《关于成年人国际保护的（海牙）公约》关于准据法的确定的第3章第18条[3]也有类似规定。

二、国际习惯

（一）国际习惯、国际惯例辨析

在讨论国际习惯是否是国际私法渊源之前，有必要将国际习惯和国际惯例加以区分，因为只有国际习惯法规则才具有法律约束力，才能成为法的渊源。

《中华人民共和国民法通则》（已失效）第142条第3款曾规定："中华人民共

---

[1] 参见杜涛：《涉外民事关系法律适用法释评》，中国法制出版社2011年版，第47页。

[2] Vgl. dazu Volken, Zürcher Kommentar zum IPRG, 2. Auflage, Zürich 2004, Art. 1 N 62 – 67; Reuschle, Grenzüberschreitender Effektengiroverkehr, in: RabelsZ 68 (2004) 744 – 745. 另见陈卫佐：《海牙国际私法会议对21世纪国际私法新发展的贡献》，载《法学》2007年第11期。

[3] 2000年1月13日《关于成年人国际保护的（海牙）公约》关于准据法的确定的第3章第18条就该公约的普遍适用性做出了规定如下："即使本章的规定所指定的法律是非缔约国法律，本章的规定也予以适用。"

和国法律和中华人民共和国缔结或者参加的国际条约没有规定的，可以适用国际惯例。”（着重号为本书作者所加）这一规定曾被许多中国国际私法学者援引过，作为国际惯例是中国国际私法渊源的证据。[1] 本书作者认为，上述规定只是说明在中国法律和已对中国生效的国际条约没有规定的情形下，国际惯例可以成为有国际管辖权的中国司法机关（人民法院）或涉外仲裁机构（如中国国际经济贸易仲裁委员会、北京国际仲裁中心[2]）等法律适用者的适用对象，并不意味着这些惯例对于法律适用者（如中国司法机关或涉外仲裁机构）具有当然的法律约束力。事实上，上述规定使用“可以”而不是“必须”或“应当”的措辞，明白无误地传达了这样的信息：国际惯例并不当然具有法律上的约束力，因而也不一定具有与国内法规则（制定法规则及习惯法规则）、国际条约规则同等的地位。换句话说，有些国际惯例连法律规则都不是，又如何称得上是法（包括国际私法）的渊源呢？

因此，很有必要将国际惯例跟国际习惯区别开来。那么，国际习惯和国际惯例到底有哪些区别呢？

中文里的“习惯”和“惯例”的语词含义是不同的。“习惯”通常是指“在长时期里逐渐养成的、一时不容易改变的行为、倾向或社会风尚”；在法律上，习惯（英文 custom，法文 la coutume，德文 die Gewohnheit）也叫习惯法（英文 customary law，法文 droit coutumier，德文 Gewohnheitsrecht），是“指经国家承认，具有法律效力的社会习惯”。不但国内习惯如此，国际习惯也是如此。“惯例”（英文 usage，法文 usage，德文 Übung）则指“一向的做法、常规”，“司法上指法律没有明文规定，但过去曾经施行、可以仿照办理的做法或事实”，[3] 并不具有法律的效力。[4]

国际法学者一般依据《国际法院规约》第 38 条这一极具权威性的规定说明什么是国际习惯。第 38 条第 1 款[5] 规定了联合国国际法院在“裁判时应适用”的国际法，其 a 项为国际条约，b 项为“国际习惯，作为通例之证明而经接受为法律者”。

《国际法院规约》中文本的措辞如下：

---

[1] 如韩德培主编：《国际私法》（修订本），武汉大学出版社 1989 年版，第 27 ~ 28 页；韩德培主编：《国际私法新论》，武汉大学出版社 1997 年版，第 46 ~ 49 页；黄进：《中国国际私法》，三联书店（香港）有限公司 1997 年版，第 23 ~ 24 页。

[2] “北京国际仲裁中心”是北京仲裁委员会的别称。

[3] 参见《现代汉语词典》（第 7 版），商务印书馆 2016 年版，第 484、1403 页。

[4] 已故著名国际法学家王铁崖教授（1913 ~ 2003 年）在其遗著《国际法引论》一书中十分正确地指出，在中文里“习惯”和“惯例”的使用比较纷乱，二者的区别常常是不明确的；中国外交文件和国内法规中几乎见不到“国际习惯”这个词语，常见的是“国际惯例”。参见王铁崖：《国际法引论》，北京大学出版社 1998 年版，第 68 页。

[5] 《国际法院规约》中文本作“第一项”。这里依照中国现行法律的用语习惯称“第 1 款”。同样，中文本第 2 款所说的“前项”相当于我们所说的“前款”。

《国际法院规约》第 38 条

一、法院对于陈诉各项争端，应依国际法裁判之，裁判时应适用：

（子）不论普通或特别国际协约，确立诉讼当事国明白承认之规条者。

（丑）国际习惯，作为通例之证明而经接受为法律者。

（寅）一般法律原则为文明各国所承认者。

（卯）在第五十九条规定之下，司法判例及各国权威最高之公法学家学说，作为确定法律原则之补助资料者。

二、前项规定不妨碍法院经当事国同意本“公允及善良”原则裁判案件之权。

《国际法院规约》英文本的措辞如下：

Article 38 of the Statute of the International Court of Justice

1. The Court, whose function is to decide in accordance with international law such disputes as are submitted to it, shall apply:

a. international conventions, whether general or particular, establishing rules expressly recognized by the contesting states;

b. international custom, as evidence of a general practice accepted as law;

c. the general principles of law recognized by civilized nations;

d. subject to the provisions of Article 59, judicial decisions and the teachings of the most highly qualified publicists of the various nations, as subsidiary means for the determination of rules of law.

2. This provision shall not prejudice the power of the Court to decide a case *ex aequo et bono*, if the parties agree thereto.

这表明，国际习惯包含两个主要因素：一个是国家间的“通例”（general practice，即一般性惯例），它是在各国持续的实践中因重复类似行为而形成的，是国际习惯的“物质因素”。另一个是“法的确信”[1]（拉丁文 *opinio iuris*）或“必要的确信”（拉丁文 *opinio necessitatis*），意思是“通例”（一般性惯例）被各国接受为法，这是国际习惯的“心理因素”。[2]

一般性国际惯例只不过是国家间的“通例”而已，并不以“法的确信”为必要条件。只有已被接受为法的那部分一般性国际惯例即“通例”才是国际习惯，才具有法律约束力。可见，国际惯例与国际习惯是属概念与种概念、上位概念与下位概念的关系：国际惯例包括国际习惯、尚未被接受为法的国家间的“通例”以及连“通例”都不是的那部分国际惯例。只有国际习惯才具有法律约束力，才有可能成为国际

---

〔1〕 或作“法律确信”“法的确念”“法律确念”。

〔2〕 参见周鲠生：《国际法》，商务印书馆 1976 年版，第 11 页；王铁崖：《国际法引论》，北京大学出版社 1998 年版，第 70 页。

私法渊源。那种认为国际惯例统统是国际私法渊源的看法其实混淆了国际习惯与国际惯例的区别，模糊了二者的界限。[1] 例如，涉外民事或商事合同双方当事人选择某些国际商业惯例（如国际商会的 Incoterms），并不等于选择了合同所应适用的法律体系（合同准据法），更不涉及任何有法律约束力的国际习惯。在此情形下，所选择的国际商业惯例可理解成合同内容（条款）的一部分，从而对当事人有约束力。

（二）国际习惯是不是国际私法渊源

如果我们所理解的国际私法就是法律适用法（冲突法），则法律适用规则（冲突规则）既可能表现为国内法规则，也可能表现为国际条约规则甚至国际习惯法规则（注意：只是可能）。由上文可知，一条冲突规则要成为国际习惯法规则，也同样必须具备“物质因素”和“心理因素”这两个要件。实际上，要想成为一条获得世界上绝大多数国家普遍认可并被认为具有法律约束力的冲突规则绝非易事。此种表现为国际习惯法规则的冲突规则即便有，也为数不多。可供考虑的例子或许有以下冲突规则：“不动产物权，适用不动产所在地法”、“法律行为的形式，适用行为地法”（“场所支配行为”原则）、国际性民事或商事合同双方当事人原则上享有协议选择合同所应适用的法律体系的权能（当事人意思自治原则）等，[2] 因为它们几乎已为当今世界各国所普遍采用。它们到底是不是国际习惯法规则？这是值得思考和探究的。但从国际习惯的“心理因素”这一要件看，尚难断定它们已成为国际习惯法规则，因为很难证明各国均不偏离此种冲突规则且意识到自己有这样做的（国际法上的）义务。[3] 换言之，它们可能欠缺国际习惯的“心理因素”——法的确信。中国台湾地区国际私法学者马汉宝教授指出：早在意大利法则区别说产生的时代，这些冲突规则中的一部分就作为意大利半岛各城邦之间不成文的共同法律原则而存在。后来意大利实现了统一，制定了统一的法典，此种原先不成文的法律原则也已被包括意大利在内的各国立法者采用，成为各国国内制定法的一部分。但各国采纳这些原则的程度和细节均有出入，并不完全一致。因此，至今尚难谓有任何一条冲突规则，是已获得绝大多数国家普遍认可并被认为具有法律约束力的法律规范——国际习惯法规则。[4]

由此可见，关于国际习惯是不是国际私法渊源这一问题的讨论仅具有理论探讨的、边缘化的意义。至于现实中哪些国际私法规则属于国际习惯法规则是存在疑问的。事实上，几乎所有涉外民商事案件都是由一国有国际管辖权的国内法院审理并裁判的，它们在考虑适用国内法的冲突规则之前，固然会优先适用已对法院

---

〔1〕 关于“国际惯例不是国际私法渊源”的论断，参见杜涛、陈力：《国际私法》（第 2 版），复旦大学出版社 2008 年版，第 44 ~46 页。

〔2〕 参见唐表明：《比较国际私法》，中山大学出版社 1987 年版，第 26 页。

〔3〕 Vgl. Kropholler, IPR (6. Aufl. 2006), § 8 I.

〔4〕 参见马汉宝：《国际私法：总论 · 各论》，台北，2006 年版，第 59 页。

地国家生效的国际条约的冲突规则,却很少会考虑是否存在以国际习惯法为表现形式的冲突规则。[1] 在这一问题上,裁判涉外民商事案件的国内法院不同于裁判国家之间的争端的联合国国际法院,因为在联合国国际法院“得为诉讼当事国者,限于国家”(《国际法院规约》第 34 条第 1 款)。所以就一国的国际私法而言,真正重要的国际渊源乃是国际条约。

三、欧盟法

对欧盟成员国来说,欧盟法(尤其是次级欧盟法——“规则”和“指令”)已成为它们的国际私法和国际民事诉讼法日益重要的渊源。其中,欧盟的“规则”(英文 regulations,法文 règlements,德文 Verordnungen)可以直接适用于各成员国领域内[《建立欧洲共同体的条约》第 249 条第 2 款、《关于欧洲联盟的运行的(里斯本)条约》第 288 条],而欧盟的“指令”(英文 directives,法文 directives,德文 Richtlinien)则需经过国内立法的转换才对各成员国有约束力。

1992 年 2 月 7 日关于欧洲联盟的《马斯特里赫特条约》(1993 年 11 月 1 日生效)第 K. 1 条第 6 款使欧盟理事会的权力扩张到民事司法合作领域(被称为“第三根支柱”)。1997 年 10 月 2 日《阿姆斯特丹条约》(1999 年 5 月 1 日生效)第 61 条 c 项(结合第 65 条 b 项)则使民商事司法合作进一步“共同体化”,并准许欧盟理事会采取这方面的具体措施。欧盟因此而获得了关于制定统一的国际私法规则和国际民事诉讼法规则的立法管辖权。2007 年 12 月 13 日关于欧洲联盟的运行的《里斯本条约》(2009 年 12 月 1 日生效)第 81 条的新规定对此予以了重申。

在民商事裁判管辖权、送达、取证、判决的承认与执行以及支付不能领域,目前已获通过的欧盟法文件有:2012 年 12 月 12 日《关于民商事裁判管辖权和判决的承认与执行的第 1215/2012 号(欧盟)规则》[《布鲁塞尔 Ia 规则》,它于 2015 年 1 月 10 日取代了被简称为《布鲁塞尔 I 规则》的 2000 年 12 月 22 日《关于民商事裁判管辖权和判决的承认与执行的第 44/2001 号(共同体)规则》]、[2] 2003 年 11 月 27 日《关于婚姻事项和双亲对共同子女的父母责任的管辖权及判决的承认与执行的第 2201/2003 号(欧共体)规则》[《布鲁塞尔 Ⅱa 规则》,它于 2005 年 3 月 1 日废止了内容相同的 2000 年 5 月 29 日“第 1347/2000 号(欧共体)规则”(《布鲁塞尔 Ⅱ 规则》)[3];但自 2022 年 8 月 1 日起,《布鲁塞尔 Ⅱa 规则》又将被 2019 年 6 月 25 日《关于在婚姻事项上和在涉及父母责任的程序中的管辖权和判决的承认与执行,以

---

[1] 更不大可能适用为文明各国所承认的“一般法律原则”去裁判涉外民商事案件。但“一般法律原则”不属于本书讨论的范围。

[2] Vgl. dazu von Bar/Mankowski, IPR, Bd. Ⅰ (2. Aufl. 2003), § 3 Rn. 40; Schack, IZVR, 8. Aufl. 2021, § 59.

[3] Voir Audit, Droit international privé, 5e édition, 2008, n° 64.

及关于国际儿童诱拐的第2019/1111号(欧盟)规则》(《布鲁塞尔Ⅱb规则》)[1]取代]、2007年11月13日《欧洲议会和欧盟理事会关于在成员国送达民商事司法文书和司法外文书的第1393/2007号(欧共体)规则》[取代了2000年5月29日欧盟理事会关于民商事司法文书和司法外文书的送达的第1348/2000号(欧共体)规则]、2001年5月28日《欧盟理事会关于成员国法院之间在民事或商事取证方面的合作的第1206/2001号规则》、2000年5月29日《欧盟理事会关于支付不能程序的第1346/2000号(共同体)规则》。其中,《布鲁塞尔Ⅰ规则》《布鲁塞尔Ⅰa规则》已先后于2002年3月1日、2015年1月10日在欧盟成员国之间全面取代了1968年9月27日《关于民商事裁判管辖权和判决的承认与执行的欧洲经济共同体(布鲁塞尔)公约》。

在债法领域,《欧洲议会和欧盟理事会关于非合同之债准据法的第864/2007号(欧共体)规则》(《罗马Ⅱ规则》)已于2007年7月11日由欧洲议会和欧盟理事会通过,并公布于《欧洲联盟官方公报》(2007年7月31日,L 199/40)。[2]《罗马Ⅱ规则》已自2009年1月11日起取代欧盟成员国关于非合同之债的冲突规则。欧洲共同体委员会于2005年12月15日提出的"欧洲议会和欧盟理事会关于合同之债准据法的规则的建议"[3]已于2008年6月17日由欧洲议会和欧盟理事会通过,成为《欧洲议会和欧盟理事会关于合同之债准据法的第593/2008号(欧共体)规则》(《罗马Ⅰ规则》),并公布于《欧洲联盟官方公报》(2008年7月4日,L 177/6)。[4]《罗马Ⅰ规则》已自2009年12月17日起取代曾在18年时间里对欧洲共同体成员国有过约束力的1980年6月19日《关于合同之债准据法的欧洲共同体(罗马)公约》(1991年4月1日生效)。

此外,在婚姻事项方面,关于离婚和分居准据法的确定,在欧洲共同体委员会于2006年6月17日向欧盟理事会所提交的"关于修改与婚姻事项和父母责任事项有关的管辖权、外国判决的承认与执行的第2201/2003号(欧共体)规则的建议"的基础上,欧盟理事会于2010年12月20日通过了《欧盟理事会关于在离婚和分居准据法领域实施业已加强的合作的第1259/2010号(欧盟)规则》(以下简称《罗马Ⅲ规则》,于2012年6月21日对17个欧盟成员国生效[5])。在夫妻财产制方面,目前只有欧洲共同体委员会2006年7月17日"在特别考虑法院管辖权和相互承认的情况下夫妻财产法上的冲突规则的绿皮书"(以下简称《罗马Ⅴ规则》)。[6]在继承

[1] Vgl. Schack, IZVR, 8. Aufl. 2021, § 120.

[2] ABl. EU L 199/40 (31.7.2007)/JOUE n° L 199 du 31 juillet 2007, p. 40.

[3] KOM (2005) 650 endg.

[4] JOUE n° L 177/6 du 4 juillet 2008; Revue critique DIP 2008, p. 951; ABl. EU 2008, L 177/6.

[5] Schack, IZVR, 8. Aufl. 2021, § 132.

[6] KOM (2006) 400 endg.

法领域,在欧洲共同体委员会 2005 年 3 月 1 日关于统一国际继承法和遗嘱法的绿皮书[1]和欧洲共同体委员会 2009 年 10 月 14 日"欧洲议会和欧盟理事会关于在继承事项上的管辖权、准据法、承认与执行判决和公证书以及关于设立欧洲继承证书的'规则'的建议"[2]的基础上,欧洲议会和欧盟理事会于 2012 年 7 月 4 日在法国斯特拉斯堡通过了《欧洲议会和欧盟理事会关于在遗产继承领域的管辖权、准据法、判决的承认与执行、公证书的接受与执行,以及关于欧洲遗产继承证书的设立的第 650/2012 号(欧盟)规则[3]》(《罗马Ⅳ规则》),并公布于《欧洲联盟官方公报》,[4]于 2012 年 8 月 17 日生效,并于 2015 年 8 月 17 日成为可直接适用于各成员国[5]的欧盟统一国际私法立法文件(见《罗马Ⅳ规则》第 84 条)。关于扶养义务,欧洲共同体委员会于 2005 年 12 月 15 日提出了一项"欧盟理事会规则草案",[6]内容涉及扶养义务领域的管辖权、准据法、扶养判决的承认与执行以及国际合作。时至今日,《欧盟理事会关于扶养义务方面的管辖权、准据法、判决的承认与执行以及合作的(欧共体)第 4/2009 号规则》已于 2008 年 12 月 18 日获得通过,并于 2011 年 6 月 18 日生效。

由于欧盟的"规则"具有直接适用于各成员国的法律效力,关于国际私法和国际民事诉讼法的欧盟"规则"不仅可以取代先前在成员国之间所缔结的国际条约,而且具有优先于国内冲突规则和国际民事诉讼法规则的地位。可以预见,随着欧洲一体化程度在经济、政治和司法领域的进一步提高,欧盟法中的国际私法"规则"在各成员国的国际私法中所占的比例也将越来越大。[7]

最后,除了上述欧盟"规则"和"指令"之外,位于卢森堡的欧洲联盟法院在履行其解释欧盟法的职能的过程中,[8]也以它所独有的方式解释了诸如合同事项、强制

---

[1] KOM (2005) 65 endg.

[2] COM (2009) 154 final.

[3] Règlement (UE) n° 650/2012 du Parlement européen et du Conseil du 4 juillet 2012 relatif à la compétence, la loi applicable, la reconnaissance et l'exécution des décisions, et l'acceptation et l'exécution des actes authentiques en matière de successions et à la création d'un certificat successoral européen/Regulation (EU) No. 650/2012 of the European Parliament and of the Council of 4 July 2012 on Jurisdiction, Applicable Law, Recognition and Enforcement of Decisions and Acceptance and Enforcement of Authentic Instruments in Matters of Succession and on the Creation of a European Certificate of Succession.

[4] JOUE L 201 du 27 juillet 2012, p. 107/OJ L 201, 27.7.2012, p. 107.

[5] 英国(现已脱欧)、丹麦和爱尔兰除外。

[6] KOM (2005) 649 endg.

[7] 参见谢俊英:《欧盟统一国际私法运动对解决我国区际法律冲突之借鉴》,载《法学杂志》2006 年第 2 期。

[8] 欧洲联盟法院(la Cour de justice de l'Union européenne)的前身是"欧洲共同体法院"(la Cour de justice des Communautés européennes),因 2009 年 12 月 1 日生效的《里斯本条约》而改称"欧洲联盟法院"。

性法律等国际私法概念，从而确立了若干冲突规则。在这个意义上说，欧洲联盟法院及其前身欧洲共同体法院的判例也可以视为欧盟国际私法渊源之一。

第三节 国际私法渊源综述

任何一个国家的国际私法都既有国内渊源，又有国际渊源。

国内渊源除国内制定法和习惯法外，在英美普通法国家和若干大陆法国家（如法国）尚有判例法。

国际渊源主要是双边和多边的国际条约。至于国际习惯是不是国际私法渊源，是一个需要加以证明的问题。但无论如何，有必要将国际习惯与国际惯例区别开来：只有国际习惯才有可能成为国际私法渊源；有些国际惯例因不具有法律约束力而绝不可能成为法的渊源，遑论国际私法渊源。

此外，对欧盟成员国来说，其国际私法渊源还包括关于国际私法的欧盟“规则”和“指令”以及欧洲联盟法院及其前身欧洲共同体法院的判例。

须指出的是，国际渊源并不是国际私法所专有或特有的，其他法律部门也可以有国际渊源。例如，1980年4月11日订于维也纳的《联合国国际货物销售合同公约》（1991年1月1日对德国生效）也是德国民法特别是德国合同法的渊源。然而，由于一国国际私法的根本任务是确定涉外民商事法律关系所应适用的法律体系，其国际渊源占有相当的比例也就不足为奇了。

复习思考题

1. 国际私法作为一个独立的法律部门或分支，其中心问题是什么？
2. 在国际私法上，为什么“涉外民商事法律关系”的说法比“涉外民商事关系”的说法准确？
3. 为什么说国际私法渊源具有二元性？试以中国现行国际私法为例予以说明。
4. 渊源的国际性能否决定一个法律部门或分支的归属（国际法、国内法）？
5. 是否所有的国际惯例都是国际私法渊源？
6. 是否存在属于国际习惯法规则的冲突规则？如果存在，你能举出例子吗？

第三章　国际私法的名称

第一节　国际私法的三个最常用的名称

在众多法律部门或分支中，国际私法的名称大概是最受争议的。这是因为不同国家或地区的立法者和学者，甚至同一国家或地区的立法者和学者在不同时期，对于什么是国际私法、国际私法的外延究应包括哪些法律规范，均有不同理解，以致出现了形形色色的关于国际私法的名称。[1]

在历史上，13 世纪中叶以后意大利后期注释法学派学者曾使用过“法则区别说”来称谓与国际私法有关的一种学说。[2] 但是，“法则区别说”仅仅是国际私法处于早期的“学说法”阶段曾使用过的一种学说的名称，[3] 并不是作为一个法律部门或分支的国际私法的名称。况且所谓“法则”不过是 13 世纪中叶以后的意大利诸城邦的制定法罢了，与当今世界各主权国家的国际私法所指定的某国法（或某国法律体系）不可同日而语。

今天，国际私法的名称最常用的有三个：“私国际法”、“国际私法”及“冲突法”（“法律冲突法”）。[4] 兹分别介绍之。

第二节　私国际法

“私国际法”（private international law，PIL）这一名称最早为美国最高法院原法

---

〔1〕 参见黄进：《中国国际私法》，三联书店（香港）有限公司 1997 年版，第 1 ~ 3 页。

〔2〕 参见黄进主编：《国际私法》（第 2 版），法律出版社 2005 年版，第 30 页。

〔3〕 参见李双元：《国际私法（冲突法篇）》，武汉大学出版社 1987 年版，第 34 ~ 35 页；黄进主编：《国际私法》（第 2 版），法律出版社 2005 年版，第 163 页。

〔4〕 Vgl. Kegel/Schurig, IPR（8. Aufl. 2000），S. 22 ~ 24. 另见陈卫佐：《凯格尔、舒里希：〈国际私法〉2000 年，德文第 8 版》，载黄进等主编：《中国国际私法与比较法年刊》第 4 卷，法律出版社 2001 年版，第 651 ~ 652 页。

官、哈佛大学原教授斯托里(Joseph Story, 1779 ~ 1845 年)于 1834 年在其所著《法律冲突法释义:外国的和内国的》(*Commentaries on the Conflict of Laws: Foreign and Domestic*)一书中所使用。他在该书中写道:“这一公法的分支可以……很恰当地被称为私国际法。”[1] 1840 年,“私国际法”的名称为法国学者福利克斯(Jean Jacques Gaspard Fœlix)所接受,[2] 后来在欧洲大陆各国逐渐传播开来。法文中的 droit international privé(DIP)、意大利文中的 diritto internazionale privato、西班牙文中的 derecho internacional privado、葡萄牙文中的 direito internacional privado、罗马尼亚文中的 drept internațional privat 均与“私国际法”同义;大多数拉丁美洲国家也广泛地使用“私国际法”这一名称。

即便是在英美普通法国家,也有一些学者使用“私国际法”这一名称并把它作为法律冲突法的同义词,如英国学者韦斯特莱克(John Westlake)、富特(Foote)、切希尔(Geoffrey C. Cheshire)和诺斯(Peter M. North)。[3]

与“私国际法”相对的是“公国际法”(英文 public international law,法文 droit international public)。但在翻译成汉语时,“私国际法”常被译为“国际私法”,“公国际法”常被译为“国际公法”,如委内瑞拉 1998 年 8 月 6 日《关于国际私法的法律》(自 1999 年 2 月 6 日起施行)。

“私国际法”的称谓容易引起理解上的混乱,使人以为国际法有“私国际法”与“公国际法”之分。事实上,国际私法并不是“国际法”的下位概念。首先,所谓公国际法,也叫“万国公法”(英文 law of nations),是主要调整主权国家之间的关系(包括国家与国家之间、国家与国际组织之间以及国际组织相互之间的关系)的法律部门。而国际私法则主要着眼于解决私人性质的含有外国因素或涉外因素(或曰具有国际性)的民商事争议的法律适用问题。虽然主权国家有时也成为此种争议的当事人一方,但此时国家系作为平等主体的法人参与其中,其地位与自然人和其他法人是平等的。其次,普遍性的公国际法作为一个“由国家在其相互往来中认为有法律约束力的习惯规则和条约规则组成的”体系,[4] 是国际社会所共同拥有的,如德国国际私法、奥地利国际私法、波兰国际私法、中国国际私法,等等,不一而足。

---

[1] 英语原文见 Story, *Commentaries on the Conflict of Laws* (Boston 1834) § 9: “This branch of public law may … be fitly denominated private international law.”

[2] J. - J. G. Fœlix, *Du conflit des lois de différentes nations ou du droit international privé*, Paris 1840.

[3] See Peter North and J. J. Fawcett, *Cheshire and North's Private International Law*, 13th edition, 1999, p. 13 - 14.

[4] See Oppenheim, International Law (1967) 8th Edition, Vol. Ⅰ, p. 4 - 5.

第三节　国际私法

1841 年,在法兰克福执行律师业务的德国人谢夫纳(Wilhelm Schaeffner)于其所著《国际私法的发展》一书中,[1]在接受斯托里所首倡的名称“私国际法”的基础上,使用了“国际私法”(internationales Privatrecht,简称 IPR)的称谓。[2] 与之相对应的英文表述是 international private law。

“国际私法”的名称后来被德国《民法典施行法》采用(见上文该法第 3 条第 1 款第 1 句关于国际私法的法定定义)。奥地利 1978 年 6 月 15 日《关于国际私法的联邦法律》、瑞士 1987 年 12 月 18 日《关于国际私法的联邦法律》的德文正式文本、韩国 2001 年 4 月 7 日《国际私法》均使用这一名称来称呼该法律部门。据中国国际私法学者考证,汉语“国际私法”一词是从日语词汇“国際私法”翻译过来的。[3]

与“国际私法”相对的是“国际公法”(德文 internationales öffentliches Recht)。

然而,有人认为“国际私法”这一名称不准确,理由是:这一法律部门或分支只有一小部分规则是国际的(如国际条约的冲突规则),而大部分规则是国内的(指国内法的冲突规则);它并不直接确定当事人权利义务,而只是规定涉外民商事法律关系所应适用的法律体系,是法律适用法;它虽然位居私法体系,但不同于典型的实体私法(民商法),甚至带有公法的某些特征。因此,“国际私法”这一称谓是名不副实的,甚至是误导性的。[4]

第四节　冲突法(法律冲突法)

冲突法(美国英语 conflicts law,德文 Kollisionsrecht 或 Konfliktsrecht)或法律冲突法(英文 the law of the conflict of laws 或 the conflict of laws,法文 la loi de conflit

---

〔1〕 Schaeffner, Entwicklung des internationalen Privatrechts, Frankfurt a. M. 1841.

〔2〕 参见李浩培:《李浩培文选》,法律出版社 2000 年版,第 5 页。Vgl. auch von Bar/Mankowski, IPR, Bd. Ⅰ (2. Aufl. 2003), S. 11.

〔3〕 参见唐纪翔:《中国国际私法论》(第 2 版),商务印书馆 1934 年版,第 13 页。

〔4〕 在最早使用“国际私法”这一称谓的德国,相当一部分学者有意识地将 internationales Privatrecht 中的形容词“国际”(international)的第一个字母大写,成为 Internationales Privatrecht,以表明这是一个专业术语,是所谓的“国际私法”。

des lois)也是一个在西方法律文献中广为使用的称谓。

荷兰法学家胡伯(Ulrich Huber,1636~1694 年)于 1684 年在其拉丁文著作《论法律冲突》(*De conflictu legum*)中、德国法学家赫蒂乌斯(Hertius)于 1688 年在其拉丁文著作《法律冲突论》(*Dissertatio de collisione legum*)中用"法律冲突(法)"这一名称来称呼国际私法。[1] 今天,在普通法国家,多数学者以"冲突法"或"法律冲突法"作为国际私法的名称。[2]

然而,诚如德国学者克格尔(Gerhard Kegel, 1912~2006 年)和舒里希(Klaus Schurig)所正确地指出的,冲突法是国际私法的上位概念(属概念);国际私法固然属于冲突法,但冲突法却不限于国际私法。法律冲突(或曰法律抵触)的现象,不仅存在于私法(民商法)领域,而且存在于宪法、行政法、刑法、税法、社会保障法、程序法等公法领域。凡调整法律冲突的各种法律适用规则,均可统称为冲突规则,它们的总和就是冲突法。[3] 国际私法是空间上的冲突法;空间上的冲突法决定不同地域的法的适用,国际私法和区际私法皆属之。除空间上的冲突法外,人际冲突法和时际冲突法也属于冲突法范畴。国际私法又是国际性冲突法;国际性冲突法限定不同主权国家的法(私法或公法)的适用范围,国际私法、国际宪法、国际刑法、国际行政法、国际税法、国际社会保障法及国际民事程序法[4]皆属之。[5] 因此,用冲突法来作为国际私法的名称也有其不妥当的地方。

第五节 国际私法名称综述

除上述三个最常用的名称外,国际私法还有其他叫法。

---

[1] Vgl. Kropholler, IPR (6. Aufl. 2006), § Ⅰ Ⅴ 2.

[2] *e. g.* Dicey/Morris, *The Conflict of Laws*, Volumes Ⅰ and Ⅱ, 12th edition, 2000.

[3] Vgl. Kegel/Schurig, IPR (8. Aufl. 2000), S. 23.

[4] 就一个国家而言,国际宪法、国际刑法、国际行政法、国际税法、国际社会保障法及国际民事程序法等国际性公法也与国际私法一样,大体上是该国的国内法分支。原则上,各国在公法领域只适用自己的公法,但这一原则不是绝对的:各国可以通过双边或多边条约在互惠的基础上与他国开展合作,例如制定引渡条约、关于域外执行刑罚的条约、税收互助条约以及相互协助追索公债的条约等。这样一来,一国在某些情形下也可能适用其他国家的公法,意味着在公法领域也存在法律适用上的冲突。因此,国际性公法都是国际性冲突法。Voir Audit, Droit international privé, 5e édition, 2008, n° 114.

[5] Vgl. Kegel/Schurig, IPR (8. Aufl. 2000), S. 24-25, 36. 另见陈卫佐的书评《凯格尔、舒里希:〈国际私法〉,2000 年,德文第 8 版》,载黄进等主编:《中国国际私法与比较法年刊》第 4 卷,法律出版社 2001 年版,第 649~654 页。

自2011年4月1日起,中国现行国际私法制定法是《中华人民共和国涉外民事关系法律适用法》。

韩国在2001年7月1日以前施行的关于国际私法的法律是1962年1月15日《涉外私法》(自2001年7月1日起施行的是新的《国际私法》,最后一次为第18670号法律所修正,最新文本自2022年7月5日起施行)。原德意志民主共和国(原东德)1975年12月5日的法律名为《关于国际民法、家庭法和劳动法关系以及国际经济合同的法律适用的法律》(简称"法律适用法", Rechtsanwendungsgesetz)。德国原帝国最高法院称国际私法为"国家间私法"(zwischenstaatliches Privatrecht)。

国际私法学者对国际私法的称谓也是各式各样的。德国学者文格勒(Wilhelm Wengler, 1907~1995年)称之为"指定之法"(德文 Verweisungsrecht),德国学者齐特尔曼(Ernst Zitelmann, 1852~1923年)称之为"中间私法"(Zwischenprivatrecht),弗兰肯斯坦(Ernst Frankenstein, 1881~1955年)称之为"界限法"(Grenzrecht),[1]瑞士学者施尼策尔(Adolf F. Schnitzer, 1889~1989年)称之为"对外私法"(Außenprivatrecht),埃伦兹威格(Albert A. Ehrenzweig, 1906~1974年)称之为"私的跨国法"(private transnational law)。[2] 此外,英美国家的学者有时称之为"法律选择法"。

须指出的是,无论上述哪个名称都不能完全准确地反映国际私法的内涵,因为国际私法既不完全是"国际的",也不是典型的"私法"(民商法),甚至被认为是公法。在目前还找不到更加合适的名称的情况下,"国际私法"作为约定俗成且通行已久的称谓,只能是差强人意的。像德国、奥地利、日本、韩国等国学者一样,中国国际私法学者也倾向于使用"国际私法"的名称。

复习思考题

1. 国际私法有哪些常用名称?
2. 为什么说没有一个关于该法律部门的名称是名副其实的?你倾向于使用哪一个名称来称谓这一法律部门?为什么?

---

[1] [德]马丁·沃尔夫:《国际私法》(第2版),李浩培、汤宗舜译,北京大学出版社2009年版,第12页。

[2] See Kegel, Introduction: Int. Enc. Comp. L. Ⅲ ch. 1 (1985) s. 3. Vgl. auch Kegel/Schurig, IPR (8. Aufl. 2000), S. 23.

第四章　国际私法规则的历史发展

第一节　国内法的国际私法规则(冲突规则)的历史发展

在历史上,国际私法学说的产生早于国际私法规则的产生,且对国际私法规则的形成及发展有过巨大影响。但严格地说,国际私法的发展史应该主要是其规则的发展史。

在意大利"法则区别说"时代,并不存在现代意义上的国际私法,因为现代意义上的国际私法是以主权国家的存在为前提的。1648 年的威斯特伐利亚和会标志着由主权国家组成的国际社会的形成。有了主权国家,才有主权国家的民商事实体法相互间的差异,也才会产生私法领域的各国法律体系之间在法律适用上的冲突。

不可否认的是,冲突规则最初也是在"欧洲中心"之下大规模形成的。此外,冲突规则除了可以存在于制定法之外,还可以存在于判例法和习惯法。然而,为了讨论上的方便起见,下文仅以各国国内制定法中的冲突规则为限。

一、域外国际私法规则的历史发展

(一)早期域外国家制定法中的冲突规则

较早在国内制定法中规定了冲突规则的是 1756 年的巴伐利亚王国《马克西米利安民法典》(拉丁文 *Codex Maximilianeus Bavaricus Civilis*)、1794 年的《普鲁士诸邦一般邦法》、1804 年的法国《民法典》、[1] 1811 年的奥地利《一般民法典》、[2] 1856 年的希腊《民法典》(为 1940 年 3 月 15 日《民法典》[3] 所取代)、1865 年的意大利《民法典》(其国际私法条文为 1942 年的《民法典》第 17 条至第 31 条所取代)、1889 年 7 月 24 日西班牙《民法典》序编第 4 章"国际私法规则"(1974 年修订,后经多次修正)、1891 年的瑞士《关于定居或暂住的公民的民法关系的联邦法律》、1898 年 6 月 21 日的日本《法例》、1896 年 8 月 18 日德国《民法典施行法》。进入 20 世纪,巴西 1916 年的《民法典》序言条款和《巴西法律规范施行法》(原 1942 年 9 月 4

[1] 第 3 条、第 14 条、第 15 条、第 309 条、第 311 条。

[2] 第 4 条、第 33 条至第 38 条、第 300 条。

[3] 第 4 条至第 41 条。

日《民法典施行法》,因 2010 年第 12.376 号法律的修正而改称现名称)含有冲突规则;中国于 1918 年 8 月 5 日公布并施行了《法律适用条例》,在中国法律史上第一次将法律适用规则(冲突规则)系统化;波兰于 1926 年 8 月 2 日通过其《关于国际私法关系准据法的法律》和《关于区际私法关系准据法的法律》(自 1926 年 11 月 13 日起施行[1])制定了冲突规则;泰国于 1938 年 3 月 20 日公布并施行了《关于法律冲突的法律》;1940 年公布、自 1946 年 2 月 23 日起施行的希腊《民法典》也含有冲突规则(第 4 条至第 33 条)。

然而,这些冲突规则都是传统国际私法的表现。其中,18 世纪末、19 世纪初问世的巴伐利亚王国《马克西米利安民法典》、《普鲁士诸邦一般邦法》、法国《民法典》、奥地利《一般民法典》的冲突规则深受法则区别说的影响。[2] 诸如"有关人的身份和能力的法律,适用于法国人,即使其居住于外国亦同""属物的法律适用于不动产"就是这方面的冲突规则的典型例子,因为它们以法律的属地性为出发点,而不是以法律关系的性质为出发点。

19 世纪末、20 世纪初制定的许多冲突规则受萨维尼学说的影响较大,在内容上较为僵硬,在创制方式上较为概括,条文规定也不够全面。

(二)域外国家国际私法改革

第二次世界大战以后,许多原来没有国际私法的国家也纷纷制定了自己的国际私法成文法。一些原来就有冲突规则的国家则对自己的国际私法进行了改革或改良。[3] 它们在内容上趋于进步,在立法技术上趋于先进;某些国家的国际私法制定法还采取了国际私法法典的立法模式。

1. 最早的国际私法改革浪潮

最先掀起国际私法改革浪潮的是原东欧社会主义国家:捷克斯洛伐克 1963 年 12 月 4 日《关于国际私法和国际民事诉讼法的法律》、波兰 1965 年 11 月 12 日《关于国际私法的法律》(自 1966 年 7 月 1 日起施行,已于 2011 年 5 月 16 日废止)、德意志民主共和国(东德)1975 年 12 月 5 日《关于国际民法、家庭法和劳动法关系以及国际经济合同的法律适用的法律》、匈牙利 1979 年 5 月 31 日公布的《关于国际私法的第 13/1979 号法令》和南斯拉夫 1982 年 7 月 15 日《关于解决在某些事项上与他国规定的法律冲突的法律》。

---

[1] 参见李浩培:《李浩培法学文集》,法律出版社 2006 年版,第 38 页。

[2] 例如,法国《民法典》第 3 条规定:"(1)警察和治安的法律,对一切居住于领域内的人有约束力。(2)法国法律适用于不动产,即使其属于外国人所有亦同。(3)有关人的身份和能力的法律,适用于法国人,即使其居住于外国亦同。"显然,这些规定带有法则区别说的痕迹。参见中国大百科总编辑委员会编:《中国大百科全书·法学》,中国大百科全书出版社 1984 年版,第 114 页。

[3] 关于晚近的国际私法改革,参阅杜涛:《国际私法的现代化进程:中外国际私法改革比较研究》,上海人民出版社 2007 年版。

苏联解体后,罗马尼亚制定了1992年9月22日《关于解决国际私法之法律关系的第105/1992号法律》(自1993年10月26日起施行),而自2011年10月1日起施行的罗马尼亚新《民法典》[1]第7编(第2557条至第2663条)则更新了罗马尼亚的国际私法规定;格鲁吉亚于1998年4月29日通过了《关于国际私法的法律》(自1998年12月1日起施行)。1999年7月1日生效的《白俄罗斯共和国民法典》在其第7章增加了新的国际私法一般规定和冲突规则(第1093条至第1135条);[2]《哈萨克斯坦共和国民法典》之1999年7月1日文本的分则第7章"国际私法"第1084条至第1124条对哈萨克斯坦冲突规则进行了系统性编纂;[3]斯洛文尼亚共和国于1999年6月30日制定了《关于国际私法和国际民事诉讼的法律》(自1999年7月28日起施行);独立后的立陶宛共和国于2000年7月18日通过的《民法典》第1编第2章"国际私法"(第1.10条至第1.62条)含有关于冲突规则的一般性规定和关于不同类型的法律关系的准据法的特别规定;[4]2002年3月1日生效的《俄罗斯联邦民法典》第3编第6章"国际私法"第1186条至第1224条更新了俄罗斯的主要冲突规则;[5]保加利亚于2005年5月4日通过了《国际私法法典》(2005年第42号法律,自2005年5月21日起施行);乌克兰于2005年6月23日通过的《关于国际私法的法律》(自2005年9月1日起施行)更新了乌克兰的冲突规则和国际民事诉讼法规则;[6]马其顿共和国(其国名已更改为"北马其顿共和国")于2007年7月4日通过了《关于国际私法的法律》(自2008年7月19日起施行);[7]阿尔巴尼亚于2011年6月2日通过了《关于国际私法的第10428号法律》

---

[1] 罗马尼亚新《民法典》于2009年7月17日通过(第287/2009号法律),2009年7月24日公布于《罗马尼亚官方公报》,因2011年6月3日的第71/2011号法律(2011年6月10日公布于《罗马尼亚官方公报》)而被实施,于2011年7月15日重新公布于《罗马尼亚官方公报》,自2011年10月1日起施行。Voir Loi n° 287/2009 concernant le Nouveau Code Civil, Journal Officiel de la Roumanie n° 511 du 24 juillet 2009; Loi n° 71/2011 pour la mise en application de la loi n° 287/2009 concernant le Nouveau Code Civil, Journal Officiel de la Roumanie n° 409 du 10 juin 2011; Nouveau Code civil roumain republié dans le Journal Officiel de la Roumanie n° 505 du 15 juillet 2011. Traduction française du Livre Ⅶ parue dans *Revue critique de droit international privé*, 2012, p. 459-480.

[2] Vgl. dazu Mosgo, Das neue internationale Privatrecht Weißrußlands, in: IPRax 2000, 148-149.

[3] Vgl. dazu Weißhaupt, Neues Kollisions- und Internationales Zivilprozeßrecht in der Republik Kasachstan, IPRax 2002, 53.

[4] See Valentinas Mikelenas, *Reform of Private International Law in Lithuania*, Yearbook of Private International Law, Volume 7 (2005), p. 165.

[5] 此外,1996年3月1日生效的俄罗斯《家庭法典》和1999年5月1日生效的俄罗斯《海运法典》也含有一些冲突规则。

[6] See Dovgert, *Codification of Private International Law in Ulraine*, Yearbook of Private International Law, Volume 7 (2005), p. 131-159.

[7] Vgl. IPRax 2008, 158.

(自 2011 年 7 月 1 日起施行);[1]黑山共和国于 2013 年 12 月 23 日通过了《关于国际私法的法律》(自 2014 年 7 月 9 日起施行),正式取代了南斯拉夫 1982 年 7 月 15 日《关于解决在某些事项上与他国规定的法律冲突的法律》。[2] 捷克共和国于 2012 年 1 月 25 日通过了第 91 号法律——《关于国际私法的法律》,自 2014 年 1 月 1 日 1 起施行。匈牙利共和国于 2017 年 4 月 11 日通过了第 28 号法律——《关于国际私法的法律》(自 2018 年 1 月 1 日起施行)。

2. 西欧国家的国际私法改革

在西欧国家,也同样存在一个明显的国际私法改革趋势。这些国家的国际私法改革,有些与民法典的现代化相伴而行(尤其在人法和家庭法领域),譬如加入了男女平等和保护妇女、儿童、消费者等新理念,而有些则作为单行法律或法典而被制定。1966 年 11 月 25 日新的葡萄牙《民法典》(为 1977 年 11 月 25 日的法令所修正,后又为其他规定所补充)第 14 条至第 65 条(1967 年 6 月 1 日生效,1974 年 5 月 31 日的法令、1981 年 7 月 7 日的法律、1990 年 10 月 15 日的法律和 2007 年 12 月 28 日《关于国际收养的第 57/2007 号法律》先后修订了 1889 年 7 月 24 日西班牙《民法典》,1978 年 6 月 15 日奥地利《关于国际私法的联邦法律》,1996 年 9 月 19 日列支敦士登《关于国际私法的法律》,2001 年 4 月 11 日荷兰《关于侵权行为领域的法律冲突的法律》、[3]2002 年 3 月 14 日荷兰《解决亲子关系方面的法律冲突的法律》[4]以及 2011 年 5 月 19 日通过、自 2012 年 1 月 1 日起施行的荷兰新《民法典》第 10 编“国际私法”(第 10:1 条至第 10:165 条)[5]等,以上国际私法新规定都是这个时期国际私法改革的产物。

不仅如此,德国《民法典施行法》先后两次被 1986 年 7 月 25 日《关于重新规定国际私法的法律》和 1999 年 5 月 21 日《关于非合同之债和物权的国际私法的法律》[6]改革,瑞士于 1987 年完成了酝酿已久的国际私法法典编纂——以 1989 年 1 月 1 日生效的 1987 年 12 月 18 日《关于国际私法的联邦法律》(以下简称瑞士国际私法法典)为标志,意大利则于 1995 年 5 月 31 日制定了《关于改革意大利国际私法

〔1〕 Vgl. dazu Staudinger - Sturm/Sturm (2012), Einl. zum IPR, Rn. 761.

〔2〕 Vgl. Jessel - Holst, *Neukodifikation des internationalen Privatrechts in Montenegro*, IPRax 2014, 553 - 555.

〔3〕 2001 年 6 月 1 日生效。

〔4〕 2003 年 1 月 1 日生效。参见陈卫佐译:《2002 年 3 月 14 日〈解决亲子关系方面的法律冲突的法律〉》,载梁慧星主编:《民商法论丛》第 26 卷,法律出版社 2003 年,第 831 ~835 页。

〔5〕 See Kramer, Dutch Private International Law - Overview 1998 - August 2002, 537 - 546; Basedow/Rühl/Ferrari/de Miguel Asensio (eds.), *Encyclopedia of Private International Law*, Edward Elgar, Cheltenham 2017, p. 2359 - 2360, 3553 - 3584.

〔6〕 参见陈卫佐译:《德国〈关于非契约之债及物权的国际私法的法律(1999 年 5 月 21 日)〉》,载梁慧星主编:《民商法论丛》第 19 卷,法律出版社 2001 年版,第 696 ~700 页。

体系的第218号法律》(自1995年9月1日起施行),而原来深受法国国际私法影响的比利时则于2004年7月16日在立法史上第一次制定出一部有140个条文的备受瞩目的《国际私法法典》(自2004年10月1日起施行)。

此外,英国于1995年11月8日制定的一部名为《国际私法(杂项规定)法》的制定法,修正并取代了此前关于国际私法问题的判例法规则(特别是关于侵权行为准据法的规则)。

土耳其议会于2007年11月27日通过了新的《关于国际私法和国际民事诉讼法的法律》(第5718号法律),自2007年12月12日起施行。新法取代了土耳其于1982年5月20日通过的《关于国际私法和国际民事诉讼法的法律》(第2675号法律,自1982年11月20日起施行)。

3. 美洲国家的国际私法改革

在北美洲,美国路易斯安那州于1991年通过的第923号法律含有国际私法规则,后被并入自1992年1月1日起施行的《路易斯安那民法典》第4编"法律冲突法"(第3515条至第3549条)。传统上属于普通法法域的美国俄勒冈州2001年5月21日《关于合同法律冲突的2114号法律》(自2002年1月1日起施行,第15.300条至第15.380条)对合同领域的法律选择规则进行了编纂。[1] 加拿大魁北克省国民大会于1991年12月18日通过了一部关于国际私法的制定法,并将它纳入1994年1月1日生效的新《魁北克民法典》之第10编(第3076条至第3168条)。[2]

在拉丁美洲,一些国家的国际私法规则通常包含于这些国家的民法典或民法典施行法中。其中,巴西1942年9月4日《民法典施行法》已因2010年第12.376号法律的修正而改称《巴西法律规范施行法》。秘鲁通过1984年7月24日《民法典》第10编(第2046条至第2111条)、墨西哥通过1987年的一部法令(《民法典》第12条至第15条、第29条至第34条、第2736条至第2738条)、委内瑞拉通过1998年8月6日《关于国际私法的法律》(自1999年2月6日起施行)、[3]阿根廷通过2014年10月7日《民商法典》(自2015年8月1日起施行),分别实现了国际私法规则的现代化。

---

〔1〕 See Nafziger, *Oregon's Conflicts Law Applicable to Contracts*, Yearbook of Private International Law 3 (2001), p. 391.

〔2〕 1994年1月1日生效的新《魁北克民法典》取代了制定于1865年的下加拿大《民法典》。See, J. - G. Castel, *Some Recent Important Trends in Canadian Private International Law*, NILR 1993, p. 29; T. M. C. Asser Institute, The Influence of the Hague Conference on Private International Law, Selected Essays to Celebrate the 100th Anniversary of the Hague Conference on Private International Law, The Hague 1993, p. 29.

〔3〕 Madrid Martinez, La norma de derecho internacional privado, Caracas, 2004. Voir Didier Boden, Revue critique DIP 2007, 673 – 676. Vgl. auch Hernández – Bretón, Neues venezolanisches Gesetz über das Internationale Privatrecht, in: IPRax 1999, 194 – 196.

4. 阿拉伯国家和非洲国家的国际私法改革

国际私法的法典编纂也被引入了阿拉伯国家。1948 年 7 月 16 日埃及《民法典》含有关于法律冲突的一章(第 10 条至第 28 条),[1] 并对叙利亚、伊拉克、科威特、[2] 利比亚等其他国家的国际私法法典编纂产生了影响。在西北非,1913 年 8 月 12 日的摩洛哥国王诏令、1975 年的阿尔及利亚《民法典》第 9 条至第 24 条、突尼斯 1998 年 11 月 27 日关于国际私法法典的法律相继对国际私法进行了法典编纂。在南撒哈拉非洲,一些国家(如布基纳法索)在 20 世纪 60 年代取得独立后也制定了包含冲突规则的法律(如布基纳法索 1989 年 10 月 31 日《人和家庭法典》第 1002 条至第 1012 条)。

除此之外,中非共和国 1965 年 6 月 3 日的法律(第 38 条至第 45 条)、加蓬 1972 年 7 月 29 日关于采纳《民法典》第 1 编的法律(《民法典》第 25 条至第 77 条)、毛里塔尼亚 1989 年 9 月 14 日的《债及合同法典》(第 6 条至第 11 条)以及也门 1992 年 3 月 29 日关于颁布新《民法典》的法律也相继改革了各自的国际私法。[3]

5. 亚洲国家国际私法的改革

在亚洲,除了第二章所提到的泰国、朝鲜民主主义人民共和国、韩国、越南、日本外,2002 年 1 月 2 日通过的蒙古国《民法典》(2002 年 9 月 1 日生效)第 539 条至第 552 条也对国际私法进行了法典编纂。[4]

二、中国国际私法规则的历史发展

(一)中国冲突规则的过去

北洋政府时期的中国于 1918 年 8 月 5 日公布了《法律适用条例》,于同日施行。《法律适用条例》分为 7 章,凡 27 条。北伐成功后,国民政府定都南京,于 1927 年 8 月 12 日命令暂准援用《法律适用条例》。

《法律适用条例》后来在中国大陆被废止,在中国台湾地区则被援用至 1953 年 6 月 6 日"涉外民事法律适用法"公布并施行时为止。在此之前,台湾在日本殖民统治时期(1895 年至 1945 年)的 1918 年至 1945 年曾准用过 1898 年 6 月 21 日通过、1898 年 7 月 16 日至 2006 年 12 月 31 日施行的日本《法例》。[5]

---

[1] See Drobnig und Makarov, Sources: Int. Enc. Compl. L. Ⅲ ch. 2 (2008) s. 15.

[2] 科威特 1961 年 2 月 14 日关于调整含有涉外因素的法律关系的第 5/1961 号法律是现行有效的关于国际私法的法律(第 31 条至第 74 条)。Vgl. IPRax 2007, Heft 5, S. Ⅱ.

[3] Voir Dobénès - Constantin, *La codification du droit international privé français*, Editions Defrénois, E. J. A., 2005, p. 5.

[4] Voir Audit, *Droit international privé*, 5e édition, 2008, n° 37.

[5] See Masato Dogauchi, *Historical Development of Japanese Private International Law*, in Basedow, Baum and Nishitani (eds.), Japanese and European Private International Law in Comparative Perspective, 2008, p. 37.

(二)中国现行冲突规则

中国目前共有四个法域:中国内地(大陆)、中国香港特别行政区、中国澳门特别行政区和中国台湾地区。这四个法域的冲突规则都是中国的国际私法规则。

1997 年 7 月 1 日以后,香港特别行政区冲突法仍主要表现为判例法规则。

1999 年 12 月 20 日以后,澳门特别行政区大体上沿袭了 1966 年 11 月 25 日葡萄牙《民法典》第 14 条至第 65 条的规定,但又有些许创新,主要表现为 1999 年 11 月 1 日生效的《澳门民法典》第 13 条至第 62 条。与葡萄牙国际私法所采取的国籍原则(本国法主义)不同的是,澳门国际私法在身份、能力、亲属、继承等法律关系的准据法确定问题上以惯常居所为主要连结点。[1]

中国台湾地区的冲突规则主要见于 1953 年 6 月 6 日公布并施行、2010 年 5 月 26 日最新修正的"涉外民事法律适用法"(修正后的文本自 2011 年 5 月 26 日起施行)。

关于中国内地(大陆)的现行冲突规则,参阅本书第二编第六章第一节。

第二节 国际条约的国际私法规则(冲突规则)的历史发展

一、海牙国际私法会议与海牙国际私法公约

(一)海牙国际私法会议概说

海牙国际私法会议(法文 Conférence de La Haye de droit international privé,英文 Hague Conference on Private International Law)[2]成立于 1893 年,是一个以"渐进统一国际私法规则"为宗旨的重要的政府间国际组织[3]和"跨国境民商事合作的世界组织"(法文 L'Organisation mondiale pour la coopération transfrontalière en matière civile et commerciale,英文 The World Organisation for Cross – border Co – operation in Civil and Commercial Matters)。其工作范围包括制定冲突法、国际民事诉讼法和国际司法互助方面的统一条约规则。

召开关于统一国际私法的国际会议的想法,最早可追溯到 19 世纪中叶的意大利法学家、外交家和政治家曼奇尼(Pasquale Stanislao Mancini, 1817 ~ 1888 年)。他曾分别于 1874 年和 1881 年两次力图通过意大利政府召集关于统一国际私法的国际会议,均未告成功。荷兰著名法律家、1911 年诺贝尔和平奖获得者阿瑟(Tobias

〔1〕 See Marques Dos Santos, *The New Private International Law Rules of Macao*, Yearbook of Private International Law, Volume 2 (2000) p. 133 – 151.

〔2〕 海牙国际私法会议的网站见 http://www. hcch. net。

〔3〕 见 1955 年 7 月 15 日生效的《海牙国际私法会议章程》第 1 条。

Michael Carel Asser, 1838～1913 年）则成功地通过荷兰政府邀请了当时的一些欧洲大陆国家参加在海牙举行的外交会议。阿瑟本人亲自担任于 1893 年 9 月 12 日召开的第一次会议的主席。

海牙国际私法会议的头四次会议（均由阿瑟担任主席）分别于 1893 年、1894 年、1900 年和 1904 年在海牙举行，大约有 15 个欧洲大陆国家参加。日本作为第一个非欧洲国家也派代表参加了 1904 年的第四次会议。这一时期的海牙国际私法公约有 6 个：其中 5 个公约属于国际家庭法领域，涉及结婚、离婚、婚姻效果、夫妻财产制、未成年人监护、禁治产人等事项；1 个是民事诉讼法公约。这些早期的海牙国际私法公约或者因原先的缔约国废约而不再有效，或者被新的海牙国际私法公约取代，或者经过两次世界大战后已不再适用于敌国之间，故已不具有多大实际意义。

从第一次世界大战结束到 20 世纪 50 年代初，海牙国际私法会议仅召开过两次（1925 年和 1928 年），起草了几个涉及继承法、破产法和国际民事诉讼法的公约草案，但迄今尚未生效。

只是到了第二次世界大战后，海牙国际私法会议才迎来了其历史上的第二个兴盛时期。对于在海牙进行的国际私法法典编纂来说，1951 年 10 月的第 7 届海牙国际私法会议[1]是一个具有里程碑意义的事件。在这届会议上，《海牙国际私法会议章程》（法文 Statut de la Conférence de La Haye de droit international privé）[2]于 1951 年 10 月 31 日通过，1955 年 7 月 15 日生效。[3] 该章程的通过，标志着海牙国际私法会议已成为一个以“渐进统一国际私法规则”（法文 l’unification progressive des règles de droit international privé，英文 the progressive unification of the rules of private interntional law）为宗旨的永久性的政府间国际组织（见章程第 1 条），[4]在荷兰海牙设有一个常设事务局（法文 Bureau permanent，英文 Permanent Bureau）。该常设事务局在依 1897 年王室敕令成立的荷兰政府常设委员会的领导下开展工作。从此，海牙国际私法会议作为一个国际组织具有了永久性。

对《海牙国际私法会议章程》的修改在 2005 年 6 月 30 日的第 20 届海牙国际私法会议期间被通过，于 2006 年 9 月 30 日得到各成员的赞同，并于 2007 年 1 月 1 日生效。

（二）海牙国际私法会议成员

1. 成员国与成员组织

截至 2022 年 6 月 18 日，已有 90 个国家和 1 个区域性经济一体化组织接受了

---

〔1〕 其主席是荷兰国际私法学者奥弗豪斯（J. Offerhaus）。

〔2〕 Französischer Text in：Revue critique DIP 1951，738；*Recueil des Conventions*，No. 1；Deutsche Übersetzung in：BGBl. 1959 Ⅱ S. 981；1983 Ⅱ S. 732.

〔3〕 在该章程于 1955 年 7 月 15 日生效之时，只有法文本是作准文本。

〔4〕 Vgl. dazu Makarov，Sources，S. 8，9；Kropholler，Einheitsrecht，S. 61；von Bar/Mankowski，IPR，Bd. Ⅰ（2. Aufl. 2003），§ 2 Rn. 25，§ 3 Rn. 68.

《海牙国际私法会议章程》,从而成为其成员国和成员组织(合称成员)。[1] 在海牙国际私法会议的91个成员[2]中,既有传统上属于德意志法律体系和罗马法法律体系的欧洲大陆国家,又有属于普通法法律体系的国家,还有亚洲、非洲和拉丁美洲国家,外加1个成员组织——欧盟。

中华人民共和国于1986年11月、1987年3月分别派观察员参加了海牙国际私法会议的特别会议,并于1987年7月3日向荷兰政府交存了对《海牙国际私法会议章程》的接受书,正式成为海牙国际私法会议的成员国。[3] 这是海牙国际私法会议发展史上的一个重要事件,因为中国既是一个亚洲国家和人口占世界人口1/5的最大的发展中国家,也是一个具有社会主义法律传统的国家。这使得海牙国际私法会议在地缘政治和法律传统上更具代表性。

2. 作为成员组织的欧盟

在21世纪新的历史条件下,《海牙国际私法会议章程》第3条被修改,增加了"区域性经济一体化组织条款",使得除国家以外,区域性经济一体化组织也可以成为海牙国际私法会议的成员。该项修改已于2007年1月1日生效。2007年4月3日,欧洲共同体作为一个有国际法律人格且有对外权力的区域性经济一体化组织,正式以自己的名义成为海牙国际私法会议成员。自2009年12月1日(关于欧洲联盟的运行的《里斯本条约》生效之日)起,欧洲共同体已为欧盟所代替和继承。

这在某种程度上既意味着对海牙国际私法会议所制定公约的挑战,也可能是一个机遇。自从海牙国际私法会议问世以来,欧洲国家的代表向来在海牙国际私法公约的准备和谈判中起到了举足轻重的作用。然而,1992年2月7日《马斯特里赫特条约》(1993年11月1日生效)第K.1条第6款使欧盟理事会的权力被扩张到民事司法合作领域。1997年10月2日《阿姆斯特丹条约》于1999年5月1日生效

〔1〕 https://www.hcch.net/en/states/hcch-members(last accessed on 18 June 2022).

〔2〕 它们是:阿尔巴尼亚、阿根廷、阿塞拜疆、埃及、爱尔兰、爱沙尼亚、安道尔、澳大利亚、奥地利、巴拉圭、巴拿马、巴西、保加利亚、白俄罗斯、比利时、秘鲁、冰岛、波兰、波斯尼亚和黑塞哥维那、布基纳法索、丹麦、德国、多米尼加共和国、俄罗斯联邦、厄瓜多尔、法国、菲律宾、芬兰、哥斯达黎加、格鲁吉亚、韩国、哈萨克斯坦、荷兰、洪都拉斯、加拿大、捷克共和国、克罗地亚、拉脱维亚、立陶宛、罗马尼亚、卢森堡、马耳他、马来西亚、北马其顿共和国、毛里求斯、黑山、美国、蒙古国、摩尔多瓦共和国、摩洛哥、摩纳哥、墨西哥、纳米比亚、南非、尼加拉瓜、挪威、欧盟、葡萄牙、日本、瑞典、瑞士、萨尔瓦多、塞尔维亚、塞浦路斯、沙特阿拉伯、斯里兰卡、斯洛伐克、斯洛文尼亚、苏里南、泰国、突尼斯、土耳其、乌克兰、乌拉圭、乌兹别克斯坦、委内瑞拉、西班牙、希腊、新加坡、新西兰、匈牙利、亚美尼亚、以色列、意大利、印度、英国、约旦、越南、赞比亚、智利、中国。其中萨尔瓦多于2022年3月2日成为海牙国际私法会议第91个成员。

〔3〕 See von Overbeck, *China and the Hague Conference on IPL*, Macdonald (Hrsg.), Essays in Honour of Wang Tieya, 1993, p. 894. 另见[瑞士]阿·冯·奥弗贝克:《中国与海牙国际私法会议》,陈卫佐译,载韩德培等主编:《中国国际私法和比较法年刊》创刊号,法律出版社1998年版,第461~471页。

后，欧洲共同体依照《建立欧洲共同体的条约》第 61 条 c 项（结合第 65 条 b 项）的规定拥有对国际私法事项和国际民事诉讼法事项的立法管辖权。2007 年 12 月 13 日《里斯本条约》（2009 年 12 月 1 日生效）第 81 条的新规定对此予以了重申。欧洲联盟（2009 年 12 月 1 日以前为欧洲共同体）所制定的"规则"（英文 regulations，法文 règlements）可直接适用于成员国，关于国际私法和国际民事诉讼法的"规则"亦不例外。

但从积极方面言之，欧盟作为一个区域性经济一体化组织以自己的名义成为海牙国际私法会议成员以后，海牙国际私法会议今后在制定公约时只需顾及欧盟的立场即可。换言之，只要争取到欧盟，即可争取到其全部成员国，从而达到以点带面、在欧洲范围内（通过海牙国际私法公约）统一国际私法规则的效果。这样一来，海牙国际私法会议可以不局限于欧洲而更多地关注国际私法规则在全球范围内的统一。但与此同时，如何协调海牙国际私法公约与欧盟理事会、欧洲议会所制定的关于国际私法的"规则"的关系，已成为海牙国际私法会议不得不面对的现实问题。〔1〕

（三）海牙国际私法公约概说

自 1951 年至今（截至 2022 年 6 月 18 日），海牙国际私法会议已制定了 40 个公约（含议定书、《海牙国际私法会议章程》）以及 1 个软法文件（2015 年《国际商事合同法律选择原则》），其中 32 个公约已生效，〔2〕大约有 20 个公约与准据法有关（包含冲突规则）。

1956 年后的相当一段时期，海牙国际私法会议大体上以每 4 年举行一次全体大会、每次草拟 3 个公约草案的速度，就国际私法和国际民事诉讼法的特别领域制定统一的条约规则。通常由特别委员会负责公约的起草工作，公约的通过须获得多数赞成票；有投票权的不仅包括海牙国际私法会议的成员国，而且包括只是简单地应邀参加海牙国际私法会议的非成员国，这使得海牙国际私法会议具有相当大的活动空间。〔3〕但也不是所有公约草案都获得成功，有些海牙国际私法公约迄今尚未生效。例如，著名的 1955 年 6 月 15 日《解决本国法和住所地法之间的冲突的公约》〔4〕1960 年 12 月 22 日为荷兰所批准，1962 年 5 月 2 日为比利时所批准，此后再也没有任何国家有批准该公约的迹象。它因欠缺第 10 条第 1 款所要求的 5 份必

〔1〕 See Boele - Woelke, *Unification and Harmonization of PIL in Europe*, Liber Amicorum Kurt Siehr, T. M. C. Asser Press, The Hague 2000, p. 75 - 76.

〔2〕 1965 年 11 月 15 日《关于在收养领域的机关管辖权、准据法和判决承认的（海牙）公约》于 1978 年 10 月 23 日对奥地利、瑞士和英国生效。但由于这三个国家均已先后退出该公约，该公约已于 2003 年 10 月 23 日失效。

〔3〕 Voir Bodénès - Constantin, Armelle, La codification du droit international privé français, 2005, p. 80.

〔4〕 在德语文献中，经常使用其非正式名称——"海牙反致和转致公约"。

要的批准书而迄今尚未生效。[1] 海牙国际私法会议并不打算修订该公约。[2] 它有极大的可能永远不生效。

海牙国际私法会议感到越来越难找到值得统一的冲突法议题，故自 1984 年第 15 届大会以来，其工作速度有所减慢，大体上每届大会只草拟一个公约：1984 年草拟关于信托的公约、1988 年草拟关于遗产继承的公约、1993 年（值海牙国际私法会议 100 周年之际）草拟《关于国际收养方面的儿童保护及合作的公约》、1996 年草拟关于未成年人保护的公约、2002 年草拟关于中间人所持有的证券的公约以及 2005 年第 20 届大会草拟《关于法院选择协议的公约》。[3] 此外，海牙国际私法会议还召开了两次特别会议，分别是 1985 年关于修改 1955 年 6 月 15 日《关于国际性有体动产标的买卖准据法的公约》的特别会议和 1999 年关于成年人保护的特别会议。

海牙国际私法会议的一个习惯做法是，不立即将所通过的公约草案交付成员国签署，而是先静观各国对公约草案的兴趣。海牙国际私法公约以最早签署的国家的签署日期为公约自己的日期，这就是为什么多数海牙国际私法公约的日期要比草拟并通过公约的全体大会的日期在后的原因。例如，2000 年 1 月 13 日《关于成年人国际保护的（海牙）公约》于 1999 年 10 月 2 日为海牙国际私法会议成员国外交特别委员会（特别会议）所通过，于 2000 年 1 月 13 日为荷兰所签署，故其名称被冠以这一日期。在签署以后，所有海牙国际私法公约尚需获得足够数量国家的批准才能生效。[4] 例如，《关于成年人国际保护的（海牙）公约》因法国、德国和英国的批准而满足了该公约的最低生效条件（3 份批准书），已于 2009 年 1 月 1 日对这三个国家生效。该公约目前有 6 个缔约国，分别是：爱沙尼亚、芬兰、法国、德国、瑞士和英国。

最后，2005 年 6 月 30 日《关于法院选择协议的（海牙）公约》和 2019 年 7 月 2 日《关于承认与执行民商事判决的（海牙）公约》是海牙国际私法会议主持制定的两个较为晚近的国际民事诉讼法领域的海牙国际私法公约。

（四）中国与海牙国际私法公约

中华人民共和国加入了 1965 年 11 月 15 日《关于向国外送达民事或商事司法文书和司法外文书的公约》（1992 年 1 月 1 日对中国生效）、1970 年 3 月 18 日《关于在外国调取民事或商事证据的公约》（1998 年 2 月 6 日对中国生效，但中国对第 2 章除第 15 条外的内容做出了保留），并且是 1993 年 5 月 29 日《关于国际收养方面

[1] Siehe hierzu Erik Jayme/Rainer Hausmann, Internationales Privat – und Verfahrensrecht, 16. Aufl. 2012, Verlag C. H. Beck, München, Anm. 1 vor Nr. 20.

[2] Vgl. dazu Actes et Doc. 141 (1982) 179 f.; Kropholler, IPR (6. Aufl. 2006), § 24 I 3 b; Sonnentag, Renvoi, S. 81.

[3] 该公约于 2009 年 1 月 19 日为美国所签署，2009 年 4 月 1 日为欧盟所签署。墨西哥于 2007 年 9 月 26 日批准了该公约。Vgl. IPRax 2014, Heft 6, Neueste Informationen, S. Ⅱ.

[4] Vgl. Kropholler, IPR (6. Aufl. 2006), § 9 I.

的儿童保护及合作的公约》的缔约国(2000 年 11 月 30 日签署,2005 年 9 月 16 日批准;该公约已于 2006 年 1 月 1 日对中国包括内地、香港特别行政区和澳门特别行政区在内的领土单位生效)。

在 21 世纪,一些业已生效的海牙国际私法公约仍继续适用于中华人民共和国香港特别行政区和澳门特别行政区。(见表 4 – 1)

表 4 – 1　海牙国际私法公约在中国香港、澳门的适用情况

最早签署日期	公约名称	适用范围
1954 年 3 月 1 日	《关于民事诉讼的公约》	1967 年 8 月 31 日对葡萄牙生效,1968 年 4 月 23 日由葡萄牙扩展适用于澳门,自 1999 年 12 月 20 日起继续适用于中国澳门特别行政区
1956 年 10 月 24 日	《关于儿童扶养义务准据法的公约》	1969 年 2 月 3 日对葡萄牙生效,1969 年 9 月 3 日由葡萄牙扩展适用于澳门,自 1999 年 12 月 20 日起继续适用于中国澳门特别行政区
1958 年 4 月 15 日	《关于承认与执行儿童扶养义务方面的判决的公约》	1974 年 2 月 24 日对葡萄牙生效并由葡萄牙扩展适用于澳门,自 1999 年 12 月 20 日起继续适用于中国澳门特别行政区
1961 年 10 月 5 日	《关于未成年人保护方面的机关管辖权和准据法的公约》	1969 年 2 月 4 日对葡萄牙生效并由葡萄牙扩展适用于澳门,自 1999 年 12 月 20 日起继续适用于中国澳门特别行政区
1961 年 10 月 5 日	《关于遗嘱处分形式方面的法律冲突的公约》	1964 年 1 月 5 日对英国生效,1968 年 8 月 23 日由英国扩展适用于香港,自 1997 年 7 月 1 日起继续适用于中国香港特别行政区
1961 年 10 月 5 日	《取消对外国公文书的认证要求的公约》	1965 年 1 月 24 日对英国生效,1965 年 4 月 25 日由英国扩展适用于香港,自 1997 年 7 月 1 日起继续适用于中国香港特别行政区 ;1969 年 2 月 4 日对葡萄牙生效并由葡萄牙扩展适用于澳门,自 1999 年 12 月 20 日起继续适用于中国澳门特别行政区
1965 年 11 月 15 日	《关于向国外送达民事或商事司法文书和司法外文书的公约》	1969 年 2 月 10 日对英国生效并由英国扩展适用于香港,自 1997 年 7 月 1 日起继续适用于中国香港特别行政区 ;1974 年 2 月 25 日对葡萄牙生效并由葡萄牙扩展适用于澳门,自 1999 年 12 月 20 日起继续适用于中国澳门特别行政区
1970 年 3 月 18 日	《关于在外国调取民事或商事证据的公约》	1974 年 9 月 14 日对英国生效并由英国扩展适用于香港,自 1997 年 7 月 1 日起继续适用于中国香港特别行政区,但第 4 条第 2 款和第 16 条予以保留 ;1975 年 5 月 11 日对葡萄牙生效,自 1999 年 12 月 20 日起继续适用于中国澳门特别行政区,但第 4 条第 2 款和第 2 章除第 15 条外的内容予以保留

续表

最早签署日期	公约名称	适用范围
1970 年 6 月 1 日	《关于承认离婚和分居的公约》	由英国扩展适用于香港,1972 年 4 月 1 日对香港生效,1975 年 8 月 24 日对英国生效,自 1997 年 7 月 1 日起继续适用于中国香港特别行政区
1980 年 10 月 25 日	《关于国际性儿童诱拐的民事方面的公约》	1986 年 8 月 1 日对英国生效并由英国扩展适用于香港,自 1997 年 7 月 1 日起适用于中国香港特别行政区,保留第 26 条第 3 款;1983 年 12 月 1 日对葡萄牙生效,并由葡萄牙扩展适用于澳门,自 1999 年 3 月 1 日起适用于中国澳门特别行政区
1985 年 7 月 1 日	《关于信托准据法及其承认的(海牙)公约》	1992 年 1 月 1 日对英国生效并由英国扩展适用于香港,自 1997 年 7 月 1 日起继续适用于中国香港特别行政区,保留第 16 条第 2 款

(五)现状与前瞻

21 世纪初的海牙国际私法会议,已不是成立之初那个纯粹由欧洲大陆国家参加的临时性地区会议,而是一个拥有 91 个成员的永久性国际组织,且本身可以吸收像欧盟这样的区域性经济一体化组织作为成员。一方面,在 21 世纪新的历史条件下,海牙国际私法会议采取了一些适应时代需要的措施。鉴于 21 世纪是一个信息化和电子商务化的世纪,海牙国际私法会议所制定的公约不可能不对此做出回应,商事交易的日益全球化也向海牙国际私法会议提出了前所未有的新课题。[1] 另一方面,在 21 世纪制定或生效的一些海牙国际私法公约在范围上也有所突破。例如,2002 年 1 月 1 日生效的 1996 年 10 月 19 日《关于父母责任和儿童保护措施领域的管辖权、准据法、承认、执行及合作的公约》的范围已不限于程序性事项和准据法问题,而是也及于缔约国机关之间的合作。

在 21 世纪,海牙国际私法会议将在国际私法统一运动的道路上继续向前迈进,使"渐进统一国际私法规则"的宗旨一步一步得以实现。它将作为一个专业水平极高的国际组织和国际私法统一运动方面的"比较法论坛"[2]在 21 世纪国际私法的新发展中发挥作用并做出更大的贡献。[3]

二、国际联盟的公约

国际联盟(法文 Société des Nations,英文 League of Nations)是曾经存在于 1920

---

[1] 参见田妮:《面向 21 世纪的海牙国际私法会议》,载黄进等主编:《中国国际私法与比较法年刊》第 4 卷,法律出版社 2001 年版,第 55～69 页(尤其是第 57 页)。

[2] Vgl. dazu Schack, Hundert Jahre Haager Konferenz für IPR, in: RabelsZ 57 (1993) 258－262.

[3] 参见陈卫佐:《海牙国际私法会议对 21 世纪国际私法新发展的贡献》,载《法学》2007 年第 11 期。

年至1946年的维护世界和平的国际组织。在它的支持下,通过了一些与国际私法有关的公约,如1930年6月7日《解决汇票和本票方面的某些法律冲突的(日内瓦)公约》[1]和1931年3月19日《解决支票方面的法律冲突的(日内瓦)公约》。[2]

三、联合国的公约

作为第二次世界大战后维护世界和平的最大的普遍性国际组织,联合国不仅通过了大量关于政治事项的国际条约,而且通过了一些关于国际私法问题的条约。[3] 这方面的例子如1951年7月28日《联合国关于难民法律地位的(日内瓦)公约》、1954年9月28日《联合国关于无国籍人法律地位的(纽约)公约》以及1965年3月18日《关于解决国家与他国国民之间的投资争端的(华盛顿)公约》。

四、拉丁美洲的条约

拉丁美洲是世界上最早从事国际私法统一工作的地区。自19世纪末以来,一共出现了三次拉丁美洲国际私法法典编纂运动的高潮。

(一)蒙得维的亚条约

1889年的8个蒙得维的亚条约已在阿根廷、巴拉圭和乌拉圭这三个拉普拉塔平原国家以及玻利维亚和秘鲁生效。其中有3个关于国际私法、国际商法和国际诉讼法的条约,后来也为哥伦比亚所加入。

1889年的条约于1940年在蒙得维的亚被修订。4个关于国际私法、国际商法、国际航行法和国际诉讼法的新条约仅在阿根廷、巴拉圭和乌拉圭这三个拉普拉塔平原国家生效。[4]

蒙得维的亚条约标志着拉丁美洲国际私法法典编纂运动的第一个高潮。

(二)《布斯塔曼特法典》

1928年2月13日《布斯塔曼特法典》(西班牙文 Código Bustamante,原名《国际私法法典》)的内容包括关于国际私法、国际商法、国际刑法和国际程序法,凡437条。它是迄今为止世界上以国际条约方式进行的包罗最广的国际私法法典编纂。它于1928年在哈瓦那举行的第6届泛美会议上被通过,其主要起草人是古巴著名

---

[1] Convention de Genève du 7 juin 1930 destinée à régler certains conflits de lois en matière de lettres de change et de billets à ordre/Convention of Geneva of 7 July 1930 for the Settlement of Certain Conflicts of Laws in Connection with Bills of Exchange and Promissory Notes.

[2] Convention de Genève du 19 mars 1931 destinée à régler certains conflits de lois en matière de chèques/Convention of Geneva of 19 March 1931 for the Settlement of Certain Conflicts of Laws in Connection with Cheques.

[3] Vgl. dazu von Bar/Mankowski, IPR, Bd. Ⅰ (2. Aufl. 2003), § 2 Rn. 29; § 3 Rn. 66, 67.

[4] Vgl. dazu Kropholler, IPR (6. Aufl. 2006), § 9 Ⅲ 2.

的国际私法学家和国际法学家、常设国际法院原法官布斯塔曼特(Antonio Sánchez de Bustamante y Sirvén, 1865～1951 年),故名为《布斯塔曼特法典》。除阿根廷、巴拉圭和乌拉圭外,大多数拉丁美洲国家都批准了该法典。[1]

然而,《布斯塔曼特法典》对拉丁美洲国际私法的实际意义并不像当初人们所预期的那么大,首先因为它仅在缔约国之间的关系中适用,而这些国家之间的冲突法案件并不多。其次,许多拉丁美洲国家在批准该法典时还附以为数众多的保留条款,使法典的适用大打折扣。[2] 此外,该法典的法律适用原则也不无问题,例如,其第 7 条有意识地不就属人法的确定问题做出统一规定,而是委诸各缔约国。[3] 结果,诸如人的身份、能力、亲属关系、继承关系等事项应适用住所地法还是本国法的问题,仍由各缔约国自行决定。

(三)新的美洲国家间公约

1975 年以来,美洲国家组织(Organisation of American States,OAS)的国际私法特别会议拟订了一系列公约。先后有 6 次"美洲国家间国际私法特别会议"在以下年份和美洲城市举行:1975 年在巴拿马、1979 年在蒙得维的亚、1984 年在拉巴斯、1989 年在蒙得维的亚、1979 年在墨西哥、2002 年在华盛顿,一共产生了 25 个美洲国家间公约,标志着拉丁美洲国际私法法典编纂运动的第三个高潮的到来。这些新的美洲国家间公约的重点是国际程序法和国际商法,国际家庭法也有所涉及。1979 年 5 月 8 日《关于国际私法通则的蒙得维的亚公约》(1981 年 6 月 10 日生效)本来是一个关于国际私法(冲突法)一般规则的公约,却连反致和转致这样重要的国际私法总则问题都付诸阙如,且将许多问题悬而不决,因而其实际意义并不大。值得注意的是,大多数新的美洲国家间公约已被多个美洲国家批准并已生效。[4]

五、北欧国家之间的条约

在丹麦、冰岛、挪威、瑞典、芬兰之间,一共订立了 5 个旨在统一国际私法和国际民事程序法的公约。它们主要制定于 20 世纪 30 年代初。其中两个公约涉及国际家庭法和继承法领域的统一冲突法,它们是:1931 年 2 月 6 日《关于婚姻、收养和监护的北欧国家公约》(1973 年和 2006 年修订[5])和 1934 年 11 月 19 日《关于继承、遗嘱和遗产管理的北欧国家公约》(1975 年 12 月 9 日文本和 2012 年 6 月 1 日新修

---

〔1〕 Vgl. dazu Derruppé, DIP, S. 6; Kropholler, IPR (6. Aufl. 2006), § 9 Ⅲ 2. 另见李浩培:《李浩培法学文集》,法律出版社 2006 年版,第 553 页。

〔2〕 参见马汉宝:《国际私法:总论·各论》,台北,2006 年版,第 47 页。

〔3〕 Vgl. dazu Kropholler, Einheitsrecht, S. 177; ders., IPR (6. Aufl. 2006), § 9 Ⅲ 2 b.

〔4〕 Vgl. dazu Kropholler, IPR (6. Aufl. 2006), § 9 Ⅲ 2.

〔5〕 See Torstein Frantzen, *Party Autonomy in Norwegian International Matrimonial Property Law and Succession Law*, Yearbook of Private International Law, Volume 12 (2010), p. 483 - 492.

订文本)。此外,还有一些国际民事程序法公约:1931 年 2 月 10 日《关于扶养费的追索的北欧国家公约》(为 1962 年的新公约所取代)、1932 年 3 月 16 日《关于承认与执行民事判决的北欧国家公约》(为 1977 年的公约所代替)、1933 年 3 月 7 日《关于破产的北欧国家公约》以及 1974 年《关于司法互助的北欧国家公约》。[1]

六、比荷卢国际私法公约

"比荷卢"(比利时、荷兰、卢森堡,缩略语 Benelux)的每一个国家都有自己的国际私法体系。其中,比利时和荷兰的法律体系之间的差异尤大。三国曾在 1950 年后做出过统一其法律冲突规则的努力。[2]

1950 年 3 月 15 日《关于国际私法的比荷卢公约》于 1951 年 5 月 11 日签字,但迄今尚未生效。1966 年 11 月 3 日,新的比荷卢公约文本起草完毕,于 1969 年 7 月 3 日签字。遗憾的是,这个在身份与能力、遗产继承和合同实质有效性等重要事项上统一了国际私法规则的多边公约从未生效,而不得不让位于欧洲联盟及其前身欧洲共同体内部更大范围内、更多国家之间的法律统一。[3]

七、户籍国际委员会的公约

总部设在法国斯特拉斯堡的户籍国际委员会(法文 Commission internationale d'état civil, CIEC)于 1948 年成立于阿姆斯特丹,其宗旨是"便利户籍事项上的国际合作和加深户籍登记官之间的信息交换"。其成员国包括 15 个欧洲国家[4](奥地利、比利时、波兰、德国、法国、荷兰、克罗地亚、卢森堡、葡萄牙、瑞士、西班牙、希腊、匈牙利、意大利、英国)。它制定了一系列关于身份法的公约,其中几个公约含有冲突规则,[5]如 1964 年 9 月 10 日《关于便利在外国结婚的(户籍国际委员会)巴黎公约》、1967 年 9 月 8 日《关于承认与婚姻关系有关的判决的(户籍国际委员会)卢森堡公约》、1970 年 6 月 1 日《关于因嗣后结婚而准正的(户籍国际委员会)罗马公约》。[6]

---

[1] Vgl. dazu Staudinger - Sturm/Sturm (2003), Einl. zum IPR, Rn. 412; Kropholler, IPR (6. Aufl. 2006), § 9 Ⅲ 1; Kegel/Schurig, IPR, S. 220; Derruppé, DIP, S. 6.

[2] Vgl. dazu Sauveplanne, Renvoi, S. 18.

[3] Vgl. dazu Kropholler, Einheitsrecht, S. 177. See also Peter North and J. J. Fawcett, *Cheshire and North's Private International Law*, Thirteenth Edition, 1999, p. 12.

[4] 该国际组织原本有 16 个成员国,但土耳其已于 2010 年 9 月 30 日退出。See Drobnig und Makarov, Sources: Int. Enc. Compl. L. Ⅲ ch. 2 (2008) s. 29.

[5] Vgl. dazu Gottschalk, Allgemeine Lehren, S. 29.

[6] See ICCS and Its Activities, Information Note, prepared by the Secretariat General, up - dated in February 2009.

八、欧盟成员国之间的条约

1968年9月27日《关于民商事裁判管辖权和判决的承认与执行的欧洲经济共同体（布鲁塞尔）公约》（1973年2月1日生效）曾经是欧洲共同体框架内的重要的国际民事诉讼法方面的公约。该公约是国际统一程序法公约，当然不含有冲突规则，且已于2002年3月1日被2000年12月22日《关于民商事裁判管辖权和判决的承认与执行的第44/2001号（共同体）规则》（《布鲁塞尔Ⅰ规则》）取代，[1]而《布鲁塞尔Ⅰ规则》又于2015年1月10日被《布鲁塞尔Ⅰa规则》所取代。

1980年6月19日《关于合同之债准据法的欧洲共同体（罗马）公约》（1991年4月1日生效）在冲突法上曾有过特殊意义，因为它一度是欧洲共同体成员国之间最重要的冲突法条约。但自2009年12月17日起，它已被2008年6月17日通过的《罗马Ⅰ规则》取代。

依照1997年10月2日由欧盟成员国签署、1999年5月1日生效的《阿姆斯特丹条约》，当时的欧洲共同体（已被欧洲联盟取代）被赋予新的"在民事司法合作领域"采取一定措施的权限，未来以"次级欧盟法"——欧盟的"规则"或"指令"——代替关于国际私法及国际民事诉讼法的条约。在这一领域，欧盟法的意义将进一步增大，而国际条约则失去了意义。[2]

复习思考题

1. 为什么说在意大利"法则区别说"时代，并不存在现代意义上的国际私法？
2. 你能否举出早期国内制定法中的冲突规则的例子？（时间范围：从18世纪到20世纪初）
3. 18世纪末、19世纪初问世的冲突规则与19世纪末、20世纪初制定的冲突规则各自有哪些特点？
4. 简述最早的国际私法改革浪潮。
5. 简述西欧国家、美洲国家、阿拉伯国家、非洲国家以及亚洲国家的国际私法改革的情况。
6. 简述中国冲突规则的历史发展。
7. 简述海牙国际私法会议的发展历程和现状。

---

〔1〕 Vgl. dazu von Bar/Mankowski, IPR, Bd. Ⅰ（2. Aufl. 2003），§ 3 Rn. 40.

〔2〕 Vgl. dazu Kohler, Rev. crit. IPR 1999, S. 1 ff.; Jayme/Kohler, Europäisches Kollisionsrecht 1999 – Die Abendstunde der Staatsverträge, in: IPRax 1999, 401, 411; Kropholler, IPR（6. Aufl. 2006），§ 9 Ⅱ 1.

8. 海牙国际私法会议目前有哪些成员(成员国与成员组织)?
9. 简述海牙国际私法公约的概况。
10. 试述中国与海牙国际私法公约的关系。
11. 目前有哪些含有冲突规则的海牙国际私法公约适用于香港特别行政区和澳门特别行政区?
12. 国际联盟和联合国所主持制定的哪些国际公约含有冲突规则?
13. 拉丁美洲的蒙得维的亚条约、《布斯塔曼特法典》和新的美洲国家间公约有哪些主要特点?
14. 试述北欧国家之间国际私法条约的概况。
15. 简评比荷卢国际私法公约。
16. 户籍国际委员会制定了哪些主要国际私法公约?
17. 试述欧盟成员国之间国际私法条约的新情况。
18. 试述欧盟统一国际私法与欧盟成员国国际私法之间的关系。

第五章 比较法对国际私法的意义*

按照本书对国际私法的定义,作为一国法律体系的组成部分的国际私法,所要处理的案件是含有涉外因素或外国因素的民商事案件,即与外国(或外国法律体系)有联系的民事或商事案件,所针对的法律关系是涉外民商事法律关系。国际私法的根本任务在于指定涉外民商事法律关系所应适用的法律体系,即在一国法院有国际管辖权的前提下,决定对涉外民商事法律关系是否适用以及如何适用外国法律体系。从本质上说,国际私法是法律适用法、法律选择法和空间上的法律冲突法。国际私法的对象(涉外民商事案件、涉外民商事法律关系)的涉外性意味着它与两个或两个以上国家的法律体系均有联系。因此,较之任何其他法律部门,国际私法的适用更需要运用比较法方法;比起任何其他法学分支,国际私法学的研究更需要运用比较法方法;国际私法规则(冲突规则)的国内立法和国际统一也离不开比较法。一言以蔽之,比较法对国际私法(冲突法)的适用、研究和法典编纂均具有重要意义。

第一节 比较法对适用国际私法的意义

在适用外国法律体系时,一国有国际管辖权的法院(复数)一般不会适用外国程序法,因为"程序问题,适用法院地法"是各国国际私法和国际民事诉讼法一项久已确立的基本原则。相比之下,外国实体法和外国冲突法均有可能被适用。于是,审理涉外民商事案件的法官很自然地会将内外国法律体系进行比较,通常是内外国实体法的比较,有时甚至是内外国冲突法的比较。不仅如此,当一起案件与两个或两个以上外国的法律体系都有联系时,在决定适用某一外国法律体系之前,法官往往需要将此外国法律体系与彼外国法律体系进行比较,包括实体法的比较和冲突法的比较。[1]

---

* 本章的内容已发表在陈卫佐:《比较法对国际私法的意义——以国际私法的适用、研究和法典编纂为视角》,载《环球法律评论》2008 年第 5 期。

〔1〕 须指出的是,一国的法官一般只进行内国法律体系与某一外国法律体系的比较,即所谓"双边的法比较"。至于多边的乃至普遍的法比较,通常非国内法官所能胜任,而是国际私法学者和立法者的任务。

一、实体法的比较

各国实体法的比较研究，就是要发现内外国实体法的异同及其所以如此的缘故。[1] 虽然国际私法的任务只是确定涉外民商事法律关系所应适用的法律体系（准据法），它本身并不能起到调整任何（涉外的或不涉外的）私法关系的作用，但涉外民商事案件的最终解决，并不以找到准据法为满足，而是必须在确定应予适用的法律体系之后，再进一步找到该法律体系中最适合于本案的实体法规则。否则，当事人权利义务无法确定，案件也不算了结。可见，各国实体法的比较对于涉外民商事案件的处理具有特殊的意义。[2]

二、冲突法的比较

各国国际私法的国内法性质决定了其冲突法体系之间的差异性。换言之，在国际条约中的统一冲突法所未及的范围内，一国的冲突法不同于他国的冲突法；世界上有多少个国家，就至少有多少个冲突法（国际私法）体系。本来，一国审理涉外民商事案件的法院在适用法院地国家的冲突规则确定涉外民商事法律关系准据法时，只需找到适当的法律体系并适用该法律体系中的相关实体法规则，即可确定当事人权利义务。但在由法院地国家的冲突规则指定某一外国法律体系时，各国的做法并不一致，使得与冲突规则有关的国际私法总则性制度，如反致和转致、识别、先决问题、公共秩序、外国法的查明、法律规避等，无不可以进行国与国之间的比较。例如，关于国际私法上的识别（定性）问题，德国著名比较法学家拉贝尔（Ernst Rabel, 1874～1955 年）主张用比较法方法进行识别（定性）。[3] 他认为，对于冲突规则中的有关法律概念，应摆脱法院地法和准据法，以比较法方法解释之。但是，由于迄今为止处理涉外民商事案件的法院都是国内法院，一国的法官很难胜任拉贝尔所说的比较法上的任务。此外，审理涉外民商事案件的有国际管辖权的国家的法院有时须适用国际条约的冲突规则。在决定适用相关国际条约之前，法院经常需要解释它们。而解释条约的方法，除语义解释、体系性解释、历史性解释、目的性解释外，尚有比较法解释的方法，即比较关于某一条约的外国司法判例和外国理论学说，以便正确地适用国际条约的冲突规则。

---

〔1〕 参见马汉宝：《国际私法：总论·各论》，台北，2006 年版，第 22～23 页。

〔2〕 有学者从国际私法的实质是划分各国法律体系的适用范围出发，认为各国法律体系的适用范围的划分，实质上是各国法律体系中的全部实体法（作为总体）的适用范围的划分，审理涉外民商事案件的法官最终还是关注准据法所属国家的实体法状况的，从而得出各国实体法的比较研究有助于问题的解决的结论。虽然将国际私法的实质解释为各国法律体系适用范围的划分的观点早已不是当代国际私法的通说，但它毕竟是承认实体法的比较研究对处理涉外案件的意义的。Vgl. Kropholler, IPR (6. Aufl. 2006), § 11 I.

〔3〕 Vgl. dazu Rabel, Das Problem der Qualifikation, RabelsZ 5 (1931), 241－288.

第二节 比较法对研究国际私法的意义

作为法学研究的重要方法,比较法方法是国际私法学研究所不可缺少的。事实上,任何国家或地区、任何时期的国际私法学者在研究、讨论和阐述国际私法问题时,无论是否声称进行了比较研究,都或多或少地使用了比较的方法。因此,也可以说,国际私法学天生就是比较的。

一、不同法律体系

就国际私法研究而言,重要的是冲突法的比较,而不是实体法的比较,因为严格地说,实体法的比较不是国际私法学本身的任务,应委诸相应的比较私法分支(如比较合同法、比较侵权行为法、比较公司法、比较票据法、比较破产法、比较海商法)。但与实体法的比较相似的是,冲突法的比较也需要从法律体系的角度为之,即比较属于不同法律体系的国家的冲突规则的异同。

(一)德意志法律体系与罗马法律体系

欧洲大陆国家的国际私法(冲突法),主要有德意志法律体系与罗马法律体系之分。德国、奥地利、瑞士等国的国际私法属于德意志法律体系,法国、意大利、西班牙、葡萄牙、比利时、卢森堡等国的国际私法属于罗马法律体系。但在今天,这些国家的国际私法的差异已很难按法律体系区分。德国国际私法和瑞士国际私法虽同属德意志法律体系,但二者的区别甚大。例如,德国国际私法以国籍为主要连结点,而瑞士国际私法以住所为主要连结点;德国国际私法受欧盟法的影响很大,而瑞士至今仍独立于欧洲一体化进程之外;德国国际私法经过 1986 年、1999 年两次重大改革后,现行国际私法的国内渊源是《民法典施行法》第 3 条至第 46e 条,而瑞士 1987 年 12 月 18 日《关于国际私法的联邦法律》(自 1989 年 1 月 1 日起施行)共有 200 条,是欧洲第一部打破实体法、程序法和冲突法的传统分野,而将国际管辖权、准据法的确定、外国判决的承认与执行这三个密切相关的问题连同国际破产与和解、国际仲裁问题规定在一个单一、完整的立法文件里的国际私法法典。甚至可以说,德、瑞两国国际私法的差异,比德国国际私法与属于罗马法律体系的法国国际私法之间的差异还要大。

(二)普通法法律体系(英美法法律体系)

英国、美国、加拿大、澳大利亚、新西兰、爱尔兰、马耳他、塞浦路斯等国的国际私法属于普通法法律体系,其特点是没有表现为制定法的、包罗广泛的国际私法法典,而以判例法为主要表现形式。以英、美两国为例,其冲突法都以解决管辖权、法律选择、外国判决的承认与执行这三大问题为主要任务,因而由关于这三个方面的规范组成。但最近几十年来,英国国际私法和美国国际私法各自有不同的发展道路。英国将国际私法规则部分地编纂于单行的制定法中,如 1963 年《遗嘱法》、1968 年和 1976 年《收养法》、1990 年《合同(准据法)法》、1999 年《国际私法(杂项规定)法》。传统上以判例法规则为主要法源的英国之所以要制定关于国际私法的制定法规则,主要原因是制定法更能满足法的安定性的需要。加之在新的时代背景下,英国不得不顺应其所参加的国际组织的趋势,在国内制定法上采取相应措施。美国冲突法则有所不同:美国至今没有适用于各州的、统一的联邦冲突法;各州均有其独立的冲突法体系,且主要用于解决州际法律冲突而不是国际法律冲突。

(三)北欧法律体系

北欧国家既没有民法典,也没有国际私法法典。它们的国际私法差异甚大:关于人的身份和能力,丹麦、冰岛、挪威和瑞典的国际私法采住所地法主义,亦即适用当事人住所地国家的法律体系;芬兰国际私法则采本国法主义,即适用当事人国籍国法。[1] 但北欧五国已订立 5 个旨在统一国际私法和国际民事程序法的区域性公约。

(四)其他国家

其他国家的国际私法也有其特点。以亚洲国家为例,除中国外,泰国 1938 年 3 月 10 日《关于法律冲突的法律》(1938 年 3 月 20 日公布并施行)、朝鲜民主主义人民共和国 1995 年 9 月 6 日《对外民事关系法》、韩国 2001 年 4 月 7 日《国际私法》(第 6465 号法律,自 2001 年 7 月 1 日起施行,最后一次为第 18670 号法律所修正,最新文本自 2022 年 7 月 5 日起施行)、日本 2006 年 6 月 15 日《关于法的适用的通则法》(自 2007 年 1 月 1 日起施行)均含有冲突规则。

二、各种方法

比较国际私法的一个重要方面,乃是探究和运用国际私法上的各种方法。13 世纪中叶以后的意大利后期注释法学派学者所提出的"法则区别说",曾经盛行于 13 世纪至 18 世纪的欧洲,先后形成了"法则区别说"的意大利学派、法国学派和荷兰学派。它在方法上的特点是:对"法则"进行分类,通过确定"法则"的效力范围(诸如域外效力、域内效力)来解决法律适用上的冲突。今天,"法则区别说"的方法早已式微。相比之下,法律关系地域化的方法则独领风骚。此种方法由德国历史法学派创始人萨维尼集其大成并系统地加以阐述。它在方法上的特点是:在处理具有国际性的私法案件时,对所涉及的法律关系按其固有性质进行分类,通过确定每一

---

[1] 参见中国大百科总编辑委员会编:《中国大百科全书 · 法学》,中国大百科全书出版社 1984 年版,第 230 页。See also Bogdan, *Amendment of Swedish Private International Law regarding Registered Partnerships*, IPRax 2001, 353.

类法律关系的“本座”——通常是与该法律关系有最密切关系的某一地域[1]——决定该法律关系所应适用的法律体系。此外，在比较国际私法研究中，利益分析方法已开一时之风气，功能分析方法也渐受瞩目，而起源于美国的“法的经济分析”方法则方兴未艾。关于“法的经济分析”方法，法国国际私法学者、现巴黎政治学院教授米伊尔·瓦特(Muir Watt)曾在海牙国际法学院2004年夏季讲习班讲授《国际私法的经济方面：关于经济全球化对法律冲突和管辖权冲突的基础的影响的思考》的课程，其讲稿已被收入著名的《海牙国际法学院讲演集》第307卷(2005年版)；[2]德国国际私法学家巴泽多(Basedow)和日本学者河野俊行主编的《国际私法的经济分析》一书(2006年版)则收录了2005年在日本召开的由德、日两国学者参加的关于“法的经济分析”方法在国际私法中的运用的研讨会的论文。[3]

三、比较国际私法学派

(一)兴起

“比较国际私法学派”是在第一次世界大战和第二次世界大战期间产生的一个较新的国际私法学派。它在德国被称为国际私法“第三学派”(德文 dritte Schule)，以区别于“普遍主义—国际主义学派”和“特殊主义—国家主义学派”，且在第二次世界大战后有所发展。比较国际私法学派的主要倡导者是德国的拉贝尔、勒瓦尔特(Hans Lewald)、拉珀(Leo Raape)、沃尔夫(Martin Wolf, 1872～1953年)和法国的莫里(Jacques Maury)、勒尔布尔－皮若尼埃(Paul Lerebours－Pigeonnière)、巴蒂福尔(Henri Batiffol, 1905～1989年)。他们主张就每一类法律关系寻求对当事人最公正、最适当的法律体系(准据法)。他们肯定各国冲突规则互相歧异且同时存在的事实，并以此为出发点，采取比较的方法进行研究，发现异同、明白得失，以对各国冲突法(国际私法)体系加以协调，乃至统一。此外，比较国际私法学派的学者还致力于民商事实体法的比较研究，以协调内国实体法与外国实体法的适用。1951年以后由多名学者合著的一部十多卷本著作，对美国国际私法与其他国家的国际私法进行了比较研究，如美国国际私法与瑞士国际私法的比较、美国国际私法与日本国际私法的比较、美国国际私法与土耳其国际私法的比较等。[4]

---

[1] 指法域，如国家或其领土单位。

[2] Muir Watt, «Aspects économiques du droit international privé» (réflexions sur l' impact de la globalisation économique sur les fondements des conflits de lois et de juridictions), publié en 2005, *Recueil des cours*, tome 307.

[3] Sous la direction de Basedow et Kono et en coopération avec Rühl, An Economic Analysis of Private International Law, Tübingen, Mohr Siebeck, 2006, 246 pages. Voir Paul Lagarde, Revue critique DIP 2007, 665.

[4] 参见李浩培：《国际私法学说的历史发展》，载李浩培：《李浩培文选》，法律出版社2000年版，第47～48页。

（二）代表人物——拉贝尔和巴蒂福尔

拉贝尔是出生于德国、后来移居美国的犹太裔著名比较法学家。他在 1945 年至 1958 年出版的 4 卷本著作《法律冲突法：比较研究》（*The Conflict of Laws, A Comparative Study*）是“比较国际私法学派”迄今为止最负盛名的代表作。[1] 该书第 1 卷于 1958 年出第 2 版；第 2 卷于 1960 年出第 2 版；第 3 卷于 1964 年出第 2 版；第 4 卷于 1958 年出版。[2] 拉贝尔通过比较法将其在实体私法领域已试验过的“法发现方法”（德文 Methode der Rechtsfindung）运用到国际私法领域，使比较法不仅服务于立法和法的一般理论，而且服务于司法判例，较之 19 世纪的比较法大大向前迈进了一步。

巴蒂福尔是比较国际私法学派在法国的代表人物和法国 20 世纪伟大的国际私法学家之一。他曾主张用利益分析的方法研究国际私法，并提出了创立国际私法哲学的设想，著有《国际私法的哲学方面》（1956 年法文版）。[3]

四、海牙国际法学院与比较国际私法

（一）海牙国际法学院简介

在比较国际私法发展史上的一个具有里程碑意义的事件，乃是世界性的国际法最高学府——海牙国际法学院（英文 Hague Academy of International Law，法文 Académie de droit international de La Haye）的成立。它是 1923 年在卡内基基金会的赞助下成立的、专门致力于国际公法、国际私法以及相关学科的教学与研究的机构，位于荷兰海牙和平宫。其目的是鼓励对法律领域的国际性关系所产生的各种问题进行深入和公允的探究。它每年邀请来自不同国家的权威人士前往海牙和平宫授课，内容涉及国际公法、国际私法以及相关学科的理论、实践、立法和判例。授课活动通常在 7、8 月举行，大约持续六个星期，分为两期：在 2011 年夏季讲习班之前，前三个星期为国际私法课程，后三个星期为国际公法课程；自 2011 年夏季讲习班起，改为前三个星期为国际公法课程，后三个星期为国际私法课程。每一期的课程除了关于国际公法或国际私法基本原理的“一般课程”外，还包括若干“特别课程”，后者是根据授课者的专长而选择的，并尽可能考虑有关国际性法律问题的现实性。由授课者指导的研讨班使来自世界各国的听课者得以积极地参与其中。海牙国际法学院还为有志于获得文凭的听课者以及教学和外交人员组织特别研讨班，并分别由一位讲英文的教授和一位讲法文的教授指导。有时也举行两个语种的联合研讨班。所有课程和研讨班均有同声传译。

---

〔1〕 参见中国大百科总编辑委员会编：《中国大百科全书·法学》，中国大百科全书出版社 1984 年版，第 18 页。

〔2〕 Vgl. Kegel, Ernst Rabel, in: IPRax 2007, 3.

〔3〕 Batiffol, *Aspects philosophiques du droit international privé*, éditions Dalloz 1956; 2002.

海牙国际法学院没有常设教学人员。管理委员会是被授权对学院进行学术上的监督的机构。依照章程,管理委员会由来自17个不同国家的成员组成,且完全自主地决定邀请它认为最有资格讲授某一课程的人前往海牙国际法学院授课。

海牙国际法学院的课程用法文或英文进行讲授。开设这些课程的用意,在于使所授课程既具有高度的实践性,又在学术上具有极高的科学水准。与各国的大学法学院系的类似教学活动明显不同的是,海牙国际法学院的课程是为那些掌握了一定国际公法或国际私法知识,并出于职业或个人兴趣而愿意在该学科上深造的人开设的。

所有在海牙国际法学院讲授的课程的讲义,均以所讲授的语言(法语或英语)收入著名的《海牙国际法学院讲演集》(Recueil des cours de l'Académie de droit international de La Haye/Collected Courses of the Hague Academy of International Law)。时至今日,《海牙国际法学院讲演集》已成为最权威的关于国际公法和国际私法的百科全书。

(二)海牙国际法学院对国际私法发展的贡献

自从海牙国际法学院于1923年成立以来,世界上许多国家的国际私法大师都曾在这一世界性的国际法最高学府讲授国际私法。他们的讲义,无论是"国际私法一般课程"的讲义还是关于某一国际私法专门领域的特别课程的讲义,均被收入《海牙国际法学院讲演集》,成为研习比较国际私法不可多得的权威资料,为比较国际私法的发展做出了不可低估的贡献。

本书作者有幸先后于1996年7月、2000年7月、2001年7月在海牙国际法学院聆听过多位国际私法大师的讲演,[1]包括哈佛大学教授冯梅伦(Arthur Taylor von Mehren, 1922~2006年)、英国设菲尔德大学麦克林教授(David McClean)、法国巴黎第二大学教授奥迪(Bernard Audit)讲授的"国际私法一般课程"。冯梅伦教授将其1996年在海牙国际法学院讲授的"国际私法一般课程"的讲义整理成《国际私法上的裁判权理论和实践:普通法法系和民法法系的学说、政策及实践比较研究》一书,并收入《海牙国际法学院讲演集》第295卷(2002年);[2]麦克林教授的

---

[1] 应海牙国际法学院的邀请,本书作者于2012年7月30日至8月3日用法文为海牙国际法学院2012年夏季讲习班讲授了国际私法特别课程——《中国国际私法的新法典编纂》(La nouvelle codification du droit international privé chinois),其法文讲义已发表于《海牙国际法学院讲演集》[CHEN Weizuo, «La nouvelle codification du droit international privé chinois», in *Recueil des cours de l'Académie de droit international de La Haye*/Collected Courses of the Hague Academy of International Law, tome / Volume 359 (2012), Martinus Nijhoff Publishers, Leiden/Boston 2013, p. 87-284.]第359卷(2012年)。本书作者是第七位在海牙国际法学院授课的具有中华人民共和国国籍的学者(2012年7月30日至8月3日)。

[2] Arthur Taylor von Mehre, *Theory and Practice of Adjudicatory Authority in Private International Law: a Comparative Study of the Doctrine, Policies and Practices of Common- and Civil-law Systems: General Course on Private International Law* (1996), Recueil des cours, Volume 295 (2002), p. 9-431.

《论法律冲突：世纪之交的国际私法展望：2000 年国际私法一般课程》已被收入《海牙国际法学院讲演集》第 282 卷（2000 年）；[1] 奥迪教授的《寻求普遍性的国际私法：2001 年国际私法一般课程》已被收入《海牙国际法学院讲演集》第 305 卷（2003 年）。[2]

李浩培教授是第一个在海牙国际法学院授课的具有中华人民共和国国籍的国际私法学者。[3] 其题为《国际私法在遗产继承方面的几个新发展》的英文讲义已被收入《海牙国际法学院讲演集》第 224 卷（1990 年第 5 分册）。[4] 第二个在海牙国际法学院授课的中国国际私法学者是徐冬根教授。[5] 其题为《中国国际私法：比较的视角》的法文讲义已被收入《海牙国际法学院讲演集》第 270 卷。[6]

第三节　比较法对国际私法法典编纂的意义

一、国内法典编纂

一国立法者可以自主地制定其国际私法规则，这是其主权范围内的事情。这样制定出来的国际私法规则在国与国之间是不一样的，造成了各国国际私法在内

〔1〕 David MacClean, *De conflictu legum: Perspectives on Private International Law at the Turn of the Century: General Course on Private International Law*, Recueil des cours (2000), Volume 282 (2000), p. 41－227.

〔2〕 Bernard Audit, «Le droit international privé en quête d'universalité: Cours général (2001)», in *Recueil des cours*, Volume 305 (2003), p. 9－487.

〔3〕 海牙国际法学院 1990 年夏季讲习班。李浩培教授也是第一位在海牙国际法学院授课的具有中华人民共和国国籍的学者（1990 年 7 月）。这一年在海牙国际法学院授课的还有已故著名国际法学家王铁崖教授（1990 年 8 月）。王铁崖教授是第二位在海牙国际法学院授课的具有中华人民共和国国籍的学者，他所讲授的是国际公法特别课程。参见王铁崖：《中国与国际法——历史与当代》，载中国国际法学会主编：《中国国际法年刊（1991 年）》，中国对外翻译出版公司 1992 年版，第 5～115 页。

〔4〕 李浩培：《国际私法在遗产继承方面的几个新发展》，载《中国国际法年刊（1991 年）》，中国对外翻译出版公司 1992 年版，第 116～203 页；See also Li Haopei, *Some Recent Developments in the Conflict of Laws of Succession*, Recueil des cours, Volume 224 (1990－V), p. 9－121.

〔5〕 徐冬根教授是第三位在海牙国际法学院授课的具有中华人民共和国国籍的学者（1998 年 7 月）。第四位在海牙国际法学院授课的具有中华人民共和国国籍的学者是香港城市大学王贵国教授（2010 年 7 月 26 日至 30 日）；第五位在海牙国际法学院授课的具有中华人民共和国国籍的学者是现任联合国国际法院法官薛捍勤博士（2011 年 7 月 11 日至 15 日）；第六位在海牙国际法学院授课的具有中华人民共和国国籍的学者是时任武汉大学国际法研究所"长江学者奖励计划"特聘教授、现任外交学院教授易显河先生（2012 年 7 月 16 日至 20 日）。

〔6〕 XU Donggen, «Le droit international privé en Chine: une perspective comparative», in *Recueil des cours*, tome 270 (1997), p. 107－235.

容和创制方式上的差异。[1] 然而各国在制定国际私法规则时,往往需要借鉴其他国家国际私法立法的成功经验。[2] 兹以比利时国际私法法典的编纂为例,说明一国立法者在制定其国际私法规则时离不开比较法。[3]

比利时《国际私法法典》是2004年7月16日通过、自2004年10月1日起施行的。在比利时《国际私法法典》问世之前,自1989年1月1日起施行的瑞士1987年12月18日《关于国际私法的联邦法律》是迄今为止世界各国的国际私法制定法中条款最多、内容最详备的一部国际私法法典。从1998年3月起,一个由比利时著名国际私法学者组成的小组受比利时司法部的委托,着手对包括瑞士国际私法法典在内的其他国家的国际私法最新立法成果进行系统、深入、细密的研究,历时6年,数易其稿,使比利时《国际私法法典》最终草案于2004年7月16日为比利时立法机关所通过,[4]实现了比利时立法者所定的国际私法法典编纂三大目标——明晰性、现代性和国际开放性。[5] 这是比较法影响国际私法法典编纂的一个成功范例。

二、国际法典编纂——国际私法规则的国际统一

正因为各国国际私法各不相同,所以一些普遍性和区域性国际组织,如海牙国际私法会议、国际联盟、联合国、欧盟,致力于通过国际条约的方式统一国际私法规则,进行国际私法的国际法典编纂。在这方面,比较国际私法也是有所作为的。以海牙国际私法会议为例,它至今已有91个成员。自1951年至今,它已制定了41个公约,其中27个公约已经生效。作为一个专业水平极高和成员众多的国际组织,海牙国际私法会议必须在代表不同国家利益的相互分歧的观点、立场之间折中、斡旋及调解,以求同存异、达成协议,制定出为各方所接受的统一国际私法规则。因此,它被誉为国际私法统一运动方面的"比较法论坛"。[6]

第四节　比较法对国际私法的意义之综述

目前,中国国际私法正处在平稳发展的时期。在立法方面,中国现行国际私法

〔1〕 参见马汉宝:《国际私法:总论·各论》,台北,2006年版,第16页。

〔2〕 参见唐表明:《比较国际私法》,中山大学出版社1987年版,第26页。

〔3〕 即便在以判例法为主要法源的国家,法官在创立国际私法上的先例时,一般也需要参考外国国际私法。

〔4〕 Voir Erauw, Fallon, Guldix, Meeusen, Pertegás, van Houtte, Watté, Wautelet (eds.), *Le code de droit international privé commenté*, 2006, p. 2-3.

〔5〕 See Fiorini, *The Codification of PIL: the Belgian Experience*, 54 ICLQ (2005) 509; 510, note 105.

〔6〕 Vgl. dazu Schack, Hundert Jahre Haager Konferenz für IPR, in: RabelsZ 57 (1993) 258-262.

主要表现为不同制定法文件中的冲突规则（冲突规范），相对集中地规定于自2011年4月1日起施行的《中华人民共和国涉外民事关系法律适用法》中。该法在相当程度上完成了中国国际私法的法典编纂，使中国国际私法规则更加科学化、系统化、现代化和国际化，有助于促进各国国际私法体系之间的和谐，并提高法的安定性和可预见性。该法的问世是国际私法立法从比较法中获取养分和受到启发的一个例子。

在司法方面，在审理涉外民商事案件时，中国法官适用国内法的冲突规则和已对中国生效的国际条约的冲突规则的水平和能力，均将在比较法研究中逐渐得到提高，因为“比较研究的结果，可为司法者适用法律之助”。[1]

在理论研究方面，首先，中国学者应更加关注世界潮流，提出有见解的学说，创立有中国特色的国际私法哲学体系。其次，由于传统冲突规则具有一定的僵硬性、机械性和盲目性，一些国家的国际私法制定法规定了体现最密切联系原则的一般性例外条款（如瑞士《关于国际私法的联邦法律》第15条，韩国现行《国际私法》第21条、旧文本第8条），以矫正传统冲突规则的不足，增加国际私法规则的灵活性。一些国家的国际私法甚至使最密切联系原则上升为一般原则（如奥地利1978年6月15日《关于国际私法的联邦法律》第1条、2002年3月1日生效的《俄罗斯联邦民法典》第3编第6章之第1186条第2款、保加利亚2005年5月4日《国际私法法典》第2条）。再次，国际私法方法论的深入研究将使运用冲突规则来确定准据法的方法呈现多样性，以适应当今世界复杂多变的生活关系和日渐增多的私法上往来的需要。最后，国际私法上的公平和正义问题已引起学者们的注意和讨论。关于公平问题，早在77年前，李浩培先生在其所著《国际私法总论》中即已指出：国际私法所解决的问题，实则是执行私人间公平的问题。[2] 足见其对公平问题的重视。与之密切相关的问题是正义问题。所谓冲突法上的正义，是不同于实体法上的正义的。保护社会和经济上的较弱方当事人也应是未来中国国际私法法典编纂的目标之一，因为它既可体现实体法上的正义，也可体现冲突法上的正义。一些国家晚近的国际私法法典编纂所体现的“有利于儿童”“有利于妇女”“有利于消费者”“有利于劳动者”“有利于受扶养人”“有利于受害人”“有利于法律行为的有效性”“有利于交易的安全”等原则，也正是出于实现公平和正义目的之考虑。

总之，诚如李浩培先生就比较法对国际私法的意义所指出的：“研究、适用和制

---

〔1〕 李浩培：《比较法的意义、方法、目的及现状》，载李浩培：《李浩培文选》，法律出版社2000年版，第830页。

〔2〕 参见李浩培：《国际私法总论》，武汉大学出版社1945年版。转引自李浩培：《李浩培法学文集》，法律出版社2006年版，第3～73页（在第8页）。

定国际私法,如果不用比较法方法,不可能得到满意的结果。"[1]

复习思考题

1. 比较法对国际私法的意义表现在哪几方面?
2. 冲突法的比较在国际私法研究中有何意义?
3. 试从法律体系比较的角度,将世界主要国家或地区的国际私法加以分类。
4. 比较国际私法的研究通常涉及哪些方法的运用?
5. 何谓比较国际私法学派? 它为什么被称为"第三学派"? 试举出其在德国和法国的主要代表人物及代表著作。
6. 比较法对国际私法的国内法典编纂和国际法典编纂有何意义?

〔1〕 李浩培:《李浩培法学文集》,法律出版社 2006 年版,第 513 ~ 514 页。Vgl. auch Kropholler, Die vergleichende Methode und das Internationales Privatrecht, in: ZVgl. Rwiss. 77 (1978) 1 ff.

第二编 总论

国际私法作为法律适用法、法律冲突法，主要由冲突规则组成。为了进一步认识国际私法，有必要了解冲突规则以及与冲突规则有关的一些国际私法总则性制度，如识别、先决问题、反致和转致、公共秩序、外国法的查明、法律规避等。

第六章　冲突规则

第一节　冲突规则概说

一、冲突规则的意义和特点

（一）意义

冲突规则（冲突规范）也叫抵触规则（英文 conflict rule 或 conflicts rule，法文 règle de conflit，德文 Kollisionsnorm）、法律冲突规则（英文 rule of the conflict of laws，法文 règle de conflit de lois）、法律适用规则（德文 Rechtsanwendungsnorm 或 Rechtsanwendungsregel）或法律选择规则（英国英语 choice of law rule 或美国英语 choice – of – law rule）或连结规则（法文 règle de rattchement，德文 Anknüpfungsregel），是组成国际私法的、指定涉外民商事法律关系所应适用的法律体系的那部分法律规则。因此，也有人称之为"指定性规则"（德文 Verweisungsregel）。

冲突规则既可以表现为国内法的冲突规则，也可以表现为国际条约的冲突规则。由于国际私法是法律适用法、冲突法，因而也可以称冲突规则为"国际私法规则"（英文 rules of private international law，法文 règles de droit international privé）。例如，《联合国国际货物销售合同公约》第 1 条第 1 款 b 项、第 7 条第 2 款就径直称冲突规则为"国际私法规则"。其第 1 条第 1 款 b 项规定："本公约适用于营业地在不同国家的当事人之间所订立的货物买卖合同：(a) 如果这些国家是缔约国；或 (b) 如果国际私法规则导致适用某一缔约国的法。"其第 7 条第 2 款规定："凡本公约未明确解决的属于本公约范围的问题，应按照本公约所依据的一般原则予以解决，在没有一般原则的情形下，则应按照依国际私法规则所应适用的法〔1〕予以解决。"此外，2007 年 7 月 11 日通过的《欧洲议会和欧盟理事会关于非合同之债准据法的第 864/2007 号（欧共体）规则》（《罗马Ⅱ规则》）第 24 条和 2008 年 6 月 17 日通过的《欧洲议会和欧盟理事会关于合同之债准据法的第 593/2008 号（欧共体）规

---

〔1〕 该公约的中文本的表述是"则应按照国际私法规定适用的法律来解决"。本书作者认为有两个不准确的地方：其一，没有将"国际私法规则"忠实地表达出来；其二，将"依国际私法规则所应适用的法"表述为"国际私法规定适用的法律"既不符合公约原意，也不符合国际私法专业要求。所谓"依国际私法规则所应适用的法"就是依冲突规则所应适用的某一国家的法律体系。

则》(《罗马Ⅰ规则》)第20条所称"国际私法规则"也是指冲突规则。

须指出的是,既然像《联合国国际货物销售合同公约》这样的国际统一实体私法公约将"国际私法规则"等同于冲突规则,说明该国际统一实体私法公约否认其自己的规定是国际私法规则,从而也反证了国际统一实体私法不是国际私法。那种将国际民商事法律(包括国际统一实体私法)说成是国际私法(或其一部分)的观点,其实是对国际私法的一种误解。国际民商事法律,尤其是国际统一实体私法[其典型的例子除《联合国国际货物销售合同公约》外,还有关于提单的1924年《布鲁塞尔公约》、1930年6月7日《关于国际汇票、本票法领域的规定的(日内瓦)公约》、1931年3月19日《关于国际支票法领域的规定的(日内瓦)公约》、关于海上货物运输的1979年《汉堡规则》、关于航空运输的1929年《华沙公约》和关于货物道路国际运输的1956年《日内瓦公约》等〔1〕],虽然既是"国际的",又是真正的"私法",但充其量只是"字面意义上的'国际私法'",而不是本书作者所说的"国际私法"。〔2〕

(二)特点

1. 冲突规则是法律适用规则,因而不同于实体私法规则。有人甚至把冲突规则理解成一种程序法规则。〔3〕 由于冲突规则所针对的是法院等法律适用者,因而也有人认为冲突规则是公法规范。

2. 冲突规则是一种间接规则(英文 indirect rule,法文 règle indirecte),它本身并不能起到调整涉外民商事法律关系的作用。

与一个或一个以上外国有联系的民商事法律关系是涉外民商事法律关系(国际性民商事法律关系)。冲突规则的主要功能在于帮助审理涉外民商事案件的有国际管辖权的某国法院确定涉外民商事法律关系所应适用的法律体系(如对于某国际货物买卖合同,规定"适用出卖人营业地国家的法律体系"的规则是冲突规则;对于国籍不同的夫妻之间的离婚,规定"适用夫妻共同住所地国家的法律体系"的规则也是冲突规则)。〔4〕 如果没有实体私法规则,冲突规则自己并不能直接确定涉外民商事法律关系当事人的权利义务。因此,真正能够调整涉外民商事法律关系的,还是应予适用的法律体系中的实体私法规则。正像火车站里指示第几站台的标示牌并不能代替站台一样,冲突规则也不能代替实体私法规则。

3. 冲突规则所要解决的是法律体系之间在法律适用上的冲突。这里所说的"法律体系"(英文 system of law 或 legal system,法文 système juridique),也叫"法律

〔1〕 Voir Audit, *Droit international privé*, 5e édition, 2008, n° 8.

〔2〕 参见唐表明:《比较国际私法》,中山大学出版社1987年版,第20~23、361页(注释23)。

〔3〕 如中国台湾地区国际私法学者马汉宝教授。参见马汉宝:《国际私法:总论·各论》,台北,2006年版,第23页。

〔4〕 Voir Audit, *Droit international privé*, 5e édition, 2008, n° 2.

秩序”(法文 ordre juridique,德文 Rechtsordnung,日文“法秩序”[1]),是指一个国家现行有效的全部法律规范的总和,当然包括实体私法规则在内。冲突规则所要解决的是特定案件中的涉外民商事法律关系究应适用哪一个法律体系的问题,其途径是确定应予适用的法律体系,尤其在与该涉外民商事法律关系有联系的数个国家的法律体系竞相要求被适用时更是如此。换言之,冲突规则要回答以下问题:对于某一具体的涉外民商事法律关系,究应适用法院地法还是外国法?如应适用外国法,是适用此外国法还是彼外国法?[2]

4. 传统的、典型的冲突规则是“法域选择规则”。传统的、典型的冲突规则在确定涉外民商事法律关系所应适用的法律体系时,所选择的是某一特定国家(或地域,下同)。往往是某一特定国家被选定了,其法律体系也就被找到了。换言之,国际私法的根本任务在于选择对于涉外民商事法律关系来说最为适当的那个国家的法律体系。至于该法律体系的内容如何则在所不问;该法律体系的任何特定法律规则,亦非冲突规则所关心的。至少在理论上可以认为,审理涉外案件的有国际管辖权的法院在选择某一特定国家的法律体系之前,无须知道该国法律体系的具体内容。例如,对于“侵权责任,适用侵权行为地国家的法律体系”这条传统的、典型的冲突规则来说,关键是如何确定侵权行为地国家,因为选择了该国,也就选择了其法律体系为准据法。

正因如此,美国国际私法学者卡弗斯(David F. Cavers, 1902 ~ 1988 年)在他发表于 1933 年的一篇重要文章《法律选择问题批判》[3]中称传统的、典型的冲突规则是“法域选择规则”(英文 jurisdiction - selecting rules)。该表述在过去被错误地翻译成汉语“管辖权选择规则”,原因在于有些中国学者把这一语境下的 jurisdiction 理解成“管辖权”。实际上,该术语在这里表示“法域”,如美国各州即是如此。

卡弗斯批评道:传统的、典型的冲突规则(“法域选择规则”)所使用的法律选择方法是“蒙住眼睛的”,因为被选择的不是“法律”,而是“法域”,是不问所选择的法的内容为何的,且选择的唯一依据是地域上的联系。

在方法上,与“法域选择规则”相对的是“规则选择规则”(英文 rule - selecting rules)。

二、国内法的冲突规则

(一)各国国内制定法中的冲突规则的不同创制方式:比较法概观

一国的冲突规则以及与之相关的法律规则、原则、制度的总和构成了该国的冲

---

[1] 参见[日]神前祯:《〈关于法的适用的通则法〉解说 · 新国际私法》,弘文堂 2006 年版,第 2 页。

[2] 有学者甚至认为,国际私法作为法律适用法,其实质就是划分与特定案件中的涉外民商事法律关系有联系的诸法律体系的适用范围。Vgl. Kropholler, IPR (6. Aufl. 2006), § 1 I.

[3] See David F. Cavers, *A Critique of the Choice - of - Law Problem*, 47 Harvard Law Review173 (1933).

突法。[1] 在本书第一编第二章“国际私法渊源”里，我们了解到一国冲突法（国际私法）的主要表现形式有国内制定法、国内习惯法；对有些国家来说，还有国内判例法。由于国内制定法是各国国际私法最重要的渊源之一，因此，国内制定法中的冲突规则也就成了比较国际私法的主要研究对象。

从比较法的角度看，各国国内制定法中的冲突规则的创制方式各不相同：

1. 有些国家有单独的国际私法法典或关于国际私法的单行法律，且在内容上仅限于冲突规则，如自 1979 年 1 月 1 日起施行的奥地利 1978 年 6 月 15 日《关于国际私法的联邦法律》、1938 年 3 月 20 日公布并施行的泰国《关于国际私法的法律》、波兰共和国 2011 年 2 月 4 日《关于国际私法的法律》（自 2011 年 5 月 16 日起施行）以及自 2011 年 4 月 1 日起施行的 2010 年 10 月 28 日《中华人民共和国涉外民事关系法律适用法》。

2. 有些国家虽然也有单独的国际私法法典或关于国际私法的单行法律，但其内容不限于冲突规则。例如，自 1989 年 1 月 1 日起施行的瑞士 1987 年 12 月 18 日《关于国际私法的联邦法律》除规定了冲突规则外，还规定了国际管辖权规则、承认与执行外国判决的规则、关于国际破产与和解的规则以及关于国际仲裁的规则。又如，比利时立法者在 21 世纪初通过了 2004 年 7 月 16 日《国际私法法典》，自 2004 年 10 月 1 日起施行。这是比利时立法史上第一部国际私法法典，且被冠以“国际私法法典”的名称，在晚近各国的国际私法改革中实属罕见，较之瑞士 1987 年 12 月 18 日《关于国际私法的联邦法律》有过之而无不及。比利时《国际私法法典》共有 140 个条文，内容包括国际管辖权、法律冲突（准据法的确定）以及外国法院判决和外国公文书的承认与执行。[2] 无独有偶，保加利亚共和国于 2005 年 5 月 4 日通过了 2005 年第 42 号法律——《国际私法法典》，自 2005 年 5 月 21 日起施行，共有 4 编 12 章 124 条，内容包括“基本规定”“保加利亚法院和其他机关的国际管辖权、国际民事案件审理程序”“准据法”和“外国法院判决和其他公文书的承认与执行”。

3. 有些国家制定了以冲突规则为主要内容的单行法律。例如：自 1900 年 1 月 1 日起施行的德国《民法典施行法》（经 1986 年和 1999 年两次重大修改）第 3 条至第 46e 条是冲突规则；自 2007 年 1 月 1 日起施行的日本 2006 年 6 月 15 日《关于法的适用的通则法》第 4 条至第 43 条是冲突规则。之所以说它们以冲突规则为主要内容，是因为它们的规定不限于冲突规则。例如，德国《民法典施行法》也规定了时际法律冲突、关于联邦法与州法之间的冲突的规范，日本《关于法的适用的通则法》第

---

〔1〕 本书仅在狭义上使用“冲突法”一词，即把解决涉外民商事案件中的法律冲突的冲突法作为国际私法的同义词，其外延不包括国际管辖权规则和关于外国判决的承认与执行的规则。

〔2〕 See Fiorini, *The Codification of PIL: the Belgian Experience*, 54 ICLQ (2005) 509; 510, note 105.

2条是关于法律的施行日期的规定、第3条是关于习惯法的效力的规定。[1]

4. 一国的冲突规则也可能相对集中地规定于该国的民法典或类似于民法典的制定法中，成为其中的编或章。例如，2005年6月14日通过的越南新《民法典》（自2006年1月1日起施行）第7编（第758条至第777条），1940年3月15日希腊《民法典》（自1946年2月23日起施行）第1编"总则"第1章"国际私法"（第4条至第33条），1889年7月24日西班牙《民法典》（1974年修订，后经多次修正）序编第4章"国际私法规则"（第8条至第12条）、第1编第107条，1966年11月25日葡萄牙《民法典》第14条至第65条，以及2001年11月26日被重新规定的《俄罗斯联邦民法典》第3编第6章（2002年3月1日生效）之第1186条至第1224条，都是关于国际私法的规定。又如，阿根廷、玻利维亚、巴西、智利、哥伦比亚和秘鲁等拉丁美洲国家的国际私法规则通常包含于这些国家的民法典或民法典施行法中，但巴西1942年9月4日《民法典施行法》已因2010年第12.376号法律的修正而改称《巴西法律规范施行法》。

5. 即便是有国际私法法典或以冲突规则为主要内容的单行法律的国家，也会有包含冲突规则的其他单行法律，只不过这种单行法律在国际私法上处于较为次要的地位。例如，1998年5月4日德国《结婚权利法》（自1998年7月1日起施行）即含有冲突规则；在日本，除《关于法的适用的通则法》第4条以下外，《关于扶养义务准据法的法律》[日本昭和61年（1986年）第84号法律]、《关于遗嘱形式的准据法的法律》[日本昭和39年（1964年）第100号法律]、《手形法》[日本昭和7年（1932年）第20号法律]、《小切手法》[日本昭和8年（1933年）第57号法律][2]等法律也含有冲突规则。

6. 即便是以判例法为主要法源的普通法国家（如英国、美国、加拿大、澳大利亚、新西兰、爱尔兰、马耳他、塞浦路斯），其冲突规则也可能部分地规定于一些单行法律中，如英国1882年《汇票法》、1963年《遗嘱法》、1968年和1976年《收养法》、1990年《合同（准据法）法》以及1995年《国际私法（杂项规定）法》，美国俄勒冈州2001年5月21日《关于合同法律冲突的2114号法律》（自2002年1月1日起施行）。[3]

（二）中国现行冲突规则

中华人民共和国现行冲突规则相对集中地规定于自2011年4月1日起施行的

---

[1] 在此之前，1898年6月21日的日本《法例》（1898年7月16日至2006年12月31日施行）经1999年第151号法律修正的文本除冲突规则外，还规定了法律生效的时间、习惯法的效力等一般问题（第1条、第2条）。参见陈卫佐译：《日本法例》，载黄进等主编：《中国国际私法与比较法年刊》第8卷，法律出版社2006年版，第607～613页。

[2] 参见[日]小出邦夫编著：《一问一答·新国际私法·〈关于法的适用的通则法〉的解说》，商事法务株式会社2006年版，第7～8页。

[3] RablesZ 67 (2003) 748; Nafziger, *Oregon's Conflicts Law Applicable to Contracts*, Yearbook of Private International Law 3 (2001), p. 391.

《中华人民共和国涉外民事关系法律适用法》中,其他一些现行法律、法规及司法解释也含有冲突规则,前已述及。

三、国际条约的冲突规则及其与国内法的冲突规则的关系

(一)国际条约的冲突规则概说

国际条约的冲突规则,无论是双边条约的冲突规则,还是多边条约的冲突规则,都是审理涉外民商事案件(有国际管辖权的)的一国法院(复数)在适用法律时所要考虑的。在这里,自然会提出国际条约的冲突规则与国内法的冲突规则究竟孰为优先的问题。对于这样一个问题,各国所采取的做法以及所依据的理论不尽相同。有些国家的国际私法就此有明确规定,如匈牙利 2017 年 4 月 11 日《关于国际私法的法律》(自 2018 年 1 月 1 日起施行)第 2 条规定:“本法适用于不属于应直接予以适用的、具有普遍适用性的欧盟法律文件或国际条约适用范围的事项。”有些国家的国际私法则没有此种规定。

1. 条约的生效:须经过的几个步骤

有必要从条约法的角度就包含冲突规则的国际条约的生效问题加以说明。包含冲突规则(国际私法规则)的条约要发生效力,通常须经过以下步骤。

(1)条约必须予以签署。经过签字,所制定出来的条约约文才被视为作准的和最终的文本。一般地说,条约的日期是第一个签字国签字的日期。例如,2006 年 7 月 5 日《关于中间人所持有的证券方面的某些权利的准据法的公约》是海牙国际私法会议第 19 届会议于 2002 年 12 月 13 日通过的一个力求在全球范围内统一关于中间人所持有的证券方面的某些权利的冲突规则的公约。由于它在 2006 年 7 月 5 日被美国和瑞士最早签字,它的正式名称带有“2006 年 7 月 5 日”这一日期。因此,在援引任何含有国际私法规则的条约时,不可略去其日期。迄今为止,中国国际私法著作在这一问题上的做法很不严谨。当然,签字本身尚不足以使条约发生国际法上的约束力。

(2)在有些国家,条约还必须得到一国宪法所规定的机关的同意。例如,在德国,联邦议会通常依照《德意志联邦共和国基本法》第 59 条第 2 款第 1 句第 2 种情形制定出一部关于某双边或多边条约的、须得到联邦参议院同意的法律,因为德国是联邦制国家,其宪法规定对于诸如国际条约等涉及各州利益的事项,联邦议会所制定的法律必须得到联邦参议院的同意。该法律必须连同有关条约的约文公布在《联邦法律公报》上,但该法律制定或公布的日期并不等于条约生效的日期。

须指出的是,并非所有国家的宪法都规定了这一步骤,如 1982 年 12 月 4 日公布并施行的《中华人民共和国宪法》即无此规定。

(3)条约必须予以批准;未参加条约拟订的任何第三国则须加入,即做出认可条约在国际法上的约束力的表示。《中华人民共和国宪法》第 67 条第 15 项规定:全国人民代表大会常务委员会的职权之一是“决定同外国缔结的条约和重要协定

的批准和废除”；第81条规定：中华人民共和国主席“根据全国人民代表大会常务委员会的决定，……批准和废除同外国缔结的条约和重要协定”。1990年12月28日公布并施行的《中华人民共和国缔结条约程序法》第3条除对此加以重申外（第3条第2款、第3款），还规定国务院同外国缔结条约和协定，外交部在国务院领导下管理同外国缔结条约和协定的具体事务（第3条第1款、第4款）。根据该法第7条第2款，所谓“条约和重要协定”是指：友好合作条约、和平条约等政治性条约；有关领土和划定边界的条约、协定；有关司法协助、引渡的条约、协定；同中华人民共和国法律有不同规定的条约、协定；缔约各方议定须经批准的条约、协定；其他须经批准的条约、协定。由此可见，凡包含不同于中国国内法规定的冲突规则的多边或双边条约均在“条约和重要协定”之列。

（4）条约通常在其最后条款所规定的批准书或加入书交存后的某个日期届至时生效。例如，1985年7月1日《关于信托准据法及其承认的（海牙）公约》先后于1989年11月17日为英国所批准、1990年2月21日为意大利所批准、1991年10月17日为澳大利亚所批准。根据该公约第30条第1款，该公约应在第三份批准书交存后的第三个历月的第1日生效。故该公约于1992年1月1日对英国、意大利和澳大利亚这三个最早批准它的国家生效。

2.“自动执行条约”与“非自动执行条约”

一般地说，如果一个国家所批准的含有冲突规则的国际条约已对该国生效且经公布，则该国在国际法上即负有贯彻执行该条约的义务。然而，如何在国内贯彻执行国际条约却是一个技术性很强的问题。

有些国家（如英国）将国际条约区分为“自动执行条约”与“非自动执行条约”。只有自动执行条约才能为其国内法院所直接适用，而非自动执行条约则必须由国内立法机关转化为国内法规则才能予以适用。例如，英国在过去的40多年里通过了若干关于国际私法事项的制定法，如1963年《遗嘱法》、1968年《收养法》、1985年《儿童拐卖和扣留法》、1986年《家庭法》以及1985年《信托承认法》，[1]部分原因是英国参加或接受了关于这些事项的海牙国际私法公约，它们作为非自动执行条约需要通过英国立法机关所制定的国内法规则才能为英国法院所适用。在这些国家，那些含有冲突规则的自动执行条约具有高于国内法的冲突规则的效力，非自动执行条约则不然。

（二）处理国际条约的冲突规则与国内法的冲突规则的冲突的解决办法

1. 原则

当国际条约的冲突规则与国内法的冲突规则发生冲突时应该怎么办？原则

---

〔1〕 See Peter North and J. J. Fawcett, *Cheshire and North's Private International Law*, 13th edition, 1999, p. 12.

上，如果一国所批准的国际条约的冲突规则对该国生效的时间晚于国内法的冲突规则生效的时间，则应优先适用国际条约的冲突规则，其依据是“后法优于前法”原则（拉丁文“*Lex posterior derogat legi priori.*”）。这一点较好理解。但如果一国所批准的国际条约的冲突规则对该国生效的时间早于国内法的冲突规则生效的时间，是否也应原则上优先适用国际条约的冲突规则呢？关于这些问题，至少存在三种不同的模式。

2. 解决国际条约与国内法冲突规则的冲突的几种模式

（1）德国模式——以优先适用国际条约的冲突规则为一般原则，同时在国内法中制定出在内容上和已生效的国际条约的冲突规则几乎完全相同的条款。有些国家制定了关于国际条约的冲突规则优先于国内法的冲突规则的一般原则，但同时也在国内法中制定出在内容上和已对本国生效的、含有冲突规则的国际条约几乎完全相同的条款。

例如，德国学者认为，即使一国所批准的国际条约的冲突规则对该国生效的时间早于国内法的冲突规则生效的时间，原则上也应优先适用国际条约的冲突规则，其依据是“特别法优先于一般法”（拉丁文“*Lex specialis derogat legi generali.*”）。根据德国《民法典施行法》第3条第2款，国际条约的冲突规则——以其已成为可予直接适用的国内法为限——作为特别法而优先于德国国际私法（“特别法优先于一般法”）。这样一来，在已对德国生效的多边和双边条约的适用范围内，原则上不再适用德国《民法典施行法》的冲突规则。事实上，德国《民法典施行法》的冲突规则不仅让位于国际条约的冲突规则，而且让位于欧盟法的冲突规则（第3条第1款）。[1] 所以在适用国内法的冲突规则（所谓“自主的”冲突规则）之前，有必要审查一下，看是否存在应予优先适用的国际条约的冲突规则以及欧盟法的冲突规则。

然而，就国际条约而言，该项原则是以国际条约的冲突规则“已成为可予直接适用的国内法”为限的。至于这些条约规则如何成为可予直接适用的国内法，则是一个立法技术问题。德国立法者采取的办法是：在《民法典施行法》中制定出在内容上和已对德国生效的、含有冲突规则的国际条约几乎完全相同的条款。例如，关于合同之债的《民法典施行法》原第27条至第37条的规定在很大程度上是1991年4月1日对德国生效的1980年6月19日《关于合同之债准据法的（罗马）公约》相关条文的翻版；[2] 而关于遗嘱处分形式的《民法典施行法》第26条第1款至第3款则基本上“复制”了1961年10月5日《关于遗嘱处分形式方面的法律冲突的（海牙）公约》的相关条文。当然，这种做法是否真正符合其他缔约国的意愿是有疑问

[1] Vgl. von Bar/Mankowski, IPR, Bd. I (2. Aufl. 2003), S. 67, 114; Staudinger - Hausmann (2003), Art. 4 EGBGB, Rn. 117; MünchKomm - Sonnenberger, Art. 4 EGBGB, Rn. 65.

[2] 自2009年12月17日起，德国《民法典施行法》原第27条至第37条已完全被欧盟关于合同之债准据法的确定的《罗马Ⅰ规则》取代。

的,因为德国立法者在制定相应的国内法冲突规则时,常常会做一些技术处理,使得制定出来的国内法冲突规则可能与国际条约的冲突规则并不完全吻合。不仅如此,德国立法者的这一做法的一个显而易见的弊端是,德国法官在适用这些冲突规则时常常忘记它们的国际条约来源。[1]

(2)瑞士、意大利、比利时等国的模式——在适用时直接、明确地援引相关国际条约,而不再制定与之平行的国内法规定。有一些国家的国际私法有关于国际条约的冲突规则优先于国内法冲突规则的一般规定,但在适用时直接、明确地援引相关国际条约,而不再制定与之平行的国内法规定。

例如,自1989年1月1日起施行的瑞士1987年12月18日《关于国际私法的联邦法律》第1条第2款含有一条适用于所有国际私法领域的总则性规定:"国际条约的规定予以保留。"该规定只是一条宣示性规定,表明已对瑞士生效的国际条约应予以优先适用。在该法分则中,第83条第1款规定:父母子女间的扶养义务,适用1973年10月2日《关于扶养义务准据法的(海牙)公约》。第49条就配偶间的扶养义务明确地援引了同一海牙国际私法公约。第85条第1款规定:就儿童而言,瑞士司法或行政机关的管辖权、准据法以及外国判决或措施的承认与执行,适用1996年10月19日《关于父母责任和儿童保护措施领域的管辖权、准据法、承认、执行及合作的(海牙)公约》。第85条第2款规定:就成年人保护而言,瑞士司法或行政机关的管辖权、准据法以及外国判决或措施的承认与执行,适用2000年1月13日《关于成年人国际保护的(海牙)公约》。[2] 第118条第1款规定:动产买卖,适用1955年6月15日《关于国际性有体动产标的买卖准据法的(海牙)公约》。[3] 此外,第134条还就因道路交通事故而发生的请求权明确地援引了1971年5月4日《关于道路交通事故领域的准据法的(海牙)公约》,新增加的第149c条第1款则就信托准据法明确地援引了1985年7月1日《关于信托准据法及其承认的(海牙)公约》。[4]

又如,1995年5月31日《关于改革意大利国际私法体系的第218号法律》(自1995年9月1日起施行)第2款第1款含有一条适用于所有国际私法领域的总则性规定:[5]"本法的规定不影响已对意大利生效的国际条约的适用。"该规定只是一

〔1〕 See von Overbeck, *The Hague Conference and Swiss Private International Law*, NILR 1993, p. 93 - 104; T. M. C. Asser Institute: The Influence of the Hague Conference on Private International Law, Selected Essays to Celebrate the 100th Anniversary of the Hague Conference on Private International Law, The Hague 1993, p. 93 - 104.

〔2〕 B. Dutoit, *Droit international privé suisse*, Commentaire de la loi fédérale du 18 décembre 1987, Supplément à la 4e édition, Bâle 2011, article 85.

〔3〕 参见陈卫佐:《瑞士国际私法法典研究》,法律出版社1998年版,第264、287~288、297页。

〔4〕 Voir B. Dutoit, *ibidem*, article 149c, n° 1 - 21.

〔5〕 Rev. crit. DIP, 1996, p. 174.

条宣示性规定,表明已对意大利生效的国际条约应予以优先适用。该法分则第 42 条第 1 款、[1]第 45 条[2]分别就未成年人保护、家庭中的扶养义务的准据法明确援引了相关的海牙国际私法公约,而不再制定与这些国际条约相平行的国内法规定。[3]

(3)斯洛文尼亚等国的模式——仅在国际私法总则中原则性地规定国际条约的冲突规则优先。根据斯洛文尼亚共和国 1999 年 6 月 30 日《关于国际私法和国际民事诉讼的法律》(自 1999 年 7 月 28 日起施行)第 4 条,该法的规定不适用于其他法律或国际条约所调整的事项。因此,当斯洛文尼亚所批准并已对之生效的多边或双边国际条约中的冲突规则与《关于国际私法和国际民事诉讼的法律》的冲突规则相抵触时,国际条约的冲突规则应予以优先适用。[4]

第二节 冲突规则的结构

一、法律规范的结构概说

一条典型的法律规范通常包含构成要件和法律效果两个组成部分。

20 世纪德国著名法学家拉伦茨(Karl Larenz, 1903 ~ 1993 年)在其名著《法学方法论》1991 年德文第 6 版有一段关于"确定法律效果的三段论"的论述:[5]

如果构成要件 T 在任何一个事实情况中得以实现,那么就这一事实情况而言,发生法律效果 R(大前提)。

只要构成要件 T 在某一个具体的事实情况 S 中得以实现,那么就 S 而言,发生法律效果 R。

这一特定的事实情况 S 使构成要件 T 得以实现,换言之,事实情况 S 是构成要

---

[1] 《关于改革意大利国际私法体系的第 218 号法律》第 42 条第 1 款规定:"在所有情形下,未成年人保护,适用 1980 年 10 月 24 日第 742 号法律所批准并因此而对意大利生效的 1961 年 10 月 5 日《关于未成年人保护方面的机关管辖权和准据法的(海牙)公约》。" Voir Rev. crit. DIP, 1996, p. 182.

[2] 《关于改革意大利国际私法体系的第 218 号法律》第 45 条规定:"在所有情形下,家庭中的扶养义务,适用 1980 年 10 月 24 日第 745 号法律所批准并因此而对意大利生效的 1973 年 10 月 2 日《关于扶养义务准据法的(海牙)公约》。" Voir Rev. crit. DIP, 1996, p. 183.

[3] Vgl. Kropholler, IPR (6. Aufl. 2006), § 1 Ⅲ 2.

[4] See Prešo *Puharič*, *Private International Law in Slovenia*, in: Yearbook of Private International Law, Volume 5 (2003), p. 158.

[5] Vgl. Larenz, Methodenlehre der Rechtswissenschaft, 6. Aufl. 1991, S. 271.

件 T 的一种“情形”（小前提）。

那么就事实情况 S 而言，发生法律效果 R（结论）。

用形式逻辑的公式来表示就是：

T → R（换言之，就 T 的每一种情形而言，发生 R）；

S = T（S 等于 T，是 T 的一种情形）；

S → R（就 S 而言，发生 R）。

这就是法学方法论上的“确定法律效果的三段论”。

例如，法国《民法典》第 1382 条（“某人的任何行为致他人受损害的，因自己的过错致行为发生的人，负损害赔偿责任”）可以解析为：如果一个人因自己的过错而以其行为使他人遭受损害（构成要件），那么他负损害赔偿责任（法律效果）。

又如，德国《民法典》第 985 条（“所有人可以向占有人请求返还物”）是一条能够作为请求权基础的法律规范。其构成要件是：一个当事人是物的所有人，另一个当事人是物的占有人。法律效果是：所有人对占有人享有物的返还请求权。[1] 它可以解析为：如果一个当事人是物的所有人，另一个当事人是物的占有人，那么所有人对占有人享有物的返还请求权。

二、冲突规则的结构

冲突规则（冲突规范）与一般法律规范一样，也包含构成要件和法律效果两个组成部分。在这两个组成部分中，分别包含着冲突规则的两个不可缺少的成分——连结对象和连结点

（一）冲突规则的构成要件和它所包含的必要成分之——连结对象

冲突规则的构成要件往往包含一个成分，叫作连结对象（英文 object of connection，法文 l' objet du rattachement，德文 Anknüpfungsgegenstand），是指冲突规则所针对的法律关系所属的法律范畴（英文 category，法文 catégorie），如权利能力和行为能力、立遗嘱能力、物权、合同、侵权责任、结婚、离婚、分居、夫妻财产制、亲子关系、父母责任、收养、监护、扶养、继承，等等。

例如，《中华人民共和国涉外民事关系法律适用法》第 36 条（“不动产物权，适用不动产所在地法律”）中的“不动产物权”即为连结对象。此外，《中华人民共和国涉外民事关系法律适用法》的冲突规则的连结对象包括以下法律关系所属的法律范畴：自然人的民事权利能力（第 11 条）、自然人的民事行为能力（第 12 条）、宣告失踪或宣告死亡（第 13 条）、人格权的内容（第 15 条）、代理（第 16 条）、信托（第 17 条）、结婚条件（第 21 条）、结婚手续（第 22 条）、夫妻人身关系（第 23 条）、夫妻财产关系（第 24 条）、父母子女人身关系及财产关系（第 25 条）、协议离婚（第 26 条）、诉

---

[1] 参见陈卫佐译注：《德国民法典》（第 5 版），法律出版社 2020 年版，第 69～70 页，注解 1。

讼离婚(第27条)、收养的条件和手续(第28条)、扶养(第29条)、监护(第30条)、法定继承(第31条)、遗嘱方式(第32条)、遗嘱效力(第33条)、遗产管理(第34条)、无人继承遗产的归属(第35条)、动产物权(第37条)、有价证券(第39条)、权利质权(第40条)、合同(第41条)、消费者合同(第42条)、劳动合同(第43条)、侵权责任(第44条)、产品责任(第45条)、不当得利及无因管理(第47条)、知识产权的归属和内容(第48条)、知识产权转让和许可使用(第49条)、知识产权的侵权责任(第50条),等等。

又如,德国《民法典施行法》第7条第1款第1句("人的权利能力和行为能力,适用其本国法")中的"权利能力和行为能力"、第13条第1款("结婚要件,就每一个订婚人而言,适用其国籍国法")中的"结婚要件"、第21条("子女与其父母之间的法律关系,适用子女惯常居所地国法")中的"子女与其父母之间的法律关系"、第43条第1款("物权,适用物之所在地国法")中的"物权"等,都是连结对象。

再如,2008年6月17日《罗马Ⅰ规则》第3条第1款第1句("合同,适用双方当事人所选择的法")中的"合同"以及传统冲突规则"合同,适用合同订立地法"中的"合同"也是连结对象。

最后,传统冲突规则"侵权行为,适用侵权行为地法"中的"侵权行为"也是连结对象。一般地说,作为冲突规则所针对的法律关系所属的法律范畴,连结对象不外乎涉及人、物、法律行为和其他法律事实。迄今为止,不少中文国际私法著作称连结对象为"范围"。这是不妥当的,不如"法律范畴"准确。

(二)冲突规则的法律效果和另一个必要成分——连结点

与一般法律规范不同的是,冲突规则的法律效果并不是直接的实体法上的效果(如支付义务或继续性债务关系的通知终止权),而是该冲突规则所指定的某一国家的法律体系的适用。

就任何一条冲突规则而言,在法律关系所属的法律范畴(连结对象)和应予适用的法律体系之间,总是存在某种联系的。此种联系在国际私法上被称为"连结"。应予适用的法律体系的确定,往往取决于某些体现此种联系(连结)的因素。它们是确定应予适用的法律体系的根据或基础,换言之,借助于这些因素,可以确定应予适用的法律体系。

此种将法律关系所属的法律范畴与应予适用的法律体系连结(联系)起来的因素,是冲突规则的必要成分之一,是冲突规则据以确定某一涉外民商事法律关系所应适用的法律体系的基础,在国际私法上叫作"连结点",也叫作"连结因素"或"连结根据"。[1]

---

〔1〕 参见中国大百科总编辑委员会编:《中国大百科全书·法学》,中国大百科全书出版社1984年版,第374页。

例如，在上边所举的冲突规则的例子中，“不动产物权，适用不动产所在地法律”里的“不动产所在地”是连结点（连结因素、连结根据），它将“不动产物权”同“不动产所在地法律”连结起来。“人的权利能力和行为能力，适用其本国法（国籍国法）”里的“国籍”也是连结点，它将“人的权利能力和行为能力”同其“国籍国法”连结起来。

冲突规则在确定应予适用的法律体系时，需要以一定的连结点为根据。在确定当事人本国法时，所根据的连结点是当事人的国籍；在确定当事人住所地法时，所根据的连结点是当事人的住所；在确定当事人惯常居所地法时，所根据的连结点是当事人的惯常居所；在确定当事人居所地法时，所根据的连结点是当事人的居所……至于当事人本国法、住所地法、惯常居所地法、居所地法究竟具体指的是哪个国家的法律体系，则由具体案件中的当事人的国籍、住所、惯常居所、居所等连结点决定：当事人具有中华人民共和国国籍的，其本国法为中国法；当事人的国籍是法兰西共和国国籍的，其本国法为法国法；当事人的住所在日本的，其住所地法为日本法；当事人的住所在瑞士的，其住所地法为瑞士法；当事人的惯常居所在德国的，其惯常居所地法为德国法；当事人的居所在列支敦士登的，其居所地法是列支敦士登法；依此类推。由所举的例子可知，在根据连结点确定涉外民商事法律关系所应适用的法律体系时，如果双边冲突规则自身不加限制，则隐含着原则上平等对待内国法律体系和外国法律体系的意思。

举例来说，在把国籍连结点作为冲突规则的一个成分的情形下，可以这样来解读德国《民法典施行法》第 13 条第 1 款（“结婚要件，就每一个订婚人而言，适用其国籍国法”）：如果有国际管辖权的德国机关（法院或行政机关）所要处理的国际民事案件所涉及的法律关系属于结婚要件范畴，且至少有一个婚约当事人是其他国家的国民（构成要件），那么，德国机关应适用每一婚约当事人的国籍国法（法律效果）。[1] 当然，适用婚约当事人国籍国法只是完成了冲突规则本身所定的任务，而处理案件的德国机关最终必须适用婚约当事人国籍国法关于结婚要件的实体法规则才算真正了结案件。

《中华人民共和国涉外民事关系法律适用法》第 44 条第 1 句之前半句规定（“侵权责任，适用侵权行为地法律”）可以这样解读：如果有国际管辖权的中国法院（复数）所要处理的涉外案件中的民商事法律关系属于侵权责任范畴（构成要件），那么，中国法院应适用侵权行为地国家的法律体系（法律效果）。在这里，连结点“侵权行为地”的作用是将连结对象“侵权责任”同应予适用的法律体系——侵权行为地国家的法律体系连结起来。

前已述及，连结对象（冲突规则所针对的法律关系所属的法律范畴）不外乎涉

---

〔1〕 Vgl. Kropholler, IPR (6. Aufl. 2006), § 13 Ⅰ, Ⅱ.

及人、物、法律行为和其他法律事实。相应地，涉及人的连结对象和应予适用的法律体系之间的联系往往借助于人的国籍、住所、惯常居所等连结点得以实现；涉及物的连结对象和应予适用的法律体系之间的联系往往借助于物之所在地等连结点得以实现；涉及法律行为和其他法律事实的连结对象和应予适用的法律体系之间的联系往往借助于意思表示做出地、合同订立地、债务履行地、侵权行为地等连结点得以实现。[1]

（三）方法论分析

传统冲突规则的连结对象（法律关系所属的法律范畴）与应予适用的法律体系之间总是存在一定的联系（连结）的。这种联系体现在连结点之中。而与连结点相对应的往往是某一地域，如国籍所属国、住所地国家、惯常居所地国家、居所地国家，等等。

这样一来，找到了对于某一范畴的法律关系来说最为适当的地域，也就找到了在该地域施行的法律体系，[2]即适当的法律体系（英文 appropriate legal system，德文 angemessene Rechtsordnung）。[3]

现代国际私法的三大奠基人之一萨维尼称对于某一法律关系来说最为适当的地域为“法律关系的本座”（Sitz des Rechtsverhältnisses）。在萨维尼看来，国际私法（冲突法）的任务乃在于：“就每一法律关系，寻找该法律关系按其固有性质来说所隶属或服从的（因而是该法律关系的本座所在的）那个法域”。[4]

另一位德国法学家冯吉尔克（Otto von Gierke，[5] 1841～1921年，旧译“祁克”[6]）则称这一地域为法律关系的“重心”（德文 Schwerpunkt）。

因此，从方法论上说，制定冲突规则的立法者的任务，就是要找到对于某一类法律关系来说最为适当的那一地域的法律体系。一般地说，对于某一类法律关系来说最为适当的那一地域的法律体系，是与该法律关系有最密切联系的地域的法律体系，但在当事人有权选择应予适用的法律体系时除外。

---

〔1〕 Vgl. Lange, BGB Allgemeiner Teil, 1952, § 10 Ⅲ 2 a.

〔2〕 国际私法上常称此种施行着独特法律体系的地域为“法域”，包括国家（如中华人民共和国）和一个国家内有独特法律体系的领土单位（如中华人民共和国香港特别行政区、澳门特别行政区，美利坚合众国的各个州）。

〔3〕 Vgl. Kropholler, IPR (6. Aufl. 2006), § 14 I.

〔4〕 “... dass bei jedem Rechtsverhältniss dasjenige Rechtsgebiet aufgesucht werde, welchem dieses Rechtsverhältniss seiner eigenhümlichen Natur nach angehört oder unterworfen ist (worin dasselbe seinen Sitz hat)”. Savigny, System des heutigen Römischen Rechts Ⅷ (1849, Nachdruck Darmstadt 1956), S. 28, 108, 118.

〔5〕 人们习惯于称之为“吉尔克”而不是“冯吉尔克”。

〔6〕 参见新华通讯社译名室编：《德语姓名译名手册》（修订本），商务印书馆 1999 年版，第 187 页。

第三节 冲突规则的类型

一、单边冲突规则和双边(多边)冲突规则

(一)单边冲突规则

单边冲突规则(法文 règle de conflit unilatérale,德文 einseitige Kollisionsnorm)又叫"单边法律选择规则",[1]是指在法律效果上就某些类型的涉外民商事法律关系要么仅仅指定法院地国家的内国实体法,要么仅仅指定某一特定外国的实体法的那种冲突规则。前者叫作"对内的单边冲突规则",后者叫作"对外的单边冲突规则"。在实践中常见的是"对内的单边冲突规则"。此种单边冲突规则实际上限定了法院地国家的法律体系的适用范围:对于某些类型的涉外民商事法律关系,规定只适用法院地国家的法律体系。相比之下,"对外的单边冲突规则"并不多见。

法国《民法典》第 3 条第 2 款规定:"法国法律适用于不动产,即使其属于外国人所有亦同。"意思是在法国领土内的不动产,不论属于法国人所有还是属于外国人所有,均适用法国法律。这是一条单边冲突规则。法国《民法典》第 3 条第 3 款规定:"有关人的身份和能力的法律,适用于法国人,即使其居住于外国亦同。"意思是法国人的身份和能力问题,无论他们居住于法国还是外国,均适用法国有关人的身份和能力的法律。这也是一条单边冲突规则。此外,法国《商法典》第 L. 210-3 条也属于单边冲突规则,因为它规定,住所在法国的公司,适用法国法律。

1986 年国际私法改革以前的德国《民法典施行法》旧文本里的冲突规则基本上是对内的单边冲突规则(如第 8 条至第 10 条、第 14 条至第 16 条、第 18 条至第 20 条、第 22 条至第 24 条)。例如,1986 年以前的德国《民法典施行法》旧文本第 18 条规定:"子女,如出生时其母之夫为德国人或出生前其母之夫已死亡,而死亡时为德国人者,该子女的身份,依德国法。"[2]又如,第 24 条第 1 款规定:"德国人之继承,即使在外国有住所,仍依德国法。"[3]

瑞士 1987 年 12 月 18 日《关于国际私法的联邦法律》(自 1989 年 1 月 1 日起施行)虽然是一部立法技术很高的国际私法法典,却规定了许多优先适用瑞士法的单边冲突规则。其第 34 条第 1 款规定:"民事权利能力,适用瑞士法。"第 44 条第 1 款

---

[1] 英文表述为 unilateral choice - of - law rule。

[2] 参见马汉宝:《国际私法:总论·各论》,台北,2006 年版,第 63 页。

[3] 所引中文译文见韩德培、李双元主编:《国际私法教学参考资料选编》(上册),武汉大学出版社 1991 年版,第 71 页。

规定:“在瑞士缔结的婚姻所服从的实质要件,适用瑞士法。”第 44 条第 3 款规定:“在瑞士缔结的婚姻的形式,适用瑞士法。”第 61 条第 1 款规定:“离婚和分居,适用瑞士法。”第 72 条第 2 款规定:“在瑞士认领非婚生子女的形式,适用瑞士法。”第 72 条第 3 款规定:“认领无效的申请,适用瑞士法。”

西班牙 1974 年国际私法改革后的《民法典》仍有一些单边冲突规则,如《民法典》第 10 条第 4 款规定:“在无损于以西班牙为缔约国的国际条约和公约的情况下,知识产权和工业产权,在西班牙境内应依西班牙法予以保护”。[1]

《中华人民共和国民法典》第 467 条第 2 款规定了适用作为法院地法的中国法的单边冲突规则如下:“在中华人民共和国境内履行的中外合资经营企业合同、中外合作经营企业合同、中外合作勘探开发自然资源合同,适用中华人民共和国法律。”

本书作者认为,单边冲突规则特别是“对内的单边冲突规则”在一定程度上体现了一些国家的立法者或国际私法学者在涉外民商事案件的准据法确定问题上所采取的单边主义做法,但有时立法者也会通过制定少量单边冲突规则来保护法院地国家最根本的利益,如《中华人民共和国民法典》第 467 条第 2 款的单边冲突规则即是如此。

(二)双边(多边)冲突规则

1. 双边(多边)冲突规则的意义

双边冲突规则(法文 règle de conflit bilatérale,德文 zweiseitige Kollisionsnorm)也叫多边冲突规则(法文 règle de conflit multilatérale,德文 allseitige Kollisionsnorm)或全面的冲突规则,是指在法律效果上既可能导致适用法院地国家的法律体系,也可能导致适用外国法律体系的那种冲突规则。有学者认为,双边冲突规则既限定内国法的适用范围,也限定外国法的适用范围,[2]是所谓“中立的规则”。[3] 例如,“侵权责任,适用损害发生地国家的法律体系”就是一条双边(多边)冲突规则,因为它既可能导致适用法院地国家的法律体系,也可能导致适用外国法律体系。

经过 1986 年的重大修正,德国《民法典施行法》里的冲突规则基本上已被双边(多边)化,既可能导致适用德国法,也可能导致适用外国法。[4]

《中华人民共和国涉外民事关系法律适用法》第 44 条第 1 句之前半句规定:“侵权责任,适用侵权行为地法律”。这是一条双边(多边)冲突规则。根据该冲突

---

[1] Voir José Carlos Fernandez Rozas, «Le droit international privé espagnol aujourd'hui ou le dépassement des paradigmes», *Travaux du Comité français de droit international privé*, années 2006 – 2008, p. 260.

[2] 参见李浩培:《李浩培文选》,法律出版社 2000 年版,第 469 页。

[3] Voir Audit, *Droit international privé*, 5e édition, 2008, n° 105.

[4] 但《民法典施行法》第 17a 条是一个例外。它规定:“坐落于国内的婚姻住宅和位于国内的家具以及与之相关联的穿行、接近和接触禁令,适用德国实体法规定。”

规则,侵权行为地在中国的,含有涉外因素的侵权责任案件适用中国法;侵权行为地在越南的,适用越南法;侵权行为地在泰国的,适用泰国法……依此类推。所以该冲突规则是双边(多边)的。

本书作者认为,双边(多边)冲突规则体现了一国立法者原则上平等对待内国法和外国法的立法目的。从国际私法的立法宗旨和根本任务来看,双边(多边)冲突规则较单边冲突规则更为可取,故为现代大多数国家的国际私法立法所乐于采用,甚至成为现代国际私法的潮流。[1] 从形式上看,这种冲突规则有其"中立性",但在实质上,当本应予以适用的外国法律体系在适用上会导致与法院地国家公共秩序相抵触的结果时,这种中立性将很难维持。

2. 单边冲突规则的双边化(或多边化)

然而,单边冲突规则可以转化成双边(或多边)冲突规则。[2] 这叫作单边冲突规则的双边化或多边化。

例如,1986 年国际私法改革以前的德国《民法典施行法》旧文本第 18 条规定:"子女,如出生时其母之夫为德国人或出生前其母之夫已死亡,而死亡时为德国人者,该子女的身份,依德国法。"该条文未就子女之母之夫为外国人的情形做出规定,留下了立法上的缺漏。德国法官用类推的方法将这条单边冲突规则扩展为这样一条双边(多边)冲突规则:子女的身份,在子女之母之夫为外国人时,适用该外国人的本国法。[3]

又如,法国《民法典》第 3 条第 2 款规定:"法国法律适用于不动产,即使其属于外国人所有亦同。"意思是在法国境内的不动产,无论属于法国人还是外国人所有,均适用法国法律。这是一条典型的单边冲突规则。法国最高法院的判例已用类推的方法将它双边化(法文 bilatéralisation),成为这样一条双边冲突规则:不动产,适用不动产所在地国家的法律。[4]

再如,法国《民法典》第 3 条第 3 款规定:"有关人的身份和能力的法律,适用于法国人,即使其居住于外国亦同。"意思是法国人的身份和能力问题,不论他们居住于法国还是外国,均适用法国有关人的身份和能力的法律。对于这一条单边冲突规则,法国司法判例在《民法典》施行仅 10 年之后,即用类推的方法,通过 1814 年 6 月 13 日 Busqueta 一案的判决将它双边化,使之成为这样一条双边冲突规则:人的身份和能力问题,适用其本国法(国籍国法)。[5]

---

[1] 参见李浩培:《李浩培法学文集》,法律出版社 2006 年版,第 498 页。

[2] 参见杜涛、陈力:《国际私法》(第 2 版),复旦大学出版社 2008 年版,第 58 页。

[3] 参见马汉宝:《国际私法:总论·各论》,台北,2006 年版,第 65 页。

[4] 参见徐冬根:《国际私法趋势论》,北京大学出版社 2005 年版,第 38 页。

[5] Voir Bureau/Wuir Watt, Le droit international privé, Que sais-je?, 2009, p. 96; Audit, Droit international privé, 5e édition, 2008, n° 142.

在日本《关于法的适用的通则法》施行之前,《法例》第 3 条第 2 款曾规定:“尽管有前款的规定,外国人在日本实施法律行为,虽依其本国法无能力,但依日本法律应有能力时,视为有能力。”这是一条指向作为法院地法(兼行为地法)的日本法的单边冲突规则。自 2007 年 1 月 1 日起施行的《关于法的适用的通则法》第 4 条第 2 款规定:尽管有第 4 条第 1 款的规定,[1]如果实施法律行为的人依其本国法为行为能力受限制的人,而依行为地法为有行为能力的人,则视其为有行为能力的人,但以该法律行为被实施时,所有当事人均位于施行同一法律体系的地方为限。日本学者指出,这是对《法例》第 3 条第 2 款的双边化(多边化)。[2]

二、重叠性冲突规则和任择性冲突规则

重叠性冲突规则和任择性冲突规则都属于双边(多边)冲突规则,都含有数个连结点,指定数个法律体系。所不同的是,重叠性冲突规则(法文 les règles de conflit cumulative)所指定的数个法律体系必须同时累积适用于涉外民商事法律关系,而任择性冲突规则(法文 les règles de conflit alternatives)只要求所指定的数个法律体系中的任何一个适用于涉外民商事法律关系即可。

(一)重叠性冲突规则的典型

1902 年 6 月 12 日《解决离婚和分居领域的法律冲突和管辖权冲突的(海牙)公约》第 2 条第 1 款是被国际私法教科书引用得较多的重叠性冲突规则,[3]它规定:“离婚的请求,非依夫妻的本国法及起诉地法均有离婚的理由者,不得提出。”

同样,北洋政府时期的中国于 1918 年 8 月 5 日公布并施行的《法律适用条例》第 11 条规定:“离婚,依其事实发生时夫之本国法,及中国法,均认其事实为离婚原因者,得宣告之。”它要求夫的本国法和诉讼地法这两个法律体系均准许离婚,且均有离婚的原因时,始得宣告离婚,[4]因而也是一条重叠性冲突规则。

此外,日本 2006 年 6 月 15 日《关于法的适用的通则法》(自 2007 年 1 月 1 日起施行)第 22 条第 1 款和第 2 款也是重叠性冲突规则:[5]“(1)侵权行为应适用外国法的,如应适用该外国法的事实依日本法不是不法的,[6]则不得请求以该外国法为基础的损害赔偿和其他措施。(2)侵权行为应适用外国法的,即使应适用该外国法

---

〔1〕 第 4 条第 1 款规定:“人的行为能力,依其本国法定之。”

〔2〕 Vgl. dazu Nishitani, Die Reform des internationalen Privatrechts in Japan, IPRax 2007, 552.

〔3〕 参见黄进主编:《国际私法》(第 2 版),法律出版社 2005 年版,第 176 页;谢石松:《国际私法学》,高等教育出版社 2007 年版,第 74 页。

〔4〕 参见唐纪翔:《中国国际私法论》(第 2 版),商务印书馆 1934 年版,第 148 页。

〔5〕 相当于 1898 年 6 月 21 日《法例》(1898 年 7 月 16 日至 2006 年 12 月 31 日施行)第 11 条第 2 款和第 3 款。

〔6〕 即不构成侵权行为。

的事实依该外国法和依日本法都是不法的,[1]受害人也不得请求日本法所不认可的损害赔偿和其他措施。”

（二）任择性冲突规则的典型

1961 年 10 月 5 日《关于遗嘱处分形式方面的法律冲突的（海牙）公约》第 1 条第 1 款规定：遗嘱处分的形式，只要符合立遗嘱地或被继承人立遗嘱时或死亡时的国籍国或被继承人立遗嘱时或死亡时的住所地或被继承人立遗嘱时或死亡时的惯常居所地或不动产所在地（以遗产系不动产为限）的法律体系（的国内法），即在形式上为有效。这样一来，这条冲突规则就遗嘱处分的形式规定了八个可任意选择的法律体系：立遗嘱地法、被继承人立遗嘱时的国籍国法、被继承人死亡时的国籍国法、被继承人立遗嘱时的住所地法、被继承人死亡时的住所地法、被继承人立遗嘱时的惯常居所地法、被继承人死亡时的惯常居所地法或不动产所在地法。

德国作为 1961 年 10 月 5 日《关于遗嘱处分形式方面的法律冲突的（海牙）公约》的缔约国之一，在其《民法典施行法》第 26 条第 1 款第 1 句里制定了与该公约第 1 条第 1 款的措辞几乎完全相同的任择性冲突规则：“遗嘱符合以下法律体系的形式要件的，即使为一人以上立于同一证书，也在形式上为有效：1. 被继承人在立遗嘱时或死亡时的国籍国法（尽管有第 5 条第 1 款），或 2. 被继承人立遗嘱地法，或 3. 被继承人立遗嘱时或死亡时的住所地法或惯常居所地法，或 4. 不动产所在地法（以涉及不动产为限），或 5. 应适用于继承的法律体系或在做出遗嘱处分时会适用于继承的法律体系。”

日本《关于法的适用的通则法》第 24 条第 3 款第 1 句规定：“尽管有前款的规定，符合当事人一方的本国法的婚姻形式即为有效。”结合该条第 2 款的规定（“婚姻形式，适用婚姻举行地法”）来看，第 3 款第 1 句实际上包含这样一条任择性冲突规则：婚姻形式，只要符合婚姻举行地法或当事人一方的本国法中的任何一个法律体系，即为有效。[2]

第四节　连结点

一、连结点的含义

前已述及，连结点（法文 point de rattachement，德文 Anknüpfungspunkt），也叫

---

[1] 即均构成侵权行为。

[2] 参见[日]神前祯：《〈关于法的适用的通则法〉解说 · 新国际私法》，弘文堂 2006 年版，第 3 页。

“连结因素”（英文 connecting factor，法文 facteur de rattachement 或 élément de rattachement）或“连结根据”（英文 connecting ground），[1]是冲突规则的必要成分之一，指冲突规则据以确定某一涉外民商事法律关系所应适用的法律体系的因素。

可见，连结点体现了连结对象和应予适用的法律体系之间的联系（连结）。例如，《中华人民共和国涉外民事关系法律适用法》第 36 条规定：“不动产物权，适用不动产所在地法律。”在这条冲突规则中，连结点（“不动产所在地”）体现了连结对象（“不动产物权”）和应予适用的法律体系（“不动产所在地法律”）之间的联系（连结）。

任何一条冲突规则都必须确定涉外民商事法律关系所应适用的法律体系，这是冲突规则的根本任务。但从冲突规则的创制方式看，冲突规则只能将涉外民商事法律关系类型化，使之成为一个个法律范畴（英文 categories，法文 catégories），再就这些法律范畴分别规定它们所应适用的法律体系。这些法律范畴表现为冲突规则里的连结对象，它们实际上是抽象化、概括化和类型化了的涉外民商事法律关系，如权利能力和行为能力、立遗嘱能力、物权、合同、侵权责任、结婚、离婚、分居、夫妻财产制、亲子关系、父母责任、收养、监护、扶养、继承，等等。而对于每一个连结对象，都存在一个与之相对应的、应予适用的法律体系，其实体法规则可以决定当事人权利义务。此种法律体系的确定需要凭借一定的根据，如国籍、住所、居所、惯常居所、行为地、物之所在地、法院地、最密切联系地等，这些根据就是连结点。

一条冲突规则所包含的连结点可以不止一个。相应地，其所指定的法律体系也可能不止一个，例如在重叠性冲突规则和任择性冲突规则的情形下即是如此。

二、常见的连结点及与之对应的法律体系

（一）国籍、住所与本国法、住所地法和属人法（之一）

1. 国籍、住所与本国法、住所地法

国籍和住所是国际私法上最重要且被使用得最多的两个连结点。冲突规则以国籍为连结点时，应予适用的法律体系是当事人本国法（拉丁文 *lex patriae*），即国籍国法。冲突规则以住所为连结点时，应予适用的法律体系是当事人住所地法（拉丁文 *lex domicilii*）。

2. 属人法（之一）

（1）属人法的含义

在国际私法上，对一个人（自然人或法人）的个人私法关系起决定性作用的法律体系叫作“属人法”（英文 personal law，法文 loi personnelle，德文 Personalstatut，拉

---

[1] 参见中国大百科总编辑委员会编：《中国大百科全书·法学》，中国大百科全书出版社 1984 年版，第 374 页。

丁文 *lex personalis*)，也叫“属人准据法”。[1]

就适用属人法的事项而言，自然人的属人法通常适用于自然人的民事身份、权利能力和行为能力、亲属、继承等领域的法律关系。例如，依照 2002 年 3 月 1 日生效的《俄罗斯联邦民法典》第 3 编第 6 章之第 1196 条第 1 句的规定，自然人的民事权利能力应由其属人法确定；依照其第 1197 条第 1 款的规定，自然人的行为能力应由其属人法确定。

法人的属人法通常是法人的住所地法(也叫“本据所在地法”或“所在地法”)或法人据以设立的法律体系。

(2)本国法主义、住所地法主义和惯常居所地法主义

在属人法的确定问题上，有些国家的国际私法采本国法主义(国籍原则)，即以当事人本国法(国籍国法)为属人法，如大多数欧洲大陆国家的国际私法。有些国家的国际私法采住所地法主义，即以当事人住所地法为属人法。另有一些国家的国际私法采惯常居所地法主义，即以当事人惯常居所地法为属人法，如《中华人民共和国涉外民事关系法律适用法》(该法称惯常居所为“经常居所”)。

除上述三种常见的属人法外，2002 年 3 月 1 日生效的《俄罗斯联邦民法典》第 3 编第 6 章之第 1195 条第 6 款将难民被给予庇护地国家的法律体系视为难民的属人法。

3. 比较法概观

(1)以本国法为属人法和国籍国法律的适用地位

①采本国法主义(国籍原则)的国家

从比较国际私法的视角看，大陆法国家以及受其影响的国家在属人法问题上一般采本国法主义，如奥地利、德国、法国、意大利、西班牙、葡萄牙、希腊、波兰、捷克共和国、斯洛伐克、匈牙利、保加利亚、斯洛文尼亚、俄罗斯、芬兰、土耳其、伊朗、日本以及韩国。例如：

奥地利 1978 年 6 月 15 日《关于国际私法的联邦法律》(自 1979 年 1 月 1 日起施行)第 9 条第 1 款规定：“自然人的属人法是其本国法。一人除外国国籍外还具有奥地利国籍的，以奥地利国籍为准。对于其他多国籍人，以与之有最强关系的国家的国籍为准。”[2]

德国《民法典施行法》第 7 条第 1 款第 1 句规定：“人的权利能力和行为能力，适用其本国法。”

意大利 1995 年 5 月 31 日《关于改革意大利国际私法体系的第 218 号法律》(自 1995 年 9 月 1 日起施行)第 20 条第 1 款第 1 句规定：“自然人的权利能力，依其本国

[1] Vgl. Siehr, IPR, S. 82.

[2] 本书作者自译。德语原文见《奥地利共和国联邦法律公报》1978 年，第 1729 ~ 1734 页。

法定之。”

1940 年 3 月 15 日希腊《民法典》(自 1946 年 2 月 23 日起施行)第 5 条规定:“自然人的权利能力,适用其本国法。”第 7 条规定:“行为能力,适用当事人本国法。”

自 2005 年 5 月 21 日起施行的保加利亚 2005 年 5 月 4 日《国际私法法典》第 49 条第 1 款规定:“人的权利能力,适用其本国法。”第 50 条第 1 款第 1 句规定:“人的行为能力,适用其本国法。”

2002 年 3 月 1 日生效的《俄罗斯联邦民法典》第 3 编第 6 章之第 1195 条第 1 款规定:“自然人的属人法是其本国法。”该条第 2 款规定:“一人除俄罗斯国籍外,还有外国国籍的,其属人法视为俄罗斯法。”

日本 2006 年 6 月 15 日《关于法的适用的通则法》(自 2007 年 1 月 1 日起施行)第 4 条第 1 款规定:“人的行为能力,依其本国法定之。”[1]

在立法史上,首创本国法主义的是 1804 年的法国《民法典》第 3 条第 3 款。它规定:“有关人的身份和能力的法律,适用于法国人,即使其居住于外国亦同。”虽然它没有明确地规定居住在法国的外国人的情形,但法国法院的司法判例用类推的方法对它进行了扩张解释,认为:有关人的身份和能力的外国法律,适用于该外国的国民,即使其居住于法国亦同。所以说,法国《民法典》第 3 条第 3 款的规定开了以自然人本国法为属人法的先河。[2] 在法国《民法典》之前,包括法国在内的欧洲大陆国家的国际私法立法,多以自然人住所地法为属人法。在意大利著名法学家、政治家、外交家曼奇尼的倡导下,19 世纪中叶以后,国籍连结点在欧洲大陆国家的国际私法立法上甚为流行。[3] 意大利 1865 年《民法典》(意大利文 Codice civile)即以自然人本国法为属人法,其第 6 条规定:“人的身份和能力以及家庭关系,适用其本国法”。1889 年的西班牙《民法典》也以自然人本国法为属人法。自 1900 年 1 月 1 日起施行的德国《民法典施行法》也在属人法问题上完成了从住所地法主义到本国法主义的转变。[4] 在此之前,由于德国境内存在大量地方性法律之间的冲突,

---

〔1〕 在此之前,1898 年 6 月 21 日《法例》(1898 年 7 月 16 日至 2006 年 12 月 31 日施行)第 3 条第 1 款规定:“人的能力,依其本国法定之。”

〔2〕 比利时于 1795 年为法国所占领,所以法国《民法典》于 1804 年自动地适用于法国的比利时诸省。1815 年比利时被并入荷兰王国,但法国《民法典》仍旧在比利时适用,直至 1830 年比利时获得独立。卢森堡于 1795 年为法国所兼并,因而自 1804 年起直接适用法国《民法典》。1815 年的维也纳会议使卢森堡成为一个大公国,隶属于荷兰国王。1831 年,大公国西边的一半领土成为比利时的一个省。但到 1890 年获得独立时为止,卢森堡境内一直适用法国《民法典》。参见陈卫佐:《法国民法典的影响——与德国民法典的比较》,载《清华法学》第 8 辑,清华大学出版社 2006 年版,第 138 页。

〔3〕 参见中国大百科总编辑委员会编:《中国大百科全书 · 法学》,中国大百科全书出版社 1984 年版,第 374 页。

〔4〕 参见陈顾远:《国际私法本论》,上海法学编译社 1937 年再版,第 195 页。

德国国际私法曾经以自然人住所地法为其属人法；而第一部以国籍为连结点的地方性特别立法文件是1863年至1865年的萨克森王国《民法典》。[1] 早期的海牙国际私法公约（1893年至1914年）也以国籍为其冲突规则的主要连结点。时至今日，除瑞士、丹麦、冰岛、挪威和瑞典的国际私法仍旧采住所地法主义外，[2]其他欧洲国家的国际私法基本上采本国法主义。[3] 南美洲国家的国际私法也多采本国法主义。

②国籍国法律在中国新国际私法上的地位

虽然自2011年4月1日起施行的《中华人民共和国涉外民事关系法律适用法》并不以国籍为中国冲突规则的主要连结点，但它在确定涉外民事关系的准据法时，仍赋予国籍以一席之地，从而使国籍成为该法所使用的为数众多的辅助性连结点之一。该法第22条、第24条第1句、第25条、第26条第1句、第29条、第30条、第32条和第33条均规定应适用自然人"国籍国法律"，该法第21条、第23条、第24条第2句和第26条第2句均规定应适用自然人"共同国籍国法律"。这些条文集中规定在该法第三章和第四章，多与自然人的婚姻家庭和继承等法律关系有关。

然而，当自然人的国籍发生积极冲突，即具有两个或两个以上国籍时，适用国籍国法律会遇到一些困难。为此，该法第19条第1句规定："依照本法适用国籍国法律，自然人具有两个以上国籍的，适用有经常居所的国籍国法律；在所有国籍国均无经常居所的，适用与其有最密切联系的国籍国法律。"这一规定在措辞上略有问题。较好的表述是："依照本法[应]适用国籍国法律，[而]自然人具有两个以上国籍的，适用有经常居所的国籍国法律；[自然人]在所有国籍国均无经常居所的，适用与[之]有最密切联系的国籍国法律。"（方括号内的文字是本书作者所建议添加或修改的）这意味着，如果该法的冲突规则就与自然人有关的婚姻家庭、继承等涉外民事关系规定应适用自然人的国籍国法律体系，而自然人具有两个或两个以上国籍，则适用自然人的经常居所位于其境内的那个国籍国的法律体系。但如果自然人的经常居所不在其任何一个国籍国境内，则适用与之（指自然人）有最密切联系的那个国籍国的法律体系。显然，这一规定为有国际管辖权的中国法院和行政机关等法律适用者提供了明确的法律适用指南，因而是可取的。

（2）以住所地法为属人法的适用

普通法国家以及受其影响的国家在属人法问题上一般采住所地法主义（住所

[1] Voir Kreuzer, «La loi allemande du 21 mai 1999 relative au droit international privé des obligations non contractuelles et des biens», *Travaux du Comité français de droit international privé*, année 1999 - 2000, p. 279.

[2] See Bogdan, *Amendment of Swedish Private International Law regarding Registered Partnerships*, IPRax 2001, 353.

[3] See Morris, *The Conflict of Laws* (*by McClean and Beevers*), Seventh Edition, 2009, para. 2 - 038.

原则)，如英格兰、美国大部分州、加拿大除魁北克以外的省、澳大利亚、丹麦、冰岛、挪威、瑞典、爱沙尼亚以及部分拉丁美洲国家(如阿根廷、巴西、秘鲁和委内瑞拉)。[1]

瑞士虽然是一个欧洲国家，但其1987年12月18日《关于国际私法的联邦法律》(自1989年1月1日起施行)却以住所为主要连结点。[2] 例如，该法第35条第1句规定："民事行为能力，适用住所地法。"

须指出的是：即便是以本国法为属人法的国家也可能制定出以住所为连结点的冲突规则；反过来，即便是以住所地法为属人法的国家也可能制定出以国籍为连结点的冲突规则。例如，1898年6月21日的日本《法例》(1898年7月16日至2006年12月31日施行)第12条曾规定："债权让与对第三人的效力，依债务人住所地法。"(着重号为本书作者所加)

(二)居所、惯常居所地与居所地法、惯常居所地法和属人法(之二)

1. 居所、惯常居所地与居所地法、惯常居所地法

(1)住所概念的局限性

住所是一个被打上各国法律体系的烙印的法律概念，因为一国与另一国对住所的理解可能很不一样。

瑞士1987年12月18日《关于国际私法的联邦法律》(自1989年1月1日起施行)第20条第1款a项要求住所不仅必须有居住的事实，而且要有定居的意思。该条第1款第1句规定，一人不得同时有一个以上住所。[3]

普通法国家的法律上的住所常常有"原始住所"(英文 domicile of origin)、"选择性住所"(英文 domicile of choice)和"依附性住所"(domicile of dependency)之分，而许多国家的法律则不对住所做此种区分。[4] 此外，在英国法上，一个自然人可以有两个家，但只能有一个住所；一个自然人也可以没有家，但不可以没有住所。在证明新住所被取得之前，推定现有的住所继续存在。[5]

德国《民法典》上的住所概念有所不同，其第7条第1款规定："在一地永久居

---

〔1〕 See Parra - Aranguren, *The Venezuelan Act on Private International Law of* 1998, Yearbook on Private International Law, Vol. Ⅰ (1999), p. 110. Vgl. auch Hernández - Bretón, Neues venezolanisches Gesetz über das Internationale Privatrecht, in : IPRax 1999, 194 - 196.

〔2〕 在人法、婚姻家庭法和继承法领域，住所是瑞士国际私法最主要的连结点，惯常居所次之，而国籍仅在有限的情形下充当辅助性连结点。See von Overbeck, *The Hague Conference and Swiss Private International Law*, NILR 1993, p. 93 - 104; T. M. C. Asser Institute: The Influence of the Hague Conference on Private International Law, Selected Essays to Celebrate the 100th Anniversary of the Hague Conference on Private International Law, The Hague 1993, p. 93 - 104.

〔3〕 参见陈卫佐：《瑞士国际私法法典研究》，法律出版社1998年版，第268～269页。

〔4〕 参见李浩培：《李浩培法学文集》，法律出版社2006年版，第63页。

〔5〕 See Morris, *The Conflict of Laws (by McClean and Beevers)*, 7th edition, 2009, para. 2 - 011.

住的人,即在该地设定其住所。”但德国《民法典》并未给住所下定义,按照一般的理解,自然人的住所是指其“空间上的生活关系的重心”。此外,根据德国《民法典》第7条第2款,住所可以同时存在于两个以上地方。[1]

国与国之间在理解住所概念方面的差异,使得在确定当事人住所地法的问题上时常发生困难。

(2)居所与居所地法

一些国家的国际私法有时以居所代替住所、以居所地法代替住所地法。所谓居所(英文 residence,法文 résidence,德文 Aufenthalt),也叫“居住地”或“居留地”,是指一个自然人实际居住或居留的地方。较之住所,居所更容易辨认,其认定标准也更为客观。

1898 年 6 月 21 日的日本《法例》(1898 年 7 月 16 日至 2006 年 12 月 31 日施行)第 29 条第 1 款曾规定:“应依当事人住所地法时,如不知其住所,则依其居所地法。”

北洋政府时期的中国于 1918 年 8 月 5 日公布并施行的《法律适用条例》第 2 条第 2 项后半句规定:凡适用住所地法者,如住所不明时,则适用居所地法。

(3)惯常居所与惯常居所地法

许多国家的国际私法和一些国际私法公约还使用“惯常居所”这一连结点。惯常居所(英文 habitual residence,法文 résidence habituelle,德文 gewöhnlicher Aufenthalt)也叫“经常居所”(见《中华人民共和国涉外民事关系法律适用法》相关条文)、“习惯居所”、“经常居住地”、“经常居留地”。一般地说,如果一个人在某一地方连续居住和停留一段时间并以该地为其生活中心所在地,便在该地有其惯常居所,而不需要有在该地“永久居住的意思”(拉丁文 *animus manendi*)。例如,最高人民法院《关于适用〈中华人民共和国涉外民事关系法律适用法〉若干问题的解释(一)》第 13 条对“经常居所”所下的定义是:“自然人在涉外民事关系产生或者变更、终止时已经连续居住一年以上且作为其生活中心的地方,人民法院可以认定为涉外民事关系法律适用法规定的自然人的经常居所地,但就医、劳务派遣、公务等情形除外。”

由于惯常居所通常是一个人的“生活中心”(英文 center of life,德文 Lebensmittelpunkt)所在地,且它所依据的是在某一地方连续居住和停留的客观事实,在标准上比住所概念易于掌握,所以在第二次世界大战后的国际私法上,出现了以惯常居所为连结点的趋向。

惯常居所为晚近的海牙国际私法公约所青睐。最早以惯常居所为连结点的海牙国际私法公约是 1956 年 10 月 24 日《关于儿童扶养义务准据法的公约》,其第 1

---

〔1〕 参见陈卫佐译注:《德国民法典》(第 5 版),法律出版社 2020 年版,第 6 页。

条第1款和第2款以儿童惯常居所地法为儿童扶养义务准据法。随后,1961年10月5日《关于未成年人保护方面的机关管辖权和准据法的(海牙)公约》也以惯常居所为连结点,即以未成年人惯常居所地法为未成年人保护方面的准据法。1978年3月14日《关于夫妻财产制准据法的(海牙)公约》(1992年9月1日对法国、卢森堡、荷兰生效)第4条规定在配偶双方未选择夫妻财产制准据法的情形下,夫妻财产制适用配偶双方婚后最初的惯常居所地法。1989年8月1日《关于死者遗产继承准据法的(海牙)公约》(迄今尚未生效)则是在继承法领域采用惯常居所连结点的海牙国际私法公约,其第3条第1款规定,遗产继承首先应适用被继承人死亡时的惯常居所地国家的法律体系,前提是被继承人在死亡时仍保有该国的国籍。在此情形下,被继承人本国法同时是其最后惯常居所地国家的法律体系。依照该第3条第2款第1句,如果被继承人本国法不是其惯常居所地国家的法律体系,则遗产继承适用被继承人死亡时的惯常居所地国家的法律体系,前提是被继承人在死亡前已至少在该国居留满5年;依照该第3条第2款第2句,如果被继承人在例外情形下在死亡时明显地与其本国法有更密切的联系,则例外地适用其本国法。这表明,海牙国际私法会议已舍弃了早期的海牙国际私法公约所一边倒地采取的本国法主义,而更多地以惯常居所为晚近的海牙国际私法公约所包含的冲突规则的连结点。

海牙国际私法公约在连结点问题上的这一显著转变对20世纪50年代以来的各国国际私法立法产生了巨大影响。然而,海牙国际私法公约迄今未给惯常居所下一个定义。这里面有微妙的法律政策上的原因:海牙国际私法会议并不打算以公约的方式制定一条技术性规则来界定“惯常居所”概念,因为任何这样的规则都难免产生固定性和各法律体系之间在解释上的歧义。[1]

在国内立法上,在配偶双方的国籍不同(亦即所谓“混合婚姻”)的情形下,为了避免违反男女平等原则,一些采取本国法主义的国家的国际私法以配偶双方的惯常居所地法为婚姻效果准据法,如奥地利1978年6月15日《关于国际私法的联邦法律》(自1979年1月1日起施行)第18条第1款第2项、德国《民法典施行法》第14条第1款第2项、意大利1995年5月31日《关于改革意大利国际私法体系的第218号法律》(自1995年9月1日起施行)第29条第2款(最密切联系地)。[2] 而在亲子关系领域,德国《民法典施行法》第21条以子女惯常居所地国家的法律体系为亲子关系准据法。瑞士1987年12月18日《关于国际私法的联邦法律》(自1989年1月1日起施行)第68条第1款也原则上以子女的惯常居所地国家的法律体系

---

〔1〕 See Morris, *The Conflict of Laws (by McClean and Beevers)*, Seventh Edition, 2009, para. 2-004.

〔2〕 See Siehr, *The Impact of International Conventions on National Codifications of Private International Law*, in A. Borrià *et al.* (eds.), E Pluribus Unum. Liber amicorum Georges A. L. Droz. On the Progressive Unification of Private International Law/Sur l'unification progressive du droit international privé, 1996, p. 405-413.

为亲子关系的成立、确认和否认的准据法。依照日本2006年6月15日《关于法的适用的通则法》(自2007年1月1日起施行)第32条第2句,除子女本国法与父或母的本国法相同(在父母一方死亡或不为人所知的情形下,子女本国法与父母另一方的本国法相同)的情形外,亲子间的法律关系适用子女的惯常居所地法。

韩国2001年4月7日的新《国际私法》(自2001年7月1日起施行,最后一次为第18670号法律所修正,最新文本自2022年7月5日起施行)一方面继续保持原《涉外私法》在人的身份、家庭法和继承法等事项上所采取的本国法主义;另一方面则顺应国际潮流,在相关领域引进了惯常居所这一新连结点,如以配偶共同惯常居所作为婚姻一般效果、夫妻财产制和离婚的辅助性连结点(《国际私法》第64条、第65条、第66条,分别为旧文本第37条、第38条、第39条),以立遗嘱人的惯常居所作为遗嘱形式方面的任择性连结点之一(《国际私法》第78条第3款,旧文本第50条第3款)。[1]

自2011年4月1日起施行的《中华人民共和国涉外民事关系法律适用法》创新性地以经常居所为主要连结点。相应地,该法以经常居所地法为属人法,即与人的身份、能力、婚姻家庭、继承等事项密切相关的法律体系。在连结点问题上,该法既不像许多大陆法国家那样以国籍为主要连结点,也不像许多普通法国家那样以住所为主要连结点,而是独树一帜地以经常居所为主要连结点,以经常居所地法为属人法。如果依该法应适用自然人的经常居所地的法律体系,而其经常居所地不明,则适用其现在居所地的法律体系(第20条)。法人的经常居所地为其主营业地(第14条第2款第2句)。这表明,在中国国际私法上,不但自然人可以有经常居所,而且法人也可以有经常居所。本书作者认为,该法在主要连结点和属人法问题上所采取的解决办法符合经济全球化背景下内外国自然人、法人民事往来日益频繁的新形势和新情况,因为经常居所往往是一个人的"生活中心"所在地,在许多情形下还是其主要财产所在地。[2]

2. 作为属人法的惯常居所地法或(事实上的)居所地法

正因为居所作为连结点具有上述优点,在一些国家的国际私法制定法和国际条约(如海牙国际私法公约)中,惯常居所地法或(事实上的)居所地法经常被视为属人法。如果冲突规则规定应适用当事人本国法(国籍国法),但因当事人是无国籍人而无本国法可言,则其住所地法或惯常居所地法就可以代替其本国法(国籍国法)而作为属人法;如果冲突规则规定应适用当事人住所地法,但当事人无住所,则其惯常居所地法也可以代替其住所地法而作为属人法;如果冲突规则规定应适用

---

〔1〕 See Suk, *The New Conflict of Laws Act of the Republic of Korea*, Yearbook of Private International Law, Volume 5 (2003), p. 106.

〔2〕 参见陈卫佐:《涉外民事关系法律适用法展十大亮点》,载《法制日报》2010年11月2日,第10版;陈卫佐:《涉外民事关系法律适用法的中国特色》,载《法律适用》2011年第11期。

当事人惯常居所地法,但当事人的惯常居所无法确定,则以居所地法代替惯常居所地法。

自2011年4月1日起施行的《中华人民共和国涉外民事关系法律适用法》第19条第2句规定:"自然人无国籍或者国籍不明的,适用其经常居所地法律。"这意味着:如果该法的冲突规则规定与自然人有关的某一涉外民事关系应适用其国籍国法律,而自然人无国籍或国籍不明,则其国籍国法律自然无法得到适用;在此情形下,应适用其经常居所地国家的法律体系。这一规定是合理的,它避免了因自然人无国籍或国籍不明而导致有国际管辖权的中国法院和行政机关等法律适用者无从适用法律或任意适用法律的情形,从而增强了法律适用的确定性和可预见性。类似规定可见于奥地利1978年6月15日《关于国际私法的联邦法律》(自1979年1月1日起施行)第9条第2款。

《中华人民共和国涉外民事关系法律适用法》第20条规定:"依照本法适用经常居所地法律,自然人经常居所地不明的,适用其现在居所地法律。"本书作者认为,该条的措辞略有问题。较好的表述是:"依照本法[应]适用经常居所地法律,[而]自然人经常居所地不明的,适用其现在居所地法律。"(方括号内的字系本书作者建议添加的)这意味着:如果该法的冲突规则规定与自然人有关的某一涉外民事关系应适用经常居所地国家法律体系,而自然人经常居所地不明(或无法确定),则其经常居所地国家的法律体系自然无法得到适用;在此情形下,应适用自然人现在居所地国家的法律体系。同样,这一规定是合理的,它避免了因自然人经常居所地不明而导致有国际管辖权的中国法院和行政机关等法律适用者无从适用法律或任意适用法律的情形。

韩国现行《国际私法》(最后一次为第18670号法律所修正,最新文本自2022年7月5日起施行)第17条(旧文本第4条)规定:"应适用当事人惯常居所地法时,如当事人惯常居所无法确定,则适用其居所地法。"

日本2006年6月15日《关于法的适用的通则法》(自2007年1月1日起施行)第39条第1句规定:"应适用当事人惯常居所地法时,如不知其惯常居所地,则适用其居所地法。"新法的这一规定与1898年6月21日《法例》(1898年7月16日至2006年12月31日施行)第30条前半句的规定毫无二致。

奥地利1978年6月15日《关于国际私法的联邦法律》(自1979年1月1日起施行)第9条第2款规定:"一人为无国籍人或其国籍不明的,其属人法是其惯常居所地国法。"第9条第3款也规定:某人是已对奥地利生效的国际条约所称的难民,或与其本国的关系由于较为重大的原因业已中断的,其属人法是其住所地国家的法律体系;无住所时,是其惯常居所地国家的法律体系。

(三)行为地与行为地法

冲突规则以行为地(拉丁文 *locus actus*)为连结点时,应予适用的法律体系是行为地法(*lex loci actus*)。它可以表现为合同订立地法(拉丁文 *lex loci contractus*)、合同履行地法(拉丁文 *lex loci solutionis*)、[1]侵权行为地法(拉丁文 *lex loci delicti*)、仪式举行地法(拉丁文 *lex loci celebrationis*)、立遗嘱地法,等等。

《中华人民共和国涉外民事关系法律适用法》第 44 条第 1 句之前半句规定,"侵权责任,适用侵权行为地法律"。按照该法施行之前的司法解释,"侵权行为地法律"既可以是侵权行为实施地法(拉丁文 *lex loci delicti commissi*),也可以是侵权行为的结果发生地法。《中华人民共和国海商法》第 273 条第 1 款规定:"船舶碰撞的损害赔偿,适用侵权行为地法律。"

(四)物之所在地与物之所在地法

冲突规则以物之所在地(拉丁文 *situs rei*)为连结点时,应予适用的法律体系是物之所在地法(拉丁文 *lex rei sitae*),简称所在地法(拉丁文 *lex situs*)。由于物一般有动产和不动产之分,所以物之所在地有时指动产所在地,有时指不动产所在地。物之所在地法通常适用于动产物权或不动产物权,特别是不动产物权,因为不动产的位置是固定不变的,理应适用其所在地的法律体系。

《中华人民共和国涉外民事关系法律适用法》第 36 条规定:"不动产物权,适用不动产所在地法律。"

2006 年 6 月 15 日的日本《关于法的适用的通则法》(自 2007 年 1 月 1 日起施行)第 13 条第 1 款规定:"关于动产或不动产的物权及其他应登记的权利,适用其标的物所在地法。"[2]

(五)法院地与法院地法

1. 含义

当冲突规则以法院地为连结点时,应予适用的法律体系是法院地法(拉丁文 *lex fori*),也叫"法庭地法"或"诉讼地法",即受理和裁判涉外民商事案件并适用法律的(有国际管辖权的)法院所在地国家的法律体系。这个意义上的"法院"的拉丁文名词主格形式是 *forum*,其所有格形式是 *fori*。

在当代国际私法上,广义的法院地法还包括有国际管辖权的行政机关和其他非裁判机关(如户籍登记机关、婚姻登记机关、将被继承人用来处分其位于国外的财产的遗嘱做成公证证书的公证机关)所在或所属国家的法律体系。

2. 法院地法的适用范围

法院地法通常适用于与程序有关的事项,因为"程序问题,适用法院地法"乃是国际私法和国际民事诉讼法上一项久已确立的基本原则。例如,自 2005 年 5 月 21

---

[1] 按照萨维尼的法律关系本座说,合同之债在双方当事人未协议选择准据法的情形下,适用合同履行地法。

[2] 与 1898 年 6 月 21 日《法例》(1898 年 7 月 16 日至 2006 年 12 月 31 日施行)第 10 条第 1 款在措辞上完全一致。

日起施行的保加利亚 2005 年 5 月 4 日《国际私法法典》第 29 条规定:“保加利亚法院和其他机关必须依保加利亚法审理和决定案件。”

不仅如此,有些国家的国际私法还有意识地规定:某些非程序性事项也适用法院地法。例如,瑞士 1987 年 12 月 18 日《关于国际私法的联邦法律》(自 1989 年 1 月 1 日起施行)第 38 条第 3 款规定:“更改姓名的条件及效果,适用瑞士法。”第 41 条第 3 款规定:“失踪宣告的条件及效果,适用瑞士法。”又如,2010 年 10 月 28 日《中华人民共和国涉外民事关系法律适用法》(自 2011 年 4 月 1 日起施行)第 27 规定:“诉讼离婚,适用法院地法律。”1992 年 11 月 7 日《中华人民共和国海商法》(自 1993 年 7 月 1 日起施行)第 272 条第 1 款规定:“船舶优先权,适用受理案件的法院所在地法律。”第 275 条规定:“海事赔偿责任限制,适用受理案件的法院所在地法律。”

时至今日,仍有不少国际私法学者主张对涉外民商事案件有国际管辖权的法院(或行政机关等)应尽可能多地适用法院地法;一些国家的立法者和法律适用者(如法院)在立法活动和司法实践中也在某些领域里或在某些事项上采取尽量适用法院地法的单边主义做法。这种倾向在国际私法上被称为“回本国的倾向”(英文 homeward trend,德文 Heimwärtsstreben)。例如,法国等国家的国际私法判例常常过度地扩大公共秩序条款的适用,以达到适用法院地法的目的;英国等国家的国际私法判例则在当事人不能证明外国法的内容时,推定外国法与内国法相同,从而适用法院地法。[1] 显然,这种倾向与实现国际私法所追求的“判决的国际和谐”的理想是背道而驰的,因为现代各国的国际私法的一个基本特征是:就含有涉外因素的民商事案件和民商事法律关系,原则上应平等地对待内国法律体系和外国法律体系,并平等地适用之。舍此则难以实现国际私法上的正义,也不利于国际性私人往来的发展。因此,晚近欧洲各国的国际私法法典编纂无一例外地摒弃了优先适用法院地法的单边主义做法。[2]

当然,平等适用内外国法律体系的原则在任何国家的司法实践中都是有例外的。此时优先适用法院地法,可能是出于法的安定性的考虑,也可能是为了法律适用上的便利,因为法院地法毕竟是法官最熟悉、最易于查明、司法成本也最低的法律体系。例如,2010 年 10 月 28 日《中华人民共和国涉外民事关系法律适用法》(自 2011 年 4 月 1 日起施行)第 10 条第 2 款规定:“不能查明外国法律或者该国法律没有规定的,适用中华人民共和国法律。”

(六)当事人意思与当事人所意欲适用的法

当冲突规则以当事人意思为连结点时,应予适用的法律体系是当事人所意欲

---

〔1〕 还有些国家的国际私法一概地接受外国冲突规则对法院地国家法律体系的反致,是为了扩大法院地法的适用。参见李浩培:《李浩培法学文集》,法律出版社 2006 年版,第 524 页。

〔2〕 Vgl. Kropholler, IPR (6. Aufl. 2006), § 7 Ⅰ, Ⅱ.

适用的法律体系(拉丁文 *lex voluntatis*)。

在确定合同等涉外民商事法律关系所应适用的法律体系时,如果一国的国际私法或国际条约的冲突规则准许当事人选择应予适用的法律体系,亦即赋予当事人以意思自治权能,则"*lex voluntatis*"指双方当事人协议选择的法律体系。

(七)最密切联系地

当冲突规则以最密切联系地为连结点时,应予适用的法律体系是最密切联系地法,即与涉外民商事案件或涉外民商事法律关系有最密切联系(法文 des liens les plus étrois,英文 the closest connection)或最密切关系的国家的法律体系。

这一连结点被晚近的国际私法使用得较多,因为它是一个相当具有灵活性的连结点,最能体现连结对象与应予适用的法律体系之间的联系(连结),也符合当代国际私法的理念。

2006 年 6 月 15 日的日本《关于法的适用的通则法》(自 2007 年 1 月 1 日起施行)关于婚姻效力的第 25 条(被该法关于夫妻财产制的第 26 条第 1 款和关于离婚的第 27 条第 1 句准用)采用"连结点梯子"的立法技术,依次列出了确定婚姻效力的准据法时可考虑的三个递进式连结点:夫妻双方共同国籍、夫妻双方共同惯常居所地以及与夫妻双方有最密切关系的地方。也就是说,在夫妻双方既无共同国籍亦无共同惯常居所地时,适用与夫妻双方有最密切关系的地方的法。

(八)其他连结点

除此之外,冲突规则还可以有其他连结点,如营业地、登记地、事实或事件发生地(如不当得利地、无因管理地、损害发生地)、船旗国、[1]理算地等,应予适用的法律体系分别是营业地法、登记地法、事实或事件发生地法(如不当得利地法、无因管理地法、损害发生地法)、旗国法(英文 law of the flag)、理算地法等。[2]

三、连结点的类型

(一)客观性连结点与主观性连结点

从连结点的产生过程来看,可大致分为客观性连结点和主观性连结点两种类型。

国籍、住所、居所、惯常居所、行为地、物之所在地、法院地、营业地等连结点是客观存在的,不以当事人的意志为转移,叫作"客观性连结点"。

当事人意思是主观性连结点。当冲突规则以当事人意思为连结点时,适用双

---

〔1〕 例如《中华人民共和国海商法》第 270 条规定:"船舶所有权的取得、转让和消灭,适用船旗国法律。"第 273 条第 3 款规定:"同一国籍的船舶,不论碰撞发生于何地,碰撞船舶之间的损害赔偿适用船旗国法律。"参见谢石松:《国际私法学》,高等教育出版社 2007 年版,第 78 页;李旺:《国际私法》(第 3 版),法律出版社 2011 年版,第 54 页;唐表明:《比较国际私法》,中山大学出版社 1987 年版,第 61 页。

〔2〕 如《中华人民共和国海商法》第 274 条规定:"共同海损理算,适用理算地法律。"

方当事人协议选择的法律体系，表明当事人被赋予通过合意(协议)自主地选择应予适用的法律体系的权能。这在国际私法上称为“当事人意思自治”。

(二)不可变连结点与可变连结点

从连结点的可变性来看，可分为不可变连结点和可变连结点。

一方面，不动产所在地、合同订立地、婚姻举行地、侵权行为实施地、登记地、事件发生地等是不可变连结点：[1]只要它们存在就不会变动，从而应予适用的法律体系也不会变动。

另一方面，国籍、住所、居所、惯常居所、营业地、动产所在地、船旗国等是可变连结点：如果它们发生变动，那么应予适用的法律体系也随之发生变动。正因如此，有时冲突规则会对相关连结点在时间上加以限制，以确保所适用法律体系的相对稳定性。

例如，《中华人民共和国民法通则》(现已废止)第149条前半句规定，“遗产的法定继承，动产适用被继承人死亡时住所地法律”。在这里，被继承人住所地本来是可变的，如果不加限制，它既可能指被继承人生前某个时期的住所，也可能指最后住所，而一个人生前完全可以将住所从一个国家转移至另一个国家。但加上时间限制，成为死亡时的住所地，它就是唯一的了，即指最后住所。相应地，应予适用的法律体系是且必须是被继承人死亡时的住所地法。

又如，关于自然人立遗嘱的能力，如果一个国家的冲突规则指定立遗嘱人的住所地法而对住所这一连结点不加以时间限制，则会让法律适用者(如法院)在适用该冲突规则时不知道应适用哪一个时刻的住所地法——是立遗嘱时的住所地法还是死亡时的住所地法抑或是其他时刻的住所地法？继而感到无所适从。

四、关于“系属”问题

(一)中国学者对系属的理解

许多中文国际私法教科书在讲到冲突规则时都要阐述一个叫作“系属”的概念。但对于什么是系属，中国学者的理解并不完全一致。

有的学者认为系属是“冲突规范中规定连结对象所应适用的法律的组成部分”，或“冲突规范中规定‘范围’应适用何地法律的那一部分。它指令法院在处理某一具体涉外民商事法律问题时应如何适用法律，或允许当事人或法院根据冲突规范的规定选择应适用的法律”。其常见的表述或语词结构是“……适用……法律”或“……依……法律”。例如，在“侵权责任，适用侵权行为地法律”(《中华人民共和国涉外民事关系法律适用法》第44条第1句之前半句)这条冲突规则中，“侵

---

[1] 在英格兰国际私法上，遗嘱执行地和公司的住所也是不可变连结点。See Morris, *The Conflict of Laws* (*by McClean and Beevers*), 7th edition, 2009, para. 20-036.

权责任”是连结对象或“范围”,“适用侵权行为地法律”是“系属”。但他们同时又把属人法、物之所在地法、行为地法、当事人协议选择的法律、法院地法、旗国法、最密切联系地法等称为“系属公式”。[1] 他们所说的系属概念是有“适用”或“依”等字眼的,而所列的“系属公式”则没有“适用”或“依”等字眼。

有的学者认为系属是冲突规则所涉及的涉外民商事法律关系或涉外民商事法律问题应适用的法律,如属人法、属地法、法院地法、当事人选择的法律等。[2] 这恰恰是前一种观点所称的“系属公式”。

中国学者对“系属”的上述两种理解均有可商榷的余地。

(二)本书作者的观点

本书作者认为,“系属”一词并非现代汉语的词语,它在中华人民共和国成立以前出版的中文国际私法著作里的含义与目前中国学者的上述两种理解大相径庭。

李浩培先生于1945年在武汉大学出版社出版的《国际私法总论》中认为:国际私法之规定某种法律关系应适用某法,常以一人与一地域间、一物与一地域间或一行为与一地域间所具有的某种关系为基础。为此,李浩培先生分别以中国1918年8月5日公布并施行的《法律适用条例》第5条、第22条、第25条的冲突规则为例(它们分别规定人的能力适用其本国法、物权适用物之所在地法、侵权行为适用侵权行为地法),说明人与地域的关系、物与地域的关系、行为与地域的关系乃是规定某种法律关系应适用某法的基础,并指出:某种法律关系,因上述种种因素而被系属于某法。由此得出了一个“系属”(德文 Anknüpfung)的观念。按照这一观念,人的能力因其国籍而被系属于其本国法;物权因物之所在地而被系属于物之所在地法;侵权因侵权行为地而被系属于行为地法(着重号为本书作者所加)。所以当事人的国籍、物之所在地和侵权行为地均可被称为“系属因素”。[3]

可见,李浩培先生所说的“系属”是一个动词,它体现的恰恰是本书在上文中提到的冲突规则的连结对象(法律关系所属的法律范畴)与应予适用的法律体系之间的联系(连结)。甚至可以说,他所说的“系属”就是我们所说的“连结”(英文 connection,法文 rattchement,德文 Anknüpfung)——从他将连结因素称为“系属因素”也可以印证这一点。

本书作者认为,不宜将“系属”理解成冲突规则的组成部分。冲突规则的两个真正的必要成分是连结对象和连结点。实际上,“系属”这个概念在当代国际私法学上并无存在的必要。我们只需理解连结点是在连结对象和应予适用的法律体系

---

[1] 参见黄进主编:《国际私法》(第2版),法律出版社2005年版,第174、184~186页;肖永平:《国际私法原理》(第2版),法律出版社2007年版,第83、87页;屈广清主编:《国际私法导论》(第3版),法律出版社2011年版,第181、187~191页。

[2] 参见徐冬根:《国际私法趋势论》,北京大学出版社2005年版,第34~35页。

[3] 李浩培:《李浩培法学文集》,法律出版社2006年版,第42页。

(准据法)之间起联系(或连结)作用的冲突规则必要成分就够了,根本不需要"系属"这个费解的词。况且学者们对于什么是"系属"莫衷一是,没有它,反而可以避免理解上的混乱。因此,本书在关于冲突规则的论述中不使用"系属"一词。

第五节 准据法

一、准据法的意义

冲突规则的根本任务是借助于连结点来确定涉外民商事法律关系所应适用的某一地域的法律体系。[1] 涉外民商事法律关系的外延甚广,凡含有涉外因素的权利能力、行为能力、物权、知识产权、合同、侵权责任、无因管理、不当得利、结婚、离婚、分居、夫妻财产制、亲子关系、父母责任、收养、监护、扶养、继承、公司、票据、海商、保险、信托、破产等关系,无不属之。[2]

在国际私法上,冲突规则所指定的、最终适用于某一涉外民商事法律关系的法律体系,是确定当事人权利义务的实体法规则所属国家的法律体系,叫作"准据法"(英文 governing law 或 applicable law,法文 loi applicable 或 droit applicable,德文 Statut 或 maßgebende Rechtsordnung,拉丁文 *lex causae*)。

"准据法"是国际私法的特有概念。它是一个来自日文的外来语。德文 maßgebende Rechtsordnung 里的 maßgebend 是修饰语,意思是"作准的""有决定性的"。准据法的"法"应理解成某一适当的法律体系(一国的全部法律规范的总和),而不是单部的、具体的法律或法律条文。

顾名思义,作为准据法的某国法律体系,应是可充当裁判涉外民商事案件和确定当事人权利义务的标准和依据的那个法律体系。既然准据法是(经冲突规则的指定)最终适用于某一涉外民商事法律关系的实体法规则所属国家的法律体系,要判定涉外民商事法律关系是否发生某一效果(以权利义务为内容),也应以该法律体系为标准和依据。在这一意义上,有学者认为,准据法是就涉外私法关系(涉外民商事法律关系),判定效果之有无的法律体系,故又被称为"效果准据法"(德文 Wirkungsstatut)。[3]

然而,关于"准据法"这一国际私法专有术语,学术界至今仍存在一些误解,有必要加以澄清。

---

〔1〕 这里的"地域"指法域(如国家或其领土单位)。

〔2〕 参见本书第一编第一章第一节关于"涉外民商事案件、涉外民商事法律关系"的讨论。

〔3〕 参见唐纪翔:《中国国际私法论》(第2版),商务印书馆1934年版,第18页。

二、理解准据法含义的三个要点

(一)确定当事人权利义务的实体法规则所属国家的法律体系

本书作者认为:准据法是确定当事人权利义务的实体法规则所属国家的法律体系,但它不完全等同于实体法本身。

目前中文国际私法教科书在给准据法下定义时,一般都认为它是“经冲突规范援用的实体法律”[1]或“经冲突规范指引用来确定国际民商事关系当事人的权利义务关系的具体实体法规则”。[2] 这是值得商榷的。

从法律适用的角度看,有国际管辖权的法院或其他法律适用者依法院地国冲突规则的指定,所确定的首先是适用于涉外民商事法律关系的某一国家的法律体系。这是国际私法的任务所在。含有涉外因素的(或跨越国界的)民商事案件的法律适用者(如法院)通常先确定所应适用的某一国家的法律体系(如德国法、法国法、日本法),再适用该法律体系的实体法规则去解决当事人权利义务问题(如德国《民法典》、法国《民法典》、日本《民法》的具体条文或规范)。可见,作为准据法的是该国法律体系而不是其实体法。

在谈到国际私法的功能时,英国国际私法名著——《切希尔和诺斯国际私法》(1999 年英文第 13 版)指出:一旦国际私法选择了适当的法律体系(英文 appropriate legal system),国际私法的任务即告完成。国际私法规则并不直接提供解决争议的方案,有人甚至把国际私法这一法律部门形象地比喻为火车站的问讯处,旅客可以从火车站的问讯处了解到自己所搭乘的列车将在哪一站台出发。就像火车站的问讯处不能代替站台一样,国际私法只是告诉法院应对含有涉外因素的民商事案件或民商事法律关系适用何国法律体系,却不告诉法院应适用该国法律体系中的哪一部具体实体法的哪一条具体规定。[3] 例如,如果有国际管辖权的英格兰法院所受理的是关于在法国订立的合同的案件,且主张合同无效的一方当事人所持的理由是法国法关于合同形式要件的规定未被遵守,则在该当事人所持理由成立的情形下,英格兰国际私法最多只是告诉裁判案件的英格兰法官,“合同形式有效性应适用合同订立地法”,在本案中即法国法。仅此而已。至于英格兰法官应适用法国法的哪一条相关实体法规定,则不是英格兰国际私法的任务,而是必须由合格的

---

[1] 黄进主编:《国际私法》(第 2 版),法律出版社 2005 年版,第 221 页。

[2] 韩德培、肖永平编著:《国际私法学》,人民法院出版社、中国社会科学出版社 2004 年版,第 63 页。

[3] 有些学者认为,准据法“是具体的‘法律规则’,即具体的实体法条文或法律文件”。这种观点值得商榷。参见韩德培、肖永平编著:《国际私法学》,人民法院出版社、中国社会科学出版社 2004 年版,第 65 页。

专家证人证明的问题。[1]

日本国际私法学者、学习院大学教授神前祯先生指出:依国际私法被指定的,不是特定的法律规定,而是法秩序。[2] 日本学者所称"法秩序",犹吾人所谓"法律体系"或"法律秩序"。前已述及,本书所称"法律体系",也叫"法律秩序",是指一个国家现行有效的全部法律规范的总和。2006 年 6 月 15 日的日本《关于法的适用的通则法》(自 2007 年 1 月 1 日起施行)的名称中所使用的"法的适用"一词的日文表述是"法の適用"。该法明显区别于《法例》的一个地方是,将《法例》中所称的"法律"(如"日本法律""婚姻举行地的法律")改称为"法"(如"日本法"、"婚姻举行地法"及有最密切关系的地方的"法")。这里的"法"在国际私法上是指法律体系,不限于日本国会或其他国家的立法机关所制定的狭义的"法律"。在这一语境下的"法的适用"中的"法"应做广义的理解而非狭义的理解,它在国际私法上的正确含义是"法律体系";"法的适用"实则是"法律体系的适用"。为准确和严谨起见,本书在指称某一法律体系时,更倾向于用"法"的措辞而不是"法律"。在本书作者看来,"本国法""住所地法""惯常居所地法""某国法"的表述比"本国法律""住所地法律""惯常居所地法律""某国法律"更为准确。相应地,本书将原先被称为"某国法律"(如"瑞士法律""德国法律""法国法律")的地方一一改称为"某国法"(如"瑞士法""德国法""法国法")。这里的"法"是指某一法律体系,而不是某一部具体的法律。

当然,有时冲突规则也会规定直接适用某一国家的、作为一个总体的实体法(该国实体法规则的总和)去处理涉外民商事案件,如规定,在双方当事人未选择合同所应适用的法律体系的情形下,合同适用与之有最密切联系的国家的实体法。即便如此,准据法仍然是直接适用于涉外案件的实体法规则所属国家的法律体系而不是实体法规则本身,因为国际私法所解决的终归是一国法律体系与他国法律体系之间在法律适用上的冲突。按照"指定了整体中的一部分,也就指定了整体"的原理,如果冲突规则指定了某一国家的法律体系的一部分,则必定指定该国法律体系。只不过在冲突规则指定某一外国的实体法的情形下,会出现国际私法上的"实体法规则的指定",从而在法律效果上排除一切反致和转致。[3]

(二)冲突规则所指定的法律体系

准据法是冲突规则所指定的法律体系。不经冲突规则的指定而直接适用于涉外民商事法律关系的某一国家的实体法规则,不是准据法。此种实体法规则自己规定了其在国际性民商事案件中的适用范围(确切地说,其在国际性民商事案件中

---

〔1〕 See Peter North and J. J. Fawcett, *Cheshire and North's Private International Law*, 13th edition, 1999, p. 8 -9.

〔2〕 参见[日]神前祯:《〈关于法的适用的通则法〉解说 · 新国际私法》,弘文堂 2006 年版,第 2 页。

〔3〕 至于什么是"实体法规则的指定"和与之相对应的"总括的指定",本书将在下文关于反致和转致的论述中详细讨论之。

的适用范围是由一国立法者决定的),因而无须冲突规则的指定即可直接适用于国际性民商事案件,是法院地国家具有强制性的实体法规则——“法院地国家须予直接适用的实体法规则”,本书在下文设专节予以阐释。

(三)最终适用于涉外民商事法律关系的法律体系

本书作者认为,准据法是最终适用于涉外民商事法律关系的法律体系,而不是冲突规则里的抽象的、待定的法律体系。

冲突规则的连结点是在连结对象(法律关系所属的法律范畴)与应予适用的法律体系之间起联系(或连结)作用的冲突规则必要成分,但冲突规则里的概念多为抽象、概括和类型化了的概念,通常以包含构成要件和法律效果的法律规范的形式出现,是法律适用之前的大前提。法律适用者(如法院)的任务,无非是将具体的涉外民商事案件的事实情况“涵摄”于大前提,成为小前提,从而得出适用何国法律体系的结论(法律效果)。

当最终被适用的法律体系是确定当事人权利义务的实体法规则所属国家的法律体系时,它在国际私法上便被称为“准据法”,英文作 governing law 或 applicable law(the law applicable to the issue)。

确切地说,冲突规则(如“侵权责任,适用侵权行为地法”)里的“法律体系”(如“侵权行为地法”)只是“应予适用的”法律体系,是抽象的、待定的法律体系。而“准据法”是法律适用或法律选择的结果,是经冲突规则指定的、用以解决实际案件的、具体的法律体系(某国法——无论外国法还是内国法)。因此,最后充当准据法的总是某国法——德国法、奥地利法、波兰法、瑞士法、法国法、比利时法、日本法、韩国法、中国法,等等。

第六节 法院地国家须予直接适用的实体法规则和第三国的强制性实体法规则

对于处理含有涉外因素(外国因素或国际性因素)的民商事案件的有国际管辖权的法院或行政机关(复数)等法律适用者来说,案件的涉外性(国际性)只是适用冲突规则的必要条件而非充分条件。现代各国的国际私法都或多或少地保留了一些在国际性案件的处理中具有强制性的实体法规则,它们有其自己的空间适用范围,在特定情形下也会直接适用于涉外民商事法律关系,且因其强制性而优先于冲突规则。它们在效果上具有排除法院地国家冲突规则的适用的作用,因而是处理涉外案件的法院或行政机关等法律适用者所不可忽视也无法绕过的。因此,了解法院地国家具有强制性的此种实体法规则的含义、称谓、表现形式和适用条件也就具有重要意义。

不仅如此,有些国家的国际私法甚至规定,在某些特定情形下,第三国的强制性实体法规则也应予以考虑。

一、法院地国家须予直接适用的实体法规则的含义、称谓和表现形式

(一)含义

所谓"法院地国家须予直接适用的实体法规则",是指那些因其特殊目的、性质和内容而必须由法院地国家有国际管辖权的机关在处理国际性案件时排他地予以适用的、具有强制性的实体法规则。

可见,法院地国家须予直接适用的实体法规则可以绕过法院地国家的冲突规则而直接"介入"含有涉外因素的民商事案件的处理。实际上,立法者在规定此种强制性实体法规则的空间适用范围时就有将它们直接适用于某些涉外民商事法律关系的立法目的。所以它们是必须绝对地予以遵守的实体法规则。

(二)称谓和表现形式

法院地国家须予直接适用的实体法规则在不同国家的国际私法学上有不同的称谓。它们实际上是萨维尼在其巨著《现代罗马法体系》第 8 卷(1849 年)中所称的"基于集体福利的条款","具有政治的、警察治安的或公共经济的性质"。[1] 但萨维尼本人并未就此做出系统和专门的阐述。一般认为,法院地国家须予直接适用的实体法规则就是最早为旅居法国的希腊著名国际私法学家弗朗塞斯卡基斯(Phocion Francescakis, 1910 ~ 1992 年)所"发现"的"须予直接适用的法律"(lois d' application immédiate)。弗朗塞斯卡基斯所定义的"须予直接适用的法律",是指"为了维护国家的政治、社会和经济的组织而必须予以遵守的法律"(les lois dont l' observation est nécessaire à la sauvegarde de l' organisation politique, sociale ou économique du pays)。[2] 法国国际私法著作有时称之为"须予直接适用的规则"(règles d' application immédiate)或"直接或必须予以适用的规则"(règles d' application immédiate ou nécessaire),有时也称之为"警察和治安的法律"(lois de police et de sûreté)[3] 或"强制性法律"(lois de police)。但这里的"法律"(法文 lois)应做广义的理解,而不限于制定法规则。

---

〔1〕 Voir Message concernant une loi fédérale sur le droit international privé (loi de DIP) du 10 novembre 1982, n. 214.53.

〔2〕 Cf. Phocion Francescakis, Quelques précisions sur les «lois d' application immédiate» et leurs rapports avec les règles de conflits de lois, Revue critique DIP 1966, p. 1 – 38; Répertoire Dolloz de droit international, V° «Conflits de lois», § 317.

〔3〕 这一表述的传统意义是指法国《民法典》第 3 条第 1 款所称"警察和治安的法律",广义则指为维护国家的政治、社会和经济组织而必须予以遵守且排除外国法的适用的法律。后一种意义相当于本书所称"法院地国家须予直接适用的实体法规则"。Voir Cornu, Vocabulaire juridique, 2002, p. 535.

“须予直接适用的规则”这一名称后来也被德语国家的国际私法学者直接沿用。德国国际私法著作也经常称之为“介入性规范”(Eingriffsnormen)。

一些英语国际私法文献除了沿用“须予直接适用的规则”(rules of immediate application)的名称外,还称之为“压倒性的强制性规定”(overriding mandatory provisions)。

2008年6月17日《罗马Ⅰ规则》第9条标题称“法院地国家须予直接适用的实体法规则”为“强制性法律”,第9条第1款对“强制性法律”所下的定义如下:“强制性法律是被某一国家为了维护其公共利益(诸如其政治、社会或经济组织)而认为遵守它乃至关重要,以致要求将之适用于一切进入其适用范围的情势的强制性规定,而不论依本规则[指《罗马Ⅰ规则》]以其他方式适用于合同的法律体系为何。”

瑞士自1989年1月1日起施行的1987年12月18日《关于国际私法的联邦法律》第18条称法院地国家须予直接适用的实体法规则为“瑞士法的强制性规定”,并要求:“不论本法所指定的法为何,因其特殊目的而须予适用的瑞士法的强制性规定,应予以保留。”兹举这方面的三个例子予以说明:(1)1961年3月23日关于住所在外国的人取得不动产的联邦法令。该联邦法令所要达到的目的决定了:即使瑞士国际私法法典的冲突规则所指定适用于(以不动产为标的的)合同的法律体系不是瑞士法,该联邦法令也应予以适用。(2)关于社会保障的某些瑞士法规定。(3)关于保护房屋的承租人在房租的支付中免受滥用之害和关于通知终止房屋使用租赁合同的瑞士法的强制性规定。不论双方当事人协议选择的法律体系为何,只要使用租赁合同系就位于瑞士的房屋而订立的,就应适用这些瑞士法的强制性规定。[1]

意大利国际私法称法院地国家须予直接适用的实体法规则为“须予强制适用的规则”。1995年5月31日《关于改革意大利国际私法体系的第218号法律》第17条承认在任何情形下均须予以适用的法院地法的强制性实体法规则的存在,而不论意大利冲突规则是否指定外国法。它规定:“尽管被指定的是外国法,鉴于其对象和其目的而必须强制性地予以适用的意大利法律规则的优先地位,不受[本法]以下规定的影响。”在此情形下,意大利法官无须再依意大利冲突规则确定某一法律关系的准据法,而必须追问相关的意大利国内实体法规则的对象和目的(亦即“政策”)是否要求它们被强制性地适用于特定案件。[2]

根据2002年3月1日生效的《俄罗斯联邦民法典》第3编第6章之第1192条第1款,该章的冲突规则不影响俄罗斯联邦立法的强制性实体法规则的适用。此种强制性实体法规则因它们自身所包含的指示或因其特殊重要性(尤其是保护民事

---

〔1〕 参见陈卫佐:《瑞士国际私法法典研究》,法律出版社1998年版,第52~53页。

〔2〕 See Tito Ballarino & Andrea Bonomi, *The Italian Statute on Private International Law of* 1995, Yearbook of Private International Law, Volume 2 (2000), p. 111.

法律关系当事人权益方面的特殊重要性）而直接调整相关法律关系，而不论该章的冲突规则所指定的法律体系为何。[1]

保加利亚2005年5月4日《国际私法法典》关于“特殊强制性规则”的第46条第1款规定：“本法典的规定，不影响那些鉴于其内容和目的必须予以适用而不论某一外国法是否被指定的保加利亚法强制性规则的适用。”

土耳其2007年11月27日《关于国际私法和国际民事诉讼法的法律》第6条是关于“土耳其法之必须直接予以适用的规范”的规定。根据这一规定，在依土耳其冲突规则本应适用外国法的情形下，如果从土耳其法之必须直接予以适用的规范的特殊目的和适用范围来看，案件受制于此种规范，则适用土耳其法之必须直接予以适用的规范。[2]

在日本法上，有学者指出，日本的“介入性规范”包括：卡特尔法、外汇法、劳动标准法、工会法、最低劳动工资法、因工事故保险法、利息限制法、承租人保护法以及关于消费者保护的特别法。[3]

自2011年4月1日起施行的《中华人民共和国涉外民事关系法律适用法》在中华人民共和国国际私法立法史上第一次明确规定了“法院地国家须予直接适用的实体法规则”对涉外民事关系的直接适用。该法第4条规定：“中华人民共和国法律对涉外民事关系有强制性规定的，直接适用该强制性规定。”可见，中国法律的此种强制性规定可以绕过该法的冲突规则而直接“介入”含有涉外因素的民事案件的处理。实际上，中国立法者在规定此种具有强制性的实体法规则的适用范围时，就有将它们直接适用于某些涉外民事关系的立法目的，所以它们是必须绝对地予以遵守的。它们有其自己的适用范围，在特定情形下直接适用于涉外民事关系，且因其强制性而优先于该法的冲突规则。例如，中国的外汇管制法、劳动标准法、最低劳动工资法、因工事故保险法、利息限制法、承租人保护法以及关于消费者保护的特别法律都属于“法院地国家须予直接适用的实体法规则”。[4]

最高人民法院《关于适用〈中华人民共和国涉外民事关系法律适用法〉若干问题的解释（一）》第8条规定：“有下列情形之一，涉及中华人民共和国社会公共利益、当事人不能通过约定排除适用、无需通过冲突规范指引而直接适用于涉外民事关系的法律、行政法规的规定，人民法院应当认定为涉外民事关系法律适用法第四条规定的强制性规定：（一）涉及劳动者权益保护的；（二）涉及食品或公共卫生安全的；（三）涉及环境安全的；（四）涉及外汇管制等金融安全的；（五）涉及反垄断、反

---

〔1〕 See *the Civil Code of the Russian Federation*, Part 3, Yearbook of Private International Law, Volume 4 (2002), p. 351.

〔2〕 Siehe IPRax 2008, 284.

〔3〕 Vgl. dazu Nishitani, *Die Reform des internationalen Privatrechts in Japan*, IPRax 2007, 555.

〔4〕 参见陈卫佐：《涉外民事法律适用法的立法思考》，载《清华法学》2010年第3期。

倾销的；（六）应当认定为强制性规定的其他情形。”

二、第三国强制性实体法规则的考虑

兹举三个规定在某些特定情形下考虑第三国强制性实体法规则的立法例。

瑞士国际私法法典——1987 年 12 月 18 日《关于国际私法的联邦法律》（自 1989 年 1 月 1 日起施行）第 19 条第 1 款和第 2 款规定：“（1）依瑞士法律观念为合理且明显地占优势的利益要求时，如所涉案情与本法所指定的法以外的另一法有密切联系，则本法所指定的法以外的另一法的强制性规定可以予以考虑。（2）为判断此种规定是否应予考虑，应当考虑它所要达到的目的以及其适用对于做出依瑞士法律观念为适当的判决所可能产生的后果。”〔1〕

根据 2002 年 3 月 1 日生效的《俄罗斯联邦民法典》第 3 编第 6 章之第 1192 条第 2 款，如果依该章的冲突规则，某国法应予适用，而依与法律关系有密切联系的另一国家的法律体系，其强制性实体法规则须予适用而不论其冲突规则所指定的法律体系为何，则俄罗斯法院可以考虑该另一国家的强制性实体法规则。在决定是否适用某外国的强制性实体法规则时，俄罗斯法院必须考虑此种规则的宗旨和性质以及适用或不适用它们的后果。显然，这一规定受到了欧洲国家的晚近国际私法法典（如瑞士《关于国际私法的联邦法律》第 19 条）以及 1980 年 6 月 19 日《关于合同之债准据法的罗马公约》的影响。〔2〕

保加利亚《国际私法法典》关于“他国的特殊强制性规则”第 46 条第 2 款规定：“如果依照与私法关系有密切联系的他国的强制性规则的制定国法，此种强制性规则必须予以适用而不论已被本法典的法律冲突规则确定为应予适用的法为何，则法院可以考虑与私法关系有密切联系的他国的强制性规则。为了考虑是否适用此种特殊强制性规则，法院必须考虑此种规则的性质和内容以及适用或不适用它们的后果。”

复习思考题

---

1. 什么是冲突规则？与其他法律规范相比，冲突规则有哪些特点？
2. 各国国际私法制定法在冲突规则的制定上主要采取哪些不同方式？你认为哪一种方式最适合于中国？为什么？

---

〔1〕 参见陈卫佐：《瑞士国际私法法典研究》，法律出版社 1998 年版，第 54 ~ 56、268 页。

〔2〕 Sergei Lebedev, Aleksander Muranov, Roman Khodykin & Elena Kabatova, *New Russian Legislation on Private International Law*, Yearbook of Private International Law, Volume 4 (2002), p. 123 - 124.

3. 世界各国国际私法制定法在处理国际条约的冲突规则与国内法的冲突规则的关系上有哪些主要做法?
4. 冲突规则的结构有什么特点? 试从构成要件和法律效果进行分析,并举例说明之。
5. 单边冲突规则和双边(多边)冲突规则有什么区别? 试举例说明它们是可以相互转化的——单边冲突规则的多边化和多边冲突规则的单边化。
6. 冲突规则中的连结点有何意义?
7. 常见的连结点及与之对应的法律体系有哪些?
8. 什么是属人法? 在属人法问题上存在哪两种相互对立的主义?
9. 连结点具有哪些类型? 试分别举例说明之。
10. 什么是准据法? 你认为准据法是实体法还是实体法所属国家的法律体系? 准据法的确定在国际私法上有何意义?
11. 什么是法院地国家须予直接适用的实体法规则? 它们有哪些主要称谓和表现形式?
12. 中国法院在涉外民事审判实践中将哪些法律规则认定为法院地国家须予直接适用的实体法规则?

第七章　与冲突规则有关的国际私法总则性制度或原则

第一节　识　别

一、识别概述

（一）问题的提出

前已述及，冲突规则作为一种法律规范，包括构成要件和法律效果两个组成部分。就“不动产物权，适用不动产所在地国家的法律体系”这样一条冲突规则而言，它包含着三段论的大前提：如果某涉外民商事案件的事实情况所包含的具体法律关系属于不动产物权范畴（构成要件），那么，法院应适用不动产所在地国家的法律体系（法律效果）。当法官确认所要处理的法律关系属于不动产物权范畴时，就会适用不动产所在地国家的法律体系。一条法律规范——包括冲突规则在内——可以表述为这样的逻辑公式：如果 T（构成要件），那么 R（法律效果）。案件的事实情况 S 是 T 的一种情形（S = T），所以 R。这种把具体案件的事实情况纳入法律规范的构成要件的过程，在法学方法论上叫作“涵摄”（德文 Subsumtion）。[1] 只不过对于冲突规则来说，其法律效果总是某一特定国家的法律体系的适用，因而涵摄的结果，往往是适用冲突规则所指定的某一国家的法律体系。

在冲突规则的构成要件中，最突出的是连结对象，即冲突规则所针对的涉外民商事法律关系所属的法律范畴（英文 categories，法文 catégories），如“不动产所有权”“人的行为能力”“结婚形式要件”“结婚实质要件”“夫妻财产制”“合同”“侵权责任”“继承”等。在连结对象（法律范畴）和应予适用的法律体系之间起联系（或连结）作用的是连结点，如“不动产所在地法”里的“不动产所在地”、“国籍国法”里的“国籍”、“住所地法”里的“住所”、“惯常居所地法”里的“惯常居所”、“居所地法”里的“居所”、“婚姻举行地法”里的“婚姻举行地”、“合同订立地法”里的“合同订立地”以及“侵权行为地法”里的“侵权行为地”，都是连结点。

---

〔1〕 参见［德］迪特尔·施瓦布：《民法导论》，郑冲译，法律出版社 2006 年版，第 11 ~ 12 页。

我们曾这样解读过《中华人民共和国涉外民事关系法律适用法》第44条第1句之前半句（“侵权责任，适用侵权行为地法律”）：如果有国际管辖权的中国法院（复数）所要处理的涉外民商事案件的事实情况所包含的法律关系属于侵权责任范畴（构成要件T），那么，应适用侵权行为地国家的法律体系（法律效果R）。这是三段论的大前提。

在对涉外民商事案件有国际管辖权的前提下，法院地国家的法官必须对案件的事实情况所包含的具体法律关系进行定性、分类，看能否将它纳入冲突规则的连结对象所表示的特定法律范畴。例如：是属于“不动产物权”范畴还是属于“不动产继承”范畴，是属于“继承”范畴还是属于“夫妻财产制”范畴，是属于“结婚实质要件”范畴还是属于“结婚形式要件”范畴，是属于“违约责任”范畴还是属于“侵权责任”范畴，等等。这是适用任何冲突规则的第一步，因为只有这样，才能将具体案件的事实情况“涵摄”于冲突规则的构成要件，导出相应的小前提，继而得出适用冲突规则所指定的某一法律体系的结论。非如此则不能选择和适用正确、合宜的冲突规则，也无法确定法律关系准据法。

例如，对于上述《中华人民共和国涉外民事关系法律适用法》44条第1句之前半句的例子，其大前提是：如果有国际管辖权的中国法院（复数）所要处理的涉外民商事案件的事实情况所包含的具体法律关系属于“侵权责任”范畴，那么，应予适用的法律体系是侵权行为地国家的法律体系。在对案件的事实情况所包含的具体法律关系进行定性（分类）之后，如果将它纳入“侵权责任”范畴，那么小前提就是：本案中的具体法律关系属于“侵权责任”范畴。其结论是：有国际管辖权的中国法院（复数）应适用侵权行为地国家的法律体系。

（二）识别的意义

1. 识别的定义

在国际私法上，对冲突规则的连结对象所表示的法律范畴进行解释，并对涉外民商事案件的事实情况所包含的具体法律关系[1]进行定性（分类），以决定是否可以将该具体法律关系纳入冲突规则的连结对象所表示的法律范畴的过程，叫作“识别”（英文 qualification，法文 qualification，德文 Qualifikation）。在这一语境下，识别与“定性”（英文 characterization）、“分类”（英文 categorisation 或 classification）是同义词。

前已述及，冲突规则的连结对象所表示的法律范畴，实际上是抽象化、概括化和类型化了的涉外民商事法律关系，如权利能力和行为能力、立遗嘱能力、物权、合同、侵权责任、结婚、离婚、分居、夫妻财产制、亲子关系、父母责任、收养、监护、扶养、继承等。对涉外民商事案件有国际管辖权的法院地国家的法院不但必须对冲突规

[1] 或法律问题。为行文方便起见，如无特别说明，下文一般称为“法律关系”。

则的连结对象所表示的法律范畴进行解释，以确定该国立法者意欲使之包含哪些类型的法律关系，而且必须对所涉及的具体法律关系进行定性（分类），以决定是否可以将该具体法律关系纳入冲突规则的连结对象所表示的法律范畴。[1] 由此可见，国际私法上的识别是选择和适用正确、合宜的冲突规则的第一步，也是确定涉外民商事法律关系准据法的必要前奏，[2]甚至可以说是解决法律冲突的起点。[3]

值得注意的是，英格兰国际私法学者所理解的识别，通常包括两方面的含义：第一方面的含义与本书作者对识别的理解基本一致，即对冲突规则的连结对象所表示的法律范畴进行解释，并对涉外民商事案件的事实情况所包含的具体法律关系进行定性（分类），以决定是否可以将该具体法律关系纳入冲突规则的连结对象所表示的法律范畴。英格兰学者称之为"案由的识别"或"案由的定性"（characterization of the cause of action）或"案由的分类"（classification of the cause of action）。第二方面的含义是对冲突规则以及可能适用的法律体系中的法律规则的概念、术语和制度进行解释（interpretation）。英格兰学者称之为"法律规则的识别"或"法律规则的定性"（characterization of a rule of law）或"法律规则的分类"（classification of a rule of law）。[4] 但英格兰国际私法学者对识别的后一种理解为本书作者所不采。

2. 识别问题的起源

识别问题的"发现者"是19世纪末的德国国际私法学家卡恩（Franz Kahn，1861～1904年）和法国国际私法学家巴坦（Etienne - Adolphe Bartin，1860～1948年）。卡恩于1891年在《耶林民法学说年刊》上发表的《法律冲突》一文中提到的"潜在的法律冲突"（latente Gesetzeskollisionen），[5]就是指识别这一现象。巴坦于1897年在法国《国际法学刊》上撰文论述了这一国际私法问题，[6]并用法文表述为théorie des qualifications（识别的理论）。他们作为国籍不同的欧洲大陆学者，彼此互不依赖，对于几乎同时遇到的同样问题，致力于以差不多相同的方法予以解决。他们关于国际私法上识别问题的认识，被战后的德国国际私法学家德勒（Hans

---

〔1〕 参见李浩培：《李浩培法学文集》，法律出版社2006年版，第472页。

〔2〕 已故国际私法学家唐表明教授指出：在根据法律适用规则选择准据法时，首先必须对有关事实进行恰当的分类，亦即进行识别。参见唐表明：《比较国际私法》，中山大学出版社1987年版，第65页。

〔3〕 Voir Bodénès - Constantin, *Armelle*, *La codification du droit international privé français*, 2005, p. 127.

〔4〕 See Peter North and J. J. Fawcett, *Cheshire and North's Private International Law*, 13th edition, 1999, p. 36.

〔5〕 Vgl. Kahn, Gesetzeskollisionen. Ein Beitrag zur Lehre des internationalen Privatrechts, in: [Jherings] Jahrbücher für die Dogmatik des heutigen römischen und deutschen Privatrechts, Bd. 30 (Neue Folge Bd. 18), Jena 1891, S. 1 - 143.

〔6〕 Voir Bartin, «De l' impossibilité d' arriver à la suppression définitive des conflits de lois», Journal du droit international (Clunet), tome 24, 1897, p. 225 - 255, 466 - 495, 720 - 735.

Dölle, 1893 ~ 1980 年)誉为法学上“一项真正的发现”。[1]

后来,美国学者洛伦岑(Ernest G. Lorenzen, 1876 ~ 1951 年)、[2]英国学者贝克特(Beckett)[3]分别于 1920 年、1934 年将识别问题介绍给美国、英国国际私法学界。[4]

3. 关于识别的数个例子

例 1:设若英格兰法院对一起含有涉外因素的关于死者所遗动产的案件有国际管辖权,则英格兰法院必须确定:这是一个遗产管理问题还是继承问题?如果是遗产管理问题(属于程序问题),则必须适用作为法院地法的英格兰法,因为“程序问题,适用法院地法”乃是一项久已确立的原则。如果是继承问题,则必须适用被继承人住所地法。在被继承人住所在外国的情形下,将导致适用外国法。不论处理涉外民商事案件的英格兰法官是否意识到这是所谓“案由的识别”,这一过程都是选择和适用正确、合宜的英格兰冲突规则的必经步骤。

例 2:有国际管辖权的中国法院(复数)所受理的涉及不动产的涉外民商事案件,可能属于不动产物权范畴,也可能属于不动产继承范畴。如果把案件的事实情况所包含的法律关系识别成不动产物权关系,就适用《中华人民共和国涉外民事关系法律适用法》第 36 条:“不动产物权,适用不动产所在地法律。”如果把案件的事实情况所包含的法律关系识别成不动产法定继承关系,就适用《中华人民共和国涉外民事关系法律适用法》第 31 条后半句,“但不动产法定继承,适用不动产所在地法律”。在决定适用某一条冲突规则之前,中国法院必须对案件进行识别。

例 3:某日本公民在中国购买由德国生产商制造的 Bosch 牌热水器,因产品质量问题导致身体受损害,在德国某地方法院提起请求损害赔偿之诉。受理案件的有国际管辖权的德国法院(复数)有必要对案件的事实情况加以定性(识别),看它究竟属于合同责任范畴还是属于侵权责任范畴,因为二者适用的冲突规则并不一致。

例 4:一位妇女在伦敦(属英格兰)购买了一张由伦敦开往格拉斯哥(属苏格兰)的火车票时,与铁路公司约定:因合同而发生的争议,适用英格兰法。列车在苏格兰境内发生了事故,造成该妇女身体受伤。该妇女在英格兰法院提起了民事诉讼。有国际管辖权的英格兰法院(复数)必须首先进行“案由的识别”:这是一起违约案件还是侵权案件?如果是违约案件,则适用关于合同的英格兰冲突规则“合同,适用当事人所选择的法律体系”,在本案中为英格兰法。如果是侵权案件,则适

---

[1] 参见[德]汉斯·德勒:《法学上之发现》,王泽鉴译,载王泽鉴:《民法学说与判例研究·4》,中国政法大学出版社 1998 年版,第 22 页。

[2] See Lorenzen (1920) 20 Col. L. Rev. 247.

[3] See Beckett (1934) 15 B. Y. B. I. L. 46.

[4] 参见柯泽东:《国际私法》,中国政法大学出版社 2003 年版,第 72 页;[英]莫里斯:《法律冲突法》,李东来等译,中国对外翻译出版公司 1990 年版,第 482 页。

用关于侵权行为的英格兰冲突规则“侵权行为,适用侵权行为地法”,在本案中为苏格兰法。[1]

例5:法国、日本等国的民法规定未成年人结婚必须得到父母的同意。那么,父母对未成年子女结婚的同意是结婚形式要件问题还是实质要件问题?如果是形式要件问题,则适用关于结婚形式要件的冲突规则——“结婚形式有效性,适用婚姻举行地法”。如果是结婚实质要件问题,则适用关于结婚实质要件的冲突规则——“结婚实质有效性,适用当事人的属人法”(如本国法)。至于最后适用哪一条冲突规则,取决于法院地国家如何识别父母对未成年子女结婚的同意。

二、识别问题产生的原因

由于人们认识事物和处理问题的立场、角度和方法不同,对同一个涉外案件的事实情况所包含的法律关系或法律问题难免会做出不同的定性,归入不同的类别(或范畴)。人与人之间有这种认识上的差异,国与国之间在关于冲突规则的连结对象的认识方面出现分歧也就在所难免。兹举数例说明之。

例1:法国法认为父母对未成年人结婚的同意是结婚实质有效性问题,而英格兰法则认为是结婚形式有效性问题。即使这两个国家都采取“结婚实质有效性,适用当事人的属人法”(在法国指本国法,在英格兰指住所地法)、“结婚形式有效性,适用婚姻举行地法”的法律适用原则,但因它们对父母在未成年人结婚问题上的同意做出了不同的识别,所以会导致适用不同的冲突规则。同样是关于父母对未成年子女结婚的同意的案件,如果在法国审理,法国法院将适用“结婚实质有效性,适用当事人本国法”这条冲突规则;如果在英国审理,英国法院将适用“结婚形式有效性,适用婚姻举行地法”这条冲突规则。[2]

例2:一些国家的法律体系(如德国法、立陶宛法)认为消灭时效是实体法问题,另一些国家的法律体系则认为消灭时效是一个程序问题。由于消灭时效在不同国家被做出不同的识别,在不同国家的法院起诉可能会适用不同的法律体系——对于将消灭时效识别成程序问题的国家的法院来说,只需适用法院地法即可;而将消灭时效识别成实体法问题的国家的法院则仍须依该国冲突规则确定准据法。

例3:对于配偶一方所立的遗嘱是否因另一方结婚而被撤回的问题,法院地国家认为是夫妻财产制问题,而与案件有联系的某一外国法律体系则认为是遗嘱问题。显然,法院地国家关于这一问题的冲突规则的连结对象是夫妻财产制方面的,而该外国关于同一问题的冲突规则的连结对象则是遗嘱方面的。

---

〔1〕 See Morris, *The Conflict of Laws* (*by McClean and Beevers*), Seventh Edition, 2009, para. 1-020.

〔2〕 See Lawrence Collins, *Dicey and Morris on the Conflict of Laws*, 13th edition, 2000, Volume Ⅰ, Rule 67, No. 17-015.

像这种由于不同国家就同一事实情况所包含的具体法律关系或法律问题做出不同的识别(定性、分类),从而导致适用不同的冲突规则(不同的连结对象和连结点)的现象,叫作"识别的冲突",也叫作"定性的冲突"或"分类的冲突"(英文 conflict of classification)。

三、识别依据

任何一个国家的法院在对涉外民商事案件的事实情况所包含的具体法律关系进行识别时,都必须以某一国家的法律体系为依据。原则上,各国在司法实践中都以法院地法为识别依据,但也存在若干例外。

(一)原则:依法院地法进行识别

卡恩和巴坦在 19 世纪末"发现"识别问题时,就主张优先依法院地法(拉丁文 *lex fori*)进行识别。[1] 时至今日,该主张仍为通说;[2] 当今世界各国的国际私法在识别依据上所采取的原则是:依法院地国家的法律体系进行识别。

例如,自 2011 年 4 月 1 日起施行的《中华人民共和国涉外民事关系法律适用法》第 8 条规定:"涉外民事关系的定性,适用法院地法律。"该条所称"定性"在国际私法上与"识别"是同义词。在实践中,需要对涉外民事关系加以定性的机关,完全不限于有国际管辖权的中国法院,而是也包括有国际管辖权的中国行政机关等其他法律适用者。因此,对该条所称"法院地法律"应做广义的理解,既包括法院地国家的法律体系,也包括有国际管辖权的行政机关等所在地国家的法律体系,但在该条的语境下无非指中国法罢了。总之,当涉外民事(含商事)案件在中国受理时,无论有国际管辖权的中国机关(人民法院、行政机关或仲裁机构)为何,均应依中国法对案件所涉及的涉外民事关系进行定性(识别)。本书作者认为,该法第 8 条以法院地法(中国法)为识别依据,符合大多数国家的国际私法实践以及识别问题自 19 世纪末被卡恩和巴坦"发现"以来的国际私法通说。

又如,德国《民法典施行法》第 7 条第 1 款第 1 句规定:"人的权利能力和行为能力,适用其本国法。"如果有国际管辖权的德国法院(复数)所处理的一起涉外民商事案件与当事人立遗嘱能力有关,而德国国际私法又没有关于立遗嘱能力的专门的冲突规则,则德国法院依作为法院地法的德国法识别立遗嘱能力,从而决定是否适用德国《民法典施行法》第 7 条第 1 款第 1 句这条冲突规则。

德国国际私法学家克罗普霍勒(Jan Kropholler, 1938 ~ 2009 年)教授认为:以法院地法为识别依据的必要前提是法院适用法院地国家的冲突规则。此时,法院所

---

〔1〕 但有若干例外。例如,巴坦主张:在将财产利益识别为动产或不动产利益时,应依财产所在地法进行识别。

〔2〕 参见[德]汉斯·德勒:《法学上之发现》,王泽鉴译,载王泽鉴:《民法学说与判例研究·4》,中国政法大学出版社 1998 年版,第 24 页。

依据的并不一定是法院地国家的实体法上的概念，因为有时国际私法（冲突法）赋予冲突规则里的某一个概念的含义可能较内国实体法宽。例如，德国《民法典施行法》第 13 条以下是关于婚姻的冲突规则，但这些冲突规则里的“婚姻”概念的外延不仅包括德国《民法典》所称婚姻（结婚当事人双方亲自在户籍官员面前达成关于结婚的合意所完成的法律上的结合，见《民法典》第 1310 条第 1 款第 1 句），[1] 而且包括那些在外国缔结的婚姻、在神职人员主持下缔结的婚姻或以其他形式举行的婚姻，甚至包括根本无须遵守任何形式的婚姻，即使它们比德国法上的婚姻更容易解除或不属于一夫一妻制婚姻亦然。[2] 否则，就某些类型的婚姻而言，由于没有相应的冲突规则可予以适用，准据法无法得到确定。但克罗普霍勒教授又指出，如果法院所适用的不是法院地国家的冲突规则，而是被指定的外国法的冲突规则，则应依该外国法进行识别（此时会出现反致和转致问题）。[3]

（二）例外

除了上述依法院地法进行识别的原则外，学者们还提出了其他识别依据。它们构成了依法院地法进行识别这一原则的例外。

1. 依准据法进行识别

例如，已故德国国际私法学家马丁·沃尔夫（Martin Wolff, 1872 ~ 1953 年）和法国国际私法学者德斯帕涅（F. Despagnet）主张依案件准据法（拉丁文 *lex causae*）进行识别，即依法院地国家的冲突规则所指定的、最终适用于涉外民商事案件的某国法律体系进行识别。例如：“能力”案件的识别，依能力准据法（当事人本国法）为之；“法律行为的形式”案件的识别，依法律行为形式的准据法（行为地法）为之；“继承”案件的识别，依继承准据法（被继承人本国法）为之。[4] 如此等等，不一而足。

但“准据法识别说”在逻辑上会陷入“恶性循环”（拉丁文 *circulus vitiosus*）而无法解脱，因为识别本来是选择和适用法院地国家的正确、合宜的冲突规则的必要前奏，在识别的结果出来之前，法院无从确定某一具体法律关系的性质，因而无法选择和适用法院地国家的冲突规则，也无法确定该法律关系的准据法，自然不能依准据法进行识别。

2. 比较法识别

主张用比较法方法进行识别的，首推德国著名比较法学家拉贝尔（Ernst Rabel,

---

〔1〕 参见陈卫佐译注：《德国民法典》（第 5 版），法律出版社 2020 年版，第 500 ~ 501 页。

〔2〕 英国国际私法学家切希尔和诺斯也认为：国际私法上的概念，诸如“合同”“侵权行为”“社团”“汇票和本票”等，必须被赋予比法院地国家的内国实体法上的概念更为宽泛的意义，以便将“外国的类似法律关系”囊括在内。See Peter North and J. J. Fawcett, *Cheshire and North's Private International Law*, 13th edition, 1999, p. 38.

〔3〕 Vgl. Kropholler, IPR (6. Aufl. 2006), § 16 I.

〔4〕 参见李浩培：《李浩培法学文集》，法律出版社 2006 年版，第 64 ~ 66、472 ~ 473 页。

1874～1955年)[1]和英格兰国际私法学者贝克特。[2] 他们主张依照“分析法学和比较法的原则”进行识别。拉贝尔认为：对于冲突规则中的有关概念，应摆脱法院地法和准据法，用比较法方法加以解释。

“比较法识别说”吸引人的地方在于，处理含有涉外因素(或曰外国因素或国际性因素)的案件的司法技术，确实比处理纯国内案件的司法技术更需要有国际主义眼光。然而，该说的反对者一针见血地指出：迄今为止，处理涉外民商事案件的法院都是国内法院，而国内法官很难胜任拉贝尔所说的比较法上的任务。况且能够普遍适用的“分析法学和比较法的原则”确实少之又少，要达成关于分析法学概念的国际协议简直就是乌托邦。比较法研究虽然可以发现各国实体法相互间的差异，却难以消除此种差异。举例来说，消灭时效在有些国家被识别为程序问题，在有些国家则被识别为实体法问题，但比较法对于如何在特定案件中识别此类问题却无能为力。[3]

3. 功能性识别

“功能性识别”(德文 funktionelle Qualifikation)也叫“目的性识别”(德文 teleologische Qualifikation)，因兼备“法院地法识别说”与“比较法识别说”的要素而越来越受各国国际私法学者青睐。

主张功能性识别的学者有两种主要倾向：其一，德国国际私法学家克格尔(Gerhard Kegel，1912～2006年)认为，对于识别来说，法院地国家的冲突规则所追求的目的是决定性的，而这种目的表现为当事人利益、交易利益和秩序利益的保护。具有相同利益的事实情况应被涵摄于相同的冲突规则。有人称这种功能性识别为“广义的法院地法识别说”。其二，德国国际私法学者诺伊豪斯(Paul Heinrich Neuhaus)和勒瓦尔特(Hans Lewald)主张依照实体法规则的目的，即根据法律生活中的各项法律制度进行识别。[4]

四、外国立法例

迄今为止，在一国的国际私法制定法里明确规定识别制度的立法例并不多见。这是因为识别问题是一个必须由法官在审理具体涉外案件时加以解决的操作性很强的问题，很难完全由立法者代庖。[5] 但有些国家的立法者认为法官需要关于识别的明文规定作为识别时的指南，因而在其国际私法总则(一般规定)里规定了识别制度。

---

〔1〕 Vgl. Rabel, Das Problem der Qualifikation, RabelsZ 5 (1931), 241－288.

〔2〕 See Becket, (1934) 15 B. Y. B. I. L. 46, 58－60.

〔3〕 See Morris, *The Conflict of Laws* (*by McClean and Beevers*), 7th edition, 2009, para. 20－009.

〔4〕 Vgl. von Hoffmann/Thorn, IPR (8. Aufl. 2005), § 6 Rn. 27－30.

〔5〕 参见宋晓：《识别的对象与识别理论的展开》，载《法学研究》2009年第6期。

例如,匈牙利2017年4月11日《关于国际私法的法律》第4条第1款明确采用了依法院地法进行识别的传统方法,它规定:"在决定哪一条冲突规则将用以确定事实情况的准据法时,应遵循匈牙利法的概念。"但依法院地法(匈牙利法)进行识别的原则并不绝对,在某些情形下也应考虑外国法。根据该法第4条第2款和第3款:"(2)为匈牙利法所未规定的任何法律制度,应依规定了该法律制度的外国法进行识别,尤应特别地照顾其在外国法上所具有的功能和所追求的目的。(3)如果某一外国法律制度为匈牙利法所未规定,但其功能和目的不同于它依该外国法所具有的功能和目的,则在识别过程中也应考虑该外国法。"

2002年3月1日生效的《俄罗斯联邦民法典》第3编第6章之第1187条也规定了识别问题。其第1款规定了依法院地法进行识别的原则:"除法律另有规定外,在确定准据法时,法律概念的解释依俄罗斯法为之。"但依法院地法(俄罗斯法)进行识别的原则在某些情形下必须让位于外国法。根据第1187条第2款:"如果在确定准据法时,所须识别的法律概念为俄罗斯法所未规定,或被以不同的字面上的名称或不同的内容加以规定,且这些法律概念不能在依俄罗斯法直接解释的情形下予以确定,则在识别它们时,可以适用外国法。"〔1〕

保加利亚2005年5月4日《国际私法法典》(自2005年5月21日起施行)第39条第1款明确采用了依法院地法进行识别的传统方法,它规定:"准据法的确定取决于实质性要素的识别或私法关系的识别的,该识别应依保加利亚法进行。"但依法院地法(保加利亚法)进行识别的原则并不绝对,在例外情形下也必须考虑应予适用的外国法,即例外地依准据法进行识别。这种以准据法为识别依据的例外情形被规定于《国际私法法典》第39条第2款:"如果某一特定法律制度或法律概念为保加利亚法所未规定,且该法律制度或法律概念不能通过依保加利亚法所做的解释予以界定,则为了识别该法律制度或法律概念,必须考虑适用于该法律制度或法律概念的外国法。"此外,《国际私法法典》第39条第3款还规定了所谓"自主的识别"如下:"在进行识别时,必须考虑正在处理的私法关系的国际性因素和国际私法细节。"〔2〕

依照加拿大《魁北克民法典》第3078条第1款和第2款,识别原则上应依法院地法为之,但在有关外国法律制度为法院地法所不知时,可以例外地考虑外国法。〔3〕

---

〔1〕 See *The Civil Code of the Russian Federation*, Part 3, Yearbook of Private International Law, Volume 4 (2002), p. 350.

〔2〕 See Basedow/Rühl/Ferrari/de Miguel Asensio (eds.), *Encyclopedia of Private International Law*, Edward Elgar, Cheltenham 2017, Volume 3, p. 1945; Volume 4, p. 3027.

〔3〕 See Symeonides, Perdue, von Mehren, *Conflict of Law: American, Comparative, International*, Second Edition, 2003, p. 46. 另见杜涛:《国际私法的现代化进程:中外国际私法改革比较研究》,上海人民出版社2007年版,第219页。

西班牙《民法典》第 12 条第 1 款规定:“旨在确定应予适用的法律冲突规则的识别,应总是依西班牙法为之。”[1]对于有国际管辖权的西班牙法院或其他机关来说,依西班牙法进行识别意味着依法院地法进行识别。因此,该规定与《中华人民共和国涉外民事关系法律适用法》第 8 条(“涉外民事关系的定性,适用法院地法律。”)可谓异曲同工。

第二节　先决问题

一、先决问题的含义

国际私法的根本任务就是确定涉外民商事案件的事实情况所包含的法律关系的准据法。在实践中,一个含有涉外因素的民商事案件所涉及的法律问题可能不止一个,而其中一个问题的解决结果可能影响另一个问题的解决。例如:一位声称已离婚的妇女与他人再婚的能力问题,取决于她所声言的离婚是否有效;一个自称为死者妻子的妇女是否有权作为配偶继承死者遗产的问题,取决于她是否曾与死者有过合法、有效的夫妻关系。

在国际私法上,如果一个问题的解决是另一个问题得以解决的前提,那么该问题就叫作“先决问题”(英文 preliminary question,法文 question préalable 或 question préliminaire,德文 Vorfrage)或“附带问题”(英文 incidental question)或“附随问题”;另一个问题叫作“主要问题”(英文 main question 或 principal question,法文 question principale,德文 Hauptfrage)或“本问题”。

在上文所举的例子里,离婚有效性是那位妇女的再婚能力的先决问题,其再婚能力是主要问题。自称为死者妻子的人与死者的婚姻有效性问题是其继承人资格问题的先决问题,其继承人资格问题是主要问题。

此外,对涉外民商事案件有国际管辖权的法院要解决子女是否为婚生的问题(主要问题),必须先解决其父母的婚姻本身是否有效的问题(先决问题);要解决养子女是否有权继承养父母的遗产的问题(主要问题),必须先解决收养关系是否已有效地成立的问题(先决问题)。[2]

一般认为,先决问题最早被德国法学家梅尔希奥(George Melchior)和文格勒(Wilhelm Wengler, 1907～1995 年)发现。前者在其 1932 年的德文著作《德国国际

---

[1] Voir Olivier Cachard, *Droit international privé*, Editions Paradigme, 2010, p. 191. Siehe auch Riering (Hrsg.), IPR – Gesetz in Europa, 1997, S. 275.

[2] 参见柯泽东:《国际私法》,中国政法大学出版社 2003 年版,第 82 页。

私法基础》里讨论了先决问题;[1]后者于1934年发表在有名的《拉贝尔外国私法与国际私法杂志》(简称《拉贝尔杂志》)第8卷的文章即以先决问题为题:《冲突法上的先决问题》。[2]

二、国际私法上的先决问题的存在条件

只有当一个涉外民商事案件涉及两个有决定与被决定关系的问题,不仅被决定的问题需要确定准据法,而且起决定作用的问题也需要确定准据法时,起决定作用的问题才是国际私法上所说的先决问题。简言之,国际私法上的先决问题,是需要单独确定准据法的先决问题。

最高人民法院《关于适用〈中华人民共和国涉外民事关系法律适用法〉若干问题的解释(一)》第10条规定:"涉外民事争议的解决须以另一涉外民事关系的确认为前提时,人民法院应当根据该先决问题自身的性质确定其应当适用的法律。"这表明中国法院在对涉外民商事案件的审判实践中,需要单独确定先决问题的准据法。

三、先决问题准据法的确定

(一)问题的提出

假设有一位妇女W请求英格兰法院确认她对最后住所在法国的已亡男子H在英格兰的动产的继承权,原因是被继承人H生前将这部分动产给予了这位被他称为"妻子"的妇女W。对该涉外动产继承案件有国际管辖权的英格兰法院要解决被死者H称为"妻子"的妇女W是否有权继承死者在英格兰的动产的问题。依英格兰国际私法规则(冲突规则),动产继承应适用被继承人最后住所地法,即法国法。但是,这一问题(主要问题)的解决,取决于被继承人H与该妇女W之间是否曾存在过有效的婚姻(先决问题)。那么,该先决问题的准据法应依英格兰(法院地国家)的冲突规则的指定,还是依法国(主要问题准据法所属国家)的冲突规则的指定予以确定?[3]

假设有一位妇女W请求英格兰法院确认她对已亡男子H在意大利的不动产的法定继承权。依英格兰国际私法规则(冲突规则),英格兰法院对于不动产法定继承,应适用作为不动产所在地法的意大利法。然而,这一问题(主要问题)的解决,以W是不是H的遗孀(先决问题)为前提。对于W是不是H的遗孀这一先决问题,假设英格兰冲突规则所指定的某一国家的法律体系承认W是H的遗孀,而意大利冲突规则所指定的法律体系是意大利法,但意大利法不承认H与其第一个妻子的离婚的有效性,因而不认为W是H的遗孀。在本案中,W能否继承H所遗

---

〔1〕 Vgl. Melchior, Die Grundlagen des deutschen internationalen Privatrechts, 1932, Berlin, Leipzig, Walter de Gruyter & Co., S. 245－265.

〔2〕 Vgl. Wengler, RablesZ 8 (1934) 148－251.

〔3〕 See Morris, *The Conflict of Laws* (*by McClean and Beevers*), 7th edition, 2009, para. 1－011.

下的不动产这一主要问题显然应由意大利法决定,也就是说,意大利法是主要问题准据法。但W与H的婚姻有效性这一先决问题,究应依主要问题准据法所属国家(意大利)的冲突规则的指定予以解决,抑或依法院地国家(英格兰)的冲突规则的指定予以解决?

这就提出了先决问题准据法的确定的问题。[1]

(二)解决办法

关于先决问题准据法,各国在司法实践中采取不同的解决办法。

1. 以主要问题准据法所属国家的冲突规则所指定的法律体系为先决问题准据法。英国、美国、加拿大、澳大利亚、新西兰、爱尔兰、马耳他、塞浦路斯等普通法国家的司法判例表明,它们通常以主要问题准据法所属国家(某一外国)的冲突规则所指定的法律体系为先决问题准据法。[2]

在大陆法国家,德国学者梅尔希奥和文格勒于20世纪30年代"发现"先决问题时,就主张以主要问题准据法所属国家的冲突规则所指定的法律体系为先决问题准据法。[3] 这一学说至今在德国仍有一些追随者,[4]但德国大部分学者持相反观点——以法院地国家的冲突规则所指定的法律体系为先决问题准据法。

案例7-1 施韦伯尔诉安加案
[Schwebel v. Ungar(1963年,加拿大)[5]]

住所在匈牙利的一对犹太人夫妇决定移民以色列。在前往以色列的途中,丈夫在意大利的一个犹太人居住区按照犹太人的司法外离婚方式("ghet")与妻子离了婚。依他们当时的住所地国家匈牙利的法律体系以及依意大利法,该离婚均属无效;但依以色列法,该离婚有效。随后,二人均取得了以色列住所。在以色列,他们被认为具有单身身份。后来,妻子在保有以色列住所的情况下只身来到加拿大安大略省的多伦多,并与第二个男子结婚。该第二个男子以其"妻子"系重婚为理由,向安大略法院提起了宣告婚姻无效的诉讼。

在本案中,加拿大法院不但要考虑妻子结婚(再婚)能力问题(主要问题或本问题),而且要考虑她按照犹太人的司法外离婚方式("ghet")所进行的离婚的有效性问题(先决问题)。

---

[1] See Peter North and J. J. Fawcett, *Cheshire and North's Private International Law*, Thirteenth Edition, 1999, p. 46-47; Morris, *The Conflict of Laws* (*by McClean and Beevers*), 7th edition, 2009, para. 20-011.

[2] 参见莫里斯:《法律冲突法》,李东来等译,中国对外翻译出版公司1990年版,第494页。

[3] 参见李浩培:《李浩培法学文集》,法律出版社2006年版,第481页。

[4] Siehe z. B. von Hoffmann/Thorn, IPR (8. Aufl. 2005), § 6 Rn. 71-72.

[5] (1963) 42 D. L. R. (2d) 622; (1964) 48 D. L. R. (2d) 644; Webb (1965) 14 I. C. L. Q. 659.

对于妻子离婚有效性问题，如果依法院地冲突规则（安大略冲突规则），离婚有效性适用当事人离婚时的住所地国家的法律体系即匈牙利法，则妻子的离婚得不到承认。不仅如此，作为法院地法的安大略法也不承认该离婚。

对于妻子结婚（再婚）能力问题，安大略法院依安大略冲突规则应适用其婚前住所地国家的法律体系即以色列法。也就是说，主要问题准据法是以色列法。

这样一来，法院地的冲突规则所指定适用于先决问题的法律体系（匈牙利法）和法院地法（安大略法）均不承认本案中的妻子的离婚有效性。由案情可知，只有以色列法承认其离婚有效性，而以色列法恰好是主要问题准据法。

为了确定先决问题准据法，安大略法院考虑了主要问题准据法所属国家的冲突规则所指定的法律体系。依主要问题准据法所属国家以色列的冲突规则，按照犹太人的司法外离婚方式（"ghet"）所进行的离婚应适用以色列法，而以色列法承认该离婚的有效性。

最终，加拿大最高法院维持了安大略上诉法院的判决，适用以色列冲突规则所指定的法律体系——以色列法，作为先决问题准据法。由于以色列法承认该离婚的有效性，故加拿大最高法院维持了该女子第二个婚姻的有效性。

本案的结果是：先决问题和主要问题均以同一个法律体系（以色列法）为准据法。但安大略法院在确定先决问题准据法时，所依照的是主要问题准据法所属国家即以色列的冲突规则的指定，而没有依照法院地（安大略）冲突规则的指定。[1]

2. 以法院地国家的冲突规则所指定的法律体系为先决问题准据法。国际私法上所说的先决问题本身含有涉外因素，可以被单独提出，且有其独立的冲突规则。一言以蔽之，需要单独确定其准据法。假使它不是作为先决问题而是作为独立的涉外法律问题向有国际管辖权的某国法院提出，法院通常会依法院地国家的冲突规则确定该问题的准据法。

一部分学者主张，即使对于先决问题也应依法院地国家的冲突规则确定准据法，因为在他们看来，如果依主要问题准据法所属国家的冲突规则确定先决问题准据法，会出现这样的局面：同一个问题，作为先决问题和作为独立的涉外法律问题向法院提出时，最终适用的法律体系可能不一样。[2] 况且适用法院地国家的冲突

---

〔1〕 See Peter North and J. J. Fawcett, *Cheshire and North's Private International Law*, 13th edition, 1999, p. 48; Morris: The Conflict of Laws (by *McClean and Beevers*), 7th edition, 2009, para. 20 – 012; Lawrence Collins with Specialist Editors, *Dicey and Morris on the Conflict of Laws*, 11th edition, 1987, p. 51 – 52.

〔2〕 参见黄进主编：《国际私法》（第 2 版），法律出版社 2005 年版，第 223 页。

规则较之适用准据法所属国家的冲突规则通常更加简单,也更加一目了然。

以法院地国家的冲突规则所指定的法律体系为先决问题准据法的主张虽然在普通法国家并未获得多数司法判例的支持,却是今天德国国际私法的通说。[1]

3. 主张先决问题的解决取决于个案的性质和法院地国家的有关政策。除以上两种解决办法外,有些国家的司法实践干脆采取灵活的做法,主张先决问题的解决取决于个案的性质和法院地国家的有关政策。[2]

第三节 反致和转致

一、"实体法规则的指定"和"总括的指定"

有国际管辖权的国家的法院(复数)在对含有涉外因素的民商事案件所要处理的法律关系进行识别(定性或分类),将之纳入相应的冲突规则的连结对象(法律范畴)后,下一步就是如何正确地选择和适用冲突规则以确定有关私法关系所应适用的法律体系(准据法)了。如上所述,冲突规则有单边和双边(多边)之分。对内的单边冲突规则仅指定法院地国家的法律体系,对外的单边冲突规则仅仅指定某一特定外国的法律体系。双边(多边)冲突规则既可能指定法院地国家的法律体系,也可能指定外国法律体系;在指定外国法律体系时,既可能指定此外国法律体系,也可能指定彼外国法律体系,完全视冲突规则的连结点和具体案情而定。无论是单边的还是双边(多边)的冲突规则,在其指定法院地国家的法律体系时,情况都比较简单:法官只需适用法院地法的适当实体法规则去确定当事人权利义务即可解决案件。相比之下,当冲突规则指定外国法律体系时,情况就复杂得多了。

如果法院地国家的冲突规则指定某一外国的法律体系,则所指定的既可能是该外国法律体系中除冲突规则以外的实体法规则(实体法规定),也可能是该外国法律体系包括冲突规则在内的全部法律规范。第一种情形叫作"实体法规则的指定",它意味着被法院地国家的冲突规则宣告应予适用的外国法律体系,仅仅指其实体法规则(实体法规定)。[3] 第二种情形叫作"总括的指定",它意味着应予考虑

---

[1] Vgl. Staudinger – Sturm/Sturm (2003), Einl. zum IPR, Rn. 238 f.; von Bar/Mankowski, IPR, Bd. I (2. Aufl. 2003), § 7 Ⅲ 5, Rn. 192 ff.

[2] See Peter North and J. J. Fawcett, *Cheshire and North's Private International Law*, 13th edition, 1999, p. 47.

[3] 根据德国《民法典施行法》第 3 条第 1 款第 2 句,对实体法规则的指定,及于"应予适用的法律体系(其国际私法除外)"。

的是包括外国冲突规则在内的整个外国法律体系。“总括的指定”也叫“国际私法的指定”或“冲突规则的指定”。[1]

从理论上说,法院地国家的冲突规则对另一个国家的法律体系的指定,要么是实体法规则的指定,要么是总括的指定,二者必居其一。

二、反致和转致的概念

“总括的指定”可能产生以下五种不同的结果。

(一)反致

被法院地国家的冲突规则指定的外国法律体系的冲突规则宣告法院地国家的法律体系应予适用,法院最终适用法院地国家的法律体系的实体法规则,前提是法院地国家的法律体系接受这一指定,或被指定的外国法律体系的冲突规则对法院地国家的法律体系的指定是实体法规则的指定。这在国际私法上叫作反致(英文 remission,法文 renvoi au premier degré,德文 Rückverweisung)。

中国 1949 年以前的国际私法著作除了使用“反致”这一术语外,有时也称之为“反定”。[2] 韩国国际私法著作也称反致为“反定”。[3]

1918 年 8 月 5 日公布并施行的中国《法律适用条例》第 4 条规定:“依本条例适用当事人本国法时,如依其本国法,应适用中国法者,依中国法。”这是一条反致条款。

从理论上说,如果被指定的外国法律体系的冲突规则对法院地国家的法律体系的指定不是实体法规则的指定而是总括的指定,会出现两个法律体系相互指定、循环不已的局面,即所谓“无法解脱的循环”(拉丁文 *circulus inextricabilis*)。然而,这种担心是多余的,因为在实践中,法院地国家的法律体系在此情形下没有不接受来自被指定的外国法律体系的冲突规则的反致的。根据本书作者的挚友、美国比较法学会原会长、原籍塞浦路斯的著名国际私法学家西米恩尼迪斯教授的一项研究,凡是其冲突规则对外国法律体系的指定是“总括的指定”的国家的国际私法,无不明确地规定:外国法的冲突规则对法院地法的反致应予以接受;在此情形下,法院应适用法院地国家的实体法规则。这方面的例子有:匈牙利 2017 年 4 月 11 日《关于国际私法的法律》第 5 条第 1 款 a 项、德国《民法典施行法》第 4 条第 1 款第 2 句、1995 年 5 月 31 日《关于改革意大利国际私法体系的第 218 号法律》第 13 条第 1 款 b 项、瑞士 1987 年 12 月 18 日《关于国际私法的联邦法律》第 14 条第 1 款、奥地利 1978 年 6 月 15 日《关于国际私法的联邦法律》第 5 条第 2 款以及葡萄牙《民法

---

〔1〕 Vgl. dazu von Bar/Mankowski, IPR, Bd. I (2. Aufl. 2003), § 7 Rn. 214; Bamberger/Roth – Lorenz (2003), Art. 4 EGBGB, Rn. 2; Kegel/Schurig, IPR (8. Aufl. 2000), S. 338.

〔2〕 参见唐纪翔:《中国国际私法论》(第 2 版),商务印书馆 1934 年版,第 63 页。

〔3〕 参见[韩]韩福龙:《国际私法》,CNU Press2007 年版,第 176 ~ 179 页;[韩]金演、[韩]朴正基、[韩]金仁猷:《国际私法》,法文社 2006 年版,第 169 页。

典》第 18 条第 1 款等。[1]

以下以丹麦法对德国法的反致[2]举例说明。德国某地方法院受理了一起关于一个在德国有住所的丹麦人的行为能力的涉外案件。在确认德国法院(作为总体)有国际管辖权的情形下,通过对该案件进行识别(定性、分类),德国该地方法院决定适用关于行为能力的冲突规则——《民法典施行法》第 7 条第 1 款第 1 句:“人的权利能力和行为能力,适用其本国法。”在本案中,当事人国籍国法(本国法)是丹麦法。这样一来,德国冲突规则指向了外国法——丹麦法。

但是,这一指定是实体法规则的指定还是总括的指定?答案只能从德国国际私法中寻找。《民法典施行法》第 4 条第 1 款第 1 句规定:“他国法被指定的,该国国际私法也应予以适用,但以这样做与指定的意义不相抵触为限。”据此,在德国冲突规则指定另一国家的法律体系的情形下,该外国的国际私法也必须予以考虑,但以这样做与指定的意义不相抵触为限。可见,德国冲突规则对外国法的指定原则上是“总括的指定”,即包括对丹麦冲突规则的指定。

而关于行为能力的丹麦冲突规则是:“行为能力,适用当事人住所地法”。本案中的丹麦人的住所在德国,所以丹麦冲突规则又指定德国法。这一指定是实体法规则的指定还是总括的指定?由于丹麦国际私法在任何情形下只承认丹麦冲突规则对外国法律体系的指定是指该外国法律体系的实体法规则,换言之,丹麦国际私法排除一切反致和转致,所以这一指定只能是实体法规则的指定。

最后,德国法院成全了制定丹麦国际私法规则的丹麦立法者的意愿,适用了德国实体法规则,从而接受了丹麦冲突规则对德国法的反致。

事实上,即便丹麦冲突规则对外国法律体系的指定不是实体法规则的指定而是总括的指定,德国法院仍然会适用德国实体法规则。因为:依照《民法典施行法》第 4 条第 1 款第 2 句的规定(“他国法反致于德国法的,适用德国实体法规定。”),如果其他国家的国际私法反过来指定德国法,那么,德国法院在任何情形下都必须适用德国实体法规则。只不过此时丹麦冲突规则对德国法的反致虽然被接受了,却是德国法的单边主义做法,未必符合丹麦立法者的意愿。

(二)转致

被法院地国家的冲突规则指定的外国法律体系的冲突规则宣告第三国的法律体系应予适用,法院最终适用第三国法律体系的实体法规则,前提是该第三国法律体系接受这一指定(亦即意欲适用自己的实体法规则),或被指定的第一个外国法律体系的冲突规则对第三国法律体系的指定是实体法规则的指定。这在国际私法

---

[1] See Symeonides, Perdue, von Mehren, *Conflict of Law: American, Comparative, International*, 2nd edition, 2003, p. 68.

[2] Vgl. Kegel/Schurig, IPR (8. Aufl. 2000), S. 340.

上叫作转致(英文 transmission,法文 renvoi au second degré,德文 Weiterverweisung)。[1]

中国 1949 年以前的国际私法著作除了使用“转致”这一术语外,有时也称之为“转定”。[2] 韩国国际私法著作也称转致为“转定”。[3]

案例 7-2　从德国法到阿根廷法,再从阿根廷法到佛罗里达实体私法的转致(1932 年,柏林高等法院)[4]

1928 年,一位住所在原布列斯劳(当时属德国,今天波兰的一座城市)的阿根廷男子,做出了关于他是不久前出生于柏林的一个非婚生婴儿的生父的认领意思表示。该婴儿留在其外祖父母处。该阿根廷男子与婴儿的母亲移居美国佛罗里达州并于 1930 年在那里缔结了婚姻。1932 年,柏林高等法院受理了关于该非婚生子女是否因其父母嗣后结婚而准正的案件(本书作者注:今天的德国《民法典》已废除准正制度)。

柏林高等法院在对案件进行识别(定性、分类)后,适用了 1896 年的《民法典施行法》(旧文本)第 22 条第 1 款:“非婚生子女的准正以及收养,如父在准正时或收养人在收养时具有德国国籍,则适用德国法。”这是一条典型的指定德国法为准据法的单边冲突规则(现已废止)。但德国法院在司法实践中用类推方法将之扩展为这样一条双边(多边)冲突规则(这一过程被称为单边冲突规则的双边化或多边化):非婚生子女的准正以及收养,适用父在准正时或收养人在收养时的国籍国法。在本案中,父在准正时的国籍国法是阿根廷法。也就是说,德国冲突规则指定了阿根廷法。当时的《民法典施行法》已认为这一指定是“总括的指定”,所以德国冲突规则指定了阿根廷冲突规则。而阿根廷冲突规则是:“非婚生子女的准正,适用父结婚时的住所地法。”由于该阿根廷男子已移居美国佛罗里达州,其住所地法即为佛罗里达法,且阿根廷冲突规则对佛罗里达法的指定是实体法规则的指定,所以柏林高等法院最终适用了佛罗里达实体私法。

---

〔1〕 Vgl. dazu von Bar/Mankowski, IPR, Bd. I (2. Aufl. 2003), § 7 Rn. 214; Rauscher, IPR (3. Aufl. 2009), § 3 B Rn. 349; von Hoffmann/Thorn, IPR (8. Aufl. 2005), § 6 Rn. 73; Sauveplanne, Renvoi, S. 3.

〔2〕 参见唐纪翔:《中国国际私法论》(第 2 版),商务印书馆 1934 年版,第 67 页。

〔3〕 参见[韩]韩福龙:《国际私法》,CNU Press2007 年版,第 180、311 页;[韩]金演、[韩]朴正基、[韩]金仁猷:《国际私法》,法文社 2006 年版,第 177 页。

〔4〕 Vgl. Kegel/Schurig, IPR (8. Aufl. 2000), S. 347.

但是,假设阿根廷冲突规则对佛罗里达法的指定是“总括的指定”,亦即包括对佛罗里达冲突规则的指定,情况又如何?由于佛罗里达冲突规则也是“非婚生子女的准正,适用父结婚时的住所地法”,而父已在佛罗里达有住所,所以佛罗里达冲突规则所指定的是自己的实体私法所属的法律体系。因此,即便阿根廷冲突规则对佛罗里达法的指定不是实体法规则的指定,柏林高等法院也会适用佛罗里达实体私法,因为佛罗里达法接受阿根廷冲突规则对自己的指定。

(三)间接反致

被法院地国家的冲突规则指定的外国法律体系的冲突规则宣告第三国的法律体系应予适用,而第三国法律体系的冲突规则宣告法院地国家的法律体系应予适用,法院最终适用了法院地国家的法律体系的实体法规则,前提是法院地国家的法律体系接受第三国法律体系的冲突规则对自己的指定(亦即意欲适用自己的实体法规则),或第三国法律体系对法院地国家法律体系的指定是实体法规则的指定。这在国际私法上叫作间接反致(德文 mittelbare Rückverweisung)。[1]

中国 1949 年以前的国际私法著作除了使用“间接反致”这一术语外,有时也称之为“间接反定”。[2]

案例 7-3 从德国法到荷兰法,再从荷兰法到丹麦法,最后从丹麦法到德国实体私法的间接反致[3]

德国一地方法院 1972 年曾审理过一起关于非婚生子女是否必须对一名丹麦男子在德国所做的认领予以同意的案件,其母为荷兰人。依当时的德国冲突规则,该问题适用母之本国法,在本案中为荷兰法。依荷兰冲突规则,该问题适用作为认领人本国法的丹麦法。依丹麦冲突规则,该问题适用认领地法,在本案中为德国法。由于丹麦是排除一切反致和转致的国家,其冲突规则对德国法的指定是实体法规则的指定,故德国地方法院最终适用了当时的德国实体私法——德国《民法典》旧文本第 1600c 条,判决该丹麦男子的认领必须得到非婚生子女的同意,而依荷兰和丹麦的实体私法,认领人所做的认领无须经非婚生子女同意。

(四)二重乃至多重转致

被法院地国家的冲突规则指定的外国法律体系的冲突规则宣告第三国的法律

---

[1] Vgl. Kropholler, IPR (6. Aufl. 2006), § 24 I.
[2] 参见唐纪翔:《中国国际私法论》(第 2 版),商务印书馆 1934 年版,第 68 页。
[3] Vgl. Kegel/Schurig, IPR (8. Aufl. 2000), S. 348.

体系应予适用，而第三国法律体系的冲突规则宣告第四国的法律体系应予适用，如果该第四国法律体系接受这一指定（亦即意欲适用自己的实体法规则），或第三国法律体系的冲突规则对第四国法律体系的指定是实体法规则的指定，则为二重转致。依此类推，还会出现三重转致、四重转致乃至 n 重转致……的情形。

（五）被指定的外国法律体系指定自己的实体法规则

被指定的外国法律体系的冲突规则宣告该外国法律体系的实体法规则应予适用，于是该外国法律体系的实体法规则被适用。在此情形下，指定的链条就此中断，反致和转致不再被考虑。

当然，以上所述是就总括的指定而言的。在实体法规则的指定的情形下，法院地国家的冲突规则所指定的外国法律体系不包括其冲突规则，反致和转致因欠缺其得以发生的条件而不再可能发生。可以说，没有对冲突规则的指定，就没有反致和转致。例如，自 2011 年 4 月 1 日起施行的《中华人民共和国涉外民事关系法律适用法》第 9 条规定："涉外民事关系适用的外国法律，不包括该国的法律适用法。"这表明，该法的冲突规则对外国法律体系的指定是实体法规则的指定，而完全不考虑被该法的冲突规则指定的外国法律体系的冲突规则（法律适用规则），从而明确地排除了一切反致和转致。

三、反致和转致的原因

从根本上说，反致和转致是由不同国家的法律体系的冲突规则之间的差异引起的。

（一）不同国家的法律体系的冲突规则使用不同的连结点

反致和转致产生的最重要原因是，不同国家的法律体系的冲突规则在人法、家庭法和继承法等领域使用不同的连结点（连结因素），尤其是有些国家的国际私法采本国法主义（国籍原则），有些国家的国际私法采住所地法主义，还有些国家的国际私法以居所地法取代住所地法。有时，两个不同国家的法律体系虽然使用相同的连结点，但对之做出不同解释，也会引起反致和转致。[1]

假设有一个住所在意大利的英格兰公民未留遗嘱而在意大利死亡，在英格兰遗有动产。有国际管辖权的英格兰法院将案件识别为动产继承案件。依英格兰冲突规则，动产继承适用被继承人住所地法，在本案中即意大利法。但依意大利冲突规则，动产继承适用被继承人本国法（国籍国法），在本案中即英格兰法。英格兰法院应依何国法律体系处理被继承人位于英格兰的动产遗产？是英格兰法还是意大利法？如果英格兰法院将英格兰冲突规则对意大利法的指定理解成"总括的指

---

〔1〕 Vgl. dazu von Bar/Mankowski, IPR, Bd. Ⅰ (2. Aufl. 2003), § 7 Rn. 233; von Hoffmann/Thorn, IPR (8. Aufl. 2005), § 6 Rn. 79-80.

定”,并在意大利冲突规则指定英格兰法的情形下最终适用了英格兰法中的实体法规则,则会出现国际私法上的反致。设若本案中的被继承人不是英格兰公民而是德国公民,还可能出现由英格兰冲突法到意大利法,再由意大利法(意大利冲突规则)到德国法的转致。[1] 之所以如此,根本原因在于英格兰国际私法采住所地法主义,而意大利、德国国际私法采本国法主义。

(二)不同法律体系的冲突规则在适用何国法的问题上就不同的人或不同时点的规定

当不同法律体系的冲突规则在适用何国法的问题上就不同的人或不同时点做出规定时,也会发生反致和转致。[2]

例如,对于同一类涉外民商事案件,法院地国家的冲突规则规定应适用父母本国法,其他国家的冲突规则规定应适用未成年人本国法;法院地国家的冲突规则规定应适用母之本国法,其他国家的冲突规则规定应适用认领人(可能的生父)本国法;法院地国家的国际私法规定应适用立遗嘱时的住所地法,另一国家的国际私法规定应适用死亡时的住所地法;等等。

(三)因相关法律体系之间的制度差异而导致国际私法上对法律问题的不同识别

最后,因相关法律体系之间的制度差异而导致的在国际私法上对法律问题的不同识别(定性、分类),也可能成为发生反致和转致的原因。[3]

例如,德国法院曾受理过一起关于婚姻姓氏的涉外民事案件。妻子是匈牙利人,在德国与一名德国男子结婚,并与后者在德国有共同住所。德国法院在对案件进行识别(定性、分类)的基础上,决定适用关于姓名的冲突规则——《民法典施行法》第10条第1款:“人的姓名,适用其本国法。”对于婚姻姓氏来说,适用各配偶的本国法;妻的婚姻姓氏适用妻的本国法,在本案中即匈牙利法。这样,德国冲突规则指定了匈牙利法。

根据《民法典施行法》第4条第1款第1句,[4] 德国冲突规则对匈牙利法的指定是“总括的指定”,即包括对匈牙利国际私法的指定。但是,匈牙利国际私法将婚姻姓氏的使用问题识别(定性)为婚姻效果问题。相应地,应适用婚姻效果准据法。依照匈牙利1979年5月31日公布的《关于国际私法的第13/1979号法令》(自1979年7月1日至2017年12月31日施行)第39条,在夫妻双方无共同本国法的情形下,适用夫妻双方共同住所地国家的法律体系,在本案中即德国法。这样,匈牙利冲

---

[1] See Morris, *The Conflict of Laws (by McClean and Beevers)*, 7th edition, 2009, para. 20-016.

[2] Vgl. dazu Junker, IPR, S. 183, 184.

[3] Vgl. dazu von Hoffmann/Thorn, IPR (8. Aufl. 2005), § 6 Rn. 82.

[4] 德国《民法典施行法》第4条第1款第1句规定:“他国法被指定的,该国国际私法也应予以适用,但以这样做与指定的意义不相抵触为限。”

突规则因将案件做出了不同识别而指定了德国法。德国法院依照《民法典施行法》第4条第1款第2句接受了匈牙利冲突规则对德国法的反致，[1]从而适用了德国实体私法。

四、准许反致或转致的国家的主要理由

那些准许反致乃至转致的国家，均认为自己的冲突规则对外国法的指定是“总括的指定”。归结起来，其理由主要及于三个方面。

（一）判决的国际和谐

判决的国际和谐（英文 international harmony of decisions），也叫判决的国际一致性（德文 internationaler Entscheidungseinklang）或判决的国际协调，作为国际私法的形式上的理想之一，指的是无论具有国际性的民商事案件被哪个国家的法院审理和裁判，所适用的应尽可能是同一个法律体系。一般地说，它是国际私法所追求的形式上的目标，意在尽可能实现法律体系之间的协调（法文 la coordination des systèmes juridiques）。[2]

1. 反致

在反致被接受的情形下，实现所谓判决的国际和谐的前提条件是：所涉及的两个法律体系在指定外国法时（如在本国法的冲突规则指定住所地法或住所地法的冲突规则指定本国法时），就反致问题采取不同做法。在此情形下，如果一个法律体系承认反致，另一个法律体系必须原则上拒绝反致，否则就会出现各法律体系相互指定、循环不已的局面，即所谓“无法解脱的循环”（拉丁文 *circulus inextricabilis*）。判决的国际和谐在人法、家庭法、继承法领域是可以做到的，因为在这些领域，那些采本国法主义的法律体系一般都接受反致，而那些采住所地法主义或惯常居所地法主义的法律体系往往拒绝反致。[3]

但恰恰在这一点上，判决的国际和谐的理由受到了反致的反对者们的批评，因为这一和谐取决于所涉及的两个法律体系是否对反致抱有不同见解，如果所涉及的两个法律体系对反致抱有相同见解（要么都接受反致，要么都排除反致），则仍旧不存在判决的国际和谐。[4]

2. 转致

如果被法院地国家的冲突法指定的法律体系的冲突法又指定第三国的法律体

---

〔1〕 德国《民法典施行法》第4条第1款第2句规定：“他国法反致于德国法的，适用德国实体法规定。”

〔2〕 Voir Derruppé, Etude théorique du renvoi, n° 107.

〔3〕 Vgl. dazu Staudinger – Hausmann (2003), Art. 4 EGBGB, Rn. 17, 18.

〔4〕 “Der Renvoi funktioniert nur dann befriedigend, d. h. harmonisierend, wenn die Staaten eine unterschiedliche Stellung zu ihm einnehmen. Sobald sie dieselbe Lösung wählen, ist ein Entscheidungseinklang schwer oder gar nicht zu erreichen.” Siehe Siehr, IPR, S. 462, 463.

系，而该第三国的法律体系接受这一转致（亦即意欲适用其自己的内国实体法），那么判决的国际和谐就比较容易实现。在此情形下，转致之所以可取，是因为最终被适用的是同一个法律体系；不论案件被三个国家中的哪一个国家的法院审理和裁判，同样的事实情况所应适用的法律体系是相同的。这样一来，在三个法律体系之间就存在判决的国际和谐，而这在国际私法上一般地说是值得追求的。但是，如果上述第三国的法律体系不接受转致（亦即无意适用其自己的内国实体法），那么判决的国际和谐就较难实现了。

（二）法律适用可行性方面的考虑

法律适用的可行性也是一些国家的国际私法准许反致的理由之一，因为法律适用者（主要是法官）在通常情况下对内国实体法的了解甚于对外国法的了解。当被指定的外国法律体系自己并不想被适用时，就更有理由准许反致了。[1]

（三）法律政策上的理由

反致的接受还被有些国家的立法者作为贯彻其法律政策的辅助手段加以利用，以便在尽可能广的范围内适用自己的内国实体法。不仅如此，在立法者尚未就反致问题做出明文规定的一些国家，反致被法院用来作为法律适用方法，借以贯彻自己的法律政策。[2] 这一现象在国际私法上被称为"回本国的倾向"（英文 homeward trend，德文 Heimwärtsstreben）。[3] 不过，这一理由与判决的国际和谐的理想并不总是一致的。

当然，准许反致或转致的国家所持的理由完全不止这些。事实上，支持反致和转致的理由总是与反对反致和转致的理由相伴而行的，有多少种支持的理由就至少有多少种反对的理由，足见关于这一问题存在严重的理论分歧。这在一些中文教科书里已被讨论得很透彻了，在此不予赘述。

五、以比较法为视角所看到的反致和转致

（一）若干法律体系

从比较法的角度看，各国法律体系对反致和转致问题所抱的态度是不一样的：一些国家的法律体系反对反致和转致，另一些国家的法律体系支持反致或转致，而后者准许反致或转致的方式和程度又可能不一样。比较国际私法所关心的，首先是关于反致和转致的制定法规则的比较。同时，某些法律体系关于反致和转致的司法实践也值得关注。

---

〔1〕 Vgl. dazu Keller/Siehr, Eigenart, S. 467; Neuhaus, Grundbegriffe, S. 271; Ferid, IPR, Rn. 3 - 88; Lüderitz, IPR, Rn. 157; Kropholler, IPR (6. Aufl. 2006), § 7 I.

〔2〕 Vgl. *dazu Sauveplanne*, Recueil des cours, Volume 175 (1982 Ⅱ), p. 40.

〔3〕 Vgl. dazu Staudinger - Hausmann (2003), Art. 4 EGBGB, Rn. 19.

本书作者的德文专著《国际条约的冲突规则中的反致和转致》[1]第一编专门就作者所了解到的近60个法律体系的反致和转致进行了比较,所使用的资料在当时都是最新的,基本上体现了这些法律体系的现行法的状况。将这部分研究成果以中文形式介绍给国内读者应该很有意义,至少可以改变眼下中文国际私法著述关于反致和转致问题的比较法资料不全且过于陈旧的现状。现所涉法律体系已增至60余个,本书在此做简要介绍,以尽可能反映各该法律体系的施行现状。

1. 阿尔巴尼亚法

阿尔巴尼亚新国际私法制定法是2011年6月2日《关于国际私法的第10428号法律》。[2] 该法第3条第1款第1句规定:"本法指定他国法的,该他国的国际私法应予以适用。"据此,阿尔巴尼亚冲突规则对外国法的指定是"总括的指定",且被指定的外国的国际私法原则上予以适用。但该法第3条第2款就6类含有涉外因素的民事法律关系规定了该项原则的例外:"就下列事项而言,他国的国际私法不予适用:a)法人的地位;b)准据法的选择;c)法律行为的形式;d)扶养义务;e)合同之债;f)非合同之债。"

该法第3条第1款第2句和第3句规定:"[被本法指定的]他国法反致于阿尔巴尼亚法的,阿尔巴尼亚法[的实体法规定]应予以适用,但法律另有规定的除外。[被本法指定的]外国法转致于第三国法的,第三国法应予以适用。"这意味着不仅被阿尔巴尼亚冲突规则指定的外国法之冲突规则对阿尔巴尼亚法的反致应予以接受,而且被指定的外国法之冲突规则对另一外国法的转致也应予以准许。

总之,自《关于国际私法的第10428号法律》施行之日(2011年7月1日)起,阿尔巴尼亚法已成为典型的"反致转致友好型"法律体系。

2. 阿根廷法

2014年10月7日阿根廷《民商法典》在对反致和转致所抱态度方面实现了急剧转变。关于反致和转致(合称renvoi)的第2596条之第1款第1句规定了"总括的指定"如下:"外国法应适用于某一法律关系的,该外国的国际私法也应予以适用。"

按照第2596条第1款第2句的规定,当被指定的外国法的冲突规则指定阿根廷法时,阿根廷内国实体法规范应予适用,也就是说,阿根廷法接受被指定的外国法的冲突规则对自己的反致。

第2596条第2款规定:"除有相反指定外,双方当事人在某一法律关系中选择某一特定国家的法的,应认为所选择的是该国的内国实体法。"这意味着在准许当

[1] Weizuo Chen, Rück - und Weiterverweisung (Renvoi) in staatsvertraglichen Kollisionsnormen, Peter Lang GmbH Europäischer Verlag der Wissenschaften, Frankfurt am Main 2004, S. 10 - 42.

[2] Vgl. dazu Staudinger - Sturm/Sturm (2012), Einl. zum IPR, Rn. 761.

事人选择准据法的情形下，通常排除反致和转致，但有相反指定的除外。[1]

3. 阿塞拜疆法

阿塞拜疆国际私法制定法是2000年6月6日《关于国际私法的法律》。[2] 该法第3条第1款和第2款规定："(1)除本条另有规定外，本法对外国法的指定应导致相关外国的实体法的适用。(2)在对本法第9条和第10条所称法律关系适用外国法时，以及就继承法领域的法律关系而言，发生[被指定的外国法的冲突规则]对阿塞拜疆共和国法的反致和对第三国法的转致。"据此，该法原则上以这样的方式排除反致和转致：阿塞拜疆冲突规则对外国法的指定原则上是实体法规则的指定（该法第3条第1款）。但就自然人的属人法、自然人权利能力和行为能力准据法以及遗产继承准据法的确定而言，被指定的外国法的冲突规则对阿塞拜疆法的反致或对第三国法律体系的转致被例外地准许（该法第3条第2款）。[3]

4. 埃及法

埃及国际私法规则被规定于1948年7月16日埃及《民法典》。其第27条规定："在某一外国法应予以适用的情形下，仅适用该外国法的实体法规定，而排除其关于国际私法的规定。"据此，埃及冲突规则对某一外国法律体系的指定仅限于后者的实体法规则，而不包括国际私法规则（冲突规则）。这样就排除了一切反致和转致。

5. 爱沙尼亚法

爱沙尼亚冲突规则被规定于2002年3月27日《关于国际私法的法律》，其第6条第1款至第3款是关于反致和转致的总则性规定。据此，如果《关于国际私法的法律》规定适用外国法，则被爱沙尼亚冲突规则指定的外国法的国际私法规则应予以适用（《关于国际私法的法律》第6条第1款第1句）。这意味着爱沙尼亚冲突规则对外国法的指定是"总括的指定"。如果被爱沙尼亚冲突规则指定的外国法之冲突规则规定适用爱沙尼亚法，则适用爱沙尼亚实体法（《关于国际私法的法律》第6条第1款第2句）。这意味着被指定的外国法的冲突规则对爱沙尼亚法的反致应一概予以接受。如果被指定的外国法之冲突规则指定第三国法，则此种转致不予考虑（《关于国际私法的法律》第6条第2款）。在此情形下，应适用爱沙尼亚实体法，指定的链条就此中断。因此，爱沙尼亚法接受反致但排除转致。此外，在国际性合同之债领域，原则上排除反致和转致（《关于国际私法的法律》第6条第3款）。

---

[1] See Basedow/Rühl/Ferrari/de Miguel Asensio (eds.), *Encyclopedia of Private International Law*, Volume 4, Edward Elgar, Cheltenham 2017, p. 2930.

[2] Vgl. IPRax 2003, 386.

[3] Vgl. dazu Acar/Lorenz, IPRax 2003, 372, 377; Staudinger – Hausmann (2003), Anh. zu Art. 4 EGBGB, Rn. 491.

6. 奥地利法

(1)以"总括的指定"为原则

自1979年1月1日起施行的奥地利1978年6月15日《关于国际私法的联邦法律》以"总括的指定"为出发点,其第5条第1款至第3款是关于反致和转致的总则性规定。

根据该法第5条第1款,该法的冲突规则对外国法律体系的指定也包括对该外国法律体系的"指定性规则"(冲突规则)的指定在内。

值得注意的是《关于国际私法的联邦法律》第5条第2款,它接受被指定的外国法的冲突规则对奥地利法的一切反致,即使该外国法的冲突规则对奥地利法的指定是"总括的指定"亦然(见《关于国际私法的联邦法律》第5条第2款前半句)。这与德国《民法典施行法》第4条第1款第2句可谓异曲同工。[1] 不仅如此,第5条第2款还原则上考虑被奥地利冲突规则指定的外国法的冲突规则对另一个外国法律体系的转致。只不过就转致的情形而言,奥地利《关于国际私法的联邦法律》遵循了其第3条所体现的原则:外国法律体系必须像它在其原来的适用范围内被适用那样,予以适用。换言之,在准许转致的情形下,被适用的是"不再指定任何法律体系的第三国法律体系的实体法规则"或"接受[被奥地利冲突规则指定的]外国法律体系的冲突规则对自己的第一次反致的第三国法律体系的实体法规则"(见《关于国际私法的联邦法律》第5条第2款后半句)。

(2)以排除反致和转致为例外

奥地利《关于国际私法的联邦法律》的"总括的指定"原则被若干例外打破,如第8条(法律行为形式的准据法)、第9条第3款(难民的属人法)、第11条第1款(当事人对准据法的选择)以及第16条(结婚形式)等。

7. 北欧国家的法律体系

在北欧国家(丹麦、芬兰、冰岛、挪威和瑞典)的国际私法上,反致和转致被一般性地排除。这些国家所制定的冲突规则对某一外国法律体系的指定大多是对后者的实体法规则的指定而不是对其冲突规则的指定。

以丹麦法和瑞典法为例,它们均不准许任何反致和转致。在丹麦或瑞典冲突规则指定某一外国法的情形下,所指定的是该外国法的实体法规则而不是其冲突规则。

然而,在准据法的确定问题上主要采取国籍原则(本国法主义)的芬兰法对反致和转致的排除不如丹麦法和瑞典法那样彻底。芬兰1929年12月5日《婚姻法》第5编"国际私法规则"第5章"杂项规定"第139条第1款规定:"除特别地另有规定外,本编对某一外国法的指定不包括该外国法的国际私法规定。"可见芬兰冲突

---

[1] 德国《民法典施行法》第4条第1款第2句规定:"他国法反致于德国法的,适用德国实体法规定。"

规则对外国法的指定原则上也是“总括的指定”,但在芬兰法律“特别地另有规定”时除外。举例来说,芬兰《婚姻法》第53条即例外地在国际家庭法领域准许反致和转致。

8. 巴西法

巴西1942年9月4日《民法典施行法》含有国际私法规则。该法已因2010年第12.376号法律的修正而改称《巴西法律规范施行法》。其第16条规定:“依据本条之前的条文的规定,某一外国法应予以适用的,只须考虑其实体内容,而不考虑该外国法对他国法所为的致送。”[1]据此,巴西冲突规则对外国法的指定是实体法规则的指定,从而排除了一切反致和转致。

9. 白俄罗斯法

1999年7月1日生效的《白俄罗斯共和国民法典》在其第7章里含有国际私法一般规定。该民法典仅在人法(自然人的属人法、权利能力和行为能力、禁治产和行为能力的限制、姓名)以及监护与保佐领域准许反致和转致。在依该民法典第1103条,第1104条第1款、第3款、第5款,第1106条和第1109条的冲突规则应适用外国法的情形下,准许被指定的外国法的冲突规则对白俄罗斯共和国法的反致和对第三国法律体系的转致(该民法典第1096条第2款)。在一切其他情形下,白俄罗斯冲突规则对外国法的指定必须理解成是对各该法律体系的实体法规则的指定而不是对其法律冲突规则的指定(该民法典第1096条第1款)。[2] 可见,白俄罗斯国际私法原则上排除反致和转致,而仅在有限的情形下准许反致和转致。[3]

10. 保加利亚法

自2005年5月21日起施行的保加利亚2005年5月4日《国际私法法典》第40条第1款至第3款是关于反致和转致(合称renvoi)的规定。

第40条第1款规定了保加利亚《国际私法法典》所采取的“总括的指定”原则如下:“在本法典的意义上,‘某一国家的法’是指该国包括法律冲突规则在内的法律规范,但本法典或其他法律另有规定的除外。”

第40条第2款列举了排除反致和转致的6种情形,它规定:“就下列事项而言,(被保加利亚冲突规则指定的外国法的法律冲突规则)对保加利亚法的反致和对第三国法的转致不予准许:1. 法人和非法人实体的法律地位;2. 法律行为的形式要件;3. 准据法的选择;4. 扶养;5. 合同之债;6. 非合同之债。”

为了避免出现无休止的循环,保加利亚《国际私法法典》第40条第3款规定:

---

[1] See Basedow/Rühl/Ferrari/de Miguel Asensio (eds.), *Encyclopedia of Private International Law*, Edward Elgar, Cheltenham 2017, p. 3016 - 3019.

[2] Vgl. IPRax 2000, 150.

[3] Vgl. dazu Bergmann/Ferid/Henrich, 148. Lieferung, Weißrussland (Stand: 1. 3. 2002), S. 22; Staudinger - Hausmann (2003), Anh. zu Art. 4 EGBGB, Rn. 549, 556.

“如果在本条第 1 款所涵盖的情形下，反致或转致被准许，则保加利亚实体法应予适用，或相应地，第三国实体法应予适用。”[1]

总之，自《国际私法法典》施行之日（2005 年 5 月 21 日）起，保加利亚法已成为典型的“反致转致友好型”法律体系。

11. 比利时法

自 2004 年 10 月 1 日起施行的比利时《国际私法法典》关于反致和转致的第 16 条明确规定：“在本法的意义上，对某一国家的法的指定是对该国除国际私法规则以外的法律规则的指定，但本法另有特别规定的除外。”可见，比利时冲突规则对外国法律体系的指定原则上是实体法规则的指定，亦即原则上不考虑反致和转致。但这一原则是有例外的。依照《国际私法法典》第 34 条第 1 款、第 78 条第 2 款第 2 项、第 110 条的特别规定，在自然人身份和能力的准据法、不动产继承准据法和公司准据法这三种事项上，该法典准许反致和转致。[2]

12. 秘鲁法

相当一部分秘鲁冲突规则包含于 1984 年 7 月 24 日《秘鲁共和国民法典》第 10 编第 1 章。其第 2048 条规定：“秘鲁法官只适用被秘鲁国际私法规则宣告应予适用的某国法的内国实体法。”据此，被秘鲁冲突规则指定的外国法的冲突规则对秘鲁法的反致和对第三国法律体系的转致均应予以排除。

13. 波兰法

波兰共和国 2011 年 2 月 4 日《关于国际私法的法律》（自 2011 年 5 月 16 日起施行）的冲突规则对外国法的指定原则上是“总括的指定”（“冲突规则的指定”）。被指定的外国法的冲突规则对波兰法的反致必须总是予以接受：依照该法第 5 条第 1 款，如果依该法应予适用的外国法就相关私法关系规定应适用波兰法，则适用波兰法。但依照该法第 5 条第 2 款，如果波兰冲突规则对所应适用的法的指定是通过当事人选择准据法来进行的，或该项指定与法律行为的形式有关，或该项指定与该法已为之规定了准据法的合同之债、非合同之债或因双方法律行为而发生的债有关，则该法关于接受被指定的外国法的冲突规则对波兰法的反致的第 5 条第 1 款不予适用。[3]

该法未就转致问题做出明文规定。通过解释似可推知，该法不完全排除转致。举例来说，根据该法第 17 条第 1 款和第 2 款，法人一般应适用其住所地国法（第 17

---

〔1〕 See Basedow/Rühl/Ferrari/de Miguel Asensio (eds.), *Encyclopedia of Private International Law*, Edward Elgar, Cheltenham 2017, p. 1945, 3027.

〔2〕 Voir Carlier, «Le Code belge de droit international privé», *Revue critique DIP*, 2005, p. 27, 157.

〔3〕 Vgl. Maksymilian Pazdan, Das neue polnische Gesetz über das internationale Privatrecht, in: IPRax, 2012, 79; Gesetz der Republik Polen vom 4. 2. 2011: Das Internationale Privatrecht, Übersetzung von Arkadiusz Wowerka, in: IPRax 2011, 609.

条第 1 款），但如果“依本条第 1 款所确定的法”（法人住所地国法）的冲突规则指定法人据以成立的国家的法，则应适用法人据以成立的国家的法（第 17 条第 2 款）。设若法院地国家是波兰，而法人住所地国和法人的成立所依据的法律所属国分别是两个不同的外国，则会出现由波兰冲突规则到法人住所地国法，再由法人住所地国法的冲突规则到法人据以成立的国家的法的转致。另外，转致同样应受到该法第 5 条第 2 款的限制；换言之，在有第 5 条第 2 款所规定的情形之一时，不考虑被指定的外国法的冲突规则对第三国法律体系的转致。

14. 布基纳法索法

布基纳法索国际私法一般规则主要包含于 1989 年 10 月 31 日布基纳法索《人和家庭法典》第 3 编“本法典在空间和时间上的适用”第 1 章“本法典的适用与空间上的法律冲突”第 2 节“空间上的法律冲突”第 1 目“一般规定”之第 1002 条至第 1012 条。[1] 第 1005 条第 2 款规定了反致如下：“如果本节的规定所指定的外国法的法律冲突规则反致于布基纳法索法，则布基纳法索法的实体法规则必须予以适用。”第 1005 条第 3 款第 1 句和第 2 句规定了转致如下：“如果本节的规定所指定的外国法的法律冲突规则指定另一外国法，且依该另一外国法其自己的规定应予适用，则该另一外国法的实体法规则必须予以适用。如果本节的规定所指定的外国法的法律冲突规则指定另一外国法，且依该另一外国法其自己的规定不应予以适用，则本节所规定的法律冲突规则应予以适用。”据此，至少在人法和家庭法领域，布基纳法索冲突规则对外国法的指定原则上是“总括的指定”，即包括对被指定的外国法的冲突规则的指定。如果被指定的外国法的冲突规则反致于布基纳法索法，则适用布基纳法索法的实体法规则，亦即接受被指定的外国法的冲突规则对布基纳法索法的反致（第 1005 条第 2 款）。如果第三国法接受转致，则被布基纳法索冲突规则指定的外国法的冲突规则对第三国法的转致应予考虑（第 1005 条第 3 款第 1 句）；如果第三国法不接受转致，则布基纳法索国际私法的冲突规则应予以适用（第 1005 条第 3 款第 2 句）。第 1006 条第 1 款和第 2 款规定了例外地不考虑反致和转致的情形。如果当事人被准许选择准据法，且当事人已选择外国法为准据法，则不考虑反致和转致；“在反致和转致将会违背法律冲突规则所追求的法律行为或民事身份的有效性、效能或合法性目的之情形下”，亦不考虑反致和转致（第 1006 条第 1 款）。此外，在涉及《人和家庭法典》第 3 编第 1 章第 2 节第 2 目“个人身份方面的法律冲突规则”第 6 分目“扶养义务”第 1041 条所规定的扶养义务准据法时，也不考虑反致和转致（第 1006 条第 2 款）。

---

[1] Deutsche Übersetzung bei Bergmann/Ferid/Henrich, 134. Lieferung, Burkina Faso (Stand: 1998), S. 21–60.

15. 朝鲜法

朝鲜民主主义人民共和国在最高人民会议常务委员会第62号决议中公布了1995年9月6日《对外民事关系法》。该法在第14条规定了反致如下:“依本法应适用外国法,而该外国法指定朝鲜民主主义人民共和国法的,适用朝鲜民主主义人民共和国法。”据此,虽然朝鲜冲突规则对外国法的指定是总括的指定(冲突规则的指定),但《对外民事关系法》只准许被指定的外国法的冲突规则对朝鲜法的反致,而不准许该外国法的冲突规则对另一个外国法律体系的转致。

16. 德国法

(1)总括指定原则

①德国旧国际私法上的反致和转致

早在1861年,德国吕贝克高等上诉法院即遇到反致和转致问题。在一起继承案件中,该高等上诉法院于1861年3月21日做出了由美因兹法到法兰克福法的转致的裁判。按照在法院地施行的“共同法”的冲突规则,所指定的是作为被继承人住所地法(拉丁文 *lex domicilii*)的美因兹法。美因兹法的冲突规则又指定作为本国法(拉丁文 *lex patriae*)的法兰克福法,从而导致了由“共同法”的冲突规则到美因兹法,再由美因兹法的冲突规则到法兰克福法的转致。

在1986年国际私法改革之前,德国《民法典施行法》旧文本第27条曾就行为能力、结婚、夫妻财产制、离婚和继承规定过被指定的外国法的冲突规则对德国法的反致。

②现行德国国际私法

1986年德国国际私法改革以后,德国冲突规则对外国法的指定原则上包括被指定的外国法的冲突规则。《民法典施行法》第4条第1款第1句规定:“他国法被指定的,该国国际私法也应予以适用,但以这样做与指定的意义不相抵触为限。”这意味着:以国籍原则(本国法主义)为基础的现行德国国际私法原则上准许反致和转致。

判决的国际和谐的理由也赞成考虑被指定的外国法律体系的国际私法(冲突法)。如果被指定的外国法律体系意欲德国法得到适用,或其冲突规则宣告第三国的法律体系为准据法且其冲突规则对第三国法律体系的指定是实体法规则的指定或该第三国法律体系意欲适用其自己的实体法规则,那么,该反致或转致应予以接受。

《民法典施行法》第4条第1款第2句规定:“他国法反致于德国法的,适用德国实体法规定。”因此,如果被指定的他国法律体系的冲突规则反过来指定德国法,那么,依照《民法典施行法》第4条第1款第2句,德国法院或其他法律适用机关在任何情形下都必须适用德国实体法规定。当被指定的外国法的冲突规则反致于德国法时,德国法院或其他法律适用机关别无选择,只能适用德国实体法规定,而不论被指定的外国法的冲突规则对德国法的指定是对德国实体法规则的指定还是总括的指定。

(2)作为例外的实体法规则的指定

然而,德国国际私法上的总括指定原则被若干例外打破。

首先,在德国冲突规则"指定"他国法律体系时,只要对该外国的冲突规则("他国国际私法")的考虑与"指定的意义"("冲突规则的目的")相抵触,就不考虑该外国的冲突规则(《民法典施行法》第 4 条第 1 款第 1 句后半句)。

其次,只要当事人有权选择某一法律关系的准据法(只要当事人在准据法的确定问题上享有意思自治权能),当事人就只能选择某一法律体系("某一国家的法")的实体法规定。(《民法典施行法》第 4 条第 2 款规定:"以当事人可以选择某一国家的法为限,其只能指定实体法规定。")

最后,在合同之债领域,反致或转致也被一概排除[《民法典施行法》原第 35 条第 1 款,其内容复制了《关于合同之债准据法的(罗马)公约》第 15 条;自 2009 年 12 月 17 日起被《罗马 I 规则》第 20 条所取代]。

此外,《民法典施行法》第 3a 条第 1 款规定:"对实体法规定的指定所涉及的是应予适用的法律体系除了其国际私法以外的法律规则。"据此,德国国际私法对某一法律体系的实体法规定的指定(如《民法典施行法》关于他方当事人的保护的第 12 条),一开始就排除了关于反致或转致的审查,因为此种指定属于典型的实体法规则的指定。

17. 多哥法

多哥国际私法规则主要被规定于 1980 年 1 月 31 日《家庭法典》第 11 章。其第 727 条就反致和转致问题规定如下:"应予适用的外国法反致于多哥法的,适用多哥法。"据此,多哥冲突规则对外国法的指定原则上是总括的指定,即包括对被指定的外国法的冲突规则的指定,且被多哥冲突规则指定的外国法的冲突规则对多哥法的反致必须总是予以接受。至于被多哥冲突规则指定的外国法的冲突规则对第三国法律体系的转致是否在任何情形下均被排除,则不甚清楚。

18. 俄罗斯法

2002 年 3 月 1 日生效的《俄罗斯联邦民法典》第 3 编第 6 章"国际私法"第 1190 条第 1 款和第 2 款规定:"(1)除本条第 2 款所规定的情形外,本章的规则对外国法的任何指定,均应视为对相关国家的实体法的指定,而不是对其冲突法的指定。(2)在界定自然人法律地位的俄罗斯法被指定的情形下,外国法的反致可予以接受。"据此,俄罗斯国际私法以实体法规则的指定为原则,这意味着俄罗斯冲突规则对外国法的指定原则上是对其实体法规则的指定,而不是对其冲突规则的指定(第 1190 条第 1 款)。但这一原则是有例外的:如果被指定的外国法的冲突规则反过来就自然人法律地位指定俄罗斯法,则应适用俄罗斯法的实体法规则(第 1190 条第 2

款）。可见，俄罗斯国际私法接受被俄罗斯冲突规则指定的外国法的冲突规则对俄罗斯法的反致，而就被指定的外国法的冲突规则对第三国法律体系的转致不予规定。然而，结合第1190条第1款所规定的“实体法规则的指定”原则进行解释，应不难得出俄罗斯国际私法不准许转致的结论。[1]

19. 法国法

法国关于反致和转致的国际私法实践主要以判例法为基础。迄今为止，法国法尚无涉及反致和转致问题的制定法规则的系统性编纂。

一般认为，法国学者弗罗兰（Froland）是在国际私法上最早讨论反致和转致问题的法学家。其讨论以法国法院分别于1652年和1663年做出的两个司法判决为基础，但它们在长达两个世纪的时间里并未受到重视。引起关于反致和转致的认真讨论的第一起案件是法国最高法院（法文 Cour de cassation）于1878年6月24日审理的著名的“福尔戈案”。[2]

案例7－4　福尔戈案
[Affaire Forgo（1878年，法国最高法院）][3]

案件最初由法国某地方法院审理并经上诉，最高法院是终审法院。福尔戈（Forgo）的全名为 Franz Xaver Forgo。他于1801年作为非婚生子出生于巴伐利亚，1805年随母亲移居法国。其母在法国与一个法国人结婚并取得了法国国籍。福尔戈也在法国安居乐业，后与一位富有的法国女子结婚。两人实行夫妻财产共同制，且膝下无子女。妻子先他而故去，他自己也于1869年在法国南部未留遗嘱而死亡。直到去世时，福尔戈既未取得法国国籍，亦未获得法国政府的特别准许而取得法国法意义上的住所。

本案的争执点在于，福尔戈母亲在巴伐利亚的旁系血亲和法国国库均认为自己是福尔戈遗产的合法继承人。就应予适用的法律体系而言，适用巴伐利亚法和适用法国法的判决结果截然不同：如果适用巴伐利亚法，则福尔戈母亲的旁系血亲将享有法定继承权；如果适用法国法，则一个非婚生子的母亲的旁系血亲对他的遗产无法定继承权。

法国最高法院将本案识别（定性、分类）为遗产法定继承范畴，并决定适用关于遗产法定继承的冲突规则。对于本案来说，不动产法定继承准据法较容易确

〔1〕 See *The Civil Code of the Russian Federation*, Part 3, Yearbook of Private International Law, Volume 4 (2002), p. 351.

〔2〕 See Symeonides, Perdue, von Mehren, *Conflict of Law: American, Comparative, International*, 2nd edition, 2003, p. 72.

〔3〕 Vgl. von Bar/Mankowski, IPR, Bd. Ⅰ (2. Aufl. 2003), S. 697; von Hoffmann/Thorn, IPR (8. Aufl. 2005), § 6 Rn. 81. 另见李浩培：《李浩培法学文集》，法律出版社2006年版，第480页。

定，因为依法国冲突规则，不动产法定继承适用物之所在地法（拉丁文 *lex rei sitae*）即法国法。相比之下，动产法定继承则较为复杂。依法国冲突规则，动产法定继承应适用被继承人最后住所地法。由于在本案中，福尔戈既未取得法国国籍，亦未获得法国政府的特别准许而取得法国法意义上的住所，因此，法国冲突规则指定了作为其原始住所地（法文 domicile d'origine）法的巴伐利亚法。但是，法国最高法院并没有直接对这位在法国死亡的巴伐利亚人的动产法定继承适用其原始住所地的实体私法即巴伐利亚继承法。相反，法国最高法院首先审查了巴伐利亚的冲突规则（相当于"总括的指定"）。

依巴伐利亚冲突规则，遗产法定继承应适用被继承人死亡时事实上的（拉丁文 *de facto*）住所地法。在巴伐利亚看来，福尔戈事实上的住所地在法国。法国最高法院没有再审查巴伐利亚冲突规则对外国法的指定是总括的指定还是实体法规则的指定。于是，法国实体法规则最终被适用，指定的链条就此中断。也就是说，法国最高法院接受了巴伐利亚冲突规则对作为事实上的住所地法的法国法的反致。依照当时的法国实体私法，一个非婚生子女的母亲的旁系血亲对该子女的遗产无法定继承权。因此，被继承人福尔戈的动产归属于法国国库（法文 administration des domaines）。

"福尔戈案"在国际私法上具有重大的理论意义。它开了法国司法判例一百多年来准许反致和转致的先河：

第一，法国司法判例对反致和转致的原则性准许。关于法国司法判例中的反致和转致的一项系统性研究表明，〔1〕法国法院自 1878 年以来原则上准许反致和转致。法国法院通常把法国冲突规则对他国法的指定看作"总括的指定"，且不仅承认反致（法文 renvoi au premier degré，意思是"第一级别的致送"），还承认转致（法文 renvoi au second degré，意思是"第二级别的致送"）。〔2〕在人法和继承法领域，法国司法判例尤其考虑反致和转致。总之，在法国司法判例上，存在一个有利于考虑反致和转致的持续趋势。

第二，例外。在例外情形下，如在合同之债、非合同之债和亲子关系领域，法国法院以当事人意思自治、法的安定性、保护特定当事人以及避免"恶性循环"（法文 cercle vicieux）为理由排除反致和转致，有时甚至基于公共秩序（法文 ordre public）的理由而排除反致和转致。当然，这些只是法国司法判例准许反致和转致的原则

〔1〕 Voir Derruppé/Agostini, Le renvoi dans la jurisprudence française, n°4 – 31.

〔2〕 在中文国际私法教科书中，一般将法文 renvoi au premier degré 译成"一级反致"，将 renvoi au second degré 译成"二级反致"。这是不正确的。法文里 renvoi 一词是动词 renvoyer 的名词形式，意思是"致送"，包括"送回"和"再送"。反致可以理解成"送回"，转致可以理解成"转送"。"renvoi"一词作为外来语在英文和德文中使用时，均包括反致和转致两种情形。

的例外情形而已。

20. 菲律宾法

菲律宾迄今尚无一部关于国际私法的法律。但是，在 1963 年的一个判决中，菲律宾最高法院接受了以被菲律宾冲突规则指定的外国法的冲突规则对菲律宾内国实体法的指定的形式出现的反致。[1]

21. 哥斯达黎加法

在哥斯达黎加国际私法上，反致和转致未被规定。学者著述中的多数声音压倒性地反对反致和转致。但一些学者承认被哥斯达黎加冲突规则指定的外国法的冲突规则对哥斯达黎加法的反致。[2]

22. 格鲁吉亚法

格鲁吉亚冲突规则包含于 1998 年 4 月 29 日《关于国际私法的法律》（自 1998 年 12 月 1 日起施行）。该法第 4 条第 1 款至第 3 款就"对外国法的指定"规定如下："(1)他国法被指定的，该国国际私法应予以适用，但以这样做不与该项指定的意义相抵触，或该项指定自己并不意味着所应适用的法的实体法规定必须予以直接适用为限。(2)他国法反致于格鲁吉亚法的，适用格鲁吉亚法的实体法规定。(3)当事人可以选择某一国家的法的，推定其对准据法的选择仅涉及实体法规定。"据此，格鲁吉亚冲突规则对外国法的指定原则上是总括的指定，但该项原则是有例外的：在该国国际私法的适用与该项指定的意义相抵触，或该项指定自己被限定为"实体法规则的指定"（如在格鲁吉亚冲突规则指定扶养义务准据法的情形下，见该法第 48 条）的除外（第 4 条第 1 款）。在被格鲁吉亚冲突规则指定的外国法的冲突规则反致于格鲁吉亚法的情形下，适用格鲁吉亚法的实体法规则（第 4 条第 2 款）。虽然该法未明文规定被格鲁吉亚冲突规则指定的外国法的冲突规则对第三国法律体系的转致，但结合第 4 条第 1 款所规定的"总括的指定"原则进行解释，应不难得出格鲁吉亚国际私法准许转致的结论。此外，在当事人进行准据法选择的情形下，他们只能选择实体法规则（第 4 条第 3 款）。[3]

23. 古巴法

1988 年 4 月 12 日生效的 1987 年 7 月 16 日《古巴共和国民法典》在其序言条款（第 11 条至第 21 条）以及 3 条特别规定里含有冲突规则。第 19 条第 1 句至第 3 句规定："在外国法被指定，而该外国法反过来指定古巴法的情形下，适用古巴法。另一外国法被指定的，只要该另一外国法的适用不违反第 21 条所规定的［古巴公共

---

〔1〕 See Sauveplanne, J. Georges: Renvoi, in: IntEncCompL Ⅲ ch. 6, 1990, p. 33.

〔2〕 Vgl. dazu Bergmann/Ferid/Henrich, 149. Lieferung, Costa Rica (Stand: 31.8.2002), S. 15.

〔3〕 See Basedow/Rühl/Ferrari/de Miguel Asensio (eds.), Encyclopedia of Private International Law, Edward Elgar, Cheltenham 2017, p. 2096, 3214 - 3225.

秩序］，[1]对该另一外国法的指定即应予以准许。在该另一外国法的适用违反古巴公共秩序的情形下，适用古巴法。”据此，古巴冲突规则对外国法的指定是“总括的指定”。被古巴冲突规则指定的外国法的冲突规则对古巴法的反致必须总是予以接受，而被指定的外国法的冲突规则对第三国法律体系的转致仅在后者的适用不违反古巴公共秩序时始予以考虑。在第三国法律体系的适用违反古巴公共秩序的情形下，适用古巴法(《古巴共和国民法典》第19条结合第21条)。[2]

24. 哈萨克斯坦法

哈萨克斯坦国际私法规则已被系统地编纂于《哈萨克斯坦共和国民法典》之1999年7月1日文本的分则第7章“国际私法”(第1084条至第1124条)。[3]关于“反致和对第三国法的转致”的第1087条第1款和第2款规定：“(1)除本条所规定的情形外，本章的冲突规则对外国法的任何指定，必须认为是对相关国家的实体法而不是法律冲突法的指定。(2)在依本法典第1094条，第1095条第2款、第3款、第5款，第1097条应适用外国法的情形下，对哈萨克斯坦共和国法的反致和对第三国法的转致应予以接受。”据此，哈萨克斯坦冲突规则对外国法的指定原则上是实体法规则的指定，从而原则上排除反致和转致。被指定的外国法的冲突规则对哈萨克斯坦法的反致或对第三国法律体系的转致仅在确定自然人的属人法，尤其在确定自然人权利能力和行为能力准据法以及自然人姓名准据法时，始例外地予以考虑。

25. 韩国法

韩国2001年4月7日《国际私法》(自2001年7月1日起施行，最后一次为第18670号法律所修正，最新文本自2022年7月5日起施行)第22条第1款(旧文本第9条第1款)规定：“某一外国法被本法指定为应予适用的法，而依该外国法，大韩民国法应予适用的，适用大韩民国法。”该法第22条第2款列举了不适用第22条第1款的6种情形如下：(1)双方当事人已协议选择准据法的；(2)该法的冲突规则指定合同准据法的；(3)扶养义务准据法应依该法第73条的指定予以确定的；(4)遗嘱形式准据法应依该法第78条第3款的指定予以确定的；(5)船舶登记国法应依该法第94条的指定予以确定的；(6)被指定的外国法的冲突规则对韩国法的反致将会与该法对准据法的指定的意义相抵触的。可见，韩国现行《国际私法》原则上接受被韩国冲突规则指定的外国法的冲突规则对韩国法的反致，但只要存在该法第22条第2款所列举的情形之一，就不准许反致。另外，该法未明文规定被指

[1] 《古巴共和国民法典》第21条规定：“外国法的适用结果达到违背古巴共和国政治、社会和经济制度的原则的程度的，该外国法即不予适用。”

[2] Vgl. dazu Staudinger – Hausmann (2003), Anh. zu Art. 4 EGBGB, Rn. 506, 514.

[3] Vgl. dazu Weißhaupt, Neues Kollisions – und Internationales Zivilprozeßrecht in der Republik Kasachstan, IPRax 2002, 53.

定的外国法的冲突规则对第三国法律体系的转致，这应解释成韩国《国际私法》原则上不准许转致。然而，韩国《国际私法》对转致的排除并不绝对：根据该法第80条第1款（旧文本第51条第1款），当事人承担因汇票、本票和支票而发生的债务的能力，适用其本国法；如其本国法规定此种能力应适用另一国家的法律体系，则适用该另一国家的法律体系。[1] 此种情形实际上是从该法第80条第1款的冲突规则到当事人本国法，再从当事人外国法的冲突规则到第三国法律体系的转致。

26. 荷兰法

2011年5月19日通过、自2012年1月1日起施行的荷兰新《民法典》第10编“国际私法”（第10:1条至第10:165条）是荷兰立法者长期对冲突规则进行系统性编纂的结果。其第10:5条明确规定：“对某国法的适用，是指对该国法除国际私法以外的规则的适用。”这表明，荷兰冲突规则对外国法的任何指定，都是对该外国法的实体法规则的指定，而不是对该外国法的冲突规则的指定，从而不给反致和转致留下任何余地。对反致和转致的绝对排除反映了荷兰立法者对反致和转致问题所抱的态度，即认为反致和转致不但会带来法律适用上的不确定性，而且会给法院等法律适用机关、诉讼参与人及其代理人带来不必要的查明外国国际私法施行现状的负担。总之，自荷兰新《民法典》第10编施行之日（2012年1月1日）起，荷兰法已成为典型的“反致转致不友好型”法律体系。[2]

27. 黑山法

黑山共和国已于2013年12月27日通过了《关于国际私法的法律》（自2014年7月9日起施行），正式取代了南斯拉夫社会主义联邦共和国1982年7月9日《关于解决在某些事项上与他国规定的法律冲突的法律》。[3]

黑山共和国《关于国际私法的法律》第4条第1款和第2款就“对外国法的指定”规定如下：“（1）除本法或其他法律另有规定外，外国法被本法所指定的，适用该外国法包括其冲突规则在内的立法。（2）案件涉及下列事项之一的，不准许对黑山法的反致或对第三国法的转致：1）法人法律地位和无法律人格的组织的形式；2）法律行为的形式；3）准据法的选择；4）扶养；5）合同之债；或6）非合同之债。”据此，黑山冲突规则对外国法的指定原则上是总括的指定，黑山国际私法原则上既接受被黑山冲突规则指定的外国法的冲突规则对黑山法的反致，也准许被黑山冲突规则指定的外国法的冲突规则对第三国法律体系的转致（《关于国际私法的法律》第4

---

[1] See Suk, *The New Conflict of Laws Act of the Republic of Korea*, Yearbook of Private International Law, Volume 5 (2003), p. 111, 317, 332.

[2] See Basedow/Rühl/Ferrari/de Miguel Asensio (eds.), *Encyclopedia of Private International Law*, Edward Elgar, Cheltenham 2017, p. 2362, 3553 – 3584.

[3] Vgl. Jessel – Holst, Neukodifikation des internationalen Privatrechts in Montenegro, in: IPRax 2014, 553 – 555.

条第1款)。但该项原则是有例外的:当案件涉及第4条第2款所列举的6类国际性私法事项之一时,黑山国际私法既不准许反致,也不准许转致,因为在此种情形下,黑山冲突规则对外国法的指定例外地为实体法规则的指定(《关于国际私法的法律》第4条第2款)。总之,虽然黑山法仍算得上是"反致转致友好型"法律体系,但相比于南斯拉夫《关于解决在某些事项上与他国规定的法律冲突的法律》,黑山共和国《关于国际私法的法律》第4条第2款较为详尽地列举了排除反致和转致的6类含有国际性因素的私法事项,从而大大增加了例外地不准许反致和转致的情形。

28. 加蓬法

加蓬国际私法规则包含于1972年7月29日《民法典》第1编第4章。[1] 依照其《民法典》第29条,是否准许反致和转致取决于被加蓬冲突规则指定的外国法的态度。如果被加蓬冲突规则指定的外国法的冲突规则规定应适用加蓬法,则适用加蓬法(反致);如果被指定的外国法的冲突规则规定应适用第三国法律体系,则适用该第三国法律体系(转致)。但如果被加蓬冲突规则指定的外国法的冲突规则既不宣告该外国法自身应予适用,也不规定应适用第三国法律体系,则适用加蓬法。[2] 可见,加蓬冲突规则对外国法的指定是总括的指定。加蓬国际私法不但接受被指定的外国法的冲突规则对加蓬法的反致,而且准许被指定的外国法的冲突规则对第三国法律体系的转致,故加蓬法称得上是"反致转致友好型"法律体系。

29. 捷克法

今天的捷克共和国国际私法的主要渊源是2012年1月25日《关于国际私法的法律》(2012年第91号法律,自2014年1月1日起施行)。该法第21条第1款第1句和第2句明确规定了对反致和转致的准许,表明捷克冲突规则对外国法的指定原则上是总括的指定。如果该法的冲突规则指定某一外国法,而被指定的外国法的冲突规则反致于捷克法,则捷克法的实体法规则应予适用(第21条第1款第1句)。如果被捷克冲突规则指定的外国法的冲突规则指定第三国法律体系,且第三国法律体系的冲突规则指定其自己的实体法规则,则适用该第三国法律体系的实体法规则;而在第三国法律体系的冲突规则不指定其自己的实体法规则的情形下,则适用捷克法的实体法规则(第21条第1款第2句)。

根据捷克共和国《关于国际私法的法律》第21条第2款第1句,在涉及合同之债或劳动法关系时,例外地不准许反致和转致。此外,根据该法第21条第2款第2句,在双方当事人已协议选择准据法的情形下,仅在由双方当事人的准据法选择协议能够推断出被选择的法律体系的冲突规则应予考虑时,始得考虑被选择的法律

[1] Deutsche Übersetzung auszugsweise abgedr. bei Kropholler/Krüger/Riering/Samtleben/Siehr (Hrsg.), Außereuropäische IPR-Gesetze, S. 247.

[2] Vgl. dazu Staudinger-Hausmann (2003), Anh. zu Art. 4 EGBGB, Rn. 744.

体系的冲突规则。[1]

总之，自捷克共和国《关于国际私法的法律》施行之日（2014年1月1日）起，捷克法已成为典型的"反致转致友好型"法律体系。

30. 魁北克法

加拿大魁北克省于1991年12月18日通过的一部全面地编纂了魁北克国际私法的制定法已被纳入1994年1月1日生效的《魁北克民法典》第10编"国际私法"（第3076条至第3168条）。其第3080条规定："依本编的规定，某一外国的法应予适用的，所说的法是该外国的内国实体法，而不是其用以解决法律冲突的规则。"据此，《魁北克民法典》第10编的冲突规则对外国法的指定是指对该外国法中除冲突规则以外的实体法规则的指定。由此可见，魁北国际私法对反致和转致采取一概予以排除的态度，故魁北克法属于典型的"反致转致不友好型"法律体系。[2]

31. 拉脱维亚法

拉脱维亚共和国的冲突规则相当一部分包含于1937年1月28日的《民法典》之1993年5月25日文本的序言（第7条至第25条）。[3]《民法典》23条规定："依本序言的规定，某一外国法应予以适用，但该外国法反过来规定拉脱维亚法应予适用的，适用拉脱维亚法。"据此，拉脱维亚冲突规则对外国法的指定是总括的指定。被指定的外国法的冲突规则对拉脱维亚法的反致必须总是予以接受。至于被指定的外国法的冲突规则对第三国法律体系的转致是否应予考虑，则无明文规定。鉴于构成拉脱维亚共和国《民法典》第23条基础之"总括的指定"理念，几乎可以推言，转致也是拉脱维亚国际私法所准许的。[4]

32. 立陶宛法

2000年7月18日《立陶宛共和国民法典》（自2001年7月1日起施行）在其第1编"总则"第1部分"民法及其适用"第2章"国际私法"第1节"一般规定"之第1.10条第3款就"对应予适用的外国法的指定"的含义规定如下："除本法典所规定的情形外，对应予适用的外国法的指定是指对所涉国家的内国实体法的指定，而不是对该国的国际私法的指定。"据此，立陶宛冲突规则对外国法的指定原则上是实体法规则的指定，而仅在《立陶宛共和国民法典》所规定的情形下始有例外。只有在这些例外的情形下，才有可能产生反致和转致。

---

〔1〕 See Basedow/Rühl/Ferrari/de Miguel Asensio (eds.), *Encyclopedia of Private International Law*, Edward Elgar, Cheltenham 2017, p. 3101 – 3136, at 3108.

〔2〕 Vgl. dazu Lequette, Renvoi, 12; Staudinger – Hausmann (2003), Anh. zu Art. 4 EGBGB, Rn. 61, 69.

〔3〕 Deutsche Übersetzung bei Bergmann/Ferid/Henrich, 148. Lieferung, Lettland (Stand: 1.5.2002), S. 67 ff; Ferid/Firsching/Dörner/Hausmann, Lettland, Texte A 3 ff.

〔4〕 Vgl. dazu Bergmann/Ferid/Henrich, a. a. O. 40; Ferid/Firsching/Dörner/Hausmann, Lettland, Rn. 52.

《立陶宛共和国民法典》第1.14条第1款至第5款就“反致和对第三国法的转致”规定如下:“1. 应予适用的外国法反致于立陶宛法的,仅在本法典或该外国法所规定的情形下,该反致始应予以遵照实行;2. 应予适用的外国法指定第三国法的,仅在本法典或该第三国法所规定的情形下,该转致始应予以遵照实行;3. 在决定某人的民事法律身份的事项上,应予适用的外国法反致于立陶宛共和国法的,此种反致应予遵照实行;4. 在准据法已被某一行为的当事人双方所选择的情形下,不适用本条第1款、第2款和第3款;在确定某一行为的形式的准据法或非合同之债准据法时亦同;5. 本章的条文规定适用某一国际条约(公约)的,致送事项,即反致于立陶宛共和国法和转致于第三国法,应依照所应适用的国际条约(公约)的规定予以决定。”[1]

总之,立陶宛冲突规则对外国法的指定原则上是实体法规则的指定,相应地,立陶宛国际私法以排除反致和转致为原则,以准许反致和转致为例外。

33. 列支敦士登法

列支敦士登1996年9月19日《关于国际私法的法律》(自1997年1月1日起施行)是列支敦士登立法者对冲突规则进行系统性编纂的结果,受奥地利1978年6月15日《关于国际私法的联邦法律》(自1979年1月1日起施行)的影响较大。列支敦士登《关于国际私法的法律》第5条第1款第1句和第2句规定:“外国法应予适用的,适用其实体法规则(除冲突规则以外的法律规则)。该外国法的冲突规则指定列支敦士登法为应予适用的法的,不适用前句的规定;在此情形下,适用列支敦士登法的实体法规则。”据此,列支敦士登冲突规则对外国法的指定原则上是实体法规则的指定(《关于国际私法的法律》第5条第1款第1句)。但这一原则是有例外的:被指定的外国法的冲突规则,仅在其规定应适用列支敦士登法时始予以考虑;在此情形下,被指定的外国法的冲突规则对列支敦士登法的反致必须总是予以接受(《关于国际私法的法律》第5条第1款第2句)。总之,列支敦士登国际私法接受反致,但不准许转致。

34. 卢森堡法

卢森堡《民法典》虽含有少量冲突规则,却欠缺关于反致和转致等国际私法问题的总则性规定。在实践中,卢森堡司法判例一向采取准许反致和转致的原则,既接受被卢森堡冲突规则指定的外国法的冲突规则对卢森堡法的反致,也准许被指定的外国法的冲突规则对第三国法律体系的转致。这一原则的例外存在于以下情形:已对卢森堡生效的国际条约[如1961年10月5日《关于未成年人保护方面的机关管辖权和准据法的(海牙)公约》]的冲突规则所做出的“实体法规则的指定”、对

---

[1] See Basedow/Rühl/Ferrari/de Miguel Asensio (eds.), *Encyclopedia of Private International Law*, Volume 4, Edward Elgar, Cheltenham 2017, p. 3439.

形式准据法的指定（总是被理解成实体法规则的指定）以及当事人双方在法律准许的前提下对准据法的选择（其只能选择实体法）。〔1〕

35. 罗马尼亚法

2009 年 7 月 17 日通过、自 2011 年 10 月 1 日起施行的罗马尼亚新《民法典》第 7 编（第 2557 条至第 2663 条）更新了之前包含于罗马尼亚 1992 年 9 月 22 日《关于解决国际私法关系的第 105/1992 号法律》的国际私法规定。〔2〕

罗马尼亚新《民法典》第 2559 条第 1 款至第 3 款规定："（1）除另有规定外，外国法包括实体法规则和冲突规则。（2）除另有规定外，外国法指定罗马尼亚法或另一外国法的，适用罗马尼亚法。（3）作为本条第 1 款的例外，在当事人已选择应予适用的外国法，或外国法指定法律行为形式和非合同之债准据法的情形下，以及在罗马尼亚作为缔约国的国际条约、欧盟法或国内法律所规定的其他特别情形下，该外国法不包括冲突规则。"据此，罗马尼亚冲突规则对外国法的指定原则上是实体法规则的指定。罗马尼亚法接受被罗马尼亚冲突规则指定的外国法的冲突规则对罗马尼亚法的反致，但不准许被指定的外国法的冲突规则对第三国法律体系的转致（新《民法典》第 2559 条第 2 款）。此外，在当事人已达成准据法选择协议、法律行为形式准据法和非合同之债准据法须予以确定的情形下，以及在已对罗马尼亚生效的国际条约、欧盟法或国内法律另有特别规定的情形下，罗马尼亚国际私法排除反致和转致（新《民法典》第 2559 条第 3 款）。

36. 蒙古法

2002 年 1 月 10 日的蒙古新《民法典》（自 2002 年 9 月 1 日起施行）〔3〕含有国际私法规定，包括国际私法总则性规定。其第 540.2 条规定："依外国法，蒙古法应予适用的，必须适用蒙古法。"可见，该规定明确地准许被蒙古国冲突规则指定的外国法的冲突规则对蒙古国法的反致。由蒙古新《民法典》第 540.2 条的措辞还可进一步推断：蒙古国冲突规则对外国法的指定是总括的指定。因此，虽然蒙古新《民法典》第 540.2 条并未规定被蒙古国冲突规则指定的外国法的冲突规则对第三国法

〔1〕 Vgl. dazu Bergmann/Ferid/Henrich, 153. Lieferung, Luxemburg (Stand: 1. 2. 2003), S. 25.

〔2〕 罗马尼亚新《民法典》于 2009 年 7 月 17 日通过（第 287/2009 号法律），2009 年 7 月 24 日公布于《罗马尼亚官方公报》，因 2011 年 6 月 3 日的第 71/2011 号法律（2011 年 6 月 10 日公布于《罗马尼亚官方公报》）而被实施，于 2011 年 7 月 15 日重新公布于《罗马尼亚官方公报》，自 2011 年 10 月 1 日起施行。Voir Loi n° 287/2009 concernant le Nouveau Code Civil, Journal Officiel de la Roumanie n° 511 du 24 juillet 2009; Loi n° 71/2011 pour la mise en application de la loi n° 287/2009 concernant le Nouveau Code Civil, Journal Officiel de la Roumanie n° 409 du 10 juin 2011; Nouveau Code civil roumain republié dans le Journal Officiel de la Roumanie n° 505 du 15 juillet 2011. Traduction française du Livre Ⅶ parue dans *Revue critique de droit international privé*, 2012, p. 459 – 480.

〔3〕 Deutsche Übersetzung auszugsweise abgedr. in: IPRax 2003, 381.

律体系的转致,但通过目的性解释,似可得出转致不被排除的结论。[1]

37. 墨西哥法

墨西哥是一个有着复合法律体系的国家。每一个州都有其自己的民法典(Código civil),它们都含有冲突规则。联邦特区(Distrito Federal)也是如此。在墨西哥32个分法律体系中,大多数对反致和转致问题不置可否。但联邦特区和新莱昂州(Nuevo León)的立法者分别就反致和转致问题做出了不同的规定。依照《联邦特区民法典》第14条第2款,联邦特区冲突规则对外国法的指定原则上是实体法规则的指定。反致和转致仅在案件的特别情事要求考虑被指定的外国法的冲突规则时,始例外地予以准许。相反,因1991年8月8日的制定法而被增加到《新莱昂州民法典》第21条之二的新莱昂州冲突规则对外国法的指定原则上是总括的指定,亦即考虑对被指定的外国法的冲突规则;仅在例外情形下(如新莱昂州自己的冲突规则明确地指定外国法的实体法规则时),始为实体法规则的指定。[2]

38. 葡萄牙法

葡萄牙国际私法规则相当一部分被规定于葡萄牙《民法典》之1966年11月25日文本的第14条至第65条。《民法典》第16条规定:"除另有规定外,冲突规则对外国法的指定仅决定对该外国法的内国实体法规则的适用。"据此,葡萄牙冲突规则对外国法的指定原则上是实体法规则的指定。但"实体法规则的指定"原则因《民法典》多条规定准许反致和转致而被打破。

如果被葡萄牙冲突规则指定的外国法的冲突规则指定第三国法,而该第三国法的冲突规则规定应适用其自己的内国实体法,则适用该第三国法的实体法规则,这意味着准许转致(《民法典》第17条第1款)。同样,如果被葡萄牙冲突规则指定的外国法的冲突规则规定应适用葡萄牙内国实体法,则适用葡萄牙实体法规则。这意味着被指定的外国法的冲突规则对葡萄牙法的反致必须予以接受(《民法典》第18条第1款)。此外,在国际家庭法和国际继承法领域,如果被葡萄牙冲突规则指定的外国法(国籍国法)的冲突规则就不动产指定物之所在地法(*lex rei sitae*),而物之所在地法的冲突规则又规定物之所在地法自身应予适用,则意味着在这些领域准许反致和转致(《民法典》第17条第3款)。

葡萄牙《民法典》还含有其他关于反致和转致的复杂规定。第17条第2款规定了不准许转致的情形;第18条第2款限制了葡萄牙法的适用,从而排除了反致。这两条规定均与属人法有关。

最后,第19条规定了不准许反致和转致的其他情形。如果适用关于准许反致和转致的《民法典》第17条和第18条将会导致法律行为无效或不生效力(该法律

---

[1] Vgl. IPRax, 2003, 378.

[2] Vgl. dazu Staudinger – Hausmann (2003), Anh. zu Art. 4 EGBGB, Rn. 615, 619, 624.

行为依照关于"葡萄牙冲突规则对外国法的指定原则上是实体法规则的指定"之《民法典》第16条是有效的)，或将会导致身份不合法(若不适用《民法典》第17条和第18条则将是合法的)，则不适用关于准许反致和转致的《民法典》第17条和第18条。以当事人被准许选择准据法为限，如果双方当事人已选择外国法为准据法，则同样不适用关于准许反致和转致的《民法典》第17条和第18条。

葡萄牙立法者之所以在《民法典》中制定了关于反致和转致的相当复杂的规定，是为了服务于"判决的国际和谐"的立法目的。[1]

39. 塞尔维亚法、波黑共和国法和克罗地亚法

南斯拉夫社会主义联邦共和国1982年7月15日《关于解决在某些事项上与他国规定的法律冲突的法律》(自1983年1月1日起施行)自2003年1月1日起继续适用于塞尔维亚和黑山。在黑山共和国于2006年6月3日宣布独立以后，该法继续适用于塞尔维亚共和国。此外，该法还被今天业已独立的波斯尼亚－黑塞哥维那(波黑)共和国和克罗地亚共和国沿用。

南斯拉夫《关于解决在某些事项上与他国规定的法律冲突的法律》第6条第1款和第2款规定："(1)依本法的规定，某一外国的法应予适用的，应考虑其关于确定准据法的规则。(2)某一外国关于确定准据法的规则反致于南斯拉夫法的，适用除关于确定准据法的规则以外的南斯拉夫法。"据此，塞尔维亚/波黑/克罗地亚冲突规则对外国法的指定是总括的指定，塞尔维亚/波黑/克罗地亚国际私法既准许反致，也准许转致(第6条第1款)。但被指定的外国法的冲突规则对塞尔维亚法/波黑法/克罗地亚法的反致应导致适用除冲突规则以外的塞尔维亚法/波黑法/克罗地亚法的实体法规则(第6条第2款)，而被塞尔维亚/波黑/克罗地亚冲突规则指定的外国法的冲突规则对另一外国法的转致则不受此限制。[2]

40. 美国法

在美利坚合众国并不存在联邦层面的统一国际私法。相反，美国国际私法更多的是各州冲突法，它们所关注的首先是州际法律冲突的解决。大多数州的冲突法排除反致和转致。

路易斯安那州1991年第923号法律(自1992年1月1日起施行)使《路易斯安那民法典》第4编"法律冲突法"中的国际私法规则被系统地编纂。《路易斯安那民法典》第3517条第1款和第2款规定："(1)除另有规定外，依本编的规定，他国法应予以适用的，被指定的法不包括该外国的法律冲突法。(2)但在依本法典第3515条、第3519条、第3537条和第3542条确定某一问题的准据法所属国时，可以考虑

---

〔1〕 Vgl. dazu Bergmann/Ferid/Henrich, 132. Lieferung, Portugal (Stand: 10. 8. 1998), S. 10; Sauveplanne, *Recueil des cours*, Volume 175 (1982 Ⅱ), p. 40; *ders.*, Renvoi, S. 25, 26.

〔2〕 Vgl. dazu Sauveplanne, Renvoi, S. 27; Staudinger－Hausmann (2003), Anh. zu Art. 4 EGBGB, Rn. 366, 374.

所涉外国的法律冲突法。”据此，路易斯安那冲突规则对外国法的指定原则上是实体法规则的指定，路易斯安那法原则上排除反致和转致。然而，在依《路易斯安那民法典》第3515条、第3519条、第3537条和第3542条确定某一问题（如自然人的身份）的准据法所属国时，譬如为了有利于婚姻有效性的承认，可以例外地考虑所涉外国的冲突规则。因此，对于路易斯安那法来说，反致和转致仅在例外情形下始被准许。[1]

41. 塞内加尔法

塞内加尔国际私法规则包含于1972年6月12日《家庭法典》的最后条款。[2]《家庭法典》第852条就反致和转致规定如下：“应予适用的外国法指定塞内加尔法的，适用塞内加尔法。”据此，塞内加尔冲突规则对外国法的指定原则上是总括的指定，即包括对被指定的外国法的冲突规则的指定，且被塞内加尔冲突规则指定的外国法的冲突规则对塞内加尔法的反致必须总是予以接受。至于被指定的外国法的冲突规则对第三国法律体系的转致是否在一切情形下均被排除，则不甚清楚。[3]

42. 斯洛伐克法

自捷克斯洛伐克社会主义共和国于1993年1月1日解体以来，根据《斯洛伐克共和国宪法》，捷克斯洛伐克社会主义共和国1963年12月4日《关于国际私法和国际民事诉讼法的法律》继续适用于今天的斯洛伐克共和国。

《关于国际私法和国际民事诉讼法的法律》第35条规定：“依本法的规定，外国法应予以适用，而该外国法的规定反致于斯洛伐克法，或转致于第三国法，此种致送必须予以接受，前提是它合于所涉法律关系之合理与公正的调整。”据此，斯洛伐克冲突规则对外国法的指定是总括的指定，斯洛伐克国际私法既接受被斯洛伐克冲突规则指定的外国法的冲突规则对斯洛伐克法的反致，也准许被斯洛伐克冲突规则指定的外国法的冲突规则对第三国法律体系的转致，前提是此种致送（反致或转致）合于所涉法律关系之“合理与公正的调整”。

43. 斯洛文尼亚法

斯洛文尼亚共和国1999年6月30日《关于国际私法和国际民事诉讼的法律》（自1999年7月28日起施行）第6条第1款至第3款就反致和转致规定如下：“（1）依本法，某一外国法应予以适用的，适用该外国法规定何国法应予适用的规则（法律选择规则）。（2）某一外国的法律选择规则规定应适用斯洛文尼亚共和国法的，适用斯洛文尼亚共和国法而不考虑其法律选择规则。（3）当事人可以选择准据法的，本条第1款和第2款不予适用。”据此，斯洛文尼亚冲突规则对外国法的指定

---

〔1〕 Vgl. dazu Lequette, Renvoi, 11; Staudinger - Hausmann (2003), Anh. zu Art. 4 EGBGB, Rn. 83.

〔2〕 Deutsche Übersetzung auszugsweise abgedr. bei Kropholler/Krüger/Riering/Samtleben/Siehr (Hrsg.), Außereuropäische IPR - Gesetze, S. 735.

〔3〕 Vgl. dazu Staudinger - Hausmann (2003), Anh. zu Art. 4 EGBGB, Rn. 754, 761.

原则上是总括的指定,亦即包括对被指定的外国法的冲突规则的指定(第6条第1款)。被指定的外国法的冲突规则对斯洛文尼亚法的反致必须总是予以接受,而不论被指定的外国法自己所规定的是实体法规则的指定还是总括的指定,也不再考虑斯洛文尼亚冲突规则指定何国法。在接受反致的情形下,最终被适用的是斯洛文尼亚法的实体法规则(第6条第2款)。然而,斯洛文尼亚国际私法准许反致和转致的原则在当事人享有意思自治权能的情形下有所例外:只要双方当事人有权选择准据法,就排除一切反致和转致(第6条第3款)。[1]

44. 日本法

(1)基本态度——有限制的反致

第一,原则上考虑外国本国法的冲突规则对日本法的反致。在2007年1月1日之前,1898年7月16日至2006年12月31日施行的日本《法例》即已接受当事人的外国本国法的冲突规则对日本法的反致,但有重大限制:如果依日本冲突规则,应适用当事人本国法,而被指定的当事人本国法的冲突规则宣告日本法应予适用,则适用日本实体法规则(《法例》第32条前半句)。[2]

《法例》关于反致的第32条前半句的规定,几乎原封不动地被2006年6月15日《关于法的适用的通则法》(自2007年1月1日起施行)第41条第1句保留了下来。后者规定:"应适用当事人本国法时,如依该国法应适用日本法,则适用日本法。"

第二,日本判决的一个实例。在1994年3月8日关于最后住所在日本的某中国公民的不动产法定继承案的判决里,日本最高裁判所适用了日本法的实体法规则,理由是:当时的日本冲突规则(《法例》第26条)首先指定作为被继承人本国法的中国法,而当时的中国冲突规则就不动产法定继承又指定作为物之所在地法的日本法(现已废止的《中华人民共和国民法通则》第149条:"遗产的法定继承,……不动产适用不动产所在地法律。")。[3] 根据《法例》第32条前半句,日本法院接受了被日本冲突规则指定的被继承人本国法(中国法)的冲突规则对日本法的这一反致。

第三,未规定的反致和转致的情形。无论是2007年1月1日以前施行的《法例》还是现行《关于法的适用的通则法》,均未就被日本冲突规则指定的、不是当事

---

〔1〕 Vgl. dazu Rudolf, IPRax 2003, 159; Staudinger - Hausmann(2003), Anh. zu Art. 4 EGBGB, Rn. 431, 438.

〔2〕 日本《法例》关于反致的第32条规定:"应依当事人本国法时,如按照该国的法律应依日本法律,则依日本法律,但依第14条(包括第15条第1款及第16条准用第14条的规定的情形)或第21条的规定应依当事人本国法时,不在此限。"参见陈卫佐译:《日本法例》,载黄进等主编:《中国国际私法与比较法年刊》第8卷,法律出版社2006年版,第607~613页。

〔3〕 Vgl. dazu Yamauchi, FS Großfeld, S. 1358.

人本国法的外国法的冲突规则对日本法的反致,以及被指定的外国法的冲突规则对第三国法律体系的转致做出明文规定。在这方面,日本国际私法留下了立法缺漏。

(2)其他限制

在日本《关于法的适用的通则法》里本来已受到限制的反致,又由于一些例外情形而进一步受到限制。在一些法律领域,如婚姻一般效力(第25条)、夫妻财产制(第26条第1款)、离婚(第27条)以及父母子女间的法律关系(第32条),均排除被指定的外国法的冲突规则对日本法的反致(第41条第2句)。同样,其他反致和转致的任何情形均不予考虑。

45. 瑞士法

(1)原则上排除反致和转致

瑞士1987年12月18日《关于国际私法的联邦法律》的冲突规则对外国法的指定原则上是实体法规则的指定。该法第14条第1款仅在特别情形下准许反致和转致,它规定:"应予适用的法反致于瑞士法或转致于另一外国法的,仅在本法规定应考虑此种致送(反致或转致)时,始考虑之。"

(2)例外情形考虑反致和转致

第一,依照法律规定考虑反致和转致。依照瑞士《关于国际私法的联邦法律》第14条第1款,被指定的外国法的冲突规则对瑞士法的反致或对第三国法律体系的转致仅在少数特别情形下始予以考虑,而考虑反致和转致的此种特别情形必须为该法的特别规则所规定。具体地说,此种考虑外国冲突规则的特别规则见于该法第37条第1款第2句(住所在外国的人的姓名)和第91条第1款(最后住所在外国的人的遗产继承)。在这两种特别情形下,所涉及的是住所(或最后住所)在外国的自然人,他们与法院地法的联系不如住所在内国的自然人与法院地法的联系密切。第37条第1款规定:"住所在瑞士的人的姓名,适用瑞士法;住所在外国的人的姓名,适用其住所地国家的国际私法规则所指定的法。"第91条第1款规定:"最后住所在外国的人的遗产继承,适用被继承人最后住所地国家的国际私法规则所指定的法。"当被指定的外国法的冲突规则反致于瑞士法或转致于第三国法律体系时,此种反致或转致应予以考虑。

瑞士立法者在《关于国际私法的联邦法律》第14条第1款所采取的解决办法可理解成原则上排除反致和转致,但有若干例外。这与作为该法基石的住所地法主义不无关系,因为该法的冲突规则在多数情形下指定住所地法,它通常是与事实情况有最密切联系的法律体系,从而使反致和转致在一般情形下变得多余。

第二,在个人或家庭身份事项上考虑反致。依照《关于国际私法的联邦法律》第14条第2款,在个人或家庭身份事项上,被指定的外国法的冲突规则对瑞士法的反致必须予以接受。一些作者把这一规定批评为具有偏向法院地法的"努力回本国去"的倾向,因为它不考虑被指定的外国法的冲突规则对瑞士法的指定是对瑞士实体法规则的指定还是对瑞士冲突规则的指定,可能会阻碍判决的国际和谐。[1]

46. 索马里法

以1973年6月2日第37号法律的形式公布的索马里《民法典》(Codice civile)在其第1章第2节"一般规定"(第6条至第28条)中含有冲突规则。其第27条就反致和转致规定如下:"在[索马里冲突规则]指定外国法的情形下,该外国法的国际私法规则不予适用。"据此,索马里冲突规则对外国法的一切指定均应理解成实体法规则的指定,从而排除了一切反致和转致。[2]

47. 塔吉克斯坦法

塔吉克斯坦冲突规则相当一部分包含于1999年6月30日《民法典》第3编。依照该编的规定,塔吉克斯坦冲突规则对外国法的指定是实体法规则的指定,从而排除了一切反致和转致。[3]

48. 泰国法

泰国1938年3月10日《关于法律冲突的法律》(1938年3月20日公布并施行)第4条规定:"依本法,某一外国法应予以适用,而依该外国法,泰国法应予以适用的,适用泰国的内国实体法,而不适用泰国法律冲突规则。"据此,泰国冲突规则对外国法的指定原则上是总括的指定,即包括对被指定的外国法的冲突规则的指定,且被泰国冲突规则指定的外国法的冲突规则对泰国法的反致必须总是予以接受。至于被泰国冲突规则指定的外国法的冲突规则对第三国法律体系的转致是否在任何情形下均被排除,则不甚清楚。[4]

49. 土耳其法

土耳其议会于2007年11月27日通过的新的《关于国际私法和国际民事诉讼法的法律》(第5718号法律,自2007年12月12日起施行)第2条第3款规定:"应予适用的外国法的冲突规则指定另一法的,仅在关乎人法和家庭法方面的争执时始考虑这一指定,且适用该另一法的实体法规则。"[5]由此可得出以下三个结论:第一,土耳其冲突规则对外国法的指定是总括的指定。第二,土耳其国际私法接受被土耳其冲突规则指定的外国法的冲突规则对土耳其法的反致。第三,如果被土耳其冲突规则指定的外国法的冲突规则指定第三国法律体系,则仅在关乎人法和家庭法方面的争执时始考虑被指定的外国法的冲突规则对第三国法律体系的转致。

---

〔1〕 参见陈卫佐:《瑞士国际私法法典研究》,法律出版社1998年版,第43~45页。

〔2〕 Weizuo Chen, Rück- und Weiterverweisung (Renvoi) in staatsvertraglichen Kollisionsnormen, Peter Lang GmbH Europäischer Verlag der Wissenschaften, Frankfurt am Main 2004, S. 36-37.

〔3〕 Vgl. dazu Bergmann/Ferid/Henrich, 152. Lieferung, Tadschikistan (Stand: 30.12.2002), S. 22.

〔4〕 Vgl. dazu Staudinger-Hausmann (2003), Anh. zu Art. 4 EGBGB, Rn. 818.

〔5〕 Vgl. IPRax 2008, 283.

50. 突尼斯法

突尼斯1998年11月27日通过的《国际私法法典》第4编第1章是关于冲突法的一般性规定。其第35条规定："除法律有相反规定外，不准许反致和转致，而不论其是否导致适用突尼斯法或他国法。"[1] 据此，突尼斯冲突规则对外国法的指定是实体法规则的指定，故而排除了反致和转致。

51. 委内瑞拉法

委内瑞拉1998年8月6日《关于国际私法的法律》（自1999年2月6日起施行）第4条第1款至第3款规定："（1）被委内瑞拉冲突规则指定的外国法宣告第三国法应予以适用，而该第三国法宣告它自己应予以适用的，适用该第三国的内国实体法。（2）被委内瑞拉冲突规则指定的外国法宣告委内瑞拉法应予以适用的，适用委内瑞拉法。（3）在前两款未予规定的情形下，适用被委内瑞拉冲突规则指定的国家的内国实体法。"据此，虽然委内瑞拉冲突规则对外国法的指定原则上是总括的指定，但委内瑞拉国际私法只准许所谓"被接受的转致"和反致。首先，如果被委内瑞拉冲突规则指定的外国法的冲突规则指定第三国法律体系，而该第三国法律体系宣告它自己是应予适用的法律体系，则这一转致为"被接受的转致"，它是委内瑞拉国际私法所准许的（《关于国际私法的法律》第4条第1款）。其次，委内瑞拉国际私法总是接受被指定的外国法的冲突规则对委内瑞拉法的反致的（《关于国际私法的法律》第4条第2款）。在其余情形下，排除反致和转致（《关于国际私法的法律》第4条第3款）。[2]

52. 乌兹别克斯坦法

1997年3月1日生效的乌兹别克斯坦1997年新《民法典》在其第6章（第1158条至第1199条）中含有冲突规则。[3]《民法典》第1161条第1款和第2款规定："（1）除本条所规定的情形外，本章的规则对外国法的任何指定，均须视为对所涉外国的实体法的指定，而不是对其冲突法的指定。（2）在本法典第1168条，第1169条第1款、第3款和第5款，第1171条和第1174条的范围内，依该外国法的法律适用规则发生对乌兹别克共和国法的反致和对第三国法的转致。"据此，乌兹别克斯坦冲突规则对外国法的指定原则上是实体法规则的指定，从而原则上排除了反致或转致。仅在确定自然人的属人法时，尤其在确定自然人行为能力和姓名的准据法

---

[1] See Basedow/Rühl/Ferrari/de Miguel Asensio (eds.), *Encyclopedia of Private International Law*, Volume 4, Edward Elgar, Cheltenham 2017, p. 3900.

[2] Vgl. dazu Hernández – Bretón, Neues venezolanisches Gesetz über das Internationale Privatrecht, in: IPRax 1999, 195; de Maekelt, Das neue venezolanische Gesetz über Internationales Privatrecht, in: RabelsZ 64 (2000) 304, 319; Staudinger – Hausmann (2003), Anh. zu Art. 4 EGBGB, Rn. 653, 657.

[3] Deutsche Übersetzung auszugsweise abgedr. bei Kropholler/Krüger/Riering/Samtleben/Siehr (Hrsg.), Außereuropäische IPR – Gesetze, S. 915.

以及监护、保佐的准据法时,始例外地考虑反致和转致(《民法典》第1161条)。[1]

53. 西班牙法

西班牙冲突规则被规定于西班牙《民法典》之1974年5月31日文本的序编第4章"国际私法规则"第8条至第12条[2]和1981年7月7日文本的第49条、第50条及第107条第1款,后因1990年10月15日的法律、1996年1月15日的法律(自1996年2月16日起施行)和其他法律而被修订。[3]

西班牙《民法典》第12条第2款规定:"对外国法的指定应视为对其实体法的指定,而不考虑该外国法的法律冲突规则对除西班牙法以外的他国法的致送。"据此,西班牙冲突规则对外国法的指定原则上是实体法规则的指定。被西班牙冲突规则指定的外国法的冲突规则对第三国法律体系的转致应一概予以排除。例外地,西班牙国际私法接受被西班牙冲突规则指定的外国法的冲突规则对西班牙法的反致。

54. 希腊法

希腊国际私法以绝对的方式排除一切反致和转致。1940年3月15日希腊《民法典》(自1946年2月23日起施行)第32条是典型的排除反致和转致的立法例,它规定:"应予适用的外国法,不包括该外国的国际私法规则。"依照这一规定,希腊冲突规则对外国法的任何指定都毫无例外地是对被指定的外国法的实体法规则的指定。因此,希腊国际私法没有给反致和转致留下任何存在空间。[4]

55. 匈牙利法

匈牙利于2017年4月11日通过了新的《关于国际私法的法律》(2017年第28号法律,自2018年1月1日起施行)。它取代了1979年5月31日公布的《关于国际私法的第13/1979号法令》(自1979年7月1日起施行)。

匈牙利《关于国际私法的法律》第5条第1款和第2款就反致和转致规定如下:"(1)确定准据法的本法之法律冲突规则指定某一外国法的,适用该外国法直接适用于私法事项的实体法规则。(2)依本法,应予适用的外国法被以国籍为连结根据而确定,且:a)该外国法的法律冲突规则反致于匈牙利法的,适用匈牙利实体法;b)该外国法的法律冲突规则转致于另一外国法的,适用该另一外国法的实体法

---

〔1〕 Vgl. dazu Staudinger-Hausmann (2003), Anh. zu Art. 4 EGBGB, Rn. 537, 545.

〔2〕 Deutsche Übersetzung bei Makarov, Quellen des IPR (3. Aufl. 1978), 259 ff.; französische Übersetzung in: Revue critique DIP 1976, 397. Vgl. hierzu v. Hoffmann/Ortiz-Arce, Das neue spanische IPR, in: RabelsZ 39 (1975) 647-690; Sauveplanne, Renvoi, S. 26; Staudinger-Hausmann (2003), Anh. zu Art. 4 EGBGB, Rn. 264.

〔3〕 Deutsche Übersetzung auszugsweise abgedr. bei Bergmann/Ferid/Henrich, 132. Lieferung, Spanien (Stand: 31.7.1997), S. 13-15.

〔4〕 Vgl. dazu Siehr, IPR, S. 461; Bergmann/Ferid/Henrich, 144. Lieferung, Griechenland (Stand: 1.6.2001), S. 32, 48.

规则。”

总之,匈牙利冲突规则对外国法的指定原则上是实体法规则的指定。例外地,匈牙利新国际私法接受被匈牙利冲突规则指定的外国本国法的冲突规则对匈牙利法的反致,也准许被匈牙利冲突规则指定的外国本国法的冲突规则对第三国法律体系的转致。

56. 亚美尼亚法

1998 年 6 月 17 日的亚美尼亚新《民法典》(自 1999 年 1 月 1 日起施行)在其第 12 章中含有冲突规则(第 1253 条至第 1292 条)。《民法典》第 1260 条规定:“本章的规定对外国法的任何指定,必须理解为对其实体法的指定,而不是对其冲突法的指定。”据此,亚美尼亚冲突规则对外国法的一切指定均应理解为实体法规则的指定。因此,反致和转致被一概排除。[1]

57. 伊朗法

伊朗冲突规则被规定于 1928 年的《伊朗伊斯兰共和国民法典》。[2]《伊朗伊斯兰共和国民法典》第 973 条就反致和转致规定如下:“依本法第 1 卷第 7 条或上一条,应予适用的外国法已指定他国法的,法院没有义务遵照执行这一指定,但这一指定最初是为了有利于伊朗法律而做出的除外。”据此,伊朗冲突规则对外国法的指定原则上是总括的指定,但伊朗国际私法只考虑被伊朗冲突规则指定的外国法的冲突规则对伊朗法的反致,而不考虑被指定的外国法的冲突规则对另一外国法的转致。[3]

58. 以色列法

以色列法院在实践中原则上把以色列冲突规则对外国法的指定理解成总括的指定。在人法领域,对于诸如在外国进行的父亲身份的认领和子女收养等事项,为了尽量使有关法律关系在以色列有效,当以色列冲突规则指定具有外国国籍的当事人的本国法,而当事人的外国本国法的冲突规则指定住所地国法时,以色列国际私法接受被以色列冲突规则指定的外国本国法的冲突规则对住所在以色列的当事人的住所地国法(以色列法)的反致,也准许被以色列冲突规则指定的外国本国法的冲突规则对住所在另一外国的当事人的住所地国法(第三国法)的转致。此外,在国际继承法领域,以色列国际私法接受被以色列冲突规则指定的外国法的冲突规则对以色列法的反致,但不准许被以色列冲突规则指定的外国法的冲突规则对

---

〔1〕 Vgl. dazu Staudinger – Hausmann (2003), Anh. zu Art. 4 EGBGB, Rn. 474, 480.

〔2〕 Deutsche Übersetzung auszugsweise abgedr. bei Kropholler/Krüger/Riering/Samtleben/Siehr (Hrsg.), Außereuropäische IPR – Gesetze, S. 299.

〔3〕 Vgl. dazu Staudinger – Hausmann (2003), Anh. zu Art. 4 EGBGB, Rn. 681, 683.

第三国法的转致(见以色列《继承法》第142条)。[1]

59. 意大利法

在1995年意大利国际私法改革之前,意大利国际私法排除一切反致和转致。依照1942年《民法典》第30条的规定,如果外国法应予以适用,则只能适用其实体法规则,而不考虑其冲突规则。因此,意大利旧国际私法对外国法的指定是实体法规则的指定,反致和转致被一概排除。

自1995年9月1日起施行的1995年5月31日《关于改革意大利国际私法体系的第218号法律》第一次出人意料地在有条件的限制下规定了反致和转致。[2]这是意大利国际私法在反致和转致问题上的急剧转变。从此,意大利国际私法也像大多数采本国法主义的欧洲大陆国家的国际私法那样,转而准许反致和转致。

今天,依照《关于改革意大利国际私法体系的第218号法律》第13条第1款至第4款,意大利冲突规则对外国法的指定是"总括的指定"。被意大利冲突规则指定的外国法的冲突规则对意大利法的反致必须总是予以考虑(第13条第1款b项);被指定的外国法的冲突规则对第三国法律体系的转致,仅在第三国法律体系接受这一致送时(亦即在第三国法律体系认为其自己的法律应予以适用时)始予以考虑(第13条第1款a项,"被接受的转致")。但在当事人有权选择准据法和法律行为的形式准据法须予以确定的情形下,以及在非合同之债领域,均不准许反致和转致(第13条第2款a、b和c项)。此外,按照"有利于原则",反致或转致仅在它导致适用有利于亲子关系的成立的法律体系的若干情形下始予以考虑(第13条第3款)。最后,依照该法第13条第4款,有关反致和转致的国际条约的解决办法具有优先于意大利国际私法制定法的地位。虽然这一规定仅具有宣示性,但它毕竟是值得欢迎的。

60. 英格兰法

(1)概说

英格兰国际私法(法律冲突法)对外国法的指定通常被理解成实体法规则的指定。但在确定某些法律关系的准据法时,可例外地考虑外国冲突规则。

(2)部分致送或单一致送说

在英格兰国际私法上,如果英格兰冲突规则指定外国法(例如,在英格兰法院所审理的住所在意大利的英格兰人的动产法定继承案件中,动产法定继承应适用

---

〔1〕 Vgl. dazu Lequette, Renvoi, 11; Staudinger – Hausmann (2003), Anh. zu Art. 4 EGBGB, Rn. 737.

〔2〕 Italienischer Originaltext und deutsche Übersetzung in: Riering (Hrsg.), IPR – Gesetze in Europa, S. 42 ff.; deutsche Übersetzung auch in: RabelsZ 61 (1997), S. 344 – 362 und bei Bergmann/Ferid/Henrich, 142. Lieferung, Italien (Stand: 1. 3. 2000), S. 42g – 50. Französische Übersetzung in: Rev. crit. DIP 1996, 174.

作为当事人住所地法的意大利法),而被英格兰冲突规则指定的外国法的冲突规则指定英格兰法(例如意大利冲突规则规定,动产法定继承应适用作为当事人本国法的英格兰法)。如果英格兰法院径直适用英格兰内国实体法,而不问被指定的外国法对英格兰法的指定是总括的指定还是实体法规则的指定,则这一方法叫作"接受致送"("accepting the *renvoi*")。它要求证明并考虑被指定的外国法的冲突规则,但不要求证明被指定的外国法的冲突规则对英格兰法的指定是总括的指定还是实体法规则的指定。换言之,不考虑被指定的外国法的国际私法对反致和转致抱何种态度。结果是,英格兰法院将一概适用英格兰内国实体法,犹如在法律体系之间的"国际网球赛"中,英格兰法将球接住,网球赛戛然而止,最终只会出现被指定的外国法的冲突规则对英格兰法的仅有的一次"致送"。所以这一方法也叫"部分或单一致送说"(partial or single *renvoi* theory)或"单一或部分致送说"(doctrine of single or partial *renvoi*)。

由麦克林和比弗斯执笔的《莫里斯法律冲突法》2009年英文第7版指出,这实际上是许多欧洲大陆国家(如奥地利、德国、法国、西班牙、瑞士等)的实践,却不是英格兰法院目前所采用的学说。[1]

(3)外国法院说

英格兰法院在其实践中,发展出了一种独特的理论。根据该理论,英格兰法官在英格兰冲突规则指定某一外国的法律体系时,必须适用假如案件由该外国的法官审理,该外国的法官所会适用的法律体系。换言之,英格兰法官必须以外国法官裁判案件的同样方式,裁判案件。这种理论叫作"外国法院说"(foreign court theory),也叫"双重致送说"(doctrine of double renvoi)或"完全致送"(total renvoi)。[2]

举例来说,如果英格兰法院所审理的是一个住所在意大利的英格兰公民未留遗嘱而在意大利死亡,在英格兰所遗动产的法定继承案件,依英格兰冲突规则,动产法定继承适用被继承人住所地法即意大利法。按照"外国法院说",英格兰法官必须先了解清楚:假如案件由意大利法官审理,意大利法官会适用何国法律体系?然后,英格兰法官再适用意大利法官会适用的法律体系。具体地说,有两种可能的情形:第一,如果意大利冲突规则("遗产法定继承,适用被继承人本国法")指定英格兰法,且意大利法官会将意大利冲突规则对英格兰法的指定解释成实体法规则的指定(见1995年9月1日以前的意大利《民法典》第30条),则英格兰法院应适

[1] 该书作者还指出:除英格兰外,对反致和转致在很大程度上抱拒绝态度的欧洲国家还有丹麦、希腊、荷兰和挪威等。See Morris, *The Conflict of Laws* (*by McClean and Beevers*), 7th edition, 2009, para. 20-018.

[2] See Peter North and J. J. Fawcett, *Cheshire and North's Private International Law*, 13th edition, 1999, p. 55; Lawrence Collins, *Dicey and Morris on the Conflict of Laws*, 13th edition, 2000, Volume Ⅰ, Rule 1, No. 4-008.

用英格兰内国实体法。第二,如果意大利冲突规则指定作为被继承人本国法的英格兰法,且意大利法官会将意大利冲突规则对英格兰法的指定解释成“总括的指定”,即包括对英格兰冲突规则的指定,在被指定的英格兰法的冲突规则指定意大利法的情形下,意大利法官会“接受”英格兰法的冲突规则对意大利法的“致送”即适用意大利的内国实体法(见自1995年9月1日起施行的《关于改革意大利国际私法体系的第218号法律》第13条第1款b项),那么,英格兰法院应适用意大利的内国实体法。

由此可见,“外国法院说”不仅要求证明并考虑被英格兰冲突规则指定的外国法的冲突规则(如上述例子中的意大利法的冲突规则),而且要求证明被指定的外国法的冲突规则对英格兰法的指定是总括的指定还是实体法规则的指定,换言之,证明被指定的外国法的国际私法对反致和转致抱何种态度,因而在证明责任上对证人的专家身份的要求更高。结果是,英格兰法院既可能适用英格兰内国实体法,也可能适用外国的内国实体法,完全视被指定的外国法的国际私法对反致和转致抱何种态度而定。犹如在法律体系之间的“国际网球赛”中,外国法可能将球发给英格兰法的实体法规则就不想玩了(实体法规则的指定),也可能先发球给英格兰法的冲突规则(总括的指定),且在英格兰法的冲突规则指定该外国法的情形下,最终接住英格兰法的冲突规则打过来的球并结束网球赛(亦即“接受”英格兰法的冲突规则对该外国法的“致送”),所以叫作“双重致送”或“完全致送”。

■ 案例7－5　科利尔诉里瓦茨案
[Collier v. Rivaz(1841年,英格兰法院)[1]]

英格兰法院于1841年所处理的“科利尔诉里瓦茨案”,是关于反致和转致的最古老的案件之一。该案涉及一个在比利时死亡并在那里有英格兰法意义上的住所的英格兰公民。但在比利时法的意义上,她从未在比利时取得过住所,因为她没有为了在比利时设定住所而获得比利时官厅的批准,而这种批准是当时施行于比利时的法国《民法典》原第13条所要求具备的。他立了一份遗嘱和六个遗嘱附录。该遗嘱和其中两个遗嘱附录依照比利时法所要求的形式做成,可在英格兰无争议地予以检验和执行,因为它们符合英格兰法意义上的最后住所地国家的内国实体法对形式的要求。其余四个遗嘱附录虽然依照英格兰内国实体法(1837年《遗嘱法》)所要求的形式做成,却不具备比利时内国实体法所要求的形式,因而其有效性受到了质疑。

---

[1] (1841)2 Curt. 855.

依当时的英格兰冲突规则,遗嘱形式有效性应适用作为当事人最后住所地法(拉丁文 *lex domicilii*)的比利时法。审理本案的英格兰法官詹纳爵士(Sir Herbert Jenner)(令当事人)证明了:假如案件由比利时法官审理,比利时法官依当时的比利时冲突规则["遗嘱形式有效性,适用立遗嘱人本国法(拉丁文 *lex patriae*)"],会适用英格兰法。英格兰法院最终接受了比利时法的冲突规则的"致送",适用了英格兰内国实体法并宣告其余四个遗嘱附录在形式上有效。本案在英格兰国际私法上是一个备受批评的案例。这里仅从"外国法院说"的角度评论之。该说不仅要求证明并考虑被英格兰冲突规则指定的外国法的冲突规则(在本案中为比利时法的冲突规则),而且要求证明被指定的外国法的冲突规则对英格兰法的指定是总括的指定还是实体法规则的指定,换言之,证明被指定的外国法的国际私法对反致和转致抱何种态度。在本案中,英格兰法官假设案件由比利时法官审理,比利时法官依当时的比利时冲突规则会适用英格兰法。在比利时冲突规则指定英格兰法的情形下,"外国法院说"要求证明:比利时法官会将这一指定解释成实体法规则的指定抑或将这一指定解释成总括的指定?[1]仅在比利时法官会将这一指定解释成实体法规则的指定的情形下,英格兰法官始得依英格兰内国实体法裁判案件。如果比利时法官会将这一指定解释成总括的指定,则意味着比利时法院可能会接受英格兰法的冲突规则对比利时法的"致送"并适用比利时内国实体法,于是英格兰法官最终适用的应是比利时内国实体法。然而,审理本案的英格兰法官詹纳爵士却很遗憾地对这两种可能的情形(尤其是后一种情形)避而不谈,故其对"外国法院说"的运用是不彻底、不全面和有缺陷的。实际上,真正的"外国法院说"或"双重致送说"在英格兰法院 1926 年审理的 Re Annesley 案中才得以确立。[2]

案例 7-6 Re Annesley 案
(1926 年,英格兰法院)[3]

英格兰法院 1926 年审理的 Re Annesley 案是支持"外国法院说"的例子。具有英格兰原始住所的英国妇女 T 在法国死亡。在英格兰法的意义上,她死亡时的住所(选择性住所)是在法国,但在法国法的意义上则不然,因为她并没有为了在法国设定住所而获得法国官厅的批准,而这种批准是法国《民法典》原第

[1] 依照自 2004 年 10 月 1 日起施行的比利时《国际私法法典》第 16 条,比利时冲突规则对外国法律体系的指定原则上是实体法规则的指定,从而排除了反致和转致。但依照该法典第 34 条、第 78 条第 2 款第 2 项、第 110 条的特别规定,在人的能力、不动产继承和公司这三种事项上,例外地准许反致和转致。

[2] See Morris, *The Conflict of Laws* (*by McClean and Beevers*), 7th edition, 2009, para. 20-019.

[3] [1926] Ch. 692.

13条(已废止)所要求具备的。她立了一份遗嘱,声称要处分其全部财产。按照法国法,T只能处分其1/3财产,因为她遗有两个子女。

受理案件的英格兰法院依英格兰冲突规则应适用作为T的最后住所地法的法国法。这样一来,英格兰冲突规则指定了外国法(法国法)。在英格兰国际私法上,外国法是一个可用证据加以证明的事实问题。本案中的法国法也需要加以证明。根据当事人所提供的证据,英格兰法官了解到被英格兰冲突规则指定的法国法的冲突规则以及法国国际私法对反致和转致所抱的态度如下:假如案件由法国法院审理,法国法官会依法国冲突规则,适用作为T的本国法的英格兰法;且法国法官会将法国冲突规则对英格兰法的指定解释成"总括的指定",即包括对英格兰法的冲突规则的指定,在英格兰法的冲突规则指定法国法的情形下,法国法官会"接受"英格兰法的冲突规则对法国法的"第一级别的致送"(法文renvoi au premier degré,即适用法国的内国实体法)。简言之,假如案件由法国法院审理,法国法官会适用法国的内国实体法。最后,英格兰法院适用了法国的内国实体法了结案件,T的遗嘱仅在处分其1/3财产的限度内是有效的。

案例7-7　Re Ross案
(1929年,英格兰法院)[1]

一个住所在意大利的英国妇女T在意大利死亡,在英格兰和意大利各遗有动产,在意大利遗有不动产。她生前立了两份遗嘱,一份用英文做成,另一份用意大利文做成。她以其英文遗嘱将其在英格兰的遗产给予其外甥女X,以其意大利文遗嘱将其在意大利的财产给予其外甥孙子Y(他的母亲是X),而没有留任何遗产给其独生子Z。Z在英格兰法院提起了民事诉讼,请求给予依意大利法他有权获得的T财产的一半作为他的特留份。

依英格兰冲突规则,T的遗嘱的有效性,就动产而言,适用作为其最后住所地法的意大利法;就不动产而言,适用作为不动产所在地法的意大利法。这样一来,英格兰冲突规则指定了外国法(意大利法)。在英格兰国际私法上,外国法是一个可用证据加以证明的事实问题。本案中的意大利法也需要加以证明。根据当事人所提供的证据,英格兰法官了解到被英格兰冲突规则指定的意大利法的冲突规则以及意大利国际私法对反致和转致所抱的态度如下:假如案件由意大利法院审理,意大利法官会依意大利冲突规则,不分动产和不动产,统一适用作为T的本国法的英格兰法;且意大利国际私法当时还是排除一切反

[1] [1930] 1 Ch. 377.

致和转致的(见 1995 年 9 月 1 日以前的意大利《民法典》第 30 条),这意味着意大利法官会将意大利冲突规则对英格兰法的指定解释成实体法规则的指定,即对英格兰法的实体法规则的指定。简言之,假如案件由意大利法院审理,意大利法官会适用英格兰内国实体法。最终,英格兰法官适用了英格兰内国实体法了结案件,驳回了 Z 的诉讼请求。[1]

最后,须指出的是,“外国法院说”在英格兰司法实践中并未获得普遍采用。它的范围仅限于某些与人的身份或死后的财产处置有关的事项,如父母因嗣后结婚而准正、在外国举行的婚姻的形式有效性、遗嘱形式有效性和实质有效性、位于外国的遗产(尤其是不动产遗产)法定继承事件。对于大多数事项,如侵权行为、保险、动产买卖、生前或死因赠与、抵押、流通票据、合伙、外国公司的解散等,英格兰法院并不考虑被英格兰冲突规则指定的外国法的冲突规则。[2]

61. 越南法

2005 年 6 月 14 日通过的越南新《民法典》(自 2006 年 1 月 1 日起施行)第 759 条第 1 款第 1 句规定:“在本法典和越南社会主义共和国其他法律文件或越南社会主义共和国作为缔约国的条约指定外国法的适用的情形下,适用该外国法,前提是此种适用或适用的结果不违反越南社会主义共和国基本法律原则;在被指定的外国法反致于越南社会主义共和国法的情形下,适用越南社会主义共和国法。”据此,越南冲突规则对外国法的指定原则上是总括的指定。如果被越南冲突规则指定的外国法的冲突规则反致于越南法,则适用越南法的实体法规则。[3] 可见,越南国际私法接受被越南冲突规则指定的外国法的冲突规则对越南法的反致。至于被越南冲突规则指定的外国法的冲突规则对第三国法律体系的转致是否在任何情形下均被排除,则不甚清楚。

62. 中国法

任何国家之完善的国际私法立法都必须对反致和转致抱鲜明的态度,自 2011 年 4 月 1 日起施行的《中华人民共和国涉外民事关系法律适用法》也不例外。当中国冲突规则就涉外民事关系指定某一外国法律体系时,无非有两种可能性:要么是“实体法规则的指定”,要么是“总括的指定”,二者必居其一。实体法规则的指定

---

〔1〕 See Morris, *The Conflict of Laws* (*by McClean and Beevers*), 7th edition, 2009, para. 20 - 019.

〔2〕 See Peter North and J. J. Fawcett, *Cheshire and North's Private International Law*, 13th edition, 1999, p. 64 - 65.

〔3〕 See NGUYEN Thi Hong Trinh, *Private International Law in Vietnam, On General Issues, Contracts and Torts in Light of European Developments* (Mohr Siebeck, 2016) 56 - 60; NGUYEN Thi Xuan Trinh & Konrad Hull, “Chapter 14 Vietnam”, in Alejandro Carballo Leyda (ed.), *Asian Conflict of Laws: East and South East Asia* (Kluwer International, 2015) 284.

意味着仅仅指定外国法律体系的实体法规则,从而排除一切反致和转致;总括的指定意味着应予考虑的是包括外国冲突规则在内的整个被指定的外国法律体系,从而有可能产生反致和转致。

《中华人民共和国涉外民事关系法律适用法》第9条规定:"涉外民事关系适用的外国法律,不包括该国的法律适用法。"这表明,该法的冲突规则对外国法的指定是实体法规则的指定,而完全不考虑被该法的冲突规则指定的外国法的冲突规则(法律适用规则)。换言之,该法明确地排除了一切反致和转致。

本书作者认为,《中华人民共和国涉外民事关系法律适用法》对反致和转致的排除是合理的,因为该法不以国籍而以经常居所为主要连结点,而经常居所地往往与当事人有最密切联系,排除反致和转致反而可以增加准据法确定中的确定性和可预见性。〔1〕

(二)小结

法院地国家或地区的冲突规则对外国法律体系的指定到底是"总括的指定"还是"实体法规则的指定"?对这个问题的不同回答决定了各国或地区国际私法对反致和转致问题所抱的不同态度。

根据本书作者对世界上60余个国家和地区的法律体系关于反致和转致的国际私法规定所做的比较研究,〔2〕可将这些法律体系对反致和转致问题所持态度做简单归类。

1. 一概排除反致和转致

一些国家和地区的法律体系对反致和转致采取一概排除的态度。对它们来说,法院地国家或地区的冲突规则对外国法的指定,是指外国实体法而不包括冲突法;法官只适用外国实体法规则而不考虑该外国法对反致和转致问题抱何种态度。由于它们无例外地排除一切反致和转致,故其法律体系可称为"反致转致不友好型"法律体系。

这样的法律体系如:埃及法、巴西法、丹麦法、荷兰法、卡塔尔法〔3〕、秘鲁法、魁北克法、瑞典法、索马里法、塔吉克斯坦法、突尼斯法、希腊法、亚美尼亚法以及中国法。

2. 既不绝对地排除,也不绝对地准许反致和转致

除了上述完全排除反致和转致的国家和地区的法律体系之外,其他国家和地区的法律体系一般采取既不绝对地排除,也不绝对地准许的态度:它们要么以排除反致和转致为原则,以准许反致和转致为例外(如阿塞拜疆法、白俄罗斯法、比利时

〔1〕参见陈卫佐:《涉外民事关系法律适用法展十大亮点》,载《法制日报》2010年11月2日,第10版;陈卫佐:《涉外民事关系法律适用法的中国特色》,载《法律适用》2011年第11期。

〔2〕截至2022年6月18日。

〔3〕Vgl. IPRax 2007, 155.

法、哈萨克斯坦法、荷兰法、立陶宛法、路易斯安那法、墨西哥联邦特区法、葡萄牙法、瑞士法、乌兹别克斯坦法、匈牙利法、英格兰法);要么以准许反致和转致为原则,以排除反致和转致为例外。

阿尔巴尼亚法、奥地利法、保加利亚法、波黑共和国法、波兰法、布基纳法索法、德国法、法国法、格鲁吉亚法、古巴法、黑山法、加蓬法、捷克法、克罗地亚法、拉脱维亚法、卢森堡法、蒙古法、墨西哥莱昂州法、斯洛伐克法、斯洛文尼亚法、土耳其法、委内瑞拉法、以色列法、意大利法以及塞尔维亚法都在很大程度上准许反致和转致,属“反致转致友好型”法律体系。

3. 只接受反致,排除转致

一些国家和地区的法律体系只接受反致,而排除转致,如爱沙尼亚法、朝鲜法、俄罗斯法、列支敦士登法、罗马尼亚法、日本法、泰国法、西班牙法、伊朗法即是如此。

4. 接受反致,但对转致问题不置可否

除此之外,还有一些国家和地区的法律体系(如多哥法、塞内加尔法、泰国法、越南法)虽然明确接受反致,却因欠缺排除或接受转致的明文规定而对转致问题不置可否。

六、国际条约的冲突规则中的反致和转致

(一)国际条约的冲突规则对反致和转致的一般性排除

到目前为止,本书所讲的只是国内法的冲突规则对反致和转致的规定。不应忘记的是,一国国际私法渊源包括国内法的冲突规则和国际条约的冲突规则。许多国家的国际私法甚至规定:国际条约的冲突规则具有优先于国内法的冲突规则的效力。[1] 因此,了解国际条约的冲突规则对反致和转致的规定是极为重要的。

目前,中国国际私法学界对这一问题的研究仍相当薄弱。一般的教科书对这一问题往往不加重视,其篇幅最多不超过一页。[2] 以国际条约方式达到统一国际私法的目标的冲突规则原则上排除反致和转致。在国际条约自身未规定反致和转致的情形下,国际条约的冲突规则对某一国家的法律体系的指定,一般是对该国法律体系的实体法规则而不是冲突规则的指定。

那么,为什么国际条约的冲突规则要原则上排除反致和转致呢?

---

〔1〕 参见陈卫佐:《法院地国家国内法中的冲突规则与国际条约的关系》,载《法学研究》2013 年第 2 期。

〔2〕 Weizuo Chen, Rück – und Weiterverweisung (Renvoi) in staatsvertraglichen Kollisionsnormen, Peter Lang GmbH Europäischer Verlag der Wissenschaften, Frankfurt am Main 2004, S. 255 – 259. 本书作者在《国际条约的冲突规则中的反致和转致》(德文)中对此有一定的论述。该博士学位论文已作为专著在德国出版,并被海牙国际私法会议列为关于海牙国际私法公约的一般参考文献之一(具体网址可参见 http://www.hcch.net/index_en.php?act=text.display&tid=82)。

前已述及,国际私法的理想之一就是实现判决的国际和谐,这也是有些国家的国际私法准许反致和转致(尤其是“被接受的转致”)的理由之一。然而,在国际条约中,由于缔约国通过参加条约使得在它们之间的冲突规则被统一,同样会实现判决的国际和谐,从而无须借助于反致和转致来转弯抹角地达到这一目标。不仅如此,出于简化法律适用和增加法的安定性的考虑,关于当事人对合同之债准据法的选择以及无准据法选择时合同之债准据法的确定的冲突规则,都要求排除反致和转致。在形式问题上(法律行为的形式,如遗嘱形式),不论国内法的冲突规则还是国际条约的冲突规则均一概排除反致和转致。

在国际条约的冲突规则中,最重要的是海牙国际私法公约中的冲突规则。它们一般采取明示或默示的方式排除反致和转致。1902 年和 1905 年的几个海牙国际私法公约默示地排除反致和转致;1955 年至今的大多数海牙国际私法公约则明示地排除反致和转致。

在方法上,第一次世界大战以前的海牙国际私法公约大多默示地排除反致和转致,所以需要解释条约才能得出排除反致和转致的结论。1955 年至 1985 年,海牙国际私法公约排除反致和转致一般是明确规定公约的冲突规则所指定的法律体系是指某一国家的内国实体法,而不包括冲突规则在内,从而排除了反致和转致。1985 年以后的海牙国际私法公约在排除反致和转致的问题上一般都规定一个单独的一般性条款[如 1985 年 7 月 1 日《关于信托准据法及其承认的(海牙)公约》第 17 条],它规定:公约所指定的法律体系是指某一国家除冲突规则以外的法律规则。这种新方法的优点是:它不仅避免了重复,而且使反致和转致的排除获得了一般意义,反映了海牙国际私法公约在立法技术上的渐进发展。

国际条约包括多边国际条约和双边国际条约。双边国际条约很少就反致和转致问题做出规定,但通过目的性解释不难得出它们也排除反致和转致的结论。

(二)《解决本国法和住所地法之间的冲突的(海牙)公约》[1]

1. 概说

1955 年 6 月 15 日《解决本国法和住所地法之间的冲突的公约》(法文正式名称:Convention du 15 juin 1955 pour régler les conflits entre la loi nationale et la loi du domicile)[2]是第 7 届海牙国际私法会议以 1951 年 10 月 31 日最后文件的形式通过的,[3]于 1955 年 6 月 15 日为荷兰和卢森堡所签字,故其名称带有这一日期。

该公约在一些德文国际私法文献里被非正式地称为“海牙反致和转致公约”,

---

〔1〕 参见陈卫佐:《解决本国法和住所地法之间的冲突的海牙公约评析》,载北京国际法学会编:《国际法学论丛》第 6 卷,中国方正出版社 2009 年版,第 521 ~ 534 页。

〔2〕 法文本是该公约的唯一作准文本,见 RabelsZ 17 (1952) 272 (auszugsweise); Revue critique DIP 1951, 730; *Recueil des Conventions*, Nr. VI。英文译文见 Am. J. Comp. L. 1952, 280。

〔3〕 Vgl. dazu Dölle, RabelsZ 17 (1952) 161, 162.

因为它是迄今为止唯一一个专门处理反致和转致问题的海牙国际私法公约。但它并未直接使用"反致""转致"的概念,而是旨在制定关于解决本国法和住所地法之间的冲突的共同规定。[1]

2. 重要规定

(1)解决本国法和住所地法之间的冲突的规定

在住所地法和本国法发生冲突时,《解决本国法和住所地法之间的冲突的公约》原则上给予住所地法以优先地位。[2] 具体情形规定于该公约前三条。

第一种情形:如果某人的住所地国家规定应适用其本国法,而其本国法规定应适用其住所地法,则所有缔约国均应适用住所地国家的内国实体法规定(第1条)。

如果案件涉及一个住所在缔约国A且有缔约国B的国籍的人的行为能力,则属于第1条所规定的情形。缔约国A是本国法主义的追随者,而缔约国B则采住所地法主义。依A国冲突规则,该人的行为能力应适用其本国法即B国法;而依B国冲突规则,其行为能力应适用住所地国家的法律体系即A国法。根据《解决本国法和住所地法之间的冲突的公约》第1条,A国的法官和B国的法官均应适用A国的内国实体法规定。同样,C、D、E等缔约国的法官也应适用A国的内国实体法规定。从A国的角度看,这是一个在缔约国A和缔约国B之间发生的、从B国法的冲突规则到A国法的反致。从任何一个其冲突规则指定B国法的第三缔约国(如C、D、E)的角度看,可以理解成从B国法的冲突规则到A国法的转致。然而,公约第1条根本没有提及"反致"或"转致",因为所有缔约国应直接适用A国法律体系(住所地法)的内国实体法规定。[3]

此外,《解决本国法和住所地法之间的冲突的公约》第1条使用了海牙国际私法公约的一个习惯用语:应予适用的法律体系的"内国实体法规定"(法文les dispositions du droit interne)。它指的是应予适用的法律体系除冲突规则以外的法律规则。通过将所指定的法律体系限定于内国实体法规定,该公约排除了循环往复的多次反致(所谓"国际网球赛")和无休止的转致。公约第2条和第3条亦同。

第二种情形:如果某人的住所地国法和本国法均规定应适用其住所地法,则所有缔约国均应适用住所地国家的内国实体法规定(第2条)。

例如,如果某人是缔约国B的国民,在缔约国A有《解决本国法和住所地法之间的冲突的公约》第5条意义上的"住所",而A国和B国均规定行为能力问题应适用住所地法,则法官应适用A国的内国实体法规定。不但本来就是住所地法主义的追随者的缔约国A和B的法官,而且其他缔约国(如C、D、E)的法官,均应适用A国的内国实体法规定,而不论它们是否采住所地法主义。基于《解决本国法和住

---

[1] Siehe die Präambel der Haager Renvoi – Konvention von 1955.

[2] Vgl. dazu Dölle, RabelsZ 17 (1952)201; Sonnentag, Renvoi, S. 80.

[3] Vgl. dazu Dölle, RabelsZ 17 (1952)201.

所地法之间的冲突的公约》第2条的命令，住所地法显然被给予优先地位。

从其冲突规则指定B国法（本国法）的第三国的角度看，公约第2条导致了从B国法的冲突规则到A国法的转致，虽然公约根本没有提及“转致”，而是规定直接适用A国法律体系（住所地法）的内国实体法规定。如同在第1条的情形下一样，通过将应予适用的法律体系限定于内国实体法规定，公约排除了从A国法再度转致于其他国家的法律体系的可能性。

第三种情形：如果某人的住所地国法和其本国法均规定应适用本国法，则所有缔约国均应适用其本国法的内国实体法规定（公约第3条）。在此情形下，这两个国家的法律体系（住所地法和本国法）一致采本国法主义。任何第三缔约国都必须适用该人的本国法的内国实体法规定，即使该第三国采住所地法主义也是如此。[1]

如果该人的住所所在的缔约国A和他（或她）的国籍所属的缔约国B都是本国法主义的追随者，且总是依本国法（具体地说即B国法）来判断某人是否具有行为能力，那么，不仅缔约国A和缔约国B必须适用B国法的内国实体法（本国法的内国实体法）的规定，而且任何第三缔约国都必须适用B国法的内国实体法（本国法的内国实体法）的规定，即使该第三缔约国是住所地法主义的追随者也是如此。设若第三缔约国C采住所地法主义，则其法官通常应适用A国法（住所地法），且他们在通常情况下不考虑A国法（住所地法）的冲突规则对B国法（本国法）的指定。

基于《解决本国法和住所地法之间的冲突的公约》第3条的命令，本国法被例外地给予优先地位。在这里，为了判决国际和谐的缘故，住所地法原则上的优先地位（见公约第1条和第2条）被例外地抛弃了。举例来说，设若住所地法主义的追随者兼反致和转致的反对者丹麦是该公约的缔约国之一，那么，丹麦法官对于最后住所在德国的意大利人的行为能力和遗产法定继承案件均应依意大利法（本国法）裁判，恰如德国法官和意大利法官一样，虽然丹麦法官依丹麦国内法的冲突规则通常应适用作为住所地法的德国法，且不考虑德国法（住所地法）的冲突规则对意大利法（本国法）的指定。[2]

从第三缔约国的角度看，公约第3条可导致从A国法（住所地法）的冲突规则到B国法（本国法）的转致，虽然公约根本没有提及“转致”，而是直接适用应予适用的B国法律体系的内国实体法规定。通过将应予适用的法律体系限定于内国实体法规定，公约排除了从B国法的冲突规则再度转致于其他国家的法律体系的可能性。

（2）适用第1条至第3条的前提条件

第一，缔约国的国际私法对住所或国籍的连结。如果任何一个缔约国的国际

---

〔1〕 Vgl. dazu Dölle, ebenda.

〔2〕 Vgl. dazu Dölle, RabelsZ 17 (1952)202; vgl. auch das Beispiel bei Graue, RabelsZ 57 (1993)39.

私法规则(法文 règles de droit international privé,即冲突规则)在具体情形下既不规定应适用住所地法,也不规定应适用本国法,则该缔约国没有义务适用《解决本国法和住所地法之间的冲突的公约》第 1 条至第 3 条的规定(见公约第 4 条)。这样一来,公约第 4 条使第 1 条至第 3 条的适用取决于以下情形:对于有待确定准据法的事实情况,被指定的某一缔约国法的国际私法规则(冲突规则)要么规定应适用住所地法,要么规定应适用本国法。如果情况不是这样,例如,如果某一缔约国法的国际私法规则(冲突规则)规定:某人的行为能力或遗产继承,应依物之所在地法(拉丁文 *lex rei sitae*)裁判之,则公约不适用于该缔约国。[1] 这一前提条件是为了确保达到公约解决住所地法和本国法之间的冲突的目的。

第二,未行使第 8 条所规定的保留权。《解决本国法和住所地法之间的冲突的公约》赋予每一个缔约国以保留的权能,在签字、批准或嗣后加入时表示:该国将与某些事项有关的冲突法上的事实情况排除在公约适用范围之外(公约第 8 条)。如果某一缔约国行使了这一权能,则就所保留的事项而言,公约也不适用于该国。[2]

(3)其他重要规定

第一,住所的概念。《解决本国法和住所地法之间的冲突的公约》力图给住所下一个统一的定义。公约所称的"住所"(法文 domicile),是指"一个人惯常居留的处所"(法文 le lieu où une personne réside habituellement),但"以它不取决于另一个人的住所或某一个机关的所在地为限"(法文 à moins qu'il ne dépende de celui d'une autre personne ou du siège d'une autorité,公约第 5 条)。因此,公约意义上的住所在很大程度上等同于"惯常居所"。在适用公约第 1 条至第 3 条时,对法院地国家的法官起决定性作用的,是当事人在某一个缔约国有公约所称的"住所"即惯常居所,至于该缔约国自己是否对住所抱不同态度,则无关紧要。此种住所定义无疑是为了更好地统一适用公约。[3]

第二,公共秩序。《解决本国法和住所地法之间的冲突的公约》含有一个公共秩序条款,根据该条款,在任何一个缔约国,均可以公共秩序(法文 ordre public)为由而不适用公约所指定的法律体系(公约第 6 条)。该公共秩序条款要求在此情形下适用法院地法(拉丁文 *lex fori*),以保护内国的法律上的往来,维护法院地国家公共秩序或善良风俗。德国国际私法学家德勒(Hans Dölle)在其关于该公约的报告中举了以下例子:一方面,依照公约第 3 条,一个外国人的本国法的内国实体法规定本应予以适用,而按照该法律体系,该外国人不具有行为能力。但另一方面,善意地相信该外国人有行为能力的内国交易伙伴的信赖又必须予以保护。[4] 这时,可以

---

〔1〕 Vgl. dazu Dölle, RabelsZ 17 (1952) 202.
〔2〕 Vgl. dazu Dölle, RabelsZ 17 (1952) 203; 205, Fn. 1; 206.
〔3〕 Vgl. dazu Dölle, RabelsZ 17 (1952) 203.
〔4〕 Vgl. dazu Dölle, RabelsZ 17 (1952) 205.

以公共秩序为由，排除该外国人本国法的内国实体法规定的适用，而代之以法院地法的适用。

第三，缔约国作为公约介入的要件。如果一个人的住所地国或本国不是缔约国，则任何一个缔约国均无义务适用《解决本国法和住所地法之间的冲突的公约》的规定（公约第7条）。因此，公约并不把自己理解成国际私法（冲突法）上的“统一法”（法文 loi uniforme）。一方面，公约只是努力实现缔约国之间判决的国际和谐；另一方面，假使没有第7条，那么判决的国际和谐将欠缺保障。[1]

3. 评价

从根本上说，《解决本国法和住所地法之间的冲突的公约》仅仅致力于解决本国法和住所地法之间的冲突。它宣告本国法的冲突规则对住所地法的指定总是应予考虑的，而住所地法的冲突规则对本国法的指定则仅在本国法也愿意自己被适用时，始考虑之。[2] 反之，其他许多反致和转致的情形却未被规定，譬如本国法原则与物之所在地法原则之间的冲突、住所地法原则与物之所在地法原则之间的冲突、本国法的冲突规则对本国法的指定以及住所地法的冲突规则对住所地法的指定，等等。[3]

《解决本国法和住所地法之间的冲突的公约》完全有意识地避免使用“反致”“转致”的措辞。“反致”“转致”的概念在公约的规定中根本没有出现过。它更多的是一个解决本国法（法文 la loi nationale）和住所地法（法文 la loi du domicile）之间的冲突的公约。当初海牙国际私法会议制定一个关于承认反致和转致的一般性公约的目标并未实现。可以说，该公约是反致和转致的赞成者和反对者之间艰难妥协的产物。[4]

鉴于“反致”“转致”的措辞在全部公约条文中并未出现，[5] 德国国际私法学者所习惯于使用的该公约的非正式称谓“海牙反致和转致公约”实际上并不准确。[6]

《解决本国法和住所地法之间的冲突的公约》迄今仅为荷兰（于1960年12月22日）和比利时（于1962年5月2日）所批准，并为荷兰（于1955年6月15日）、卢

---

〔1〕 Siehe das während der Verhandlungen der Haager Konferenz für Internationales Privatrecht von Eduart Maurits Meijers genannte Beispiel, das von Hans Dölle in seinem Bericht wiedergegeben wurde, in: RabelsZ 17 (1952) 206.

〔2〕 Vgl. dazu Kropholler, IPR (6. Aufl. 2006), § 24 I 3 b; Sonnentag, Renvoi, S. 80.

〔3〕 Vgl. dazu Dölle, RabelsZ 17 (1952) 205; Sonnentag, Renvoi, S. 80. Vgl. auch Graue, RabelsZ 57 (1993) 40 f., der die von der Konvention nicht geregelten Fälle der Rück – und Weiterverweisung ausgeführt und diese als "Mängelliste" bezeichnet hat.

〔4〕 Vgl. dazu Graue, RabelsZ 57 (1993) 35.

〔5〕 "Das Abkommen vermeidet aufs peinlichste den Ausdruck Renvoi, an Gespenstern sieht man vorbei." Siehe Raape, IPR (5. Aufl. 1961), S. 84.

〔6〕 Vgl. dazu Reichart, Renvoi, S. 64, Fn. 8.

森堡(于1955年6月15日)、法国(于1955年7月25日)、比利时(于1955年8月1日)和西班牙(于1957年4月12日)所签署。它因欠缺第10条第1款所要求的5份必要的批准书而迄今尚未生效。[1] 严格地说,它并不是现行有效的海牙国际私法公约,而只是一个公约草案而已。海牙国际私法会议并不打算修订该公约。[2] 它有极大的可能永远不生效。可以断言,它是一个不成功的海牙国际私法公约。[3]

然而应肯定的是,《解决本国法和住所地法之间的冲突的公约》在国际私法理论上还是具有一定意义的,尤其是因为它本身并不以统一冲突规则为目的,而是致力于解决不同法律秩序的国际私法体系之间的冲突。[4] 它的失败强化了这样一个现代趋势:在国际条约的冲突规则中,应原则上排除反致和转致。[5]

第四节 外国法的查明

一、问题的提出

对涉外民商事案件有国际管辖权的国家的法院,在依法院地国家冲突规则的指定而确定涉外民商事法律关系准据法时,如果该冲突规则是双边(多边)冲突规则,则既可能导致适用法院地国家的法律体系,也可能导致适用某一外国的法律体系。在冲突规则导致适用法院地国家的法律体系的情形下,法官只需径直适用法院地法中的相关实体法规定,即可确定当事人权利义务。这与纯国内民商事案件的裁判并无不同,也是法官可以胜任的。然而,在冲突规则导致适用某一外国法律体系的情形下,该外国法律体系既可能是法院地国家的法官较为熟悉的,也可能是法院地国家的法官所不熟悉的。虽然“法官知法”(拉丁文 *Iura novit curia*)这一美好的法律格言古已有之,但审理涉外民商事案件的法官毕竟都是国内法官,无论其多么博学,都不可能通晓世界上所有国家的法。尽管如此,法官还是要查明相关国

---

[1] Siehe hierzu Erik Jayme/Rainer Hausmann, Internationales Privat - und Verfahrensrecht, 16. Aufl. 2012, Verlag C. H. Beck, München, Anm. 1 vor Nr. 20.

[2] Vgl. dazu Actes et Doc. 141 (1982) 179 f.; Kropholler, IPR (6. Aufl. 2006), § 24 I 3 b; Sonnentag, Renvoi, S. 81.

[3] Eine kurze Würdigung ist bei Sauveplanne in seinem “Renvoi” zu lesen, in dem der Autor erwähnt, dass die durch die Haager Konferenz für Internationales Privatrecht angestrebten Bemühungen um die Schaffung allgemeiner Bestimmungen betreffend die Konflikte zwischen den Anknüpfungen an die lex patriae und die lex domicilii ein Misserfolg geblieben seien. Siehe Sauveplanne, Renvoi, S. 14.

[4] Vgl. dazu Droz, Conférence de La Haye, 31.

[5] Vgl. dazu Graue, RabelsZ 57 (1993) 35 - 41; Lequette, Renvoi, 70; Weizuo Chen, Rück - und Weiterverweisung (Renvoi) in staatsvertraglichen Kollisionsnormen, S. 194 - 205.

家的法或确定其内容，才能最终完成国际私法的根本任务——确定涉外民商事法律关系所应适用的法律体系(准据法)。这就提出了“外国法的查明”或“外国法内容的确定”(英文 ascertainment of foreign law，法文 l’établissement de la teneur du droit étranger)问题。

作为一项与冲突规则有关的国际私法总则性制度，“外国法的查明”或“外国法内容的确定”需要解决的问题包括：相关外国法在性质上属于法律抑或属于事实、如何查明外国法、在外国法无法查明时应采取何种解决办法以及在外国法被错误适用时应如何救济，等等。以下分别简述之。

二、外国法的性质：法律还是事实？

关于这一问题，在各国立法和司法实践中，主要有两种不同的看法。

(一)外国法法律说

“外国法法律说”，即认为外国法是法律。本书作者认为这是正确的看法，因为法院地国家的冲突规则所指定适用于涉外民商事法律关系的外国法，其实是该外国的全部法律规范的总和，即该国法律体系或法律秩序。它在内容上固然与法院地国家的法律体系有所不同，但现今大多数国家的国际私法都在实践中采取原则上平等地对待内、外国法律体系的做法，并认为在一定条件下有适用外国法律体系的必要。

一方面，虽然各国适用外国法律体系的理由各不相同，因而形成种种关于适用外国法律体系的学说(如“国际礼让说”“既得权说”“平等互利说”等)，但既然各国均承认在一定条件下有适用外国法律体系的必要，无论它们出于何种理由决定适用外国法律体系，依法院地国家冲突规则的指定而适用某一法律体系——无论其是内国法律体系，还是外国法律体系，都是制定国际私法规则的一国立法者对处理涉外民商事案件的法律适用者(法院或行政机关等)的命令，即便适用外国法律体系也是符合立法者的意愿的。[1] 另一方面，“平等地对待内外国法律体系”的原则的逻辑结果是：如果承认法院等法律适用者依法院地国家冲突规则的指定应予适用的内国法律体系是法律，则应承认法律适用者依法院地国家冲突规则的指定应予适用的外国法律体系同样是法律。

(二)外国法事实说

“外国法事实说”，是典型的普通法国家(如英格兰、美国各州)的看法，即把外国法视为当事人可加以主张的事实。

---

〔1〕 由国际私法原理观之，适用外国法律体系抑或内国法律体系，适用此外国法律体系抑或彼外国法律体系，在根本上取决于涉外民商事案件与某一国家(不论其系外国抑或内国)的联系——有时甚至要看是否存在最密切的联系。

例如,英格兰国际私法学者视外国法为事实问题,且系“特种事实问题”。除非与案件有联系的外国法被当事人据以主张其权利,否则推定该外国法与英格兰法无异。而证明该外国法不同于英格兰法以及证明该外国法为何的证明责任,由主张该外国法不同于英格兰法的当事人负担。如无此种主张,或外国法与英格兰法的不同未被令人满意地证明,则英格兰法院将依英格兰法做出裁判,即使案件只与外国有联系,且依英格兰冲突规则应适用该外国法亦然。[1]

本书作者认为,外国法事实说不可取。如上所述,法院地国家的法院等法律适用者依冲突规则的指定应予适用的法律体系,无论是内国法律体系还是外国法律体系,都是名副其实的法律,是制定冲突规则的立法者所命令适用的。唯法律体系的某特定规则的存否是一个事实问题,但在这一点上,外国法律体系某特定规则的存否与内国法律体系某特定规则的存否一样,都是可加以证明的。

三、查明外国法的方法

由于各国国际私法对于外国法属于法律还是事实有不同认识,所以在实践中查明外国法的方法也各不相同。

(一)由法官依职权查明

那些认为外国法是法律的国家的国际私法制定法往往规定:外国法由法官依职权(*ex officio*)予以查明。

例如,依照奥地利 1978 年 6 月 15 日《关于国际私法的联邦法律》(自 1979 年 1 月 1 日起施行)第 3 条、第 4 条,法官应依职权适用和查明外国法。其关于“外国法的适用”的第 3 条规定:“外国法应予以适用的,必须依职权并像在其原有适用范围内一样适用之。”关于“外国法的查明”的第 4 条之第 1 款规定:“外国法必须依职权予以查明。当事人的协助、联邦司法部的答复和专家的意见书也是为此而准许使用的辅助手段。”[2]

又如,1995 年 5 月 31 日《关于改革意大利国际私法体系的第 218 号法律》(自 1995 年 9 月 1 日起施行)第 14 条第 1 款规定:意大利法院应依职权确定外国法的内容。

再如,匈牙利 2017 年 4 月 11 日《关于国际私法的法律》(自 2018 年 1 月 1 日起施行)第 8 条第 1 款规定:“法院应依职权确定外国法的内容。”

(二)由当事人证明

认为外国法是纯粹的事实的国家,如属于普通法系的英格兰,其国际私法往往规定外国法由当事人证明。在这些国家看来,外国法作为一种证据,应由合格证人

---

[1] See Peter North and J. J. Fawcett, *Cheshire and North's Private International Law*, Thirteenth Edition, 1999, p. 99 – 100.

[2] 本书作者自译,德语原文见 1978 年《奥地利共和国法律公报》,第 1729 页。

(特别是专家证人)恰当地予以证明,但在原告和被告均同意由法官进行调查且不需要证人的帮助时除外。相应地,这些国家的国际私法把外国法的查明或外国法内容的确定称为"外国法的证明"(英文 proof of foreign law)。

例如,在英格兰法院看来,苏格兰法、北爱尔兰法和其他国家的法律体系都是"外国法",都可以作为证据加以证明。在过去,外国法的证明由陪审团为之。但1981年的《最高法院法》规定:有必要查明适用于案件事实的任何他国法时,与该外国法有关的任何证据效力问题,概由法院单独决定,而不再交付陪审团。这方面的规则之一是,法院可以指定某外国法领域的专家为能胜任的证人,如在某一特定法律体系之下执行业务的律师,或其他要求具备关于外国法的实务知识或实践经验的从事职业者。兹举这方面的数个事例说明之。

例1:一位罗马天主教会的主教被准许证明罗马婚姻法,因为这方面的知识对于他执行主教职务来说是必不可少的。

例2:1900年,香港一位前总督被英格兰法院认为能胜任对香港(当时仍受英国殖民统治)的婚姻法的证明。

例3:来自加拿大魁北克省的一名资深警官曾被准许在加拿大安大略省的法院证明魁北克省的道路交通法。

(三)以法官依职权查明为主、当事人证明或提供信息为辅

有些国家的国际私法虽然认为外国法是法律,并规定外国法原则上由法官依职权予以查明,但也不排斥当事人所提供的有关外国法的证明或信息,有时甚至要求当事人在这方面予以合作或协助。

例如,瑞士1987年12月18日《关于国际私法的联邦法律》第16条第1款规定:"外国法的内容,应依职权予以查明。为此,可以要求当事人予以合作。在财产事项方面,可以令当事人负证明责任。"

依照斯洛文尼亚共和国1999年6月30日《关于国际私法和国际民事诉讼的法律》第12条,斯洛文尼亚法院或其他有管辖权的机关应根据"法官知法"的原则,自行依职权确定外国法的内容。为此,法院或其他有管辖权的机关可以向司法部索取关于外国法的信息或以其他适当方式获悉外国法的内容。此外,有关外国法内容的信息可以由诉讼当事人向法院提供。[1]

依照2002年3月1日生效的《俄罗斯联邦民法典》第3编第6章之第1191条,外国法规范的内容原则上由俄罗斯法院依职权予以确定(第1191条第1款)。为此,俄罗斯法院可以请求俄罗斯联邦司法部和在俄罗斯联邦境内或境外的其他主管机关的协助和释明,也可以求助于专家(第1191条第2款第1句)。另外,案件当

---

[1] See Prešo Puharič, *Private International Law in Slovenia*, Yearbook of Private International Law, Volume 5 (2003), p. 160.

事人可以出示他们所援引的外国法规范的证实文件,以支持其诉讼请求或抗辩,并向俄罗斯法院提供其他协助(第1191条第2款第2句)。然而,就当事人所从事的企业家活动而言,俄罗斯法院可以令当事人负责证明外国法规范的内容(第1191条第2款第3句)。[1]

比利时2004年7月16日《国际私法法典》第15条第1款规定:"本法所指定的外国法的内容,由法官予以查明。外国法依其在外国所得到的解释予以适用。"该条第2款规定:"法官不能确定外国法的内容时,可以要求当事人予以合作。在有用的时间里显然不可能查明外国法时,适用比利时法。"

保加利亚2005年5月4日《国际私法法典》关于外国法内容的确定的第43条第1款至第3款规定:"(1)法院或其他法律适用机关应依职权确定外国法的内容。该法院或法律适用机关可以诉诸国际条约所规定的方法,可以向司法部或其他机构咨询,也可以咨询专家或专门机构的意见。(2)双方当事人可以出示确定其诉讼请求或抗辩所依据的外国法条文的内容,或以其他方式协助法院或其他法律适用机关。(3)就准据法的选择而言,法院或其他法律适用机关可以命令双方当事人协助确定该法的内容。"

土耳其2007年11月27日《关于国际私法和国际民事诉讼法的法律》第2条第1款规定:"法官依职权适用土耳其法律冲突规则和依土耳其法律冲突规则应予适用的外国法。为确定应予适用的外国法的内容,法官可以要求当事人予以协助。"

四、外国法无法查明时的解决办法

有时,法院地国家虽经多方努力仍无法查明外国法,但法院终究要适用某一法律体系以了结涉外民商事案件,这也是国际私法的任务所在。

(一)适用法院地国家的法律体系

多数国家的国际私法所采取的做法是:当外国法无法查明时,适用法院地国家的法律体系。

例如,奥地利1978年6月15日《关于国际私法的联邦法律》第4条第2款规定:"外国法虽经多方努力仍不能在合理期间内予以查明的,适用奥地利法。"

又如,土耳其2007年11月27日《关于国际私法和国际民事诉讼法的法律》第2条第2款规定:"虽经一切努力,应适用于案件的外国法的相关规则仍不能予以查明的,适用土耳其法。"[2]

再如,波兰共和国2011年2月4日《关于国际私法的法律》第10条第2款规

---

[1] See *The Civil Code of the Russian Federation*, Part 3, Yearbook of Private International Law, Volume 4 (2002), p. 351.

[2] Vgl. IPRax 2008, 283.

定:“应予适用的外国法的内容在合理期间内不能予以确定的,适用波兰法。”

此外,匈牙利2017年4月11日《关于国际私法的法律》第8条第3款第1句、自2011年4月1日起施行的《中华人民共和国涉外民事关系法律适用法》第10条第2款、比利时2004年7月16日《国际私法法典》第15条第2款第2句、2002年3月1日生效的《俄罗斯联邦民法典》第3编第6章之第1191条第3款、斯洛文尼亚共和国1999年6月30日《关于国际私法和国际民事诉讼的法律》(自1999年7月28日起施行)第12条第4款、1999年7月1日生效的《白俄罗斯共和国民法典》第1095条第4款、泰国1938年3月10日《关于法律冲突的法律》第8条均规定:在外国法无法查明或外国法的内容无法确定的情形下,适用法院地国家的法律体系。

(二)其他解决办法

但是,适用法院地国家的法律体系并不是所有国家所采取的唯一解决办法。

例如,朝鲜民主主义人民共和国1995年9月6日《对外民事关系法》第12条有一条颇具特色的规定如下:“依照本法的规定应予适用的法律的内容无法确定的,适用与有关的人有最密切联系的国家的法律或朝鲜民主主义人民共和国法律。”

五、外国法被错误适用的情形及救济

(一)外国法被错误适用的情形

对涉外民商事案件有国际管辖权的法院地国家的法院或其他法律适用者依冲突规则的指定而适用外国法时,可能会发生适用外国法上的错误。外国法被错误适用的情形,大致如下:

1. 冲突规则的错误适用所引起的外国法的错误适用。本应适用法院地国家的冲突规则甲,却错误地适用了法院地国家的冲突规则乙,并由于错误地适用了冲突规则而导致外国法律体系的错误适用。

2. 由于其他原因而引起的法律体系的错误适用。可分为以下三种情形:(1)本应适用内国法律体系,却错误地适用了某一外国法律体系;(2)本应适用外国法律体系A,却错误地适用了外国法律体系B;(3)本应适用某一外国法律体系,却因对该外国法律体系的错误解释而造成适用不当。[1]

例如,本应考虑法院地国家的冲突规则所指定的外国法的冲突规则(本应是总括的指定)却未予考虑,造成反致或转致被错误地排除。在反致被错误地排除的情形下,本应适用的是内国法律体系,却错误地适用了被法院地国家的冲突规则指定的外国法律体系。在转致被错误地排除的情形下,本应适用的是另一外国(第三国)法律体系,却错误地适用了被法院地国家的冲突规则指定的第一个外国的法律体系。

---

〔1〕 参见唐纪翔:《中国国际私法论》(第2版),商务印书馆1934年版,第56页。

又如，本应不考虑法院地国家的冲突规则所指定的外国法的冲突规则（本应是实体法规则的指定），却考虑了被指定的该外国法的冲突规则，造成错误地适用了另一外国（第三国）法律体系（不该发生的转致）。

（二）救济

无论是因冲突规则被错误适用而导致的外国法律体系的错误适用，还是因其他原因而引起的法律体系的错误适用，都是法律适用上的错误。适用不同的法律体系，会造成当事人权利义务的不同；适用错误的外国法律体系，会造成对当事人的不公。因此，在出现外国法适用的错误时，理应准许当事人请求法院纠正，甚至通过上诉寻求法律上的救济。在这方面，保加利亚 2005 年 5 月 4 日《国际私法法典》第 44 条第 2 款颇具代表性，它规定："不适用、错误地解释以及错误地适用［应予适用的］某一外国法，均构成上诉理由。"此外，上级法院在发现下级法院或原审法院适用外国法的错误时，也应予以纠正。至于有些国家的上诉审是法律审，有些国家的上诉审不限于法律审，在纠正适用外国法的错误方面，不应有本质上的不同。

事实上，如果超越本命题（"外国法被错误适用的情形及救济"）的范围，则不仅外国法适用的错误必须予以纠正，内国法适用的错误亦应予以纠正。唯有如此，才能实现当事人之间的公平，发挥国际私法在促进私人间跨境民商事往来方面的积极功能。

六、中国的实践

自 2011 年 4 月 1 日起施行的《中华人民共和国涉外民事关系法律适用法》第 10 条第 1 款规定："涉外民事关系适用的外国法律，由人民法院、仲裁机构或者行政机关查明。当事人选择适用外国法律的，应当提供该国法律。"这一规定在中华人民共和国国际私法立法史上第一次明确了中国法院、行政机关和仲裁机构依职权查明外国法的原则，同时规定了该项原则的例外情形：如果当事人选择适用外国法，则应提供该外国法的信息或相关内容。

该法第 10 条第 1 款创设了关于外国法查明的新规则。然而，当该法的新规则与最高人民法院所发布的司法解释的旧规则相抵触时该怎么办？针对这一问题，最高人民法院 2010 年 12 月 2 日发布的《关于认真学习贯彻执行〈中华人民共和国涉外民事关系法律适用法〉的通知》规定："《涉外民事关系法律适用法》实施后，最高人民法院制定的司法解释中关于涉外民事关系法律适用的内容，与《涉外民事关系法律适用法》的规定相抵触的，不再适用。"[1]这是十分可取的。据此，今后中国法院在查明外国法时，应主要遵循该法第 10 条第 1 款的规定。

须指出的是，该法第 10 条第 1 款第 2 句的表述略有问题。首先，它所说的"当事人选择适用外国法律"的情形大概主要是指中国法律准许双方当事人选择外国

〔1〕 法发〔2010〕52 号，载《中华人民共和国最高人民法院公报》2011 年第 3 期。

法为准据法的情形。如果是这样，则完全可以且应该将这一表述简化为“当事人选择外国法律”而去掉“适用”二字，因为适用外国法是查明外国法之后的事情，况且有资格适用外国法的根本不是当事人，而是中国法院、行政机关和仲裁机构等法律适用者。其次，该法第 10 条第 1 款第 2 句是否及于仅一方当事人（如作为被继承人的立遗嘱人）选择外国法为准据法的情形？答案似不十分清楚。

与世界上大多数国家的国际私法所采取的做法一样，《中华人民共和国涉外民事关系法律适用法》第 10 条第 2 款规定：“不能查明外国法律或者该国法律没有规定的，适用中华人民共和国法律。”这一做法是可取的。至于何为“不能查明外国法律”，最高人民法院《关于适用〈中华人民共和国涉外民事关系法律适用法〉若干问题的解释（一）》第 15 条做出了补充性的具体规定：“人民法院通过由当事人提供、已对中华人民共和国生效的国际条约规定的途径、中外法律专家提供等合理途径仍不能获得外国法律的，可以认定为不能查明外国法律。根据涉外民事关系法律适用法第十条第一款的规定，当事人应当提供外国法律，其在人民法院指定的合理期限内无正当理由未提供该外国法律的，可以认定为不能查明外国法律。”

第五节　公共秩序

一、公共秩序的含义和称谓

（一）含义

公共秩序（法文 ordre public）是国际私法上排除外国法适用的一项制度。它指的是审理涉外民商事案件的有国际管辖权的一国法院或其他机关，依法院地国家冲突规则的指定，[1]本应适用某一外国法律体系，如该外国法律体系的内容或其适用结果与法院地国家的法律的重要原则、法律秩序的基本价值、基本道德观念、国家的根本利益或社会的重大利益相抵触，则不适用之。

作为排除外国法适用的一种手段，公共秩序的含义往往具有一定的相对性和模糊性。各国国际私法一般都规定了公共秩序制度，但所使用的措辞不尽相同，如公共秩序、善良风俗、公序良俗、公共政策、法律的重要原则、法律秩序的基本价值、国家的根本利益等。正因如此，在究竟什么是公共秩序的问题上，审理具体涉外民商事案件的法官或其他法律适用者有一定的自由裁量权。

---

〔1〕 这里的“法院地国家”应做广义理解，既包括有国际管辖权的法院所在国家，也包括有国际管辖权的行政机关和其他非裁判机关（如户籍登记机关、婚姻登记机关、将被继承人用来处分其位于国外的财产的遗嘱做成公证证书的公证机关）所在或所属国家。

（二）称谓

虽然各国家及地区几乎无一例外地规定了公共秩序制度或公共秩序条款，但其关于公共秩序的表述却不尽相同。

中国国际私法学者多称公共秩序制度为“公共秩序保留”。1918 年 8 月 5 日公布并施行的《法律适用条例》第 1 条所使用的措辞是“中国公共秩序，或善良风俗”，它规定：“依本条例，适用外国法时，其规定有悖于中国公共秩序，或善良风俗者，仍不适用之。”

1898 年 6 月 21 日的日本《法例》第 33 条以及 2006 年 6 月 15 日的日本《关于法的适用的通则法》第 42 条所使用的措辞为“公共秩序或善良风俗”：“应适用外国法时，如其规定的适用违反公共秩序或善良风俗，则不适用之”。泰国 1938 年 3 月 10 日《关于法律冲突的法律》第 5 条所使用的措辞也是“公共秩序或善良风俗”。

德国国际私法著作多径直使用源自法文的外来语 ordre public 来表述公共秩序，有时也使用与之相对应的德文术语 öffentliche Ordnung（意思是“公共秩序”），而把运用公共秩序来排除外国法律体系的适用的条款称为“保留条款”（Vorbehaltsklausel），如 1986 年国际私法改革以后的《民法典施行法》第 6 条、1986 年国际私法改革以前的《民法典施行法》旧文本第 30 条。[1] 奥地利 1978 年 6 月 15 日《关于国际私法的联邦法律》第 6 条则称公共秩序为“奥地利法律秩序的基本价值”。瑞士 1987 年 12 月 18 日《关于国际私法的联邦法律》第 17 条和比利时 2004 年 7 月 16 日《国际私法法典》第 21 条则称之为“公共秩序”。

英美国际私法著作称公共秩序为“公共政策”（public policy）。但英文里的“公共政策”与欧洲大陆国家的国际私法所使用的术语“公共秩序”是同义词。英国 1990 年的《合同（准据法）法》是一部为了在英国贯彻执行 1980 年 6 月 19 日《关于合同之债准据法的（罗马）公约》而颁布的制定法，它规定：依照《罗马公约》本应适用的某一法律规则，如其适用明显地与法院地的 public policy（ordre public）相抵触，则不予适用。为此，《罗马公约》英文本第 16 条和今天已在欧盟成员国之间全面取代《罗马公约》的《罗马Ⅰ规则》第 21 条里的 public policy 也在旁边给出了其法文表述 ordre public。[2] 既然如此，在翻译成汉语时，根据中国法律用语习惯，完全可以（甚或应该）将 public policy 译为“公共秩序”。

二、公共秩序的消极与积极功能

（一）消极功能

公共秩序首先作为一项排除冲突规则所指定的本应予以适用的外国法的制度

---

〔1〕 参见唐表明：《比较国际私法》，中山大学出版社 1987 年版，第 51～52 页。

〔2〕 See Morris, *The Conflict of Laws* (*by McClean and Beevers*), 7th edition, 2009, para. 3-005.

而发挥作用。换句话说,如外国法的适用结果与法院地国家公共秩序相抵触,则排除其适用。这是公共秩序的消极功能。

1. 德国国际私法

1986 年德国国际私法改革以后的《民法典施行法》新文本第 6 条规定:"他国法的某一规定的适用将会导致明显地与德国法基本原则不相容的结果的,他国法的这一规定即不予适用。他国法的某一规定的适用将会与基本权利不相容的,尤其不得予以适用。"这就是德国国际私法所说的"保留条款"。可见,不但德国法的基本原则是德国公共秩序的组成部分,而且基本权利也是德国公共秩序的组成部分。甚至可以说,后者是德国公共秩序更为重要的组成部分。

例如,在德国联邦普通法院审理过的一起涉及未成年人的父母离异后的照顾权案件中,有国际管辖权的德国法院依德国冲突规则本应适用作为当事人本国法的某伊斯兰国家的法律体系,但该伊斯兰国家的法律体系原则上使未成年人的父亲享有照顾权,而不管这是否有利于未成年人最佳利益。法院认为,如果适用当事人本国法(某伊斯兰国家的法律体系),将会侵害该未成年人子女要求自由发展其人格的基本权利(《德意志联邦共和国基本法》第 2 条第 1 款)。因此,联邦普通法院以违反公共秩序为理由,裁定排除该外国法的适用。[1]

2. 魁北克国际私法

《魁北克民法典》第 3081 条规定:"外国法律规定的适用将会导致与在国际关系中所理解的公共秩序明显地不相容的结果的,排除其适用。"[2]

3. 英格兰国际私法

在英格兰国际私法(法律冲突法)上,"公共政策"的重要性比欧洲大陆国家国际私法上的"公共秩序"的重要性要小得多,在家庭法领域尤其如此。原因之一是英国法院在涉及离婚、扶养、子女的照顾或收养等类型的家庭法诉讼中,总是适用英格兰内国实体法,从而无须像欧洲大陆国家那样以公共秩序为理由而排除外国法的适用。

英格兰法院运用"公共政策"最多的是以下两类案件:其一为涉外合同案件。在英格兰法院早期审理过的案件中,曾以"公共政策"为理由而拒绝执行过以下含有涉外因素的合同:包揽诉讼合同、限制贸易合同、因受胁迫而订立的合同、为离婚而进行欺诈性和贿赂性安排的合同、对敌贸易合同或违反友邦法律的合同。其二为外国人身份案件。时至今日,英格兰法院仍以"公共政策"为理由,拒绝承认依歧视性外国法取得的身份的效果,包括:奴隶身份或民事死亡身份,神职人员、修女、新教教徒、犹太人、外国人、属于某一人种的人的无能力或无资格身份(禁止此类人士

---

〔1〕 Vgl. Kropholler, IPR (6. Aufl. 2006), § 36 Ⅳ 1.

〔2〕 Vgl. Kropholler, Krüger, Riering, Samtleben und Siehr, Außereuopäische IPR – Gesetze, 1999, S 332 – 333.

结婚的外国法将会被英格兰法院排除适用),[1]等等。

(二)积极功能

有时,法院地国家内国法的部分规定因具有公法性质或追求特殊的社会或经济政策方面的目标而要求优先得到直接适用,从而起到了排除冲突规则所指定的外国法的作用。此种规定被称为“公共秩序的法律”。这是公共秩序的积极功能。

此种规定最早见于法国《民法典》第6条:“有关公共秩序或善良风俗的法律,不得以特别约定损抑之。”

但也有学者不主张称之为“公共秩序的法律”,而是把它理解成“法院地国家须予直接适用的实体法规则”。参阅本书第二编第六章第六节关于“法院地国家须予直接适用的实体法规则”的论述。

三、违反公共秩序的标准

关于是否构成公共秩序的违反,主要有两种判断标准——“内容说”和“结果说”。它们各自有其相应的立法体例,且发生不同的法律效果。

(一)“内容说”

有些国家的国际私法只是规定:只要冲突规则所指定的外国法在内容上与法院地国家公共秩序相抵触即可排除其适用,而不论其适用结果如何。这样的国家为数不多。

例如,朝鲜民主主义人民共和国1995年9月6日《对外民事关系法》第13条规定:“依本法的规定应予适用的外国法的规则或基于国际私法而发生的权利义务与我国的法律秩序相抵触的,适用朝鲜民主主义人民共和国法律。”

(二)“结果说”

有些国家的国际私法规定:仅在外国法的适用将会导致与法院地国家公共秩序相抵触的结果时,始得排除其适用;单单是外国法的内容与法院地国家公共秩序相抵触,尚不足以构成排除该外国法适用的理由。这一标准为许多国家的国际私法所采取,也为欧盟国际私法所采取。

有些国家的国际私法不仅在违反公共秩序与否的判断标准问题上采“结果说”,而且要求外国法律规范的适用结果达到与法院地国家公共秩序“明显”不相容的程度。例如,经过1986年国际私法改革的德国《民法典施行法》第6条不仅要求外国法规定的适用结果与德国法基本原则(尤其是基本权利)不相容,还要求此种不相容性达到“明显”的程度。[2]《俄罗斯联邦民法典》第3编第6章之第1193条

---

[1] See Morris, *The Conflict of Laws* (*by McClean and Beevers*), 7th edition, 2009, para. 3-006.

[2] 德国《民法典施行法》新文本关于公共秩序的第6条规定:“他国法的某一规定的适用将会导致明显地与德国法基本原则不相容的结果的,他国法的这一规定即不予适用。他国法的某一规定的适用将会与基本权利不相容的,尤其不得予以适用。”

第1款、保加利亚2005年5月4日《国际私法法典》第45条第1款也是如此。

1. 立法例

例如，1940年3月15日希腊《民法典》第33条规定："外国法规定的适用与善良风俗或一般地与公共秩序相抵触的，不适用之。"

奥地利1978年6月15日《关于国际私法的联邦法律》第6条第1句规定："外国法规定的适用将会导致与奥地利法律秩序的基本价值相抵触的结果的，该外国法的规定不得予以适用。"

瑞士1987年12月18日《关于国际私法的联邦法律》第17条规定："外国法规定的适用导致与瑞士公共秩序相抵触的结果的，排除其适用。"

2002年3月1日生效的《俄罗斯联邦民法典》第3编第6章之第1193条第1款规定："依本章的规则应予适用的外国法律规范的适用结果将会明显地与俄罗斯联邦法律和秩序的基本原则(公共秩序)相抵触的，例外地不适用之。"[1]

保加利亚2005年5月4日《国际私法法典》第45条第1款规定："仅在被本法典确定为应予适用的外国法的某一规定的适用结果明显地与保加利亚公共秩序不相容时，该外国法的这一规定始不予适用。"同条第2款规定："在评估不相容性时，应考虑私法关系与保加利亚公共秩序的关联程度以及适用外国法的后果的严重性。"

此外，匈牙利2017年4月11日《关于国际私法的法律》第12条第1款、波兰共和国2011年2月4日《关于国际私法的法律》第7条、1999年7月1日生效的《白俄罗斯共和国民法典》第1099条第1句、委内瑞拉1998年8月6日《关于国际私法的法律》第8条、《魁北克民法典》第3081条也含有类似规定。

兹举一个英格兰国际私法的例子。[2] 设若英格兰法院所处理的是一个50岁的单身汉收养一名17岁的花季少女的案件，依英格兰冲突规则应适用外国法，而该外国法准许该男子收养该女子，英格兰法院将会以违反公共政策(公共秩序)为理由而拒绝适用该外国法，从而拒绝将对该女子的照顾权给予该男子。但如果英格兰法院所处理的是该男子的无遗嘱继承案件，则英格兰法院将会适用该外国法，准许这名17岁的少女作为"养女"继承其"养父"的遗产，因为这样做无碍于英格兰公共政策(公共秩序)。

---

〔1〕 与苏联国际私法相比，《俄罗斯联邦民法典》第1193条对公共秩序加上以下两项限制：首先，公共秩序制度只能在例外情形下加以运用。其次，外国法的适用结果必须"明显地"与俄罗斯联邦公共秩序相抵触，始得以公共秩序为理由而排除其适用。不仅如此，第1193条第2款还规定："不得单单基于相关外国的法律、政治或经济制度与俄罗斯联邦法律、政治或经济制度之不同而拒绝适用外国法规范。" Vgl. IPRax 2002, 328. See also Sergei Lebedev, Aleksander Muranov, Roman Khodykin and Elena Kabatova, *New Russian Legislation on Private International Law*, Yearbook of Private International Law, Volume 4 (2002), p. 124.

〔2〕 参见唐表明：《比较国际私法》，中山大学出版社1987年版，第54页。

2. 欧盟国际私法

欧盟国际私法中的公共秩序条款也采取“结果说”。例如,2007 年 7 月 11 日通过的《罗马Ⅱ规则》第 26 条规定:“本规则所指定的某一国家的法律规定的适用,仅在其适用明显地与法院地公共秩序相抵触时,始得予以排除。”同样,2008 年 6 月 17 日通过的《罗马Ⅰ规则》第 21 条也是关于“法院地公共秩序”的条款,它规定:《罗马Ⅰ规则》所指定的法律体系的适用,仅在其明显地与法院地公共秩序相抵触时,始得予以排除。

四、运用公共秩序排除外国法的适用后所应适用的法律体系

既然公共秩序是排除冲突规则所指定的外国法律体系的适用的一种手段,那么,在法官运用公共秩序排除本应予以适用的外国法律体系的适用后,应适用何国法律体系作为准据法?各国国际私法在这一问题上所采取的做法不尽相同。

常见的做法是在关于国际私法的法律中明确地规定:以法院地法为替代性法律体系。例如,奥地利 1978 年 6 月 15 日《关于国际私法的联邦法律》第 6 条第 2 句规定:“必要时,奥地利法的相应规定必须取代它们[被排除的外国法规定]而予以适用。”朝鲜民主主义人民共和国 1995 年 9 月 6 日《对外民事关系法》第 13 条、匈牙利 2017 年 4 月 11 日《关于国际私法的法律》第 12 条第 2 款也都规定以法院地法代替被排除的外国法。

许多国家的国际私法制定法就此不加规定,如波兰共和国 2011 年 2 月 4 日《关于国际私法的法律》第 7 条、瑞士 1987 年 12 月 18 日《关于国际私法的联邦法律》第 17 条、委内瑞拉 1998 年 8 月 6 日《关于国际私法的法律》第 8 条、韩国现行《国际私法》第 23 条(旧文本第 10 条)、2002 年 3 月 1 日生效的《俄罗斯联邦民法典》第 3 编第 6 章之第 1193 条第 1 款。即便如此,在实践中也不排除法官仍然会适用法院地法。

然而,也有一些国家的国际私法制定法要求先适用被指定的外国法律体系的另一适当规定,在这样做不可行时,再以法院地法为替代性法律体系。例如,保加利亚 2005 年 5 月 4 日《国际私法法典》第 45 条第 3 款规定:“本条第 2 款所称[被本法典确定为应予适用的外国法的某一规定的适用结果与保加利亚公共秩序之间的]不相容性已被确认的,适用同一外国法的另一适当规定。无此种规定时,如对于私法关系的处理来说是必要的,则适用保加利亚法的某一规定。”

五、国际条约中的公共秩序条款

晚近的包含冲突规则的国际条约的一个普遍实践,就是在草拟国际条约时加入一个公共秩序条款,准许缔约国在国际条约的冲突规则所指定的某一法律体系的适用将会导致与法院地国家公共秩序明显地相抵触的结果时,不适用该被指定

的法律体系。这赋予了缔约国法官以运用公共秩序制度的自由裁量权,有助于使有关国家减少对适用国际条约的冲突规则所可能发生的损害的顾虑,并因此而成为国际条约当事方。

战后规定此种公共秩序条款的海牙国际私法公约的例子,最早见于1956年10月24日《关于儿童扶养义务准据法的公约》第4条:“本公约宣告应予适用的法律,仅在其适用与受理案件的机关所属国家的公共秩序明显地相抵触时,始得不予适用。”该条款以国际条约的冲突规则所指定的法律体系的适用结果作为判断是否违反公共秩序的标准,且要求在运用公共秩序排除本应适用的法律体系时,在结果上必须与法院地国家公共秩序“明显地”相抵触,以防止公共秩序保留条款的滥用。这一表述几乎已成为后来海牙国际私法公约公共秩序条款的一条公式。1961年10月5日《关于未成年人保护方面的机关管辖权和准据法的(海牙)公约》第16条、1965年11月15日《关于在收养领域的机关管辖权、准据法和判决承认的(海牙)公约》第15条、1973年10月2日《关于产品责任准据法的(海牙)公约》第10条、1973年10月2日《关于扶养义务准据法的(海牙)公约》第11条、1978年3月14日《关于夫妻财产制准据法的(海牙)公约》第14条、1978年3月14日《关于居间合同和代理准据法的(海牙)公约》第17条、1985年7月1日《关于信托准据法及其承认的(海牙)公约》第18条、1986年12月22日《关于国际货物买卖合同准据法的(海牙)公约》第18条、1989年8月1日《关于死者遗产继承准据法的(海牙)公约》第18条、1996年10月19日《关于父母责任和儿童保护措施领域的管辖权、准据法、承认、执行及合作的(海牙)公约》第21条以及2006年7月5日《关于中间人所持有的证券方面的某些权利的准据法的(海牙)公约》第11条第1款均含有相同或相似的规定。

2002年1月1日生效的1996年10月19日《关于父母责任和儿童保护措施领域的管辖权、准据法、承认、执行及合作的(海牙)公约》第22条规定:“本章规定所指定的法,仅在考虑儿童最佳利益的情况下,于其适用将会明显地与公共秩序不相容时,始得拒绝予以适用。”

六、中国的实践

(一)2011年4月1日以前的中国实践

中华人民共和国成立以后,中国国际私法学者一般称公共秩序为“公共秩序保留”,但在《中华人民共和国民法典》于2020年5月28日被通过之前,中国立法者在正式的立法文件中从未使用过“公共秩序”这一术语。自2021年1月1日起施行的《中华人民共和国民法典》第8条(“民事主体从事民事活动,不得违反法律,不得违背公序良俗。”)第一次出现了“公序良俗”的措辞,其含义为“公共秩序和善良风俗”。

在2011年4月1日以前,1992年11月7日《中华人民共和国海商法》(自1993

年7月1日起施行)第276条规定:“依照本章规定适用外国法律或者国际惯例,不得违背中华人民共和国的社会公共利益。”[1]1995年10月30日《中华人民共和国民用航空法》(自1996年3月1日起施行,2021年已修正)第190条规定:“依照本章规定适用外国法律或者国际惯例,[2]不得违背中华人民共和国的社会公共利益。”[3]

上述两条规定被认为是中国现行国际私法在确定涉外民商事法律关系准据法方面的公共秩序条款。[4] 它们所使用的措辞都是“中华人民共和国的社会公共利益”。但它们到底是不是国际私法上的公共秩序条款?这是值得仔细推敲的。

上文已阐释了本书所称公共秩序的含义。从法学方法论的角度说,一条完整的、典型的公共秩序条款的“构成要件”是——(如果)法院地国家所指定的某一外国法律体系的内容或其适用结果与内国“公共秩序”相抵触;“法律效果”是——(那么)有国际管辖权的法院地国家的法院或其他机关(复数)不应适用该被指定的外国法律体系。再看前引中国现行法的上述两条规定,虽然都是在确定涉外民商事法律关系准据法的语境下制定出来的,但它们所包含的法律效果都是“不得违背中华人民共和国的社会公共利益”,而不是直接排除某一外国法律体系的适用。毋宁说,它们是中国立法者对审理涉外民商事案件的法院等法律适用者的要求,换言之,是受理案件并可能适用外国法的法院等法律适用者所不可违背的规定,从而为法院等法律适用者设定了一项义务。可见其矛头所指,是法院等法律适用者而不是依冲突规则本应予以适用的外国法律体系。问题是,如果法律适用者违背了此项规定或违反了此种义务,将会产生什么后果?是导致本应适用的某一外国法律体系的不适用,还是导致法官的失职和民事诉讼法意义上的适用法律错误(从而应予纠正)?答案不是很明确。

即便把上述规定理解成公共秩序条款,从而在功能上可起到消极的、排除外国法适用的作用,然而在判断违反公共秩序的情事时,它们所采取的标准是外国法的适用结果,还是外国法内容的本身?答案也不是很明确。

从国际私法立法技术的角度看,中国现行法的上述两条规定有其不可取的地

---

〔1〕 这里的“本章”指《中华人民共和国民用海商法》关于“涉外关系的法律适用”的第十四章(第268条至第276条)。

〔2〕 这里的“本章”指《中华人民共和国民用航空法》关于“涉外关系的法律适用”的第十四章(第184条至第190条)。

〔3〕 《中华人民共和国民法通则》(已失效)第150条也曾规定:“依照本章规定适用外国法律或者国际惯例的,不得违背中华人民共和国的社会公共利益。”但《中华人民共和国民法通则》已因《中华人民共和国民法典》的施行而于2021年1月1日被废止,故本书无须再讨论《中华人民共和国民法通则》第150条妥当与否。

〔4〕 参见谢石松:《国际私法学》,高等教育出版社2007年版,第110页;杜涛、陈力:《国际私法》(第2版),复旦大学出版社2008年版,第114页。

方，在表述上不符合完整的、典型的公共秩序条款的要求。[1]

最后，中国国际私法著作在解释上述两条规定时，一般都认为它们不仅可以排除外国法律的适用，而且可以排除国际惯例的适用。[2] 这种观点值得商榷。理由如下：(1)如果严格按照本书关于公共秩序的定义，则传统的、典型的冲突法上的公共秩序所排除的，仅仅是外国法的适用。(2)从比较法的角度看，据本书作者所知，世界上没有哪个国家的国际私法是运用公共秩序来排除国际惯例的。前已述及，国际惯例中的一部分没有法律约束力，根本不属于法院地国家冲突规则所指定的本应予以适用的外国法（或外国法律体系）。至于国际惯例中有法律约束力的那部分（国际习惯或国际习惯法），是一个国家自认为有义务适用的不成文的国际法规则，怎么会违反该国公共秩序？(3)值得特别讨论的是没有法律约束力的那部分国际惯例，如所谓“国际商人法”，是人民法院“可以适用”而不是应当或必须适用的（见《中华人民共和国民用航空法》第184条第2款）。由于它们没有法律约束力，如果双方当事人协议选择之，则可视为合同条款。人民法院可以确认当事人选择此种没有法律约束力的国际惯例的适当性：如果适当，则可以适用之；如果不适当，则可以不适用之。适用与不适用的裁量权在于人民法院，根本无须借助于公共秩序这一国际私法上的“安全阀”。事实上，此种没有法律约束力的国际惯例并不会危及一个国家的公共安全或国家利益。如果连此种没有法律约束力的惯例都惧怕并予以排除，那会助长滥用公共秩序之风，即一国法院动辄以公共秩序为理由，排除外国法的适用，这与国际私法的目的和理想是背道而驰的。总之，以“违背中华人民共和国的社会公共利益”为理由而排除国际惯例的适用的做法，仍值得商榷。

（二）2011年4月1日以后的中国实践

《中华人民共和国涉外民事关系法律适用法》自2011年4月1日起施行以后，中国国际私法关于公共秩序的表述有所改进。该法总则第5条规定：“外国法律的适用将损害中华人民共和国社会公共利益的，适用中华人民共和国法律。”在中华人民共和国立法史上，它第一次在国际私法总则中规定了公共秩序条款，其意义非同小可。它的表述比之前的法律更为可取，且在判断违反中国公共秩序的情事时，所采取的标准是“结果说”，即取决于外国法律的适用是否“将损害中华人民共和国社会公共利益”，故称得上是一条真正的公共秩序条款。[3] 尤其令人欣慰的是，它吸纳了大多数中国国际私法学者的一致意见和研究成果，不再以公共秩序为由而排除国际惯例的适用。[4] 然而，这一新的公共秩序条款仍有以下两处值得改进：

---

〔1〕 1918年8月5日公布并施行的《法律适用条例》第1条规定：“依本条例，适用外国法时，其规定有悖于中国公共秩序，或善良风俗者，仍不适用之。”

〔2〕 参见黄进：《国际私法》，法律出版社2000年版，第72页。

〔3〕 参见陈卫佐：《涉外民事关系法律适用法的中国特色》，载《法律适用》2011年第11期。

〔4〕 参见齐湘泉：《〈涉外民事关系法律适用法〉原理与精要》，法律出版社2011年版，第84～85页。

首先，一条严格意义上的、典型的公共秩序条款应着眼于排除法院地国家的冲突规则所指定的外国法的适用，直接说"适用中华人民共和国法律"而对法院地国家的冲突规则所指定的外国法的适用是否应予以排除避而不谈显然是不恰当的。

其次，该法第5条虽然在一定程度上可减少法律适用的不确定性，但也会导致公共秩序制度的滥用，因为仅仅是"损害"中国社会公共利益而未达到"明显地损害"的程度有时尚不足以构成对公共秩序的违反。

本书作者认为，《中华人民共和国民法典》第8条所使用的民法术语"公序良俗"同样可以适用于《中华人民共和国涉外民事关系法律适用法》，并建议将《中华人民共和国涉外民事关系法律适用法》第5条修改为合乎国际私法学科要求的、典型的公共秩序条款如下："本法所指定的外国法律的适用结果将会明显地与中华人民共和国公序良俗相抵触的，排除该外国法律的适用；在此情形下，适用中华人民共和国法律。"[1]

第六节 法律规避

一、法律规避的概念

案例7-8 博弗雷蒙王妃案
(l'Affaire Princesse de Bauffremont，1878年，法国最高法院)[2]

这是法国最高法院(Cour de cassation)于1878年3月18日裁判的一起有名的国际私法案件。法国王子博弗雷蒙的妻子博弗雷蒙王妃(Princesse de Bauffremont，具有法国国籍)欲与他离婚，以便与比贝斯科王子(Prince Bibesco)结婚。但法国当时的法律仍禁止离婚而只准许分居。为了达到与博弗雷蒙王子离婚以及与比贝斯科王子结婚的目的，王妃来到当时已准许离婚的萨克森-阿尔滕堡公国(属德意志帝国)，归化为德国人，并取得了离婚判决。后来，她在柏林与比贝斯科王子结婚。法国王子博弗雷蒙遂向法国法院提起了民事诉讼，要求判决其妻归化为德国人以及离婚、再婚的行为无效。

依当时的法国冲突规则，离婚适用当事人的属人法(对法国来说即本国法)。由于博弗雷蒙王妃已取得德国国籍，她在诉讼进行时的本国法即为德国法。但

---

〔1〕 陈卫佐：《中国国际私法立法的现代化——兼评〈中华人民共和国涉外民事关系法律适用法〉的得与失》，载《清华法学》2011年第2期。

〔2〕 Voir Loussouarn/Bourel, *Droit international privé*, 7e édition, 2001, p. 325.

法国法院认为：博弗雷蒙王妃归化为德国人纯粹是为了取得德国国籍和德国法院的离婚判决，以避开她原先的本国法（法国法）的适用。最后，法国法院判决该避法行为无效，其离婚和再婚亦无效。

在“博弗雷蒙王妃案”中，具有法国国籍的王妃在德国的归化、离婚和再婚的行为在法国国际私法上叫作“法律欺诈”（法文 fraude à la loi，拉丁文 *fraus legis*），其他国家的国际私法一般称之为“法律规避”（英文 evasion of law，德文 Gesetzesumgehung）。

作为国际私法总则性制度或一般问题之一，法律规避指的是这样一种避法行为：行为人为了避开依法院地国家的冲突规则本应予以适用的法律体系，通过人为地改变某个（或某些）影响应予适用的法律体系的因素（如连结点），以达到在法律效果上适用于己有利的法律体系的目的。

规避法律的现象或行为不仅存在于国际私法，也存在于内国实体法。所不同的是，国际私法上所说的法律规避与法律适用有关，并且是为了在法律效果上适用于己有利的法律体系。

例 1：为了逃避内国法律关于禁止某些动产的所有权转移的规定，利用“动产物权，适用动产所在地法”这条冲突规则，将动产运至无此种禁止性规定的外国，通过改变动产所在地达到适用外国法的目的。

例 2：船主在与船舶无任何实际联系的国家进行船舶登记，以避开实际船籍港的法律的适用。

二、法律规避的要素

作为一种避法行为，国际私法上的法律规避必须具备以下几个要素：[1]

1. 规避的意图。行为人必须具有避开依法院地国家的冲突规则本应予以适用的法律体系的意图。也就是说，法律规避必须是出于故意乃至恶意的。这是法律规避必不可少的主观要素。如果行为人无此种故意，则不能算作法律规避。所谓“过失的或疏忽大意的法律规避”其实并不存在。在“博弗雷蒙王妃案”中，王妃在取得了德国国籍、离婚判决并再婚后，旋即返回法国，足见她有规避法国强行法的意图。

2. 规避的行为及方式。行为人必须实施了规避法律的行为（避法行为），所采取的方式是改变某个（或某些）影响所适用法律体系的因素，如国籍、住所、动产所在地、合同订立地、婚姻举行地、立遗嘱地或其他行为地等连结点。

3. 规避的对象。行为人所规避的往往是依法院地国家的冲突规则本应予以适用的法律体系（法院地法或外国法），尤其是该法律体系的强制性规定。

---

〔1〕 参见黄进：《国际私法上的法律规避》，载《百科知识》1995 年第 3 期。

4. 规避的效果。在法律效果上,规避者达到了适用于己有利的法律体系的目的。被适用的法律体系通常是某一外国法。

三、关于法律规避的有效性的几种主张

关于法律规避的有效性,在各国的实践中主要有三种主张:

1. 只有避开法院地国家内国法的适用才是法律规避,避开外国法的适用不属于法律规避。有些国家的国际私法实践认为:唯有避开法院地国家内国法的适用才是法律规避或法律欺诈,避开外国法的适用则不然。根据"欺诈使一切归于无效"(拉丁文:"*Fraus omnia corrumpit.*")的原则,避开法院地国家内国法的适用的避法行为应属无效。例如,法国司法判例过去曾采取这一态度。在1929年审理的关于一个意大利妇女的丈夫为了逃避意大利法律关于禁止离婚的规定而归化为法国人的案件中,法国最高法院并未制裁他加入法国国籍的行为。

2. 不承认规避法院地国家强行法的行为的有效性,但对规避外国法的行为的有效性不予规定。有些国家的国际私法实践只是不承认规避法院地国家强行法的行为的有效性,但对规避外国法的行为的有效性则不予规定。例如,最高人民法院《关于适用〈中华人民共和国涉外民事关系法律适用法〉若干问题的解释(一)》第9条规定:"一方当事人故意制造涉外民事关系的连结点,规避中华人民共和国法律、行政法规的强制性规定的,人民法院应认定为不发生适用外国法律的效力。"

3. 不仅不承认规避法院地国家的强行法的行为的有效性,也不承认规避外国强行法的行为的有效性。有些国家的国际私法实践不仅不承认规避法院地国家强行法的行为的有效性,也不承认规避外国强行法的行为的有效性。例如,按照今天的法国司法判例,规避外国强行法的行为也应受到制裁。[1]

四、立法例

法律规避在各国国际私法上多表现为司法实践中的做法或学者的学说,在国际私法立法中明文规定法律规避问题的国家为数甚少。[2] 匈牙利1979年5月31日公布的《关于国际私法的第13/1979号法令》第8条是其中一个立法例。其第1款规定:如果外国法连结于当事人为了规避本应予以适用的法而通过伪造或欺诈而人为制造的外国因素(伪诈的连结),则不适用该外国法。根据其第2款的规定,在出现伪诈的连结的情形下,必须适用依该法令本应予以适用的法律体系。

---

〔1〕 参见[法]巴蒂福尔、[法]拉加德:《国际私法总论》,陈洪武等译,中国对外翻译出版公司1989年版,第509~510、514~515页。

〔2〕 参见肖永平:《国际私法原理》(第2版),法律出版社2007年版,第128~130页;唐表明:《比较国际私法》,中山大学出版社1987年版,第55~57页。

第七节　多法域国家(复合法律体系国家)的准据法确定

受理国际性民商事案件的有国际管辖权的机关依法院地(广义)国家冲突规则的指定,应适用某一外国的法律体系,如该外国是一个单一法律体系国家,则法院等法律适用机关通常只需以该外国法律体系为准据法即可(姑且撇开可能引起反致和转致的情形不谈)。但如果该外国是一个在同一主权之下被分成若干个领土单位,而每一个领土单位都在民商法领域施行其独特法律体系的国家,即"多法域国家"(又称"复合法律体系国家",如美国、英国、加拿大、澳大利亚、墨西哥和西班牙),则情况要复杂得多。在这方面,各国国际私法所采取的做法不完全一致。

一、立法例

德国《民法典施行法》第4条第3款第2句规定适用与案件有更密切联系的领土单位的法律体系。[1]

根据2002年3月1日生效的《俄罗斯联邦民法典》第3编第6章第1188条第1句,在复合法律体系国家的法律体系应予以适用的情形下,所应适用的法律体系依该国法予以确定。根据该条第2句,如果依该国法不能确定应适用多个法律体系中的哪一个,则适用与法律关系有最密切联系的那一法律体系。[2]

根据保加利亚2005年5月4日《国际私法法典》第41条第1款,如果准据法所属国有多个具有独特法律体系的领土单位,则该国法应确定其中哪一法律体系应予以适用。根据保加利亚《国际私法法典》第41条第3款,如果准据法所属国包含着多个适用于不同人种的法律体系,则该国法应确定其中哪一法律体系应予以适用。但保加利亚《国际私法法典》第41条第4款含有一个体现最密切联系原则的兜底性条款如下:"本条第1款和第3款所称'该国法'并未给出确定应予适用的法律体系的标准的,适用与私法关系有最密切联系的法律体系。"[3]

二、中国的实践

《中华人民共和国涉外民事关系法律适用法》第6条规定:"涉外民事关系适用

[1] See Frank Vischer, Connecting Factor: Int. Enc. Comp. L. Ⅲ ch. 4 (1999), S. 24.

[2] See *The Civil Code of the Russian Federation*, Part 3, Yearbook of Private International Law, Volume 4 (2002), p. 350.

[3] See Basedow/Rühl/Ferrari/de Miguel Asensio (eds.), *Encyclopedia of Private International Law*, Edward Elgar, Cheltenham 2017, Volume 3, p. 1945; Volume 4, p. 3027.

外国法律,该国不同区域实施不同法律的,适用与该涉外民事关系有最密切联系区域的法律。"

在该法通过之前,该法草案之2010年6月28日修改稿曾规定:"涉外民事关系适用外国法律,该国不同区域实施不同法律的,适用其特定区域的法律。"本书作者在2010年7月13日向全国人大常委会法制工作委员会提出的关于草案之2010年6月28日修改稿的"修改理由"中指出:"既然本法完全不考虑外国法的法律适用规则,意味着外国法的区际法律适用规则也不予考虑。此时,规定应适用与涉外民事法律关系有最密切联系的区域的法律体系就能为法院或行政机关提供法律适用上的指南。"因此,本书作者建议将草案之2010年6月28日修改稿中的"适用其特定区域的法律"修改为"适用与涉外民事法律关系有最密切联系的区域的法律"。这一建议得到了立法者的采纳。但在正式通过的《中华人民共和国涉外民事关系法律适用法》第6条的措辞中,"该国"前欠缺一个"而"字,"区域"前欠缺一个"的"字。更好的提法是:"涉外民事关系应适用外国法律,[而]该国不同区域实施不同法律的,适用与该涉外民事关系有最密切联系[的]区域的法律。"(方括号内的字系本书作者建议加上的)

第八节　最密切联系原则和当事人意思自治原则

一、国际私法总则中的最密切联系原则

(一)最密切联系原则的含义

最密切联系原则(法文 le principe du lien le plus étroit 或 le principe des liens les plus étroits),有时也被称为"密切性原则"(英文 the principle of proximity,法文 le principe de proximité),是现代国际私法的一般原则,其含义是:一国法院在审理含有涉外因素的民商事案件时,除当事人被赋予选择准据法的权能的情形外,原则上应适用与涉外民商事法律关系有最密切联系的国家(或法域)的法律体系。

最密切联系还有其他叫法,如"最密切关系"(日本2006年6月21日《关于法的适用的通则法》第8条、第12条、第25条、第38条、第40条使用之),"最重要关系"(英文 the most significant relationship,美国《(第二次)冲突法重述》第145条至第188条使用之),"最真实联系"(英文 the most real connection,最早为英国学者韦斯特莱克于1880年所使用),"最强关系"(德文 die stärkste Beziehung,奥地利1978年6月15日《关于国际私法的联邦法律》第1条第1款使用之),等等。

(二)最密切联系原则的优越性

最密切联系原则之所以为当今世界各国的国际私法所乐于采取,一方面是因

为它承袭了萨维尼"法律关系本座说"的合理内核:每一法律关系都有一个与之相对应的法律体系,而确定该法律体系的关键在于找到该法律关系的"本座"所在的地域(国家或法域);找到了这样的地域,也就找到了在该地域施行的法律体系。最密切联系原则的实质,不过是推定各种法律关系的本座所在的地域(国家或法域)在通常情况下是与该法律关系有最密切联系的地域(但这一推定是可驳倒的)。因此,最密切联系原则有时被解释成法律关系本座说的一种具体化形态。另一方面,最密切联系原则使用"最密切联系地"这样一个具有高度灵活性的连结点,可以克服传统的萨维尼式冲突规则的固定性、机械性和僵硬性,使国际私法在处理涉外案件时不仅具有法的确定性和可预见性,而且具有相当的灵活性。例如,萨维尼主张与合同有关的法律关系的本座是债务履行地,合同准据法首推债务履行地法。又如,依美国1934年《(第一次)冲突法重述》的冲突规则,几乎所有侵权责任问题均应适用损害发生地法。然而,在债务履行地与合同并无密切联系,或者损害发生地与侵权案件并无密切联系时,如果在实践中一成不变地贯彻此种主张或适用此种冲突规则未免流于公式化,甚至会导致不公正、不妥当的结果,而采用最密切联系原则可以克服此种弊端。[1] 因此,有学者认为最密切联系原则是对萨维尼"法律关系本座说"的新发展。[2]

(三)最密切联系原则的影响及应用范围

正因如此,当今各国的国际私法立法、判例和大多数国际条约的冲突规则均承认并采取最密切联系原则。例如,德国《民法典施行法》第4条第3款第2句、第14条第1款第3项和瑞士1987年12月18日《关于国际私法的联邦法律》第117条均采取了最密切联系原则。

奥地利1978年6月15日《关于国际私法的联邦法律》第1条第1款则称最密切联系原则为"最强关系原则"(Grundsatz der stärksten Beziehung),它规定:"与外国有联系的事实情况,应在私法上适用与之有最强关系的法律体系。"[3] 1985年7月1日《关于信托准据法及其承认的(海牙)公约》第7条第1款规定:"所应适用的法律未被选择的,信托适用与之有最密切联系的法。"

最密切联系原则在现代国际私法的运用范围越来越广,如在合同之债、非合同之债、物权等领域。即便是在属人法和多法域国家准据法的确定方面,该项原则的运用也有增无减。最密切联系原则的广泛运用,使国籍原则(本国法主义)被部分地放弃或有所松动。现代各国国际私法越来越多地使用"惯常居所"连结点,也是最密切联系原则使然。

---

〔1〕 Vgl. Kropholler, IPR (6. Aufl. 2006), § 4 Ⅱ 1.

〔2〕 参见唐表明:《比较国际私法》,中山大学出版社1987年版,第156页。

〔3〕 Sachverhalte mit Auslandsberührungen sind in privatrechtlicher Hinsicht nach der Rechtsordnung zu beurteilen, zu der die stärkste Beziehung besteht.

（四）最密切联系原则的两种表现形式——一般条款与例外条款

纵观当代各国的国际私法，最密切联系原则有时表现为国际私法上的一般条款，有时表现为国际私法上的例外条款（英文 exception clause 或 escape clause，法文 clause d'exception 或 clause échappatoire，德文 Ausnahmeklausel 或 Ausweichklausel）。前者如奥地利 1978 年 6 月 15 日《关于国际私法的联邦法律》第 1 条、2002 年 3 月 1 日生效的《俄罗斯联邦民法典》第 3 编第 6 章之第 1186 条第 2 款、保加利亚 2005 年 5 月 4 日《国际私法法典》第 2 条，后者如瑞士 1987 年 12 月 18 日《关于国际私法的联邦法律》第 15 条、斯洛文尼亚共和国 1999 年 6 月 30 日《关于国际私法和国际民事诉讼的法律》第 2 条第 1 款、比利时 2004 年 7 月 16 日《国际私法法典》第 19 条第 1 款、《魁北克民法典》第 3082 条第 1 句。

1. 一般条款

奥地利 1978 年 6 月 15 日《关于国际私法的联邦法律》第 1 条第 1 款和第 2 款规定："［最强关系］(1)含有外国因素的事实情况，应在私法上适用与之有最强关系的法律体系。(2)包含于本联邦法律中的关于应予适用的法律体系的特别规定（冲突规则），必须视为这一原则的体现。"

《俄罗斯联邦民法典》第 3 编第 6 章之第 1186 条第 1 款规定，含有涉外因素的民事法律关系的准据法应依国际条约、本民法典、其他法律和俄罗斯联邦所承认的惯例予以确定。紧接着，该条第 2 款规定："依本条第 1 款不能确定所应适用的法的，适用与含有涉外因素的民事法律关系有最密切联系的国家的法。"尽管最密切联系原则在第 1186 条第 2 款只是表现为辅助性的法律适用原则，但从《俄罗斯联邦民法典》第 3 编第 6 章第 1187 条至第 1224 条的规定来看，有理由认为最密切联系原则构成了整个第 6 章的基本原则之一。可以说，第 1186 条第 2 款在许多方面确定了第 6 章全部冲突规则的基调。[1]

保加利亚 2005 年 5 月 4 日《国际私法法典》关于最密切联系原则的第 2 条第 1 款和第 2 款规定："(1)含有国际性因素的私法关系，应适用与该私法关系有最密切联系的国家的法。包含在本法典中的关于确定准据法的规定，均体现了这一原则。(2)依本法典第 3 编的规定不能确定准据法的，应适用按其他标准与私法关系有最密切联系的国家的法。"[2]

2. 例外条款

瑞士 1987 年 12 月 18 日《关于国际私法的联邦法律》第 15 条第 1 款和第 2 款规定："［例外条款］(1)从全部情事来看，案件明显地与本法所指定的法仅有很松散

---

〔1〕 See Sergei Lebedev, Aleksander Muranov, Roman Khodykin & Elena Kabatova, *New Russian Legislation on Private International Law*, Yearbook of Private International Law, Volume 4 (2002), p. 125.

〔2〕 See Basedow/Rühl/Ferrari/de Miguel Asensio (eds.), *Encyclopedia of Private International Law*, Edward Elgar, Cheltenham 2017, Volume 3, p. 1949 – 1950; Volume 4, p. 3020 – 3045.

的联系，而与另一法有密切得多的联系的，本法所指定的法即例外地不予适用。(2)在当事人已进行准据法选择的情形下，前款规定不予适用。”

斯洛文尼亚共和国1999年6月30日《关于国际私法和国际民事诉讼的法律》第2条第1款规定：“考虑到全部情事，与本法所指定的法的联系显然不是最重要的，且案件与另一法有更为密切的联系的，本法所指定的法即例外地不予适用。”显而易见，这一体现了最密切联系原则的例外条款以瑞士《关于国际私法的联邦法律》第15条第1款的例外条款为样板。[1]

比利时2004年7月16日《国际私法法典》第19条第1款规定：“[第1项]根据全部情事，案件明显地与被指定的法所属国家仅有很微弱的联系，而与另一国家却有很密切的联系的，本法所指定的法即例外地不予适用。在此情形下，应适用该另一国家的法。[第2项]在适用本款第1项时，尤应考虑准据法可预见性的需要，以及所涉及的关系是依在该项关系成立时与之有联系的国家的国际私法合法地成立的这一情事。”该条第2款规定：“在双方当事人依本法的规定选择准据法的情形下，或在对准据法的指定系基于第1款的内容时，第1款不予适用。”[2]

值得一提的是，虽然最密切联系原则在奥地利1978年6月15日《关于国际私法的联邦法律》第1条表现为一般条款，但该法主要起草人、奥地利维也纳大学原教授、已故国际私法学家施温德(Fritz Schwind)却是例外条款倡导者之一。然而，当该法于1979年1月1日生效时，尚不可能将例外条款正式引进该法。该法生效10年以后，施温德教授隐含于该法第1条的关于例外条款的思想终于得到了司法裁判的充分认可：[3]根据奥地利最高法院1989年11月21日的一项裁定，该法第1条可视为一条例外条款。[4]

除此之外，2008年6月17日通过的《罗马Ⅰ规则》(自2009年12月17日起取代欧盟成员国关于合同之债的冲突规则)第4条第3款与第8条第4款、2007年7月11日通过的《罗马Ⅱ规则》(自2009年1月11日起取代欧盟成员国关于非合同之债的冲突规则)第4条第3款也是以最密切联系原则为内容的例外条款。但因它们只是合同之债或非合同之债领域的例外条款，故属于特别例外条款。《罗马Ⅰ规则》第4条第3款规定：“从案件的全部情事来看，合同与第4条第1款或第2款所称国家以外的另一国家有显然更密切的联系的，适用该另一国家的法律体系。”第8

---

[1] See Prešo Puharič, *Private International Law in Slovenia*, in: Yearbook of Private International Law, Volume 5 (2003), p. 159.

[2] Voir J. Erauw, M. Fallon, E. Guldix, J. Meeusen, M. Pertegás Sender, H. van Houtte, N, Watté, P. Wautelet (eds.), Le Code de droit international privé commenté, Intersentia/Bruylant, Antwerpen/Oxford/Brussel 2006, p. 102.

[3] See von Overbeck, *The New Swiss Codification of Private International Law*, FORUM International, No. 16, 1991, p. 13.

[4] 参见陈卫佐：《瑞士国际私法法典研究》，法律出版社1998年版，第45～48页。

条第4款规定:“从整个情事来看,合同与本条第2款或第3款所称另一国家有更密切的联系的,适用该另一国家的法律体系。”《罗马Ⅱ规则》第4条第3款规定:“从案件的全部情事来看,侵权行为与第4条第1款或第2款所指定的国家以外的另一国家有显然更密切的联系的,适用该另一国家的法律体系。与另一国家显然更密切的联系,尤可基于当事人之间先存在的关系(诸如与所称侵权行为有密切联系的合同)得出。”

在美国,纽约州上诉法院于1963年审理了对于最密切联系原则在美国冲突法上的确立具有重要意义的“巴布科克诉杰克逊案”。

案例7-9　巴布科克诉杰克逊案
[Babcock v. Jackson, 12 N. Y. 2d 473, 191 N. E. 2d 279(1963)][1]

美国纽约州上诉法院于1963年就著名的“巴布科克诉杰克逊案”做出了判决。该案的案情如下:原告巴布科克和被告杰克逊都是居所在纽约州罗切斯特市的居民。1960年9月16日,原告免费搭乘由被告驾驶的私人汽车,从罗切斯特市出发,前往加拿大进行短暂的周末旅行。当汽车在加拿大安大略省行驶时,被告所驾驶的汽车突然失控,滑出公路,撞到附近的石壁,造成交通事故,致使原告遭受重伤。回到美国后,原告(受伤的乘客)巴布科克以被告(驾驶人)杰克逊驾驶汽车有过失为由,向纽约州某地方法院提起了民事诉讼,请求被告赔偿损害。

上述交通事故发生时,加拿大安大略省施行着所谓“客人法”,规定汽车所有人或驾驶人在驾驶汽车过程中,如因过失而发生事故,则无须就免费乘客所遭受的伤害负赔偿责任,免费乘客不得对汽车所有人或驾驶人提起损害赔偿之诉。美国纽约州却无此种法律;该州仍然适用普通法,在免费乘客因汽车所有人或驾驶人的过失而遭受伤害的情况下,不免除汽车所有人或驾驶人的损害赔偿责任。本案的中心问题是:法院到底应适用哪个法域的法律体系?

被告以侵权行为应适用侵权行为地法为由,要求法院适用安大略法。一审法院做出了支持被告的判决,即适用作为侵权行为地法的安大略法,驳回了原告的诉讼请求。原告不服,向纽约州上诉分庭提起了上诉,亦被驳回。原告遂上诉于纽约州上诉法院(纽约州的最高法院)。

---

[1] Babcock v. Jackson, Court of Appeal of New York, 1963. 12 N. Y. 2d 473, 191 N. E. 2d 279, 240 N. Y. S. 2d 743 (1963). Voir aussi Audit, *Droit international privé*, 5e édition, 2008, n° 125. 另见李浩培:《美国的国际私法革命》,载中国国际法学会主编:《中国国际法年刊(1992年)》,中国对外翻译出版公司1993年版,第246~249页;李浩培:《李浩培文选》,法律出版社2000年版,第405~407页。

该案最后一审的主审法官、纽约州上诉法院法官富尔德(Judge Fuld)认为,法院历来所依循的传统冲突规则是由比尔任报告员的1934年《(第一次)冲突法重述》第384条的规则:因侵权行为提起的损害赔偿,适用侵权行为地法。其理论基础是日益受到批评的"既得权说",它忽视作为法律基础的某些政策上的考虑以及侵权行为地以外的其他法域所可能具有的利益,因而在司法实践中逐渐遭到废弃或修改。

富尔德法官主张对含有涉外因素的侵权行为案件按照"重心说"和"接触点聚集说"来确定侵权行为准据法。换言之,法院应适用因与案件或当事人的联系或接触点而对于该案的处理有最大利益的那个法域的法律体系,以便能够执行该法域的相关政策。他以此为出发点,比较了美国纽约州和加拿大安大略省这两个法域的接触点和利益。结果是几乎所有接触点都聚集于纽约州,纽约州显然具有更大和更直接的利益,而安大略省的利益较小:本案涉及居所在纽约州的客人和居所在纽约州的汽车所有人(同时也是驾驶人)以纽约州为出发点并预定在纽约州结束的周末免费旅行,驾驶人经常停放的车库位于纽约州,其驾驶证由纽约州有关当局发给,汽车登记地在纽约州,被告的汽车的保险公司住所地也在纽约州。相比之下,安大略省与案件的唯一联系是事故发生地这一纯属偶然的因素。因此,应适用作为最密切联系地法的纽约法。

富尔德法官还从立法政策的角度,比较了两个法域的相关政策。安大略省制定了禁止免费乘客提起针对汽车所有人或驾驶人的过失的损害赔偿之诉的"客人法",是为了防止旅客与驾驶人恶意串通而使用欺诈手段向保险公司主张其请求(驾驶人有重大过失的除外)。该"客人法"所保护的主要是居所或住所在安大略省的汽车所有人(或驾驶人)及其保险人的权益,而不是居所或住所在纽约州的汽车所有人(或驾驶人)及其保险人的权益。相比之下,纽约州法却无此种禁止性规定。纽约州立法政策要求加害人就因其过失而造成的客人的损害承担赔偿责任。在加害人和客人的居所均在纽约州的情况下,这一旨在保护免费乘客(受害人)权益的立法政策不应因偶然发生于纽约州境外的事故而有所例外。因此,从立法政策上衡量,本案也应适用纽约州法。

最后,作为最密切联系地法的纽约州法得以适用,而安大略省法则由于安大略省与案件的唯一联系是事故发生地这一纯属偶然的因素而不被适用。

本案的最终结果是纽约州上诉法院适用了纽约州法,满足了原告的诉讼请求。

"巴布科克诉杰克逊案"摒弃了美国1934年《(第一次)冲突法重述》所采取的"侵权行为,适用侵权行为地法"规则,标志着美国冲突法革命在侵权法领域的肇始。[1]

---

〔1〕 See Symeonides, *A New Conflicts Restatement*: *Why Not*?, Journal of Private International Law, Vol. 5 (2009) No. 3, p. 387.

（五）中国新国际私法在最密切联系原则上的特色

最密切联系原则在《中华人民共和国涉外民事关系法律适用法》中占有一席之地。该法第2条第2款规定："本法和其他法律对涉外民事关系法律适用没有规定的，适用与该涉外民事关系有最密切联系的法律。"

将最密切联系原则规定在国际私法总则中，这本身就已经突出了最密切联系原则的地位。但该法既没有像奥地利《关于国际私法的联邦法律》第1条那样将"最强关系原则"上升为一般原则（或者像保加利亚《国际私法法典》第2条那样将最密切联系原则上升为一般原则），也没有像瑞士《关于国际私法的联邦法律》第15条第1款那样采取一般性例外条款的形式，而是把最密切联系原则作为一项补充性原则。在该法和其他法律对涉外民事关系的法律适用均无规定，或依该法和其他法律无法确定某一涉外民事关系的准据法的情形下，最密切联系原则可以起到弥补缺漏的作用。

《中华人民共和国涉外民事关系法律适用法》第41条（关于合同准据法的确定）明确地将最密切联系原则作为仅次于当事人意思自治原则的法律适用准则，符合中国在涉外合同法律适用领域持续、稳定的司法实践。第41条还将"履行义务最能体现该合同特征的一方当事人经常居所地法律"明确规定为"与合同有最密切联系的法律"之一，从而首次将"特征性给付说"正式引进了中国国际私法。第39条规定有价证券"适用有价证券权利实现地法律或者其他与该有价证券有最密切联系的法律"。按照第6条，如果该法的冲突规则指定某外国的法律体系，而该国不同区域实施不同法律体系，则应适用与该涉外民事关系有最密切联系区域的法律体系。此外，按照第19条第1句，如果自然人具有两个以上国籍，且在所有国籍国均无经常居所，则适用与之有最密切联系的国籍国法。[1]

二、国际私法总则中的当事人意思自治原则

（一）概说

当事人意思自治原则（英文 principle of party autonomy，法文 le principe l'autonomie de la volonté des parties，德文 Grundsatz der Parteiautonomie）在国际私法上的含义是：[2] 国际性民商事法律关系（含有外国因素或涉外因素的民商事法律关系）的双方当事人可以在法律所准许的范围内，通过协议（合意）来选择某一民商事法律关系所应适用的法律体系。

当事人意思自治原则最为典型地体现在合同领域。当今各国的国际私法均原则上赋予当事人以自主地确定合同准据法的权能。但在准许当事人选择准据法的

---

〔1〕 参见陈卫佐：《涉外民事关系法律适用法的中国特色》，载《法律适用》2011年第11期。

〔2〕 中国台湾地区称"当事人意思自治"为"当事人意思自主"。

范围和程度方面,各国国际私法并不一致;越来越多的国家的国际私法在非合同领域也准许当事人选择准据法。甚至可以说,当代国际私法出现了扩大当事人意思自治原则适用范围的趋势。

(二)中国新国际私法在当事人意思自治原则上的特色

自2011年4月1日起施行的《中华人民共和国涉外民事关系法律适用法》赋予了当事人意思自治原则以突出地位。其第3条规定:"当事人依照法律规定可以明示选择涉外民事关系适用的法律。"虽然这只是一条宣示性条款,但它将当事人意思自治原则规定在"一般规定"中,本身是对当事人意思自治原则的一种强调,对于审理涉外民商事案件的人民法院、行政机关或仲裁机构具有指导意义,且对于整部法律可以起到统领全局的作用。

准许当事人选择合同准据法的第41条是一条传统冲突规则。除此以外,该法第16条第2款关于委托代理、第17条关于信托、第18条关于仲裁协议、第24条关于夫妻财产关系、第26条关于协议离婚、第37条关于动产物权、第38条关于运输中动产物权所发生的变更、第44条第2句关于侵权行为发生后当事人的准据法选择、第47条关于不当得利和无因管理、第49条关于知识产权的转让和许可使用以及第50条关于知识产权的侵权责任之冲突规则,均准许当事人以明示的协议选择准据法。

另外,双方当事人所协议选择的法律或法律体系不需要与系争的涉外民事关系(含涉外商事关系)有实际联系。最高人民法院《关于适用〈中华人民共和国涉外民事关系法律适用法〉若干问题的解释(一)》第5条规定:"一方当事人以双方协议选择的法律与系争的涉外民事关系没有实际联系为由主张选择无效的,人民法院不予支持。"

总之,只要不逾越"被中国法律准许"这一限制,亦即在《中华人民共和国涉外民事关系法律适用法》和中国其他法律所准许的范围内,当事人无不可以明示地协议选择涉外民事关系的准据法。这体现了作为中华人民共和国第一部国际私法制定法的《中华人民共和国涉外民事关系法律适用法》的开放性、兼容性和先进性。[1]

最后,在中国法院对涉外民商事案件的审判实践中,当事人能够达成准据法选择协议或变更准据法选择协议的时段是"一审法庭辩论终结前"。最高人民法院《关于适用〈中华人民共和国涉外民事关系法律适用法〉若干问题的解释(一)》第6条第1款规定:"当事人在一审法庭辩论终结前协议选择或者变更选择适用的法律的,人民法院应予准许。"

---

〔1〕 参见陈卫佐:《涉外民事关系法律适用法的中国特色》,载《法律适用》2011年第11期。

复习思考题

1. 什么是国际私法上的识别(定性、分类)? 在识别依据问题上,存在哪些主要做法?
2. 什么是国际私法上的先决问题? 它的存在条件有哪些?
3. 关于先决问题的准据法,各国在司法实践中采取哪些不同的解决办法?
4. 什么是"实体法规则的指定"和"总括的指定"? 总括的指定有哪几种可能的结果?
5. 反致和转致有哪几种主要形态? 反致和转致发生的原因是什么? 准许反致或转致的国家采取的主要理由是什么?
6. 从比较法角度看,哪些法律体系属于"反致转致敌对型"法律体系? 哪些属于"反致转致友好型"法律体系?
7. 国际条约的冲突规则关于反致和转致的一项基本原则是什么?
8. 查明外国法或确定外国法内容的主要方法是什么? 当外国法无法查明时,应采取什么解决办法?
9. 国际私法上的公共秩序的含义是什么? 公共秩序有哪些主要功能? 判断是否违反公共秩序,有哪几种标准?
10. 试述运用公共秩序制度排除国际惯例的适用的不必要性和不合理性。
11. 国际私法上的法律规避的含义、要素和效果是什么?
12. 国际私法总则中的最密切联系原则有哪两种主要表现形式?

第三编 各　论

国际私法各论的讨论对象，是各具体私法领域的法律关系依法院地国家的冲突规则所应适用的法律体系。此种法律体系是确定各法律关系中的权利义务的实体法所属国家的法律体系，在国际私法上称为“准据法”。简言之，国际私法各论是关于如何确定私法领域的法律关系准据法的学问。

第八章　人　　法

第一节　自然人

一、自然人的权利能力

（一）各国法律体系之间在自然人权利能力问题上的差异

各国法律体系均赋予自然人以权利能力。例如，瑞士《民法典》第 11 条第 1 款规定“人人都有权利能力”。[1] 在当今世界上，已无任何法律体系会原则上拒绝承认某一特定人群（如奴隶）的权利能力。但是，各国法律体系关于权利能力的开始和终止的规定仍存在差异。

1. 各国法律体系在自然人权利能力的开始方面的差异

自然人权利能力的开始在继承法上显得尤为重要。有时，法院和利害关系人会提出这样的问题：胎儿（拉丁文 *nasciturus*）是否享有继承权？不同法律体系会对此做出不同的回答。兹举数例说明之。

德国《民法典》第 1 条规定：“人的权利能力始于出生完成之时。”这里的“人”是指一切自然人。所谓“出生完成之时”，是指完全脱离母体之时，但不以剪断或割断脐带为必要。在“出生完成”之前，自然人没有权利能力，这意味着在母体内的胎儿没有权利能力。在出生的过程中死亡的婴儿也没有权利能力。因此，如果婴儿在母亲分娩过程中死亡，则其死亡在继承法上毫无意义。但如果婴儿在出生后曾短暂地存活过，而其母亲先于该婴儿死亡，则该婴儿已成为其母亲的继承人（见德国《民法典》第 1924 条第 1 款），且该婴儿因死亡而被他人继承财产。此外，德国《民法典》第 1923 条第 2 款规定：在继承开始时（被继承人死亡时，见德国《民法典》第 1922 条第 1 款）尚未生存但已被孕育成胎儿的人，视为在继承开始时已出生。[2] 也就是说，在继承开始时尚未生存但已被孕育成胎儿的人，被看成提前具有权利能力。当然，前提是他或她活着来到世上。这样，就其继承权而言，他或她被视同在继

〔1〕 殷生根、王燕译：《瑞士民法典》，中国政法大学出版社 1999 年版，第 7 页。

〔2〕 陈卫佐译注：《德国民法典》（第 5 版），法律出版社 2020 年版，第 5、649 页。

承开始时即已存活。[1]

意大利《民法典》第1条规定：人的权利能力始于出生之时。西班牙《民法典》第30条规定：权利能力始于婴儿出生后存活24小时之时。

2. 各国法律体系在自然人权利能力的终止方面的差异

自然人的权利能力终止于死亡之时，这在各国法律体系中都是一致的。但对于死亡时间，各国法律体系的规定并不相同：有的以脑死亡时间为死亡时间，[2]有的以心死亡的时间为死亡时间。而死亡时间的不同也决定了继承开始的时间不同。

不仅如此，各国法律体系还规定了一些确定死亡和死亡时间或推定生死的彼此不同的法律制度，如一些大陆法国家的死亡宣告制度、失踪宣告制度、死亡时间的确定、死亡推定制度等；普通法国家则实行简单的生存或死亡推定（具有实体法上的效果）。[3]

总之，在自然人权利能力的起止时间问题上，各国法律体系彼此存在差异，常常需要确定准据法。

（二）自然人权利能力准据法

从适用范围上说，自然人权利能力准据法主要适用于自然人权利能力的开始和终止。这在各国国际私法上是一致的。但在自然人权利能力准据法的确定原则方面，主要有本国法主义、住所地法主义和法院地法主义之分。此外，亦有在自然人权利能力准据法的确定问题上采取经常居所地法的立法例，如自2011年4月1日起施行的《中华人民共和国涉外民事关系法律适用法》。

1. 本国法

关于自然人的权利能力，大陆法国家一般以自然人本国法为准据法，即采本国法主义。

以德国法为例，德国《民法典施行法》第7条第1款第1句规定："人的权利能力和行为能力，适用其本国法。"由于德国《民法典》第1条宣示了人人都有权利能力的原则，所以在应适用当事人本国法时，如其本国法对自然人权利能力做出内容上的限制，如规定修道院里的僧侣或修女丧失民事权利能力（所谓"修道院死亡"）、规定被判处死刑的人终身丧失民事权利能力（所谓"民事死亡"），且适用当事人本国法会违反德国公共秩序（因为它侵害了人的尊严这一基本权利），则有国际管辖权的德国法院可以不适用之。[4]

---

〔1〕 参见陈卫佐：《德国民法总论》，法律出版社2007年版，第99~100页。

〔2〕 例如，按照今天德国民法学者的通说，死亡时间不以呼吸或心跳停止为准，而以脑死亡为准。参见陈卫佐：《德国民法总论》，法律出版社2007年版，第101页。

〔3〕 Vgl. Siehr, IPR, S. 88; von Hoffmann/Thorn, IPR (8. Aufl. 2005), § 7 Rn. 1-5.

〔4〕 Vgl. Rauscher, IPR (3. Aufl. 2009), § 7 A Rn. 597.

奥地利1978年6月15日《关于国际私法的联邦法律》第12条(结合该法第9条第1款第1句)、捷克斯洛伐克1963年12月4日《关于国际私法和国际民事诉讼法的法律》第3条第1款、波兰共和国2011年2月4日《关于国际私法的法律》第11条第1款均同时就自然人权利能力和行为能力准据法做出了适用其本国法的规定。其中,波兰《关于国际私法的法律》第11条第1款规定:"自然人的权利能力和行为能力,适用其本国法。"

1940年3月15日希腊《民法典》第5条规定:"自然人的权利能力,适用其本国法。"2001年4月7日韩国《国际私法》第36条(旧文本第11条)规定:"人的权利能力,适用其本国法。"自2005年5月21日起施行的保加利亚2005年5月4日《国际私法法典》第49条第1款规定:"人的权利能力,适用其本国法。"2002年3月1日生效的《俄罗斯联邦民法典》第3编第6章之第1196条第1句规定:自然人的民事权利能力由其属人法确定。结合《俄罗斯联邦民法典》第1195条第1款可知,自然人的属人法原则上是其本国法。

2. 住所地法

普通法国家多以住所地法为自然人权利能力准据法,即采住所地法主义。例如,在英格兰国际私法上,一项久已确立的法律选择规则(法律适用规则)是,自然人的能力问题适用其属人法,而在英格兰,属人法是指住所地法。[1]

3. 法院地法

有些国家的国际私法以法院地法为自然人权利能力准据法,即采法院地法主义。这里的法院地法(诉讼地法),是广义的法院地法,包括有国际管辖权的法院或行政机关或其他非裁判机关(如婚姻登记机关、户籍登记机关、[2]将被继承人用来处分其位于国外的财产的遗嘱做成公证证书的公证机关)所在或所属国家的法律体系。

例如,瑞士1987年12月18日《关于国际私法的联邦法律》第34条第1款规定:"民事权利能力,适用瑞士法。"这是一条指向法院地法的单边冲突规则。依该冲突规则,只要瑞士司法或行政机关(复数)有国际管辖权,无论是瑞士内国人还是外国人,其权利能力都适用作为(广义的)法院地法的瑞士法。[3]

4. 惯常居所地法(经常居所地法)——以中国新国际私法的相关规定为例

2010年10月28日《中华人民共和国涉外民事关系法律适用法》第11条规定:"自然人的民事权利能力,适用经常居所地法律。"这是中国现行法律第一次就自然人民事权利能力准据法问题做出明文规定。依照该规定,对于有国际管辖权的中国法院或其他机关来说,如果自然人的经常居所(惯常居所)在中国,则其民事权利

---

〔1〕 参见[德]马丁·沃尔夫:《国际私法》,李浩培、汤宗舜译,法律出版社1988年版,第408~409页。

〔2〕 参见唐表明:《比较国际私法》,中山大学出版社1987年版,第35页。

〔3〕 参见陈卫佐:《瑞士国际私法法典研究》,法律出版社1998年版,第77~78页。

能力适用中国法。如果其经常居所（惯常居所）在某一外国，则其民事权利能力适用该外国法。

中国现行法律关于自然人民事权利能力准据法的这一规定，在世界各国国际私法立法中可谓独树一帜。

二、自然人的行为能力

就一般行为能力而言，各国法律体系通常规定成年人具有完全行为能力，一定年龄段的未成年人具有限制行为能力。有些法律体系还规定，未达一定年龄（如未满 7 岁）的未成年人为无行为能力人；具备某些情形的成年人，如处于不能自由决定意思的、非临时性精神错乱状态的人，也是无行为能力人（德国《民法典》第 104 条第 1 项、第 2 项）。[1]

然而，各国法律体系关于行为能力的规定并不一致。以成年年龄为例，当今世界上绝大多数国家的民法所规定的成年年龄为 18 岁（如德国《民法典》第 2 条、奥地利《一般民法典》第 21 条第 2 款、瑞士《民法典》第 12 条）。

为了解决自然人行为能力方面的法律冲突，有些国家的国际私法区分自然人的一般行为能力和特别行为能力，并分别确定它们的准据法。有些国家的国际私法对自然人行为能力不做此种区分，而概括地规定应如何确定自然人行为能力准据法。事实上，不做此种区分的国家的国际私法所规定的自然人行为能力准据法，相当于做此种区分的国家的国际私法所规定的自然人一般行为能力准据法。

（一）一般行为能力准据法

一般行为能力（德文 allgemeine Geschäftsfähigkeit）是当事人实施法律行为通常所需具备的行为能力。它往往是一般法律行为生效的必要条件，因而需要单独确定其准据法。

各国国际私法在自然人一般行为能力准据法问题上的普遍做法是：自然人的一般行为能力，原则上应适用其属人法（又有适用本国法、适用住所地法或惯常居所地法之分），但该项原则存在若干例外。

1. 本国法

（1）立法例

那些以本国法为属人法的国家（如大多数大陆法国家、芬兰和一部分拉丁美洲国家），多以本国法为自然人一般行为能力准据法，即采本国法主义。

例如，由德国《民法典施行法》第 7 条第 1 款第 1 句的规定（“人的权利能力和行为能力，适用其本国法”）可知，德国国际私法以本国法为自然人一般行为能力准据法。第 7 条第 1 款第 2 句规定：“行为能力因结婚而扩张时，亦同。”“亦同”的意

---

[1] 参见陈卫佐译注：《德国民法典》（第 5 版），法律出版社 2020 年版，第 38 页。

思是也发生同第7条第1款第1句一样的法律效果，即适用本国法。根据这一规定，结婚前为限制行为能力人的未成年的夫或妻，是否因结婚而成为完全行为能力人的问题，是一般行为能力问题而不是婚姻效果问题，因而应依其属人法（本国法）而不是婚姻效果准据法予以解决。

又如，奥地利1978年6月15日《关于国际私法的联邦法律》第12条规定："人的权利能力和行为能力，适用其属人法。"结合该法第9条第1款第1句规定（"自然人的属人法是其本国法"）可知，奥地利国际私法制定法实际上以自然人本国法为其一般行为能力准据法。类似地，法国《民法典》第3条第3款、1940年3月15日希腊《民法典》第7条、[1]捷克斯洛伐克1963年12月4日《关于国际私法和国际民事诉讼法的法律》第3条第1款、保加利亚2005年5月4日《国际私法法典》第50条第1款第1句、波兰共和国2011年2月4日《关于国际私法的法律》第11条第1款、斯洛文尼亚共和国1999年6月30日《关于国际私法和国际民事诉讼的法律》第13条第1款、比利时2004年7月16日《国际私法法典》第34条第1款也都以自然人本国法为其一般行为能力准据法。[2]

再如，2006年6月15日的日本《关于法的适用的通则法》第4条第1款规定："人的行为能力，依其本国法定之。"[3]韩国现行《国际私法》第28条第1款第1句（旧文本第13条第1款第1句）规定："人的行为能力，适用其本国法。"2002年3月1日生效的《俄罗斯联邦民法典》第3编第6章之第1197条第1款规定：自然人的行为能力由其属人法确定。结合《俄罗斯联邦民法典》第1195条第1款可知，自然人的属人法原则上是其本国法。

（2）确定自然人一般行为能力准据法时的反致和转致问题

当一国的冲突规则就自然人的一般行为能力指定其本国法时，必须回答这一指定是"实体法规则的指定"还是"总括的指定"的问题。不同法律体系会就此做出不同规定。

在德国国际私法上，一般行为能力是准许反致和转致的一个领域。

案例8－1｜自然人一般行为能力准据法的确定与反致的准许

住所在德国的刚满18周岁的某外国人的本国法规定，满20周岁方为成年。其本国的国际私法规定：一般行为能力，适用当事人住所地法。

---

〔1〕1940年3月15日希腊《民法典》（自1946年2月23日起施行）第7条规定："行为能力，适用当事人本国法。"

〔2〕参见唐表明：《比较国际私法》，中山大学出版社1987年版，第96页。

〔3〕在此之前，1898年6月21日《法例》（1898年7月16日至2006年12月31日施行）第3条第1款规定："人的能力，依其本国法定之。"这里的能力，也包括一般行为能力。

问：德国法院应依何国法律体系判断其是否已成年？

答：经过识别（定性、分类）可知，本案是一个关于一般行为能力准据法的案件。依照德国《民法典施行法》第7条第1款第1句的规定，自然人的一般行为能力，适用其本国法。德国冲突规则对当事人的本国法的指定是“总括的指定”（国际私法的指定、冲突规则的指定），因为《民法典施行法》第4条第1款第1句规定：“他国法被指定的，该国国际私法也应予以适用，但以这样做与指定的意义不相抵触为限。”由于当事人的本国法的冲突规则又规定应适用住所地法即德国法，依照《民法典施行法》第4条第1款第2句的规定（“他国法反致于德国法的，适用德国实体法规定。”），如果其他国家的国际私法反过来指定德国法，即反致于德国法，则德国法院在任何情形下都必须适用德国实体法规则。所以，无论当事人的本国法的冲突规则对德国住所地法的指定是总括的指定还是实体法规则的指定，德国法都接受这一反致。

结果：准据法是德国法。因为德国《民法典》第2条规定“满18岁即为达到成年年龄”，[1]故本案中的当事人业已成年。

2. 住所地法

那些以住所地法为属人法的国家（如普通法国家、丹麦、冰岛、挪威、瑞典、瑞士和一部分拉丁美洲国家[2]），多以住所地法为自然人一般行为能力准据法，即采住所地法主义。

例如，瑞士1987年12月18日《关于国际私法的联邦法律》第35条第1句规定：“民事行为能力，适用住所地法。”瑞士国际私法之所以在自然人一般行为能力准据法问题上采住所地法主义，是因为瑞士立法者认为：作为一个人的生活中心地的住所，往往与当事人有密切的联系。相比之下，一个人与其本国之间的联系即便不是偶然的，也是不那么密切的。[3]

3. 中国的实践

自2011年4月1日起施行的《中华人民共和国涉外民事关系法律适用法》在自然人民事行为能力准据法的确定问题上制定了明确的法律适用规则。其第12条第1款规定：“自然人的民事行为能力，适用经常居所地法律。”这意味着自2011年4月1日起，自然人的民事行为能力，原则上依其经常居所地国家的法律体系加以判断：如其经常居所地在中国，则其民事行为能力原则上应适用中国法；如其经常居所地在某一外国，则其民事行为能力原则上应适用该外国法。

---

[1] 陈卫佐译注：《德国民法典》（第5版），法律出版社2020年版，第6页。

[2] 如委内瑞拉，见1998年8月6日《关于国际私法的法律》第16条。

[3] 参见陈卫佐：《瑞士国际私法法典研究》，法律出版社1998年版，第78页。

但上述原则是有例外的。为了保护行为地国家交易的安全和善意当事人的合理期待，该法第 12 条第 2 款做出了例外地适用自然人行为地国家的法律体系的规定。

此外，1995 年 5 月 10 日通过、自 1996 年 1 月 1 日起施行的《中华人民共和国票据法》(2004 年 8 月 28 日修正)第 96 条第 1 款规定："票据债务人的民事行为能力，适用其本国法律。"可见，在票据债务人的行为能力准据法问题上，中国现行制定法原则上采本国法主义。

(二)特别行为能力准据法

特别行为能力(德文 besondere Geschäftsfähigkeit)是当事人实施特定的法律行为所需具备的行为能力，如侵权责任能力(德国《民法典》第 828 条)、缔结婚姻的能力(法国《民法典》第 144 条)、[1]立遗嘱的能力(德国《民法典》第 2229 条第 1 款)和代理子女的能力，[2]它们的准据法往往依附于支配各该法律行为的效果的准据法(效果准据法，德文 Wirkungsstatut)，如侵权责任准据法、婚姻效果准据法、继承准据法、亲子关系准据法，等等。

案例 8－2　17 岁的德国未成年人所立遗嘱的有效性[3]

一个住所在慕尼黑的年仅 17 岁的德国人于 2003 年 10 月在慕尼黑立了一份遗嘱，对其位于法国的一块土地进行了处置。

问：该遗嘱是否有效？

答：在本案中，该 17 岁的未成年人所立的遗嘱是否有效，首先要看他是否具有立遗嘱的能力。立遗嘱的能力属于特别行为能力，其准据法依附于继承准据法。关于继承准据法的规定见于德国《民法典施行法》原第 25 条第 1 款："继承，适用被继承人死亡时的国籍国法。"可见继承准据法是被继承人死亡时的本国法。因此，该 17 岁的未成年人立遗嘱的能力的准据法就是其本国法即德国法。依照德国《民法典》第 2229 条第 1 款("未成年人只有满 16 岁才能立遗嘱")，所以他具有立遗嘱的能力。

其次，要看他所立的遗嘱是否具备形式上的有效性。依照德国《民法典施行法》第 26 条第 1 款第 4 项，如果遗嘱符合它所涉及的不动产所在地的法律体系的要求，即在形式上为有效。这条德国冲突规则指向了作为物之所在地法(拉丁文 *lex rei sitae*)的法国法，且这一指定是实体法规则的指定(原因从略)。在

[1] 法国《民法典》第 144 条规定："男未满 18 岁，女未满 15 岁，不得结婚。"参见《法国民法典》，罗结珍译，中国法制出版社 1999 年版，第 60 页。

[2] 德国《民法典》第 2229 条第 1 款规定："未成年人只有已满 16 岁才能立遗嘱。"见陈卫佐译注：《德国民法典》(第 5 版)，法律出版社 2020 年版，第 711 页。

[3] Vgl. Siehr, IPR, S. 89－90; von Hoffmann/Thorn, IPR (8. Aufl. 2005), § 7 Rn. 6.

自书遗嘱的形式方面，法国《民法典》第 970 条只要求自书遗嘱的全部内容由立遗嘱人亲笔书写、注明日期并签字，而不存在德国《民法典》第 2247 条第 4 款关于未成年人不得立自书遗嘱的禁止性规定。
结论：该 17 岁的德国未成年人所立遗嘱是有效的。

（三）交易的保护

1. 当事人的属人法原则的例外之一——适用合同订立地法或其他行为地法

自然人行为能力准据法通常是其属人法（本国法或住所地法或惯常居所地法），但对于在同一个国家境内从事法律上交易的国籍或住所（或惯常居所）不同的双方当事人来说，一方往往不知道另一方的属人法（本国法或住所地法或惯常居所地法）是何国法，却善意地认为与自己进行交易的是完全行为能力人，而事实上，对方依其属人法可能是无行为能力人或限制行为能力人。在此情形下，善意当事人的信赖应受保护。仅在当事人非属善意，即他或她知道或因过失而不知道（应当知道[1]）对方不是完全行为能力人时，他或她才不需要得到保护或不值得加以保护。如果绝对严格地贯彻“适用当事人的属人法”的原则，将不利于保护交易的安全和善意当事人的信赖。

由于这一原因，有些国家的国际私法在属人法之外，还规定合同订立地法或其他行为地法可以充当替代性准据法。

2. 比较法概观

（1）中国法

在票据债务人行为能力准据法问题上，虽然《中华人民共和国票据法》（2004 年 8 月 28 日修正）第 96 条第 1 款原则上采本国法主义，但其第 96 条第 2 款做出了适用行为地国家法律体系的例外规定：“票据债务人的民事行为能力，依照其本国法律为无民事行为能力或者为限制民事行为能力而依照行为地法律为完全民事行为能力的，适用行为地法律。”

依照自 2011 年 4 月 1 日起施行的《中华人民共和国涉外民事关系法律适用法》第 12 条第 2 款，除涉及婚姻家庭和继承的事项外，如果自然人从事民事活动，依其经常居所地的法律体系没有民事行为能力，而依其行为地的法律体系有民事行为能力，则可例外地不适用其经常居所地的法律体系，而适用其行为地的法律体系。其中，“行为”既包括双方法律行为（主要是合同），也包括单方法律行为（也叫“单独法律行为”）。在实践中，行为地国家大量表现为合同订立地国家或合同履行地国家。从立法目的来看，该法第 12 条第 2 款的例外规定显然是为了保护行为地国

[1] 这是德国《民法典》第 122 条第 2 款的法定定义，参见陈卫佐译注：《德国民法典》（第 5 版），法律出版社 2020 年版，第 44 页。

家交易的安全和善意当事人的合理期待。

(2)日本法

日本2006年6月15日《关于法的适用的通则法》(自2007年1月1日起施行)第4条第1款原则性地规定:人的行为能力适用其本国法。为了保护交易的安全,该法第4条第2款规定:尽管有第1款的规定,如果实施法律行为的人依其本国法为行为能力受限制的人,而依行为地法为有行为能力的人,则视其为有行为能力的人,但以该法律行为被实施时,所有当事人均位于施行同一法律体系的地方为限。但依照该法第4条第3款,第4条第2款不适用于受家庭法或继承法的规定支配的法律行为(实施此种法律行为的能力,应适用各该法律行为的准据法),也不适用于涉及在行为地以外的、施行另一法律体系的地方的不动产的法律行为(实施此种法律行为的能力,应适用不动产所在地法)。[1]

(3)德国法

德国《民法典施行法》第12条是关于"合同当事人另一方的保护"的规定:"合同系在位于同一国家的两个人之间订立的,依该国法律体系的实体法规定有权利能力、行为能力和从事在法律上有意义的行为的能力的自然人,仅在合同当事人另一方在订立合同时知道或应当知道其无权利能力、无行为能力、无从事在法律上有意义的行为的能力的情形下,始得援引其基于另一国家的法律体系的实体法规定所得出的无权利能力、无行为能力、无从事在法律上有意义的行为的能力。前句的规定,不适用于家庭法和继承法上的法律行为以及位于另一国家的土地的处分。"适用该条第1句的要件是:第一,两个位于同一国家的人之间订立了合同。第二,订立合同的自然人一方依合同订立地法有权利能力、行为能力和从事在法律上有意义的行为的能力,而依另一国家的法律体系(如其本国法)则无权利能力、无行为能力、无从事在法律上有意义的行为的能力。第三,合同当事人另一方在订立合同时知道或应当知道(因过失而不知道,见德国《民法典》第122条第2款的法定定义)其无权利能力、无行为能力、无从事在法律上有意义的行为的能力。知道或因过失而不知道的证明责任,由援引无能力的一方负担。第四,法律效果:依其属人法(如本国法)无权利能力、无行为能力、无从事在法律上有意义的行为的能力的人,在其依合同订立地法有此种能力的限度内,不得援引其无此种能力。

德国《民法典施行法》第12条第2句规定了第1句的例外情形。对于家庭法、继承法和不动产处分方面的法律行为,不适用第1句的规定,这意味着就这些特殊法律行为而言,仍以本国法为行为能力准据法。[2]

---

〔1〕 Vgl. dazu Nishitani, *Die Reform des internationalen Privatrechts in Japan*, IPRax 2007, 552.

〔2〕 Vgl. Rauscher, IPR (3. Aufl. 2009), § 7 A Rn. 610 – 611; von Hoffmann/Thorn, IPR (8. Aufl. 2005), § 7 Rn. 10.

(4)斯洛文尼亚法

为了保护交易的安全,斯洛文尼亚共和国 1999 年 6 月 30 日《关于国际私法和国际民事诉讼的法律》(自 1999 年 7 月 28 日起施行)第 13 条第 2 款规定:依本国法无行为能力但依交易或法律活动进行地法有行为能力的自然人,视为就此种活动有行为能力,但家庭和继承事项除外。[1]

(5)俄罗斯法

2002 年 3 月 1 日生效的《俄罗斯联邦民法典》第 3 编第 6 章之第 1197 条第 2 款规定:依其属人法无民事行为能力的自然人,如在交易进行地有行为能力,则无权援引其行为能力的欠缺,但另一方当事人知道或应当知道行为能力的欠缺的除外。

3. 当事人的属人法原则的例外之二——适用法院地法

除上述适用合同订立地法或其他行为地法的立法例外,也有一些国家的国际私法制定法规定在某些情形下以法院地法为自然人行为能力准据法。

泰国 1938 年 3 月 10 日《关于法律冲突的法律》第 10 条第 1 款规定:"人的能力或无能力,适用其本国法。"但这一规定受制于该条第 2 款的但书:"但外国人在泰国实施法律行为,而依其本国法就此无能力或有限制能力的,以其依泰国法有能力为限,视为就此有能力。前句的规定,不适用于家庭法和继承法上的法律行为。"

1940 年 3 月 15 日希腊《民法典》第 9 条第 1 句和第 2 句规定:"在希腊实施某一法律行为的外国人,如依其本国法对于该法律行为无行为能力,则对于该法律行为,在他依希腊法有行为能力的限度内视为有行为能力。前句的规定,不适用于家庭法和继承法上的法律行为以及关于在外国的土地的物权法上的法律行为。"

捷克斯洛伐克 1963 年 12 月 4 日《关于国际私法和国际民事诉讼法的法律》第 3 条第 2 款在该条第 1 款以自然人本国法为权利能力和行为能力准据法的同时,规定:如果外国人在斯洛伐克共和国境内实施法律行为,则只需斯洛伐克法认为其有行为能力即已足够,但该法另有规定的除外。

三、自然人权利能力和行为能力准据法的变更

(一)概说

自然人权利能力和行为能力准据法是可变更的。在这方面,一般原则是适用现时属人法。当自然人的国籍、住所等连结点发生变更时,其属人法一般也发生变更,从而导致适用新的权利能力和行为能力准据法。但是,这一原则必须加以限制:适用新的准据法只能导致权利能力或行为能力的扩张或"升级",而不能导致依旧

---

[1] See Prešo Puharič, *Private International Law in Slovenia*, Yearbook of Private International Law, Volume 5 (2003), p. 160.

的准据法原本已取得的权利能力或行为能力的限缩或"降级"。[1]

（二）立法例

例如，德国《民法典施行法》第7条第2款规定："曾取得过的权利能力或行为能力，不因取得或丧失作为德国人的法律地位而受侵害。"如果一个依其原来的本国法有行为能力的外国人取得了德国国籍，则仍保有行为能力。这就是拉丁语法律格言所说的"一次成年，永远成年"（拉丁文："*Semel maior, simper maior.*"）。[2]

又如，韩国《国际私法》第28条第2款（旧文本第13条第2款）规定："业经取得的行为能力，不因国籍的变更而丧失或受限制。"

再如，依照委内瑞拉1998年8月6日《关于国际私法的法律》，自然人的存在、身份和能力，适用其住所地法（第16条）；住所的变更，不限制自然人业已取得的能力（第17条）。[3]

次如，瑞士1987年12月18日《关于国际私法的联邦法律》第35条第2句规定："民事行为能力一经取得，即不受住所变更的影响。"这就赋予了民事行为能力以一定的持久性。这一规定实际上针对的是这样一些人，他们因达到某一年龄或因结婚而在其外国住所地成为成年人（该法第35条第1句规定：民事行为能力，适用住所地法），从而取得了完全民事行为能力。由于有了这一规定，住所的变更对其民事行为能力无任何影响。[4]

四、自然人的失踪宣告和死亡宣告

（一）概说

自然人离开原来的居所且下落不明满一定年数，其生死处于不明状态，其权利能力是否已终止也处于不确定状态。为了保护失踪人、其继承人或其他利害关系人的利益，一些国家的法律设立了失踪宣告或死亡宣告制度。

例如，德国、奥地利等国有对失踪人的死亡宣告制度（见德国《失踪人法》第9条第1款第1句），由法院以判决或裁定确定某自然人的死亡时刻，从而发生婚姻法和继承法上的效果。瑞士、日本等国有失踪宣告或"不在宣告"制度（见瑞士《民法典》第35条至第38条、日本《关于法的适用的通则法》第6条），由法院以判决或裁定确定某自然人失踪，以便其继承人或其他利害关系人得以暂时处置其财产。

法国法不仅规定了失踪宣告制度（见法国《民法典》第122条及以下），而且规

---

〔1〕 在有些国家，曾取得过的权利能力或行为能力被当作"既得权"对待，不因准据法的变更而被剥夺。

〔2〕 参见陈卫佐：《拉丁语法律用语和法律格言词典》，法律出版社2009年版，第257页。

〔3〕 See *Venezuelan Act on Private International Law*, Yearbook on Private International Law, Vol. I (1999), p. 343.

〔4〕 参见陈卫佐：《瑞士国际私法法典研究》，法律出版社1998年版，第79页。

定了死亡宣告制度(见法国《民法典》第88条)。[1]

普通法国家并无一般性的通过法院确定某自然人死亡的制度,但实行简单的生存或死亡推定(具有实体法上的效果),而推定的条件必须在各该程序中加以证明。[2] 例如,依照古老的英格兰普通法,在自然人连续7年下落不明的情形下,推定失踪人已死亡;而美国一些州的制定法则将死亡推定期间缩短至5年。[3]

在中国民事实体法上,依照《中华人民共和国民法典》第40条,自然人下落不明满2年的,利害关系人可以向人民法院申请宣告该自然人为失踪人。依照同法第46条第1款,自然人下落不明满4年,或者因意外事件,下落不明满2年的,利害关系人可以向人民法院申请宣告该自然人死亡。但依照该法第46条第2款,自然人因意外事件下落不明,经有关机关证明该自然人不可能生存的,申请宣告死亡不受2年时间的限制。

然而,各国法律体系关于失踪宣告或死亡宣告的条件和效果的规定并不一致,有时需要解决应适用何国法的问题。

(二)关于失踪宣告或死亡宣告的准据法的立法例

依照德国《民法典施行法》第9条第1句,死亡宣告,适用失踪人最后有生命迹象时的本国法。这一冲突规则所指定的法律体系与《民法典施行法》第7条第1款("人的权利能力和行为能力,适用其本国法")所指定的法律体系有异曲同工之妙,其立法目的是使自然人的属人法(在德国是指本国法)尽可能适用于婚姻、亲子关系、继承等领域的法律关系。依照《民法典施行法》第9条第2句,外国自然人可以被例外地依德国法宣告死亡,但前提是"存在这样做的合理利益"。这一指定作为法院地法的德国法的冲突规则以与德国有联系的某些因素的存在为前提,如应适用德国法的某些法律关系、位于德国的财产、在德国的配偶一方的惯常居所以及失踪人的原德国国籍等。总之,在德国国际私法上,德国自然人的死亡宣告适用其本国法即德国法。外国自然人的死亡宣告原则上应适用其本国法;如其外国本国法的冲突规则反过来指定德国法,则根据《民法典施行法》第4条第1款第2句的规定("他国法反致于德国法的,适用德国实体法规定。"),德国法院在任何情形下均应接受这一反致,最终适用德国法。不仅如此,《民法典施行法》第9条第2句还规定了德国法院例外地依德国法做出死亡宣告的若干情形。[4]

依照斯洛文尼亚共和国1999年6月30日《关于国际私法和国际民事诉讼的法律》第16条,死亡宣告的准据法是失踪人本国法。

日本2006年6月15日《关于法的适用的通则法》关于失踪宣告的第6条第1

---

〔1〕 参见《法国民法典》,罗结珍译,中国法制出版社1999年版,第47、56页。

〔2〕 Vgl. Kropholler, IPR (6. Aufl. 2006), § 42 Ⅲ.

〔3〕 Vgl. Siehr, IPR, S. 88; von Hoffmann/Thorn, IPR (8. Aufl. 2005), § 7 Rn. 1–5.

〔4〕 Vgl. Kropholler, IPR (6. Aufl. 2006), § 42 Ⅲ 1.

款规定："不在人在被认定仍生存的最后时刻，在日本有住所或有日本国籍的，法院可以依日本法做出失踪宣告。"可见，日本法院行使失踪宣告的国际管辖权的基础是失踪人在日本的住所或日本国籍，应予适用的法律体系是作为法院地法（失踪宣告地法）的日本法。依照该条第2款，即使没有前款规定的情形，如果失踪人的财产位于日本，则法院可以仅就该财产依日本法做出失踪宣告；或者，如果与失踪人有关的法律关系应受日本法支配，或鉴于所涉法律关系的性质、当事人的住所或国籍或其他情形，与日本有关系，则日本法院可以仅就该法律关系依日本法做出失踪宣告。因此，在这些情形下，失踪宣告的准据法同样是作为法院地法（失踪宣告地法）的日本法，只不过日本法院行使国际管辖权的基础有所扩张罢了。

（三）中国新国际私法关于确定失踪宣告和死亡宣告准据法的规定

如前所述，《中华人民共和国民法典》第40条和第46条第1款分别规定了自然人被宣告为失踪人和被宣告死亡的条件：如果自然人下落不明满2年，则利害关系人可以向人民法院申请宣告该自然人为失踪人。如果自然人下落不明满4年，或者因意外事件，下落不明满2年，则利害关系人可以向人民法院申请宣告该自然人死亡。从理论上说，这些实体法规则既可以适用于中国自然人，也可以适用于外国自然人。但从国际私法的角度看，仅在失踪宣告或死亡宣告案件含有涉外因素，且中国法被确定为准据法时，上述实体法规则始有被适用的余地。国际私法上所说的失踪宣告和死亡宣告首先必须含有涉外因素，其次需要确定准据法。

自2011年4月1日起施行的《中华人民共和国涉外民事关系法律适用法》第13条所规定的关于宣告失踪和宣告死亡的法律适用原则是："宣告失踪或者宣告死亡，适用自然人经常居所地法律。"

但《中华人民共和国涉外民事关系法律适用法》第13条作为一条冲突规则，其所称"宣告失踪或者宣告死亡"并不是严谨、规范的连结对象。因为冲突规则中的连结对象表示涉外民事关系的所属法律范畴，故应表现为名称或名词性词组。称"宣告失踪或者宣告死亡"实际上不但欠缺主语，而且在表述上不符合国际私法学科的要求，莫如改为："自然人的失踪宣告或者死亡宣告，适用其经常居所地国家的法律"。

第二节 法 人

一、法人的属人法的适用范围

同自然人一样，法人也有其属人法。一般地说，法人的属人法适用于法人内部关系和外部关系，决定法人成立、存续和解散的条件，并决定法人权利能力的开始、终止及范围；此外，它还决定法人行为能力、机关的代表权及责任等其他事项。[1]

对于公司法人来说，其属人法就是公司准据法。

二、确定法人的属人法的两种相互对立的理论

（一）“设立准据法说”

1. 概说

“设立准据法说”（德文 Gründungstheorie）认为，法人的属人法是法人据以设立的法律体系。

该说的优点是有利于法的安定性，因为法人据以设立的法律体系相对固定并易于辨认；该说还兼顾了那些选择于己有利的法律体系为准据法的设立者的利益。其缺点是容易诱发权利滥用乃至法律规避。

例如，一个依内国法设立从而适用内国法律体系的公司，可能在海外开展其全部业务活动。

又如，美国特拉华州的公司法关于设立公司的条件特别宽松，致使大量外国人或外州人前往该州成立公司。依照“设立准据法说”，这些公司的属人法是特拉华州法，但它们与该州并无任何实际联系，而只是在那里设有信箱而已。

采取“设立准据法说”的有：普通法国家、瑞士（见 1987 年 12 月 18 日《关于国际私法的联邦法律》第 154 条第 1 款）、荷兰、罗马尼亚、[2]斯洛文尼亚（见斯洛文尼亚共和国 1999 年 6 月 30 日《关于国际私法和国际民事诉讼的法律》第 17 条）、俄罗斯、韩国（见 2001 年 4 月 7 日《国际私法》第 30 条第 1 句）等。

2. 立法例或司法实践

（1）中国法

在《中华人民共和国涉外民事关系法律适用法》自 2011 年 4 月 1 日起施行之后，中国新国际私法在法人的属人法问题上仍采“设立准据法说”，即以法人登记地的法律体系为法人的属人法，且法人登记地的法律体系适用于法人及其分支机构的民事权利能力、民事行为能力、组织机构、股东权利义务等事项（该法第 14 条第 1 款）。这里的“法人登记地”是指“法人的设立登记地”。就此，最高人民法院《关于适用〈中华人民共和国涉外民事关系法律适用法〉若干问题的解释（一）》第 14 条规定：“人民法院应当将法人的设立登记地认定为涉外民事关系法律适用法规定的法人的登记地。”但为了增加法律适用的灵活性，[3]《中华人民共和国涉外民事关系

---

〔1〕 参见唐表明：《比较国际私法》，中山大学出版社 1987 年版，第 110～112 页。

〔2〕 Vgl. Siehr, IPR, S. 308.

〔3〕 参见陈卫佐：《涉外民事关系法律适用法的中国特色》，载《法律适用》2011 年第 11 期。

法律适用法》第14条第2款第1句规定：在法人主营业地不同于登记地的情形下，可以不适用法人登记地的法律体系而适用其主营业地的法律体系。

因此，中国法院在确定法人权利能力、行为能力及组织机构、股东权利义务等事项的准据法时，应主要遵循《中华人民共和国涉外民事关系法律适用法》第14条的规定。

(2)瑞士法

瑞士是一个采“设立准据法说”的国家，其1987年12月18日《关于国际私法的联邦法律》第154条第1款规定：[1]“公司符合其据以设立的国家的法所规定的公告或登记要件，或在无此种规定时，公司系依该国法组织起来的，适用该国法。”

(3)俄罗斯法

根据2002年3月1日生效的《俄罗斯联邦民法典》第3编第6章之第1202条第1款的规定，法人的属人法原则上是法人设立地国法。

(二)“住所地法说”

1. 概说

每一个法人都有一个住所地(德文 Sitz)，有时也被称为法人“本据所在地”或“所在地”。[2] 通说认为它是法人事实上的管理中心地或“主事务所所在地”，也有人认为它是法人的主要营业地或营业中心地。[3] 例如，瑞士1987年12月18日《关于国际私法的联邦法律》第21条第1款规定：“公司以其主事务所所在地为住所。”

“住所地法说”(德文 Sitztheorie，也叫“本据所在地法说”或“所在地法说”)认为：法人的属人法是法人住所地(法人事实上的管理中心地)国家的法律体系。这里的法人事实上的管理中心地，是企业领导机构、董事会等管理中心所在地，而不是法人章程所规定的住所地(所在地)。

对于采取“住所地法说”的国家来说，住所地的迁移会导致法人准据法的变更。采取“住所地法说”的国家有：德国、奥地利、法国、比利时、卢森堡、葡萄牙、西班牙等。

设若一个列支敦士登法上的股份公司在列支敦士登首都瓦杜兹登记于注册簿。在设立阶段和其后的几年时间里，这家生产彩色胶卷的公司的全部管理活动都在列支敦士登。其生产场所自始至终在德国。由于该股份公司事实上的管理中心地国家是列支敦士登，按照德国法院在实践中所采取的确定法人的属人法的“住

---

〔1〕 陈卫佐：《瑞士国际私法法典研究》，法律出版社1998年版，第308页。

〔2〕 旧称“本店所在地”。参见陈顾远：《国际私法总论》，会文堂新记书局1933年版，第362页；翟楚编著：《国际私法》，正中书局1946年版，第177页。

〔3〕 参见中国大百科总编辑委员会编：《中国大百科全书·法学》，中国大百科全书出版社1984年版，第106页。

所地法说”,公司准据法是列支敦士登法。[1]

2. 立法例或司法实践

(1)德国法

在德国制定法上,并无关于法人的国际私法规则(冲突规则)。这一领域的德国国际私法规则表现为习惯法规则。按照通说,德国在法人的属人法或公司准据法的确定问题上采“住所地法说”。在这一领域,德国冲突规则对法人住所地国家的法律体系的指定是“总括的指定”,亦即准许反致和转致。

案例 8-3 | 公司的准据法是何国法

事实上的管理中心地在日内瓦的某公司是依巴拿马法设立的。

问:设若有国际管辖权的德国法院所受理的是关于该公司是否有权利能力的案件,公司准据法是何国法律体系?

答:依德国关于公司法人的冲突规则(属习惯法规则),公司权利能力问题应适用公司准据法。德国学说和判例均采“住所地法说”,认为公司准据法应是其事实上的管理中心地国家的法律体系,在本案中即瑞士法。

但德国冲突规则对瑞士法的这一指定是“总括的指定”。瑞士 1987 年 12 月 18 日《关于国际私法的联邦法律》第 154 条第 1 款规定:“公司符合其据以设立的国家的法所规定的公告或登记要件,或在无此种规定时,公司系依该国法组织起来的,适用该国法。”于是瑞士国际私法认为公司准据法是公司据以设立的国家的法律体系,即巴拿马法。也就是说,瑞士冲突规则又指定了巴拿马公司法。

在此种情形下,德国法院将准许瑞士法的冲突规则对巴拿马法的这一转致,从而依据巴拿马法判断该公司的权利能力。可见,准许转致的效果是:德国在实践中所持的“住所地法说”有所软化。[2]

(2)奥地利法

奥地利也是采“住所地法说”的国家。其 1978 年 6 月 15 日《关于国际私法的联邦法律》第 10 条规定:“法人或其他能够成为享受权利并承担义务者的人或财产的联合体的属人法,是该权利享受者事实上的管理中心地国法。”

---

[1] Vgl. von Hoffmann/Thorn, IPR (8. Aufl. 2005), § 7 Rn. 22-27.

[2] Vgl. von Hoffmann/Thorn, IPR (8. Aufl. 2005), § 7 Rn. 27.

第三节 姓名及其他特别人格权

一、姓名准据法的确定

自然人的姓名是人格权的内容之一。姓名权属于特别人格权。各国法律体系在姓名的使用方式(姓、名、中间名等)、婚姻姓氏、子女姓氏、贵族称号、姓名的更改等问题上存在差异,有时需要解决究应适用何国法的问题。

但各国法律体系对姓名准据法的重视程度是不一样的。在有些国家的国际私法看来,姓名是一个重要的问题,因而规定了复杂的冲突规则。有些国家的国际私法(如韩国2001年4月7日《国际私法》、2010年10月28日《中华人民共和国涉外民事关系法律适用法》)则没有单独的关于姓名准据法的冲突规则。

(一)原则

确定姓名准据法的基本原则是"姓名,适用当事人的属人法"。对于以本国法为属人法的国家(如德国、奥地利、法国、斯洛文尼亚、俄罗斯、保加利亚)来说,就是适用当事人本国法(国籍国法);对于以住所地法为属人法的国家(如瑞士)来说,就是适用当事人住所地法。

德国《民法典施行法》第10条第1款规定:"人的姓名,适用其本国法。"这条德国冲突规则对当事人本国法的指定是"总括的指定",故须考虑反致和转致。事实上,德国法院在司法实践中也是贯彻这一"总括的指定"原则的:德国联邦普通法院在2007年6月20日审理一起涉及国际姓名的案件时,[1]《民法典施行法》第10条第1款的冲突规则指定了当事人本国法(在该案中为土耳其法),但认为这条德国冲突规则对土耳其法的指定是《民法典施行法》第4条第1款第1句意义上的"总括的指定",[2]从而考虑了反致和转致。[3]

奥地利1978年6月15日《关于国际私法的联邦法律》第13条第1款规定:"人的姓名的使用,适用其现时属人法,而不论姓名的取得系基于什么原因。"而依照该法第9条第1款第1句,自然人的属人法是其本国法。

依照斯洛文尼亚共和国1999年6月30日《关于国际私法和国际民事诉讼的法律》第14条,自然人姓名准据法是其本国法。

---

〔1〕 BGH 20.6.2007 – XII ZB 17/04.

〔2〕 德国《民法典施行法》第4条第1款第1句规定:"他国法被指定的,该国国际私法也应予以适用,但以这样做与指定的意义不相抵触为限。"

〔3〕 Vgl. dazu IPRax 2007, Heft 5, S. V.

2002 年 3 月 1 日生效的《俄罗斯联邦民法典》第 3 编第 6 章之第 1198 条规定：自然人的姓名权、姓名的使用和保护，适用其属人法，但本民法典或其他法律另有规定的除外。结合《俄罗斯联邦民法典》第 1195 条第 1 款可知，自然人的属人法原则上是其本国法。

自 2005 年 5 月 21 日起施行的保加利亚 2005 年 5 月 4 日《国际私法法典》第 53 条第 1 款规定："人的姓名和姓名的更改，适用其本国法。"

瑞士 1987 年 12 月 18 日《关于国际私法的联邦法律》第 37 条第 1 款规定应适用住所地法，并在适用外国住所地法时准许反致和转致："住所在瑞士的人的姓名，适用瑞士法；住所在外国的人的姓名，适用其住所地国家的国际私法规则所指定的法。"在适用该条后半句时，如果住所在外国的人的住所地国家的国际私法规则（冲突规则）指定瑞士法，瑞士法是否应接受这一指定呢？答案是肯定的，因为《关于国际私法的联邦法律》第 14 条第 2 款规定："在个人或家庭身份事项上，外国法对瑞士法的反致应予接受。"换言之，该法接受住所在外国的瑞士人住所地国家法律体系的冲突规则对作为当事人本国法的瑞士法律体系的反致。[1]

（二）有限的当事人意思自治

例如，瑞士 1987 年 12 月 18 日《关于国际私法的联邦法律》第 37 条第 1 款规定了适用住所地法的原则，但该条第 2 款又规定当事人可以要求对其姓名适用其本国法。这就赋予了当事人以选择姓名准据法的权利。

又如，德国《民法典施行法》第 10 条第 2 款准许夫妻选择其中一方的本国法或作为一方的惯常居所地法的德国法为婚姻姓氏准据法；第 10 条第 3 款准许有权照顾子女的人选择父或母的本国法、作为父或母的惯常居所地法的德国法或授予姓名者的本国法为子女姓氏的准据法。

在有关国家的国际私法准许当事人选择姓名准据法的限度内，当事人只能选择有关法律体系的实体法规则而不能选择冲突规则。这样就排除了反致和转致。[2]

二、关于其他特别人格权准据法的确定问题

（一）概说

应指出的是，姓名权只是特别人格权的一种。在民事实体法上，尚有一些其他权利也属于特别人格权。例如，在德国民法上，姓名权（德国《民法典》第 12 条）、作者人格权（《著作权法》第 11 条及以下）、肖像权（《艺术作品著作权法》第 22 条及以

---

[1] 参见陈卫佐：《瑞士国际私法法典研究》，法律出版社 1998 年版，第 80～83、267 页。

[2] Vgl. Kropholler, IPR (6. Aufl. 2006), § 43 Ⅰ, Ⅱ und Ⅲ.

下)以及自然人对生命、身体、健康、自由的权利均属于特别人格权。[1]

一些国家的国际私法还就若干其他特别人格权规定了冲突规则,以便有国际管辖权的机关(如法院)确定其准据法。

(二)对《中华人民共和国涉外民事关系法律适用法》第15条的学术批评

在中国民法上,姓名权、肖像权、名誉权、隐私权等均属于人格权范畴。但《中华人民共和国涉外民事关系法律适用法》的立法者并没有分别就这几种人格权制定关于如何确定其准据法的冲突规则,而是分别在第15条和第46条规定了关于确定"人格权的内容"的准据法和以网络或其他方式侵害这几种人格权的侵权责任的准据法之冲突规则。如果说,相对于第44条关于侵权责任准据法的一般冲突规则,作为一条特别冲突规则的第46条尚有其存在理由,那么第15条则是一条完全没有存在之必要的冲突规则。理由如下:

首先,从冲突规则的必要成分看,任何冲突规则均有其连结对象,即冲突规则所针对的法律关系所属的法律范畴;综观各国国际私法和国际条约中的冲突规则,连结对象不外乎涉及人、物、法律行为和其他法律事实。《中华人民共和国涉外民事关系法律适用法》第15条("人格权的内容,适用权利人经常居所地法律")作为一条冲突规则,其"连结对象"是"人格权的内容"。可见,中国立法者将"人格权的内容"视为一类法律关系。众所周知,人格权的内涵相当丰富,除一般人格权外,尚有各种不同的特别人格权,如姓名权、肖像权、名誉权、隐私权等;在中国民法上,除了自然人可以享有这些人格权外,法人等其他民事主体也可以享有名称权、名誉权、荣誉权等人格权。[2] 因此,"人格权的内容"究竟所指为何是法院等法律适用者在适用第15条之前必须明了的。然而,正如本书作者在2010年7月13日写给全国人大常委会法制工作委员会的关于该法草案之2010年6月28日修改稿的"修改理由"中所指出的:"(1)人格权的内容通常不是一个涉外民事法律关系类型,在涉外民事案件中也极少作为一类争议被提出,故无须单独制定冲突规则。(2)因侵犯人格权而发生的侵权责任,可由涉外侵权责任的准据法予以解决。"事实上,第15条因欠缺明确的内涵而不具有可操作性。

其次,即使有国际管辖权的中国法院对于"人格权的内容"所指为何不甚明了,也完全可以将"人格权的内容"理解成涉外民事关系的定性(识别)问题,并依作为法院地法的中国法予以确定,因为《中华人民共和国涉外民事关系法律适用法》第8条规定:"涉外民事关系的定性,适用法院地法律。"这样一来,就不必再依第15条的冲突规则的指定而适用"权利人经常居所地法律"。

---

〔1〕 参见陈卫佐:《德国民法总论》,法律出版社2007年版,第47、107页。

〔2〕 参见黄进、姜茹娇主编:《〈中华人民共和国涉外民事关系法律适用法〉释义与分析》,法律出版社2011年版,第76页。

最后,在《中华人民共和国涉外民事关系法律适用法》和其他法律未分别就姓名权、肖像权、名誉权、隐私权等特别人格权制定关于确定其准据法的冲突规则的情形下,与这些人格权有关的涉外民事关系的准据法应是与之有最密切联系的国家的法律体系,因为该法第 2 条第 2 款规定:“本法和其他法律对涉外民事关系法律适用没有规定的,适用与该涉外民事关系有最密切联系的法律。”作为一项补充性的法律适用原则,最密切联系原则在该法和其他法律对特别人格权的法律适用均无规定,或依该法和其他法律无法确定特别人格权准据法的情形下,可以起到弥补缺漏的作用。

总之,立法者在第 15 条规定了关于确定“人格权的内容”的准据法的冲突规则,原是为了突出中国新国际私法对人格权的保护,其初衷本无可厚非。但由于立法者在这里忽视了人格权的冲突法保护完全不同于人格权的民法保护这样一个基本事实,且因欠缺应有的立法技术而使第 15 条仅仅成为可以标榜该法先进性的漂亮摆设而全然不具有确定性、可预见性和可操作性。本书作者建议删除纯属多余的第 15 条。如未来的涉外民事审判实践表明确需制定关于确定特别人格权准据法的冲突规则,则应将各该特别人格权加以具体化,并分别确定其各自的准据法。

第四节　代理准据法的确定

一、比较法概观

关于代理准据法的确定,一些国家的国际私法制定法规则,如《白俄罗斯共和国民法典》第 1117 条、《立陶宛共和国民法典》第 1.40 条、《吉尔吉斯共和国民法典》第 1191 条、亚美尼亚《民法典》第 1282 条、《哈萨克斯坦共和国民法典》第 1105 条、阿塞拜疆共和国《关于国际私法的法律》第 18 条、瑞士《关于国际私法的联邦法律》第 126 条、保加利亚《国际私法法典》第 62 条、土耳其《关于国际私法和国际民事诉讼法的法律》第 30 条等,[1] 制定了相应的冲突规则。

上述国家的国际私法关于代理准据法的确定的冲突规则一般不笼统地将“代理”作为连结对象加以规定,而是进一步将之细分为若干类法律关系,如代理人和被代理人之间的内部关系、被代理人和第三人之间的外部关系、代理人和第三人之间的关系、意定代理权、代理权限等,并分别确定它们的准据法。例如:

---

〔1〕 参见邹国勇译注:《外国国际私法立法精选》,中国政法大学出版社 2011 年版,第 41、54、73、82、90、130、227 ~ 228、274 页。

土耳其2007年11月27日《关于国际私法和国际民事诉讼法的法律》关于代理权限的第30条第1款至第3款规定:"(1)被代理人与代理人之间的意定代理权限,适用彼此间的合同关系的准据法。(2)某一行为使被代理人对第三人担负义务的条件,适用代理人营业地法。代理人无营业地,或其营业地对于第三人是无法辨认的,或代理权限系在营业地以外行使的,代理权限适用它实际上被行使地国家的法。本款规定也适用于在无代理权的代理的情形下代理人和第三人之间的法律关系。(3)代理人和被代理人之间存在劳动关系,且代理人无自己的营业地的,代理权限适用被代理人营业地国法。"[1]

1999年7月1日生效的《白俄罗斯共和国民法典》关于"意定代理权"的第1117条规定:"意定代理权的形式和有效期,适用意定代理权被授予地国法。但如果意定代理权满足白俄罗斯共和国法的形式要件,则意定代理权不得因未遵守形式上的要求而被认为无效。"[2]

《吉尔吉斯共和国民法典》第2编(1998年1月5日生效)关于"意定代理权"的第1191条规定:"意定代理权的形式和有效期,适用意定代理权被授予地国法。但如果吉尔吉斯共和国法的形式要件得以满足,则意定代理权不得因未遵守形式上的要求而被视为无效。"[3]

二、1978年"海牙代理公约"

(一)概说

1978年3月14日《关于居间合同和代理准据法的(海牙)公约》(法文名称 Convention du 14 mars 1978 sur la loi applicable aux contrats d'intermédiaires et à la représentation,英文名称 Convention of 14 March 1978 on the Law Applicable to Agency)[4]于1977年6月16日的海牙国际私法会议第13届会议上被通过。[5] 它于1992年5月1日对阿根廷、法国和葡萄牙生效,1992年10月1日对荷兰生效。[6]

依照该公约第1条,其适用范围仅限于缔约代理权、居间代理权和谈判代理权,以自己名义及以他人名义实施行为的代理,定期行为或偶尔行为的代理等。依照该公约第2条和第3条,该公约不适用于行为能力、形式要件,家庭法、夫妻财产法

---

〔1〕 Vg. IPRax 2008, 286 – 287.

〔2〕 Vgl. IPRax 2000, 152.

〔3〕 Vgl. IPRax 2004, 273.

〔4〕 Authentisch sind gleichberechtigt der französische und der englische Text, in: Recueil des Conventions, Nr. XXVII; RabelsZ 43 (1979) 176. Französischer Text auch in: Revue critique DIP 1977, 639.

〔5〕 Vgl. dazu den Bericht Müller – Freienfels, RabelsZ 43 (1979) 80 – 115; Reese, Am. J. Comp. L. 1977, 393 – 404.

〔6〕 Siehe hierzu Erik Jayme/Rainer Hausmann, Internationales Privat – und Verfahrensrecht, 16. Aufl. 2012, Verlag C. H. Beck, München, Anm. 1 vor Nr. 70.

和继承法中的法定代理权，在法院或受法院委托而进行的代理、船长在行使其职权时的代理以及公司的机关和信托中受托人的代理等事项。

该公约将自己理解成冲突法上的“统一法”（法文 loi uniforme）公约：即使该公约的冲突规则所指定的法律体系不是公约缔约国法律体系，也应予以适用（第 4 条）。

（二）该公约的主要冲突规则

该公约的冲突规则在指定应予适用的法律体系时，区分内部关系和外部关系并分别确定其各自的准据法。

1. 内部关系准据法

代理人和被代理人之间的内部关系，适用他们所选择的内国实体法（法文 loi interne，英文 internal law）。该准据法选择必须是明示的或以合理的确定性从合同条款或个案的情事中得出的（第 5 条）。在代理人和被代理人未进行准据法选择的情形下，内部关系适用代理人在代理关系成立时的营业地国家的内国实体法；无营业地时，适用其惯常居所地国家的内国实体法（第 6 条第 1 款）。但如果代理人在其主要行为地国家有营业所，或在无营业所的情形下，在其主要行为地国家有惯常居所，则适用其主要行为地国家的内国实体法（第 6 条第 2 款）。

2. 外部关系准据法

被代理人和第三人之间的外部关系，适用代理人在行为时的营业地国家的内国实体法（第 2 条第 1 款）。但如果被代理人在代理人行为地国家有营业地（在无营业所的情形下有惯常居所），且代理人以被代理人名义实施行为，或第三人在代理人行为地国家有营业地（在无营业所的情形下有惯常居所），或代理人在股票交易所或拍卖场实施行为，或代理人根本没有营业地，则适用代理人行为地国家的内国实体法（第 2 条第 2 款）。

被代理人和第三人之间的外部关系的准据法，也适用于因代理人在其代理权限内实施行为、超越代理权或无意定代理权实施行为而发生的代理人和第三人之间的关系（第 15 条）。[1]

（三）反致和转致的排除

在代理人和被代理人依照该公约第 5 条就内部关系准据法进行明示或默示准据法选择的情形下，出于准据法选择确定性和可预见性的考虑，即便该公约未加任何限定，他们也只能选择某一国家的内国实体法；加之公约第 5 条明确地将代理人和被代理人所选择的法律体系限于“内国实体法”，更使得反致和转致无任何余地。

在依该公约第 6 条第 1 款和第 2 款、第 2 条第 1 款和第 2 款等冲突规则确定代理的内部关系和外部关系准据法时，这些冲突规则对有关国家的法律体系的指定

---

〔1〕 Vgl. dazu Kegel/Schurig, IPR, S. 548; Kropholler, IPR (6. Aufl. 2006), § 41 I 1 c.

被明确地限定于该国的“内国实体法”，意味着此种指定是实体法规则的指定，从而明确地排除了一切反致和转致。[1]

总之，该公约的冲突规则对应予适用的某国法的指定是实体法规则的指定。因此，无论是在准许当事人选择代理准据法的情形下，还是在依客观性连结规则确定代理准据法的情形下，均排除一切反致和转致。在本书作者看来，该公约对反致和转致的这种明示和绝对的排除是可取的。[2]

三、中国新国际私法关于代理准据法的确定的冲突规则及评价

《中华人民共和国涉外民事关系法律适用法》第 16 条在中华人民共和国立法史上第一次就代理准据法的确定做出了规定。其第 1 款规定：“代理适用代理行为地法律，但被代理人与代理人的民事关系，适用代理关系发生地法律。”第 2 款规定：“当事人可以协议选择委托代理适用的法律。”

本书作者认为，虽然该法第 16 条隐含着将代理准据法区分为内部关系准据法和外部关系准据法的立法意图，但它却是逻辑顺序和立法技术均有所欠缺的法律条文。理由如下：

第一，从比较国际私法看，第 16 条第 1 款前半句的冲突规则笼统地以“代理”作为连结对象，这在各国国际私法立法例中是罕见的。对于作为一类法律关系的“代理”的定性，按照该法第 8 条的规定，应依据作为法院地法的中国法进行；而依中国法，“代理包括委托代理和法定代理”(《中华人民共和国民法典》第 163 条第 1 款)。[3]这就使得该冲突规则因其连结对象所表示的法律范畴过于宽泛而欠缺明晰性和可操作性，因为无论是委托代理和法定代理中的哪一种，均可进一步分为“内部关系”和“外部关系”，均需制定相应的冲突规则。

第二，该条所包含的冲突规则存在逻辑顺序混乱的问题。如果对其适用顺序进行梳理，则可得出三个层次的法律适用规则。第一层次的法律适用规则是：“委托代理，适用当事人协议选择的法律”。此为主观性连结规则(第 16 条第 2 款)，理应优先于客观性连结规则而予以适用。第二层次的法律适用规则是：“代理的内部关系，适用代理关系发生地国家的法律”。此为客观性连结规则之一(第 16 条第 1 款后半句)。第三层次的法律适用规则是：“代理的外部关系和其他与代理有关的涉外民事关系，适用代理行为地国家的法律”。此为客观性连结规则之二(第 16 条第 1 款前半句)。由此可见，第 15 条所包含的三条法律适用规则在逻辑顺序上正好是颠倒的，势必给正确的法律适用带来不便。

---

[1] Vgl. dazu Graue, RabelsZ 57 (1993) 55.

[2] Weizuo Chen, Rück - und Weiterverweisung (Renvoi) in staatsvertraglichen Kollisionsnormen, Peter Lang GmbH Europäischer Verlag der Wissenschaften, Frankfurt am Main 2004, S. 96 - 99.

[3] 参见齐湘泉：《〈涉外民事关系法律适用法〉原理与精要》，法律出版社 2011 年版，第 171 页。

第三，第16条第2款将委托代理混同于委托代理的基础法律关系。这在民法和国际私法原理上都是错误的。委托代理的基础法律关系，亦即意定代理权的授予所依据的法律关系（如委托合同关系、劳动合同关系），适用当事人协议选择的法律体系是没有问题的。但委托代理则不然，因为严格地说，如果规定“委托代理，适用当事人协议选择的法律”，则意味着无论是委托代理的内部关系还是外部关系等其他与委托代理有关的涉外民事关系，均应适用当事人所选择的法律体系。这势必引起与第16条第1款后半句的冲突规则相抵触的法律效果，令法官等法律适用者无所适从。

第四，第16条第1款前半句的冲突规则罕见地没有在连结对象的后面加上一个逗号。该法第29条、第30条的冲突规则分别使用“扶养，适用……”和“监护，适用……”的句式。为了与其他冲突规则相协调，更为恰当的提法理应是：“代理，适用代理行为地法律。”该法的不严谨于此可见一斑。甚至可以说，这种不严谨已成为中国国际私法学者今后的学术研究所必须面对的一个尴尬而严峻的现实。

总之，第16条第1款和第2款所包含的冲突规则存在诸多缺陷，需要予以认真的研讨和严肃的更正。一切具有担当精神的学者均应责无旁贷地肩负起这一重任。

第五节　信托准据法的确定

一、1985年“海牙信托公约”

（一）概说

1. 该公约的概况及宗旨

1985年7月1日《关于信托准据法及其承认的（海牙）公约》（法文名称Convention du premier juillet 1985 relative à la loi applicable au trust et à sa reconnaissance，英文名称Convention of 1 July 1985 on the Law Applicable to Trusts and on their Recognition）[1]为1984年10月8日至20日的第15届海牙国际私法会议最终文件（Acte final）所通过。[2] 它于1992年1月1日生效，且今天适用于澳大利亚、巴拿马、荷兰、加拿大、列支敦士登、卢森堡、马耳他、摩纳哥、瑞士、塞浦路斯、圣马力

〔1〕 Authentisch sind gleichberechtigt der französische und der englische Text, in: RabelsZ 50 (1986) 678; Recueil des Conventions, Nr. XXX. Französischer Text auch in: Revue critique DIP 1984, 771. Inoffizielle deutsche Übersetzung in: IPRax 1987, 55.

〔2〕 Vgl. dazu den Bericht Pirrung, in: IPRax 1987, 52 ff.

诺、意大利、英国。此外，该公约自 1997 年 7 月 1 日起继续适用于中华人民共和国香港特别行政区。

该公约的宗旨是创制关于信托准据法的共同规定，并就与信托的承认有关的最重要问题做出规定（第 1 条）。

2. 该公约意义上的信托

信托是一项源于英美法国家的法律制度。该公约所称信托，是指在财产为受益人的利益或为某一特定目的而被交给受托人管理的情形下，由一人（财产授予人）以生前法律行为或遗嘱设立的法律关系（该公约第 2 条第 1 款）。

信托具有以下特征：(1) 信托财产是独立的特有财产而非受托人个人财产的组成部分；(2) 与信托财产有关的权利归于受托人名下，或归于代表受托人的另一人名下；(3) 受托人享有以下权限并承担相应义务（且须就此做成报告）：按照信托的条件和依法加给他的职责，管理、使用和处分信托财产（见该公约第 2 条第 2 款）。

3. 该公约的适用范围

该公约第 1 章规定了其适用范围。首先，该公约仅适用于自愿设立并采用书面形式的信托（第 3 条）。其次，在财产因遗嘱或其他法律行为而被转让给信托的情形下，与遗嘱或其他法律行为的有效性有关的先决问题不属于该公约的适用范围（第 4 条）。最后，依该公约第 2 章的冲突规则应予适用的某一国家的法没有关于信托或信托种类的规定的，不适用该公约（第 5 条）。[1]

（二）该公约的冲突规则

1. 主观性连结规则

信托，适用财产授予人（法文 constituant，英文 settlor）所选择的法（第 6 条第 1 款第 1 句）。该准据法选择必须是明示的或从设立信托的证书或确认信托的文件的规定中得出的；必要时，此种规定必须依案件的情事予以解释（第 6 条第 1 款第 2 句）。但如果依该公约第 6 条第 1 款选择的法就所涉信托或信托种类没有规定，则该准据法选择无效，且须适用依该公约第 7 条的客观性连结规则确定的法（第 6 条第 2 款）。

2. 客观性连结规则

准据法未被选择的，信托适用与之有最密切联系的法（第 7 条第 1 款）。为确定与信托有最密切联系的法，尤须考虑下列因素：(1) 财产授予人所指定的信托管理地；(2) 信托财产所在地；(3) 受托人居所地或营业地；(4) 信托的目的和信托目的达到地（第 7 条第 2 款）。

信托之可分离事项，特别是信托的管理，可适用依主观性或客观性连结规则确定的另一法（第 9 条）。信托有效性的准据法决定：该法或信托之可分离事项的准

[1] Vgl. dazu Pirrung, IPRax 1987, 53.

据法可否被另一法所代替(第10条)。[1]

(三)对反致和转致的明示和绝对的排除

就反致和转致问题而言,该公约第17条的一般规定具有决定性意义。它规定:"在本公约的意义上,'法'一词系指一国现行有效的除法律冲突规则以外的法律规则。"[2]这意味着该公约的冲突规则对某一国家的法的任何指定均为实体法规则的指定。[3] 因此,依该公约的冲突规则确定的、适用于信托的法仅仅是指其实体法规则(实体法规定)。这样一来,该公约完全不考虑该法的冲突规则对法院地国法的反致和对第三国法的转致。换言之,在该公约当事国的相互关系上,反致和转致被毫无例外地加以排除。

本书作者在出版于2004年的德文专著中评价道:[4]1985年"海牙信托公约"通过一般规定亦即独立的第17条来排除反致和转致,[5]而不是像此前大部分订于第二次世界大战结束之后的海牙国际私法公约那样,通过将国际条约的冲突规则所指定的法限定于其"内国实体法"(法文 loi interne,英文 internal law)来排除反致和转致。显而易见,"海牙信托公约"以一般方式排除了反致和转致。从方法论上说,"海牙信托公约"第17条借鉴了《关于合同之债准据法的(罗马)公约》的解决办法模式,但它开了海牙国际私法公约以一般方式排除反致和转致的先河,因而是十分可取和值得欢迎的。

"海牙信托公约"第17条本身被后来的海牙国际私法公约纷纷效仿[如1986年12月22日《关于国际货物买卖合同准据法的(海牙)公约》第15条、1989年8月1日《关于死者遗产继承准据法的(海牙)公约》第17条、1996年10月19日《关于父母责任和儿童保护措施方面的管辖权、准据法、承认、执行及合作的(海牙)公约》第21条第1款、2000年1月13日《关于成年人国际保护的(海牙)公约》第19条、2006年7月5日《关于中间人所持有的证券方面的某些权利的准据法的(海牙)公约》第10条以及2007年11月23日《关于扶养义务准据法的海牙议定书》第12条]。这样一条一般规定使得国际条约的冲突规则对反致和转致的排除具有较强的明晰性。

---

〔1〕 Vgl. dazu Pirrung, IPRax 1987, 53; Kötz, RabelsZ 50 (1986)570, 571; ders., IPRax 1985, 207.

〔2〕 1985年"海牙信托公约"第17条的法文正式文本表述是:"Au sens de la Convention, le terme «loi» désigne les règles de droit en vigueur dans un Etat à l' exclusion des règles de conflit de lois."其英文正式文本的表述是:"In the Convention the word 'law' means the rules of law in force in a State other than its rules of conflict of laws."

〔3〕 Vgl. dazu Pirrung, IPRax 1987, 53.

〔4〕 Weizuo Chen, Rück- und Weiterverweisung (Renvoi) in staatsvertraglichen Kollisionsnormen, Peter Lang GmbH Europäischer Verlag der Wissenschaften, Frankfurt am Main 2004, S. 104-105.

〔5〕 Vgl. dazu Gottschalk, Allgemeine Lehren, S. 133.

二、关于信托准据法的确定的立法例

1985年7月1日《关于信托准据法及其承认的(海牙)公约》已对多个国家及地区生效。其中既有典型的英美法国家,如英国、加拿大、澳大利亚、马耳他、塞浦路斯,又有继受和移植了信托制度的大陆法国家和地区,如意大利、荷兰、卢森堡、瑞士、巴拿马、列支敦士登、摩纳哥、圣马力诺以及中华人民共和国香港特别行政区。该公约对有关国家及地区的国际私法关于确定信托准据法的规定具有巨大影响,以致:有些国家和地区不再制定这方面的冲突规则,而是直接援引该公约;或者虽制定冲突规则,但在内容上与该公约高度一致。

例如,瑞士1987年12月18日《关于国际私法的联邦法律》关于信托的第9a章(第149a条至第149e条)就是为了转化1985年"海牙信托公约"而被加进该法的,自2007年7月1日起施行。[1] 它采取与1985年"海牙信托公约"完全一致的信托定义(第149a条),但不要求信托具有该公约第3条所规定的书面形式。该法第149c条规定:信托准据法,依1985年7月1日《关于信托准据法及其承认的(海牙)公约》予以确定。瑞士国际私法法典的这一做法是明智的,它使得国内法的冲突规则和已对瑞士生效的国际条约的冲突规则完全协调一致,避免了因二者的不一致而产生的抵触。

三、中国新国际私法关于确定信托准据法的规定

有国际管辖权的中国法院在对涉外信托关系进行定性(识别)时,应依据作为法院地法的中国法为之,因为《中华人民共和国涉外民事关系法律适用法》第8条规定:"涉外民事关系的定性,适用法院地法律。"根据2001年4月28日通过的《中华人民共和国信托法》(自2001年10月1日起施行)第2条,中国法意义上的信托,"是指委托人基于对受托人的信任,将其财产权委托给受托人,由受托人按委托人的意愿以自己的名义,为受益人的利益或者特定目的,进行管理或者处分的行为"。[2]

依照《中华人民共和国涉外民事关系法律适用法》第17条第1句,"当事人可以协议选择信托适用的法律"。这意味着含有涉外因素(国际性因素)的信托,首先应适用当事人所选择的法律体系。这与1985年"海牙信托公约"第6条第1款第1句的主观性连结规则基本一致。

依照《中华人民共和国涉外民事关系法律适用法》第17条第2句,在当事人未选择信托准据法的情形下,适用信托财产所在地国家的法律体系或信托关系发生

---

[1] 参见邹国勇译注:《外国国际私法立法精选》,中国政法大学出版社2011年版,第173~174页。

[2] 参见黄进、姜茹娇主编:《〈中华人民共和国涉外民事关系法律适用法〉释义与分析》,法律出版社2011年版,第85页。

地国家的法律体系。可见,中国新国际私法就信托准据法的确定所规定的客观性连结规则,以信托财产所在地和信托关系发生地为选择性连结点。在这一点上,该法与 1985 年“海牙信托公约”第 7 条第 1 款所规定的客观性连结规则“准据法未被选择的,信托适用与之有最密切联系的法”有所不同。本书作者认为,中国立法者本来可以(甚至应该)制定出与 1985 年“海牙信托公约”第 7 条第 1 款协调一致的冲突规则。理由如下:

首先,1985 年“海牙信托公约”是为数不多的自 1997 年 7 月 1 日起继续适用于中华人民共和国香港特别行政区的含有冲突规则的国际条约之一,其冲突规则优先于其他关于确定信托准据法的香港冲突规则而为审理涉外信托案件的香港法院所适用。中国内地的新国际私法此番没有制定出与该公约完全一致的冲突规则,人为地造成了自 2011 年 4 月 1 日起中国内地与香港特别行政区冲突规则在涉外信托准据法的确定问题上不统一的局面,而这本可以通过制定出与该公约完全一致的冲突规则而得以避免。

其次,尽管“海牙信托公约”目前仅适用于中国香港特别行政区,但不排除将来被中国批准并对中国内地生效的可能性。若如此,则届时《中华人民共和国涉外民事关系法律适用法》第 17 条第 2 句仍须予以修正。与其将来修正,倒不如现在就制定出与 1985 年“海牙信托公约”相协调的冲突规则。可以说,中国立法者因欠缺应有的国际主义眼光而坐失了一次良机。

最后,《中华人民共和国涉外民事关系法律适用法》第 17 条第 2 句的冲突规则以信托财产所在地和信托关系发生地为选择性连结点,虽比只用一个连结点多了一些灵活性,且信托财产所在地国家或信托关系发生地国家往往是与信托有最密切联系的国家,但最密切联系地国家却不一定限于信托财产所在地国家和信托关系发生地国家。[1985 年“海牙信托公约”第 7 条第 2 款规定:“为确定与信托有最密切联系的法,尤须考虑下列因素:(1)财产授予人所指定的信托管理地;(2)信托财产所在地;(3)受托人居所地或营业地;(4)信托的目的和信托目的达到地。”]较之 1985 年“海牙信托公约”第 7 条第 1 款所依循的最密切联系原则,《中华人民共和国涉外民事关系法律适用法》第 17 条第 2 句的冲突规则仍不免带有机械性、固定性和僵化性。加之《中华人民共和国涉外民事关系法律适用法》欠缺一条体现最密切联系原则的一般性例外条款,在该法第 17 条第 2 句的冲突规则所指定的可供选择的两个法律体系与涉外信托关系均无密切联系时,着实欠缺一个能起矫正作用的冲突法机制,其适用效果不会是理想的。

总之,在信托准据法的确定问题上,由于中国立法者没有在《中华人民共和国涉外民事关系法律适用法》第 17 条中制定出与 1985 年“海牙信托公约”第 7 条第 1 款协调一致的冲突规则,留下了需要予以弥补的遗憾。

第六节 仲裁协议准据法的确定

一、概说

在国际商事仲裁法上,仲裁协议是双方当事人所订立的,据以将彼此间即将发生或已经发生的民商事法律关系上的争议交付仲裁,并由常设仲裁机构或临时仲裁庭就争议做出裁决的书面协议。仲裁协议既可以表现为合同中的仲裁条款(从而区别于主合同),也可以是一项独立协议,即仲裁合同。严格地说,仲裁条款是合同中关于程序性事项的条款,仲裁合同也非确定双方当事人实体权利义务的民商事合同,而是关于程序性事项的合同,二者均属于旨在解决争议的协议而非实体协议。

仲裁协议准据法的确定属于国际民事程序法的内容。它所解决的主要是依何国法律体系判断仲裁协议有效性的问题。至于当事人是否有缔结仲裁协议的行为能力的准据法问题,或者由另外的关于确定行为能力准据法的冲突规则确定,或者由仲裁协议准据法确定,完全视有关国家的国际私法和国际民事程序法而定。

一些国家的制定法将狭义的国际私法(国际法律冲突法或涉外民事关系法律适用法)与国际民事程序法的条文规定在一起,并直接或间接地涉及仲裁协议准据法的确定问题。例如:

土耳其 2007 年 11 月 27 日《关于国际私法和国际民事诉讼法的法律》第 62 条第 1 款 e 项将"如果仲裁合同或仲裁条款依双方当事人以协议使之服从的法律无效,或者,如果此种协议并未达成,仲裁合同或仲裁条款依仲裁裁决做出地法无效"作为拒绝执行外国仲裁裁决的理由之一。[1] 由此可以推断,该条款将双方当事人所选择的法律体系和仲裁裁决做出地法作为判断仲裁协议有效性的准据法。

此外,由 1958 年 6 月 10 日《关于承认与执行外国仲裁裁决的(纽约)公约》(于 1987 年 4 月 22 日对中国生效,[2] 截至 2022 年 6 月 18 日有 170 个缔约国)第 5 条第 1 款 a 项也可以推断,它将双方当事人所选择的法律体系和仲裁裁决做出地国家的

---

〔1〕 Vgl. IPRax 2008, 290.

〔2〕 参见最高人民法院 1987 年 4 月 10 日《关于执行我国加入的〈承认及执行外国仲裁裁决公约〉的通知》[法(经)发〔1987〕5 号],载《中华人民共和国最高人民法院公报》1987 年第 2 期,第 16 ~ 17 页。

法律体系作为判断仲裁协议有效性的准据法。[1]

二、中国新国际私法关于确定仲裁协议准据法的规定

《中华人民共和国涉外民事关系法律适用法》第 18 条是关于确定仲裁协议准据法的规定。它是在《中华人民共和国涉外民事关系法律适用法(草案)》于 2010 年 10 月 25 日至 28 日被第三次提请审议期间,在最后时刻才被添加进该法的。在此之前,该法草案之 2010 年 6 月 28 日修改稿、2010 年 8 月二次审议稿以及全国人大原法律委员会 2010 年 10 月 14 日草案均不包含这一条文。

本书作者在所参加的由全国人大常委会法制工作委员会组织的多次立法研讨中,一贯反对将关于确定仲裁协议准据法的冲突规则制定在《中华人民共和国涉外民事关系法律适用法》中,因为仲裁协议并非实体民商法意义上的合同或约定,不是真正的"涉外民事关系",自不应在涉外民事关系法律适用法中加以制定,否则会使得该法既包含真正的关于确定涉外民事关系准据法的冲突规则,又包含国际民事程序法条文,从而影响到该法规范的同一性和纯一性。但既然该法最终文本之第 18 条加进了这一条文,就应如实地对它进行评价。至于体系的协调问题,可留待将来制定国际民事程序法时再将之从涉外民事关系法律适用法中挪移出去。

姑且撇开体系协调问题和规范性质的正当性问题不谈,必须承认,《中华人民共和国涉外民事关系法律适用法》第 18 条有其积极意义。它规定:"当事人可以协议选择仲裁协议适用的法律。当事人没有选择的,适用仲裁机构所在地法律或者仲裁地法律。"从而在中华人民共和国立法史上第一次明确地规定了判断仲裁协议有效性所依据的法律体系。这对于受理国际商事仲裁案件的仲裁庭合理地断定仲裁协议有效性,进而确定仲裁庭的管辖权之有无具有促进作用。

在内容上,《中华人民共和国涉外民事关系法律适用法》第 18 条的规定有其可取之处。其第 1 句以双方当事人所选择的法律体系作为判断仲裁协议有效性的法律体系,第 2 句以仲裁机构所在地法或仲裁地法作为无准据法选择时判断仲裁协议有效性的法律体系。

依照《中华人民共和国涉外民事关系法律适用法》第 18 条第 2 句,在双方当事人未做准据法选择的情形下,仲裁协议的准据法是仲裁机构所在地国家的法律体系或仲裁地国家的法律体系。这与上文所提到的一些国际民事程序法相应规定[如土耳其 2007 年 11 月 27 日《关于国际私法和国际民事诉讼法的法律》第 62 条第 1 款 e 项、1958 年 6 月 10 日《关于承认与执行外国仲裁裁决的(纽约)公约》第 5 条

---

[1] 参见陈卫佐:《国际性仲裁协议的准据法确定——以仲裁协议的有效性为中心》,载《比较法研究》2016 年第 2 期;黄进、姜茹娇主编:《〈中华人民共和国涉外民事关系法律适用法〉释义与分析》,法律出版社 2011 年版,第 101 页。

第1款a项的规定]在此种情形下单单以仲裁地国家的法律体系为仲裁协议准据法的做法有所不同。如果仲裁地国家和仲裁机构所在地国家是同一个国家,则《中华人民共和国涉外民事关系法律适用法》第18条第2句实际上无异于以仲裁地国家的法律体系为仲裁协议准据法。但如果仲裁地国家和仲裁机构所在地国家分别是两个不同国家,则情况要复杂一些。从字面上看,似乎既可以适用仲裁机构所在地国家的法律体系,也可以适用仲裁地国家的法律体系。如果两个国家的法律体系均肯定仲裁协议的有效性,则情况也比较好办,因为只需适用其中任何一个法律体系即可。而如果其中一个法律体系肯定仲裁协议的有效性,另一个法律体系否定仲裁协议的有效性,且双方当事人各执一端,亦即一方主张仲裁协议有效,另一方主张仲裁协议无效,则该法第18条第2句似乎无法提供令人满意的答案。〔1〕

2017年12月4日,最高人民法院审判委员会第1728次会议通过了最高人民法院《关于审理仲裁司法审查案件若干问题的规定》,〔2〕自2018年1月1日起施行。最高人民法院《关于审理仲裁司法审查案件若干问题的规定》第14条规定:"人民法院根据《中华人民共和国涉外民事关系法律适用法》第十八条的规定,确定确认涉外仲裁协议效力适用的法律时,当事人没有选择适用的法律,适用仲裁机构所在地的法律与适用仲裁地的法律将对仲裁协议的效力作出不同认定的,人民法院应当适用确认仲裁协议有效的法律。"这样一来,如果"仲裁机构所在地法律"不同于"仲裁地法律",且这两个法律体系中的一个肯定仲裁协议的有效性,另一个否定仲裁协议的有效性,而在双方当事人各执一端,亦即一方主张仲裁协议有效,而另一方主张仲裁协议无效的情形下,有管辖权的人民法院应适用肯定仲裁协议有效性的那一法律体系。由此可见,最高人民法院《关于审理仲裁司法审查案件若干问题的规定》第14条明白无误地体现了关于仲裁协议实质有效性准据法确定中的"有利于有效性"原则。它弥补了《中华人民共和国涉外民事关系法律适用法》第18条第2句的缺漏,因而是十分可取的。

至于当事人缔结仲裁协议的行为能力准据法的确定,《中华人民共和国涉外民事关系法律适用法》第18条并未提及。本书作者认为,可类推适用该法第12条第1款关于确定自然人民事行为能力准据法的冲突规则,以缔结仲裁协议的一方或双方当事人经常居所地国家的法律体系作为判断其是否具有缔结仲裁协议的能力的准据法。

---

〔1〕 参见万鄂湘主编:《〈中华人民共和国涉外民事关系法律适用法〉条文理解与适用》,中国法制出版社2011年版,第142页。

〔2〕 法释〔2017〕22号,载《中华人民共和国最高人民法院公报》2018年第3期,第4~7页。

复习思考题

1. 关于自然人权利能力准据法,各国国际私法主要采取哪些主义或学说?
2. 关于自然人行为能力准据法,各国国际私法主要采取哪些主义?它们各有哪些有代表性的国家?试举出在这一领域准许反致和转致的例子。
3. 解决自然人权利能力与行为能力准据法的变更问题有哪些主要原则?
4. 为了保护交易的安全,自然人的行为能力除适用其准据法外,还可以适用哪些法律体系?
5. 确定法人的属人法有哪两种相互对立的理论?试述其主要内容和相关的立法例。
6. 各国国际私法在确定自然人姓名准据法方面有哪些主要做法?
7. 简述代理准据法的确定。
8. 简述信托准据法的确定。
9. 国际性仲裁协议准据法的确定方法主要有哪几种?
10. 什么是国际性仲裁协议准据法的确定中的“有利于有效性”原则?

第九章　家庭法

本章主要论述关于确定含有涉外因素的结婚、婚姻效果、离婚、扶养义务、亲子关系、监护及保佐等家庭法关系的准据法的立法、规则和原理。

第一节　结　婚

对于含有涉外因素的结婚事件，有必要区分结婚实质要件和形式要件，并分别确定它们的准据法。诸如法定婚龄（各国法律所规定的法定婚龄各不相同，如14岁、16岁、[1]18岁、20岁、22岁等）、禁止近亲或姻亲结婚的亲等、父母对未成年人结婚的同意、一夫多妻或一妻多夫的禁止等问题，属于结婚实质要件问题。而采用什么形式缔结的婚姻始为有效婚姻的问题，如婚姻是否必须采用民事婚姻或宗教婚姻的形式，是否必须予以登记，是否必须举行公开仪式等，则属于结婚形式要件问题。[2]

无论是关于结婚实质要件抑或是关于结婚形式要件，各个国家和地区法律体系的实体法规定均存在差异，经常需要解决适用何国法的问题。

一、结婚实质要件

就结婚实质要件而言，各个国家和地区国际私法所采取的主要法律适用原则是：对每一个结婚当事人适用其属人法；又可主要区分为本国法主义和住所地法主义。除此之外，其他法律体系（如婚姻举行地法、共同惯常居所地法）也可能被适用。

（一）适用本国法

在属人法上采本国法主义的国家和地区，其国际私法往往规定：结婚实质要

---

〔1〕 例如，意大利最低法定婚龄是16岁。其《民法典》准许16岁的未成年人结婚，前提是存在重大原因并经法院批准。See Tito Ballarino and Andrea Bonomi, *The Italian Statute on Private International Law of* 1995, Yearbook of Private International Law, Volume 2 (2000), p. 119.

〔2〕 参见李浩培：《李浩培法学文集》，法律出版社2006年版，第475～476页。

件，适用结婚当事人各自的本国法，如泰国1938年3月10日《关于法律冲突的法律》第19条、1940年3月15日希腊《民法典》第13条第1项、波兰共和国2011年2月4日《关于国际私法的法律》第48条、奥地利1978年6月15日《关于国际私法的联邦法律》第17条第1款、德国《民法典施行法》第13条第1款、1995年5月31日《关于改革意大利国际私法体系的第218号法律》第27条、列支敦士登1996年9月19日《关于国际私法的法律》第10条第1款、葡萄牙《民法典》第31条第1款、西班牙《民法典》第9条第1款第1句、土耳其2007年11月27日《关于国际私法和国际民事诉讼法的法律》第13条第1款等。

泰国《关于法律冲突的法律》第19条规定："结婚要件，适用每一当事人的本国法。"

希腊《民法典》第13条第1项第1句规定："就愿意结婚的双方当事人而言，婚姻的实质要件适用各该当事人本国法。"

德国《民法典施行法》第13条第1款规定："就每一个订婚人而言，结婚要件适用其本国法。"因此，有效的婚姻要求累积适用订婚人双方的属人法。在决定性的时间方面，结婚准据法是结婚时的属人法。换言之，结婚准据法是不可变更的。

《关于改革意大利国际私法体系的第218号法律》第27条第1句规定：结婚能力和其他结婚要件，就每一结婚当事人而言，适用各该当事人结婚时的本国法。

（二）适用住所地法

在属人法问题上采住所地法主义的国家和地区，其国际私法往往规定：结婚实质要件，适用结婚当事人各自的住所地法，如英格兰、丹麦、冰岛、挪威、瑞典、委内瑞拉的国际私法即是如此。[1]

依照委内瑞拉1998年8月6日《关于国际私法的法律》第21条，缔结婚姻的能力和结婚实质要件，适用结婚当事人各自的住所地法。[2]

（三）适用其他法律体系

须指出的是，并非所有国家和地区的国际私法都绝对地以一个法律体系（如本国法或住所地法）为婚姻实质要件准据法。在实践中，一些国家和地区的国际私法往往兼顾其他法律体系对婚姻实质有效性的要求，甚至以其他法律体系（如婚姻举行地法、共同惯常居所地法）作为婚姻实质有效性所应适用的主要法律体系。

例如，瑞士1987年12月18日《关于国际私法的联邦法律》修正后的新文本第44条规定："在瑞士缔结的婚姻所服从的实质要件，适用瑞士法。"这实际上是以婚姻缔结地法作为在瑞士缔结的婚姻的实质要件准据法。由于该法第43条第1款以

---

〔1〕 参见唐表明：《比较国际私法》，中山大学出版社1987年版，第237～238页。

〔2〕 See *Venezuelan Act on Private International Law*, Yearbook on Private International Law, Vol. Ⅰ (1999), p. 344.

结婚当事人一方在瑞士的住所或瑞士国籍为瑞士机关对在瑞士缔结的婚姻行使国际管辖权的基础,所以作为婚姻缔结地法的瑞士法首先是当事人住所地法(共同住所地法或一方的住所地法),其次是具有瑞士国籍的当事人的本国法(尤其是住所在外国的瑞士人的共同本国法或一方的本国法)。此外,修正后的新文本第 44 条还意味着在瑞士缔结的外国人之间的婚姻,只要符合瑞士法(婚姻缔结地法),即在实质上为有效。[1]

二、结婚形式要件

(一)原则

1."场所支配行为"原则及立法例

"场所支配行为"(拉丁文 *Locus regit actum.*)或"场所支配行为的形式"(拉丁文 *Locus regit formam actum.*)等法律谚语自古即适用于法律行为的形式有效性,并已成为一项有名的国际私法原则。其含义是:法律行为的形式有效性,应适用行为地法。具体到结婚形式要件就是:结婚形式要件(结婚形式有效性),适用婚姻举行地法。

捷克斯洛伐克 1963 年 12 月 4 日《关于国际私法和国际民事诉讼法的法律》第 20 条规定:"结婚形式,适用婚姻举行地法。"

奥地利 1978 年 6 月 15 日《关于国际私法的联邦法律》第 16 条第 1 款规定:"在内国缔结的婚姻的形式,适用内国形式规定。"这条单边冲突规则的实质,就是规定在奥地利缔结的婚姻的形式,一概适用作为婚姻缔结地法的奥地利法。

日本 2006 年 6 月 15 日《关于法的适用的通则法》第 24 条第 2 款规定:"婚姻形式,适用婚姻举行地法。"

匈牙利 2017 年 4 月 11 日《关于国际私法的法律》第 26 条第 2 款规定:"结婚时在婚姻举行地施行的法律,适用于结婚有效性的形式要件。"

2.识别问题

各法律体系对于哪些事件属于结婚形式要件有不同认识。例如,英格兰法将未成年人结婚时父母的同意识别(定性)为结婚形式要件问题,并对之适用婚姻举行地法。

(二)选择性地适用婚姻举行地法和结婚准据法

但是,如果一味地适用婚姻举行地法,就会使大量婚姻因不具备婚姻举行地法的形式要件而不具有形式有效性,不符合当代国际私法关于尽量简化手续、使婚姻易于得到承认的趋势。因此,有的国际私法规定:结婚形式要件,只需符合婚姻举行

---

[1] Vgl. Volken, Zürcher Kommentar zum IPRG, 2. Auflage, Zürich 2004, Art. 44 N 1 – 17. 另见陈卫佐:《瑞士国际私法法典研究》,法律出版社 1998 年版,第 88 ~ 89 页。

地法或结婚准据法（订婚人双方的属人法即本国法或住所地法的累积适用）即可。

泰国1938年3月10日《关于法律冲突的法律》第20条第1款规定："婚姻系依结婚地国法所规定的形式缔结的，即为有效。"该条第2款又规定："但泰国人与泰国人之间的婚姻或泰国人与外国人之间的婚姻，如系在境外依泰国法所规定的形式缔结的，即为有效。"

波兰共和国2011年2月4日《关于国际私法的法律》第49条第1款规定："结婚形式有效性，适用婚姻缔结地国法。"该条第2款又规定："但婚姻系在波兰共和国境外缔结的，只需遵守结婚时配偶双方的本国法或共同住所地法或共同惯常居所地法所规定的形式即为足够。"

奥地利1978年6月15日《关于国际私法的联邦法律》第16条区别对待在奥地利缔结的婚姻和在外国缔结的婚姻。它一方面在第1款对于在奥地利缔结的婚姻采取缔结地法原则（"在内国缔结的婚姻的形式，适用内国形式规定。"），另一方面又在第2款对于在外国缔结的婚姻，兼采各订婚人属人法主义和婚姻缔结地法主义："在外国缔结的婚姻的形式，适用每一订婚人的属人法；但只要遵守婚姻缔结地的形式规定即为足够。"

日本2006年6月15日《关于法的适用的通则法》第24条第3款规定：尽管有第2款的规定（"婚姻形式，适用婚姻举行地法"），婚姻形式只要符合当事人一方的本国法，即为有效。但婚姻在日本举行，且当事人一方为日本人时，不在此限（此时应适用日本法）。

（三）反致和转致问题

虽然适用婚姻举行地法是关于结婚形式要件的一般规则，但为了达到便于婚姻得到承认的目的，有的国际私法也考虑婚姻举行地法的冲突规则，即承认婚姻举行地法的冲突规则对其他法律体系的致送，进而准许婚姻举行地法的冲突规则对法院地法的反致或对其他外国法律体系的转致。

根据德国《民法典施行法》第4条第1款第1句，[1]德国冲突规则对当事人的外国本国法的指定是"总括的指定"。对于一个住所在德国的丹麦女子的结婚实质要件问题，《民法典施行法》第13条第1款的冲突规则指定其本国法即丹麦法，但其国籍国丹麦的冲突规则指定其住所地法即德国法，且丹麦冲突规则对德国法的指定是实体法规则的指定。根据《民法典施行法》第4条第1款第2句，[2]德国法接受丹麦冲突规则对德国法的反致，而不论丹麦冲突规则对德国法的指定是实体法规则的指定还是总括的指定。

---

〔1〕 德国《民法典施行法》第4条第1款第1句规定："他国法被指定的，该国国际私法也应予以适用，但以这样做与指定的意义不相抵触为限。"

〔2〕 德国《民法典施行法》第4条第1款第2句规定："他国法反致于德国法的，适用德国实体法规定。"

三、“跛行婚姻”与“手套婚姻”

在国际私法上,称那些依一个法律体系有效、依另一个法律体系无效的婚姻为“跛行婚姻”。至于婚姻无效的原因,可能是违反结婚实质要件,也可能是违反结婚形式要件。

例如,希腊法要求信仰东正教的希腊人无例外地举行宗教结婚仪式。在户籍官员面前缔结的婚姻在德国是有效婚姻,但在希腊看来却是无效婚姻。反之,在德国看来,在未经授权的神职人员面前缔结的东正教婚姻是无效婚姻,但在希腊看来却是有效婚姻。该婚姻是“跛行婚姻”。

又如,两个塞浦路斯人在德国户籍官员面前缔结了婚姻。塞浦路斯法认为这是无效婚姻;但依德国法,该婚姻却是有效的。[1] 该婚姻也是“跛行婚姻”。

在若干法律体系中,结婚当事人双方无须在结婚时同时到场;结婚意思表示只需由一方的代理人做出即可。这种婚姻叫作“手套婚姻”,因为在中世纪,白手套是意定代理权的象征。例如,意大利《民法典》第 111 条规定:存在重大原因时,可以例外地准许这种由代理人代理的结婚。[2]

四、中国的实践

(一)中国新国际私法施行之后结婚实质要件准据法的确定

自 2011 年 4 月 1 日起施行的《中华人民共和国涉外民事关系法律适用法》第 21 条规定:“结婚条件,适用当事人共同经常居所地法律;没有共同经常居所地的,适用共同国籍国法律;没有共同国籍,在一方当事人经常居所地或者国籍国缔结婚姻的,适用婚姻缔结地法律。”

可见,中国立法者在这里将本应是“结婚实质要件”的连结对象改写成了“结婚条件”,这在国际私法学上是不够严谨的,因为“结婚实质要件”在国际私法上有其特定含义,而“结婚条件”则不然:人们不知道“结婚条件”到底是指结婚的法定条件、经济条件还是其他什么条件;不仅如此,“结婚形式要件”也是“结婚条件”之一。类似的例子在该法的条文中还有不少,的确值得中国立法者思考。

在结婚实质要件准据法的确定问题上,该法第 21 条首先规定应适用双方当事人共同经常居所地国家的法律体系;在双方当事人没有共同经常居所地的情形下,则适用双方当事人共同国籍国法;在双方当事人既无共同经常居所地亦无共同国籍的情形下,如果婚姻在一方当事人经常居所地国家或国籍国缔结,则适用婚姻缔结地国家的法律体系。

---

〔1〕 Vgl. Siehr, IPR, S. 2-9.

〔2〕 Vgl. von Hoffmann/Thorn, IPR (8. Aufl. 2005), § 8 Rn. 1-4.

（二）中国新国际私法施行之后结婚形式要件准据法的确定

自2011年4月1日起施行的《中华人民共和国涉外民事关系法律适用法》第22条规定："结婚手续，符合婚姻缔结地法律、一方当事人经常居所地法律或者国籍国法律的，均为有效。"中国立法者在这里将本应是"结婚形式要件"的连结对象改写成了"结婚手续"，这在国际私法学上是不够严谨的，因为"结婚形式要件"在国际私法上有其特定含义，而"结婚手续"则根本不是国际私法术语。从字面上说，结婚手续指的是男女双方缔结婚姻所需办理的程序。这与国际私法上所说的"结婚形式要件"不完全是一回事。但按照目的性解释，仍可将该条理解成关于确定结婚形式要件准据法的规定。

根据该法第22条的新规定，在中国机关有国际管辖权的前提下，涉外结婚形式只要符合婚姻缔结地国家的法律体系（往往是中国法）、一方当事人经常居所地国家的法律体系或国籍国法中之一，即为有效。该冲突规则的连结点是选择性的，体现了有利于婚姻形式有效性的立法目的。〔1〕

第二节　婚姻的效果

符合结婚准据法所规定的实质要件和形式要件的婚姻，是有效缔结的合法婚姻，在夫妻双方的相互关系中发生以权利义务为内容的法律上的效果。这就是婚姻的效果，也叫"婚姻的效力"。婚姻的效果包括婚姻一般效果和婚姻在夫妻财产制上的效果。在有些中文著作中，婚姻一般效果被称为"婚姻的人身效力"，婚姻在夫妻财产制上的效果被称为"婚姻的财产效力"。

一、婚姻一般效果

（一）婚姻一般效果准据法的适用范围

婚姻一般效果准据法主要适用于夫妻相互间的人身关系以及他们与第三人之间的关系，包括但不限于下列事项：夫妻同居义务、家务的处理、对配偶另一方事务的协助、双方从业的权利、实施满足生活需要的法律行为的代理权、责任标准、特别的所有权推定等。但婚姻姓氏、夫妻财产制、夫妻相互间的扶养、离婚及离婚的后

---

〔1〕　有些著作（参见黄进、姜茹娇主编：《〈中华人民共和国涉外民事关系法律适用法〉释义与分析》，法律出版社2011年版，第120页）将该第22条理解成有利于涉外婚姻的承认的条款，似不甚妥，因为该条在实质上是一条关于确定结婚形式要件准据法的冲突规则，与关于承认在中国境外缔结的婚姻的有效性的承认条件的条款不可混为一谈。

果、亲子关系等事项，通常不属于婚姻一般效果准据法的适用范围，因为它们另有特别冲突规则，需要单独确定准据法。

（二）适用夫的属人法：违反男女平等原则的冲突规则

在婚姻一般效果准据法的确定问题上，近代一些国家的国际私法曾主要采取过夫的属人法（本国法或住所地法）的原则。例如，泰国 1938 年 3 月 10 日《关于法律冲突的法律》（1938 年 3 月 20 日公布并施行）第 21 条第 2 款规定："在妻未因婚姻而取得其夫的国籍的情形下，适用夫的本国法。"

今天，由于当代国际私法所普遍承认的男女平等原则和保障人权原则，此种规定大多已被废止。这是当代国际私法在价值判断上进步的体现，值得肯定。

（三）婚姻一般效果准据法的确定——以德国法为例

1. "家事准据法"

德国《民法典施行法》第 14 条第 1 款规定了婚姻一般效果的准据法。这是德国国际私法在家庭法领域最重要的规定，因为不仅夫妻财产制（第 15 条第 1 款）、离婚（第 17 条第 1 款第 1 句）等婚姻法上的诸多事项都适用婚姻一般效果准据法，而且亲子关系（第 19 条第 1 款第 3 句）、血统、收养（第 22 条第 1 款第 2 句）等方面的事项也都或多或少地援引这一规定。因此，该法第 14 条第 1 款所规定的婚姻一般效果准据法也被称为"家事准据法"。

2. "连结点梯子"（"克格尔梯子"）

从立法技术上说，《民法典施行法》第 14 条第 1 款采取了"连结点梯子"（也叫作"克格尔梯子"）的方式。德国已故著名国际私法学家、科隆大学原教授克格尔（Gerhard Kegel, 1912～2006 年）生前曾主张：在确定婚姻一般效果准据法时，应首先适用配偶双方共同本国法（连结点是共同国籍）。如配偶双方无共同国籍，但在婚姻关系存续期间曾有过共同国籍，且其中一方仍具有该国籍，则适用最后有过的共同本国法（连结点是最后共同国籍）。否则，适用其共同惯常居所地国家的法律体系（连结点是共同惯常居所）。如配偶双方无共同惯常居所地国家，但在婚姻关系存续期间曾在同一国家有过惯常居所，且其中一方仍在该国有惯常居所，则适用最后有过的共同惯常居所地国家的法律体系（连结点是最后有过的共同惯常居所）。在其他情形下，则辅助性地适用配偶双方以其他方式与之有最密切关系的国家的法律体系（连结点是最密切联系地）。[1]

克格尔的上述主张被德国立法者被 1986 年 7 月 25 日修正的《民法典施行法》第 14 条第 1 款、第 15 条第 1 款和第 17 条第 1 款第 1 句中采纳，[2] 并被誉为"克格尔梯子"。

---

〔1〕 Vgl. Kegel/Schurig, IPR (8. Aufl. 2000), S. 714.

〔2〕 部分地体现在《民法典施行法》第 19 条第 1 款第 3 句、第 22 条第 1 款第 2 句中。

德国《民法典施行法》第 14 条第 1 款规定:“婚姻一般效果:1. 适用夫妻双方共同本国法或在婚姻存续期间的最后共同本国法,但以他们中的一人仍是该国国民为前提;在其他情形下;2. 适用夫妻双方在其境内有惯常居所的国家的法或在婚姻存续期间最后在其境内有惯常居所的国家的法,但以他们中的一人仍在该国有惯常居所为前提;3. 辅助性地适用夫妻以其他方式共同与之有最密切联系的国家的法。”

设若一位法国籍飞行员在卢森堡大公国与一位德国籍的空姐结婚。两人在婚姻存续期间均保有其原国籍国的住宅,且继续在卢森堡机场从事其职业。在德国国际私法的意义上,由于这对既无共同国籍亦无共同惯常居所地国家的夫妻的职业活动的缘故,卢森堡就是与他们的婚姻一般效果有最密切联系的国家(德国《民法典施行法》第 14 条第 1 款第 3 项),所以卢森堡法是婚姻一般效果准据法。

案例 9－1 | 婚姻一般效果准据法:德国法还是美国法

一名来自美国纽约州并在德国美茵河畔法兰克福定居的男子与一名同样在美茵河畔法兰克福定居的来自美国旧金山的美国女子在德国结婚。

问:在有国际管辖权的德国法院(复数)看来,他们的婚姻一般效果准据法是何国法律体系?

答:依照德国《民法典施行法》第 14 条第 1 款,夫妻双方具有同一国家的国籍时,婚姻一般效果准据法是其共同本国法。由于本案中的夫妻双方均具有美国国籍,所以德国冲突规则指定了美国法。

德国冲突规则对作为当事人共同本国法的美国法的这一指定是“总括的指定”(《民法典施行法》第 4 条第 1 款第 1 句)。[1] 然而,在美国既没有统一适用于全美国的国际私法(法律冲突法),也没有统一适用于全美国的家庭法,因为美国是一个有着多个分法律体系的国家,各州均有其自己独特的法律体系,包括其国际私法(法律冲突法)和实体私法。所以必须看双方各自所属州的国际私法(法律冲突法)是如何规定的。纽约州冲突规则和加利福尼亚州冲突规则就婚姻一般效果均指定了当事人住所地法(惯常居所地法),即德国法。在此情形下,德国法将接受纽约州法的冲突规则和加利福尼亚州法的冲突规则对德国法的反致(《民法典施行法》第 4 条第 1 款第 2 句)。[2]

结论:德国法院将以德国法作为婚姻一般效果准据法。

---

〔1〕 德国《民法典施行法》第 4 条第 1 款第 1 句规定:“他国法被指定的,该国国际私法也应予以适用,但以这样做与指定的意义不相抵触为限。”

〔2〕 德国《民法典施行法》第 4 条第 1 款第 2 句规定:“他国法反致于德国法的,适用德国实体法规定。”

3. 婚姻一般效果准据法的可变性

德国《民法典施行法》第 14 条第 1 款所规定的准据法是可变的；当它所规定的连结点变更时，就适用依新连结点确定的新法律体系。例如，一名德国女子与一名瑞士男子结婚后，在瑞士有共同惯常居所。在德国看来（《民法典施行法》第 14 条第 1 款第 2 项），婚姻一般效果准据法是瑞士法（其实在瑞士看来也是如此，因为瑞士《关于国际私法的联邦法律》第 48 条第 1 款规定："婚姻效果，适用配偶双方住所地国法。"而该法第 20 条第 2 款第 2 句规定：如果一人在任何地方均无住所，则以其惯常居所代替住所。[1]）。如果他们由瑞士移居德国，并在德国设立新的惯常居所，则自移居时起，婚姻一般效果适用德国法。

4. 准据法选择——有限的当事人意思自治

夫妻双方可以在《民法典施行法》第 14 条第 2 款至第 4 款所规定的有限范围内选择婚姻效果准据法。这是国际私法上的当事人意思自治原则的体现。

在当事人选择准据法的情形下，排除一切反致和转致（《民法典施行法》第 4 条第 2 款规定："以当事人可以选择某一国家的法为限，其只能指定实体法规定。"）。

（四）其他国家的国际私法关于婚姻一般效果准据法的立法例

泰国 1938 年 3 月 10 日《关于法律冲突的法律》第 21 条第 1 款和第 2 款规定："(1) 就夫妻之间的关系而言，如他们有同一国籍或妻已因婚姻而取得其夫的国籍，则适用夫妻双方共同本国法。(2) 在妻未因婚姻而取得其夫的国籍的情形下，适用夫的本国法。"

奥地利 1978 年 6 月 15 日《关于国际私法的联邦法律》第 18 条第 1 款和第 2 款规定："(1) 婚姻的人身法律效果：1. 适用配偶双方共同属人法，无共同属人法时，适用最后共同属人法，但以其中一方仍保有它为限；2. 在其他情形下，适用配偶双方均在其境内有惯常居所的国家的法，无此法时，适用他们最后均在其境内有惯常居所的国家的法，但以其中一方仍保有它为限。(2) 对于第 1 款所称法域，婚姻并未成立，但对于奥地利的法域，婚姻已成立的，婚姻的人身法律效果适用奥地利法。但配偶双方与第三国有更强的关系，而依该国法，婚姻同样发生效果的，适用该国法而不适用奥地利法。"

瑞士 1987 年 12 月 18 日《关于国际私法的联邦法律》第 48 条第 1 款至第 3 款规定："(1) 婚姻效果，适用配偶双方住所地国法。(2) 配偶双方住所不在同一个国家的，婚姻效果适用与案件有最密切联系的住所地国家的法。(3) 原国籍地的瑞士司法或行政机关依第 47 条有管辖权时，管辖机关应适用瑞士法。"

1995 年 5 月 31 日《关于改革意大利国际私法体系的第 218 号法律》第 29 条第 1 款规定："夫妻人身关系，适用共同本国法。"同条第 2 款规定："有不同国籍或一个

---

〔1〕 参见陈卫佐：《瑞士国际私法法典研究》，法律出版社 1998 年版，第 269、276 页。

以上共同国籍的夫妻的人身关系，适用夫妻共同生活的重心所在地国家的法。”在多数情形下，第2款所称“夫妻共同生活的重心所在地国家的法”是夫妻共同惯常居所地法。

日本2006年6月15日《关于法的适用的通则法》第25条原封不动地将在此之前的《法例》第14条的规定保留了下来：“婚姻的效力，于夫妻双方本国法相同时，适用其共同本国法；无共同本国法而夫妻双方惯常居所地法相同时，适用其共同惯常居所地法；既无共同本国法亦无共同惯常居所地法时，适用与夫妻双方有最密切关系的地方的法。”可见，日本新国际私法的这一规定仿效德国《民法典施行法》第14条第1款，采用了“连结点梯子”的立法技术，列出了三个递进式连结点：夫妻双方共同国籍、夫妻双方共同惯常居所地以及与夫妻双方有最密切关系的地方。

此外，有些国家的国际私法同时规定了夫妻人身关系和夫妻财产制关系准据法，如捷克斯洛伐克1963年12月4日《关于国际私法和国际民事诉讼法的法律》第21条、委内瑞拉1998年8月6日《关于国际私法的法律》第22条、波兰共和国2011年2月4日《关于国际私法的法律》第51条第1款、匈牙利2017年4月11日《关于国际私法的法律》第27条第1款。本书将在下文关于夫妻财产制准据法的部分予以详述。

在2011年4月1日以前，中国制定法中没有关于婚姻一般效果准据法的规定。自2011年4月1日起施行的《中华人民共和国涉外民事关系法律适用法》第23条规定：“夫妻人身关系，适用共同经常居所地法律；没有共同经常居所地的，适用共同国籍国法律。”这意味着有国际管辖权的中国法院在确定涉外夫妻人身关系准据法时，首先应适用夫妻双方共同经常居所地国家的法律体系；如果夫妻双方没有共同经常居所地，则适用其共同国籍国法。然而，如果夫妻双方既无共同经常居所地国家亦无共同国籍国，则从该法第23条得不出令人满意的答案。有国际管辖权的中国法院在此情形下无法做到有法律依据地适用与夫妻双方有最密切联系的国家的法律体系。

（五）海牙国际私法公约

1905年7月17日《关于婚姻对夫妻在其人身关系中的权利义务和夫妻财产的效果方面的法律冲突的公约》（简称海牙婚姻效果公约）既规定了婚姻人身效果准据法，也规定了夫妻财产制准据法。它规定：婚姻的人身效果，适用夫妻共同本国法（第1条第1款）。

二、夫妻财产制

夫妻财产制可分为法定财产制和约定财产制。在适用范围上，夫妻财产制准据法适用于婚姻在夫妻财产制上的效果，亦即配偶双方的财产关系。

一般地说，法定财产制准据法是婚姻一般效果准据法。约定财产制准据法是夫妻财产合同准据法,首先是夫妻双方所选择的法律体系。

（一）夫妻财产制准据法的确定——以德国国际私法为例

德国《民法典施行法》第 15 条规定:“(1)婚姻在夫妻财产制上的效果,适用结婚时的婚姻一般效果准据法。(2)夫妻双方可以就其婚姻在夫妻财产制上的效果选择以下法律体系:1. 他们中的一人的本国法;2. 他们中的一人的惯常居所地国法;以及 3. 就不动产而言,所在地法。(3)准用第 14 条第 4 款的规定。(4)关于被驱逐者和难民的夫妻财产制的法律规定不受影响。”

1. 原则

德国国际私法采夫妻财产制准据法的同一性原则,即不论夫妻财产制涉及动产还是不动产,也不论财产位于何处,原则上应适用同一法律体系。但在《民法典施行法》第 15 条第 1 款所指定的法律体系就不动产指定不动产所在地法时,或在物之所在地法具有优先地位时,会出现例外情形。

2. 准据法选择

在当事人选择夫妻财产制准据法的情形下,不考虑所选择的法律体系的冲突规则,从而排除一切反致和转致。(《民法典施行法》第 4 条第 2 款规定:“以当事人可以选择某一国家的法为限,其只能指定实体法规定。”)

3. 不变更主义

既然德国《民法典施行法》第 15 条第 1 款以结婚时的婚姻一般效果准据法作为夫妻财产制准据法,结合关于婚姻一般效果准据法的第 14 条第 1 款可知,当夫妻双方共同国籍、共同惯常居所等连结因素发生变动时,夫妻财产制准据法并不随之变更。

（二）其他国家的国际私法关于夫妻财产制准据法的立法例

1. 单独规定夫妻财产制准据法的立法例

泰国 1938 年 3 月 10 日《关于法律冲突的法律》第 22 条第 1 款至第 3 款规定:“(1)就夫妻的财产而言,如无婚前协议,则适用本国法。(2)夫妻有不同国籍的,适用夫的本国法。(3)但就不动产而言,适用不动产所在地法。”

奥地利 1978 年 6 月 15 日《关于国际私法的联邦法律》第 19 条规定:“夫妻财产制,适用双方当事人所明示地选择的法;无此种依合同进行的准据法选择时,适用结婚时婚姻的人身法律效果准据法。”

瑞士 1987 年 12 月 18 日《关于国际私法的联邦法律》第 52 条第 1 款和第 2 款规定:“(1)夫妻财产关系,适用配偶双方所选择的法。(2)配偶双方可以选择双方均在其境内有住所的国家或于结婚后将在其境内有住所的国家的法,或其中一方的本国法。第 23 条第 2 款的规定不予适用。”第 53 条第 1 款至第 3 款规定:“(1)准据法选择必须以书面协议做出或从夫妻财产合同条款确定地显示出来。此外,准据法选择,适用所选择的法。(2)准据法选择可以在任何时候做出或更改。如准据法选择系于结婚后做出或更改的，除有相反约定外，其效力追溯至结婚之日。(3)只要配偶双方不改变或撤回该准据法选择，所选择的法仍应予以适用。”第54条第1款至第3款规定：“(1)配偶双方未选择夫妻财产关系所应适用的法时，夫妻财产关系：(a)适用配偶双方在同一时间在其境内有住所的国家的法，或者，如果情形不是这样，(b)适用配偶双方最后在同一时间在其境内有住所的国家的法。(2)如果配偶双方从未在同一时间、于同一国家内有过住所，则适用其共同本国法。(3)从未在同一国家内有过住所，亦无共同国籍的配偶，应服从关于夫妻财产分有制的瑞士规则。”

1995年5月31日《关于改革意大利国际私法体系的第218号法律》第30条第1款规定：“夫妻财产关系，适用其人身关系准据法。但夫妻可以以书面形式约定：夫妻财产关系，适用其中至少一方有其国籍或在其境内有惯常居所的国家的法。”这意味着在意大利国际私法上，夫妻财产关系准据法原则上是夫妻人身关系准据法（依《关于改革意大利国际私法体系的第218号法律》第29条确定），但夫妻双方可以在有限范围内进行准据法选择：他们可以选择任何一方的本国法（包括共同本国法），也可以选择任何一方的惯常居所地法（包括共同惯常居所地法）为夫妻财产关系准据法。该准据法选择必须使用书面形式。第30条第1款对准据法选择并未加以时间限定，所以夫妻双方既可以在结婚时选择夫妻财产关系准据法，也可以在婚姻存续期间选择夫妻财产关系准据法。[1]

日本2006年6月15日《关于法的适用的通则法》第26条（夫妻财产制）规定：“(1)前条的规定，准用于夫妻财产制。(2)尽管有前款的规定，夫妻双方以经其署名并注明日期的书面形式，约定夫妻财产制应适用下列法之一时，夫妻财产制适用该法。在此情形下，该约定仅向将来发生效力。可选择的是：1. 夫妻一方国籍所属国法；2. 夫妻一方惯常居所地法；3. 就与不动产有关的夫妻财产制而言，不动产所在地法。(3)依前两款的规定应适用外国法的夫妻财产制，就在日本实施的法律行为及在日本的财产而言，不得对抗善意第三人。在此情形下，就与该第三人之间的关系而言，夫妻财产制适用日本法。(4)尽管有前款的规定，以依第1款或第2款的规定应予适用的外国法为基础的夫妻财产合同，已在日本登记的，可以对抗第三人。”关于夫妻财产制的第26条第1款规定将关于婚姻效力的第25条“准用于夫妻财产制”，意味着日本立法者将“连结点梯子”的立法技术运用到夫妻财产制领域，亦即在确定夫妻财产制准据法时，依次考虑以下三个递进式连结点：夫妻双方共同国籍、夫妻双方共同惯常居所地以及与夫妻双方有最密切关系的地方。

在中国国际私法立法史上，1918年8月5日公布并施行的中国《法律适用条

---

[1] See Tito Ballarino and Andrea Bonomi, *The Italian Statute on Private International Law of* 1995, Yearbook of Private International Law, Volume 2 (2000), p. 119.

例》第10条第2项曾规定："夫妻财产制，依婚姻成立时夫之本国法。"中国《法律适用条例》的这一规定显系采夫的本国法主义和不变更主义。其中的不变更主义有其立法上的可取之处，唯以夫的国籍为连结点的做法不符合男女平等原则，为当今各国国际私法所不取。自2011年4月1日起施行的《中华人民共和国涉外民事关系法律适用法》第24条规定："夫妻财产关系，当事人可以协议选择适用一方当事人经常居所地法律、国籍国法律或者主要财产所在地法律。当事人没有选择的，适用共同经常居所地法律；没有共同经常居所地的，适用共同国籍国法律。"依照该条第1句的规定，夫妻双方可以选择下列法律体系之一为夫妻财产关系准据法：一方当事人经常居所地国家的法律体系、一方当事人国籍国法或主要财产所在地国家的法律体系。这意味着中国新国际私法在夫妻财产关系准据法的确定问题上实行有限的当事人意思自治原则，准许夫妻双方选择上述法律体系之一作为准据法。依照该条第2句的规定，如果夫妻双方没有选择夫妻财产关系准据法，则适用其共同经常居所地国家的法律体系；没有共同经常居所地的，适用其共同国籍国法。然而，在夫妻双方没有选择夫妻财产关系准据法，且既无共同经常居所地亦无共同国籍的情形下，从该法第24条亦得不出令人满意的答案。可见，由于欠缺一条体现最密切联系原则并起矫正作用的一般性例外条款，有国际管辖权的中国法院在此情形下亦无法做到有法律依据地适用与夫妻双方有最密切联系的国家的法律体系。

2. 同时规定夫妻人身关系和夫妻财产制关系准据法的立法例

前已述及，有些国家的国际私法同时规定了夫妻人身关系和夫妻财产制关系准据法。[1]

匈牙利2017年4月11日《关于国际私法的法律》第27条第1款至第3款规定："(1)配偶双方的人身关系和财产关系——根据第16条第3款至第5款所规定的争议——适用配偶双方在评估时的共同本国法。(2)配偶双方在评估时有不同国籍的，适用配偶双方在其境内有共同惯常居所地的国家的法，或者，配偶双方无共同惯常居所地国家的，适用其最后共同惯常居所地国家的法。(3)配偶双方不曾有过共同惯常居所地的，适用受理案件的法院所属国法。"

波兰共和国2011年2月4日《关于国际私法的法律》第51条第1款和第2款规定："(1)配偶双方的人身关系和夫妻财产制，适用其共同本国法。(2)无共同本国法时，适用配偶双方共同住所地国法；在同一国家无住所的，适用配偶双方共同惯常居所地国法。配偶双方在同一国家无惯常居所的，适用配偶双方以其他方式与之有最密切联系的国家的法。"

依照斯洛文尼亚共和国1999年6月30日《关于国际私法和国际民事诉讼的法律》第38条，夫妻人身关系和财产关系，适用其共同本国法，或者，在无共同国籍的

〔1〕 参见唐表明：《比较国际私法》，中山大学出版社1987年版，第242～248页。

情形下，适用其共同惯常居所地或最后惯常居所地国家的法律体系。如果夫妻双方从未在同一国家有过惯常居所，则适用与夫妻人身关系和财产关系有最密切联系的国家的法律体系。

委内瑞拉1998年8月6日《关于国际私法的法律》第22条第1款规定："婚姻的人身和财产效果，适用配偶双方共同住所地法。如其有不同住所，则应适用最后共同住所地法。"

捷克斯洛伐克1963年12月4日《关于国际私法和国际民事诉讼法的法律》（今天仍适用于斯洛伐克共和国）第21条第1款和第2款规定："（1）配偶双方的人身关系和财产制关系，适用其共同本国法。配偶双方的国籍属于不同国家的，此种关系适用斯洛伐克法。（2）夫妻财产制协议，适用协议订立时的配偶双方财产关系准据法。"

（三）海牙国际私法公约

1.1905年关于婚姻效果的海牙公约

1905年7月17日《关于婚姻对夫妻在其人身关系中的权利义务和夫妻财产的效果方面的法律冲突的公约》除了规定婚姻人身效果准据法外，还规定了夫妻财产制准据法。依照该公约第2条第1款和第5条第1款，法定夫妻财产制和夫妻财产合同内容上的有效性，均适用夫的本国法。

德国于1986年宣告该公约关于夫妻财产制的冲突规则违反了男女平等原则，并因之而退出了该公约。[1] 该公约已于1987年8月23日失效。

2.1978年3月14日《关于夫妻财产制准据法的（海牙）公约》

1978年3月14日《关于夫妻财产制准据法的（海牙）公约》于1992年9月1日对法国、卢森堡和荷兰生效。该公约是一个开放的统一冲突法条约：即使其冲突规则指定非缔约国法律体系或夫妻是非缔约国国民或在非缔约国有惯常居所，该公约仍应予以适用（第2条）。该公约将当事人意思自治置于最高地位，亦即准许夫妻双方选择夫妻财产制准据法："夫妻财产制，适用夫妻双方在结婚前所指定的内国实体法。"（第3条）。如果夫妻双方婚前未做准据法选择，则原则上应适用夫妻双方婚后第一个共同惯常居所地国家的内国实体法（第4条第1款）。"内国实体法"的措辞意味着该公约第4条第1款的冲突规则对"夫妻双方婚后第一个共同惯常居所地国家"的法律体系的指定，乃是实体法规则的指定，从而排除了一切反致和转致。然而，为了争取那些在属人法上采本国法主义的国家的批准，该公约规定了该项原则的几种例外情形以及保留的可能性（第5条）。[2]

---

〔1〕 见《联邦法律公报》1986年，第二部分，第505页。

〔2〕 Vgl. Kropholler, IPR (6. Aufl. 2006), § 45.

第三节 离 婚

在当今世界上,绝大多数国家的实体法已不再禁止生存配偶双方通过离婚在法律上解除彼此间的婚姻关系。但各国法律体系在离婚的要件和效果方面仍存在差异。例如,在内国实体离婚法上,各国昔日多采取“过错原则”,而晚近有不少国家转而采取“破裂原则”。又如,有些国家的法律只准许裁判离婚,而有些国家的法律不但准许裁判离婚,还准许协议离婚(两愿离婚)。对于含有涉外因素的离婚案件,常常需要解决适用何国法律体系的问题。

一、离婚准据法的适用范围

离婚准据法通常适用于离婚的要件及效果。但如果离婚的某一方面的效果有独立的冲突规则,则不适用离婚准据法。例如,德国《民法典施行法》第 10 条适用于离婚在姓名法方面的效果、第 15 条适用于夫妻财产分割。又如,1961 年 10 月 5 日《关于未成年人保护方面的机关管辖权和准据法的(海牙)公约》适用于父母对子女及其财产的照顾。

此外,在实践中,是否存在有效婚姻的问题往往是一个需要适用独立的冲突规则以确定准据法的先决问题。

二、确定离婚准据法的原则

各国国际私法在离婚准据法的确定问题上所采取的法律适用原则殊不一致。兹先以德国、奥地利国际私法为例,次以其他国家国际私法为例说明之。

(一)德国国际私法

德国国际私法上的离婚的外延较之德国《民法典》上的离婚要宽。例如,德国民事实体法没有规定法定分居制度,也不承认通过私人之间的协议进行的离婚。但在国际私法上,在其他国家属于法定分居、协议离婚的事件,在德国则适用离婚准据法。

德国《民法典施行法》第 17 条第 1 款第 1 句原则上以婚姻一般效果准据法为离婚准据法,它规定:“离婚,适用离婚申请发生诉讼系属时的婚姻一般效果准据法。”依照《民法典施行法》第 14 条第 1 款,婚姻一般效果准据法是配偶双方(最后)共同本国法,无共同国籍时为配偶双方(最后)共同惯常居所地法,辅助性地为与之有最密切联系国家的法律体系。原则上,这些法律体系也是离婚准据法。按照第 14 条第 1 款的措辞,作为离婚准据法的法律体系有时间限定:以离婚申请发生诉讼系属的时间为准。决定性的时刻是离婚申请送达于被告之时(德国《民事诉讼法》第622条、第253条第1款、第261条第1款),也就是说,在离婚申请送达于被告之时,离婚申请发生诉讼系属。由此可见,《民法典施行法》在离婚准据法问题上采不变更主义。

德国《民法典施行法》第17条第1款规定离婚原则上应适用婚姻一般效果准据法,但在例外情形下应适用作为法院地法的德国法。其第2句规定:"婚姻依婚姻一般效果准据法不能离异,而请求离婚的配偶在离婚申请发生诉讼系属时是德国人或在结婚时曾经是德国人的,离婚适用德国法。"这是一条单边冲突规则,且不能扩展为双边(多边)冲突规则。[1]

总之,德国国际私法不单独规定关于离婚的冲突规则,而是以婚姻一般效果准据法为离婚准据法。实际上是适用配偶双方(最后)共同本国法;无共同国籍时,适用配偶双方(最后)共同惯常居所地法;既无共同国籍,亦无共同惯常居所地法时,则辅助性地适用与配偶双方有最密切联系国家的法律体系。在例外情形下,尚可适用作为法院地法的德国法。这是一种立法技术较高的做法。

在离婚准据法的确定问题上,德国国际私法原则上考虑反致或转致。

(二)奥地利国际私法

奥地利1978年6月15日《关于国际私法的联邦法律》第20条第1款规定:"离婚的要件和效果,适用离婚时的婚姻人身法律效果准据法。"第2款规定:"依离婚时的婚姻人身法律效果准据法,因所主张的事实而不能离婚,或不存在本法第18条的连结点的,离婚适用离婚时提起诉讼的配偶的属人法。"

(三)其他国家国际私法

捷克斯洛伐克1963年12月4日《关于国际私法和国际民事诉讼法的法律》第22条第1款至第3款规定:"(1)离婚,适用配偶双方在离婚程序开始时的共同本国法。配偶双方是不同国家的国民的,离婚适用斯洛伐克法。(2)依本条第1款应适用不准许离婚或仅在异常苛刻的情形下准许离婚的外国法,而配偶双方或至少其中一方长期住在斯洛伐克共和国的,适用斯洛伐克法。(3)前两款规定也适用于婚姻无效之宣告或关于婚姻存在与否的决定。"

波兰共和国2011年2月4日《关于国际私法的法律》第54条第1款至第4款规定:"(1)婚姻的解除,适用解除婚姻的申请提出时配偶双方共同本国法。(2)无共同本国法时,适用解除婚姻的申请提出时配偶双方共同住所地国法;并且,配偶双方在解除婚姻的申请提出时无共同住所的,适用配偶双方最后共同惯常居所地国法,但以配偶一方仍在该国有其惯常居所为限。(3)不存在决定适用本条第1款和第2款所规定的法的情事的,婚姻的解除,适用波兰法。(4)本条第1款至第3款

---

[1] Vgl. von Hoffmann/Thorn, IPR (8. Aufl. 2005), § 6 Rn. 47-51.

的规定,准用于不解除婚姻关系的分居。”

因法国1975年7月11日关于改革离婚的法律而被引入《民法典》第310条(后因2005年7月4日的法律而成为第309条)的冲突规则规定:“离婚和分居,适用法国法,但以有下列情形之一为限:配偶双方具有法国国籍的;配偶双方在法国境内有其住所的;或任何外国法均未要求自己被适用,而法国法院具有审理离婚或分居案件的管辖权的。”

瑞士1987年12月18日《关于国际私法的联邦法律》修正后的新文本第61条规定:“离婚和法定分居,适用瑞士法。”

1995年5月31日《关于改革意大利国际私法体系的第218号法律》第31条第1款规定:“分居和离婚,适用夫妻双方在提出分居或离婚申请时的共同本国法;无共同本国法时,适用夫妻共同生活的重心所在地国法。”然而,当夫妻共同本国法或“夫妻共同生活的重心所在地国法”(通常是共同惯常居所地法)是外国法,且根本不准许离婚或分居时,如适用此种外国法则会与意大利公共秩序不相容。为此,该法第31条第2款规定:“本应予以适用的外国法未规定分居和离婚的,分居和离婚适用意大利法。”

委内瑞拉1998年8月6日《关于国际私法的法律》第23条第1款规定:“离婚和分居,适用提出离婚申请的配偶的住所地法。”

依照斯洛文尼亚共和国1999年6月30日《关于国际私法和国际民事诉讼的法律》第37条,离婚适用离婚申请提出时的夫妻双方共同国籍国法,或者,在夫妻双方于离婚申请提出时无共同国籍的情形下,累积适用夫妻双方各自的本国法。但如果依本应予以适用的外国法,离婚不能得到准许,且夫妻一方于离婚申请提出时在斯洛文尼亚有惯常居所或具有斯洛文尼亚国籍,则适用斯洛文尼亚法。此外,如果夫妻一方是在斯洛文尼亚无惯常居所的斯洛文尼亚国民,且在夫妻双方于离婚申请提出时无共同国籍的情形下,依被累积适用的夫妻双方各自本国法,离婚不能得到准许,则离婚适用斯洛文尼亚法。[1]

日本2006年6月15日《关于法的适用的通则法》第27条规定:“第25条的规定,准用于离婚。但夫妻一方系在日本有惯常居所的日本人时,离婚适用日本法。”由于该法第25条是关于婚姻一般效力的规定,因而也可以说,日本新国际私法原则上以婚姻一般效力准据法为离婚准据法(第27条第1句)。这意味着日本立法者将起源于德国的“连结点梯子”的立法技术进一步运用到涉外离婚领域,亦即在确定离婚准据法时,原则上依次考虑以下三个递进式连结点:夫妻双方共同国籍、夫妻双方共同惯常居所地以及与夫妻双方有最密切关系的地方。在涉外离婚领域采

---

〔1〕 See Prešo Puharič, *Private International Law in Slovenia*, Yearbook of Private International Law, Volume 5 (2003), p. 162.

用“连结点梯子”的立法技术的好处是可以确保对离婚夫妻双方的平等保护。但这一原则是有例外的:如果夫妻一方是在日本有惯常居所的日本人,则离婚准据法为日本法(第27条第2句)。此时,日本法既是法院地法,也是该方的惯常居所地法和本国法。这一“但书”是为了便于日本户籍登记官审查涉外协议离婚(两愿离婚)的要件,因为户籍登记官通常只审查夫妻双方所提交的文件而不与之见面,适用日本法就可以不必查明与夫妻双方有最密切关系的地方的法。[1]

欧盟理事会于2010年12月20日通过的《罗马Ⅲ规则》已于2012年6月21日对17个欧盟成员国生效。按照第1条第1款,《罗马Ⅲ规则》适用于与法律冲突有关的情势,即与不同法律体系有联系的跨境或国际性离婚或法定分居。第5条至第16条含有统一的欧盟冲突规则。其中第5条准许配偶双方选择离婚准据法,其选择的范围包括:配偶双方共同惯常居所地法、共同国籍国法、最后共同惯常居所地法(以配偶一方仍在那里有居所为限)和法院地法。在配偶双方未选择离婚准据法的情形下,第8条规定法院依客观性连结确定应予适用的法律体系:适用法院受理案件时配偶双方共同惯常居所地法;如无共同惯常居所,则适用最后共同惯常居所地法(但以在法院受理案件之前,配偶双方最后共同惯常居所终了未满一年,且配偶一方仍在那里有居所为限);如无共同惯常居所,亦无最后共同惯常居所地,则适用配偶双方在法院受理案件时的共同国籍国法;如无共同惯常居所和最后共同惯常居所地,亦无共同国籍国,则适用法院地法。[2]

(四)小结

关于离婚准据法的确定,各国国际私法所采取的法律适用原则殊不一致。在夫妻双方有共同国籍、共同住所或共同惯常居所等共同连结因素的情形下,一些国家的国际私法之所以规定应适用夫妻双方共同本国法或共同住所地法或共同惯常居所地法,是因为它们往往可视为与夫妻双方有密切联系的法律体系;但在另一法律体系明显地与夫妻双方有最密切联系的情形下,则应适用该另一法律体系。然而较好的做法是德国、奥地利、日本等国国际私法所采取的做法,即以婚姻一般效果(人身效果)的准据法为离婚准据法,因为这样做既可以考虑共同国籍、共同惯常居所等共同连结因素,也不排除其他与夫妻双方有最密切联系的连结因素。

此外,法院地法往往是在确定离婚准据法时可予以考虑的法律体系,只不过有些国家(如日本)的国际私法将法院地法置于次要位置,而有些国家(如瑞士、法国)

---

〔1〕 See Yasuhiro Okuda, *Divorce*, *Protection of Minors*, *and Child Abduction in Japan's Private International Law*, in Basedow, Baum and Nishitani (eds.), Japanese and European Private International Law in Comparative Perspective, 2008, p. 301 – 316.

〔2〕 See Katharina Boele – Woelki, *For Better or for Worse*: *The Europanization of International Divorce Law*, Yearbook of Private International Law, Volume 12 (2010), p. 1 – 26.

的国际私法则将法院地法置于主要位置，后者关于离婚的冲突规则体现了一定程度的单边主义。

三、中国的实践

自 2011 年 4 月 1 日起施行的《中华人民共和国涉外民事关系法律适用法》在离婚准据法的确定问题上，区分“协议离婚”和“诉讼离婚”两种情形，并分别制定了相应的冲突规则。

就协议离婚而言，双方当事人享有有限的意思自治权能：他们可以协议选择一方当事人经常居所地国家的法律体系或一方当事人国籍国法作为离婚准据法（该法第 26 条第 1 句）。在双方当事人未选择准据法的情形下，首先看他们有无共同经常居所地，如有，则适用其共同经常居所地国家的法律体系；如无共同经常居所地，则适用其共同国籍国法。如既无共同经常居所地，亦无共同国籍，则适用办理离婚手续机构所在地国家的法律体系（该法第 26 条第 2 句）。

就诉讼离婚而言，《中华人民共和国涉外民事关系法律适用法》第 27 条规定“适用法院地法律”。这意味着对涉外离婚案件有国际管辖权的中国法院以中国法为诉讼离婚准据法。

本书作者认为，即便是诉讼离婚也应赋予双方当事人以有限的意思自治权能，且在双方当事人未选择准据法的情形下，仅以中国法为诉讼离婚准据法的做法似乎欠缺灵活性，因为作为法院地法的中国法不一定与离婚案件有密切联系，更不必说最密切联系了。涉外的协议离婚和诉讼离婚案件固然应由不同的机关受理，但在准据法确定问题上却不宜差别过大。

第四节　扶养义务

各国法律体系虽然都规定一定的亲属之间互负扶养的法定义务，但在扶养的范围和程度上却存在差异。例如，有些国家的民法规定，直系血亲互负扶养义务，兄弟姐妹等旁系血亲相互间没有扶养义务；有些国家的民法所规定的扶养义务不仅及于直系血亲，而且及于旁系血亲。对于含有涉外因素的扶养事件，往往需要解决适用何国法律体系的问题。

一、扶养义务准据法

（一）确定扶养义务准据法的方法概说

对于扶养义务，有两种确定准据法的方法：

一种方法是分别依家庭法领域的不同冲突规则来确定各该领域的扶养义务准据法。例如:夫妻间的扶养义务,适用婚姻一般效果准据法;他们离婚后的扶养义务,适用离婚效果准据法;婚生子女的扶养义务,适用亲子关系准据法;非婚生子女的扶养义务,则依其他冲突规则予以确定。1986 年以前的德国《民法典施行法》即采用这一方法。

另一种方法是直接确定关于扶养义务一般问题的准据法,仅在特别问题上适用单独的冲突规则。例如,离婚配偶的扶养义务,适用离婚效果准据法。1986 年以后的德国《民法典施行法》采用了第二种方法。

(二)立法例

泰国 1938 年 3 月 10 日《关于法律冲突的法律》第 36 条第 1 款和第 2 款规定:"(1)扶养义务,适用请求扶养者的本国法。(2)但有受扶养权的人不得超越泰国法所准许的范围提出请求。"

(三)海牙国际私法公约

海牙国际私法会议先后制定了两个关于扶养义务的海牙公约:1956 年 10 月 24 日《关于扶养儿童义务准据法的(海牙)公约》和 1973 年 10 月 2 日《关于扶养义务准据法的(海牙)公约》。后者不仅适用于扶养儿童的义务,而且适用于扶养成年人的义务。

二、中国的实践

《中华人民共和国涉外民事关系法律适用法》自 2011 年 4 月 1 日起施行以后,中国新国际私法规定了关于扶养准据法的新冲突规则。其第 29 条规定:"扶养,适用一方当事人经常居所地法律、国籍国法律或者主要财产所在地法律中有利于保护被扶养人权益的法律。"这意味着有国际管辖权的中国法院在确定扶养准据法时,可以在一方当事人经常居所地国家的法律体系、国籍国法和主要财产所在地国家的法律体系中选择其一,选择的标准是该法律体系是否"有利于保护被扶养人权益"。与该法第 25 条后半句相仿,第 29 条并不是纯粹的"法域选择规则",而是一条"结果选择规则"。它部分地兼顾了"实体法上的正义",可以说是对只注重"冲突法上的正义"而忽视"实体法上的正义"的传统冲突规则的一个修正或改进。[1]

应指出的是,该法第 29 条所说的"主要财产所在地"是指谁的主要财产所在地?从字面上得不出明确的结论。这是该条规定欠妥的地方。为了增加法律适用的明晰性,有必要明确到底是指扶养义务人的主要财产所在地还是指其他人的主要财产所在地。

---

〔1〕 参见陈卫佐:《涉外民事关系法律适用法的中国特色》,载《法律适用》2011 年第 11 期。

第五节 亲子关系

一、概说

亲子关系是父母和子女之间在法律上的权利义务关系。各国法律体系关于亲子关系的实体法规定殊不一致。对于含有涉外因素的亲子关系,常常需要解决究应适用何国法的问题。

过去,许多国家的国际私法区分婚生亲子关系和非婚生亲子关系,并分别确定其准据法。今天仍有一些国家的国际私法采取这一做法(如日本2006年6月15日《关于法的适用的通则法》第28条、第29条)。

对于非婚生子女,有些国家的国际私法有关于因父母嗣后结婚而准正的冲突规则(如1995年5月31日《关于改革意大利国际私法体系的第218号法律》第34条)。一些国家的国际私法还有关于认领(认知)的冲突规则,亦即关于认领(认知)之许否及其成立要件的冲突规则(如1995年5月31日《关于改革意大利国际私法体系的第218号法律》第35条)、关于认领(认知)有效性的冲突规则。

虽然上述某些做法并不一定符合当代国际私法的发展趋势,甚至有悖于所谓"冲突法上的正义",但它们毕竟是存在于各国国际私法实践中的现象,同样需要如实地加以研究。

二、立法例

泰国1938年3月10日《关于法律冲突的法律》第29条第1款至第3款规定:"(1)子女的婚生,适用子女出生时其母之夫的本国法。(2)子女出生时其母之夫已死亡的,适用其母之夫死亡时的本国法。(3)撤销子女婚生身份的诉讼,适用同一法。"第30条第1款和第2款规定:"(1)父母和婚生子女之间的权利义务,适用父的本国法。(2)子女为未婚的女子所生的,母和子女之间的权利义务,适用母之本国法。"该法第31条规定:"子女的准正,适用准正时父的本国法;准正时父已死亡的,适用父死亡时的本国法。"

波兰共和国2011年2月4日《关于国际私法的法律》第55条第1款至第4款规定:"(1)子女血缘关系的确认和否认,适用子女出生时的子女本国法。(2)子女出生时的子女本国法未规定父亲身份的诉讼上的确认的,父亲身份的诉讼上的确认,适用子女血缘关系被确认时的子女本国法。(3)子女的认领,适用子女被认领时的子女本国法。该法未规定认领的,以子女出生时的子女本国法规定了认领为限，适用子女出生时的子女本国法。（4）已被孕育成胎儿但尚未出生的子女的认领，适用认领时母之本国法。”

因法国1972年1月3日《关于改革亲子关系法的法律》而被引入《民法典》第311－14条中的冲突规则规定：“亲子关系的成立，适用子女出生时母之属人法；母不明的，适用子女属人法。”在法国，母之属人法是指母之本国法，子女属人法是指子女本国法。

奥地利1978年6月15日《关于国际私法的联邦法律》第22条曾规定：“非婚生子女因父母嗣后结婚而准正的要件，适用父母属人法。父母属人法不同时，适用更有利于子女准正的属人法。”但自2001年7月1日起，第22条的规定已被废止。[1]

对于亲子关系，德国《民法典施行法》第21条规定应适用子女惯常居所地国法。以子女惯常居所为连结点乃是出于保护子女利益的考虑，因为子女惯常居所是子女在其中生活并融入其中的环境。这在一定程度上体现了当代国际私法“有利于子女”原则的立法趋势。

瑞士1987年12月18日《关于国际私法的联邦法律》第68条第1款和第2款规定：“（1）亲子关系的成立、确认和否认，适用子女惯常居所地国法。（2）但如果父母中的任何一方在子女惯常居所地国家均无住所，且父母和子女具有同一国家的国籍，则适用其共同本国法。”

1995年5月31日《关于改革意大利国际私法体系的第218号法律》第33条第1款规定：“子女身份，适用子女出生时的本国法或（以对子女更有利为限）父母一方的本国法。”该法第35条第1款规定：“非婚生子女的认领条件，适用子女出生时的本国法或（以对子女更为有利为限）认领人认领时的本国法。”该法第36条规定：“父母子女之间的人身关系和财产关系，包括父母责任，适用子女本国法。”

委内瑞拉1998年8月6日《关于国际私法的法律》第24条规定：“亲子关系的成立，以及父母子女关系，适用子女住所地法。”

日本2006年6月15日《关于法的适用的通则法》第32条规定：“亲子间的法律关系，如子女本国法与父或母的本国法相同（在父母一方死亡或不为人所知的情形下，子女本国法与父母另一方的本国法相同），则适用子女本国法。在其他情形下，适用子女惯常居所地法。”该法第28条第1款和第2款是关于婚生子女的亲子关系的成立的规定：“（1）子女依其出生时夫妻一方的本国法为婚生的，视为婚生。（2）夫在子女出生前已死亡的，其死亡时的本国法视为前款所称之夫的本国法。”第29条第1款至第3款是关于非婚生子女的亲子关系的成立的规定：“（1）非婚生的亲子关系的成立，就子女与其父之间的亲子关系而言，适用子女出生时父的本国法，就子女与其母之间的亲子关系而言，适用子女出生时母之本国法。在此情形下，

---

〔1〕 Vgl. Schwimann, IPR (3. Aufl. 2001), S. 182.

就因认知而成立的亲子关系而言,认知时子女本国法规定以子女或第三人的承诺或同意为认知的要件的,也必须具备此要件。(2)除依前款第1句的规定所应适用的法外,子女的认知,适用认知时认知人或子女的本国法。在此情形下,如适用认知人本国法,则准用同款第2句的规定。(3)父在子女出生前已死亡的,其死亡时的本国法视为第1款所称之父的本国法。前款所称之人在子女出生前已死亡的,其死亡时的本国法视为同款所称之人的本国法。"第30条第1款和第2款是关于准正的规定:"(1)依准正的要件事实完成时父或母或子女的本国法,准正成立的,子女取得婚生子女的身份。(2)前款所称之人在准正的要件事实完成前死亡的,其死亡时的本国法视为同款所称之人的本国法。"

自2011年4月1日起施行的《中华人民共和国涉外民事关系法律适用法》第25条规定:"父母子女人身、财产关系,适用共同经常居所地法律;没有共同经常居所地的,适用一方当事人经常居所地法律或者国籍国法律中有利于保护弱者权益的法律。"可见,中国新国际私法原则上以父母子女的共同经常居所地国家的法律体系为父母子女人身和财产关系准据法。但在父母子女没有共同经常居所地的情形下,该法第25条后半句规定应适用一方当事人经常居所地国家的法律体系或国籍国法律体系中"有利于保护弱者权益的"法律体系。与该法绝大多数冲突规则不同的是,第25条后半句并不是纯粹的"法域选择规则",而是一条"结果选择规则"。它也是对只注重"冲突法上的正义"而忽视"实体法上的正义"的传统冲突规则的一个修正或改进。[1]

第六节 收 养

一、收养的成立要件及效果准据法

关于收养的成立要件及效果,各国法律体系的规定并不一致。对于含有涉外因素的收养关系即国际性收养关系,需要解决究应适用何国法的问题。

(一)立法例

泰国1938年3月10日《关于法律冲突的法律》第35条第1款至第3款规定:"(1)收养人和被收养人有相同国籍的,收养适用其本国法。(2)收养人和被收养人国籍不同的,成为收养人或被收养人的能力及法律要件,适用各该当事人本国法。但就收养在收养人与被收养人之间的关系中的效果而言,适用收养人本国法。

---

[1] 参见陈卫佐:《涉外民事关系法律适用法的中国特色》,载《法律适用》2011年第11期。

(3)被收养人与其出生时所属家庭之间的权利义务,适用被收养人本国法。"

1940年3月15日希腊《民法典》第23条第1款和第2款规定:"(1)收养的实质要件,适用各该当事人本国法。(2)收养人与被收养人之间的法律关系,适用二者在收养关系存续期间的最后共同本国法。无最后共同国籍时,适用收养人在收养时的本国法。"

捷克斯洛伐克1963年12月4日《关于国际私法和国际民事诉讼法的法律》(今天仍适用于斯洛伐克共和国)第26条第1款至第3款规定:"(1)收养,适用收养人本国法。(2)收养人配偶双方的国籍不同的,必须满足其共同居所地法所规定的收养条件。收养人配偶双方无共同居所的,收养适用最密切联系地法。(3)依本条第1款和第2款应适用不准许收养或仅在异常苛刻的情形下准许收养的外国法,而收养人或至少收养人配偶双方中的一方长期住在斯洛伐克共和国的,适用斯洛伐克法。"该法第26a条规定:"将子女置于未来收养人的收养前照料中,适用子女惯常居所地国法。"此外,该法第27条规定:"收养或类似关系的成立须得到子女或其他人或机关的同意的,应依子女本国法加以判断。"

波兰共和国2011年2月4日《关于国际私法的法律》第57条第1款规定:"收养,适用收养人本国法。"

奥地利1978年6月15日《关于国际私法的联邦法律》第26条第1款和第2款规定:"(1)收养的要件和选择性亲子关系的终止,适用各该收养人的属人法。依子女属人法,须得到子女或与子女处于家庭法关系中的第三人的同意的,在此限度内,也适用子女属人法。(2)收养的效果,适用收养人的属人法;在配偶收养的情形下,适用婚姻法律效果准据法;配偶中的一方死亡后,适用配偶另一方的属人法。"

德国《民法典施行法》第22条第1款规定:"收养,适用收养人在收养时的本国法。由配偶一方或双方进行的收养,适用依第14条第1款确定的婚姻一般效果准据法。"

1995年5月31日《关于改革意大利国际私法体系的第218号法律》第38条第1款规定:"收养的要件、成立和撤回,适用收养时收养人本国法或收养人夫妻双方共同本国法,或在无共同本国法时,适用收养人夫妻双方在收养时的夫妻共同生活的重心所在地国家的法。但为了使未成年人的非婚生子女身份成为可能而向意大利法院提出收养未成年人的申请的,适用意大利法。"

依照委内瑞拉1998年8月6日《关于国际私法的法律》第25条,收养有效性的必要实质要件,适用收养父母一方和被收养子女各自的住所地法。

日本2006年6月15日《关于法的适用的通则法》第31条第1款和第2款规定:"(1)收养,适用收养时收养人本国法。在此情形下,子女本国法以子女或第三人的承诺或同意为收养成立的要件,或以公共机关的许可或其他措施为收养成立的要件的,也必须具备此要件。(2)被收养人与其亲生父母的血亲的亲属关系的终了及收养的解除,适用依前款第1句的规定所应适用的法。"

西班牙2007年12月28日《关于国际收养的第57/2007号法律》分为3编：第1编"总则"、第2编"与国际收养有关的国际私法规范"和第3编"其他未成年人保护措施"。其中第2编包含三章，内容分别是国际管辖权、准据法的确定和外国机关所成立的收养在西班牙的效果。在国际管辖权方面，如果被收养人是西班牙人或在西班牙有惯常居所，或者收养人是西班牙人或在西班牙有惯常居所，则西班牙机关通常有管辖权（第14条第1款）。在国际收养准据法的确定方面，第2编第2章分为以下三节：第1节"以西班牙法为准据法的收养"（第18条至第20条）、第2节"以某一外国法为准据法的收养"（第21条）以及第3节"共同规定"（第22条至第24条）。依照第18条，如果被收养人在收养成立时在西班牙有惯常居所，或者被收养人已经或正在被迁移至西班牙以便在西班牙设立惯常居所，则西班牙有管辖权的机关所成立的收养，应适用西班牙实体法规定。但第19条第1款规定，如果被收养人在收养成立时在西班牙境外有惯常居所，或者被收养人虽住在西班牙但并不因收养而成为西班牙人，则被收养人的能力和利害关系人的必要同意应适用被收养人本国法而不是西班牙实体法。不仅如此，第20条还规定，有管辖权的西班牙机关可以在某些情形下考虑外国法对"同意、意见的听取和准许"的要求。依照第21条，如果被收养人在西班牙没有惯常居所，并且尚未为了在西班牙设立惯常居所而被迁移至西班牙，则收养的成立，适用被收养人已经或即将为了设立惯常居所而被迁移到其境内的国家的法律体系，或者（在不具备前述条件的情形下）适用被收养人惯常居所地国家的法律体系。[1]

（二）海牙国际私法公约

1965年11月15日《关于在收养领域的机关管辖权、准据法和判决承认的（海牙）公约》于1978年10月23日对奥地利、瑞士和英国生效。但由于这三个国家均已先后退出该公约，该公约已于2003年10月23日失效。[2]

根据公约第1条，公约适用于具备以下要件的收养人与被收养人之间的收养：收养人是具有一个缔约国的国籍且在缔约国之一有惯常居所的人，或配偶任何一方具有一个缔约国国籍且在缔约国之一有惯常居所的夫妻；被收养人是未满18周岁的、未婚的、具有一个缔约国的国籍或惯常居所在缔约国之一的子女。

公约在确定准据法方面的一个特点是：尽量在国际管辖权和准据法之间寻求一致。依照公约第3条第1款，如系由一个人收养，则收养人惯常居所地国家或本国的机关有管辖权；如系由夫妻收养，则夫妻共同惯常居所地国家或共同本国的机

---

[1] Voir Santiago Álvarez González, «La nouvelle loi espagnole sur l' adoption internationale», *Revue critique DIP*, 2008, 708 – 715.

[2] 1965年11月15日《关于在收养领域的机关管辖权、准据法和判决承认的（海牙）公约》是第一个同时以法文本和英文本为作准文本的海牙国际私法公约。在此之前，海牙国际私法会议所制定的公约仅以法文本为作准文本。

关有管辖权。依照第4条第1款，在保留第5条的前提下，有国际管辖权的机关原则上对收养的要件适用“其自己的内国实体法”（法文 leur loi interne，英文 their internal law）。这意味着：依公约第3条第1款有国际管辖权的收养人惯常居所地国家或本国或养父母共同惯常居所地国家或共同本国的机关，原则上必须对收养的要件适用其自己的内国实体法。[1]

但为了子女本国法的利益，公约第4条第1款所规定的国际管辖权与准据法之间的一致性有所例外：对于收养人以外的其他人、其家庭和其配偶的同意及协商，依第3条第1款有国际管辖权的机关必须适用子女本国法（第5条第1款）。[2]

二、中国的实践

（一）2011年4月1日以前的实践

1999年5月25日由中华人民共和国民政部发布施行的《外国人在中华人民共和国收养子女登记办法》第3条规定：“外国人在华收养子女，应当符合中国有关收养法律的规定，并应当符合收养人所在国有关收养法律的规定；因收养人所在国法律的规定与中国法律的规定不一致而产生的问题，由两国政府有关部门协商处理。”该规定隐含着一条冲突规则：外国人在华收养子女的成立要件，应累积适用作为收养发生地法的中国法和收养人所在国法。当然，“收养人所在国”不是标准的冲突规则的连结点，究竟指收养人惯常居所地（经常居住地）国家的法律体系，[3]抑或指收养人住所地国家的法律体系甚至收养人所属国家（国籍国或本国）的法律体系，似不十分明确。

（二）2011年4月1日以后的实践

自2011年4月1日起施行的《中华人民共和国涉外民事关系法律适用法》第28条共有3句规定，实际上包含三条不同的冲突规则，分别是关于确定“收养的条件和手续”“收养的效力”“收养关系的解除”的准据法的。

首先，收养的条件和手续，累积适用收养人经常居所地的法律体系和被收养人经常居所地的法律体系（第28条第1句）。但中国立法者在这里将收养的实质要件混同于“收养的条件”，将收养的形式要件混同于“收养的手续”，在国际私法学科上似不十分妥当。

---

[1] 1965年“海牙收养公约”第4条第1款的法文作准文本的措辞如下：“Les autorités visées à l' article 3, alinéa premier, appliquent, sous réserve de l' article 5, alinéa premier, leur loi interne aux conditions de l' adoption.”英文作准文本的措辞如下：“The authorities who have jurisdiction under the first paragraph of article 3 shall, subject to the provisions of the first paragraph of article 5, apply their internal law to the conditions governing an adoption.”

[2] Vgl. dazu Ficker, RabelsZ 30 (1966) 626.

[3] 参见肖永平：《国际私法原理》（第2版），法律出版社2007年版，第215页。

其次,收养的效力,应适用收养时收养人经常居所地的法律体系(第 28 条第 2 句)。

最后,收养关系的解除,应适用收养时被收养人经常居所地的法律体系或法院地的法律体系(第 28 条第 3 句)。对于有国际管辖权的中国法院来说,法院地国家的法律体系就是中国法。

第七节　监护及保佐

一、概说

各国法律体系对于什么是监护有不同规定。有些国家不仅有未成年人监护制度,而且有成年人监护制度;有些国家则仅规定了未成年人监护。此外,关于监护的种类、设立方式、监护人顺序、监护人资格以及监护人权利义务等,各国法律体系的规定也不一致。

保佐是对于特定情形的人,为补助其能力而设立的一种保护性制度。它在性质上与监护相近,但在程度上和监护有所不同。

二、准据法

(一)立法例

在监护准据法的确定问题上,各国国际私法多从保护被监护人利益出发,主要适用被监护人的属人法。

由于保佐具有与监护相近的性质,所以有些国家的国际私法规定:对于保佐,准用关于监护的规定。

泰国 1938 年 3 月 10 日《关于法律冲突的法律》第 12 条第 1 款和第 2 款规定:"(1)在泰国有住所或惯常居所的外国人被泰国法院置于监护或保佐之下的原因,适用此种人的本国法;但泰国法院不得基于泰国法所不准许的原因将此种人置于监护或保佐之下。(2)此种监护或保佐的效果,适用宣告此种人为无行为能力人或限制行为能力人的法院所属国家的法。"

1940 年 3 月 15 日希腊《民法典》第 24 条第 1 款和第 2 款规定:"(1)监护以及任何其他种类的照料,适用被监护人或被照料人本国法。(2)外国人在希腊有住所的,希腊法院可以为之选任监护人或命令其他种类的照料。外国人在希腊只有居所或财产的,[希腊机关]仅得采取临时措施。"

捷克斯洛伐克 1963 年 12 月 4 日《关于国际私法和国际民事诉讼法的法律》

（今天仍适用于斯洛伐克共和国）第28条规定："未成年人监护的成立和终止，适用未成年人惯常居所地国法。监护原则上及于未成年人及其财产，而不论该财产位于何处。"该法第29条规定："对未成年人的监护的接受和执行，适用监护人本国法。"第30条规定："监护人和未成年人的法律关系，适用监护法院或监护机关所在地国家的法律体系。"

奥地利1978年6月15日《关于国际私法的联邦法律》第27条第1款和第2款规定："（1）命令或终了监护或保佐的要件以及监护或保佐的效果，适用受照护者的属人法。（2）其他与监护或保佐有关的问题，以其涉及监护或保佐的执行本身为限，适用执行监护或保佐的机关所属国家的法。"

德国《民法典施行法》第24条第1款第1句以同一条冲突规则规定了监护、保佐和法律上的照管的准据法，分别是被监护人本国法、被保佐人本国法和被照管人本国法。

委内瑞拉1998年8月6日《关于国际私法的法律》第26条规定："监护和其他旨在保护无行为能力人的制度，适用该无行为能力人的住所地法。"

依照斯洛文尼亚共和国1999年6月30日《关于国际私法和国际民事诉讼的法律》第15条，监护准据法是被监护人本国法。

依照2002年3月1日生效的《俄罗斯联邦民法典》第3编第6章之第1191条第1款，无行为能力或限制行为能力的未成年人和成年人的监护或保佐，依照被监护人或被保佐人的属人法指定或终止。结合《俄罗斯联邦民法典》第1195条第1款可知，自然人的属人法原则上是其本国法。监护人（保佐人）接受监护（保佐）的义务，适用被指定为监护人（保佐人）的人的属人法（第1191条第2款）。监护人（保佐人）与被监护人（被保佐人）之间的关系，适用已指定监护人（保佐人）的机关所属国家的法。但是，只要被监护人（被保佐人）在俄罗斯联邦有惯常居所，就适用俄罗斯法，但以这样做对被监护人（被保佐人）更为有利为限（第1191条第3款）。[1]

日本2006年6月15日《关于法的适用的通则法》第5条规定：如果成年的被监护人、被保佐人或被辅助人在日本有住所或居所，或有日本国籍，则日本法院可以依日本法做出监护开始、保佐开始或辅助开始的审判。但该法第5条仅涉及监护开始、保佐开始或辅助开始的审判的原因和直接效力（如行为能力的限制和相关保护措施）的国际管辖权和准据法（以作为法院地法的日本法为准据法）。依照该法第35条第1款，监护、保佐或辅助，原则上应适用被监护人、被保佐人或被辅助人本国法。这一规定既适用于未成年人的监护、保佐或辅助，也适用于成年人的监护、保佐

---

〔1〕 See Sergei Lebedev, Aleksander Muranov, Roman Khodykin & Elena Kabatova, *New Russian Legislation on Private International Law*, Yearbook of Private International Law, Volume 4 (2002), p. 127.

或辅助;既适用于日本公民,也适用于外国人。至于监护、保佐或辅助的原因,既可能是因裁判而成立的,也可能是基于法律规定而成立的。但第35条第1款所规定的“适用被监护人、被保佐人或被辅助人本国法”的原则是有例外的:如果外国人是被监护人、被保佐人或被辅助人,且依该外国人的本国法,虽对其有监护开始、保佐开始或辅助开始的原因,却没有在日本执行监护、保佐或辅助事务的人(第35条第2款第1项),或者在日本已有关于该外国人监护开始、保佐开始或辅助开始的审判等(第35条第2款第2项),则监护人、保佐人或辅助人的选任的审判或其他关于监护、保佐或辅助的审判,应例外地适用日本法。

(二)海牙国际私法公约

1902年6月12日《解决未成年人监护的(海牙)公约》的缔约国于1904年7月30日生效,但由于一些缔约国相继退出了该公约,其缔约国只剩下比利时、西班牙、意大利、卢森堡、葡萄牙和罗马尼亚,且在缔约国相互间的关系中,该公约已被1996年10月19日《关于父母责任和儿童保护措施领域的管辖权、准据法、承认、执行及合作的(海牙)公约》(简称1996年海牙儿童保护公约)取代(见1996年海牙儿童保护公约第51条)。

1961年10月5日《关于未成年人保护方面的机关管辖权和准据法的(海牙)公约》是与监护有关的含有冲突规则的海牙国际私法公约,它适用于凡在缔约国有惯常居所的所有未成年人,其适用范围较广,也包括国际监护事件。该公约于1969年2月4日生效,今天除13个缔约国外,同时也适用于中华人民共和国澳门特别行政区。同样,在其相互间的关系中,该公约也已被1996年10月19日《关于父母责任和儿童保护措施领域的管辖权、准据法、承认、执行及合作的(海牙)公约》所取代(见1996年海牙儿童保护公约第51条)。

海牙国际私法会议第19届会议于1996年10月19日通过的《关于父母责任和儿童保护措施领域的管辖权、准据法、承认、执行及合作的(海牙)公约》已于2002年1月1日生效,截至2022年6月18日有53个缔约国。该公约是海牙国际私法会议在未成年人保护领域所制定的最新公约。它包含许多新的国际私法规则,与1961年10月5日《关于未成年人保护方面的机关管辖权和准据法的(海牙)公约》相比,在以下五个方面有重大改进:(1)它明确规定儿童惯常居所是关于父母责任和儿童保护措施方面最重要的管辖权基础;(2)它与1980年10月25日《关于国际性儿童诱拐的民事方面的(海牙)公约》有着更好的协调;(3)它明确地将因法律实施而发生的父母责任纳入公约适用范围,并以儿童惯常居所地法为其准据法;(4)承认与执行儿童保护措施的条件由各当事国自主规定;(5)它设定了公约当事国国家机关之间进行有效国际合作的框架。[1] 该公约所称未成年人保护措施，包括对未成年人的监护。

三、中国的实践

自2011年4月1日起施行的《中华人民共和国涉外民事关系法律适用法》第30条在中国立法史上第一次规定了关于确定监护准据法的冲突规则。按照该规定，监护应适用一方当事人经常居所地国家的法律体系或国籍国法中"有利于保护被监护人权益的法律"。与第25条后半句、第29条相仿，第30条也不是纯粹的"法域选择规则"，而是一条"结果选择规则"。它同样部分地兼顾了"实体法上的正义"，是对只注重"冲突法上的正义"而忽视"实体法上的正义"的传统冲突规则的又一个修正或改进。[2]

复习思考题

1. 关于结婚实质要件和形式要件准据法的确定，有哪些主要原则？
2. 什么是国际私法上的"跛行婚姻"？
3. 在德国国际私法上，为什么婚姻一般效果准据法又叫作"家庭准据法"？什么是"连结点梯子"（"克格尔梯子"）？
4. 关于夫妻财产制准据法的确定，各国国际私法有哪些主要做法？
5. 关于离婚准据法的确定，中国在实践中采取什么做法？
6. 关于扶养义务，有哪几种确定准据法的方法？
7. 关于亲子关系、收养和监护，各国国际私法有哪些主要做法？中国在实践中采取什么做法？

---

〔1〕 Vgl. dazu Kropholler, Das Haager Kinderschutzübereinkommen von 1996 – Wesentliche Verbesserung im Minderjährigenschutz, in: Liber Amicorum Kurt Siehr, T. M. C. Asser Press, The Hague 2000, S. 379 – 390.

〔2〕 参见陈卫佐：《涉外民事关系法律适用法的中国特色》，载《法律适用》2011年第11期。

第十章　继承法

具有国际性（含有涉外因素）的遗产继承案件需要依冲突规则的指定适用某一国家的法律体系。这可能涉及不同的方面。首先是依客观性连结（客观性联系）确定的法定继承准据法。在继承法领域常使用的三个主要连结点是国籍、惯常居所以及（就不动产而言）物之所在地。其次是依主观性连结（当事人意思与继承案件之间的联系）确定的法律体系。在被继承人立有遗嘱或已实施其他死因法律行为（如订立继承合同）的情形下，还有必要确定立遗嘱能力、遗嘱形式、遗嘱的撤回等特别事项的准据法。

第一节　依客观性连结确定的法定继承准据法

在通常情况下，如果被继承人既未立遗嘱，亦未实施其他死因法律行为（如订立继承合同），或所立的遗嘱或所实施的其他死因法律行为无效或不生效力，则须依客观性连结确定法定继承准据法。

一、区别制与同一制

在依客观性连结确定法定继承准据法的问题上，各国国际私法主要有两种不同的解决办法——区别制和同一制。

（一）区别制

1. 区别制的意义及立法例

第一种解决办法叫作“区别制”或“分割制”或“分裂制”（法文 le système de la scission）或“分裂原则”。它区分遗产中的动产与不动产，使动产继承和不动产继承分别适用不同的法律体系：动产继承，不论遗产中的动产位于何处，均适用被继承人死亡时的属人法（最后住所地法或最后惯常居所地法或死亡时的本国法）；不动产继承，适用不动产所在地法。[1]

---

〔1〕 参见宋晓：《同一制与区别制的对立及解释》，载《中国法学》2011 年第 6 期。

泰国、法国、比利时、卢森堡、罗马尼亚、保加利亚、俄罗斯、立陶宛、英格兰、爱尔兰、美国许多州以及中国关于遗产继承的国际私法(法律冲突法)实行“区别制”:〔1〕动产适用被继承人最后住所地法或最后惯常居所地法,不动产适用不动产所在地法。

例如,泰国1938年3月10日《关于法律冲突的法律》第37条规定:“以继承涉及不动产为限,适用不动产所在地法。”第38条规定:“以涉及动产为限,法定继承或遗嘱继承,适用被继承人死亡时的住所地法。”

2002年3月1日生效的《俄罗斯联邦民法典》第3编第6章之第1224条第1款第1句规定:“继承关系,适用被继承人最后居所地国法,但本条另有规定的除外。”紧接着,第1224条第1款第1句规定:“不动产继承,适用不动产所在地国法;在俄罗斯联邦的国家登记簿上记载的不动产的继承,适用俄罗斯法。”

比利时《国际私法法典》关于继承准据法的第78条第1款和第2款规定:“(1)继承,适用被继承人死亡时的惯常居所地国法。(2)不动产的继承,适用不动产所在地国法。但外国法指定被继承人死亡时的惯常居所地国法的,适用该国法。”

自2005年5月21日起施行的保加利亚2005年5月4日《国际私法法典》第89条第1款规定:“动产继承,适用被继承人死亡时的惯常居所地国法。”该条第2款规定:“不动产继承,适用不动产所在地国法。”

2. 弊端

采取区别制的缺点是显而易见的,因为现代人的财产可能同时分布于不同国家境内。当被继承人的不动产位于两个或两个以上国家时,采取区别制就会出现一个人的遗产适用多个法律体系的局面。这显然不利于法的安定性。

(二)同一制

1. 同一制的意义

第二种解决办法叫作“同一制”或“单一制”(英文 the unitary system,法文 le système de l'unité)或“单一性原则”。它不区分遗产中的动产与不动产,不论遗产位于何处,均统一地对遗产继承适用某一国家的法律体系。具体地说,有些国家的国际私法规定遗产继承适用被继承人本国法,而有些国家的国际私法则规定,遗产继承适用被继承人住所地国家(或惯常居所地国家)的法律体系。

相对于区别制,同一制的优点是使被继承人的遗产继承尽可能适用同一个法律体系,避免了对同一个被继承人的遗产继承适用多个国家的法律体系的局面,从

〔1〕 See Eva Lein, *The Commission Proposal for a Regulation on Succession*, Yearbook of Private International Law, Volume 11 (2009), p. 117; Anatol Dutta, *Succession and Wills in the Conflict of Laws on the Eve of Europeanisation*, RabelsZ, 73 (2009), 555.

而使遗产继承准据法的确定更为简单、方便。同一制还体现了“总括继承”原理：对被继承人的继承，不论涉及动产还是不动产，也不论其财产位于国内还是国外，都是对被继承人全部权利义务的继承，[1]所以应尽可能适用同一个法律体系。根据李浩培教授生前所做的一项关于遗产继承准据法的比较研究，一些过去采取区别制的国家已转而采取同一制。[2]

不可否认的是，采取同一制的有国际管辖权的一国法院所做出的判决，在不动产所在地国家不同于遗产继承准据法所属国家时，可能得不到不动产所在地国家的承认与执行。[3]

2. 立法例

德国、瑞士、奥地利、意大利、西班牙、葡萄牙、希腊、捷克共和国、斯洛伐克、斯洛文尼亚、波兰、瑞典、芬兰、爱沙尼亚、日本、委内瑞拉等国家的国际私法在遗产继承准据法的问题上采取同一制。[4]

德国《民法典施行法》原第 25 条第 1 款规定：“继承，适用被继承人死亡时的本国法。”可见，德国国际私法所规定的法定继承准据法，原则上是被继承人最后本国法。该冲突规则体现了两项原则。第一项原则是国籍原则（本国法主义）：所使用的连结点是被继承人死亡时的国籍，表明以这一方式确定的继承准据法是不可变更的。根据《民法典施行法》第 4 条第 1 款，外国本国法的冲突规则对德国法的反致和对第三国法律体系的转致原则上均应予以考虑。第二项原则是同一制原则：被继承人死亡时的本国法原则上应适用于包括动产和不动产在内的全部遗产，而不就不动产遗产制定单独的冲突规则。但在例外情形下，如果《民法典施行法》原第 25 条第 1 款所指定的外国本国法所属国是一个采取区别制的国家，且其冲突规则指定（反致于）德国法，则可能出现不同遗产适用不同法律体系的局面（所谓“遗产的分裂”，德文 Nachlassspaltung）。不仅如此，在被继承人依照《民法典施行法》原第 25 条第 2 款选择德国法作为位于德国的不动产的继承的准据法的情形下，也会导致“遗产的分裂”。

瑞士 1987 年 12 月 18 日《关于国际私法的联邦法律》原则上采取“同一制”。其第 90 条第 1 款规定：“最后住所在瑞士的人的遗产继承，适用瑞士法。”第 91 条第 1 款规定：“最后住所在外国的人的遗产继承，适用被继承人最后住所地国家的国际

[1] 参见唐纪翔：《中国国际私法论》（第 2 版），商务印书馆 1934 年版，第 178 页。

[2] See Li Haopei, *Some Recent Developments in the Conflict of Laws of Succession*, Recueil des cours, Volume 224 (1990 - V), p. 9 - 121. 另见李浩培：《国际私法在遗产继承方面的几个新发展》，载中国国际法学会主编：《中国国际法年刊（1991 年）》，中国对外翻译出版公司 1992 年版，第 116 ~ 203 页。

[3] 参见肖永平：《国际私法原理》（第 2 版），法律出版社 2007 年版，第 220 页。

[4] See Anatol Dutta, *Succession and Wills in the Conflict of Laws on the Eve of Europeanisation*, RabelsZ 73 (2009), 554.

私法规则所指定的法。”可见，瑞士国际私法在确定继承准据法时，原则上应适用被继承人最后住所地国家的法律体系，但在被继承人最后住所在外国的情形下，准许该外国法律体系的“国际私法规则”对瑞士法律体系的反致和对第三国法律体系的转致。

案例 10－1 | 遗产继承准据法是何国法律体系

一个最后住所在德国的瑞士公民在德国死亡，德国法院对其遗产继承案件有国际管辖权。

问：遗产继承准据法是何国法律体系？

答：德国法院依照《民法典施行法》原第 25 条第 1 款对国际性继承案件应适用被继承人本国法，在本案中为瑞士法。依照《民法典施行法》第 4 条第 1 款第 1 句，[1]德国冲突规则对被继承人本国法瑞士法的指定是“总括的指定”。

根据瑞士 1987 年 12 月 18 日《关于国际私法的联邦法律》第 91 条第 1 款（“最后住所在外国的人的遗产继承，适用被继承人最后住所地国家的国际私法规则所指定的法”），应适用德国国际私法规则所指定的法律体系。显然，这是瑞士冲突规则对德国国际私法规则（德国冲突规则）的指定。

根据德国《民法典施行法》第 4 条第 1 款第 2 句，[2]无论外国法的冲突规则对德国法的指定是总括的指定还是实体法规则的指定，德国法院都必须接受外国法的冲突规则对德国法的反致。

结论：在德国看来，德国法应是遗产继承准据法。

但是，一个在瑞士有最后住所的德国人的遗产继承案件，如果在瑞士审理，有国际管辖权的瑞士法院将会适用瑞士法（瑞士《关于国际私法的联邦法律》第 90 条第 1 款）。如果在德国审理，有国际管辖权的德国法院将会适用德国法（德国《民法典施行法》原第 25 条第 1 款）。[3]

奥地利 1978 年 6 月 15 日《关于国际私法的联邦法律》第 28 条第 1 款规定：“继承，适用被继承人死亡时的属人法。”

日本 2006 年 6 月 15 日《关于法的适用的通则法》第 36 条规定：“继承，适用被继承人本国法。”

委内瑞拉 1998 年 8 月 6 日《关于国际私法的法律》第 34 条规定：“继承，适用被

---

〔1〕 德国《民法典施行法》第 4 条第 1 款第 1 句规定：“他国法被指定的，该国国际私法也应予以适用，但以这样做与指定的意义不相抵触为限。”

〔2〕 德国《民法典施行法》第 4 条第 1 款第 2 句规定：“他国法反致于德国法的，适用德国实体法规定。”

〔3〕 例子见于 Vgl. Siehr, IPR, S. 104－105.

继承人住所地法。”

1940年3月15日希腊《民法典》第28条规定：“继承法上的关系，适用被继承人死亡时的本国法。”

依照斯洛文尼亚共和国1999年6月30日《关于国际私法和国际民事诉讼的法律》第32条的规定，继承，适用被继承人死亡时的本国法。

1995年5月31日《关于改革意大利国际私法体系的第218号法律》第46条第1款规定：“死因继承，适用被继承人死亡时的本国法。”

此外，波兰共和国2011年2月4日《关于国际私法的法律》第64条、捷克斯洛伐克1963年12月4日《关于国际私法和国际民事诉讼法的法律》第17条、西班牙《民法典》第9条第8款等均采同一制。[1]

二、《关于死者遗产继承准据法的（海牙）公约》

（一）基本情况

1989年8月1日《关于死者遗产继承准据法的（海牙）公约》是在第16届海牙国际私法会议上通过的。签字国只有瑞士（它在1989年8月1日成为该公约第一个签字国，故该公约名称带有这一日期）、荷兰、阿根廷和卢森堡，迄今为止的唯一一个批准国荷兰（曾于1996年9月27日批准）已于2014年12月17日退出该公约（其退约声明于2015年4月1日生效），故该公约至今尚未生效。

荷兰将该海牙国际私法公约的主要条款复制于该国1996年9月4日《关于遗产继承的冲突法的法律》中，[2]自1996年10月1日起施行。

（二）目标与适用范围

公约的目标是制定关于遗产继承准据法的共同规定。其内容仅涉及准据法的确定（第1条第1款），而不涉及继承法领域的国际管辖权和外国判决的承认与执行。此外，它不适用于死因处分的形式、立遗嘱能力、与夫妻财产制有关的问题，以及以继承以外的方式创设和转让的权利和财产价值（第1条第2款）。

（三）主要冲突规则和法律适用原则

1. 客观性连结

公约第3条是关于客观性连结的核心规定。[3] 遗产继承首先应适用被继承人

---

[1] Voir Borriá, «La Convention de La Haye de 1989 sur la loi applicable aux successions à cause de mort et l'Espagne», in A. Borriá et al. (eds.) *E Pluribus Unum. Liber amicorum* Georges A. L. Droz. On the Progressive Unification of Private International Law/Sur l'unification progressive du droit international privé, 1996, p. 14.

[2] Der niederländische Originaltext und die deutsche Übersetzung abgedr. in IPRax, 2000, 59. Siehe dazu Kropholler, FS Henrich, S. 398, 399.

[3] Vgl. dazu Kropholler, FS Henrich, S. 398.

死亡时惯常居所地国法，前提是被继承人在死亡时仍保有该国国籍（第3条第1款）。在此情形下，被继承人本国法同时是其惯常居所地国法。如果被继承人本国法不是其惯常居所地国法，则遗产继承适用被继承人死亡时惯常居所地国法，前提是被继承人在死亡前已至少在该国居留满5年（第3条第2款第1句）。如果被继承人在异常情形下在死亡时明显地与本国法有更密切的联系，则例外地适用其本国法（第3条第2款第2句）。在其他情形下，遗产继承适用被继承人死亡时的本国法，但被继承人在死亡时与另一国家有更密切的联系，使得该另一国家的法应予适用的，不在此限（第3条第3款）。

2. 被继承人的准据法选择

公约承认被继承人有通过做出“法的声明”（拉丁文 *professio iuris*）进行准据法选择的权能：被继承人可以确定其全部遗产的继承的准据法（第5条第1款第1句）。这就等于在继承领域承认当事人享有意思自治权能。但这一权能在时间上和空间上均受限制：仅在被继承人进行准据法选择时或死亡时具有该国国籍或在该国有惯常居所的情形下，准据法选择始发生效力。

3. 单一性原则

公约在遗产继承准据法的确定问题上采取单一性原则，[1]使全部遗产（不分动产和不动产）原则上适用同一法律体系：[2]在保留第6条的情形下，全部遗产的继承适用依第3条和第5条第1款应予适用的法律体系，而不问财产位于何处（第7条第1款）。

（四）对反致和转致的原则性排除、“被接受的转致”

1. 原则上排除反致和转致

公约原则上排除反致和转致。其第17条规定：在本公约的意义上和在保留第4条的情况下，“法律”（法文 loi，英文 law）一词是指在一国现行有效的除法律冲突规则（法律选择规则）以外的法。[3] 这样就排除了反致和转致（第4条除外）。公约对反致和转致的原则性排除与海牙国际私法公约排除反致和转致的传统做法是一致的。[4]

从法律适用的角度说，该公约排除反致和转致所采用的是制定一般规定（第17条）的方法。这一方法已被此前的1985年7月1日《关于信托准据法及其承认的（海牙）公约》和1986年12月22日《关于国际货物买卖合同准据法的（海牙）公约》

---

〔1〕 Vgl. dazu Kropholler, FS Henrich, S. 399.

〔2〕 Vgl. dazu den Bericht Waters, in: Actes et Doc. der la Seizième session, S. 534.

〔3〕 1989年“海牙遗产继承公约”第17条的法文作准文本的措辞如下：“Au sens de la Convention, et sous réserve de l' article 4, le terme loi désigne le droit en vigueur dans un Etat, à l' exclusion des règles de conflit de lois. ”英文作准文本的措辞如下：“In this Convention, and subject to Article 4, law means the law in force in a State other than its choice of law rules. ”

〔4〕 «Siehe den Bericht Waters», *Actes et Doc. der la Seizième session*, 592, 593.

采用，其优点是不必每一次都提出这样的问题：公约的冲突规则对某国法的指定是否仅仅及于被指定的法律体系的内国实体法。这一方法受到了 1980 年 6 月 19 日《关于合同之债准据法的（罗马）公约》的影响和启发，它经过 1985 年 7 月 1 日《关于信托准据法及其承认的（海牙）公约》第 17 条、1986 年 12 月 22 日《关于国际货物买卖合同准据法的（海牙）公约》第 15 条和 1989 年 8 月 1 日《关于死者遗产继承准据法的（海牙）公约》相继采用后，已成为此后的海牙国际私法公约排除反致和转致的条款所几乎一致采取的模式，如 1996 年 10 月 19 日《关于父母责任和儿童保护措施方面的管辖权、准据法、承认、执行及合作的公约》第 21 条第 1 款、2000 年 1 月 13 日《关于成年人国际保护的（海牙）公约》第 19 条以及 2006 年 7 月 5 日《关于中间人所持有的证券方面的某些权利的准据法的（海牙）公约》第 10 条。[1]

2. 对“被接受的转致”的例外准许

但公约对反致和转致的排除并不彻底。在与非缔约国的关系中，公约第 4 条例外地准许“被接受的转致”。

公约第 4 条[2]规定：“如果依第 3 条应予适用的法是某一非缔约国的法，且该国的冲突规则就全部或部分遗产的继承指定另一非缔约国的法，而后者会适用其自己的法，则应适用该另一国家的法。”该条款实际上规定了这样一种转致：公约第 3 条的冲突规则指定非缔约国 A 的法律体系，非缔约国 A 的法律体系的冲突规则又指定非缔约国 B 的法律体系，且从非缔约国 A 的法律体系的冲突规则到非缔约国 B 的法律体系的这一转致被非缔约国 B 的法律体系接受。有国际私法学者将此种转致称为“被接受的转致”（德文 akzeptierte Weiterverweisung）。从措辞上看，一切其他类型的反致和转致均为该公约所不准许。该条款被它的设计者和倡导者法国著名国际私法学家拉加德教授誉为“海牙公约中的一个全新的笔法”。[3]

应看到的是，由于该公约迄今尚未生效，其第 4 条所规定的“被接受的转致”和该公约的其他规定一样，实际意义并不像人们所期待的那样大。在这方面，有些中文国际私法著作似乎夸大了该公约的意义。

---

〔1〕 Weizuo Chen, Rück – und Weiterverweisung (Renvoi) in staatsvertraglichen Kollisionsnormen, Peter Lang GmbH Europäischer Verlag der Wissenschaften, Frankfurt am Main 2004, S. 104 – 105.

〔2〕 1989 年“海牙遗产继承公约”第 4 条的法文作准文本的措辞如下：“Article 4 Si la loi applicable en vertu de l' article 3 est celle d' un Etat non contractant et que les règles de conflit de cet Etat désignent, pour tout ou partie de la succession, la loi d' un autre Etat non contractant qui appliquerait sa propre loi, la loi de cet autre Etat est applicable.”英文作准文本的措辞如下：“Article 4 If the law applicable according to Article 3 is that of a non – Contracting State, and if thechoice of law rules of that State designate, with respect to the whole or part of the succession, the law of another non – Contracting State which would apply its own law, the law of the latter State applies.”

〔3〕 Voir Lagarde, «La nouvelle Convention de La Haye sur la loi applicable aux succession», *Revue critique DIP* 1989, 249 – 275.

三、中国的实践

（一）主要规定

自 2011 年 4 月 1 日起施行的《中华人民共和国涉外民事关系法律适用法》第 31 条在遗产法定继承准据法的确定问题上基本上沿袭了《中华人民共和国民法通则》（现已废止）第 149 条的做法，只不过在连结点问题上以被继承人死亡时的经常居所代替了被继承人死亡时的住所。这与《中华人民共和国涉外民事关系法律适用法》以经常居所为主要连结点，且整部新法从头到尾未出现过“住所”一词的做法是相一致的。按照新法第 31 条，不动产法定继承，适用不动产所在地的法律体系。至于动产法定继承，则适用被继承人死亡时经常居所地的法律体系。

最后，新法第 34 条和第 35 条还分别规定了确定“遗产管理”和“无人继承遗产的归属”的准据法的冲突规则。依照第 34 条的规定，含有涉外因素的遗产管理等事项，适用遗产所在地的法律体系。依照第 35 条的规定，含有涉外因素的无人继承遗产的归属，适用被继承人死亡时遗产所在地的法律体系。[1]

（二）区别制

在遗产法定继承准据法的确定问题上，中国现行国际私法规则采区别制，不符合当代国际私法的发展趋势。

李浩培教授 1990 年 7 月在海牙国际法学院所做的题为“国际私法在遗产继承方面的几个新发展”的英文讲演在对晚近的国际私法公约和国内立法进行深入而全面的比较研究的基础上，得出结论如下：在各国立法和判例中，存在从“分裂制”到“单一制”的发展趋势；对国际私法的国际法典编纂的考察也同样显示，遗产继承的国际私法的发展趋向乃是从“分裂”到“单一”。他指出：“被继承人的遗产，包括财产和债务在内，不论这些财产位于何处，构成一个统一体。所以，以一个单一的法律规定国际遗产继承，是处理该问题的最自然和合理的方法，符合被继承人的一般愿望和期望。相反，把遗产分裂为动产和不动产，而对动产适用一个法律，对每个不动产则依其所在地适用一个不同的法律，这是最武断和难以实行的解决该问题的方法，因为它会引起很难克服的困难和甚至很难补救的不公平。因此，由于分裂原则的固有的缺点，它注定会让位于单一原则。”[2]

---

[1] 在该法草案之 2010 年 6 月 28 日修改稿第 42 条和二次审议稿第 37 条中，均规定“无人继承的遗产，适用被继承人死亡时遗产所在地法律”。本书作者在 2010 年 7 月 13 日和 9 月 16 日向全国人大常委会法制工作委员会提交的修改建议条文中，均主张将这条冲突规则的连结对象“无人继承的遗产”改为“无人继承遗产的归属”。令人欣慰的是，这一主张最终被中国立法者采纳。

[2] 该讲演已被收入《海牙国际法学院讲演集》第 224 卷（1990 年第 5 分册），见 Li, Haopei: *Some Recent Developments in the Conflict of Laws of Succession*, Recueil des cours, Volume 224 (1990 – V), p. 9 – 121。另见李浩培：《国际私法在遗产继承方面的几个新发展》，载中国国际法学会主编：《中国国际法年刊（1991 年）》，中国对外翻译出版公司 1992 年版，第 116 ~ 203 页。

既然中国现行国际私法在遗产法定继承问题上所采取的区别制不符合当代国际私法的发展趋势，在未来完善中国国际私法立法的过程中，宜摒弃区别制，改为同一制，以求得立法质量的提高和判决的国际和谐。

第二节 依主观性连结确定的法律体系：准据法选择

有些国家的国际私法规定，被继承人可以通过遗嘱（单方法律行为）或继承合同（双方法律行为）来选择准据法。起决定性作用的是当事人意思。它作为主观性连结点，体现了这些国家的国际私法在继承法领域所采取的当事人意思自治原则。

在被继承人进行准据法选择的情形下，被继承人只能选择有关法律体系的实体法规则；反致和转致不被准许（见德国《民法典施行法》第 4 条第 2 款、[1] 瑞士《关于国际私法的联邦法律》第 14 条、《关于改革意大利国际私法体系的第 218 号法律》第 13 条第 2 款 a 项）。

德国《民法典施行法》原第 25 条第 2 款规定："就位于内国的不动产，被继承人可以以死因处分的方式选择德国法。"这一规定体现了国际继承法领域的当事人意思自治，但它所赋予的被继承人选择不动产遗产继承准据法的权能极其有限：被继承人只能选择德国法作为位于德国的不动产遗产的继承的准据法；如果被继承人就动产或位于外国的不动产选择德国法作为遗产继承准据法，则该准据法选择无效。该冲突规则所说的死因处分包括单方死因处分（遗嘱）和双方死因处分（继承合同）。被继承人的准据法选择既可以是明示的，也可以是默示的。[2]

比利时《国际私法法典》第 79 条准许一人使其全部遗产的继承适用某一特定国家的法律体系。

第三节 继承准据法的适用范围

一般地说，继承准据法适用于除遗嘱形式以外的与继承有关的问题。例如，继承的开始；遗产的范围；继承资格，如胎儿（拉丁文 *nasciturus*）或公司的继承资格、继

---

〔1〕《民法典施行法》第 4 条第 2 款规定："以当事人可以选择某一国家的法为限，其只能指定实体法规定。"

〔2〕 Vgl. Kropholler, IPR (6. Aufl. 2006), § 51 Ⅲ.

承不适格;法定继承人;继承份额;指定继承人或受遗赠人;特留份;等等。

但是,被继承人是否缔结了有效的婚姻、子女是否由其所生、收养是否有效等先决问题,原则上应适用独立的冲突规则以确定相关准据法。

第四节 与死因处分有关的特别问题的准据法

一、实施死因处分的能力

在被继承人实施死因处分的能力(如立遗嘱能力)的准据法问题上,主要原则是适用被继承人的属人法,如本国法、住所地法或惯常居所地法。决定性的时间通常是实施死因处分(如立遗嘱)时,或被继承人死亡时(继承开始时)。[1]

奥地利1978年6月15日《关于国际私法的联邦法律》第30条第1款规定:"立遗嘱能力和终意处分、继承合同或继承抛弃合同的其他有效性要件,适用被继承人在实施法律行为时的属人法。法律行为依被继承人在实施法律行为时的属人法不具备有效性,但依被继承人死亡时的属人法具备有效性的,适用被继承人死亡时的属人法。"

瑞士1987年12月18日《关于国际私法的联邦法律》第94条所规定的实施死因处分的能力的准据法,是实施处分行为时的住所地国家或惯常居所地国家或本国的法律体系,它规定:"如果一人在实施处分行为时依其住所地或惯常居所地国家的法或依其任何一个本国法有处分能力,则可以进行死因处分。"

依照斯洛文尼亚共和国1999年6月30日《关于国际私法和国际民事诉讼的法律》第32条,立遗嘱能力,适用立遗嘱人在立遗嘱时的本国法。

2002年3月1日生效的《俄罗斯联邦民法典》第3编第6章之第1224条第2款第1句就立遗嘱能力或撤回遗嘱的能力的准据法做出了规定:某人立遗嘱或撤回遗嘱的能力(尤其就不动产而言),以及遗嘱形式或遗嘱撤回行为的形式,适用立遗嘱人在立遗嘱时或实施遗嘱撤回行为时居所地国家的法律体系。

二、遗嘱和其他死因处分的成立要件及效果(效力)、遗嘱的撤回

关于遗嘱或其他死因处分的成立要件及效果(效力),一般适用实施死因处分的能力(如立遗嘱能力)的准据法,即适用被继承人死亡时或实施死因处分(如立遗嘱)时的本国法、住所地法或惯常居所地法。

---

〔1〕 参见赵生祥主编:《国际私法》,法律出版社2005年版,第287~288页。

日本2006年6月15日《关于法的适用的通则法》第37条第1款规定:“遗嘱的成立及效力,适用其成立时立遗嘱人本国法。”同条第2款规定:“遗嘱的撤回,适用撤回时立遗嘱人本国法。”

泰国1938年3月10日《关于法律冲突的法律》第42条第1款规定:遗嘱或遗嘱中的一项处分的撤回,适用撤回时立遗嘱人的住所地法。

根据自2011年4月1日起施行的《中华人民共和国涉外民事关系法律适用法》第33条,遗嘱效力,适用遗嘱人立遗嘱时或死亡时经常居所地法律或国籍国法律。

三、遗嘱和其他死因处分的形式

(一)海牙国际私法公约

关于遗嘱形式,1961年10月5日《关于遗嘱处分形式方面的法律冲突的(海牙)公约》于1966年1月1日生效。它今天适用于42个国家和地区,包括欧洲大陆国家、英联邦国家、斯堪的纳维亚国家、以色列、日本和中华人民共和国香港特别行政区。

根据该公约第1条第1款,遗嘱处分的形式,只要符合八个可任意选择的法律体系即在形式上为有效:立遗嘱地或被继承人立遗嘱时或死亡时的国籍国或被继承人立遗嘱时或死亡时的住所地或被继承人立遗嘱时或死亡时的惯常居所地或不动产所在地(以遗产系不动产为限)的法律体系。这显然是为了使遗嘱形式有效性在缔约国更容易得到承认,体现了“有利于遗嘱有效性”(拉丁文*favor testamenti*)的原则。

(二)立法例

1. 德国法

作为1961年10月5日海牙《关于遗嘱处分形式方面的法律冲突的(海牙)公约》的缔约国,德国在其《民法典施行法》第26条第1款第1句里制定了与该公约第1条第1款几乎完全相同的任择性冲突规则。这样做的好处是一目了然、便于适用,且易于取得与该公约相同的适用结果,但其弊端是:德国法官往往忘记了这些规则的国际来源,且不顾它们在各个缔约国内统一解释的必要性。

德国《民法典施行法》第26条第1款第1句规定:“遗嘱符合以下法律体系的形式要件的,即使为一人以上立于同一证书,也在形式上为有效:1. 被继承人立遗嘱时或死亡时的国籍国法(尽管有第5条第1款),或2. 被继承人立遗嘱地法,或3. 被继承人立遗嘱时或死亡时的住所地法或惯常居所地法,或4. 不动产所在地法(以涉及不动产为限),或5. 应适用于继承的法律体系或在实施遗嘱处分时会适用于继承的法律体系。”

在国际私法上有一条原则,即对于形式问题,反致和转致总是应予排除的。所以有国际管辖权的德国法院在适用上述法律体系时,不考虑被指定的法律体系的冲突规则。

2. 泰国法

依照泰国1938年3月10日《关于法律冲突的法律》第40条，一人既可以依其本国法所规定的形式立遗嘱，也可以依立遗嘱地国家的法所规定的形式立遗嘱。

3. 俄罗斯法

根据2002年3月1日生效的《俄罗斯联邦民法典》第3编第6章之第1224条第2款第1句，遗嘱形式或遗嘱撤回行为的形式，原则上应适用立遗嘱人立遗嘱时或实施遗嘱撤回行为时居所地国家的法，但根据第1224条第2款第2句规定，如果遗嘱形式或遗嘱撤回行为的形式符合立遗嘱地法或遗嘱撤回行为实施地法的要求或俄罗斯法的规定，则不得因“立遗嘱人在立遗嘱时或实施遗嘱撤回行为时居所地国家的法”所规定的形式未被遵守而宣告遗嘱或遗嘱撤回行为无效。[1]

4. 中国法

根据自2011年4月1日起施行的《中华人民共和国涉外民事关系法律适用法》第32条，如果遗嘱方式符合遗嘱人立遗嘱时或死亡时的经常居所地法律、国籍国法律或遗嘱行为地法律，遗嘱均为成立。本书作者认为，该条冲突规则的连结对象措辞是“遗嘱方式”，不如“遗嘱的形式”规范。此外，说“遗嘱均为成立”莫如说“遗嘱即在形式上为有效”。

复习思考题

1. 在继承法领域，如需依客观性连结确定法定继承准据法，经常使用的是哪三个主要连结点？
2. 在依客观性连结确定继承准据法问题上，各国国际私法主要有两种不同的制度，分别是“区别制”和“同一制”。试述它们的主要内容。
3. 你认为“区别制”和“同一制”中哪一个更加合理？目前的发展趋势是什么？
4. 如果一个国家的国际私法准许被继承人通过遗嘱或继承合同来选择遗产继承准据法，被继承人是否可以选择该某一法律体系的实体法规则？
5. 简述继承准据法的适用范围。
6. 在被继承人立有遗嘱或实施其他死因法律行为（如订立继承合同）的情况下，需要确定哪些特别事项的准据法？

---

[1] See *the Civil Code of the Russian Federation*, Part 3, Yearbook of Private International Law, Volume 4 (2002), p. 362.

第十一章　债　　法

国际私法上的债是涉外之债，包括涉外合同之债和非合同之债，是含有涉外因素的权利义务关系。其中，非合同之债是法定之债，包括当事人之间因侵权行为、无因管理和不当得利而发生的特定的权利义务关系。

涉外之债区别于纯国内之债的地方，主要在于前者含有涉外因素，与至少一个外国法律体系有联系，故需要解决究应适用何国法律体系的问题。

第一节　合同之债

一、涉外合同之债及其准据法的范围概说

（一）合同之债的界定、涉外合同（国际性合同）

本节所讨论的合同之债，是指因债权合同而发生的权利义务关系。至于有些国家的实体私法（如德国民法）上所存在的物权法领域的处分合同以及家庭法、继承法领域的合同（如继承合同）所引起的权利义务关系则不在讨论之列。

此外，国际私法所说的合同是涉外合同（或称国际性合同，即具有国际性的合同），至少与一个外国或外国法律体系有联系。判断合同的涉外性（或国际性）的标准与判断其他法律关系的涉外性（或国际性）的标准大体一致，即至少具有下列情形之一：(1)合同当事人一方或双方是外国人（外国自然人或法人，包括无国籍人）；(2)合同当事人一方或双方是在外国有住所或惯常居所或主营业所的自然人或法人；[1] (3)合同在国外订立；(4)合同债务须在国外履行；(5)合同当事人的权利所指向的对象（权利客体）位于国外；(6)其他使合同与外国或外国法律体系发生联系

〔1〕 之所以在这里不列举当事人一方或双方的外国居所，是因为以当事人一方或双方的居所是否在外国作为判断合同涉外性的标准似嫌不足。

的情形。[1]

正因为涉外合同(或国际性合同)与两个或两个以上国家的法律体系均有联系,因而需要解决适用何国法律体系的问题;换句话说,需要确定合同准据法。

(二)合同准据法的适用范围

从范围上说,合同准据法主要适用于合同实质有效性以及因合同而发生的权利义务关系。1986 年 12 月 22 日《关于国际货物买卖合同准据法的(海牙)公约》第 12 条规定:依该公约的冲突规则确定的买卖合同准据法尤其适用于下列事项:合同的解释、当事人权利义务及合同的履行、买受人开始有权享用货物的产品及孳息、收益的时间、买受人开始承担与货物有关的风险的时间、所有权保留条款在当事人之间的有效性及效果、不履行合同的后果、债消灭的不同方式及消灭时效、合同无效或不生效力的后果。

至于合同当事人双方的缔约能力、合同形式有效性等事项,通常须依单独的冲突规则分别确定它们的准据法,而后者往往是不同于合同准据法的法律体系。

二、依当事人意思自治原则确定的合同准据法

(一)当事人意思自治原则的意义

在国际合同法领域得到最广泛的承认和运用的原则,是当事人意思自治原则。它在关于合同的国际私法上的含义是:国际性合同(含有外国因素或涉外因素的合同)的双方当事人,原则上有权自由地选择某一法律体系作为合同准据法。换言之,合同当事人原则上有自由地确定合同准据法的权能。

契约自由原则是私法自治的内容之一,而契约自由原则在国际私法上的重要体现就是当事人意思自治原则。一般认为,国际私法上的当事人意思自治原则为 16 世纪法国学者迪穆兰(法文 Charles Du Moulin,拉丁文 *Molinaeus*,1500 ~ 1566 年)所首创。今天,该项原则已成为几乎所有制定了关于确定合同准据法的国际私法规定的国家所一致采取的法律适用原则。[2]

不仅如此,与国际性合同的准据法确定有关的许多国际条约如[1978 年 3 月 14 日《关于居间合同和代理准据法的(海牙)公约》第 5 条、1980 年 6 月 19 日《关于合

---

[1] 参见 2012 年 12 月 10 日由最高人民法院审判委员会第 1563 次会议通过、自 2013 年 1 月 7 日起施行的最高人民法院《关于适用〈中华人民共和国涉外民事关系法律适用法〉若干问题的解释(一)》(根据 2020 年 12 月 23 日最高人民法院审判委员会第 1823 次会议通过的最高人民法院《关于修改〈最高人民法院关于破产企业国有划拨土地使用权应否列入破产财产等问题的批复〉等二十九件商事类司法解释的决定》修正)第 1 条关于涉外民事关系的界定。

[2] 不承认当事人意思自治原则的为数极少的立法例包括《巴西法律规范施行法》(原 1942 年 9 月 4 日《民法典施行法》,因 2010 年第 12.376 号法律的修正而改称现名称)之第 9 条。它规定:债的识别和调整,适用债的成立地国家的法律。Vgl. Kropholler, Krüger, Riering, Samtleben und Siehr, Außereuopäische IPR – Gesetze, 1999, S. 113.

同之债准据法的罗马(公约)》第3条第1款第1句、1986年12月22日《关于国际货物买卖合同准据法的(海牙)公约》第7条]以及最新欧盟法文件(如《罗马Ⅰ规则》)也以当事人意思自治原则为确定合同准据法的首要原则。[1]

(二)关于当事人意思自治的立法例

1.奥地利法

奥地利1978年6月15日《关于国际私法的联邦法律》第35条第1款规定:“不在《欧洲议会和欧盟理事会关于合同之债准据法的第593/2008号(欧共体)规则》(《罗马Ⅰ规则》)的适用范围内的债务关系,适用双方当事人所明示或默示地确定的法(本法第11条)。”

2.瑞士法

瑞士1987年12月18日《关于国际私法的联邦法律》第116条第1款和第2款规定:“(1)合同,适用双方当事人所选择的法。(2)准据法选择必须是明示的或从合同条款或情事中确定地显示出来的。此外,准据法选择,适用所选择的法。”

3.日本法

关于合同之债的准据法,日本2006年6月15日《关于法的适用的通则法》第7条保留了《法例》第7条第1款的规定,以当事人意思自治原则作为确定合同准据法的首要原则:“法律行为的成立及效力,适用当事人在该法律行为被实施时所选择的地方的法。”但该条所称法律行为,不仅包括合同(双方法律行为),而且包括单方(单独)法律行为,后者的例子如悬赏广告。据此,合同当事人可以选择某一中立国家(常见的是法制发达国家)的法作为合同准据法,即使合同关系与该国无实质性联系亦然。

依照《关于法的适用的通则法》第9条,当事人可以事后变更所选择的准据法。但如果第三人权利受侵害,则该项变更不得对抗该第三人。

4.泰国法

泰国1938年3月10日《关于法律冲突的法律》第13条第1款规定:“关于何法适用于合同实质要素或效果的问题,由合同当事人的意愿决定。不能确定此种明示或默示的意愿的,如双方当事人具有同一国籍,则所应适用的法是其共同本国法;如双方当事人无相同国籍,则所应适用的法是合同订立地法。”

5.希腊法

1940年3月15日希腊《民法典》第25条第1句规定:“因合同而发生的法律关系,适用合同订立人双方所选择的国家的法。”

6.斯洛伐克法

捷克斯洛伐克1963年12月4日《关于国际私法和国际民事诉讼法的法律》

---

〔1〕 参见赵相林主编:《国际私法》(第4版),中国政法大学出版社2007年版,第218页。

(今天仍适用于斯洛伐克共和国)第 9 条第 1 款规定:“除特定立法另有规定外,合同双方当事人可以选择其相互财产法关系的准据法;就情事而言,不存在对其真实意向的疑问的,合同双方当事人可以默示地选择其相互财产法关系的准据法。”

7. 波兰法

波兰共和国 2011 年 2 月 4 日《关于国际私法的法律》第 28 条第 1 款规定:合同之债的准据法,由欧盟关于合同之债准据法的《罗马Ⅰ规则》定之。而《罗马Ⅰ规则》第 3 条第 1 款第 1 句规定:“合同,适用双方当事人所选择的法。”

8. 委内瑞拉法

委内瑞拉 1998 年 8 月 6 日《关于国际私法的法律》第 29 条规定:“合同之债,适用双方当事人所指明的法。”

9. 匈牙利法

匈牙利 2017 年 4 月 11 日《关于国际私法的法律》第 50 条第 1 句规定:“合同,适用双方当事人所选择的法。”

10. 俄罗斯法

2002 年 3 月 1 日生效的《俄罗斯联邦民法典》第 3 编第 6 章之第 1210 条第 1 款第 1 句规定:“合同双方当事人可以在订立合同时或事后协议选择因该合同而发生的权利义务的准据法。”根据第 1210 条第 1 款第 2 句,合同双方当事人所选择的法律体系适用于与不动产有关的所有权和其他物权的产生和终止,但以第三人权利不受影响为限。

11. 斯洛文尼亚法

依照斯洛文尼亚共和国 1999 年 6 月 30 日《关于国际私法和国际民事诉讼的法律》第 19 条第 1 款规定:“合同,适用双方当事人所选择的法,但本法或国际条约另有规定的除外。”[1]

(三)准据法选择的时间、形式和界限

1. 准据法选择的时间

有些国家的国际私法实践准许国际性合同的当事人事后做出准据法选择或变更准据法选择。如瑞士《关于国际私法的联邦法律》第 116 条第 3 款、《俄罗斯联邦民法典》第 1210 条第 1 款第 1 句、日本《关于法的适用的通则法》第 9 条等。

瑞士 1987 年 12 月 18 日《关于国际私法的联邦法律》第 116 条第 3 款规定:“准据法选择可以在任何时候做出或变更。如准据法选择系于合同订立后做出或变更的,其效力追溯至合同订立之时。第三人权利不受影响。”

根据日本 2006 年 6 月 15 日《关于法的适用的通则法》第 9 条,在不侵害第三人

---

〔1〕 Vgl. IPRax 2003, 164. 另见邹国勇译注:《外国国际私法立法精选》,中国政法大学出版社 2011 年版,第 197 页。

权利的情形下,当事人可以事后变更法律行为的成立及效力所应适用的法。

2. 准据法选择的形式

凡采取当事人意思自治原则的国家的国际私法,均毫无例外地准许国际性合同的当事人进行明示的准据法选择,包括以书面或口头形式做出的准据法选择。至于是否准许默示的准据法选择,各国的国际私法实践并不一致:有些国家就此不做规定,有些国家准许之,也有少数国家不准许之。

泰国1938年3月10日《关于法律冲突的法律》第13条第1款、捷克斯洛伐克1963年12月4日《关于国际私法和国际民事诉讼法的法律》第9条第1款、瑞士1987年12月18日《关于国际私法的联邦法律》第116条第2款、斯洛文尼亚共和国1999年6月30日《关于国际私法和国际民事诉讼的法律》第19条、2002年3月1日生效的《俄罗斯联邦民法典》第3编第6章之第1210条第2款均准许国际性合同的当事人进行默示的准据法选择。例如,《俄罗斯联邦民法典》第1210条第2款规定:双方当事人据以选择合同准据法的协议,应明示地陈明,或从合同条款和条件或案件综合情事中确定无疑地得出。

在与合同准据法的确定有关的国际条约当中,1955年6月15日《关于国际性有体动产标的买卖准据法的(海牙)公约》、1980年6月19日《关于合同之债准据法的(罗马)公约》第3条第1款第2句、1986年12月22日《关于国际货物买卖合同准据法的(海牙)公约》第7条第1款第2句、1994年3月17日《关于国际性合同准据法的美洲国家间公约》第7条第1款第2句均准许默示的准据法选择。例如,《关于国际性合同准据法的美洲国家间公约》第7条第1款第2句规定:“双方当事人关于准据法选择的协议必须是明示的,或者,在无明示协议的情形下,必须是从被作为整体对待的当事人行为和合同条款中明显地得出来的。”可见,在判断合同当事人是否已进行默示选择时,《关于国际性合同准据法的美洲国家间公约》要求既进行主观性分析(当事人行为),也进行客观性分析(合同条款)。奥地利的司法判例也采取类似的解决办法。[1]

此外,关于合同之债准据法的欧盟《罗马Ⅰ规则》第3条第1款2句也准许默示的准据法选择。

3. 准据法选择的界限

(1)反致和转致的排除。国际性合同的当事人只能选择某一法律体系的实体法规则而不能选择冲突规则。这意味着在涉外合同之债的法律适用领域,排除一切反致和转致。

(2)不要求所选择的法律体系与合同(或交易)或当事人有联系。虽然有些国

---

〔1〕 Voir Bureau Permanent de la Conférence de La Haye de droit international privé, «Choix de la loi applicable aux contrats du commerce international : Des Principes de La Haye?», *Revue critique DIP* 2010, 95.

家的国际私法实践要求合同当事人所选择的法律体系必须与合同(或交易)或当事人有某种联系,有些国家的国际私法则不做此种要求,然而当事人意思自治原则的应有之义是:不要求所选择的法律体系与合同(或交易)或当事人有某种特定的联系。这在晚近的国际公约和一些国家与国际私法相关的文件中均有所反映。例如,1986 年 12 月 22 日《关于国际货物买卖合同准据法的(海牙)公约》第 7 条第 1 款、《罗马公约》第 3 条第 1 款、《罗马 I 规则》第 3 条第 1 款、1994 年 3 月 17 日《关于国际性合同准据法的美洲国家间公约》第 7 条第 1 款、2002 年 3 月 1 日生效的《俄罗斯联邦民法典》第 3 编第 6 章之第 1210 条第 1 款以及美国《统一商法典》修正后的新文本之第 1 ~ 320 段均不要求所选择的法律体系与合同(或交易)或当事人有任何联系。

尽管如此,合同当事人所选择的法律体系仍然可以且应当由于法院地国家公共秩序和“法院地国家须予直接适用的实体法规则”而不予适用。[1]

(3)关于是否准许合同双方当事人选择“非国家规则”的问题。合同双方当事人是否可以选择诸如《欧洲合同法原则》(1999 年和 2003 年)、统一私法国际学社(UNIDROIT)所制定的 1994 年《国际商事合同通则》(2004 年第 2 版和 2010 年第 3 版)等不具有法律约束力的“非国家规则”(特别是商业惯例或国际惯例)作为合同准据法? 回答是否定的。

本书作者认为,不应把当事人选择商业惯例或国际惯例的行为等同于合同准据法的选择,因为此种“非国家规则”不具有法律约束力,根本不是“法”或“法律体系”,故不存在真正的准据法选择,也无法律适用可言。可以将当事人对此种“非国家规则”的选择理解成当事人拟订合同条款并确定其权利义务的一种手段。换言之,选择了此种“非国家规则”并不意味着确定了合同准据法;当事人完全可以在选择此种“非国家规则”的同时,明示地选择合同准据法。因此,当事人固然可以明示地选择商业惯例或国际惯例等“非国家规则”,但法院地国家的法院或行政机关仍须依法院地国家的冲突规则确定合同准据法。

欧盟关于合同之债准据法的《罗马 I 规则》第 3 条第 1 款第 1 句规定:“合同,适用双方当事人所选择的法”。这就以毫不含糊的方式排除了双方当事人选择“非国家规则”的可能性。作为欧盟国际私法的最新立法文件之一的《罗马 I 规则》的这一鲜明态度无疑具有相当的代表性。

在日本国际私法上,《关于法的适用的通则法》自 2007 年 1 月 1 日起施行以来,日本学者的通说认为,“非国家规则”或商业惯例不能被当事人选择为合同准据法。[2]

---

[1] Voir Bureau Permanent de la Conférence de La Haye de droit international privé, «Choix de la loi applicable aux contrats du commerce international : Des Principes de La Haye?», *Revue critique DIP* 2010, 94.

[2] See Yuko Nishitani, *Party Autonomy and Its Restrictions in Japanese Private International Law: Contractual Conflicts Rules*, in Basedow, Baum and Nishitani (eds.), Japanese and European Private International Law in Comparative Perspective, 2008, p. 87.

总之,当代国际私法固然应对商业惯例或国际惯例采取开放的态度,即准许当事人明示地通过选择此种"非国家规则"来确定其权利义务,但适用商业惯例或国际惯例与法院地国家法院和行政机关确定国际性合同准据法不是一回事,因为法院地国家法院和行政机关在确定国际性合同准据法时至少还可以适用与合同有最密切联系的某一国家的法律体系,而无须求助于无法律约束力的商业惯例或国际惯例。

三、依客观性连结确定的合同准据法

(一)国际合同法领域的最密切联系原则

1. 概说

在当事人既无明示的准据法选择,亦无默示的准据法选择的情形下,有国际管辖权的法院地国家的法院或行政机关应依客观性连结(客观性联系)确定国际性合同准据法。在这方面,最重要的法律适用原则是最密切联系原则。

任何一个国际性合同,由于含有外国因素,都至少与两个国家及其法律体系有联系。此种联系在国际私法上称为"连结"。如果除去"当事人意思"这一主观性连结点(亦即撇开当事人意思自治不谈),则此种连结是客观存在的,往往表现为与特定地域的某些客观性联系,如合同履行地或订立地,当事人的住所(特别是债务人的住所)、惯常居所、居所、营业所或事务所所在地,双方当事人共同国籍所属国、被告所在地、物之所在地、旗国或登记地、法院地或仲裁地,等等。这些"客观性连结"理应成为在当事人既无明示的准据法选择,亦无默示的准据法选择的情形下确定合同准据法时所应考虑的因素。既然国际性合同与两个或两个以上国家及其法律体系均存在此种客观性联系,那么,在无准据法选择的情形下,与合同有最密切联系的国家的法律体系理所当然是最适当的法律体系。过去曾有一些国家的国际私法孤立地以此种客观性联系中的一个(如合同履行地)作为确定合同准据法的基础,而不考虑该联系是不是最密切的联系。但这种确定合同准据法的方法未免机械、盲目和脱离实际,已为当代一切先进的国际私法规则所摒弃。因此,从本质上说,当代国际私法并不存在(也不应存在)游离于最密切联系原则之外的所谓"客观标志说"。[1]

在确定涉外合同之债的准据法方面,最密切联系原则是仅次于当事人意思自治原则的一项法律适用原则。它因使用了"最密切联系地"这一连结点而大大增加了国际私法在处理国际性合同案件时的灵活性。

---

〔1〕 在这一问题上,本书作者的理解不同于以肖永平教授为代表的国际私法学者的理解。他们所说的"客观标志"实际上是本书作者所说的"客观性连结",即客观性联系。参见肖永平:《国际私法原理》(第2版),法律出版社2007年版,第183~186页。

2. 立法例

德国《民法典施行法》原第28条第1款第1句［1980年6月19日《关于合同之债准据法的（罗马）公约》第4条第1款第1句］曾规定："以合同准据法未被依第27条约定为限，合同适用与之有最密切联系的国家的法。"须注意的是，自2009年12月17日起，关于合同之债准据法的确定的德国《民法典施行法》原第27条至第37条已完全被《罗马Ⅰ规则》取代。

奥地利1978年6月15日《关于国际私法的联邦法律》第1条第1款和第2款开宗明义地规定了"最强关系原则"（最密切联系原则在奥地利国际私法上的表述）："［最强关系］（1）含有外国因素的事实情况，应在私法上适用与之有最强关系的法律体系。（2）包含于本联邦法律中的关于应予适用的法律体系的特别规定（冲突规则），必须视为这一原则的体现。"

瑞士1987年12月18日《关于国际私法的联邦法律》第117条第1款规定："合同当事人未选择合同准据法时，合同适用与之有最密切联系的国家的法。"

2002年3月1日生效的《俄罗斯联邦民法典》第3编第6章之第1211条第1款规定："无双方当事人关于准据法的协议时，合同适用与之有最密切联系的国家的法。"

日本2006年6月15日《关于法的适用的通则法》第8条第1款规定："当事人未依前条的规定做出法的选择的，法律行为的成立及效力，适用该法律行为被实施时与之有最密切关系的地方的法。"可见，在当事人未选择准据法的情形下，依照该法第8条第1款，法律行为（如合同）的成立及效力，适用该法律行为被实施时（如合同订立时）与之有最密切关系的地方的法。也就是说，该法将"最密切关系"作为仅次于"当事人意思自治"的关于确定合同准据法的准则。相对于2007年1月1日之前施行的《法例》之备受批评的第7条第2款的僵化规则（"当事人意思不明时，依行为地法"[1]），《关于法的适用的通则法》第8条第1款显然更为灵活，也更为合理，因为行为地并不一定是与法律行为有最密切关系的地方，且在当今世界，法律行为的实施地有时很难确定，尤其在以互联网、电话、传真等技术手段隔地订立合同时更是如此。[2]

在英格兰国际私法上，合同实质有效性的准据法（the law that governs the essential validity of a contract），在无准据法选择的情形下，是与合同有最密切联系的国家

〔1〕 实际上被适用的多为合同订立地法（拉丁文 *lex loci contractus*）。

〔2〕 See Hironori Wanami, *Background and Outline of the Modernization of Japanese Private International Law*, in Basedow, Baum and Nishitani (eds.), Japanese and European Private International Law in Comparative Perspective, 2008, p. 66.

的法律体系。[1]

(二)特征性给付说——最密切联系原则的具体化

1. 特征性给付说的意义

“特征性给付”(法文 prestation caractéristique,德文 charakteristische Leistung)或“特征性履行”的学说,最早由瑞士学者施尼策尔(Adolf F. Schnitzer, 1889~1989年)在其名著《国际私法手册》[2]中提出,[3]后为德国学者诺伊豪斯(Paul Heinrich Neuhaus)等所阐发。在实践中,该说仅适用于合同之债准据法的确定。

在合同之债中,尤其是在因有偿双务合同而发生的债中,一方当事人的履行行为往往表现为提供实物或劳务,故其给付是特征性给付,即足以表明合同之债的特征的给付。相比之下,有义务履行金钱给付的当事人一方的给付往往不是特征性给付。例如,动产买卖合同的出卖人的义务在于转让动产所有权和交付动产,而买受人的义务在于支付价款,所以出卖人的给付是特征性给付。又如,运输合同的承运人的义务是把货物运输到目的地,而托运人的义务是支付运费,所以承运人的给付是特征性给付。[4] 同样,在雇佣合同中,有义务提供劳务的当事人的给付是特征性给付,而有义务支付报酬的当事人的给付不是特征性给付。此外,在承揽合同中,承揽人的给付是特征性给付,而定作人的给付不是特征性给付;在租赁合同中,出租人的给付是特征性给付,而承租人的给付不是特征性给付;在寄托合同中,受寄人的给付是特征性给付,而寄托人的给付不是特征性给付;在保证合同(属单务合同)中,保证人为保证主债务人履行债务而承担的保证给付是特征性给付,而债权人的给付不是特征性给付。[5]

即便是在因无偿合同而发生的债中,也可以将一方当事人的给付理解成特征性给付。例如,在赠与合同中,赠与人的给付(赠与)是特征性给付。

“特征性给付说”是最密切联系原则的具体化。它推定:合同与担负特征性给付义务的当事人(往往是非金钱给付方当事人)在合同订立时的住所地、惯常居所地、管理中心地或主营业地国家的法律体系有最密切联系。相应地,合同准据法通常是担负特征性给付义务的当事人住所地法、惯常居所地法、管理中心地法或主营

---

[1] See Peter North and J. J. Fawcett, *Cheshire and North's Private International Law*, Thirteenth Edition, 1999, p. 32.

[2] Handbuch des internationalen Privatrechts, einschliesslich Prozessrechts, unter besonderer Berücksichtigung der schweizerischen Gesetzgebung und Rechtsprechung, 1. Aufl. Zürich/Leipzig 1937; in 2 Bänden, erschienen in Basel: 2. Aufl. 1944, 3. Aufl. 1950, 4. Aufl. 1957/1958.

[3] Vgl. Schnitzer, Handbuch des internationalen Privatrechts, 4. Aufl. Basel 1957/1958, Bd. Ⅱ, S. 639 *et seq.*

[4] 参见中国大百科总编辑委员会编:《中国大百科全书·法学》,中国大百科全书出版社1984年版,第374页。

[5] Vgl. Siehr, IPR, S. 135.

业地法。

然而,“特征性给付说”的推定终究是可驳倒的。当存在与合同有更密切联系的另一地方时,该另一地的法律体系自应予以适用。这也是最密切联系原则的逻辑结果。可以说,最密切联系是“纲”,“特征性给付说”是“目”,纲举则目张。

2. 立法例与海牙国际私法公约的例子

(1)瑞士法

瑞士是特征性给付说的首倡者施尼策尔教授的祖国,也是在国际私法立法中采纳特征性给付说的典型国家。瑞士 1987 年 12 月 18 日《关于国际私法的联邦法律》第 117 条第 2 款和第 3 款规定:“(2)最密切联系视为存在于须履行特征性给付的一方当事人的惯常居所地国家,或者,如果合同是在从事职业或商业活动的过程中订立的,则视为存在于其营业地国家。(3)特别地,在下列合同中,特征性给付是指:财产转让合同,转让人的给付;与某一物或某一项权利的使用权有关的合同,授予使用权的一方当事人的给付;委托合同、承揽合同和其他提供服务的合同,服务的提供;保管合同,保管人的给付;担保或保证合同,担保人或保证人的给付。”〔1〕但该法总则第 15 条第 1 款规定了一般性例外条款如下:“从全部情事来看,案件明显地与本法所指定的法仅有很松散的联系,而与另一法有密切得多的联系的,本法所指定的法即例外地不予适用。”因此,“特征性给付”只是关于最密切联系的可驳倒的推定。“特征性给付”的推定本来是为确定最密切联系地而存在的,它当然要让位于事实上的最密切联系地。

(2)俄罗斯法

依照 2002 年 3 月 1 日生效的《俄罗斯联邦民法典》第 3 编第 6 章之第 1211 条第 2 款,负责履行特征性给付的一方当事人的居所地或主营业地国家的法律体系视为与合同有最密切联系的国家的法律体系,但从法律、合同条款或实质或所涉案件的情事中得出另外的结果的除外。为此,同条第 3 款列举了 19 类合同的特征性给付。

(3)斯洛文尼亚法

依照斯洛文尼亚共和国 1999 年 6 月 30 日《关于国际私法和国际民事诉讼的法律》第 20 条,除案件的特别情形指定另一法律体系外,履行特征性给付的合同当事人一方的惯常居所地或主营业地法视为与合同有最密切联系的法律体系。〔2〕

(4)日本法

日本 2006 年 6 月 15 日《关于法的适用的通则法》第 8 条第 2 款将“特征性给付”作为推定与合同等法律行为有最密切关系的地方的标准之一。它规定,如果只

---

〔1〕 参见陈卫佐:《瑞士国际私法法典研究》,法律出版社 1998 年版,第 297 页。

〔2〕 See Prešo Puharič, *Private International Law in Slovenia*, Yearbook of Private International Law, Volume 5 (2003), p. 161.

有当事人一方履行对于法律行为（主要是合同，下同）来说为特征性的给付，则推定：履行特征性给付的当事人一方的惯常居所地法（该方当事人有与该法律行为相关联的营业所时，该营业所所在地法；该方当事人在施行不同法律体系的地方有两个以上与该法律行为相关联的营业所时，主营业所所在地法），是与该法律行为有最密切关系的地方的法。尽管有第8条第2款的规定，该条第3款规定：对于以不动产为标的物的法律行为，推定不动产所在地法是与之有最密切关系的地方的法。日本新国际私法关于特征性给付的这些规定借鉴了1980年6月19日《罗马公约》第4条第1款至第3款、德国《民法典施行法》原第28条第1款至第3款的规定（自2009年12月17日起，关于合同之债准据法的确定的德国《民法典施行法》原第27条至第37条已完全被《罗马Ⅰ规则》取代）。须指出的是，特征性给付的推定只是可驳倒的推定而已：当法官无法确定哪一方当事人所履行的给付是特征性给付时，自可不受《关于法的适用的通则法》第8条第2款和第3款的推定限制。[1] 在此情形下，应重新回到该法第8条第1款所规定的最密切关系原则。

（5）1986年12月22日《关于国际货物买卖合同准据法的（海牙）公约》

1986年12月22日《关于国际货物买卖合同准据法的（海牙）公约》第8条第1款至第3款规定：[2]“（1）以买卖合同准据法未被当事人依第7条选择为限，买卖合同适用合同订立时出卖人营业地国法。（2）但有下列情形之一时，买卖合同适用合同订立时买受人营业地国法：（a）谈判由在该国的双方当事人进行，且合同系在他们在场的情况下订立的；（b）合同明确规定出卖人须在该国履行其交货义务的；（c）买卖合同系按照主要由买受人确定的条件而订立，且系因回应买受人向多人同时发出的投标邀请（招标）而订立的。（3）如果从全部情事来看，譬如由双方当事人之间的商业关系视之，买卖合同明显地与依第1款或第2款本应予以适用的法以外的另一法有更密切的联系，则买卖合同例外地适用该另一法。”

四、《罗马公约》

（一）概说

《罗马公约》因1980年6月19日由欧洲共同体国家在罗马签署而得名，其全称为《关于合同之债准据法的公约》[3]。它于1991年4月1日生效，曾适用于扩展以后的欧洲共同体全体成员国。

《罗马Ⅰ规则》已于2008年6月17日在法国斯特拉斯堡通过，并公布于《欧洲

---

〔1〕 Vgl. dazu Nishitani, Die Reform des internationalen Privatrechts in Japan, in: IPRax 2007, 553 - 554.

〔2〕 参见赵相林：《国际私法》（第4版），中国政法大学出版社2007年版，第223页。

〔3〕 法文名称 Convention de Rome du 19 juin 1980 sur la loi applicable aux obligations contractuelles，英文名称 Rome Convention of 19 June 1980 on the Law Applicable to Contractual Obligations。

联盟官方公报》。[1] 根据其第 29 条第 1 款,《罗马 I 规则》在公布于《欧洲联盟官方公报》后第 20 日生效。但根据第 29 条第 2 款,《罗马 I 规则》自 2009 年 12 月 17 日起适用,唯第 26 条自 2009 年 6 月 17 日起适用。因此,自 2009 年 12 月 17 日起,《罗马 I 规则》已在欧盟成员国之间全面取代《罗马公约》。鉴于《罗马 I 规则》的许多规定在《罗马公约》中已见雏形,且《罗马公约》是截至 2009 年 12 月 17 日的最后一个表现为区域性多边条约的欧共体国际私法文件,本书仍简略地介绍《罗马公约》,以便读者将它与《罗马 I 规则》进行比较。

《罗马公约》的目标是:将在此之前在欧洲共同体内部业已开始的国际私法统一进程继续下去,并制定有关合同之债准据法的统一规则。依照公约第 2 条,即使公约所指定的法律体系是非缔约国的法律体系,后者也应予以适用。可见《罗马公约》是一个关于国际私法(冲突法)上的"统一法"(法文 lois uniformes)的区域性多边条约。

《罗马公约》第 1 条第 I 款和第 1 条第 2 款至第 4 款分别从积极和消极的角度规定了公约适用范围。它只适用于"涉及不同国家的法的选择的任何情事中的债",亦即具有国际性的债。它仅限于合同之债,而不及于非合同之债(尤其是因侵权行为而发生的债)、物权和无体财产权。可以说,它只是欧洲共同体在合同之债领域通过区域性多边条约来对国际私法进行局部法典编纂的结果。

(二)《罗马公约》的主要冲突规则

1. 自由的准据法选择——当事人意思自治原则

当事人意思自治原则是《罗马公约》关于确定合同之债准据法的首要原则。

合同,适用双方当事人所选择的法(第 3 条第 1 款第 1 句)。准据法的选择必须是明示的或足够确定地从合同条款或案件的情事中看出的(第 3 条第 1 款第 2 句)。

当事人可以就整个合同做出法的选择,也可以仅就合同的一部分做出法的选择(第 3 条第 1 款第 3 句)。可见,《罗马公约》准许所谓"准据法的分裂"。

当事人可以随时变更准据法。他们可以随时约定:合同适用原先所应适用的法以外的另一法(第 3 条第 2 款第 1 句)。但合同形式有效性和第三人权利不因在合同订立后进行的准据法变更而受影响(第 3 条第 2 款第 2 句)。

在纯国内合同案件的情形下,排除当事人意思自治(第 3 条第 3 款)。就准据法选择协议的成立和有效性而言,适用《罗马公约》第 8 条、第 9 条和第 11 条就主合同所规定的同样原则(第 3 条第 4 款)。[2]

---

[1] 2008 年 7 月 4 日,L 177/6。

[2] Vgl. Firsching, Übereinkommen über das auf vertragliche Schuldverhältnisse anzuwendende Recht (IPR – VertragsÜ) vom 19. 6. 1980, in: IPRax 1981, 38.

2. 客观性连结

(1)客观性连结因素

无准据法选择时,合同适用与之有最密切联系的国家的法(第4条第1款第1句)。但如果合同的一部分可以不适用合同准据法,且该部分与另一国家有更密切的联系,则例外地适用该另一国家的法(第4条第1款第2句)。

可见,如同在主观性连结的情形下一样,在依客观性连结(客观性联系)确定准据法时,《罗马公约》也准许所谓"准据法的分裂"。

(2)特征性给付的推定及其例外

《罗马公约》试图将"最密切联系"这一多少有点空洞的概念加以具体化,表现在它规定了若干关于特征性给付的推定。

除关于消费者合同的第5条外,《罗马公约》推定合同与有义务履行特征性给付的当事人在合同订立时的惯常居所地国家有最密切联系;涉及公司、社团或法人时,推定合同与有义务履行特征性给付的当事人在合同订立时的管理中心地国家有最密切联系(第4条第2款第1句)。但如果合同是在该方当事人从事职业活动或营利活动中订立的,则推定合同与该方当事人主营业地国家有最密切联系。如果合同条款所规定的给付须在主营业地以外的另一营业地履行,则推定合同与该另一营业地国家有最密切联系(第4条第2款第2句)。如果合同以不动产物权或不动产使用权为标的,则推定合同与不动产所在地国家有最密切联系(第4条第3款)。就货物运送合同而言,推定它与运送人在合同订立时的主营业地国家有最密切联系,但以装载地或卸载地或托运人主营业地也位于该国为限(第4条第4款第2句)。

然而,如果特征性给付不能予以确定,则不适用第4条第2款所规定的推定(第4条第5款第1句)。如果从全部情事来看,合同与另一国家有更密切的联系,则不适用第4条第2款、第3款和第4款所规定的推定(第4条第5款第2句)。因此,第4条第5款第2句实际上是一条合同之债领域的特别例外条款。

(3)关于特殊合同类型及特殊问题的特别规定

《罗马公约》第5条含有关于消费者合同的特别规则。当事人被赋予为消费者合同选择准据法的权能。但准据法的选择不得导致消费者惯常居所地国家的强制性规定所给予消费者的保护被剥夺。

《罗马公约》第6条含有关于个人劳动合同准据法的规定。当事人固然可以就劳动合同进行准据法选择,但其意思自治权能受到了相当的限制:准据法的选择不得导致依第2款在当事人未选择准据法的情形下本应予以适用的法的强制性规定所给予劳动者的保护被剥夺(第6条第1款)。在无准据法选择的情形下,劳动合同适用劳动者在合同的履行当中惯常地从事劳动地国家的法(即使他被临时派往另一国家亦然),或(在劳动者不在同一国家惯常地从事劳动的情形下)适用劳动者所受雇的营业地国家的法。但从全部情事来看,劳动合同与另一国家有更密切的联系的除外,此时应适用该另一国家的法(第6条第2款)。[1]

此外,《罗马公约》还含有关于形式有效性(第9条)以及权利能力、行为能力和实施在法律上具有意义的行为的能力(第11条)的准据法的规定等。

3. 评价

截至2009年12月17日,关于合同之债准据法的《罗马公约》曾经是国际性合同之债领域的一个重要的区域性多边条约。它在欧洲联盟(及其前身欧洲共同体)成员国之间创制了关于确定合同之债准据法的共同规定,被誉为当代欧洲国际私法的典范。它是传统上深受萨维尼及其学说影响的欧洲国际私法就20世纪60年代末和70年代关于美国"冲突法革命"的争论中提出的问题所做出的明确回应。[2]

《罗马公约》是通过区域性多边条约来对欧洲国际私法进行局部法典编纂的成功范例。自从它在20世纪80年代开放签字并于1991年4月1日生效以来,显示出了引人注目的影响力,极大地影响了当代各国国际私法在国际性合同之债领域的法典编纂——它不仅影响了欧洲联盟(及其前身欧洲共同体)成员国的国际私法立法(如德国《民法典施行法》原第27条至第37条,自2009年12月17日起已完全被《罗马Ⅰ规则》取代),而且影响了非成员国的国际私法立法,如瑞士1987年12月18日《关于国际私法的联邦法律》第116条至第126条、2002年3月1日生效的《俄罗斯联邦民法典》第3编第6章之第1210条至第1223条、日本2006年6月15日《关于法的适用的通则法》第7条至第12条及第23条,等等。

五、关于合同之债准据法的欧盟《罗马Ⅰ规则》[3]

(一)概说

欧洲议会和欧盟理事会于2008年6月17日在法国斯特拉斯堡通过了《罗马Ⅰ规则》,全称《欧洲议会和欧盟理事会关于合同之债准据法的第593/2008号(欧共体)规则》,并公布于《欧洲联盟官方公报》。这是欧洲联盟(简称"欧盟")国际私法在合同之债领域的一次变革,也是欧盟及其成员国长期致力于国际私法欧洲化的结果。早在1972年,欧共体委员就曾提出过一个"关于合同之债和非合同之债准据法的公约初步草案",但未获通过,最后只好先行制定了合同之债准据法方面的统一条约规则,即1980年6月19日罗马公约(1991年4月1日生效)。富有戏剧性的是,当初因欧共体国家分歧过大而未能统一的关于非合同之债准据法的国际私法,

---

〔1〕 参见王军、王秀转:《欧盟合同法律适用制度的演进》,载《清华法学》2007年第1期。

〔2〕 Vgl. von Bar/Mankowski, IPR, Bd. I (2. Aufl. 2003), § 3 Rn. 84.

〔3〕 参见陈卫佐:《欧共体国际私法的最新发展——关于合同之债准据法的〈罗马Ⅰ规则〉评析》,载《环球法律评论》2010年第2期。

已于2007年7月11日以“规则”(regulation)的形式实现了在欧共体内部的统一和欧洲化,先于关于合同之债准据法的国际私法成为可以直接适用于各成员国的“规则”,即《罗马Ⅱ规则》。[1] 一年后,关于合同之债准据法的《罗马Ⅰ规则》亦获通过,并自2009年12月17日起取代《罗马公约》而正式适用。至此,关于合同之债和非合同之债准据法的欧盟国际私法均以“规则”的形式实现了欧洲化,从而告别了《罗马公约》与欧盟“规则”并存的时代。

《罗马Ⅰ规则》体现了关于合同之债准据法的欧盟国际私法的最新发展状况和较高立法水平。

(二)改革目标、主要内容和适用范围

1. 改革目标

相对于《罗马公约》,《罗马Ⅰ规则》是欧盟国际私法在合同之债领域的一次改革。此番改革的主要目标是将《罗马公约》所包含的关于合同之债准据法的规定加以现代化,并依据《建立欧洲共同体的条约》第61条c项及第65条b项所赋予欧盟在国际私法事项上的立法管辖权,将《罗马公约》转变成为欧盟的“规则”。此外,在《关于民商事裁判管辖权和判决的承认与执行的欧洲经济共同体(布鲁塞尔)公约》被转换成2000年12月22日《关于民商事裁判管辖权和判决的承认与执行的第44/2001号(共同体)规则》(《布鲁塞尔Ⅰ规则》)之后,原先存在于《罗马公约》和《布鲁塞尔公约》的冲突法与程序法之间的平行性,已因《布鲁塞尔Ⅰ规则》的生效(2002年3月1日)而被打破,欧盟立法者亟需将《罗马公约》转变成《罗马Ⅰ规则》而重新建立此种平行性。最后,关于非合同之债准据法的《罗马Ⅱ规则》通过后,《罗马公约》在欧盟国际私法中已变成被各种欧盟“规则”包围的“孤岛”,将它转变为《罗马Ⅰ规则》乃大势所趋。[2]

2. 主要内容

《罗马Ⅰ规则》共分4章29条,即第1章“适用范围”(第1条至第2条)、第2章“统一规则”(第3条至第18条)、第3章“其他规定”(第19条至第28条)以及第4章“最后规定”(第29条)。

3. 适用范围

《罗马Ⅰ规则》第1条规定了其“实质性适用范围”:在存在法律冲突(亦即与不同国家的法律体系有联系)时,《罗马Ⅰ规则》适用于民商事合同之债,但不适用于税务、关税和行政事项(第1条第1款),也不适用于证据和程序(第1条第3款)。根据第1条第2款,下列合同之债被排除在《罗马Ⅰ规则》适用范围之外:

---

[1] 参见陈卫佐:《欧共体国际私法的最新发展——关于非合同之债准据法的〈罗马Ⅱ规则〉评析》,《清华法学》载2008年第5期。

[2] Vgl. Wagner, Der Grundsatz der Rechtswahl und das mangels Rechtswahl anwendbare Recht (Rom I-Verordnung), in: IPRax 2008, 377-378。

(1)自然人的身份和法律上的资格;(2)因家庭关系而发生的合同之债,或因依其准据法具有类似效果的关系而发生的合同之债,包括扶养之债;(3)因夫妻财产制或同依其准据法具有类似于婚姻、遗嘱和继承之效果的关系有关的财产制而发生的合同之债;(4)汇票、支票、本票以及其他流通票据所生的合同之债,但以其他票据所生的债务源自其流通性为限;(5)仲裁协议和法院选择协议;(6)涉及公司法、社团法和法人法的问题,诸如(以登记或其他方式)成立、法律上的能力、内部组织及公司、社团和法人的解散,以及公司成员和机关为公司、社团或法人的债务承担的法定个人责任;(7)代理人是否可以使被代理人对第三人担负义务的问题,或公司、社团或法人的机关是否可以使该公司、社团或法人对第三人担负义务的问题;(8)信托的成立及信托所创设的设立人、受托人和受益人之间的关系;(9)因合同订立前所进行的磋商而发生的债;(10)因2002年11月5日《欧洲议会和欧盟理事会关于直接人寿保险的欧共体2002/83号指令》第2条所称企业以外的其他组织所从事的行为而发生的特定保险合同。

就空间适用范围而言,《罗马Ⅰ规则》适用于除丹麦以外的所有欧盟成员国;[1]就时间适用范围而言,《罗马Ⅰ规则》适用于2009年12月17日以后订立的合同或发生于2009年12月17日以后的合同之债(第28条)。

《罗马Ⅰ规则》强调其冲突规则和所指定的法律体系的"普遍性":即使《罗马Ⅰ规则》所指定的法律体系不是欧盟成员国的法律体系,也应予以适用(第3条)。可见,《罗马Ⅰ规则》并未将其适用限定于共同体之内的情事。也就是说,它像晚近的海牙国际私法公约和《罗马公约》一样,把自己理解成冲突法上的"统一法"(loi uniforme)。这样一来,自《罗马Ⅰ规则》适用之日(2009年12月17日)起,欧盟各成员国原有的关于合同之债的国际私法规则,无论其源于《罗马公约》还是源于国内制定法和国内司法判例,均已为《罗马Ⅰ规则》所全面取代。

(三)当事人意思自治原则与当事人未选择合同准据法时的客观性连结规则

1. 当事人意思自治原则

在《罗马Ⅰ规则》之前,《罗马公约》即已赋予合同双方当事人选择合同准据法的自由。《罗马Ⅰ规则》秉承了当事人意思自治原则,在第3条第1款第1句中规定:"合同,适用双方当事人所选择的法。"这一准据法选择自由构成了关于国际性合同的整个法律适用规则体系的基石。

(1)明示和默示的准据法选择

《罗马Ⅰ规则》既承认双方当事人明示地选择合同准据法的权能,也承认其默

---

〔1〕 丹麦之所以被排除在《罗马Ⅰ规则》空间适用范围之外,是因为丹麦不参加《建立欧洲共同体的条约》第四编所规定的"民事司法合作"。自2009年12月17日起,《罗马Ⅰ规则》也适用于爱尔兰和英国。但因英国已"脱欧",故英国法院已不再适用《罗马Ⅰ规则》。Voir Wautelet, Francq, Saroléa et Henricot, *Actualité de droit international privé*, 2009, p. 11–12.

示地选择合同准据法的权能。根据第 3 条第 1 款第 2 句,双方当事人的准据法选择首先应是明示的;若非明示地做出,则应“确定地从合同条款或案件的情事中得出”(法文 résulte de façon certaine des dispositions du contrat ou des circonstances de la cause,英文 clearly demonstrated by the terms of the contract or the circumstances of the case)。[1] 关于默示的准据法选择的这一规定在措辞上与《罗马公约》第 3 条第 1 款第 2 句极其相似,[2]但表述更为清晰。

(2)全部选择或部分选择

如同《罗马公约》第 3 条第 1 款第 3 句那样,《罗马 I 规则》第 3 条第 1 款第 3 句规定,双方当事人既可以选择适用于整个合同的法律体系,也可以选择仅适用于合同一部分的法律体系。这意味着《罗马 I 规则》准许所谓“准据法的分裂”。

然而,《罗马 I 规则》并未规定合同当事人可以选择“非国家规则”。

(3)准据法选择的事后变更

根据《罗马 I 规则》第 3 条第 2 款第 1 句,双方当事人可以随时变更合同准据法;他们可以随时约定,合同适用它原先所应适用的法律体系以外的另一法律体系(第 3 条第 2 款第 1 句)。但在合同订立后进行的一切有关确定准据法的变更,不影响合同形式有效性,且不妨碍第三人权利(第 3 条第 2 款第 2 句)。《罗马 I 规则》的这两句规定在措辞上与《罗马公约》第 3 条第 2 款第 1 句和第 2 句的规定几乎完全一致。

(4)被选择的法律体系所属国以外的另一国家的强制性规定

如果在进行准据法选择时,情事的所有其他要素均位于被选择的法律体系所属国以外的另一国家,则双方当事人的准据法选择不得妨碍该另一国家的法律体系中那些不得以协议加以损抑的强制性规定的适用(《罗马 I 规则》第 3 条第 3 款)。例如,如果双方当事人选择法国法为准据法,而除了该准据法选择外,情事的所有其他要素均位于德国,则仍应适用德国法的强制性规定,而不受双方当事人的准据法选择的影响。类似规定见于《罗马 II 规则》第 14 条第 2 款。

(5)不得以准据法选择加以规避的欧盟法强制性规定

如果在进行准据法选择时,情事的所有其他要素均位于一个或多个欧盟成员国,则双方当事人对非成员国法所进行的准据法选择不得妨碍欧盟法之不得以协议加以损抑且被法院地成员国施行的规定的适用(《罗马 I 规则》第 3 条第 4 款)。[3]

---

[1] 英文本可译成“由合同条款或案件的情事清楚地显示出来”。

[2] 根据《罗马公约》第 3 条第 1 款第 2 句,准据法的选择必须是明示或足够确定地从合同条款或案件的情事中看出的。

[3] Vgl. Wagner, Der Grundsatz der Rechtswahl und das mangels Rechtswahl anwendbare Recht (Rom I – Verordnung), in: IPRax 2008, 380.

(6)准据法选择协议的存在及有效性

根据《罗马Ⅰ规则》第3条第5款并结合第10条、第11条及第13条的规定,双方当事人据以选择合同准据法的协议的存在及有效性,原则上应适用双方当事人所选择的法律体系。事实上,此前的《罗马公约》第3条第4款已采取同样的原则。

2. 当事人未选择合同准据法时的客观性连结规则

(1)关于特殊合同类型的特别冲突规则优先适用

在双方当事人未选择合同准据法的情形下,由《罗马Ⅰ规则》第4条第1款的措辞可知,应优先考虑第5条至第8条所规定的关于运输合同、消费者合同、保险合同和个人劳动合同这四种特殊合同类型的特别冲突规则,因为它们作为特别冲突规则优先于《罗马Ⅰ规则》第4条第1款至第4款的原则性规定("特别法优于一般法")。但这些特别冲突规则本身又受制于第5条第3款、第7条第2款第2句和第8条第4款的特别例外条款。

(2)特殊合同类型外的合同的法律适用规则

根据《罗马Ⅰ规则》第4条第1款,不属于第5条至第8条所规定的四种特殊合同类型的合同,或兼具这四种特殊合同类型中的两种或两种以上特征的合同,应适用该款第a项至第h项所规定的法律体系。具体地说,包括关于八种合同的法律适用规则:动产买卖合同,适用出卖人惯常居所地国家的法律体系(a项);劳务给付合同,适用劳务提供者惯常居所地国家的法律体系(b项);以不动产物权或不动产租赁(含使用租赁和用益租赁)为标的的合同,适用不动产所在地国家的法律体系(c项);尽管有c项的规定,为暂时的个人使用而订立的、租期最长为连续6个月的不动产租赁合同,适用出租人惯常居所地国家的法律体系,但以承租人是自然人且在同一国家有其惯常居所为限(d项);特许经营合同,适用特许经营人惯常居所地国家的法律体系(e项);分发合同,适用分发人惯常居所地国家的法律体系(f项);动产拍卖合同,适用拍卖发生地国家的法律体系,但以拍卖地可予以确定为条件(g项);在多边系统之内订立的合同,在该多边系统依非自由裁量规则聚集或便利聚集《欧共体第2004/39号指令》第4条第1款第17项意义上的金融文书的诸多第三人买卖利益,并应适用某唯一法律体系的情形下,适用该法律体系(h项)。[1] 但这些法律适用规则又受制于特别例外条款(《罗马Ⅰ规则》第4条第3款),且在依第4条第1款不能确定准据法的情形下,合同适用与之有最密切联系的国家的法律体系(《罗马Ⅰ规则》第4条第4款)。

(3)其他合同的特征性给付

不属于第1款所列合同类型,或其要素兼具第1款所列合同类型的两种或两种以

[1] 关于"在多边体制之内订立的合同"的《罗马Ⅰ规则》第4条第1款h项并未直接规定客观性连结点,故不属于严格意义上的冲突规则。

上的其他合同,原则上应适用有义务履行特征性给付的一方当事人的惯常居所地国家的法律体系(《罗马Ⅰ规则》第4条第2款)。但这一规定又受制于特别例外条款(《罗马Ⅰ规则》第4条第3款)。不仅如此,如果这些合同的特征性给付不能予以确定,则应适用与合同有最密切联系的国家的法律体系(《罗马Ⅰ规则》第4条第4款)。

(4)特别例外条款

《罗马Ⅰ规则》第4条第3款是一条特别例外条款,它规定:如果从案件的全部情事来看,合同与第4条第1款或第2款所称国家以外的另一国家显然有更密切的联系,则适用该另一国家的法律体系。类似的特别例外条款已存在于《罗马公约》第4条第5款第2句。

(5)作为兜底条款的最密切联系原则

《罗马Ⅰ规则》第4条第4款规定,如果准据法依第4条第1款或第2款不能予以确定,则合同适用与之有最密切联系的国家的法律体系。这是一条以最密切联系原则为内容的兜底条款。实际上,依第4条第1款关于八种合同的法律适用规则和第2款关于其他合同的特征性给付的规定,在多数情形下已可确定合同准据法;在这些情形下,只需查明是否存在第3款的特别例外条款所指定的、应例外地予以适用的另一法律体系即可。因此,欧盟成员国一部分学者指出,该兜底条款在实践中获得适用的机会并不多。[1]

(6)强制性法律的直接适用

在国际合同法上,强制性法律的直接适用向来颇具争议。根据《罗马Ⅰ规则》第9条第1款,所谓"强制性法律"是指被某一国家出于维护其公共利益之目的而视为至关重要,以致要求直接将之适用于一切进入其适用范围之情事的强制性规定,而不论依《罗马Ⅰ规则》本应适用哪个国家的法律体系。

《罗马Ⅰ规则》既承认法院地国家的强制性法律("受诉法院地的强制性法律")的直接适用,也承认外国的强制性法律("因合同而发生的债须予履行或已履行地国家的强制性法律")的直接适用。

(四)适用于某些合同类型的特别规则

1. 运输合同

《罗马Ⅰ规则》第5条是关于运输合同的法律适用规则。它分别就货物运输合同准据法和旅客运输合同准据法做出了规定。这两种运输合同双方当事人均可依第3条选择准据法,这是当事人意思自治原则在运输合同法律适用领域的延伸。但旅客运输合同双方当事人的准据法选择权能受到第5条第2款第2段的限制:他们只能选择旅客惯常居所地、承运人惯常居所地、承运人管理中心地、出发地或目的

---

〔1〕 Vgl. Wagnaer, Der Grundsatz der Rechtswahl und das mangels Rechtswahl anwendbare Recht (Rom I-Verordnung), in: IPRax, 2008, 381-382.

地所在国的法律体系之一作为旅客运输合同准据法。如果双方当事人未选择合同准据法，则货物运输合同准据法首先是承运人惯常居所地国家的法律体系（以装载地或交货地或发货人惯常居所也位于该国为条件），其次是双方当事人所约定的交货地国的法律体系（第5条第1款）；旅客运输合同准据法首先是旅客惯常居所地国家的法律体系（以出发地或运达地位于该国为条件），其次是承运人惯常居所地国家的法律体系（第5条第2款第1段）。

此外，上述法律适用规则受制于第5条第3款的特别例外条款：如果从案件的全部情事来看，运输合同与第5条第1款或第2款所称国家以外的另一国家显然有更密切的联系，则适用该另一国家的法律体系。

2. 消费者合同

消费者和从事职业经营者所订立的合同（消费者合同）的双方当事人可以依第3条选择合同准据法，但该项选择不得导致剥夺在无准据法选择的情形下，依第6条第1款本应予以适用的法律体系（通常是消费者惯常居所地国家的法律体系）之不得以协议加以损抑的规定所确保给予消费者的保护（第6条第2款），即使其为非成员国法律体系亦然。如果双方当事人未选择准据法，则消费者合同原则上应适用消费者惯常居所地国家的法律体系（第6条第1款）。

3. 保险合同

保险合同双方当事人可以依《罗马Ⅰ规则》第3条选择准据法（第7条第2款第1段），但某些类型的保险合同双方当事人的准据法选择权能受到若干限制（第7条第3款第1段）。在双方当事人未选择准据法的情形下，保险合同通常适用承保人惯常居所地国家的法律体系；某些类型的保险合同可以适用在合同订立时承保险项所在成员国的法律体系（第7条第3款第3段）。如果从案件的全部情事来看，合同与另一国家显然有更密切的联系，则适用该另一国家的法律体系（第7条第2款第2段第2句）。

4. 个人劳动合同

《罗马Ⅰ规则》第8条基本上沿用了《罗马公约》第6条的内容，在赋予双方当事人选择个人劳动合同准据法的权能的同时，要求该项选择不得导致剥夺在无准据法选择的情形下，依客观性连结本应予以适用的法律体系之不得以协议加以损抑的规定所确保给予劳动者的保护（第8条第1款）。依客观性连结本应予以适用的法律体系，通常是劳动者在合同的履行当中惯常从事其工作所在地国家的法律体系，或在无此种国家的情形下，是劳动者惯常从那里开始从事其工作的国家的法律体系（第8条第2款第1句）；[1]在依第8条第2款不能确定准据法的情形下，则

〔1〕 Vgl. Marc - Philippe Weller, Anknüpfungsprinzipien im Europäischen Kollisionrecht: Abschied von der "klassischen" IPR - Dogmatik?, in: IPRax 2011, 434.

是已雇佣该劳动者的营业地国家的法律体系(第8条第3款)。但这些法律适用规则受制于第8条第4款的特别例外条款:如果从整个情事来看,个人劳动合同与另一国家有更密切的联系,则适用该另一国家的法律体系。

(五)确定合同之债准据法的若干共同问题

1. 合同形式有效性

在订立合同时位于同一国家的人(或其代理人)之间所订立的合同,如果符合依《罗马Ⅰ规则》在实质上适用于该合同的法律体系或合同订立地国家的法律体系的形式要件,则在形式上为有效(《罗马Ⅰ规则》第11条第1款)。在订立合同时位于不同国家的人(或其代理人)之间所订立的合同,如果符合依《罗马Ⅰ规则》在实质上适用于该合同的法律体系、一方当事人或其代理人在合同订立时所处国家的法律体系或一方当事人其时的惯常居所地国家的法律体系的形式要件,则在形式上为有效(第11条第2款)。与已订立或待订立的合同有关的单方法律行为,如果符合依《罗马Ⅰ规则》在实质上适用于或本应适用于该合同的法律体系、该行为之实施地国家的法律体系或已完成该行为的人其时的惯常居所地国家的法律体系的形式要件,则在形式上为有效(第11条第3款)。但第6条所规定的消费者合同的形式,仍适用消费者惯常居所地国家的法律体系(第11条第4款)。尽管有第1款至第4款的规定,以不动产物权或不动产租赁为标的的合同,仍适用不动产所在地国家的法律体系的形式规则(第11条第5款)。

2. 准据法的适用范围

根据《罗马Ⅰ规则》第12条第1款,依《罗马Ⅰ规则》确定的合同准据法适用于下列事项:(1)合同的解释;(2)因合同而发生的义务的履行;(3)在受诉法院的诉讼法所赋予它的权限内,完全或部分地不履行这些义务的后果,包括损害赔偿额的评估,但以它是依法律规则进行的为限;(4)债的消灭的各种不同方式,以及消灭时效和因期间届满而发生的失权;(5)合同无效的后果。此外,根据同条第2款,就履行方式及履行中发生错误时有待债权人采取的措施而言,应考虑履行发生地国家的法律体系。

3. 法院地公共秩序

《罗马Ⅰ规则》第21条是关于"法院地公共秩序"的规定:《罗马Ⅰ规则》所指定的法律体系的适用,仅在明显地与法院地公共秩序相抵触时,始得予以排除。

可见,该公共秩序条款采"结果说",即当适用《罗马Ⅰ规则》所指定的法律体系会产生明显地与法院地国家公共秩序抵触的结果时,排除该法律体系的适用。它所使用的副词"明显地"表明公共秩序制度在此只能作为例外而存在,以免导致公共秩序原则的滥用,危及统一冲突规则目标的实现。

4. 与其他规范之间的关系

《罗马Ⅰ规则》还确定了该欧盟"规则"与其他规范之间的关系。首先是与共同体法其他规定的关系。第 23 条规定："除第 7 条外，本规则不影响在特别领域内解决合同之债法律冲突的共同体法规定的适用。"换言之，如果共同体法的其他"规则"或"指令"的规定含有关于合同之债准据法的规定，则这些特别规定应优先于《罗马 I 规则》。其次是与《罗马公约》的关系。《罗马 I 规则》在成员国之间取代《罗马公约》，但属于《罗马公约》的属地适用范围，且《罗马 I 规则》依《建立欧洲共同体的条约》第 299 条对之不予适用的成员国领土除外（第 24 条第 1 款）。在此范围内，所有对《罗马公约》的援引均应视为对《罗马 I 规则》的援引（第 24 条第 2 款）。最后是与现有国际公约的关系。第 25 条第 1 款规定："本规则不影响在本规则通过时以一个或多个成员国为缔约国的解决合同之债法律冲突的国际公约的适用。"在这方面，最重要的是海牙国际私法公约。目前，27 个欧盟成员国全部是海牙国际私法会议成员国。2007 年 4 月 3 日，欧洲共同体（自 2009 年 12 月 1 日起改称"欧洲联盟"）作为一个有国际法律人格且有对外权力的区域性经济一体化组织，已正式地以自己的名义成为海牙国际私法会议成员。[1] 鉴于一些欧盟成员国也是 1955 年 6 月 15 日《关于国际性有体动产标的买卖准据法的（海牙）公约》[2]和 1986 年 12 月 22 日《关于国际货物买卖合同准据法的（海牙）公约》[3]的缔约国，根据第 25 条第 1 款，这两个海牙国际私法公约的适用不受《罗马 I 规则》的影响。另一方面，在各成员国之间，《罗马 I 规则》优先于仅在其中两个或多个成员国之间订立的条约，但以这些条约涉及《罗马 I 规则》所调整的事项为限（第 25 条第 2 款）。

（六）评价

从总体上来说，《罗马 I 规则》增加了在确定合同之债准据法方面的安定性和可预见性，使得在此之前以区域性多边条约（《罗马公约》）方式统一起来的关于合同之债准据法的欧盟国际私法进一步欧洲化，进而与其他领域的欧盟国际私法统一规则取得了协调。由于欧盟的"规则"可直接适用于各成员国，因此《罗马 I 规则》在实施效果方面具有为《罗马公约》所不及的优势。

与《罗马公约》相比，《罗马 I 规则》是欧盟国际私法在合同之债领域的一次改革，但它并不是革命性的，也非另起炉灶，因为许多规定在《罗马公约》中已见雏形甚至较为成熟，尤其在体现当事人意思自治原则的第 3 条的核心规定上更是如此。而在当事人未选择合同准据法时的客观性连结规则方面，《罗马 I 规则》可以说向前迈进了一步，实现了某种程度的现代化。在立法技术上，《罗马 I 规则》也比《罗马公约》更胜一筹，其主要法律适用规则顺应了当代国际私法的发展趋势。可以预

---

〔1〕 参见陈卫佐：《海牙国际私法会议对 21 世纪国际私法新发展的贡献》，载《法学》2007 年第 11 期。

〔2〕 缔约国包括丹麦、芬兰、法国、意大利、瑞典等欧盟成员国。

〔3〕 该公约迄今尚未生效。荷兰、斯洛伐克共和国和捷克共和国等欧盟成员国虽已签字，但尚未批准该公约。

见,《罗马Ⅰ规则》将使得欧盟成员国的法律适用者在处理与合同有关的国际私法案件时更易于确定合同准据法。

六、与确定合同准据法有关的其他问题

(一)准据法的分裂

所谓"准据法的分裂"(法文 dépeçage,德文 Statutenspaltung),是指对于合同等由不同要素组成的民商事法律关系,分别依冲突规则确定各该要素所应适用的法律体系,从而使得各该要素的准据法各不相同。

既然确定合同准据法的首要法律适用原则是当事人意思自治原则,而合同双方当事人依照当事人意思自治原则做出准据法选择的范围有大有小,如果双方当事人既可以就整个合同做出准据法选择,也可以仅就合同的一部分做出准据法选择,亦即双方当事人既可以选择适用于整个合同的法律体系,也可以选择仅适用于合同某一部分的法律体系,则会出现"准据法的分裂",如《罗马公约》第3条第1款第3句和《罗马Ⅰ规则》第3条第1款第3句即是如此。可见,"准据法的分裂"是不受限制或所受限制较少的当事人意思自治原则的逻辑结果。法国著名国际私法学家拉加德教授甚至将"准据法的分裂"视为当事人意思自治的一种实现方式。[1]

国际法研究院1991年巴塞尔会议所通过的关于私人之间国际性合同的当事人意思自治的决议第7条规定:"双方当事人可以就合同整体或合同的一个或多个部分选择准据法。"[2]

有时,关于确定合同准据法的客观性连结规则导致合同某一部分所应适用的法律体系不同于合同准据法,也会出现"准据法的分裂"。例如,根据《罗马公约》第4条第1款第2句,如果合同的一部分可以不适用合同准据法,且该部分与另一国家有更密切的联系,则例外地适用该另一国家的法律体系。这意味着在依客观性连结确定合同准据法时,《罗马公约》第4条第1款第2句也准许"准据法的分裂"。

(二)反致和转致的排除

1. 排除反致和转致的理由

国际性合同之债领域的国际私法规则之一是不考虑反致和转致。这一方面符合现代各国国际私法的实践;另一方面也完全符合国际私法公约的一般实践(这些公约都无一例外地承认当事人享有意思自治权能),如1980年6月19日《关于合同之债准据法的(罗马)公约》第15条、1955年6月15日《关于国际性有体动产标的

---

〔1〕 Voir Bureau Permanent de la Conférence de La Haye de droit international privé, «Choix de la loi applicable aux contrats du commerce international : Des Principes de La Haye?», *Revue critique DIP* 2010, 97.

〔2〕 Voir Revue critique DIP 1991, 198.

买卖准据法的(海牙)公约》第 2 条、1978 年 3 月 14 日《关于居间合同和代理准据法的(海牙)公约》第 5 条、1978 年 3 月 14 日《关于夫妻财产制准据法的(海牙)公约》第 3 条和第 6 条以及 1986 年 12 月 22 日《关于国际货物买卖合同准据法的(海牙)公约》第 7 条。

那么,为什么国际性合同之债领域的国际私法规则要排除反致和转致呢? 原因主要有二:

首先,该领域的法律适用原则首推当事人意思自治原则,如果一方面准许双方当事人协议选择合同所应适用的某一国家的法律体系,另一方面又准许他们选择该法律体系的冲突规则(亦即准许反致或转致),则最终被适用的可能不是双方当事人所愿意适用的法律体系,法的安定性和准据法选择的可预见性就会受到损害,当事人的合理预期也会落空。事实上,合同双方当事人在进行准据法选择时,如意识到准据法选择的后果,则大多会选择某一国家的法律体系的实体法规则,而避免由于选择某一国家的法律体系的冲突规则而引起不必要的"不可预见性"。这样一来,排除反致和转致也就成为合乎情理之事。[1]

其次,在双方当事人未选择合同准据法或其准据法选择无效的情形下,通常适用的是与合同有最密切联系的国家的法律体系,而要恰当和彻底地贯彻最密切联系原则,也不可不排除反致和转致,否则法的安定性将得不到保障。

总之,无论是双方当事人协议选择合同准据法还是法院或行政机关依客观性连结确定合同准据法,为了确保法的安定性和准据法确定中的可预见性,法院地国家的冲突规则对外国法律体系的指定均应是实体法规则的指定,反致和转致自然没有适用的余地。

2. 相关国家国际私法的例子

德国《民法典施行法》原第 35 条第 1 款(自 2009 年 12 月 17 日起,关于合同之债准据法的确定的《民法典施行法》原第 27 条至第 37 条已完全被《罗马 I 规则》取代)规定:合同之债所应适用的某一国家的法,必须理解成该国现行实体法规定。

3.《罗马公约》对反致和转致的明示和绝对的排除

关于《罗马公约》对反致和转致的明示和绝对的排除,本书作者的《国际条约的冲突规则中的反致和转致》(德文版)有一定表述,本书作简要介绍。[2]

---

〔1〕 Voir Bureau Permanent de la Conférence de La Haye de droit international privé, «Choix de la loi applicable aux contrats du commerce international : Des Principes de La Haye?», *Revue critique DIP* 2010, 101 – 102.

〔2〕 该博士学位论文已作为专著在德国出版,并被海牙国际私法会议列为关于海牙国际私法会议和海牙国际私法公约的一般参考文献之一,见 http://www.hcch.net/index_en.php?act=text.display&tid=82。Voir Weizuo Chen, Rück – und Weiterverweisung (Renvoi) in staatsvertraglichen Kollisionsnormen, Peter Lang GmbH Europäischer Verlag der Wissenschaften, Frankfurt am Main 2004, S. 116 – 174.

(1)公约第15条关于排除反致和转致的规定

《罗马公约》第15条是一条在债法领域明示和绝对地排除反致和转致的国际条约规定。其中文译文如下,"本公约所规定应予适用的某一国家的法,是指在该国现行有效的除国际私法规则以外的法律规则"。该公约的英、法、德文本同等作准,其第15条所称"国际私法规则"(英文 rules of private international law,法文 règles de droit international privé ,德文 Rechtsnormen des Internationalen Privatrechts),是指冲突规则。可见,该公约的冲突规则对某一国家的法律体系的指定是实体法规则的指定。这样就排除了一切反致或转致。该公约第15条所体现的排除反致和转致的原则,不仅适用于合同双方当事人所协议选择的法律体系,而且适用于无准据法选择时依客观性连结确定的法律体系。

(2)在当事人选择合同准据法的情形下对反致和转致的排除

有疑义时,双方当事人所选择的法律体系仅及于被选择的法律体系的实体法规则,而不及于其冲突规则。因此,在双方当事人已进行准据法选择的情形下,不考虑反致和转致。

(3)在依客观性连结确定合同准据法的情形下对反致和转致的排除

双方当事人未进行准据法选择或其准据法选择无效时,合同应适用与之有最密切联系的国家的法律体系。但这一指定是实体法规则的指定而非"冲突规则的指定",因为在无准据法选择的情形下,可以认为《罗马公约》的冲突规则所指定的法律体系是与合同有最密切联系的法律体系,也就是合同的"重心"(英文 center of gravity,法文 centre de gravité,德文 Schwerpunkt)所属的法律体系。假如准许反致和转致,就会因欠缺法的安定性而导致最后适用于合同之债的法律体系不是与之有最密切联系的国家的法律体系。这当然是《罗马公约》的制定者所要避免的。

(4)评价

《罗马公约》第15条以单独的一般性条款的方式,明示和绝对地排除了反致和转致。它开创了在国际条约的冲突规则中排除反致和转致的崭新模式。

在《罗马公约》之前,反致和转致在冲突法条约的实践中经常以这样的方式被排除,即国际条约的冲突规则直接指定某一国家的内国实体法;而在国际条约的冲突规则未使用"内国实体法"的表述时,通常被解释成准许反致和转致。于是,某一缔约国的法律适用者(如法院)在适用国际条约的冲突规则时,每一次都必须查明:该国际条约的冲突规则在指定某一国家的法律体系时,是否仅仅指定该法律体系的内国实体法?这一解释工作有时相当吃力。相比之下,《罗马公约》第15条的表述要清楚得多。在这里,反致和转致被以一般条款的方式排除在公约适用范围之外。

从起源上说,《罗马公约》第15条的模式可追溯到1951年及1969年"比荷卢统一国际私法条约"的解决方案,但后者从未生效过。《罗马公约》的成功之处在于将上述条约中所体现的法律思想付诸实现。1980年以后的大多数海牙国际私法公约,如1985年7月1日《关于信托准据法及其承认的(海牙)公约》第17条、1986年12月22日《关于国际货物买卖合同准据法的(海牙)公约》第15条、1989年8月1日《关于死者遗产继承准据法的(海牙)公约》第17条、1996年10月19日《关于父母责任和儿童保护措施方面的管辖权、准据法、承认、执行及合作的(海牙)公约》第21条第1款、2000年1月13日《关于成年人国际保护的(海牙)公约》第19条、2006年7月5日《关于中间人所持有的证券方面的某些权利的准据法的(海牙)公约》第10条以及2007年11月23日《关于扶养义务准据法的海牙议定书》第12条,均依循了《罗马公约》第15条的模式。[1] 可以说,《罗马公约》第15条已成为国际私法公约的实践所乐于采用的一种模式,因而值得肯定。

总之,《罗马公约》在其适用范围内没有给反致和转致留下任何空间。其第15条对反致和转致的排除可以起到使法律状况简单化的作用,因为在国际性合同之债领域,反致和转致本来就应予以排除。

4. 关于合同之债准据法的欧盟《罗马Ⅰ规则》对反致和转致的排除

在合同之债的国际私法领域,没有准许反致和转致的余地。2008年6月17日的《罗马Ⅰ规则》第20条的标题即为"反致和转致的排除"(法文 exclusion du renvoi)。它规定,当《罗马Ⅰ规则》规定应适用某一国家的法律体系时,它是指在该国施行的除国际私法规则以外的实体法规则。这里所称的"国际私法规则",是指冲突规则。换言之,《罗马Ⅰ规则》对某一国家的法律体系的指定是对其实体法规则的指定,从而明确地排除了一切反致和转致。

在排除反致和转致的方式问题上,《罗马Ⅰ规则》第20条所采取的是自1985年以来海牙国际私法公约通常采取的模式。在此之前,《罗马公约》第15条就已经以明确的一般条款的方式排除了一切反致和转致;一些欧盟成员国的国际私法也采取了同样的做法。《罗马Ⅰ规则》这样做主要是出于确保法的安定性和准据法确定中的可预见性的考虑,因为:首先,《罗马Ⅰ规则》在很大程度上准许当事人选择准据法,而承认当事人意思自治的法律适用规则一般地说是排斥反致和转致的。其次,《罗马Ⅰ规则》的客观冲突规则赋予了最密切联系原则以突出的地位,而要恰当和彻底地贯彻最密切联系原则,也不可不排除反致和转致。

七、当事人缔约能力准据法

(一)原则——适用当事人的属人法

关于当事人缔约能力准据法,传统国际私法所采取的原则是适用当事人的属

---

[1] Voir Bureau Permanent de la Conférence de La Haye de droit international privé, «Choix de la loi applicable aux contrats du commerce international : Des Principes de La Haye?», Revue critique DIP 2010, 102.

人法,因为缔约能力属于一个人的一般行为能力,而一般行为能力准据法通常是当事人的属人法。适用当事人的属人法的原则,在大陆法国家通常表现为适用当事人本国法,在英美法国家通常表现为适用当事人住所地法;在有些国家(如2011年4月1日以后的中国)则表现为适用当事人惯常居所地法。就此,本书在上文已有所论述。

(二)例外——适用合同订立地法或合同准据法

适用当事人的属人法(本国法或住所地法或惯常居所地法)是不是关于缔约能力准据法的一条绝对的原则?显然,如果一味绝对地适用当事人本国法或住所地法或惯常居所地法,而全然不顾合同订立地法即交易发生地法和合同准据法的规定,有时会导致不公正、不适当的结果,具体原因在第八章"自然人"一节中已尽细述及。

因此,当代国际私法的学说和实践均不绝对地适用当事人的属人法(本国法或住所地法或惯常居所地法),而是兼采合同订立地法或合同准据法。例如,依照《罗马Ⅰ规则》关于"无行为能力"的第13条,在位于同一国家的人之间订立的合同中,依该国法律体系(合同订立地法)有行为能力的自然人仅在缔约相对人于合同订立时知道其无行为能力,或因缔约相对人自己方面的过失而不知道时,始得主张其依另一国家的法律体系(如合同准据法或该自然人的本国法或住所地法)无行为能力。

八、合同形式有效性的准据法

(一)概说

合同形式有效性是一个影响合同效力的问题。例如,有些国家的实体私法要求某些类型的合同必须以书面形式订立,或在见证人在场的情况下订立,或在公证人面前订立并做成公证证书,或要求某些类型的合同必须予以登记。但各国实体私法关于合同形式有效性的规定并不一致,经常会提出适用何国法的问题,即如何确定合同形式有效性准据法的问题。

关于合同形式有效性的准据法,主要有两种解决办法:其一是使合同形式有效性和合同实质有效性均适用同一法律体系,即以合同准据法为合同形式有效性的准据法;其二是将合同形式有效性作为合同的一个特别问题,单独适用关于合同形式有效性的冲突规则以确定其准据法。

(二)例子

依照《罗马Ⅰ规则》关于"形式有效性"的第11条,如果在合同订立时位于同一国家的人或其代理人之间所订立的合同符合依《罗马Ⅰ规则》在实质上适用于该合同的法律体系或合同订立地国家的法律体系的形式要件,则在形式上为有效(第11条1款)。如果在合同订立时位于不同国家的人或其代理人之间所订立的合同符合依《罗马Ⅰ规则》在实质上适用于该合同的法律体系的形式要件，或一方或另一方当事人或其代理人在合同订立时所位于的国家之一的法律体系的形式要件，或一方或另一方当事人在那时的惯常居所地国家的法律体系的形式要件，则在形式上为有效（第11条第2款）。如果与已订立或待订立的合同有关的单方（单独）法律行为符合依《罗马Ⅰ规则》在实质上适用于或可能适用于该合同的法律体系的形式要件，或该行为的实施地国家的法律体系的形式要件，或已完成该行为的人在此时的惯常居所地国家的法律体系的形式要件，则在形式上为有效（第11条第3款）。但第11条第1款、第2款和第3款的规定不适用于消费者合同。消费者合同形式有效性应适用第11条第4款的特别规定："消费者合同的形式，适用消费者惯常居所地国家的法律体系。"此外，第11条第5款也是一条特别规则：尽管有第1款至第4款的规定，所有以不动产物权或不动产租赁为标的的合同，均适用不动产所在地国家的法律体系的形式规则，但以该法律体系具有下列情形为条件：其一，不论合同订立地和合同实体的准据法为何，此种形式规则均予以适用；其二，此种形式规则不得以协议加以损抑。可见，如同《罗马公约》第9条那样，《罗马Ⅰ规则》第11条关于合同形式有效性准据法的规定在体现了"有利于合同有效性"的倾向的同时，也就消费者合同、以不动产物权或不动产租赁为标的的合同等特殊类型的合同做出了特别规定。

九、中国的实践

中国现行制定法和司法解释关于涉外合同准据法的规定，主要见于《中华人民共和国涉外民事关系法律适用法》第41条至第43条、《中华人民共和国民法典》第467条第2款、《中华人民共和国海商法》第269条以及《中华人民共和国民用航空法》第188条。

（一）识别问题

有国际管辖权的中国法院（复数）在处理涉外合同之债的案件时，应依作为法院地法的中国法进行识别。《中华人民共和国涉外民事关系法律适用法》第8条规定："涉外民事关系的定性，适用法院地法律。"按照《中华人民共和国民法典》第464条的法定定义，中国法意义上的合同"是民事主体之间设立、变更、终止民事法律关系的协议"（第464条第1款），但一般不包括关于婚姻、收养、监护等有关身份关系的协议（第464条第2款）。

（二）特别规定的适用

依照1992年11月7日《中华人民共和国海商法》第269条，海商合同应首先适用双方当事人所选择的法律体系，但法律另有规定的除外（第1句）。如双方当事人没有选择海商合同准据法，则适用与海商合同有最密切联系的国家的法律体系（第2句）。该条第1句和第2句的规定在《中华人民共和国涉外民事关系法律适用法》自2011年4月1日起施行以后,仍作为“商事领域法律的特别规定”而继续适用。

依照1995年10月30日通过的《中华人民共和国民用航空法》第188条的规定,可以理解为,民用航空运输合同应首先适用双方当事人所选择的法律体系,但法律另有规定的除外(第188条前半句)。如双方当事人没有选择合同准据法,则适用与民用航空运输合同有最密切联系的国家的法律体系(第188条后半句)。该条的规定在《中华人民共和国涉外民事关系法律适用法》自2011年4月1日起施行以后,仍作为“特别规定”而继续适用。

(三)《中华人民共和国涉外民事关系法律适用法》第41条的新规定

自2011年4月1日起施行的《中华人民共和国涉外民事关系法律适用法》第41条规定:“当事人可以协议选择合同适用的法律。当事人没有选择的,适用履行义务最能体现该合同特征的一方当事人经常居所地法律或者其他与该合同有最密切联系的法律。”

1. 确定合同准据法的首要原则:当事人意思自治原则

关于《中华人民共和国涉外民事关系法律适用法》第41条第1句,本书作者有六点意见如下:

第一,与旧法相比,新法第41条第1句首次使用了“合同适用的法律”的措辞,而不再限于“合同争议所适用的法律”,从而使中国国际私法上的合同准据法外延大为扩展,是一个巨大的进步。

第二,新法第41条第1句确认了当事人意思自治原则是确定合同准据法的首要原则,这是对中国自1978年12月实行改革开放40余年以来涉外民商事案件审判实践经验的总结,值得肯定。当然,如若在措辞上使用冲突规则的标准表述方式“合同,适用双方当事人协议选择的法律”则更佳。

第三,当事人对准据法的选择必须获得中国法律的明确准许。最高人民法院《关于适用〈中华人民共和国涉外民事关系法律适用法〉若干问题的解释(一)》第4条规定:“中华人民共和国法律没有明确规定当事人可以选择涉外民事关系适用的法律,当事人选择适用法律的,人民法院应认定该选择无效。”

第四,双方当事人所协议选择的法律无须与系争的涉外民事关系有实际联系。最高人民法院《关于适用〈中华人民共和国涉外民事关系法律适用法〉若干问题的解释(一)》第5条规定:“一方当事人以双方协议选择的法律与系争的涉外民事关系没有实际联系为由主张选择无效的,人民法院不予支持。”

第五,当事人能够达成准据法协议或变更准据法选择协议的时段是“一审法庭辩论终结前”。最高人民法院《关于适用〈中华人民共和国涉外民事关系法律适用法〉若干问题的解释(一)》第6条第1款规定:“当事人在一审法庭辩论终结前协议选择或者变更选择适用的法律的,人民法院应予准许。”

第六，“各方当事人援引相同国家的法律且未提出法律适用异议”可被认定为已进行准据法选择。就此，最高人民法院《关于适用〈中华人民共和国涉外民事关系法律适用法〉若干问题的解释（一）》第6条第2款规定：“各方当事人援引相同国家的法律且未提出法律适用异议的，人民法院可以认定当事人已经就涉外民事关系适用的法律做出了选择。”

2. 客观性连结规则的基础：最密切联系原则

首先，新法第41条第2句是一条客观性连结规则，它确认了在此之前在司法实践中已得到承认和采用的最密切联系原则，但在内容上向前迈进了一步。这条客观性连结规则以与合同有最密切联系地为主要连结点，也就是说，在双方当事人未选择合同准据法的情形下，原则上应适用与合同有最密切联系地国家的法律体系。第41条第2句将“履行义务最能体现该合同特征的一方当事人经常居所地”国家的法律体系推定为在通常情况下与合同有最密切联系地国家的法律体系，但这一推定是可驳倒的：当另一国家的法律体系是与合同有最密切联系地国家的法律体系时，自应适用该另一国家的法律体系。

其次，第41条第2句实际上首次将“特征性给付”学说引进了中国立法中。但它的表述在国际私法学上不甚精当。如上所述，产生于20世纪的“特征性给付说”是最密切联系原则的具体化。它推定：合同与担负特征性给付义务的当事人（往往是非金钱给付方当事人）在合同订立时的住所地、惯常居所地、管理中心地或主营业地国家的法律体系有最密切联系，相应地，合同准据法通常是担负特征性给付义务的当事人的住所地法、惯常居所地法、管理中心地法或主营业地法。但“特征性给付说”的推定是可驳倒的：当存在与合同有更密切联系的另一地域时，该另一地域的法律体系自应予以适用。这也是最密切联系原则的逻辑要求使然。

3. 关于消费者合同和劳动合同的特别规定

《中华人民共和国涉外民事关系法律适用法》第42条和第43条还含有两条关于消费者合同和劳动合同的特别规定，它们优先于第41条的一般规定。

依照第42条前半句的规定，消费者合同原则上应适用消费者经常居所地的法律体系。但依照第42条后半句的规定，如果消费者选择适用商品、服务提供地的法律体系，或者经营者在消费者经常居所地未从事相关经营活动，则例外地适用商品、服务提供地的法律体系。本书作者认为，消费者合同原则上适用消费者经常居所地国家的法律体系是合理的，因为消费者经常居所地国家的法律体系往往是消费者最熟悉也最便于消费者据以主张其权利的法律体系。[1] 但在消费者自己选择适用商品、服务提供地国家的法律体系，或者经营者在消费者经常居所地未从事相关经营活动的情形下，适用消费者经常居所地国家的法律体系可能不符合消费者

〔1〕 参见陈卫佐：《涉外民事法律适用法的立法思考》，载《清华法学》2010年第3期。

自己的意愿或与案件没有密切联系，所以该条后半句规定在此种情形下，应例外地适用商品、服务提供地国家的法律体系。美中不足的是，该条所使用的“选择适用”和“商品、服务”不够严谨，因为国际私法上所说的“选择”通常是指双方当事人达成选择准据法的协议，消费者自己是不能“选择”的，况且适用法律的是有国际管辖权的中国法院或行政机关等法律适用者，而不是消费者。将“商品、服务”修改成“商品或服务”似更妥，以便法律适用者选择其一，而不至于理解成“商品和服务”。[1]

依照该法第 43 条第 1 句，劳动合同原则上应适用劳动者工作地的法律体系；在难以确定劳动者工作地的情形下，则例外地适用用人单位主营业地的法律体系。这样的规定是合理和可取的。

该法第 43 条第 2 句规定：“劳务派遣，可以适用劳务派出地法律。”本书作者认为，这条规定是完全没有必要的。首先，与该法绝大多数冲突规则不同的是，第 43 条第 2 句使用了“可以”的措辞，这就使得它作为一条冲突规则的效力大打折扣，可有可无。其次，将劳务派遣作为冲突规则的连结对象乃世所罕见，其必要性值得怀疑，因为“劳务派遣”通常不是一种类型的民事法律关系，也不是一类民事争议。[2]

（四）《中华人民共和国民法典》第 467 条第 2 款的单边冲突规则

《中华人民共和国民法典》第 467 条第 2 款规定了适用作为法院地法的中国法的单边冲突规则如下：“在中华人民共和国境内履行的中外合资经营企业合同、中外合作经营企业合同、中外合作勘探开发自然资源合同，适用中华人民共和国法律。”

第二节 非合同之债

因侵权行为、无因管理和不当得利而发生的债是法定之债。它们是因事实关系而发生的债，而不是因法律行为（合同或单方法律行为）而发生的债。含有涉外因素的非合同之债与两个或两个以上国家的法律体系均有联系，因而需要解决适用何国法律体系的问题；换句话说，需要确定准据法。

---

〔1〕 此外，该法草案之 2010 年 6 月 28 日修改稿第 50 条和二次审议稿第 44 条均使用“消费合同”的措辞，本书作者曾多次主张改为“消费者合同”（参见本书作者 2010 年 7 月 13 日和 9 月 16 日写给全国人大常委会法制工作委员会的“修改理由”，在本书作者所著《比较国际私法》2012 年版附录 1、附录 2 和附录 5）。令人欣慰的是，这一合理主张最终被中国立法者采纳。

〔2〕 此外，本书作者从所参加的全国人大会议中心召开的“涉外民事关系法律适用法立法研讨会”中得知，添加这一句规定主要是为了增加适用中国法的机会（考虑到中国是劳务输出国和劳务派遣国），但其合理性值得怀疑。

一、侵权行为

（一）侵权行为地法原则与侵权行为地

1. 侵权行为地法原则

在国际性侵权行为或事件所引起的侵权责任的准据法确定问题上，传统国际私法所采取的一项法律适用原则是：侵权责任，适用侵权行为地法（拉丁文 *lex loci delicti*）。侵权行为地法通常适用于因侵权行为而发生的民事责任（侵权责任）、损害赔偿请求权的条件和效果等问题。时至今日，这一原则仍为许多国家的国际私法所采取。以下是这方面的代表性立法例：

匈牙利 2017 年 4 月 11 日《关于国际私法的法律》（自 2018 年 1 月 1 日起施行）第 60 条规定："非合同之债，适用债的原因事实的结果发生地国法。"

2002 年 3 月 1 日生效的《俄罗斯联邦民法典》第 3 编第 6 章之第 1219 条第 1 款第 1 句规定：因侵权行为而发生的债，原则上应适用引起损害赔偿请求权的行为（或其他加害事件）实施地（或发生地）国家的法。

德国《民法典施行法》第 40 条第 1 款规定："因侵权行为而发生的请求权，适用损害赔偿义务人行为地国家的法。受害人可以请求适用结果发生地国家的法，而不适用损害赔偿义务人行为地国家的法。受害人指定所适用的法的权利，只能在言词辩论的早期第一个期日终了前或书面准备程序终结前，在第一审级予以行使。"

1995 年 5 月 31 日《关于改革意大利国际私法体系的第 218 号法律》第 62 条第 1 款规定："侵权责任，适用结果发生地国家的法。但受害人可以请求适用引起损害的行为的实施地国家的法。"一方面，该法原则上以结果发生地法为侵权责任的准据法；另一方面，为了保护寻求赔偿的受害人，在受害人请求的情形下，也可以适用加害行为实施地法。然而，根据该法第 62 条第 2 款，如果侵权行为唯独涉及具有同一国家的国籍且在该国有惯常居所的当事人，则适用该国法。在此情形下，该条第 1 款所规定的结果发生地法和加害行为实施地法均须让位于当事人共同本国法兼共同惯常居所地法。

依照瑞士 1987 年 12 月 18 日《关于国际私法的联邦法律》第 133 条第 2 款规定，在当事人未进行准据法选择的情形下，如果加害人和受害人在同一国家无惯常居所，则因侵权行为而发生的请求权应适用侵权行为实施地国家的法。但如果损害结果发生在另一国家，且加害人应当预见损害结果将会发生在该另一国家，则应适用损害结果发生地国家的法。

奥地利 1978 年 6 月 15 日《关于国际私法的联邦法律》第 48 条第 1 款规定："非合同的损害赔偿请求权，适用引起损害的行为的实施地国家的法。但就当事人而言，如果存在与另一国家的法的更强关系，则适用该另一国家的法。"

捷克斯洛伐克 1963 年 12 月 4 日《关于国际私法和国际民事诉讼法的法律》第 15 条规定:“因侵权行为而发生的请求权,适用损害发生地法或引起损害的事件发生地法。”

1940 年 3 月 15 日希腊《民法典》第 26 条第 1 句规定:“因侵权行为而发生的法律关系,适用侵权行为实施地国家的法。”

西班牙《民法典》第 10 条第 9 款规定:“非合同之债,适用其原因事实发生地法”。

泰国 1938 年 3 月 10 日《关于法律冲突的法律》第 15 条第 1 款规定:“因不法行为而发生的债,适用构成此种不法行为的事实发生地国家的法。”

日本 2006 年 6 月 15 日《关于法的适用的通则法》第 17 条规定:“因侵权行为而发生的债权的成立及效力,适用加害结果发生地法。但如果在通常情形下不能预见结果在该地发生,则适用加害行为实施地法。”可见,在确定“因侵权行为而发生的债权的成立及效力”的准据法时,该法第 17 条所采取的一般规则是“适用侵权行为地法”。为此,日本立法者所规定的首要连结点是“加害结果发生地”,其次才是“加害行为实施地”。

依照委内瑞拉 1998 年 8 月 6 日《关于国际私法的法律》第 32 条的规定,侵权适用侵权结果发生地法(第 1 句)。但受害人可以要求适用侵权原因事实发生地国家的法律体系(第 2 句)。

2. 侵权行为地的确定

既然适用侵权行为地法是传统国际私法关于侵权行为准据法的一条主要规则,侵权行为地的确定也就显得尤为关键。然而,在科学技术迅猛发展的当代社会,侵权行为地的界定有时甚至是一件极其困难的事情。

对于什么是侵权行为地,主要有两种不同的理解:侵权行为实施地和损害发生地。

侵权行为实施地:如侵权人开枪射击的地方、发信地、侵权人有义务控制而不作为的地方等。

损害发生地:直接相关的法益被侵害时的所在地,如子弹击中目标的地方;读信地;汽车在未被控制的情形下发生事故的地方;等等。

此外,德国有一些学者认为侵权行为地除侵权行为实施地和损害发生地外,还包括损害的间接后果发生地。所谓损害的间接后果发生地,是指其他损害的间接后果发生的地方,如被射击的人所受的伤复发的地方(医院)、出了事故的汽车完全坏掉的地方。但通说认为损害的间接后果发生地不应作为确定侵权责任准据法的连结点。假设一个在德国购买某食品的人,在比利时境内消费该食品并因此而发病,后被运至法国的医院,则侵权行为实施地是德国,损害发生地是比利时,损害的间接后果发生地是法国。按照德国国际私法的通说,法国法不应作为准据法。[1]

---

〔1〕 Vgl. Kropholler, IPR (6. Aufl. 2006), § 53 Ⅳ.

通常，侵权行为实施地和损害发生地是同一个地方。但在隔地侵权事件（侵权行为实施地在一国、损害发生地在另一国的事件）的情形下，如在子弹越过国界的侵权事件、跨国（跨境）诽谤以及跨国（跨境）环境污染侵权事件的情形下，有必要决定到底应适用侵权行为实施地法还是适用损害发生地法。

一方面，有些国家的国际私法规定原则上应适用侵权行为实施地法，如奥地利1978年6月15日《关于国际私法的联邦法律》第48条第1款第1句。有些国家的国际私法规定原则上应适用损害发生地法，如2002年3月1日生效的《俄罗斯联邦民法典》第3编第6章之第1219条第1款第2句、荷兰2001年4月11日《关于侵权行为的法律冲突的法律》[1]第3条第2款、[2]斯洛文尼亚共和国1999年6月30日《关于国际私法和国际民事诉讼的法律》第30条第1款、英国1995年的《国际私法（杂项规定）法》第11条。另一方面，也有一些国家的国际私法规定在某些特定情形下应适用侵权行为实施地法，在其他情形下应适用损害发生地法，如瑞士1987年12月18日《关于国际私法的联邦法律》第133条第2款第2句，葡萄牙1966年11月25日《民法典》第45条第1款、第2款。

依照《俄罗斯联邦民法典》第3编第6章之第1219条第1款第2句的规定，在引起损害赔偿请求权的行为（或其他加害事件）的实施地（或发生地）国家不同于损害发生地国家的情形下，如果加害人已预见到或应当预见到损害在后一个国家发生，则适用损害发生地国家的法律体系。

美国1934年《（第一次）冲突法重述》原则上以侵权行为地法为侵权行为准据法。但依照其第377条，侵权行为地是指引起加害人侵权责任的最终事件发生地。在绝大多数情形下，该条所称侵权行为地系损害发生地，而不论加害行为在何地实施。这样一来，如果加害人在A州射击站在B州的受害人致使后者身体受伤，则准据法通常是B州法。类似地，如果因加害人的过失而在A州制造的产品致使受害人在B州受损害，则准据法通常是B州法。[3]

（二）其他应予适用的法律体系

虽然侵权行为地法原则是传统国际私法所广泛采取的一项主要法律适用原则，但如果绝对地采取这一原则则未免流于机械和僵化，也不利于保护当事人合法权益。为了照顾冲突法上的正义，晚近的国际私法立法都或多或少地偏离了这一传统原则，而准许适用若干其他法律体系，从而使侵权行为地法原则有所松动或软化。

---

[1] 2001年6月1日生效。

[2] See Kramer, Dutch Private International Law - Overview 1998 - August 2002, in: IPRax 2002, 537 - 540.

[3] See William M. Richman and William L. Reynolds, *Understanding Conflict of Laws*, Third Edition, 2003, p. 184.

1. 共同本国法或共同(惯常)居所地或共同住所地国家的法律体系

依照瑞士1987年12月18日《关于国际私法的联邦法律》第133条第1款,如果加害人和受害人在同一国家有惯常居所,则侵权行为应适用其共同惯常居所地国法。在这里,当事人共同惯常居所地甚至取代了侵权行为地而成为确定侵权行为准据法的主要连结因素。

《俄罗斯联邦民法典》第3编第6章之第1219条第2款规定:就在外国实施的侵权行为所引起的债而言,如果双方当事人是同一国家的公民或法人,则适用该国法。如果双方当事人虽不是同一国家的公民,但在同一国家有居所地,则适用该国法。

德国《民法典施行法》第40条第2款规定:"损害赔偿义务人和受害人于责任事件发生时,在同一国家有其惯常居所的,适用该国法。涉及公司、社团或法人的,其主事务所所在地视同惯常居所;(公司、社团或法人的)营业所参与实施侵权行为的,该营业所所在地视同惯常居所。"

2. 业已存在于加害人和被害人之间的法律关系的准据法

瑞士1987年12月18日《关于国际私法的联邦法律》第133条第3款规定:"尽管有本条第1款、第2款的规定,侵权行为侵害业已存在于加害人和被害人之间的法律关系的,基于该侵权行为而发生的请求权,适用该法律关系的准据法。"此时,该法律关系的准据法可视为与案件有最密切联系的法律体系。这也符合诚实信用原则的要求。当然,适用业已存在于加害人和被害人之间的法律关系的准据法的两个必要前提是:其一,在侵权事件发生之前,当事人之间必须存在某一法律关系(如合同关系)。其二,侵权行为构成了对该法律关系的侵害。在同时具备这两个必要前提的情形下,业已存在于加害人和被害人之间的法律关系的准据法即应优先于共同惯常居所地国家的法律体系和侵权行为地国家的法律体系而获得适用。[1]

3. 有更密切联系的法律体系

有些国家的国际私法立法规定,在例外情形下可以适用有更密切联系的法律体系。它在不同国家有不同的表述:日本国际私法的表述是"显然有更密切关系的地方的法",奥地利国际私法的表述是"有更强关系的法律体系"。

日本2006年6月15日《关于法的适用的通则法》第19条规定:尽管有该法第17条(关于一般侵权行为)、第18条(关于产品责任的特例)和第19条(关于毁损名誉或信用的特例)的规定,如果当事人在侵权行为被实施时,在施行同一法律体系的地方有其惯常居所,或所实施的侵权行为违反了以当事人之间的合同为基础的义务,或鉴于其他情形,另一地方显然比依第17条至第19条的规定应予适用的

---

[1] 参见陈卫佐:《瑞士国际私法法典研究》,法律出版社1998年版,第186~190页。

法所属地方有更密切的关系，则因侵权行为而发生的债权的成立及效力，应适用该另一地方的法，而不适用依第 17 条至第 19 条所应适用的法。这实际上是一条优先适用“显然有更密切关系的地方的法”的特别例外条款，它主要考虑了当事人共同惯常居所和以当事人之间业已存在的合同关系，也兼顾了冲突法上的正义。[1]

依照奥地利 1978 年 6 月 15 日《关于国际私法的联邦法律》第 48 条第 1 款第 1 句，非合同的损害赔偿请求权，原则上应适用行为实施地国家的法律体系。然而其第 2 句却规定了例外地适用“有更强关系的法律体系”的条件：“但就当事人而言，如果存在与另一国家的法的更强关系，则适用该另一国家的法。”

4. 当事人协议选择的法律体系——有限的当事人意思自治

瑞士 1987 年 12 月 18 日《关于国际私法的联邦法律》第 132 条规定：“当事人可以在损害事件发生后的任何时候约定适用法院地法。”这就在国际侵权行为法领域引入了当事人意思自治，但这种意思自治是相当有限的：首先，当事人只能选择法院地法。对于审理国际性侵权行为案件的有国际管辖权的瑞士法院来说就是，当事人只能限于选择瑞士法。其次，当事人选择法院地法即瑞士法作为侵权行为准据法，只能在损害事件发生之后为之。

依照《俄罗斯联邦民法典》第 3 编第 6 章之第 1219 条第 3 款的规定，加害行为（或其他加害事件）实施（或发生）后，双方当事人可以达成协议如下：侵权之债，适用法院地国家的法。这就将有限的当事人意思自治引入了关于涉外侵权责任的俄罗斯国际私法。与瑞士《关于国际私法的联邦法律》第 132 条相仿，双方当事人只能在加害行为（或其他加害事件）实施（或发生）后，协议选择作为法院地法的俄罗斯法作为侵权之债的准据法。[2]

日本 2006 年 6 月 15 日《关于法的适用的通则法》第 21 条也准许侵权行为的当事人事后变更侵权行为准据法。它规定：“侵权行为的当事人可以在侵权行为发生后，变更因侵权行为而发生的债权的成立及效力所应适用的法。但第三人权利受侵害的，该项变更不得对抗该第三人。”

（三）双重可诉性原则

1. 含义

所谓“双重可诉性原则”（英文 double actionability principle），原本系英格兰国际私法所采取的一项关于以何国法律体系为标准来判断侵权行为是否成立的冲突法原则，它要求侵权行为的成立必须同时符合行为地法和法院地法。

《戴西和莫里斯论法律冲突法》第 11 版“规则 204”称：“在外国实施的某一行

---

〔1〕 Vgl. dazu Nishitani, Die Reform des internationalen Privatrechts in Japan, in: IPRax 2007, 556.

〔2〕 See Sergei Lebedev, Aleksander Muranov, Roman Khodykin & Elena Kabatova, *New Russian Legislation on Private International Law*, Yearbook of Private International Law, Volume 4 (2002), p. 141 – 143.

为是抑或不是侵权行为（亦即可就之在英格兰起诉的不法行为），取决于行为实施地国家的法（拉丁文 *lex loci delicti commissi*）和英格兰法（法院地法，拉丁文 *lex fori*）相结合的效果，或者，在例外情形下，如另一国家的法与事件和当事人有最重要的关系，则取决于该另一国家的法。”其“规则 205”之第 1 款称：“一般地说，在外国实施的某一行为仅在它同时满足下列两个条件时，始为侵权行为并可作为侵权行为在英格兰起诉：(a)依英格兰法可作为侵权行为起诉，换言之，如它在英格兰实施，将会是侵权行为；(b)依行为实施地的外国法是可起诉的。”[1]

2. 立法例

(1) 日本法

在《关于法的适用的通则法》施行之前，日本《法例》第 11 条第 2 款、第 3 款即已采取双重可诉性原则：首先，该法第 11 条第 1 款关于因侵权行为而生的债权应适用原因事实发生地法的原则性规定，不适用于发生在外国而依日本法不属侵权行为的事实。其次，即便发生在外国的事实依日本法属侵权行为，受害人也不得请求为日本法所不认可的损害赔偿或其他措施。

虽然双重可诉性原则是一条争议颇多的侵权行为法律适用原则，但在日本工商界人士的要求下，日本立法者还是在《关于法的适用的通则法》第 22 条将该项原则保留了下来。一方面，在侵权行为应适用外国法的情形下，如果应适用该外国法的事实依日本法不是不法的（亦即不构成侵权行为），则不得请求以该外国法为基础的损害赔偿和其他措施（第 1 款）。另一方面，如果侵权行为应适用外国法，即使应适用该外国法的事实依该外国法和依日本法都是不法的（亦即均构成侵权行为），受害人也不得请求日本法所不认可的损害赔偿和其他措施（第 2 款）。这样一来，日本企业无须再担心受到诸如美国法上的“惩罚性损害赔偿”（punitive damages）和其他超出正常范围的侵权行为法上的请求权的伤害。

有日本学者正确地指出，新法和《法例》所采取的双重可诉性原则已不合时宜，因为它将导致优先适用日本法的后果，在实践中常常徒使法律适用因累积适用两个法律体系而变得复杂。从比较法的角度看，德国 1999 年 5 月 21 日《关于非合同之债和物权的国际私法的法律》[2]废止了采取双重可诉性原则的《民法典施行法》原第 38 条；英国 1995 年《国际私法（杂项规定）法》也废除了双重可诉性原则（仅在侵害人格权事件中有所例外）。[3]

---

〔1〕 Collins, *Dicey and Morris on the Conflict of Laws*, 11th edition, Vol. 2 (1987), p. 1358 – 1366.

〔2〕 德语原文见德国《联邦法律公报》，1999 年，第 1 部分，第 1026 页（BGBl. 1999 I 1026）。中文译文见陈卫佐译：《德国〈关于非契约之债及物权的国际私法的法律（1999 年 5 月 21 日）〉》，载梁慧星主编：《民商法论丛》第 19 卷，法律出版社 2001 年版，第 696 ~ 700 页。

〔3〕 Dazu Nishitani, a. a. O., S. 556, Fn. 48.

(2)泰国法

泰国1938年3月10日《关于法律冲突的法律》第15条第2款在第1款规定原则上应适用行为地国家的法律体系的同时,规定:“前款的规定,不适用于依泰国法不是不法的、在外国发生的事实。”有学者认为,这实际上也是采取双重可诉性原则的一个立法例。[1]

(四)中国的实践

1.商事领域法律特别规定的继续适用

1992年11月7日《中华人民共和国海商法》第273条第1款至第3款规定:(1)船舶碰撞的损害赔偿,适用侵权行为地法律。(2)船舶在公海上发生碰撞的损害赔偿,适用受理案件的法院所在地法律。(3)同一国籍的船舶,不论碰撞发生于何地,碰撞船舶之间的损害赔偿适用船旗国法律。第275条规定:“海事赔偿责任限制,适用受理案件的法院所在地法律。”这些规定在《中华人民共和国涉外民事关系法律适用法》自2011年4月1日起施行以后,仍作为“商事领域法律的特别规定”而继续适用。

依照1995年10月30日通过的《中华人民共和国民用航空法》(自1996年3月1日起施行,2021年修正)第189条第1款,民用航空器对地面第三人的损害赔偿,适用侵权行为地的法律体系。依照该条第2款,民用航空器在公海上空对水面第三人的损害赔偿,适用受理案件的法院所在地的法律体系,即中国法。第189条的这两款规定在《中华人民共和国涉外民事关系法律适用法》自2011年4月1日起施行以后,仍作为“商事领域法律的特别规定”而继续适用。

2.《中华人民共和国涉外民事关系法律适用法》关于确定侵权责任准据法的新冲突规则

自2011年4月1日起施行的《中华人民共和国涉外民事关系法律适用法》第44条至第46条是关于确定侵权责任准据法的新冲突规则。

依照该法第44条第1句,侵权责任原则上应适用侵权行为地的法律体系,但如果加害人(侵权人)和受害人(被侵权人)有共同经常居所地,则适用共同经常居所地的法律体系。与该法之前的冲突规则不同的是,这条新冲突规则首次使用“侵权责任”表示连结对象,其外延比“侵权行为的损害赔偿”或“损害赔偿”宽泛得多。这无疑是一个进步,值得肯定。

依照第44条第2句,侵权行为发生后,如果双方当事人协议选择侵权责任的准据法,则适用双方当事人所协议选择的法律体系。该规定赋予了双方当事人在侵权行为发生后协议选择侵权责任准据法的权能,是当事人意思自治原则在国际侵权行为法的体现,并且比赋予当事人有限的意思自治权能的瑞士1987年12月18

[1] 参见唐表明:《比较国际私法》,中山大学出版社1987年版,第180页。

日《关于国际私法的联邦法律》第132条、《俄罗斯联邦民法典》第3编第6章之第1219条第3款和日本2006年6月15日《关于法的适用的通则法》第21条走得更远。美中不足的是,该规定使用的措辞是“当事人协议选择适用法律”。双方当事人可以“协议”,也可以“选择”,却不能“适用”,因为适用法律的通常是有国际管辖权的中国法院或其他法律适用者。第44条第2句可修改为:“侵权行为发生后,当事人协议选择侵权责任所应适用的法律的,适用当事人所选择的法律。”

第45条是关于确定产品责任准据法的特别规则。产品责任原则上应适用被侵权人经常居所地的法律体系(第45条前半句)。这样的冲突规则有利于保护作为较弱方当事人的被侵权人,因为被侵权人经常居所地国家的法律体系往往是被侵权人生活中心地国家的法律体系,也是被侵权人(如消费者)最为熟悉的、可据以主张其权益的法律体系。[1] 依照第45条后半句的规定,如果被侵权人选择适用侵权人主营业地的法律体系或损害发生地的法律体系,或者侵权人在被侵权人经常居所地没有从事相关经营活动,则例外地适用侵权人主营业地的法律体系或损害发生地的法律体系。这一冲突规则大体上是合理的,但在措辞上,存在上述用词不当的问题。此外,“主营业地法律、损害发生地法律的”中的顿号应改为“或者”,以表明二者是选择关系而非并列关系,更没有累积适用二者的意思。“主营业地法律、损害发生地法律的”中的“的”字是赘字,应予删除。

第46条是关于确定侵害人格权的侵权责任的准据法的特别规则:“通过网络或者采用其他方式侵害姓名权、肖像权、名誉权、隐私权等人格权的,适用被侵权人经常居所地法律。”但作为一条冲突规则,它欠缺连结对象“侵权责任”;作为一个句子,它欠缺主语:谁侵害谁的人格权?正确的理解是:如果侵权人通过网络或采用其他方式侵害姓名权、肖像权、名誉权、隐私权等人格权,则因此而引起的侵权责任应适用被侵权人经常居所地国家的法律体系。

二、无因管理

关于因无因管理而发生的债的准据法,概括地说,各国国际私法所规定应予适用的法律体系主要有:无因管理进行地国家的法律体系(事实发生地法);存在于当事人之间的、与无因管理有关联的法律关系的准据法;(就因清偿他人债务而发生的请求权而言)他人债务的准据法。兹举例说明之。

德国《民法典施行法》第39条第1款规定:“(1)因管理他人事务而发生的法定请求权,适用事务实施地国家的法。(2)因清偿他人债务而发生的请求权,适用该债务所应适用的法。”

日本2006年6月15日《关于法的适用的通则法》第14条同时就无因管理和不

---

〔1〕 参见陈卫佐:《涉外民事法律适用法的立法思考》,载《清华法学》2010年第3期。

当得利的准据法做出了原则性规定如下：因无因管理或不当得利而发生的债权的成立及效力，适用原因事实发生地法。

韩国现行《国际私法》第50条（旧文本第30条）第1款和第2款规定："（1）无因管理，适用无因管理发生地法。但无因管理系基于当事人之间的某一法律关系的，适用该法律关系的准据法。（2）因清偿他人债务而发生的请求权，适用该债务的准据法。"

泰国1938年3月10日《关于法律冲突的法律》第14条规定："因无因管理或不当得利而发生的债，适用此种债的原因事实发生地法。"

三、不当得利

对于不当得利，有些国家的国际私法区分各种不当得利类型，并分别规定不同的冲突规则以确定因各种类型的不当得利而发生的债的准据法；有些国家的国际私法则不做此种区分。概括地说，各国国际私法所规定应予适用的法律体系主要有：（1）当事人之间的某种法律关系的准据法；（2）不当得利发生地国家的法律体系（事实发生地法）；（3）当事人所约定的法律体系（如法院地法）；（4）（就因侵犯受保护的利益而发生的不当得利而言）侵犯行为发生地国家的法律。兹举例说明之。

瑞士1987年12月18日《关于国际私法的联邦法律》第128条第1款和第2款规定："（1）因不当得利而发生的请求权，适用不当得利据以发生的现有的或假想的法律关系的准据法。（2）无此种法律关系时，因不当得利而发生的请求权，适用不当得利发生地国家的法；当事人可以约定：法院地法应予适用。"可见，该法第128条区分两种不同类型的不当得利：其一是发生于受益人和利益受损者之间的现有的或假想的法律关系的不当得利；其二是无此种法律关系的不当得利。对于前一种情形，受益人和利益受损者之间的法律关系可以是现有的，也可以是假想的（亦即被错误地接受的）。应予适用的法律体系是不当得利据以发生的现有的或假想的法律关系的准据法（第1款）。对于后一种情形，应予适用的法律体系是不当得利发生地国家的法律体系。但当事人被赋予有限的准据法选择权能：他们可以约定适用法院地法（第2款）。[1]

德国《民法典施行法》第38条第1款至第3款规定："（1）（无法律上的原因）因所履行的给付而发生的不当得利返还请求权，适用该给付所涉法律关系的准据法。（2）因侵犯受保护的利益而发生的不当得利的返还请求权，适用侵犯行为发生地国家的法。（3）在其他情形下，不当得利返还请求权，适用不当得利发生地国家的法。"

奥地利1978年6月15日《关于国际私法的联邦法律》第46条规定："不当得利

---

〔1〕 参见陈卫佐：《瑞士国际私法法典研究》，法律出版社1998年版，第185～186页。

返还请求权,适用不当得利发生地国家的法。但如不当得利以某项给付为基础,而该项给付系基于某一法律关系而履行的,则适用该法律关系的准据法所属国家的实体法;本句的规定,准用于他人所须支出的费用的赔偿请求权。"

韩国现行《国际私法》第 51 条(旧文本第 31 条)规定:[1]"不当得利,适用不当得利发生地国家的法。但如果不当得利因基于当事人之间的某一法律关系所进行的给付而发生,则适用该法律关系的准据法。"

2002 年 3 月 1 日生效的《俄罗斯联邦民法典》第 3 编第 6 章之第 1223 条第 1 款第 1 句以不当得利发生地作为确定因不当得利而发生的债的准据法的主要连结点:"因不当得利而发生的债,适用不当得利发生地国家的法。"但其第 2 句准许当事人在有限范围内选择准据法:"当事人可以达成协议如下:此种债应适用法院地法。"然而,如果不当得利的发生与现有的或被认为存在的某一法律关系相关联,而财产系因该法律关系而被取得或节省的,则根据第 1223 条第 2 款,因不当得利而发生的债,适用已经适用于或本可适用于该法律关系的本国法。[2]

值得注意的是,一些国家的国际私法将引起非合同之债的不当得利与无因管理、非债清偿等规定在同一条文里。例如:

委内瑞拉 1998 年 8 月 6 日《关于国际私法的法律》第 33 条规定:"无因管理、非债清偿和不当得利,适用债的原因事实发生地法。"

1995 年 5 月 31 日《关于改革意大利国际私法体系的第 218 号法律》第 61 条规定:"无因管理、不当得利、非债清偿和本法不另有规定的其他法定之债,适用引起该法定之债的行为的实施地国家的法。"

1984 年 7 月 24 日《秘鲁共和国民法典》第 2098 条规定:"法定债务关系、无因管理、不当得利和非债清偿,适用作为债的基础的行为被实施或理应被实施的地方的法。"

1972 年 7 月 29 日加蓬《民法典》第 42 条规定:"不当得利、非债清偿、无因管理,适用其发生地法;该法不能确定的,适用债务人住所地法。"

1948 年 7 月 16 日埃及《民法典》第 21 条第 1 款规定:"非合同之债,适用债的原因事实发生地国家的法。"

自 2011 年 4 月 1 日起施行的《中华人民共和国涉外民事关系法律适用法》第 47 条规定:"不当得利、无因管理,适用当事人协议选择适用的法律。当事人没有选择的,适用当事人共同经常居所地法律;没有共同经常居所地的,适用不当得利、无因管理发生地法律。"可见,不当得利或无因管理原则上应适用双方当事人协议选择的法律体系。如果双方当事人没有选择,则应适用双方当事人共同经常居所地

---

〔1〕 参见赵相林:《国际私法》(第 4 版),中国政法大学出版社 2007 年版,第 281 页。

〔2〕 See *the Civil Code of the Russian Federation*, Part 3, Yearbook of Private International Law, Volume 4 (2002), p. 364.

国家的法律体系。如果双方当事人没有共同经常居所地，则应适用不当得利或无因管理发生地国家的法律体系。须指出的是，该条第1句和第2句所使用的措辞“不当得利、无因管理”在法学方法论上是不精确甚至不妥当的，应以“或者”代替其中的顿号，修改成“不当得利或者无因管理”，以表明二者是选择关系而非并列关系。该冲突规则的连结对象所表示的法律关系种类是任择其一的：或者是不当得利，或者是无因管理，否则将被错误地理解成“不当得利和无因管理”。

四、《罗马Ⅱ规则》

（一）概说

《罗马Ⅱ规则》，全称《欧洲议会和欧盟理事会关于非合同之债准据法的第864/2007号（欧共体）规则》，已于2007年7月11日由欧洲议会和欧盟理事会在法国斯特拉斯堡通过，并公布于《欧洲联盟官方公报》（2007年7月31日，L 199/40）。[1]根据第32条的规定，《罗马Ⅱ规则》自2009年1月11日起适用，唯第29条自2008年7月11日起适用。[2]

《罗马Ⅱ规则》共分7章32条。第1章“适用范围”（第1条至第3条）、第2章“侵权行为”（第4条至第9条）、第3章“不当得利、无因管理和‘缔约上的过错’”（第10条至第13条）、第4章“选择自由”（第14条）、第5章“共同规则”（第15条至第22条）、第6章“其他规定”（第23条至第28条）、第7章“最后规定”（第29条至第32条）。

《罗马Ⅱ规则》体现了非合同之债准据法的确定方面的最新发展趋势和较高立法水平。兹将其主要内容作简要介绍如下。[3]

（二）适用范围

在含有法律冲突的情势下，[4]《罗马Ⅱ规则》“适用于民商事非合同之债”（第1条）。大体上说，它适用于因以下四种原因事实而发生的、“与不同国家的法律体系有联系的”民商事非合同之债：侵权行为、不当得利、无因管理和缔约上的过错。

从地域适用范围上说，《罗马Ⅱ规则》可直接适用于欧盟除丹麦以外的成员国（第1条第4款）。从时间适用范围上说，《罗马Ⅱ规则》适用于在其施行之后发生的损害原因事实。

《罗马Ⅱ规则》强调应予适用的法律体系的“普遍性”：即使《罗马Ⅱ规则》所指定的法律体系不是欧盟成员国的法律体系，也应予以适用（第3条）。这样一来，欧

---

〔1〕 ABl. EU L 199/40 (31.7.2007)/JOUE n° L 199 du 31 juillet 2007, p. 40.

〔2〕 Vgl. dazu IPRax 2007, Heft 5, S. Ⅱ.

〔3〕 参见陈卫佐：《欧共体国际私法的最新发展——关于非合同之债准据法的〈罗马Ⅱ规则〉评析》，载《清华法学》2008年第5期。

〔4〕 “含有法律冲突”的意思是：与不同国家的法律体系有联系。

盟各成员国有关非合同之债的国际私法完全为《罗马Ⅱ规则》所取代。[1]

(三)因侵权行为而发生的非合同之债的准据法

1. 一般规则

《罗马Ⅱ规则》第4条是关于侵权行为准据法的通则。

除《罗马Ⅱ规则》有相反规定外,因侵权行为而发生的非合同之债的准据法是损害发生地国家的法律体系,而不论损害的原因事实发生于何国,也不论该事实的间接后果发生于何国(第4条第1款)。可见,《罗马Ⅱ规则》原则上对于侵权行为之债适用损害发生地法(拉丁文 *lex loci damni*),而损害发生地法可以理解成"侵权行为地法"(拉丁文 *lex loci delicti*)的一种具体化形式。

但在损害发生时,如果加害人和受害人在同一国家有其惯常居所,则适用该国法律体系(第4条第2款)。这意味着在加害人和受害人在同一国家有惯常居所的情形下,该国法律体系应优先于第4条第1款所规定的损害发生地国家的法律体系而得到适用。

如果从案件的全部情事来看,侵权行为与第4条第1款或第2款所指定的国家以外的另一国家显然有更密切的联系,则应适用该另一国家的法律体系。与另一国家显然有更密切的联系,尤可基于当事人之间先存在的关系(诸如与所称侵权行为有密切联系的合同)得出(第4条第3款)。这是一条国际侵权行为法领域的特别例外条款。

2. 特别规则

因产品责任、不正当竞争及限制自由竞争的行为、侵害环境、侵犯知识产权、罢工或封闭工厂而发生的非合同之债的准据法,依《罗马Ⅱ规则》第5条至第9条的特别规则予以确定。

(四)因不当得利、无因管理和"缔约上的过错"而发生的非合同之债的准据法

1. 不当得利

如果因不当得利(包括非债清偿)而发生的非合同之债与当事人之间现有的关系有关联,而该项关系是诸如因合同或侵权行为而发生的、与不当得利有密切联系的债,则准据法是该项关系的准据法(第10条第1款)。如依第10条第1款不能确定准据法,且在引起不当得利的事实发生时,双方当事人在同一国家有其惯常居所,则准据法是该国法律体系(第10条第2款)。如依第10条第1款或第2款不能确定准据法,则准据法是不当得利发生地国家的法律体系(第10条第3款)。

如果从全部情事来看,因不当得利而发生的非合同之债与第10条第1款、第2款和第3款所指定的国家以外的另一国家显然有更密切的联系,则应适用该另一国

---

[1] Vgl. dazu Wagner, Die neue Rom Ⅱ – Verordnung, IPRax 2007, 1 – 4.

家的法律体系(第 10 条第 4 款)。这是一条特别例外条款。

2. 无因管理

如果因无因管理而发生的非合同之债与当事人之间现有的关系有关联,而该项关系是诸如因合同或侵权行为而发生的、与该无因管理之债有密切联系的债,则准据法是该项关系的准据法(第 11 条第 1 款)。如依第 11 条第 1 款不能确定准据法,且在引起损害的事实发生时,双方当事人在同一国家有其惯常居所,则准据法是该国法律体系(第 11 条第 2 款)。如依第 11 条第 1 款或第 2 款不能确定准据法,则准据法是无因管理发生地国家的法律体系(第 11 条第 3 款)。

如果从全部情事来看,因无因管理而发生的非合同之债与第 11 条第 1 款、第 2 款和第 3 款所指定的国家以外的另一国家显然有更密切的联系,则应适用该另一国家的法律体系(第 11 条第 4 款)。这也是一条特别例外条款。

3. 缔约上的过错

不论合同实际上是否被订立,因合同订立前的恶意商谈而发生的非合同之债的准据法,是合同准据法,或假如合同被订立时所会适用的法律体系(第 12 条第 1 款)。这意味着《罗马Ⅱ规则》原则上以合同准据法或设若合同被订立时所会适用的法律体系为因缔约上的过错而发生的非合同之债的准据法。这种为缔约上的过错制定单独的冲突规则的做法,在晚近的国际私法立法中罕见。同时,第 12 条第 1 款也为“缔约上的过错”(拉丁文 *culpa in contrahendo*)下了一个定义,即“合同订立前的恶意商谈”,包括违反告知义务和中断合同谈判这两种主要情形。

第 12 条第 2 款规定:“如依第 12 条第 1 款不能确定(因缔约上的过错而发生的非合同之债的)准据法,则准据法是下列法律体系之一:a)损害发生地国家的法律体系,不论该国是否是损害的原因事实发生地国家或该事实的间接后果发生地国家;b)损害的原因事实发生时,双方当事人在同一国家有其惯常居所的,该国法律体系;c)从全部情事来看,因合同订立前的恶意商谈而发生的非合同之债与 a)项和 b)项所指定的国家以外的另一国家显然有更密切的联系的,该另一国家的法律体系。”这里规定的三个法律体系有适用上的优先顺序:虽然原则上应适用的是损害发生地国家的法律体系,但在双方当事人在同一国家有其惯常居所的情形下,应优先适用其共同惯常居所地国家的法律体系。不仅如此,在这两个法律体系显然不如第三国法律体系与因缔约上的过错而发生的非合同之债有更密切的联系时,适用该第三国法律体系。可见,第 12 条第 2 款 c)项实际上也是一条特别例外条款。

(五)当事人选择准据法的自由

《罗马Ⅱ规则》第 14 条承认双方当事人有选择非合同之债准据法的权能。这种准据法选择既可以事后为之,也可以事前为之:双方当事人可以通过损害的原因事实发生后的协议来选择非合同之债准据法[第 14 条第 1 款第 1 句 a)项],也可以通过损害的原因事实发生前自由地商订的协议来选择非合同之债准据法,前提是双方均从事商业活动[第14条第1款第1句b)项]。该准据法选择必须是明示的或以确定的方式从情事中得出的，且不得妨碍第三人权利(第14条第1款第2句)。

但当事人选择准据法的权能并非不受限制。如果在损害的原因事实发生时，情事的全部因素均位于被选择的法律体系所属国以外的另一国家，则双方当事人的准据法选择不得妨碍该另一国家之不得以协议加以损抑的规定的适用(第14条第2款)。如果在损害的原因事实发生时，情事的全部要素均位于一个或一个以上成员国，有必要时，双方当事人对第三国法律的选择，不得妨碍不得以协议加以损抑且已被法院地成员国实施的共同体法规定的适用(第14条第3款)。所谓"不得以协议加以损抑的"规定，是指强制性规定。

五、非合同之债准据法的确定中的若干共同问题

(一)特别例外条款

1. 日本法

如果说日本2006年6月15日《关于法的适用的通则法》第17条至第19条所采用的是机械、僵硬的传统连结点——侵权行为地、(产品责任事件中的)市场所在地、生产者主营业所所在地或惯常居所地、(毁损名誉或信用的事件中的)受害人惯常居所地或主营业所所在地，那么第20条就是一条国际侵权行为法领域的特别例外条款，旨在增加法律适用的灵活性，并兼顾冲突法上的正义。它规定：如果当事人在侵权行为被实施时，在施行同一法律体系的地方有其惯常居所，或所实施的侵权行为违反了以当事人之间的合同为基础的义务，或鉴于其他情形，另一地方显然比依第17条至第19条的规定应予适用的法所属地方有更密切的关系，则因侵权行为而发生的债权的成立及效力，应适用该另一地方的法，而不适用依第17条至第19条所应适用的法。

与国际侵权行为法相仿，日本2006年6月15日《关于法的适用的通则法》在无因管理和不当得利法领域也引进了特别例外条款。尽管有第14条的规定，如果鉴于当事人在原因事实发生时，在施行同一法律体系的地方有其惯常居所，或与当事人之间的合同相关联的无因管理已进行或不当得利已发生，或鉴于其他情形，另一地方比依第14条规定应予适用的法所属地方显然有更密切的关系，则应适用该另一地方的法(第15条)。该特别例外条款所强调的是"显然有更密切关系的地方"的法。

2.《罗马Ⅱ规则》

如上所述，2007年7月11日《罗马Ⅱ规则》第4条第3款是国际侵权行为法领域的特别例外条款；第10条第4款是关于不当得利的冲突法领域的特别例外条款；第11条第4款是关于无因管理的冲突法领域的特别例外条款；第12条第2款c项是关于缔约上的过错的冲突法领域的特别例外条款。

（二）准据法选择

在非合同之债准据法的确定问题上，有些国家的国际私法准许当事人事后或事前进行准据法选择。其中，奥地利《关于国际私法的联邦法律》第35条第1款、列支敦士登1996年9月19日《关于国际私法的法律》第39条第1款、荷兰2001年4月11日《关于侵权行为领域的法律冲突的法律》第6条均没有关于事后或事前的准据法选择的明确限制；而德国《民法典施行法》第42条、比利时《国际私法法典》第101条、瑞士《关于国际私法的联邦法律》第132条、2002年3月1日生效的《俄罗斯联邦民法典》第3编第6章第1219条第3款、日本《关于法的适用的通则法》第21条第1句和第16条则明确准许当事人事后进行准据法选择，如在诉讼程序进行当中达成关于所应适用的法律体系（准据法）的协议。[1]

可供选择的法律体系一般不限于法院地法。如德国《民法典施行法》第42条规定："非契约之债因之而起的事件发生后，双方当事人可以选择该非契约之债的准据法。第三人权利不因此而受影响。"[2]

但有些国家的国际私法规定，准据法选择仅限于法院地法。例如，瑞士1987年12月18日《关于国际私法的联邦法律》第128条第2款规定：当事人只能选择法院地法作为不当得利准据法。第132条规定：当事人只能选择法院地法作为侵权行为准据法。此外，2002年3月1日生效的《俄罗斯联邦民法典》第3编第6章之第1219条第3款也只准许当事人选择法院地法。

日本2006年6月15日《关于法的适用的通则法》第21条第1句准许当事人事后变更侵权行为准据法：侵权行为的当事人可以在侵权行为发生后，变更因侵权行为而发生的债权的成立及效力所应适用的法。依照同条第2句的但书，在第三人权利受侵害的情形下，当事人对侵权行为准据法的事后变更，不得对抗该第三人。该法第16条准许当事人事后进行准据法选择。无因管理或不当得利的当事人，可以在原因事实发生后，变更因无因管理或不当得利而发生的债权的准据法。但如第三人权利受侵害，则该项变更不得对抗第三人（第16条）。

如上所述，2007年7月11日《罗马Ⅱ规则》第14条也承认双方当事人有事后或事前选择非合同之债准据法的权能。

（三）反致和转致的排除

在非合同之债的国际私法领域，反致和转致应一概予以排除。

《罗马Ⅱ规则》第24条的标题即为"反致和转致的排除"（法文 exclusion du renvoi）。它规定："本规则规定应适用某一国家的法时，意味着所应适用的是该国除国

---

[1] Voir Graziano, «Le nouveau droit international privé communautaire en matière de responsabilité extra-contractuelle (règlement Rome Ⅱ)», *Revue critique DIP* 2008, 450, note 14.

[2] 陈卫佐译：《德国〈关于非契约之债及物权的国际私法的法律（1999年5月21日）〉》，载梁慧星主编：《民商法论丛》第19卷，法律出版社2001年版，第696～700页。

际私法规则以外的现行有效的法律规则。”其所称“国际私法规则”(法文 règles de droit international privé)是指冲突规则。可见,《罗马Ⅱ规则》明确地排除了一切反致和转致。

第三节 若干债法制度的准据法

本节主要涉及若干债法制度的准据法确定。这些债法制度包括:债权让与(或法定的债权转移)、因单方(单独)法律行为而发生的债、授权委托书的有效授权以及消灭时效等。

一、债权让与(或法定的债权转移)

2002 年 3 月 1 日生效的《俄罗斯联邦民法典》第 3 编第 6 章之第 1216 条第 1 款规定:原债权人与新债权人之间的债权让与协议的准据法,应依该民法典第 1211 条第 1 款和第 2 款(关于在双方当事人未进行准据法选择的情形下确定合同准据法的规定)予以确定。这意味着债权让与协议的准据法通常是与该协议有最密切联系的国家的法律体系。另外,根据第 1216 条第 2 款,债权让与的可接受性、新债权人与债务人之间的关系、新债权人向债务人提出请求权的条件以及债务人依其债务履行适当给付的问题,适用所让与的债权的准据法。[1]

关于债权让与的准据法,日本 2006 年 6 月 15 日《关于法的适用的通则法》第 23 条规定:债权让与对债务人和第三人的效力,适用被转让的债权所应适用的法即债权准据法。首先,这一规定与《法例》第 12 条的规定不同:《法例》第 12 条规定债权让与对第三人的效力,应适用债务人住所地法。但《法例》第 12 条是一条备受批评的条款,因为它以债务人住所为连结点,而债务人住所是容易变更的,且对于第三人来说往往不容易断定。其次,较之《法例》第 12 条,作为一条冲突规则的《关于法的适用的通则法》第 23 条所涉及的法律关系的范围也有所扩张,它不限于“债权让与对第三人的效力”,而是包括“债权让与对债务人和第三人的效力”。此外,依照《关于法的适用的通则法》第 23 条,“债权让与对债务人的效力”的准据法和“债权让与对第三人的效力”的准据法均为“被转让的债权所应适用的法”,亦即债权准据法。[2]

---

〔1〕 See Sergei Lebedev, Aleksander Muranov, Roman Khodykin & Elena Kabatova, *New Russian Legislation on Private International Law*, Yearbook of Private International Law, Volume 4 (2002), p. 138.

〔2〕 See Aki Kitazawa, *Law Applicable to the Assignment of Receivables in Japan*, in Basedow, Baum and Nishitani (eds.), Japanese and European Private International Law in Comparative Perspective, 2008, p. 137 – 152.

2007 年 7 月 11 日《罗马Ⅱ规则》第 19 条规定了法定的债权转移的准据法。如果根据非合同之债,一人(“债权人”)享有对另一人(“债务人”)的权利,且第三人有补偿债权人的义务,甚至第三人因履行该项义务而补偿了债权人,则第三人对债权人(通常是受害人)的这项义务的准据法决定以下问题:第三人是否以及在多大范围内可以行使债权人依其与债务人之间的关系的准据法所保有的对债务人的权利。举例来说,一个在意大利度假的德国人,在某意大利人的过错所酿成的一起交通事故中受伤,其医疗费用得到了德国某保险公司的补偿。那么债权人是受伤的德国人,债务人是肇事的意大利人,德国保险公司是第三人。在第三人履行其补偿义务的情形下,债权人对债务人所享有的权利转移给了第三人(法定的债权转移)。按照《罗马Ⅱ规则》第 4 条第 1 款,意大利肇事者的侵权责任准据法(债权人“与债务人之间的关系的准据法”)是作为损害发生地法的意大利法。按照第 19 条,德国保险公司(第三人)是否以及在多大范围内可以行使债权人依意大利法所保有的对债务人的权利(如追偿请求权),应由德国保险公司对债权人(受伤的德国人)的给付义务的准据法决定。德国保险公司对债权人的给付义务的准据法是德国法,因为在德国,此种义务应适用德国社会保障法。[1]

二、因单方(单独)法律行为而发生的债的准据法

根据 2002 年 3 月 1 日生效的《俄罗斯联邦民法典》第 3 编第 6 章之第 1217 条第 1 款,因单方法律行为而发生的债,适用依该单方法律行为承担债务的当事人的居所地或主营业地国家的法律体系,但法律、该单方法律行为的条件或实质或案件的全部情事另有规定或要求的除外。

三、授权委托书的有效授权

根据《俄罗斯联邦民法典》第 3 编第 6 章之第 1217 条第 2 款,授权委托书的有效授权以及宣告该项授权无效的理由,适用授权委托书的签发地国家的法律体系。

四、消灭时效准据法

对于消灭时效(中国现行法律不使用这一称谓,而使用“诉讼时效”的称谓),英美法国家的法律体系一般认为它属于程序问题,因而其法院通常对消灭时效适用法院地法。而大多数大陆法国家的法律体系则认为消灭时效是一项民法制度,属于实体法问题,故其法院仍须依法院地国家的冲突规则确定消灭时效准据法。在此情形下,消灭时效通常适用与之相关的法律关系的准据法。[2]

---

〔1〕 Vgl. dazu Wagner, Die neue Rom Ⅱ – Verordnung, IPRax 2007, 16.

〔2〕 Vgl. dazu Kropholler, IPR (6. Aufl. 2006), § 41 Ⅱ 1.

2002年3月1日生效的《俄罗斯联邦民法典》第1208条（位于第3编第6章关于确定“财产关系和人身非财产关系的准据法”的第68节）规定：“时效，适用相关法律关系的准据法。”

波兰共和国2011年2月4日《关于国际私法的法律》第26条规定：“请求权的消灭时效，适用该请求权的准据法。”

土耳其2007年11月27日《关于国际私法和国际民事诉讼法的法律》第8条规定：“消灭时效，适用相关法律行为与法律关系的准据法。”[1]

《中华人民共和国涉外民事关系法律适用法》第7条规定：“诉讼时效，适用相关涉外民事关系应当适用的法律。”可见，中国新国际私法以相关涉外民事关系的准据法为诉讼时效准据法，符合大陆法国家的国际私法的一般做法。但《中华人民共和国涉外民事关系法律适用法》将关于确定诉讼时效准据法的冲突规则规定于总则中，从而不同于一些国家的国际私法的相应规定（如《俄罗斯联邦民法典》第1208条、波兰共和国2011年2月4日《关于国际私法的法律》第26条）所处的分则位置。[2]

复习思考题

1. 在确定涉外合同之债准据法时，最普遍适用的原则是什么？
2. 试述最密切联系原则在确定合同之债准据法方面的运用。
3. 什么是特征性给付？它在确定合同之债准据法上有何意义？
4. 中国现行制定法和有关司法解释在涉外合同准据法的确定方面有何规定？
5. 关于侵权行为的损害赔偿，中国现行制定法和司法解释有哪些主要规定？
6. 在确定涉外侵权行为之债准据法时，有哪些主要的可考虑的法律体系？
7. 在确定涉外无因管理和不当得利之债准据法时，有哪些主要的可考虑的法律体系？
8. 为什么在债法领域应排除反致和转致？试分别从合同之债和法定之债的角度说明之。

---

〔1〕 Vgl. IPRax 2008, 284.

〔2〕 本书作者在2010年7月13日写给全国人大常委会法制工作委员会的关于2010年6月28日修改稿的“修改理由”中指出：首先，诉讼时效（有些国家称之为“消灭时效”，如德国《民法典》第194条及以下）仅适用于请求权（尤其是债权），在涉外民事案件中极少单独地作为一种法律关系被提出，且根本不适用于亲属、继承、物权、知识产权等与请求权无关的涉外民事关系。其次，既然本法分则就合同之债和非合同之债准据法已有规定，诉讼时效问题通常依债的准据法予以解决即可，没有必要在总则中制定关于诉讼时效的单独的冲突规则。遗憾的是，本书作者的这一建议未被中国立法者采纳。

第十二章　物权和知识产权的准据法确定

第一节　各国民法关于物权问题的不同规定

关于物权（包括动产物权和不动产物权），各国民法的规定并不一致，因而存在法律体系之间的差异。兹以英国法和德国法关于动产所有权的转移的规定为例说明之。

按照英国法，如果某一动产在买卖合同成立时已处于可交付的状态，则在买卖合同成立时即发生动产所有权的转移，无须由出卖人将该动产实际交付给买受人。[1]

而按照德国法，买卖合同等负担行为所创设的只是给付义务，而给付义务与该项义务的履行是不同的。给付义务通过纯粹事实上的行为或法律行为得以履行。出卖人的主要义务在于使买受人取得作为买卖标的的动产的所有权，并将动产交付给后者。为了履行该项义务，双方还必须实施一项处分行为（动产所有权的转让），外加一项事实行为（交付）——“动产所有权的转让”这一处分行为由两个意思表示组成（所有人和取得人意思表示的一致，即关于动产所有权转移的合意）；其法律效果的发生有赖于“交付”这一事实行为（德国《民法典》第929条第1句）。如此看来，单单有买卖合同尚不足以对所有权归属的状况有任何改变。出卖人即使在买卖合同订立之后也仍然是动产所有人，只不过他作为所有人有义务将动产所有权和对动产的直接占有转让给作为取得人的买受人罢了。而动产所有权和对动产的直接占有的此种转让，是通过关于动产所有权转移的合意（属于处分行为）以及交付（属于事实行为）来实现的。

所有人必须与取得人达成关于动产所有权转移的合意，且将动产交付给取得人。姑且撇开交付即直接占有的转让问题不谈，动产所有权的转让是使所有权由所有人转移给取得人的必要条件。它是以转让某一项既有权利给他人为内容的法律行为，属于“处分”或“处分行为”的范畴。德国联邦普通法院（BGH）的司法判例

---

〔1〕 参见中国大百科全书总编辑委员会编：《中国大百科全书·法学》，中国大百科全书出版社1984年版，第374页。

给处分或处分行为所下的定义是：[1]所谓处分或处分行为，是指通过转让、废止、变更内容或设定负担等方式直接对某一项既有权利施加影响的法律行为。

在德国民法上，负担行为（如买卖合同）和处分行为（如动产所有权的转让）是两种截然不同的法律行为，必须彼此严格分离。这就是关于处分行为与负担行为的分离原则。通常，负担行为是处分行为的基础和法律上的原因。某人之所以处分，是因为他在法律上负有处分义务。

分离原则在德国民法上得到了最彻底的贯彻，以致在法律上的有效性方面，处分行为和负担行为这两种法律行为也是彼此独立的。这就是说，其中任何一个法律行为的有效性必须在完全不考虑另一个法律行为的有效性的情况下加以判断；其中一个法律行为之不成立、不生效或被撤销，不影响另一个法律行为的有效性。既然处分行为（如作为买卖物的动产的所有权的转让）的有效性不以负担行为（如买卖合同）的有效性为转移，而负担行为又往往是处分行为的法律上原因，那么，处分行为的有效性就不取决于法律上原因之有无。这就是处分行为在有效性方面的无因性原则（德文 Abstraktionsprinzip）。[2]

因此，当一项具有国际性的物权关系既涉及英国法，又涉及德国法时，就会提出究应适用何国法（英国法还是德国法）的问题，换言之，需要确定物权关系的准据法。

第二节　物之所在地法

关于物权准据法的确定，各国国际私法所普遍采取的一项基本原则是：物权，适用物之所在地法（拉丁文 *lex rei sitae*），亦即适用物之所在地国家的法律体系。这是一条几乎被所有法律体系采取的法律适用原则。它不仅适用于不动产物权，而且适用于动产物权。

一、物之所在地法原则的发展沿革

在国际私法史上，对物权适用物之所在地法的原则有一个发展、演化的过程。

首先，在不动产物权方面，各国国际私法向来以不动产所在地法作为准据法。时至今日，各国的立法、学说和判例一致采取对不动产物权适用不动产所在地法的原则。例如，瑞士 1987 年 12 月 18 日《关于国际私法的联邦法律》第 99 条第 1 款规

---

〔1〕 Vgl. BGHZ 101, 24, 26.

〔2〕 参见陈卫佐：《德国民法总论》，法律出版社 2007 年版，第 189～190、194～195 页。

定:“不动产物权,适用不动产所在地法。”不动产所在地法不仅适用于不动产物权的设立,而且适用于不动产物权的转移和效果。

其次,在动产物权方面,古罗马法即有“动产随人”(拉丁文 *Mobilia sequuntur personam.*)和“动产附骨”(拉丁文 *Mobilia ossibus inhaerent.*)的法律格言。[1] 起初,“动产物权,适用当事人的属人法”曾经是关于动产准据法的一条通用原则,直至19世纪仍为欧洲大陆一些国家的民法典所采用,如1865年的意大利《民法典》第7条、1889年的西班牙《民法典》第10条、1811年的奥地利《一般民法典》第300条等。[2] 后来,国际性物权关系的复杂化、资产流转的日益频繁和动产数量的不断增多,使得动产常常脱离其所有人。在此情形下,如果绝对地适用“动产随人”原则,使动产物权一味适用当事人的属人法(尤其是住所地法),则会导致不公正、不合理的结果。于是,各国国际私法相继抛弃或偏离了这一原则,而代之以“动产,适用动产所在地法”原则。[3] 例如,瑞士1987年12月18日《关于国际私法的联邦法律》第100条第1款规定:“动产物权的取得和丧失,适用物权取得或丧失所依据的事实发生时的动产所在地法。”但这一原则容许若干例外的存在,分别见于该法关于运送途中的货物(第101条)、出口货物的所有权保留(第102条)以及当事人有限的准据法选择(第104条)等规定中。此外,该法第100条第2款规定:“动产物权的内容和行使,适用动产所在地法。”

可见,无论对于不动产物权还是动产物权,当今各国的国际私法均采取“适用物之所在地法”原则。

二、物之所在地法的其他立法例

除上文所引用者外,兹再举数例说明国际私法原则上以物之所在地法作为物权准据法。

泰国1938年3月10日《关于法律冲突的法律》第16条第1款规定:“动产和不动产,适用财产所在地法。”

1940年3月15日希腊《民法典》第27条规定:“动产和不动产的占有和物权,适用物之所在地国家的法。”

捷克斯洛伐克1963年12月4日《关于国际私法和国际民事诉讼法的法律》(今天仍适用于斯洛伐克共和国)第5条规定:“动产及不动产物权,除本法或特定立法另有规定外,适用物之所在地法。”该法第6条第1句规定:“动产物权的产生

---

[1] 参见陈卫佐:《拉丁语法律用语和法律格言词典》,法律出版社2009年版,第227页。

[2] 参见李双元、欧福永、金彭年、张茂:《国际私法》(第3版),法律出版社2007年版,第238页。

[3] 参见唐表明:《比较国际私法》,中山大学出版社1987年版,第116页;黄进:《论国际私法上的物权问题》,载《法商研究》1995年第3期;谢石松:《国际私法学》,高等教育出版社2007年版,第129~130页。

和终止，适用在引起该物权产生或终止的原因事实发生时的物之所在地法。”

南斯拉夫1982年7月15日《关于解决在某些关系中与他国规定的法律冲突的法律》第18条第1款规定：“所有权和其他物权关系，以及属于社会所有的处分权，适用物之所在地法。”[1]

奥地利1978年6月15日《关于国际私法的联邦法律》第31条第1款和第2款规定：“(1)动产物权(包括占有)的取得和丧失，适用取得或丧失的原因事实完成时物之所在地国家的法。(2)物的法律上种类以及第1款所称权利的内容，适用物之所在地国家的法。”

1995年5月31日《关于改革意大利国际私法体系的第218号法律》第51条第1款和第2款规定：“(1)占有、动产和不动产的所有权和其他物权，适用财产标的所在地国家的法。(2)除继承和物权的授予取决于家庭法上的法律关系或合同的情形外，财产标的的得丧，适用同一法。”根据同法第54条，动产的取得时效，依取得时效期间届满时财产标的所在地国家的法律体系定之。

德国《民法典施行法》第43条第1款规定：“物权，适用物之所在地国家的法。”在德国这一冲突规则指定外国法的情形下，它对外国法律体系的指定是“总括的指定”，故应考虑反致和转致。

斯洛文尼亚共和国1999年6月30日《关于国际私法和国际民事诉讼的法律》第18条第1款规定：“有关财产和其他物权的事项，适用财产所在地法。”[2]

委内瑞拉1998年8月6日《关于国际私法的法律》第27条规定：“财产物权的成立、内容和范围，适用财产所在地法。”

2002年3月1日生效的《俄罗斯联邦民法典》第3编第6章之第1205条第1款规定：“不动产和动产的所有权及其他物权的内容、行使和保护，适用财产所在地国家的法。”

自2005年5月21日起施行的保加利亚2005年5月4日《国际私法法典》第64条第1款规定：“占有、所有权及其他动产和不动产物权，适用物之所在地国家的法(*lex loci rei sitae*)。”

波兰共和国2011年2月4日《关于国际私法的法律》第41条第1款和第2款规定：“(1)所有权和其他物权，适用其标的所在地国家的法。(2)所有权的得丧以及其他物权的得丧和内容变更或顺位变更，适用这些物权的标的在引起前述法律效果的事件发生时的所在地国家的法。”

韩国现行《国际私法》第33条第1款(旧文本第19条第1款)规定：“动产或不动产物权及其他应登记的权利，适用物之所在地法。”

---

〔1〕 译文参考了刘慧珊、卢松主编：《外国国际私法法规选编》，人民法院出版社1988年版，第129页。

〔2〕 See Prešo Puharič, *Private International Law in Slovenia*, Yearbook of Private International Law, Volume 5 (2003), p. 161.

日本2006年6月15日《关于法的适用的通则法》第13条第1款和第2款规定："(1)关于动产或不动产的物权及其他应登记的权利，适用其标的物所在地法。(2)尽管有前款的规定，本款所规定的权利的得丧，适用其标的物在原因事实完成时的所在地法。"

三、物之所在地法原则的例外

(一)运送途中的货物

就运送途中的货物而言，其实际所在地往往很难确定，如正在空中运输的货物即是如此。当运送中的货物位于公海或公空时，亦无物之所在地法可言。因此，对于运送途中的货物的物权关系准据法，有必要采取物之所在地法原则的例外。在理论上主要有两种解决办法，其一是适用目的地国家的法律体系，其二是适用发送地国家的法律体系。[1]

1. 适用目的地国家的法律体系

1995年5月31日《关于改革意大利国际私法体系的第218号法律》第52条规定："运送中的动产标的的物权，适用目的地法。"

瑞士1987年12月18日《关于国际私法的联邦法律》第101条规定："以法律行为完成的运送途中的货物的物权的得丧，适用目的地国家的法律体系。"

依照南斯拉夫1982年7月15日《关于解决在某些关系中与他国规定的法律冲突的法律》第18条第2款，如果所有权和其他物权关系涉及运送中的货物，则不适用物之所在地法，而适用目的地法。

2. 适用发送地国家的法律体系

捷克斯洛伐克1963年12月4日《关于国际私法和国际民事诉讼法的法律》(今天仍适用于斯洛伐克共和国)第6条第2句规定："动产系依合同条款运送的货物的，其物权的产生或终止，适用货物发送地法。"

3. 适用其他法律体系

泰国1938年3月10日《关于法律冲突的法律》第16条在第1款规定动产和不动产均适用财产所在地法的同时，其第2款的但书规定："但在出口动产的情形下，自出口时起，应适用动产所有人本国法。"

(二)运输工具

船舶、航空器等运输工具的物权，通常也不适用物之所在地法原则，而往往适用登记地法或船旗国法或其他法律体系。[2] 以下是这方面的数个立法例：

---

〔1〕 参见黄进：《论国际私法上的物权问题》，载《法商研究》1995年第3期。

〔2〕 参见赵相林：《国际私法》(第4版)，中国政法大学出版社2007年版，第181页；唐表明：《比较国际私法》，中山大学出版社1987年版，第118、126页。

奥地利1978年6月15日《关于国际私法的联邦法律》第33条第1款规定："已登记于登记簿的船舶和航空器，适用登记地国家的法律体系；就火车而言，适用在其营业中使用火车的铁道企业事实上的管理中心所在地国家的法律体系。"

德国《民法典施行法》第45条第1款和第2款就运输工具的物权的准据法规定如下：[1]"(1)航空器、船舶、铁路运输工具的物权，依原籍国法。原籍国：1. 在航空器的情形下，为航空器所属国；2. 在船舶的情形下，为登记国，未登记者，为船籍港国或船籍地国；3. 在铁路运输工具的情形下，为许可国。(2)上述运输工具的法定担保权的产生，依被担保债权的准据法。多个担保权的顺位，适用第43条第1款的规定。"

2002年3月1日生效的《俄罗斯联邦民法典》第3编第6章之第1207条规定："应由国家登记的航空器、海船、内河船舶和航天飞船的所有权和其他物权，以及此种权利的行使和保护，适用航空器、船舶和航天飞船登记地国家的法。"

(三)准据法选择

有些国家的国际私法准许当事人选择动产物权的得丧的准据法，从而构成了物之所在地法原则的一种例外情形。

例如，瑞士1987年12月18日《关于国际私法的联邦法律》第104条第1款授予当事人以有限的意思自治权能，使当事人可以且只能在下列法律体系中，选择动产物权的得丧的准据法：(1)发送地国家或目的地国家的法律体系；(2)物权的取得或丧失据以发生的法律行为的准据法。[2]

(四)"密切得多的关系"

德国《民法典施行法》第46条规定："一国的法较之依本法第43条至第45条的规定本应适用的法与物权事件有密切得多的关系的，适用该国法。"

第三节　当事人意思自治的原则性排除

各国国际私法原则上不准许当事人选择具有国际性的物权的准据法，在不动产物权领域尤其如此。

但也有少数国家的立法者或学者主张当事人对于动产物权享有有限的意思自治权能。例如，瑞士1987年12月18日《关于国际私法的联邦法律》第104条第1

[1] 参见陈卫佐译：《德国〈关于非契约之债及物权的国际私法的法律(1999年5月21日)〉》，载梁慧星主编：《民商法论丛》第19卷，法律出版社2001年版，第696～700页，在此略有修改。

[2] 参见陈卫佐：《瑞士国际私法法典研究》，法律出版社1998年版，第152～155页。

款罕见地准许当事人"使动产物权的得丧适用发送地国家或目的地国家的法或适用基础法律行为的准据法",以使经常被认为过于刻板的物之所在地法原则变得稍为灵活一些。[1]

第四节 与有价证券有关的物权关系的准据法确定

一、《关于中间人所持有的证券方面的某些权利的准据法的(海牙)公约》

2006年7月5日《关于中间人所持有的证券方面的某些权利的准据法的(海牙)公约》是海牙国际私法会议第19届会议于2002年12月13日通过的一个力求在全球范围内统一关于中间人所持有证券方面的某些权利的冲突规则的公约。它因在2006年7月5日被美国和瑞士最早签字而获得这一日期。该公约已于2017年4月1日对瑞士、毛里求斯和美国生效。

在适用范围上,该公约将其冲突规则限定于与中间人所持有证券的质押或让与有关的物权法事项(见公约第2条)。

公约在确定中间人所持有证券的某些权利的准据法方面最突出的地方,就是以"相关中间人所在地方法"(PRIMA[2])来代替传统国际私法在证券事项准据法的确定问题上所采取的"证券所在地法"原则。根据公约第4条第1款第1句,应予适用的法律体系首先是在账户协议中被明确约定为账户协议准据法的法律所属国家的现行有效的法律体系;如果账户协议明确规定应适用另一法律体系,则适用该另一法律体系。这实际上是准许当事人协议选择准据法。但当事人的这一准据法选择权能是受限制的,因为该款第2句又规定,依前句规定被指定的国家的法律体系,仅在相关中间人在达成协议时在该国有营业所的情形下,始予以适用。[3] 这意味着公约第4条第1款所指定的法律体系必须同时是相关中间人所在国家的法律体系,换言之,所使用的连结点是"相关中间人所在地"。这体现了公约所倚重的"相关中间人所在地方法"。

如果账户协议的当事人未做准据法选择或准据法选择无效,则适用公约第5条的辅助性连结规则所指定的法律体系,主要是:相关中间人营业所或主营业所所在地国家或领土单位的法律体系;相关中间人据以成立或以其他方式组织的国家或

---

〔1〕 参见陈卫佐:《瑞士国际私法法典研究》,法律出版社1998年版,第155~156页。

〔2〕 PRIMA是英文"Place of the Relevant Intermediary Approach"的缩写形式。

〔3〕 参见欧福永译,李双元校:《关于经由中间人持有的证券的某些权利的法律适用的公约》,载李双元主编:《国际法与比较法论丛》第7辑,中国方正出版社2003年版,第619~631页。

领土单位的法律体系。

作为海牙国际私法会议自1951年以来制定的第36个公约,《关于中间人所持有证券方面的某些权利的准据法的(海牙)公约》在全球范围内统一了关于证券的某些问题的冲突规则,成功地协调了不同法律体系在这一问题上的做法,被誉为"资本市场法领域的一个里程碑"。[1] 它摒弃了传统的"证券所在地法"规则,代之以当事人的有限准据法选择以及"相关中间人所在地方法"。这不仅在该领域实现了统一冲突规则的现代化,而且为跨境证券交易提供了法的安定性。[2]

二、《中华人民共和国涉外民事关系法律适用法》第39条关于确定有价证券准据法的规定

自2011年4月1日起施行的《中华人民共和国涉外民事关系法律适用法》第39条规定:"有价证券,适用有价证券权利实现地法律或者其他与该有价证券有最密切联系的法律。"关于这一冲突规则,本书作者认为:

首先,该冲突规则的连结对象"有价证券"过于笼统,至少应限定为"与有价证券有关的物权关系"。从体系性解释的角度看也应作如是观,因为第39条位于第五章"物权"之中。

其次,该冲突规则所使用的连结点主要是与有价证券有最密切联系地,而"有价证券权利实现地"被明确列为与有价证券有最密切联系地之一。据此,与有价证券有关的物权关系,原则上可适用有价证券权利实现地国家的法律体系,因为第39条推定该法律体系通常是与有价证券有最密切联系的国家的法律体系。但在另一国家的法律体系实际上与有价证券有最密切联系的情形下,则适用该另一国家的法律体系。

最后,至于什么是"有价证券权利",则是一个需要加以解释的问题,否则将不利于适用该冲突规则以确定准据法的法官正确地适用法律。

第五节　中国现行法关于涉外物权准据法的实践

一、识别依据

有国际管辖权的中国法院在处理具有国际性(或曰含有涉外因素、外国因素)

---

〔1〕 Vgl. Reuschle, Haager Übereinkommen über die auf bestimmte Rechte in Bezug auf Intermediär - verwahrte Wertpapiere anzuwendende Rechtsordnung, in: IPRax 2003, 495 - 505.

〔2〕 参见陈卫佐:《海牙国际私法会议对21世纪国际私法新发展的贡献》,载《法学》2007年第11期。

的物权案件时，首先需要依据作为法院地法的中国法对物权关系进行识别（定性），因为2010年10月28日《中华人民共和国涉外民事关系法律适用法》（自2011年4月1日起施行）第8条规定："涉外民事关系的定性，适用法院地法律。"按照2020年5月28日由第十三届全国人民代表大会第三次会议通过的《中华人民共和国民法典》（自2021年1月1日起施行）第114条第2款的规定，中国法意义上的物权是指"权利人依法对特定的物享有直接支配和排他的权利，包括所有权、用益物权和担保物权"。[1] 按照《中华人民共和国民法典》第115条第1句的规定，中国法意义上的"物包括不动产和动产"。

二、原则性规定

自2011年4月1日起施行的《中华人民共和国涉外民事关系法律适用法》第36条规定："不动产物权，适用不动产所在地法律。"这意味着自2011年4月1日起，有国际管辖权的中国法院所处理的含有涉外因素（国际性因素）的不动产物权（特别是不动产所有权）关系，均应适用不动产所在地国家的法律体系。这与世界上绝大多数国家的国际私法的做法是一致的。

《中华人民共和国涉外民事关系法律适用法》第37条第1句规定："当事人可以协议选择动产物权适用的法律。"这是一条不合理乃至错误的规定。其制定者似乎没有对世界各国的国际私法关于确定动产物权准据法的冲突规则进行深入、细密的比较研究，错误地以为动产物权准据法是可以由当事人随意通过协议予以确定的，而不是像大多数国家的国际私法那样，将动产物权和不动产物权均委诸物之所在地国家的法律体系，而动产物权的取得、丧失、内容变更、顺位变更和行使则适用原因事实发生时动产所在地国家的法律体系，如瑞士1987年12月18日《关于国际私法的联邦法律》第100条第1款、捷克斯洛伐克1963年12月4日《关于国际私法和国际民事诉讼法的法律》第5条、奥地利1978年6月15日《关于国际私法的联邦法律》第31条以及日本2006年6月15日《关于法的适用的通则法》第13条。[2] 试以有体动产买卖为例，在实体民法上，出卖人和买受人可以通过订立买卖合同互负给付和对待给付义务（出卖人负有转让动产所有权和交付的义务，买受人负有支付价款的义务），如德国《民法典》第433条第1款和第2款。有些国家的民法还规

---

〔1〕《中华人民共和国民法典》第114条第2款的法定定义有语病。如果将它简化，则为"物权是权利人……享有……权利"。这是不妥的。姑且不论这一定义是否准确，说物权"是权利人……享有……权利"只是陈述了一个事实或一种状态，谓权利人享有某种权利而已。从语法上说，正确的表述应是：物权是指"权利人依法对特定的物所享有的直接支配和排他的权利"。（带着重号的"所""的"这两个字是本书作者建议添加的）

〔2〕参见陈卫佐：《中国国际私法立法的现代化——兼评〈中华人民共和国涉外民事关系法律适用法〉的得与失》，载《清华法学》2011年第2期。

定，仅在动产所有人和取得人达成关于动产所有权应发生转移的合意（属于处分合同）并交付时，动产所有权始发生转移（见德国《民法典》第929条第1句）。[1] 应注意的是，虽然双方当事人在债法和物权法这两个实体法领域均可达成协议（分别是债权合同和处分合同），但这绝不意味着他们在国际私法领域也可以不受限制地协议选择动产物权准据法，因为动产物权准据法的实质乃是决定物权的归属、取得、丧失、内容变更、顺位变更、行使、转让、废止以及负担设定等诸多问题的某一国家的法律体系，是不能由双方当事人随意地协议选择的，否则将有违"物权法定"原则；况且动产物权关系所体现的往往是某一权利人（如所有人）对物（动产）的支配权关系，并不涉及特定相对人（从而区别于债权关系），而对于某一动产的所有权是否属于某人的问题，该人自己是决定不了的（"物权法定"原则），又怎能"协议选择"动产所有权准据法呢？何况他自己一个人由于没有具体的、特定的相对人而根本无法"协议选择"。这是涉外民事关系法律适用法不同于实体法的地方。《中华人民共和国涉外民事关系法律适用法》第37条第1句的制定者大概是将民事实体法的思维照搬于涉外民事关系法律适用法了，犯了一个常识性错误。可以预见，这条规定在未来的司法实践中势必引起无数问题，导致法律适用的不确定性乃至严重错误。

按照《中华人民共和国涉外民事关系法律适用法》第37条第2句的规定，在当事人未选择动产物权准据法的情形下，动产物权应适用"法律事实发生时动产所在地法律"。这是一条客观性连结规则，它以动产所在地国家的法律体系为当事人未选择动产物权准据法时的动产准据法，但它至多只能说是部分合理的。首先，有些动产物权关系（如动产所有权的归属、无主物所有权的原始取得）不需要法律事实即已存在，因而一概加以"法律事实发生时"的限制是不妥当的。其次，即便动产物权的取得、丧失、内容变更、顺位变更和行使需要借助于一定的原因事实（如买卖、互易、赠与），但原因事实并不等同于"法律事实"。最后，在未加限定的情况下说"法律事实发生时"简直令人不知所云，弄不清楚到底指的是什么"法律事实"，到底是与动产物权有关的"法律事实"还是引起物权取得、丧失、内容变更、顺位变更和行使的某一法律行为。例如，出租人与承租人订立了一个关于动产的使用租赁合同，应该算是一个"法律事实"，但它与动产物权准据法的确定有什么关系？严格地说，没有什么关系。这或许反证了第37条第2句所称"法律事实发生时"的不合理性。

《中华人民共和国涉外民事关系法律适用法》第38条第1句规定："当事人可以协议选择运输中动产物权发生变更适用的法律。"这条规定是有语病的。它接连使用了"发生""变更""适用"三个动词，令人不知所云。正确的说法或许是"当事

---

[1] 参见陈卫佐译注：《德国民法典》（第5版），法律出版社2020年版，第410页。

人可以协议选择运输中动产物权所发生的变更适用的法律。”（带着重号的“所”“的”这两个字是本书作者建议添加的）撇开语病问题不谈，这条规定还可能是不合理的甚至是错误的。它将运输中的动产的物权所发生的变更委诸当事人的“协议选择”，同样犯了常识性错误。如上所述，动产物权关系所体现的往往是一人对一物的支配权关系，并无具体的、特定的相对人。对于运输中的动产的物权所发生的变更的准据法，并不是某人可以决定的，更不能由他“协议选择”，否则有违“物权法定”原则；况且在没有具体的、特定的相对人的情况下，他自己一个人根本无法“协议选择”。因此，第38条第1句也是一条错误的冲突规则。同条第2句规定：“当事人没有选择的，适用运输目的地法律。”这是一条客观性连结规则。它规定在当事人未就运输中的动产的物权所发生的变更协议选择准据法的情形下，此种变更应适用运输目的地国家的法律体系。从比较法的角度看，1995年5月31日《关于改革意大利国际私法体系的第218号法律》第52条、瑞士1987年12月18日《关于国际私法的联邦法律》第101条以及南斯拉夫1982年7月15日《关于解决在某些事项上与他国规定的法律冲突的法律》第18条第2款均采取适用目的地国家的法律体系的做法。

最后，《中华人民共和国涉外民事关系法律适用法》第40条规定：“权利质权，适用质权设立地法律。”据此，含有涉外因素的权利质权关系，应适用质权设立地国家的法律体系。该冲突规则以“权利质权”为连结对象，是因为权利质权（权利上的质权，如给付请求权上的质权、债权上的质权等）既不属于动产质权，也不属于不动产抵押权。[1]

三、例外

事实上，中国现行冲突规则在涉及船舶和民用航空器的物权关系方面，均不采取物之所在地法原则，即使在将来也不会有太大改变。

1992年11月7日《中华人民共和国海商法》第十四章“涉外关系的法律适用”第270条规定：“船舶所有权的取得、转让和消灭，适用船旗国法律。”依照该法第271条，船舶抵押权，适用船旗国的法律。（第271条第1款）如船舶在光船租赁以前或光船租赁期间设立船舶抵押权，则适用原船舶登记国的法律。（第271条第2款）依照该法第272条，船舶优先权，适用受理案件的法院所在地的法律，即中国法。

1995年10月30日通过的《中华人民共和国民用航空法》第185条规定：“民用航空器所有权的取得、转让和消灭，适用民用航空器国籍登记国法律。”依照该法第186条，民用航空器抵押权，适用民用航空器国籍登记国法律。依照该法第187条，

[1] 参见陈卫佐译注：《德国民法典》（第3版），法律出版社2010年版，第408～412页。

民用航空器优先权，适用受理案件的法院所在地法律，即中国法。

前引《中华人民共和国海商法》第 270 条、第 272 条，《中华人民共和国民用航空法》第 185 条、第 186 条、第 187 条的规定在《中华人民共和国涉外民事关系法律适用法》自 2011 年 4 月 1 日起施行以后，仍作为"商事领域法律的特别规定"而继续适用。

第六节　知识产权准据法的确定

一、知识产权基本内涵

国际私法上所说的知识产权，是指含有涉外因素的著作权（版权）和含有涉外因素的工业产权（商标权、专利权、实用新型权等）。

各国国际私法关于知识产权准据法的确定的法律适用原则，通常受制于知识产权的属地性原则（法文 principe de territorialité，德文 Grundsatz der Territorialität）知识产权的效果和保护，原则上仅限于权利授予国的领土。表现为冲突规则就是，知识产权的产生、内容、效果和消灭，应适用知识产权的保护为其领土而以某种形式被请求的国家的法律体系。这一法律适用原则有时也叫"保护国原则"（德文 Schutzlandprinzip）。

就产生于外国的知识产权而言，其在法院地国家的效果和保护往往取决于是否存在与权利授予国之间的互惠。实际上，产生于外国的知识产权的效果和保护，通常按一定条件被扩展到法院地国家境内。这在许多情形下是通过关于知识产权的统一实体法条约进行的：通过订立知识产权条约（如 1886 年 9 月 9 日《保护文学艺术作品伯尔尼公约》、1891 年 4 月 14 日《商标国际注册马德里协定》、1952 年 9 月 6 日《世界版权公约》），各缔约国将自己所给予其国民的权利保护也给予其他缔约国的国民；换言之，各缔约国像对待自己的国民那样对待其他缔约国国民（国民待遇原则）。这样一来，留给各国的国内冲突规则的适用空间并不大。[1]

二、关于确定涉外知识产权准据法的立法例

（一）奥地利法

1. 原则

奥地利 1978 年 6 月 15 日《关于国际私法的联邦法律》第 34 条第 1 款规定："知

---

〔1〕 Vgl. Schwimmann, IPR (3. Aufl. 2001), S. 146.

识产权的产生、内容和消灭,适用使用行为或侵犯行为在其境内被确定的国家的法。”在这里,“使用行为或侵犯行为在其境内被确定的国家的法”是使人误解的表述。按照奥地利国际私法学者意见比较一致的解释,它指的是知识产权的保护为其领土而被请求的国家的法律体系,[1]而不等同于法院地法。

在适用范围上,《关于国际私法的联邦法律》第 34 条第 1 款所规定应予适用的法律体系(“使用行为或侵犯行为在其境内被确定的国家的法”,亦即知识产权的保护为其领土而被请求的国家的法律体系)不仅适用于知识产权的产生、内容、转移和消灭,而且适用于因侵犯知识产权而发生的全部请求权(包括损害赔偿请求权)。然而,对于著作权和专利权的权利继受,最初权利人的法律地位是否应适用权利授予国法(权利来源国法),目前尚存争议。

例如,奥地利一家出版社出版了一部附有插图的草药书。它与德国某出版社所出版的一部著名的附有插图的草药书具有容易混淆的相似性。这家奥地利出版社在奥地利和德国推销此书。德国出版社(原告)仅就这家奥地利出版社(被告)在德国的推销行为(因为奥地利市场无关紧要)向奥地利某法院提起了不作为之诉和损害赔偿之诉。假设奥地利法院有国际管辖权,依照奥地利《关于国际私法的联邦法律》第 34 条第 1 款,准据法是“使用行为或侵犯行为在其境内被确定的国家的法”,亦即知识产权的保护为其领土而被请求的国家的法律体系,在本案中是德国法而不是奥地利法。[2]

2. 例外

《关于国际私法的联邦法律》第 34 条第 2 款规定:“就与劳动者在其劳动关系范围内的职业活动有关的知识产权而言,适用于劳动关系的指定性规则(第 44 条)对于雇主与劳动者之间的关系是决定性的。”这意味着:在内部关系上,与劳动者在其劳动关系范围内的职业活动有关的知识产权,如劳动者对其发明的专利权或电视台受雇人对其作品的表演权,应适用劳动关系准据法。所谓“指定性规则”,是指冲突规则。应指出的是,奥地利《关于国际私法的联邦法律》第 44 条的冲突规则已于 1998 年被废止,取而代之的是关于个人劳动合同的《罗马 I 规则》第 8 条。而在与第三人的外部关系上,知识产权的产生、内容和消灭的准据法仍须依第 34 条第 1 款的冲突规则予以确定。[3]

(二)匈牙利法

匈牙利 2017 年 4 月 11 日《关于国际私法的法律》第 48 条和第 49 条构成了第 6

---

[1] Vgl. Schwimmann, IPR (3. Aufl. 2001), S. 147; Posch, Bürgerliches Recht Ⅶ, IPR (4. Aufl. 2008), Rz. 13/9.

[2] Vgl. Schwimmann, IPR (3. Aufl. 2001), S. 147.

[3] Vgl. Schwimmann, IPR (3. Aufl. 2001), S. 148; Posch, Bürgerliches Recht Ⅶ, IPR (4. Aufl. 2008), Rz. 13/12.

章“知识产权”。

关于著作权的第48条规定:“著作权的成立、内容、终止和实施,适用著作权的保护被请求地国法。”

关于工业产权的第49条规定:“工业产权的成立、内容、终止和实施,适用工业产权的保护被授予和申请地国法。”

(三)瑞士法

瑞士1987年12月18日《关于国际私法的联邦法律》第110条就知识产权的准据法确定做出了规定。其第1款规定:“知识产权,适用知识产权的保护为之而被请求的国家的法。”因此,为某一国家而请求保护知识产权的原告,可以使知识产权适用该国法律体系;如果原告为两个或两个以上国家而请求保护知识产权,则会导致适用两个或两个以上不同国家的法律体系。可见,该法第110条第1款并没有对传统冲突规则的连结点加以明确,而是将知识产权准据法的确定委诸为一个或一个以上国家而请求保护知识产权的原告。在适用范围上,“知识产权的保护为之而被请求的国家的法”(也叫“保护国法”)决定它是否对知识产权予以保护,并且,如若回答是肯定的,决定受保护的知识产权是否已被侵犯。[1]

鉴于因侵犯知识产权而发生的请求权属于因侵权行为而发生的请求权,而关于侵权行为准据法的第132条规定当事人可以在损害事件发生后的任何时候约定以法院地法为准据法,为了与关于侵权行为准据法的一般规则取得一致,第110条第2款规定:“就因侵犯知识产权而发生的请求权而言,当事人可以在损害事件发生后的任何时候约定:适用法院地法。”对于因侵犯知识产权而发生的请求权,第110条第2款一方面准许当事人选择准据法,另一方面又对当事人选择准据法的时间(“在损害事件发生后的任何时候”)和范围(“法院地法”)分别加以限制。此外,该规定所针对的是因侵犯知识产权而发生的请求权,而不是对知识产权的侵犯本身。[2]

最后,根据第110条第3款,知识产权合同准据法,依该法关于合同准据法的规定(第122条)予以确定。[3]

(四)比利时法

比利时2004年7月16日《国际私法法典》第93条将属地性原则作为确定知识产权准据法的首要原则。其第1款规定:“知识产权,适用知识产权的保护为其领土而被请求的国家的法。”

---

〔1〕 Voir Dutoit, Droit international privé suisse, Commentaire de la loi fédérale du 18 décembre 1987, 4e édition, 2005, art. 110, n° 1. Vgl. auch Vischer, Zürcher Kommentar zum IPRG, 2. Auflge, Zürich 2004, Art. 110 N 1 – 3.

〔2〕 Vgl. Vischer, Zürcher Kommentar zum IPRG, 2. Auflge, Zürich 2004, Art. 110 N 12 – 13.

〔3〕 参见陈卫佐:《瑞士国际私法法典研究》,法律出版社1998年版,第160~161、294~295页。

然而,上述法律适用原则是有例外的。第93条第2款就最初权利人的确定规定了一条特别规则:"但知识产权的最初权利人的确定,适用与知识活动有最密切联系的国家的法。知识活动系在合同关系的范围内进行的,除有相反证明外,推定有最密切联系的国家是合同关系准据法所属国家。"

(五)中国法

自2011年4月1日起施行的《中华人民共和国涉外民事关系法律适用法》第七章(第48条至第50条)首次制定了关于确定知识产权准据法的冲突规则。这是中国国际私法立法上的一次突破。

依照该法第48条的规定,知识产权的归属和内容,原则上应适用"被请求保护地法律"。"被请求保护地法律"不是很准确、严谨的表述,容易引起歧义或令人费解。按照本书作者理解,"被请求保护地法律"就是比利时《国际私法法典》第93条第1款所称"知识产权的保护为其领土而被请求的国家的法",因为在这里所强调的是知识产权的属地性。[1]

依照该法第49条第1句,知识产权的转让和许可使用,适用双方当事人所协议选择的某一国家的法律体系。这是因为知识产权的转让往往是通过知识产权权利人与取得人(受让人)之间的协议(转让合同,属于处分合同)完成的,知识产权的许可使用也往往是通过知识产权权利人与被许可人之间的许可协议(属于合同的一种)来完成的。基于同样理由,该法第49条第2句规定:在双方当事人未选择知识产权的转让和许可使用的准据法的情形下,应适用该法关于合同的有关规定,主要是该法第41条。

该法第50条规定:"知识产权的侵权责任,适用被请求保护地法律,当事人也可以在侵权行为发生后协议选择适用法院地法律。"相对于第44条第1句,第50条可以说是一条特别规定。依照第50条前半句,因侵犯知识产权而发生的侵权责任,不适用第44条第1句所规定的侵权行为地法律或共同经常居所地法律,而适用"被请求保护地法律",即"知识产权的保护为其领土而被请求的国家的法律体系"。但依照第50条后半句,如果双方当事人在侵权行为发生后协议选择法院地法,则知识产权的侵权责任也可以适用法院地法。这就赋予了双方当事人(侵权人和被侵权人)有限的意思自治权能,即他们可以选择法院地法为知识产权侵权责任的准据法。

由该法第50条的措辞可知,尽管《中华人民共和国涉外民事关系法律适用法》第七章的条文所称"被请求保护地法律"并不精当、严谨,但有一点是可以肯定的:立法者所理解的"被请求保护地法律"绝对不等同于"法院地法律"。

---

〔1〕 参见齐湘泉:《〈涉外民事关系法律适用法〉原理与精要》,法律出版社2011年版,第369~370、373页。

复习思考题

1. 为什么说物之所在地法原则是关于物权准据法的最普遍适用的原则?
2. 简述物之所在地法原则的发展沿革。
3. 物之所在地法原则有哪些例外?
4. 简述中国现行制定法和有关司法解释关于涉外物权准据法的主要规定,并评价其利弊得失。
5. 确定涉外知识产权准据法的主要原则是什么?
6. 简述涉外知识产权准据法的立法例。

第四编 余　论

由于国际私法的本质是法律适用法，对涉外民商事案件有国际管辖权的一国法院或行政机关等法律适用者常常面临应适用内国法还是外国法的问题。如果适用外国法，其理由何在？此外，解决了为什么要适用外国法这一问题后，还常常需要回答如何适用外国法的问题。

第十三章　国际私法学说:以适用外国法的理由和方法为中心

在历史上,国际私法学说的出现早于系统的国际私法规则的问世。因此,国际私法学说的发展直接影响到作为一个法律部门或分支的国际私法自身的发展。[1]然而在中世纪之前的欧洲,既不存在有关法律冲突的学说,也没有这方面的实践。[2]

自从13世纪中叶意大利法则区别说问世以来,不同国家的国际私法学者在不同时期提出了不同的国际私法学说。由于国际私法的本质是法律适用法,对涉外民商事案件有国际管辖权的一国法院或行政机关等法律适用者常常面临应适用内国法还是外国法的问题。如果适用外国法,其理由何在?此外,解决了为什么要适用外国法这一问题后,还常常需要回答如何适用外国法的问题。围绕这两个中心问题,各国的国际私法理论家做出了不同解答,形成了形形色色的关于适用外国法的学说流派。其中有代表性的包括意大利法则区别说、法国法则区别说和荷兰法则区别说(特别是"国际礼让说")、法律关系本座说、国籍原则(本国法主义)、既得权说、当地法说、政府利益分析说等。

这些国际私法学说,有的是关于为什么要适用外国法的,故其所关注的是适用外国法的必要性和正当性;有的是关于如何适用外国法的,故其所关注的是适用外国法的方法或曰法律选择方法。为了叙述上的方便,在这里将它们一并介绍,而不再区分适用外国法的理由和法律选择方法。

第一节　有代表性的国际私法学说

一、法则区别说

"法则区别说"也叫"法则说"(英文 theory of statutes,法文 théorie des statuts,德

---

〔1〕 参见李浩培:《李浩培文选》,法律出版社2000年版,第34页。

〔2〕 Voir Audit, *Droit international privé*, 5e édition, 2008, n° 70.

文 Statutentheorie)或“法则学说”(法文 doctrine statutaire),是关于适用外国法的学说中最古老的一种。它由13世纪中叶以后的意大利后期注释法学派的学者(英文 post-glossators,法文 post-glossateurs,德文 Postglossatoren)提出,曾经盛行于13世纪至18世纪的意大利、法国和荷兰,先后形成法则区别说的意大利学派、法国学派和荷兰学派,直到19世纪才衰落。它是为国际私法奠定基础的学说。[1]

(一)意大利法则区别说

从11世纪起,意大利北部出现了一些城邦(又叫“城市国家”,英文 city-states),如热那亚、比萨、米兰、博洛尼亚(波伦亚)、威尼斯、佛罗伦萨、锡耶纳等。这些城邦都编纂了自己的由实体法规则组成的特别制定法,称为“法则”(拉丁文 *statuta*)。它们一般是各城邦编纂商事习惯和判例的结果,但也有一些新创制的实体法规则。各城邦的法则彼此各不相同。遇有法则的规定所不及的情形,仍适用作为那个时代的“共同法”(或译“普通法”,拉丁文 *ius commune*)的罗马法。这些城邦的臣民彼此通商,也与其他国家(如叙利亚、阿拉伯国家、西班牙和法国)的臣民进行商业往来。于是,法律冲突问题随之发生。例如,两个不同城邦的臣民彼此订立合同并且涉讼;一个城邦的臣民无遗嘱死亡,留下位于另一城邦的遗产。在这些情形下,应适用哪一城邦的法则?从一个城邦的法院的角度看,当一个私法案件涉及本城邦以外的其他城邦或涉及其他国家时,如果法院一味适用本城邦的法则来了结案件,有时是不公正和不妥当的。那么,其他城邦的法则在什么条件下可以得到本城邦的适用、本城邦的法则在什么条件下可以得到其他城邦的适用?这就提出了法则的域外效力(法文 effet extra-territorial)问题。当时,罗马法研究正在意大利复兴,其研究中心为博洛尼亚(波伦亚)大学。后期注释法学派的学者在注释罗马法的过程中,从理论上探讨了上述问题,形成了13世纪中叶以后的法则区别说。

后期注释法学派的集大成者是巴托鲁斯(拉丁文 *Bartolus*,[2] 法文 Bartole,[3] 1314~1357年)。在方法上,他将各种法则进行分类,并按照法则的种类来解决法律冲突问题。他将法则区别为“物的法则”(拉丁文 *statuta realia*)和“人的法则”(拉丁文 *statuta personalia*)。“物的法则”是关于不动产的法则,是属地的,只适用于制定它的城邦领域内的一切不动产,但不适用于该城邦领域以外。“人的法则”是属人的,只适用于制定它的城邦的臣民而不适用于非臣民。即便该城邦的臣民居住在领域外,“人的法则”仍对之适用,[4] 但如果这种法则是“可厌恶的法则”(如

---

[1] 参见中国大百科总编辑委员会编:《中国大百科全书·法学》,中国大百科全书出版社1984年版,第113页。

[2] Bartolus de Saxoferrato.

[3] 由于其法文名字为 Bartole,《中国大百科全书·法学》将其译为“巴尔多鲁”。参见中国大百科总编辑委员会编:《中国大百科全书·法学》,中国大百科全书出版社1984年版,第114页。

[4] 参见李浩培:《李浩培文选》,法律出版社2000年版,第35~37页。

禁止子女继承遗产的法则),则不适用于居住在该城邦领域外的臣民。可见,在巴托鲁斯看来,唯有"人的法则"具有域外效力,物的法则没有域外效力。巴托鲁斯的学术衣钵后来由其著名的弟子巴尔杜斯(拉丁文 *Baldus*,[1] 法文 Balde, 1327 ~ 1400 年)继承,二人均为佩鲁斯大学教授[2](巴托鲁斯在 1350 年前后曾任博洛尼亚大学教授)。

然而,后期注释法学派学者区分"物的法则"和"人的法则"的标准却大有问题,因为它仅仅取决于各该法则的措辞。例如,在他们看来,如果某一法则的头几个词语提到人(如"长子应继承遗产"),则该法则属于"人的法则";如果某一法则的前几个词语提到物(如"遗产应转移给长子"),则该法则属于"物的法则"。可见,这种区分标准相当机械,[3] 因而受到后世学者的一致批评。

从比较法的角度看,韩国国际私法学者将"法则"(拉丁文 *statuta*)译成"法规",而将"法则区别说"称为"法规分类学说"或"法规分类说"。[4]

(二)法国法则区别说

法国法则区别说产生于16 世纪,其杰出代表人物是分别来自法国南部和北部的迪穆兰和达让特雷。

1. 迪穆兰的学说

迪穆兰(法文 Charles Du Moulin,拉丁文 *Molinaeus*,1500 ~ 1566 年)是巴黎著名律师和罗马法学者。其重要贡献在于首创当事人意思自治原则(法文 le principe d'autonomie de la volonté)。该项原则在国际合同法上的含义是:合同当事人有权自由地选择合同准据法。

迪穆兰把法则主要区分为两大类:一类是关于程序或行为形式的法则,其中关于程序的法则适用于在法院地进行的程序,关于行为形式的法则适用于在行为地实施的行为("场所支配行为"原则)。另一类是关于法律关系的实质(或权利的内容)的法则,可进一步区分为两小类:一是不问当事人意思如何均须予以适用的法则,可以再细分为"物的法则"和"人的法则"两支;二是以当事人意欲使之被适用为前提的法则,其适用与否取决于当事人意思——当事人可以明示或默示地表示愿意适用某一法则的意思,故其效力及于不论位于何地的物。[5] 这就是国际私法上当事人意思自治原则的最早表述。

---

〔1〕 Baldus de Ubaldis.

〔2〕 Voir Audit, *Droit international privé*, 5e édition, 2008, n° 77. Vgl. auch Kropholler, IPR (6. Aufl. 2006), § 2 Ⅱ.

〔3〕 See Symeonides, Perdue, von Mehren, *Conflict of Law: American, Comparative, International*, Second Edition, 2003, p. 8 – 9.

〔4〕 参见[韩]韩福龙:《国际私法》,CNU Press 2007 年版,第 35 ~ 38 页。

〔5〕 参见中国大百科总编辑委员会编:《中国大百科全书 · 法学》,中国大百科全书出版社 1984 年版,第 114 页。

2. 达让特雷的学说

达让特雷(Bertrand d'Argentré, 1519~1590年)是法国北部布列塔尼省的立法者、法官和历史学家。他主张法律的属地性(英文 territoriality),认为法则的效力原则上只及于制定该法则的城市领域内而不及于领域外。他只承认"人的法则"具有域外效力,并强调"人的法则"必须是"纯粹的人的法则"。

达让特雷认为在"物的法则"和"人的法则"之外,还存在"混合法则"(拉丁文 *statuta mixta*):它们既不是"物的法则",也不是"人的法则",而是二者的混合。例如,关于出卖不动产的行为能力的法则即为混合法则,因为关于不动产的法则是"物的法则",关于人的行为能力的法则是"人的法则"。在他看来,"混合法则"应按照"物的法则"处理。也就是说,"混合法则"是属地的,只适用于制定该法则的城市领域内,而不像"纯粹的人的法则"那样具有域外效力。[1] 可见,达让特雷虽然在法则区别或分类问题上采取了"三分法"("物的法则""人的法则""混合法则"),却在域外效力的问题上仍旧实行"二分法",即认为只有"纯粹的人的法则"才具有域外效力,其余的法则均无域外效力。

达让特雷的主张实际上是尽可能限制"人的法则"的适用范围,而强调法律的属地性,故带有一定的封建色彩和闭关自守倾向。

(三)荷兰法则区别说

荷兰法则区别说产生于17世纪。当时,在政治上刚刚获得独立的尼德兰致力于发展对外商业往来。在这种背景下,一些荷兰学者继承和发展了法国法则区别说代表人物之一达让特雷的学说。

荷兰法则区别说代表人物是胡伯(英文 Ulrich Huber,拉丁文 *Ulricus Huber*,1636~1694年)。他著有《市民法论》,并在其中名为"各国各种法律的冲突"的一章里阐述了著名的"胡伯三原则":(1)每一国家的法律在其领土界限内有效力,并约束其全体属民,但在其领土界限外没有效力;(2)在一国领土界限内的一切人,不论是定居在该领土界限内的人,抑或是暂时居留者,均应视为该国属民;(3)各国的主权者出于"礼让"(拉丁文 *comitas*,英文 comity)而容许每一国家的法律在适用于领土界限内以后,到处保持其效力,但以其他国家或其属民的权力或权利不因此而遭受损害为条件。

"胡伯三原则"之第一原则强调了法律的属地性;第二原则是对第一原则的补充说明。依照这两项原则,任何法律都是属地的,在制定它们的国家的领土界限外没有效力,只约束其领土界限内的一切人,而不论他们是出生在该国的属民抑或是外国人。第三原则阐明了适用外国法的依据:适用外国法并不是基于法律义务,而是基于国际礼让(拉丁文 *comitas gentium*,英文 comity of nations,法文 courtoisie in-

---

[1] 参见李浩培:《李浩培文选》,法律出版社2000年版,第37~39页。

ternationale),亦即出于国家间实际需要的考虑。胡伯的第三原则也被称为"国际礼让说"。

荷兰法则区别说是在继承了达让特雷学说的基础上对国际私法的发展。大体上说,胡伯三原则(特别是其"国际礼让说")不仅与现代英美国际私法观念相一致,而且符合客观实际。

荷兰法则区别说经由苏格兰和英格兰传入北美,影响了斯托里等美国国际私法学者,成为英美国际私法的基础。[1]

二、斯托里的学说

约瑟夫·斯托里(Joseph Story, 1779～1845 年)是美国最高法院原法官、哈佛大学原教授。他于 1834 年出版了《法律冲突法释义:外国的和内国的》(*Commentaries on the Conflict of Laws: Foreign and Domestic*, Boston 1834)一书,不仅对有关法律冲突法的英美司法判例详加分析,而且大量引用了大陆法国家国际私法学者的著述。他主张"每一国家在其自己的领域内拥有排他的主权和管辖权",故"一国的法律仅在该国领域和管辖权以内,有其固有的力量"。换言之,"每一国家的法律直接影响并约束位于该国领域内的一切财产(不论动产或不动产)和居住于该国的一切人(不论出生于该国的人或外国人),以及在该国领域内所订立的一切合同和所实施的一切行为"。但是,"没有一个国家可以以其法律直接影响或约束位于该国领域以外的财产,或约束不居住于该国的一切人(不论出生于该国的人或外国人)"。他认为一国法律能否在外国发生效力,完全取决于外国法规定。适用外国法不是一国的法律上义务,而国际私法一切规则的发生,乃是由于各国"相互的利益和效用"(mutual interest and utility)。因此,他不但接受荷兰法则区别说的观点,而且以胡伯的国际礼让说为其理论体系的基础,认为适用外国法乃是出于"某种实施正义的道德需要,为的是正义被反过来对我们实施"。[2]

斯托里的学说是英美国际私法的正统学说,构成了现代英美国际私法的基石。[3] 斯托里本人也被誉为"美国冲突法的理智之父"[4]和现代国际私法的三大奠基人之一。[5]

---

[1] See Morris, *The Conflict of Laws* (*by McClean and Beevers*), 7th edition, 2009, para. 21－003—para. 21－006. 另见李浩培:《李浩培文选》,法律出版社 2000 年版,第 39～40 页;李浩培:《李浩培法学文集》,法律出版社 2006 年版,第 503、523 页。

[2] See Morris: *The Conflict of Laws* (*by McClean and Beevers*), 7th edition, 2009, para. 21－007.

[3] 参见中国大百科总编辑委员会编:《中国大百科全书·法学》,中国大百科全书出版社 1984 年版,第 522～523 页;李浩培:《李浩培法学文集》,法律出版社 2006 年版,第 18～19、467 页。

[4] See Symeonides, *Arthur Taylor von Mehren: A Career of Unassuming Excellence*, IPRax 2007, 263.

[5] 现代国际私法的三大奠基人是指斯托里、萨维尼和曼奇尼。

三、萨维尼的法律关系本座说

"法律关系本座说"是由19世纪德国历史法学派的创始人弗里德里希·卡尔·冯萨维尼(Friedrich Carl von Savigny, 1779~1861年)提出的。[1] 在他以70岁高龄于1849年出版的名著《现代罗马法体系》第8卷里,[2]该学说得到了最淋漓尽致的阐释。它从法律关系的固有性质入手,为每一种法律关系寻找其所对应的特定地域。换言之,该学说认为每一种法律关系都有与之对应的"本座"(德文Sitz)。这就是该法律关系重心所在的地域或对该法律关系来说最为适当的地域。[3] 该地域所施行的法律体系即为应适用于该法律关系的准据法。

在翻译成汉字时,德语单词"Sitz"被日本国际私法学者译为"本据"——"法律关系的本座""法律关系本座说"的日文表述分别是"法律关系的本据""法律关系本据说"。韩国国际私法学者的表述也是"法律关系的本据""法律关系本据说"。[4] 但1949年以后,中国国际私法学者一般将"Sitz"译为"本座"——在汉语国际私法文献中,"法律关系的本座""法律关系本座说"都只是形象的说法,且已约定俗成。

萨维尼的法律关系本座说是关于适用外国法的方法论的一个根本性变革。其特点有二:第一个特点是对各种法律关系进行分类,亦即从法律关系的固有性质入手而不是(像法则区别说那样)从法律规则的分类入手,来确定应予适用的法律体系(准据法)。第二个特点是根据每一种法律关系的特征性要素确定其"本座"。按照这一方法,物权(不论动产物权或不动产物权),应适用物之所在地法;合同之债应依双方当事人的意思定其本座,但如果双方当事人无明示的相反意思,则应适用契约履行地法;因侵权行为而生之债应适用侵权行为地法。关于继承,不论动产继承或不动产继承,亦不论遗产位于何处,均应适用被继承人死亡时的住所地法。[5] 之所以如此,是因为在萨维尼的法律关系本座说看来,物权法律关系的"本座"是物之所在地,合同之债的法律关系的"本座"是双方当事人的意思所指向的地方或(在双方当事人无明示的相反意思的情形下)契约履行地,因侵权行为而生之债的法律关系的"本座"是侵权行为地,而继承法律关系的"本座"则是被继承人死亡时的住所地。

---

〔1〕 人们已习惯于称之为"萨维尼"而不是"冯萨维尼"。

〔2〕 Friedrich Carl von Savigny, System des heutigen Römischen Rechts Ⅷ (1849, Nachdruck Darmstadt 1956).

〔3〕 从现代国际私法的视角看,该地域通常是与该法律关系有最密切关系(最密切联系)的地域。

〔4〕 参见[韩]韩福龙:《国际私法》,CNU Press 2007年版,第41、357页;[韩]金演、[韩]朴正基、[韩]金仁猷:《国际私法》(第2版),法文社2006年版,第38页。

〔5〕 参见中国大百科总编辑委员会编:《中国大百科全书·法学》,中国大百科全书出版社1984年版,第460页。

19世纪末20世纪初的德国法学家冯吉尔克(Otto von Gierke,[1] 1841～1921年,旧译"祁克"[2])改良了萨维尼的"法律关系本座"的提法,更恰当地称之为法律关系的"重心"(德文 Schwerpunkt des Rechtsverhältnisses)。[3]

德国国际私法学家诺伊豪斯(Paul Heinrich Neuhaus)称萨维尼的"法律关系本座说"是国际私法学上的"哥白尼转折点"(德文 kopernikanische Wende),[4] 意思是"法律关系本座说"给国际私法学带来了有如哥白尼发现地球自转且绕太阳公转一样的革命性转变。[5]

在萨维尼之前,法则区别说统治国际私法学说及判例500多年之久,欧洲最早的几部法典中的国际私法条文也深受法则区别说的影响。然而在萨维尼时代及至今日,法律关系本座说终于取代了法则区别说而成为国际私法通说,从而在法律选择方法论上完成了从单边主义到多边主义的嬗变。现代各国的国际私法制定法无一例外地受到了萨维尼的这一学说的影响,[6] 因为采用该说来解决各国法律体系在适用上的冲突,通常符合当事人的合理预期,有助于法律关系的稳定和跨境民商事往来的安全,也有助于实现判决的国际和谐。[7] 今天,许多国家的国际私法制定法、绝大多数包含冲突规则的国际条约以及欧盟国际私法文件都采取制定双边(多边)冲突规则的方法以确定国际性私法关系所应适用的法律体系(准据法),基本上采取的仍旧是萨维尼的多边主义方法。

萨维尼是与斯托里、曼奇尼齐名的现代国际私法的三大奠基人之一。但对现代国际私法(法律冲突法)影响最深远者,非萨维尼莫属。

四、曼奇尼的国籍原则(本国法主义)

19世纪意大利著名法学家、政治家和外交家曼奇尼(Pasquale Stanislao Manci-

---

[1] 人们习惯于称之为"吉尔克"而不是"冯吉尔克"。

[2] 参见新华通讯社译名室编:《德语姓名译名手册》(修订本),商务印书馆1999年版,第187页。

[3] Vgl. Lange, BGB Allgemeiner Teil, 1952, § 10 Ⅲ 2 b.

[4] 与之相对应的法文表述是« tournant copernicien»。Voir Phocion Francescakis, Quelques précisions sur les «lois d'application immédiate» et leurs rapports avec les règles de conflits de lois, Revue critique DIP 1966, p. 5.

[5] 参见[德]汉斯·德勒:《法学上之发现》,王泽鉴译,载王泽鉴:《民法学说与判例研究·4》,中国政法大学出版社1998年版,第19页。

[6] 有趣的是,在萨维尼所在的德国,当《民法典施行法》于1900年1月1日与德国《民法典》同时生效时,萨维尼的方法贯彻得并不彻底,因为《民法典施行法》最初的冲突规则基本上是指定德国法的单边冲突规则。直到20世纪80年代中期,这种状况才得以通过1986年的德国国际私法改革发生根本性变化。从此以后,德国的冲突规则基本上是双边(多边)的冲突规则。

[7] 参见李浩培:《瑞士新国际私法》,载《李浩培文选》,法律出版社2000年版,第362页。

ni, 1817～1888 年)[1]特别强调国籍在确定法律关系准据法时的作用。他在 1851 年发表了题为《论作为万国法基础的国籍原则》的演说,第一次系统地阐述了国籍原则和它所体现的本国法主义学说。根据这种学说,一个人对某一国家的隶属关系是通过国籍这一法律上的纽带表现出来的,它不仅应决定自然人的政治地位,而且应决定其民事地位。因此,关于自然人的身份、能力、婚姻家庭、继承等法律关系,均应适用其本国法。对外国人适用其本国法不是出于多少有点空洞的"礼让",而是真正的国际义务使然。曼奇尼的学说与他作为一名公法学家所理解的法律冲突有关。他认为,法律冲突案件总体上是围绕以下三个概念的:"国籍""自由""主权与政治独立"。由此,他归纳出解决法律冲突的三项原则——国籍原则、个人自由原则和属地主权原则。国籍原则表现为确定自然人的身份、能力、婚姻家庭、继承等法律关系的准据法时的本国法主义;个人自由原则强调对当事人意思自治的尊重(尤其在债法领域);而属地主权原则则要求将一国以公共秩序为目的的法律适用于居住于该国的人,不论其为本国人或外国人。[2]

曼奇尼所倡导的国籍原则(本国法主义)在许多国家的立法实践和理论学说中产生了巨大影响。它首先影响了曼奇尼本人所起草的 1865 年意大利《民法典》(1942 年《民法典》关于一般意义上的法律的总则性条款稍稍偏离了这一原则),继而影响了 1889 年的西班牙《民法典》关于法律冲突的条款、自 1900 年 1 月 1 日起施行的德国《民法典施行法》的冲突规则以及波兰 1926 年 8 月 2 日《关于国际私法关系准据法的法律》。[3] 时隔一百余年,1995 年 5 月 31 日《关于改革意大利国际私法体系的第 218 号法律》在对意大利国际私法进行法典编纂之际,仍坚持以国籍为确定自然人的身份、能力、婚姻家庭和继承领域的法律关系的准据法的主要连结点,足见国籍原则(本国法主义)对曼奇尼的本国的国际私法影响之深。在欧洲以外,国籍原则(本国法主义)影响了 1898 年 6 月 21 日的日本《法例》、1916 年的巴西

---

[1] Mancini 在中文的国际私法著作中一般被译成"孟西尼"。这是不甚妥当的。这是一个意大利姓氏,所以翻译时应按照意大利语的发音,译成"曼奇尼"较妥。如果译成"孟西尼",则不仅不符合意大利语的发音,而且在与西方人交流时,由于发音相去甚远,对方可能根本不知道说的是谁。为此,本书作者曾请教过欧洲国家数名人士(尤其是担任联合国国际贸易法委员会秘书处法律官员的意大利籍的 Luca Castellani 博士),他们都赞同本书作者的观点。德国人在提到 Mancini 时也是按意大利语发音,近乎"曼奇尼"。本书作者注意到,已故著名国际法学家李浩培教授也正确地将此姓氏译为"曼奇尼"[参阅中国大百科总编辑委员会编:《中国大百科全书·法学》,中国大百科全书出版社 1984 年版(李浩培教授撰写的词条),第 459 页;李浩培:《李浩培法学文集》,法律出版社 2006 年版,第 526～527 页]。李浩培教授治学态度之严谨乃人所共知,堪称典范。

[2] See the Book Review by Tito Ballarino: Yuko Nishitani, Mancini und die Parteiautonomie im internationalen Privatrecht - Eine Untersuchung auf der Grundlage der neu zutage gekommenen kollisionsrechtlichen Vorlesungen Mancinis, Heidelberg (C. Winter - Verlag) 2000, Yearbook of Private International Law, Volume 2 (2000), p. 365 - 366.

[3] 参见李浩培:《李浩培法学文集》,法律出版社 2006 年版,第 38 页。

《民法典》序言条款、中国于1918年8月5日公布并施行的《法律适用条例》以及1928年的《布斯塔曼特法典》。作为海牙国际私法会议和统一冲突法条约的最早倡议者，曼奇尼对早期海牙国际私法公约的本国法主义倾向起到了影响作用。[1]

与斯托里、萨维尼一样，曼奇尼也是现代国际私法的三大奠基人之一。

五、戴西和比尔等人的既得权说

既得权说（英文 the vested rights doctrine 或 the vested rights theory 或 the doctrine of vested rights 或 the theory of vested rights）的源头可追溯到17世纪荷兰法学家胡伯。但该说是在19世纪末、20世纪初由英美普通法国家的学者确立的，其代表人物是英格兰的戴西（Albert Venn Dicey, 1835～1922年）[2]和美国法学会所主持的1934年《（第一次）冲突法重述》[3]的主要起草人兼报告人比尔（Joseph H. Beale, 1861～1943年）。[4]

既得权说强调法的属地性，因而以法的属地性原则（principle of territoriality）为基础。它认为：法官不能直接承认或实施外国法（主要指外国实体私法规则，下同），也不能直接执行外国判决，因为法官自己所属法域的法律体系才是排他地适用于其所要裁判的一切案件的法律体系。法官之贯彻国际私法并不构成法的属地性原则的例外，因为法官所做的，无非是保护权利主张者依外国法或外国判决所取得的权利。因此，被赋予域外效力的并不是外国法本身，而是外国法所创设的权利。[5]

根据戴西在其初版于1896年的名著《法律冲突法》[6]开头所阐明的六项原则中之第一项原则，"凡依任何文明国家之法业经正当地取得的权利，英格兰法院均应予以承认并一般地予以执行；而未经正当地取得的任何权利，英格兰法院概不予以执行，或不一般地予以承认"。但该书1949年第6版（与莫里斯等合著）已不得不抛弃该项原则，并相应地将表述改为："凡依英格兰法律冲突规则所指定适用的任何文明国家之法业经取得的权利，英格兰法院概予以承认，并且，一般地予以执行。"[7]

---

〔1〕 Voir Audit, *Droit international privé*, 5e édition, 2008, n° 88. 另见李浩培：《李浩培法学文集》，法律出版社2006年版，第23、527页。

〔2〕 See Albert Venn Dicey, *A Digest of the Law of England with Reference to the Conflict of Laws*, 5th edition, 1932.

〔3〕 The American Law Institute, *Restatement of the Law of the Conflict of Laws*, 1934.

〔4〕 See Joseph H. Beale, *A Treatise on the Conflict of Laws*, 1935.

〔5〕 See Peter North and J. J. Fawcett, *Cheshire and North's Private International Law*, 13th edition, 1999, p. 20－22.

〔6〕 Albert Venn Dicey, *A Digest of the Law of England with Reference to the Conflict of Laws*, 1896.

〔7〕 Vgl. Kegel, Fundamental Approaches: Int. Enc. Comp. L. Ⅲ ch. 3 (1986) s. 12.

本书作者认为,产生于19世纪末、20世纪初的既得权说是一种服务于殖民主义者对外扩张的需要的学说。其主要代表人物之一戴西在讨论何为“文明国家”时,曾声称法国、美国和墨西哥够得上是“文明国家”,却将当时的土耳其和中国排除在“文明国家”之外。这在现代国际私法学上是不可接受的。该说已为当今各国的国际私法学家所摒弃。有学者正确地指出:“既得权说已经死了。”〔1〕

六、库克的当地法说

“当地法说”(the local law doctrine 或 the local law theory)是由美国国际私法学者库克(Walter Wheeler Cook, 1873～1943 年)在 20 世纪 40 年代阐发的。中国多数国际私法学者称之为“本地法说”。李浩培教授称之为“当地法说”。〔2〕本书作者认为“当地法说”的叫法更为准确。

库克在其所著的《法律冲突法的逻辑和法律基础》(1942 年)中指出:〔3〕一方面,审理含有涉外因素的案件的法院虽然出于种种原因也会考虑所涉外国或外州的法律体系(system of law),但法院只适用法院地国家或法院地州的规则而排除一切外国或外州规则的适用。另一方面,法院在适用法院地国家或法院地州的规则时,将与案件有联系的外国或外州的法律体系中相同或至少极其相似的规则作为法院地国家或法院地州的规则加以采用和执行。因此,法院所承认与执行的与其说是外国权利(a foreign right)或外州权利,毋宁说是法院地国家或法院地州的“当地权利”(a local right),亦即法院地法所创设的权利。〔4〕

本书作者认为:作为一种法律选择方法,当地法说会导致否认传统国际私法所使用的冲突规则,是一种片面强调法院地法的单边主义学说。它对深受 1934 年《(第一次)冲突法重述》影响的美国传统国际私法的“破”远远多于“立”,由此引发了 20 世纪美国国际私法上的所谓“冲突法危机”。

七、柯里的政府利益分析说

“政府利益分析说”,即韩国国际私法学者所称“统治利益说”,〔5〕也叫“政府利益分析方法”(governmental interest analysis approach),为美国法学家柯里(Brainerd Currie, 1912～1965 年)在他出版于 1963 年的《法律冲突法文选》一书中所首倡。〔6〕

---

〔1〕 See Morris, *The Conflict of Laws* (*by McClean and Beevers*), 6th edition, 2005, p. 527, 544.

〔2〕 参见李浩培:《李浩培法学文集》,法律出版社 2006 年版,第 498～499 页。

〔3〕 See Walter Wheeler Cook, *The Logical and Legal Bases of the Conflict of Laws*, Harvard University Press, 1942, p. 20－21.

〔4〕 See Peter North and J. J. Fawcett, *Cheshire and North's Private International Law*, 13th edition, 1999, p. 22－23.

〔5〕 参见[韩]韩福龙:《国际私法》,CNU Press 2007 年版,第 86、361 页。

〔6〕 See Brainerd Currie, *Selected Essays on the Conflict of Laws*, Harvard University Press, 1963.

它以美国国际私法学者关于“真实冲突”和“虚假冲突”的基本假设为前提：首先，如果一起案件涉及两个或两个以上法域的法律体系，[1]且所有这些法律体系的规则对于自己之被适用均有合理的利益且在实质上各不相同，则存在“真实冲突”(true conflict)。其次，如果在所涉及的两个或两个以上法域的法律体系中，只有一个法律体系的规则对于自己之被适用有合理的利益，则存在“虚假冲突”(false conflict)。此时应适用对于自己的规则之被适用有合理利益的那个法律体系。最后，如果所涉及的两个或两个以上法域的法律体系中，任何一个法律体系的规则对于自己之被适用均无利益，则构成“无利益”(no－interest)的情形。

柯里主张在解决不同法域的法律体系之间(在适用上)的冲突时，对政府利益(governmental interests)加以分析。法院应审查存在明显冲突的实体法规则所体现的政策和利益。经过认真评估，如果发现所涉及的两个或两个以上法域的法律体系的规则、政策和利益处于“真实冲突”之中，且其中一个法律体系是法院地法，则应适用法院地法。但是，当案件涉及法院地国家(或法院地州)以外的两个外国(或外州)的法律体系，而法院地国家(或法院地州)成为对于自己的规则之被适用无任何利益的第三国(或第三州)时，柯里的上述主张无法提供有效的解决办法。[2] 对于此种情形，柯里本人主张适用法院地法。[3]

如果说库克和卡弗斯等人只是抨击了以1934年《(第一次)冲突法重述》为代表的传统冲突法方法的种种不足，其作用在于“破”而不在于“立”，那么，柯里在给予传统冲突法方法以“关键性一击”的同时，还提出了一种新的着眼于“利益分析”(interest analysis)的法律选择方法，它注重分析对于自己之被适用有合理利益的实体法规则所体现的政策和目的，是一种“规则选择方法”(rule－selecting approach)。为此，柯里本人被一些美国国际私法学者誉为“美国冲突法革命的领导者”，[4]他对美国冲突法的进步所做出的贡献无疑是积极的和值得肯定的。[5] 然而，不可否认的是，政府利益分析方法带有优先适用法院地法的单边主义倾向，会助长“原告故意选择在最有利于自己的法院地提起诉讼”(forum shopping)的现象的滋生。

---

〔1〕 这里所说的“法域”，既包括作为国际法主体的主权国家，也包括组成美利坚合众国的各州。

〔2〕 See Peter North and J. J. Fawcett, *Cheshire and North's Private International Law*, 13th edition, 1999, p. 24－26.

〔3〕 See Frank Vischer, Connecting Factor: Int. Enc. Comp. L. Ⅲ ch. 4 (1999), s. 7.

〔4〕 See Symeonides, Arthur Taylor von Mehren, *A Career of Unassuming Excellence* IPRax 2007, 263.

〔5〕 See Symeonides, Perdue, von Mehren, *Conflict of Law: American, Comparative, International*, Second Edition, 2003, p. 115－117.

第二节 国际私法学说综述

上述国际私法学说,尽管形形色色,但都不外乎解决“为什么要适用外国法”和“如何适用外国法”这两个中心问题,分别涉及适用外国法的理由和方法。前者所关注的是适用外国法的必要性和正当性,后者所关注的是适用外国法的方法亦即法律选择方法问题。

本书作者认为,既然国际私法的本质是法律适用法,对涉外民商事案件有国际管辖权的一国法院或行政机关等法律适用者既可能适用内国法,也可能适用外国法。在某些情形下,适用外国法不仅是必要的,而且是正当的、适宜的。在处理涉外民商事案件时,如果一味适用内国法,有时会造成对当事人不公正、不妥当的结果,既不利于当事人之间公平正义的实现,也无益于跨境的(亦即含有涉外因素或外国因素或国际性因素的)民商事往来。[1] 尽管在国际私法学说史上,曾出现过各种各样关于适用外国法的理由的学说,但当今各国国际私法多基于实用主义的考虑,尤其是出于促进和发展私人(自然人和法人)之间跨境民商事往来的需要,已不再否认适用外国法的必要性和正当性。事实上,这一问题通常已由一国立法者在制定国际私法规则时概括地加以回答。通过制定既可能指定内国法律体系也可能指定外国法律体系的双边(多边)冲突规则,立法者往往表明:在一般情形下,只要外国法与案件有最密切联系且其适用结果不违反法院地国家公共秩序,适用外国法是符合立法者的意愿的,甚至是立法者对有国际管辖权的该国法院或其他法律适用者的一种明示的命令。

在解决了为什么要适用外国法的情形下,一国法院或行政机关等法律适用者也常常面临采用某一法律选择方法以解决适用此外国法还是彼外国法的问题。于是,在各国国际私法上出现了诸多关于法律选择的学说。尤为重要的是,在从“法则区别说”到“法律关系本座说”的发展过程中,国际私法学说完成了一次关于适用外国法的方法论上的根本性变革。如果说法则区别说所关注的是法律规则的域外效力之有无(这取决于法律规则的性质),那么法律关系本座说则关注含有跨国境因素的法律关系空间上的重心(“本座”)所在的地域(这取决于法律关系的固有性质)。应注意的是,有些国际私法学说是在像美国这样的联邦制国家产生的,主要用于解决区际法律冲突,因而并不一定适合中国的情况,更不可套用于中国国际私法。吾人自应在对其有所了解的基础上,做到有所鉴别、有所取舍。

---

〔1〕 参见唐表明:《比较国际私法》,中山大学出版社1987年版,第38、46页。

复习思考题

1. 意大利法则区别说以来的诸多国际私法学说大多围绕着一个中心问题展开。请问这是怎样一个问题?
2. 意大利法则区别说、法国法则区别说和荷兰法则区别说有何区别?
3. “法律关系本座说”的主要观点是什么？为什么说“法律关系本座说”相对于“法则区别说”是国际私法上的“哥白尼转变”或“哥白尼转折点”?
4. 列举现代国际私法主要奠基人及其主要主张。
5. 哪些国际私法学说是否定冲突规则的?

参考文献

一、中文著作

1. 陈卫佐:《瑞士国际私法法典研究》,法律出版社1998年版。
2. 陈卫佐:《比较国际私法》,清华大学出版社2008年版。
3. 陈卫佐:《拉丁语法律用语和法律格言词典》,法律出版社2009年版。
4. 陈卫佐:《比较国际私法——涉外民事关系法律适用法的立法、规则和原理的比较研究》,法律出版社2012年版。
5. 陈卫佐译注:《德国民法典》(第5版),法律出版社2020年版。
6. 杜涛、陈力:《国际私法》(第2版),复旦大学出版社2008年版。
7. 杜涛:《国际私法的现代化进程:中外国际私法改革比较研究》,上海人民出版社2007年版。
8. 韩德培主编:《国际私法》,高等教育出版社、北京大学出版社2000年版。
9. 韩德培、肖永平编著:《国际私法学》,人民法院出版社、中国社会科学出版社2004年版。
10. 黄进、姜茹娇主编:《〈中华人民共和国涉外民事关系法律适用法〉释义与分析》,法律出版社2011年版。
11. 黄进主编:《国际私法》(第2版),法律出版社2005年版。
12. 李浩培:《李浩培文选》,法律出版社2000年版。
13. 李浩培:《李浩培法学文集》,法律出版社2006年版。
14. 李双元、欧福永、金彭年、张茂:《中国国际私法通论》(第3版),法律出版社2007年版。
15. 李双元主编:《国际私法》(第3版),北京大学出版社2011年版。
16. 李旺:《国际私法》(第3版),法律出版社2011年版。
17. 齐湘泉:《〈涉外民事关系法律适用法〉原理与精要》,法律出版社2011年版。
18. 屈广清主编:《国际私法导论》(第3版),法律出版社2011年版。
19. 沈涓主编:《国际私法》,社会科学文献出版社2006年版。
20. 唐表明:《比较国际私法》,中山大学出版社1987年版。
21. 万鄂湘主编:《〈中华人民共和国涉外民事关系法律适用法〉条文理解与适用》,中国法制出版社2011年版。
22. [德]马丁·沃尔夫:《国际私法》(第2版),李浩培、汤宗舜译,北京大学出版社2009年版。
23. 肖永平:《法理学视野下的冲突法》,高等教育出版社2008年版。
24. 肖永平:《国际私法原理》(第2版),法律出版社2007年版。
25. 肖永平:《肖永平论冲突法》,武汉大学出版社2002年版。
26. 肖永平:《中国冲突法立法问题研究》,武汉大学出版社1996年版。

27. 谢石松:《国际私法学》,高等教育出版社 2007 年版。

28. 徐冬根:《国际私法趋势论》,北京大学出版社 2005 年版。

29. 徐冬根:《国际私法》,北京大学出版社 2009 年版。

30. 中国大百科总编辑委员会编:《中国大百科全书·法学》,中国大百科全书出版社 1984 年版。

31. 赵相林:《国际私法》(第 4 版),中国政法大学出版社 2007 年版。

32. 张潇剑:《国际私法论》(第 2 版),北京大学出版社 2008 年版。

33. 赵相林、杜新丽等:《国际民商事关系法律适用法立法原理》,人民法院出版社 2006 年版。

34. 邹国勇译注:《外国国际私法立法精选》,中国政法大学出版社 2011 年版。

二、德文著作

1. Weizuo CHEN, Rück – und Weiterverweisung (Renvoi) in staatsvertraglichen Kollisionsnormen, Peter Lang GmbH Europäischer Verlag der Wissenschaften, Frankfurt am Main 2004.

2. Erik Jayme/Rainer Hausmann, Internationales Privat – und Verfahrensrecht, 16. Auflage, Verlag C. H. Beck, München 2012.

3. Kropholler, Internationales Privatrecht, 6. Aufl. 2006, zit.: Kropholler, IPR (6. Aufl. 2006).

4. Kegel/Schurig, Internationales Privatrecht, 8. Aufl. 2000, zit.: Kegel/Schurig, IPR (8. Aufl. 2000).

5. von Bar/Mankowski, Internationales Privatrecht, Bd. I, 2. Aufl. 2003, zit.: von Bar/Mankowski, IPR, Bd. I (2. Aufl. 2003).

6. von Hoffmann/Thorn, Internationales Privatrecht, 9. Aufl. 2007, zit.: von Hoffmann/Thorn, IPR (9. Aufl. 2007).

7. Willibald Posch, Bürgerliches Recht Ⅶ, Internationales Privatrecht, 4. Aufl. 2008, zit.: Posch, Bürgerliches Recht Ⅶ, IPR (4. Aufl. 2008).

8. Rauscher, Internationales Privatrecht, 3. Aufl. 2009, zit.: Rauscher, IPR (3. Aufl. 2009).

9. Siehr, Internationales Privatrecht. Deutsches und europäisches Kollisionsrecht für Studium und Praxis, 2001, zit.: Siehr, IPR, 2001.

10. Sascha Gruschwitz, IPR – leicht gemacht, Ewald v. Kleist Verlag, Berlin 2013.

11. Peter Schlechtriem, Internationales UN – Kaufrecht, 4. Auflage, Mohr Siebeck, Tübingen 2007, zit.: Schlechtriem, Internationales UN – Kaufrecht, 4. Aufl. 2007.

12. Schwimann, Internationales Privatrecht, 3. Aufl. 2001, zit.: Schwimann, IPR (3. Aufl. 2001).

13. B. Verschraegen, Internationales Privatrecht, Wien 2012.

14. Christian v. Bar und Peter Mankowski, Internationales Privatrecht, Band I, Allgemeiner Lehren, Verlag C. H. Beck, München 2003, zit.: v. Bar/Mankowski, IPR, Bd. I, 2. Aufl. 2003.

15. Zürcher Kommentar zum IPRG, 2. Auflage, Zürich 2004.

三、法文著作

1. Audit, *Droit international privé*, 5e édition, 2008.
2. Bureau/Wuir Watt, *Le droit international privé*, *Que sais – je?*, 2009.
3. Olivier Cachard, *Droit international privé*, Editions Paradigme, 2010.
4. Derruppé, *Droit international privé*, 14e édition, 2001.
5. Loussouarn/Bourel, *Droit international privé*, 7e édition, 2001.

四、英文著作

1. Peter North and J. J. Fawcett, *Cheshire and North's Private International Law*, 13th edition, Oxford 1999.
2. J. J. Fawcett, *Cheshire*, *North and Fawcett's Private International Law*, 15th edition, Oxford 2017.
3. Lawrence Collins, *Dicey and Morris on the Conflict of Laws*, 13th edition, London 2000, Volumes Ⅰ and Ⅱ.
4. Lawrence Collins, *Dicey*, *Morris and Collins on the Conflict of Laws*, 15th edition, London 2012, Volumes Ⅰ and Ⅱ.
5. Kröll/Mistelis/Perales Viscasillas, *UN Convention on Contracts for the International Sale of Goods* (*CISG*), *A Commentary*, second edition, Verlag C. H. Beck/Hart Publishing/Nomos Verlagsgesellschaft, München/Oxford/Baden – Baden 2018 (cited as '[Author's name], Article [#], mn [#]', in: Kröll/Mistelis/Perales Viscasillas, CISG, 2nd edition 2018).
6. David McClean and Verónica Ruiz Abou – Nigm, *Morris*: *The Conflict of Laws*, 9th edition, 2016, Sweet & Maxwell, London, 2016.
7. Graeme Johnston, *The Conflict of Laws in Hong Kong*, second edition, Sweet & Maxwell, Hong Kong 2012.

五、日文著作

1. [日]神前祯:《〈关于法适用的通则法〉解说・新国际私法》,弘文堂2006年。
2. [日]小出邦夫编著:《一问一答・新国际私法・〈关于法的适用的通则法〉的解说》,商事法务株式会社2006年版。